예제로 접근하는

경제경영수학

INTRODUCTION TO
MATHEMATICAL ECONOMICS

3rd
EDITION

Schaum's Outline of Introduction to Mathematical Economics, 3rd Edition

1 2 3 4 5 6 7 8 9 10 JP 20 17

Original: Schaum's Outline of Introduction to Mathematical Economics, 3rd Edition © 2011
By Edward T. Dowling
ISBN 978-0-07-176251-9

This authorized Korean translation edition is jointly published by McGraw-Hill Education Korea, Ltd. and Jiphil Media. This edition is authorized for sale in the Republic of Korea

This book is exclusively distributed by Jiphil Media.

When ordering this title, please use ISBN 979-11-86674-45-1

Printed in Korea

INTRODUCTION TO
MATHEMATICAL ECONOMICS

예제로 접근하는

경제경영수학

EDWARD T. DOWLING

권혁제 옮김

3rd EDITION

McGraw Hill Education

MEDIA JIPHIL
(주)지필미디어

예제로 접근하는 경제경영수학

지 은 이 Edward T. Dowling, Ph.D

엮 은 이 권혁제

발 행 처 (주)지필미디어

주 소 경기도 파주시 문발로 132, 402호(구, 문발동 531-4/우편번호 10881)

전 화 (031)957-4504

팩 스 (031)957-4503

이 메 일 book@jiphil.co.kr

홈페이지 jiphil.co.kr

발 행 인 김성남

발 행 일 2017년 10월 30일 초판 1쇄

등록번호 2제 312-1997-000043호 (1997년 07월 16일)

ISBN 979-11-86674-45-1 93320

값 31,000원

서문

경제학이나 경영학을 공부하는 데 있어서 수학의 필요성은 해를 거듭하면서 점점 더 증대되고 있으며, 특히 이들 전공을 배우는 학생이나 가르치는 입장에 있는 교수들에게는 수학의 필요성이 더 많이 요구되고 있다. *Introduction to Mathematical Economics*(3e)는 2판에서 다루었던 그래프와 심플렉스 해법을 적용한 선형계획을 제외하는 대신 비교정학과 오목계획법에 대한 내용을 추가하였다. 3판에서 제외한 이들 주제는 본서에 비해 좀더 쉬운 입문적인 내용을 다룬 *Mathematical Methodss for Business and Economics*에 포함시켰다.

3판의 본서가 지향하는 목표는 1판에 해당하는 *Mathematics for Economists*에서 설정했던 목표를 지난 20년에 걸쳐 그대로 유지하면서, 특히 경제학, 경영학, 사회학 분야의 전공자들이 오늘날 필요로 하는 주요 수학적 주제인 미적분, 선형대수, 비선형계획, 미분방정식 및 정차방정식 등 깊이 있는 내용을 쉽게 이해하도록 구성하였다. 본서는 또한 오랫동안 수학과는 거리를 두었던 독자들을 위해 기초적 대수를 복습할 수 있도록 하였으며, 매일 매일의 경제, 경영 등 관련분야에서 빈번하게 일어나는 현실적 응용문제를 다루고 있다.

[이론-예제-연습문제]의 형태로 이루어진 각 장의 구성은 예제를 통한 간결한 설명과 함께 자세한 도출과정을 포함한 많은 연습문제들로 이루어져 있다. 설명주제와 해당 관련문제는 난이도에 따라 아주 간단한 것에서부터 복잡한 응용문제까지 폭넓게 구성되어 있다. 본서를 읽는 데는 고등학교 수준을 넘는 수학적 배경은 요구되지 않는다. 문제를 풀어가는 과정에서 이해력을 높여가는 본서의 설명방법은 독자들이 각자의 수준에 맞는 진도를 나가는데 무리가 없도록 할 것이다.

수학적인 기초를 이해하는데 어려움을 겪는 독자는 저자의 *Schaum's Outline of Mathematical Methods for Business and Economics*를 참조할 수 있으며, 이는 주제의 범위를 축소시켜 쉽게 접근하고 있다. 반면에 이론적인 체계로 이해를 더하고자 한다면 저자의 *Schaum's Outline of Calculus for Business, Economics, and Social Sciences*를 참조할 수 있다.

본서는 경제학, 경영학 그밖에 사회과학을 전공하는 학부 및 대학원생을 위한 교과서 또는 부교재로 사용될 수 있다.

본서는 주로 독자적으로 학습할 수 있도록 구성되어 있다. 1장에서 고등학교 수준의 기본개념을 복습하고, 뒤이어 주제의 설명에 필요한 모든 개념과 기법을 일관성 있게 설명해 나간다. 미적분과 선형대수의 설명순서에 대해서는 정해진 것이 없으므로 독자들은 필요하다면 2장 이후에 곧바로 10장과 11장의 선형대수 부분으로 넘어가도 좋다.

본서는 1,600개 이상의 연습문제를 다루고 있으며 이들은 모두 상세하게 풀이과정이 설명되어 있다. 본서를 최대한 활용하기 위해서 독자들은 가능한 한 독자적으로 문제를 풀어서 해답에 도달하는 과정을 거쳐야 한다. 즉 책을 덮고 연습지에 문제를 푸는 과정을 거쳐야 한다. 문제를 푸는 과정에서 어려움에 도달한 경우에 책에 있는 풀이과정 및 해답을 참조하도록 한다.

최선의 결과를 얻기 위해서는 독자들은 결코 수동적인 지식, 즉 단순히 책에 제시된 풀이과정을 읽어가면서 이해하는 그러한 지식습득에 만족해서는 안 된다. 어떤 주제를 완전히 이해하고 시험에서 그것을 잘 쓰기 위해서는 능동적 지식, 즉 어떤 문제든 책의 도움없이 그것을 풀어낼 수 있는 능력이 필요한 것이다.

아주 다양한 수학적 배경과 능력을 가진 학생들이지만, 그들이 예제와 연습문제를 꾸준히 풀어내는 과정을 거친다면 본서에서 다루고 있는 주제들을 어려움 없이 이해할 수 있을 것이다.

끝으로 나의 친구이자 동료교수인 포드햄 대학(Fordham Univarsity)의 살바토어(D.Salvatore) 박사의 25년간에 걸친 끊임없는 격려와 지지에 감사를 표하고자 한다. 또한 원고를 읽고 풀이과정의 정확성을 꼼꼼하게 살펴준 대학원생 드럴(R.Derrell)를 비롯하여 맥그로힐의 직원 여러분, 특히 길슨(B.Gilson), 캐머론(T.Cameron), 워커(M.B.Walker) 그리고 아론슨(D.Aaronson)에게도 감사를 표한다.

역자 서문

경제학을 체계적으로 이해하는 데 그래프는 하나의 분석도구로서 중요한 역할을 한다. 그러나 경제학, 경영학은 물론 행정학, 정치학 등 다른 사회과학 분야에서 이론적 분석의 깊이가 더해짐에 따라 그래프에 의존하는 데에는 한계가 있기 때문에 이를 극복하기 위한 수단으로서 수학적인 개념의 도입은 불가피하다고 본다.

경제학이든 경영학이든 거의 모든 사회과학 분야에서 수학적 분석이 해를 거듭하면서 더욱 확대되고 있는 상황에서, 가능한 한 필요한 수학적 개념 및 분석기법을 용이하게 체계적으로 습득한다는 것이 쉬운 일은 아니다.

바로 이러한 욕구를 무리없이 충족시켜줄 수 있는 책으로서 다울링(E.T.Dowling)의 *Introduction to Mathematical Economics* 를 선정하는 데 전혀 주저함을 느끼지 않았기에 역자는 1판부터 이를 번역하여 교과서로 사용해 오고 있으며, 이제는 2판을 거쳐 3판을 새롭게 번역하게 되었다. 역자가 생각하기에 본서에서 다루고 있는 내용을 충분히 이해한다면 전문적인 수학적 개념의 이해를 요구하지 않는 한 수리적 분석에 대한 두려움은 거의 없어질 것으로 확신하며, 오히려 역자의 부족함이 원저자의 의도 및 내용에 흠을 가져오지 않을까 하는 두려움이 앞설 뿐이다.

원래 *Introduction to Mathematical Economics* 는 이보다 앞서 출판되어 대성공을 거두었던 1판에 해당하는 *Mathematics for Economists* 에 근간을 두고 집필한 것으로 미적분을 비롯하여 동태분석, 특히 옵션, 파생상품 등과 같은 금융공학관련 모형분석을 이해하는 데에 필수적인 미분방정식 및 정차방정식을 간결하면서도 심도있게 설명하고 있다.

따라서 본서는 경제학과 경영학의 전공자는 물론 금융분야에 종사하는 일반 연구자들에게도 해당분야의 정보를 이해하고 분석하는 데 큰 도움이 되리라 생각한다.

끝으로 본서를 효과적으로 활용하기 위해서 독자들은 다음의 사항들을 유념하면서 공부하면 그 효과는 배가되리라 확신한다.

① 원문에서 혼란이 야기될 수 있는 문장은 역자 나름대로 정리하여 번역하였으나 미진할 경우 역주에서 세부과정을 설명하고 있으므로 역주를 충분히 이해해야 한다.
② 본서의 구성이 이론과 예제의 해설부분과 연습문제 풀이과정의 두 부분으로 구성되고 각 부분은 주제별로 구성되어 상호보완관계를 유지하고 있다. 즉 해설부분의 이해력 증대 및 응용능력의 확대를 위해 연습문제 풀이과정은 중요한 역할을 하므로 반드시 연습문제를 스스

로 풀어보는 과정을 거쳐야 하며, 이 과정에서 어려움을 느낄 때에는 시간이 걸리더라도 다시 해설부분의 해당 주제를 다시 복습하도록 한다.

③ 저자인 다울링(E.T.Dowling)은 이론과 예제의 해설과 연습문제 풀이 과정에서 특정사항을 너무 상세하게 전개하고 있는 경우도 있으나 이러한 것에 소홀해서는 안 된다. 즉 그만큼 많은 지면을 할애해서 설명해야 할 가치가 있는 것이므로 더욱 겸손하게 예제 및 연습문제의 내용에 집중력을 기울여야 한다.

④ 경제학이나 경영학을 전공하지 않고 단지 특정시험에서의 대비를 위해 수학적 개념을 필요로 하고 있는 학생이나 금융공학관련 모형을 이해하고자 하는 일반인들은 해설부분의 이해와 함께 연습문제에서 주제별로 대표적인 문제만을 풀어봄으로써 학습의 효율성을 높일 수 있을 것이다.

끝으로 이 자리를 빌어 여러 어려움 속에서도 본서의 출판을 위해 온갖 정성을 기울여 주신 김성남 사장님과 김성준 부장님께 깊은 감사를 드립니다.

2017년 8월

Patience and Persistence.....And Consistency.

역자 씀

차례

1장 기본 개념

2장 그래프와 방정식의 경제학적 응용

3장 도함수와 미분법

4장 경제학에서의 도함수 이용

5장 다변수함수의 미분

6장 경제학에서의 다변수함수 미분

7장 지수함수와 로그함수

8장 지수함수와 로그함수의 경제학에서의 응용

9장 지수함수와 로그함수의 미분

10장 행렬의 기초(선형대수)

11장 역행렬

12장 특수한 행렬 및 행렬식과 경제학에서의 응용

13장 비교정태와 오목계획법

14장 적분: 부정적분

15장 적분: 정적분

16장 미분방정식

17장 1계정차방정식

18장 2계 미분방정식과 2계 정차방정식

1장 기본개념

1.1 지수

n이 양의 정수일 때, x^n은 x가 n번 곱해졌음을 의미한다. 이 때 x를 밑수(base), 그리고 n을 지수(exponent)라고 부른다. 보통 지수가 1인 경우는 생략하는 것이 상례이다. 즉, x^1은 x로, 8^1은 8로 표시한다. 또한 정의에 의해 어떤 임의의 0이 아닌 수나 변수의 0승은 1이다: $x^0 = 1$, $3^0=1$. 그러나 0^0은 정의되지 않는다. a와 b를 양의 정수, 그리고 x와 y를 실수라 가정했을 때 아래와 같은 지수 법칙이 성립하며, 이에 대한 예시는 [예 1~2]와 [연습문제 1.1]에서 다루고 있다.

1. $x^a(x^b) = x^{a+b}$
2. $\dfrac{x^a}{x^b} = x^{a-b}$
3. $(x^a)^b = x^{ab}$
4. $(xy)^a = x^a y^a$
5. $\left(\dfrac{x}{y}\right)^a = \dfrac{x^a}{y^a}$
6. $\dfrac{1}{x^a} = x^{-a}$
7. $\sqrt{x} = x^{1/2}$
8. $\sqrt[a]{x} = x^{1/a}$
9. $\sqrt[b]{x^a} = x^{a/b} = (x^{1/b})^a$
10. $x^{-(a/b)} = \dfrac{1}{x^{a/b}}$

예제 1 위의 (법칙 2)로부터 어떤 임의의 변수나 0이 아닌 수의 0승이 왜 1이 되는지 쉽게 파악할 수 있다. 예를 들면 $x^3/x^3 = x^{3-3} = x^0 = 1$이 되고 $8^5/8^5 = 8^{5-5} = 8^0 = 1$이 됨을 알 수 있다.

예제 2 위의 지수 법칙에서 제시된 것처럼 곱셈의 경우 동일한 변수의 지수는 더하며(법칙 1), 나눗셈의 경우 동일한 변수의 지수는 빼다(법칙 2). 또한 지수를 가진 변수를 다시 지수승하는 경우 (법칙 3)에서와 같이 지수를 곱한다. 이의 실제 예를 아래에서 살펴보기로 하자.

a) $x^2(x^3)=x^{2+3}=x^5\neq x^6$ (법칙 1)

$$[x^2(x^3)=(x\cdot x)(x\cdot x\cdot x)=x\cdot x\cdot x\cdot x\cdot x=x^5]$$

b) $\dfrac{x^6}{x^3}=x^{6-3}=x^3\neq x^2$ (법칙 2)

$$\left[\frac{x^6}{x^3}=\frac{x\cdot x\cdot x\cdot x\cdot x\cdot x}{x\cdot x\cdot x}=x\cdot x\cdot x=x^3\right]$$

c) $(x^4)^2=x^{4\cdot 2}=x^8\neq x^{16}$ 또는 x^6 (법칙 3)

$$[(x^4)^2=(x\cdot x\cdot x\cdot x)(x\cdot x\cdot x\cdot x)=x^8]$$

d) $(xy)^4=x^4y^4\neq xy^4$ (법칙 4)

$$[(xy)^4=(xy)(xy)(xy)(xy)=(x\cdot x\cdot x\cdot x)(y\cdot y\cdot y\cdot y)=x^4y^4]$$

e) $\left(\dfrac{x}{y}\right)^5=\dfrac{x^5}{y^5}\neq\dfrac{x^5}{y}$ 또는 $\dfrac{x}{y^5}$ (법칙 5)

$$\left[\left(\frac{x}{y}\right)^5=\frac{(x)}{(y)}\frac{(x)}{(y)}\frac{(x)}{(y)}\frac{(x)}{(y)}\frac{(x)}{(y)}=\frac{x^5}{y^5}\right]$$

f) $\dfrac{x^3}{x^4}=x^{3-4}=x^{-1}=\dfrac{1}{x}\neq x^{3/4}$ (법칙 2와 6)

$$\left[\frac{x^3}{x^4}=\frac{x\cdot x\cdot x}{x\cdot x\cdot x\cdot x}=\frac{1}{x}\right]$$

g) $\sqrt{x}=x^{1/2}$ (법칙 7)

$\sqrt{x}\,\sqrt{x}=x$이고 (법칙 1)로부터 곱셈의 경우 밑수가 동일할 때 지수는 더하면 되므로, $\sqrt{x}$와 $\sqrt{x}$를 곱한 결과의 지수는 1이 되어야 한다. 따라서 $\sqrt{x}$의 지수는 $\dfrac{1}{2}$이 된다. 즉 $\sqrt{x}\cdot\sqrt{x}=x^{1/2}\cdot x^{1/2}=x^{1/2+1/2}=x^1=x$가 성립한다.

h) $\sqrt[3]{x}=x^{1/3}$ (법칙 8)

$\sqrt[3]{x}\cdot\sqrt[3]{x}\cdot\sqrt[3]{x}=x$가 성립하는 것과 같이 $x^{1/3}\cdot x^{1/3}\cdot x^{1/3}=x^{1/3+1/3+1/3}=x^1=x$가 성립한다.

i) $x^{3/2}=(x^{1/2})^3$ 또는 $(x^3)^{1/2}$ (법칙 9)

$[4^{3/2}=(4^{1/2})^3=(\sqrt{4})^3=(\pm 2)^3=\pm 8$, 또는

$4^{3/2}=(4^3)^{1/2}=(64)^{1/2}=\sqrt{64}=\pm 8]$

j) $x^{-2/3}=\dfrac{1}{x^{2/3}}=\dfrac{1}{(x^{1/3})^2}$ 또는 $\dfrac{1}{(x^2)^{1/3}}$ (법칙 10)

$$\left[27^{-2/3}=\frac{1}{(27^{1/3})^2}=\frac{1}{(3)^2}=\frac{1}{9},\ \text{또는 } 27^{-2/3}=\frac{1}{(27^2)^{1/3}}=\frac{1}{(729)^{1/3}}=\frac{1}{9}\right]$$

([연습문제 1.1] 참조)

1.2 다항식

$5x^3$과 같은 식이 주어졌을 때 x는 얼마든지 다른 값을 취할 수 있기 때문에 '변수'(variable)라고 부르며, 앞에 위치한 숫자 5를 x의 '계수'(coefficient)라 부른다. 단지 하나의 실수로 구성된 식이나, 또는 양의 정수의 지수승을 가진 한 개 이상의 변수에 계수가 곱해진 식을 '단항식'(monomial)이라 한다. 그리고 이러한 단항식들이 더하기나 빼기로 연결되었을 때 이를 '다항식'(polynomial)이라 한다.

또한 다항식을 구성하는 각각의 단항식을 '항'(term)이라 부르며 특히 변수가 동일하고 지수도 동일한 항들을 유사항이라고 한다. 다항식에서 더하고 빼고 곱하고 나누는 계산에 대한 법칙은 [예3-5]에 설명되어 있으며 [연습문제 1.2-1.4]에서도 이를 다루고 있다.

예제 3 다항식에서 유사항을 서로 더하고 뺄 때에는 유사항의 계수를 더하고 빼기만 하면 된다. 유사항이 아닌 항들은 그들의 계수를 더하거나 빼는 과정을 통해 항들을 더하고 뺄 수 없다.

a) $4x^5 + 9x^5 = 13x^5$ *b*) $12xy - 3xy = 9xy$

c) $(7x^3 + 5x^2 - 8x) + (11x^3 - 9x^2 - 2x) = 18x^3 - 4x^2 - 10x$

d) $(24x - 17y) + (6x + 5z) = 30x - 17y + 5z$

예제 4 덧셈이나 뺄셈에서와는 달리 곱셈이나 나눗셈의 경우는 유사항이냐 아니냐에 관계 없이 변수끼리 곱하고 나눌 수 있으며 계수끼리도 서로 곱하고 나눌 수 있다.

a) $(5x)(13y^2) = 65xy^2$ *b*) $(7x^3y^5)(4x^2y^4) = 28x^5y^9$

c) $(2x^3y)(17y^4z^2) = 34x^3y^5z^2$ *d*) $\dfrac{15x^4y^3z^6}{3x^2y^2z^3} = 5x^2yz^3$

e) $\dfrac{4x^2y^5z^3}{8x^5y^3z^4} = \dfrac{y^2}{2x^3z}$

예제 5 두 개의 다항식을 곱하는 경우는, 첫 번째 다항식에 있는 각각의 항을 모두 두 번째 다항식에 있는 각각의 항에 곱한 후 더하면 된다.([연습문제 1.4] 참조)

$$(6x + 7y)(4x + 9y) = 24x^2 + 54xy + 28xy + 63y^2$$
$$= 24x^2 + 82xy + 63y^2$$
$$(2x + 3y)(8x - 5y - 7z) = 16x^2 - 10xy - 14xz + 24xy - 15y^2 - 21yz$$
$$= 16x^2 + 14xy - 14xz - 21yz - 15y^2$$

1.3 1차방정식과 2차방정식

두 개의 대수식을 서로 같다고 등식을 성립시켰을 때 이를 '방정식'(equation)이라고 한다. 방정식에 있는 모든 변수의 차수가 1차일 때 이 방정식을 '1차방정식' 또는 '선형방정식'(linear equation)이라고 하며, 이러한 1차방정식의 해는 [예제 6]에 예시된 것처럼 등식 기호(=)를 중심으로 모든 미지수를 좌변으로 이동시키고 그 밖의 모든 항은 우변으로 이동시킴으로써 구할 수 있다.

$ax^2 + bx + c = 0$ (여기서 a, b, c는 상수이고 $a \neq 0$)의 형태를 가진 2차방정식(quadratic equation)의 해는 인수분해를 하거나 아래와 같은 2차방정식의 근의 공식을 이용하여 구할 수 있다.

$$x = \frac{-b \pm \sqrt{b^2 - 4ac}}{2a} \tag{1.1}$$

인수분해에 의해 2차방정식의 해를 구하는 방법은 [예제 7]에 설명되어 있으며, 근의 공식에 의한 해의 도출은 [예제 8]과 [연습문제 1.6]에 각각 설명 되어 있다.

예제 6 아래의 1차방정식 해는 3단계를 거쳐 쉽게 해를 구할 수 있다.

$$\frac{x}{4} - 3 = \frac{x}{5} + 1$$

1. 미지수 x를 가진 항을 모두 좌변으로 이항한다. 이러한 결과는 양변에서 $\frac{x}{5}$를 뺌으로써 얻을 수 있다.

$$\frac{x}{4} - 3 - \frac{x}{5} = 1$$

2. 미지수를 포함하지 않은 항은 모두 우변으로 이항한다. 이를 위해 여기서는 양변에 3을 더한다.

$$\frac{x}{4} - \frac{x}{5} = 1 + 3 = 4$$

3. 좌변에 미지수 자체만 남을 때까지 방정식의 양변을 정리하면 우변에 해가 남게 된다. 이를 위해 여기서는 양변에 20을 곱하고 좌변을 정리한다.

$$\begin{aligned} 20 \cdot \left(\frac{x}{4} - \frac{x}{5}\right) &= 4 \cdot 20 \\ 5x - 4x &= 80 \\ x &= 80 \end{aligned}$$

예제 7 2차방정식이 쉽게 인수분해가 되기만 하면, 인수분해는 2차방정식의 해를 구하는 가장 쉬운 해법이 된다. 아래의 2차방정식의 해를 인수분해에 의해 구해 보기로 하자.

$$x^2 + 13x + 30 = 0$$

위의 2차방정식을 인수분해하면 다음과 같다.

$$(x + 3)(x + 10) = 0$$

여기에서 $(x+3)(x+10)$이 0이 되기 위해서는 $(x+3)$이나 $(x+10)$이 0이 되어야만 한다. 이들을 각각 차례로 0이라 놓고 x에 풀면 다음과 같이 해를 구할 수 있다.

$$x + 3 = 0 \qquad\qquad x + 10 = 0$$
$$x = -3 \qquad\qquad x = -10$$

예제 8 근의 공식을 이용하여 아래 주어진 2차방정식의 해를 구하면 다음과 같다.

$$5x^2 - 55x + 140 = 0$$

a=5, b=-55, c=140에 해당하므로 이를 식 (1.1)의 근의 공식에 대입한다.

$$x = \frac{-(-55) \pm \sqrt{(-55)^2 - 4(5)(140)}}{2(5)}$$
$$= \frac{55 \pm \sqrt{3025 - 2800}}{10} = \frac{55 \pm \sqrt{225}}{10} = \frac{55 \pm 15}{10}$$

따라서 다음과 같은 두 개의 해를 얻을 수 있다.

$$x = \frac{55 + 15}{10} = 7 \qquad x = \frac{55 - 15}{10} = 4$$

([연습문제 1.6] 참조)

1.4 연립방정식

두 개 이상의 방정식으로 구성된 연립방정식의 해를 구하기 위해서는 먼저, (1) 방정식들 간에 '일관성'(consistent)[1)]이 존재해야 하며(즉, 서로 상충되어서는 안된다(noncontradictory)), (2) '독립적'(independent)[2)]이어야 한다. 그리고 (3) 일관성을 지닌 독립적인 방정식들이 변수 개수만큼 있어야만 한다. 선형 또는 1차 연립방정식의 해는 뒤에서 소개할 선형대수에서 역행렬을 이용한 방법뿐만 아니라(11장의 11.8-11.9절), 대입법이나 소거법에 의해서도 구할 수 있다.(2장의 [예제 9]와 [연습문제 2.11-2.16])

역자 TIP

1) 아래의 연립방정식은 일관성이 존재하지 않는 경우의 예이다.

$$x + 2y = 3$$
$$2x + 4y = 3$$

즉, 두 번째 방정식의 좌변은 첫 번째 방정식의 2배이나, 우변은 3으로서 2배가 되지 않고 동일하다. 따라서 위의 두 방정식은 서로 상충되어 있으며, 일관성이 존재하지 않는다.

2) 아래의 연립방정식은 독립적이지 않은, 즉 종속적인 경우의 예이다.

$$x+2y=3$$
$$2x+4y=6$$

즉, 두 번째 방정식은 첫 번째 방정식을 2배한 결과와 동일하므로 이들 두 방정식은 서로 종속적이 되어, 서로 독립적(independent)이라 할 수 없다. 따라서 이러한 연립방정식은 겉으로는 2개의 방정식으로 구성되어 있으나 실제는 1개의 방정식만 존재하는 셈이다. 이와같이 연립방정식을 구성하는 어느 한 방정식이 나머지 방정식의 배수로 구성될 때 이들 방정식들은 종속적이 되어 독립성이 성립하지 않게 된다.

예제 9 버터와 마가린 시장의 균형 조건이 식 (1.2)와 식 (1.3)에 주어져 있다. 여기서 P_b와 P_m은 각각 버터와 마가린의 가격을 표시한다.

$$8P_b - 3P_m = 7 \tag{1.2}$$
$$-P_b + 7P_m = 19 \tag{1.3}$$

두 시장을 균형시켜주는 균형가격은 대입법이나 소거법을 이용하여 구할 수 있다.

■ 대입법

1. 어느 한 방정식을 택하여 그 방정식에 속한 어느 특정 한 변수를 다른 변수의 항으로 나타낸다. 예를 들어 방정식 (1.3)을 택한 후 P_b를 다른 변수의 항으로 표시한다.

$$P_b = 7P_m - 19$$

2. 1단계에서 구한 결과를 다른 방정식에 대입한다. 즉, 여기서는 1단계에서 구한 P_b를 방정식 (1.2)에 대입한 후 P_m에 대해 푼다.

$$8P_b - 3P_m = 7$$
$$8(7P_m - 19) - 3P_m = 7$$
$$56P_m - 152 - 3P_m = 7$$
$$53P_m = 159$$
$$P_m = 3$$

3. 위에서 구한 P_m=3을 방정식 (1.2)이나 (1.3)에 대입하면 P_b를 구할 수 있다.

$$8P_b - 3(3) = 7$$
$$8P_b = 16$$
$$P_b = 2$$

■ 소거법

1. 방정식 (1.3)에 있는 P_m(또는 P_b)의 계수를 방정식 (1.2)에 곱하고, 그리고 방정식 (1.2)에 있는 P_m(또는 P_b)의 계수를 방정식 (1.3)에 곱한다. P_m을 선택하여 이를 기준으로 설명하면 다음과 같은 결과를 얻을 수 있다.

$$7(8P_b - 3P_m = 7) \qquad 56P_b - 21P_m = 49 \tag{1.4}$$
$$-3(-P_b + 7P_m = 19) \qquad 3P_b - 21P_m = -57 \tag{1.5}$$

2. 선택한 변수 P_m을 소거하기 위해 방정식 (1.4)에서 (1.5)를 뺀다.

$$53P_b = 106$$
$$P_b = 2$$

3. 위에서 구한 P_b=2를 방정식 (1.4)나 (1.5)에 대입하여 P_m을 구한다.

$$3(2) - 21P_m = -57$$
$$-21P_m = -57 - 6$$
$$P_m = 3$$

1.5 함수

어떤 변수 x가 취할 수 있는 값 각각에 대해 오직 하나의 값에 대응되는 규칙(rule) f가 존재할 때 이를 '함수'(function)라 한다. 이 때 x를 '인수'(argument)라 하며, 이 인수의 값에 대응되는 하나의 값을 '함수 값'(value of function)이라고 하고 $f(x)$라고 표시한다.

또한 여기에서 x가 취할 수 있는 모든 값의 집합을 '정의구역'(domain)이라 하며 이에 대응하는 $f(x)$의 모든 값의 집합을 '치역'(range)이라 한다.

함수는 일반적으로 [예제 10]에 제시되어 있는 것과 같은 대수식으로 표시된다. 그리고 함수를 나타내는 문자로는 f 이외에도 g, h와 같은 영문자 또는 그리스 문자인 φ 등이 쓰인다. 경제학 등에서 자주 쓰이는 함수 형태를 아래에서 살펴보기로 하자.

[1차(선형)함수(linear function)]

$$f(x) = mx + b$$

[2차함수(quadratic function)]

$$f(x) = ax^2 + bx + c \qquad (a \neq 0)$$

[n차 다항함수(polynomial function of degree n)]

$$f(x) = a_n x^n + a_{n-1}x^{n-1} + \cdots + a_0 \qquad (n = \text{비음정수(nonnegative integer; } a_n \neq 0)$$

[유리함수(rational function)]

$$f(x) = \frac{g(x)}{h(x)}$$

여기서 $g(x)$와 $h(x)$ 모두 다항식이고 $h(x) \neq 0$이며 유리함수의 유리(rational)라는 말은 비율(ratio)에서 유래되었음을 감안하면 유리함수의 형태가 쉽게 이해될 것이다.

[멱함수(power function)]

$$f(x) = ax^n \qquad (n = \text{모든 실수})$$

예제 10 함수 $f(x)$가 $f(x) = 8x - 5$로 주어졌을 때, 이의 의미는 x에 어떤 수가 주어지면 이에 8을 곱하고 여기에서 5를 빼는 '규칙'에 따라 x에 대응하는 $f(x)$의 값이 결정된다는 것을 뜻하다. 함수란 바로 이러한 규칙을 뜻한다[3]. 즉, x에 대해 어떤 값이 주어지면 이 값을 함수식 $f(x)$의 x에 대입하여 풀면 $f(x)$의 값을 구할 수 있다.

예를 들어 $x = 3$이면 $f(x)$는

$$f(x) = 8(3) - 5 = 19$$

가 되고 $x = 4$인 경우 $f(x)$는

$$f(x) = 8(4) - 5 = 27$$

([연습문제 1.7-1.9] 참조)

역자 TIP

3) 함수 $f(x) = 8x - 5$에서 f의 의미는, x에 임의의 어떤 값이 주어지면 '그 값에 8배를 하고 이 결과에서 5를 뺀다'는 규칙을 나타내는 것이며, 또 이 규칙에 따라 함수 값 $f(x)$가 결정된다는 것이다. 따라서 $f(x)$의 함수 값을 y로 표시하여 $y = f(x)$로 쓰면, x 값이 주어지면 규칙 f에 따라 하나의 값 y가 결정된다는 것을 표시하는 것이다. 이러한 면에서 x는 독립변수(independent variable)라고 하며, y는 주어진 x 값에 대해 어떤 규칙에 따라 대응되는 값이므로 종속변수(dependent variable) 또는 반응변수(response variable)라고 한다.

예제 11 아래에 여러 가지 형태의 함수 예가 제시되어 있다.

1차(선형)함수 : $f(x) = 7x - 4 \qquad g(x) = -3x \qquad h(x) = 9$

2차함수 : $f(x) = 5x^2 + 8x - 2 \qquad g(x) = x^2 - 6x \qquad h(x) = 6x^2$

다항식 : $f(x) = 4x^3 + 2x^2 - 9x + 5 \qquad g(x) = 2x^5 - x^3 + 7$

유리함수 : $f(x) = \dfrac{x^2 - 9}{x + 4} \quad (x \neq -4) \qquad g(x) = \dfrac{5x}{x - 2} \quad (x \neq 2)$

멱함수 : $f(x) = 2x^6 \qquad g(x) = x^{1/2} \qquad h(x) = 4x^{-3}$

1.6 그래프, 기울기 및 절편

$y = f(x)$와 같은 함수의 그래프를 그릴 때, x는 '독립변수'(independent variable)로서 횡축에 설정되며 y는 '종속변수'(dependent variable)로서 종축에 설정된다. 1차함수의 그래프는 직선으로 나타나는데 이러한 기울기는 'y의 변화'(Δy)를 'x의 변화'(Δx)로 나눈 것이다[4]. 이러한 기울기는 직선의 방향(우상향, 우하향 또는 수평)과 경사도를 나타내게 되는데, 기울기의 절대값이 크면 클수록 직선은 더 가파른 형태를 지니게 된다.

역자 TIP

4) 여기서 Δy는 x의 변화(Δx)에 의해 유발된 y의 변화를 의미한다. 기울기는 바로 $\Delta y/\Delta x$이므로, 기울기가 의미하는 바는 x 1단위 변화당 y가 얼마나 변화하는가를 나타내는 것이다.

양(+)의 기울기를 가진 직선은 우상향의 형태를 띠게 되는 반면, 음(−)의 기울기를 가진 직선은 우하향의 형태를 띠게 된다. 수평인 직선의 경우는 y의 변화가 0이므로(Δy=0), 기울기= $\dfrac{\Delta y}{\Delta x}$ 으로부터 분자가 0이 되어 수평인 직선의 기울기는 당연히 0이다. 반면에 수직인 직선의 경우는 x의 변화가 0이므로(Δx), 수직인 직선의 기울기는 정의되지 않는다. 즉 기울기를 나타내는 $\dfrac{\Delta y}{\Delta x}$ 에서 분모가 0이므로 기울기는 존재하지 않는다.

y의 절편이란 그래프가 y축과 만나는 점을 말하며, 이는 $x=0$일 때의 y 값에 해당한다. 마찬가지로 x 절편은 그래프가 x축과 만나는 점을 의미하며, 이는 $y=0$일 때의 x 값에 해당한다. ([연습문제 1.10] 참조)

예제 12 아래와 같은 1차 선형방정식의 그래프를 그리는 방법을 살펴보기로 하자.

$$y = -\tfrac{1}{4}x + 3$$

위와 같은 1차 선형방정식의 그래프를 그리려면 먼저 이 방정식을 만족시키는 두 점을 구한 후 이들 두 점[5]을 직선으로 연결하기만 하면 된다. 1차함수의 그래프는 직선이 되기 때문에 이 방정식을 만족시키는 모든 점은 이 직선상에 위치하게 된다.

역자 TIP

5) $y=-\dfrac{1}{4}x+3$의 방정식을 만족시키는 해(solution)는 무수히 많이 존재하는데 그 이유는 다음과 같다. 이 방정식의 경우는 미지수가 x, y 두 개인데 반해 방정식의 개수는 하나이므로, 일종의 부정방정식에 해당한다. 이는 x, y 두 미지수 가운데 어느 하나의 미지수 값이 정해져야 나머지 미지수를 결정할 수 있다는 것을 의미한다. 따라서 x 값이 먼저 정해져야 y 값이 결정되는데, 이 때 x 값이 어떻게 정해지느냐에 따라 y 값도 모두 다르게 결정되기 때문에 해는 무수히 많이 존재하게 되는 것이다.

예를 들어 x가 $x=0$으로 주어지면 y는 $y=3$이 되어 해는 $(x, y)=(0, 3)$이 될 것이고, x=1로 주어지면 y는 $y=11/4$, $x=2$이면 $y=5/2$ ⋯ 등이 되어 해가 무수히 존재하게 된다. 이 때 x와 y의 해를 하나의 묶음으로 표시하면 $x=0$과 $y=3$의 해는 $(0, 3)$, 그리고 $x=1$과 $y=11/4$의 해는 $(1, 11/4)$ 등으로 나타낼 수 있으며 이들 해는 XY 평면상에서 하나의 점의 좌표에 해당한다. 따라서 위의 설명에서 두 점을 구한다는 것은 해에 해당하는 두 점의 좌표를 구한다는 것을 의미하는 것이다. 더 나아가 이는 직선을 구성하는 모든 점이 결국 1차 선형방정식의 해에 해당한다는 것을 알 수 있다.

y의 절편을 구하기 위해서는 x를 $x=0$으로 놓고 y의 값을 구하면 된다. 따라서 위의 방정식에서 y의 절편은 $y=\dfrac{1}{4}(0)+3$으로부터 $y=3$이 된다. 또한 y 절편을 점의 좌표로 표시하면 (0, 3)이 됨을 알 수 있다.

같은 방법으로 x의 절편을 구하기 위해서는 y를 $y=0$으로 놓고 x 값을 구하면 된다. 즉,

$0=-\frac{1}{4}x+3$이 되고, $\frac{1}{4}x=3$, $x=12$가 된다. 따라서 x의 절편을 점의 좌표로 나타내면 (x, y) = (12, 0)이 된다.

위에서 언급한 바와 같이 1차방정식의 그래프는 방정식을 만족시키는 두 점을 구하여 직선으로 연결하면 되므로, 여기서는 방정식을 만족시키는 수많은 해 가운데 하나인 y 절편의 좌표 즉 (x, y)=(0, 3)과 x 절편의 좌표 즉 (x, y)=(12, 0)의 두 점을 직선으로 연결하면 [그림 1.1]과 같은 $y=-\frac{1}{4}x+3$의 그래프를 그릴 수 있다.([예제 13-14]와 [연습문제 1.10-1.12] 참조)

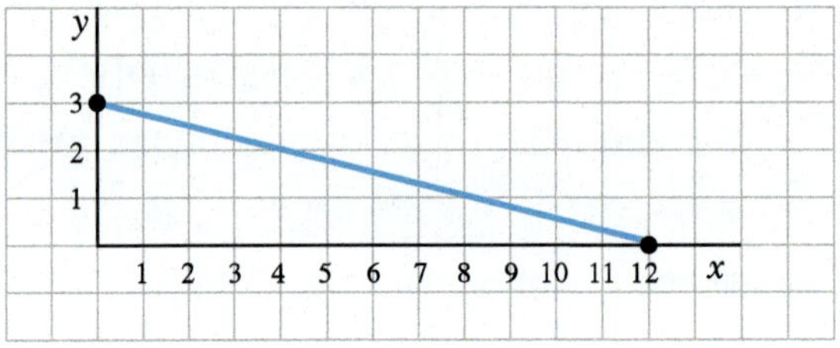

[그림 1.1]

예제 13 두 점 (x_1, y_1)과 (x_2, y_2)를 통과하는 직선의 기울기 m은 다음과 같이 구한다.

$$m=\frac{\Delta y}{\Delta x}=\frac{y_2-y_1}{x_2-x_1} \qquad x_1 \neq x_2$$

예를 들어 [그림 1.1]의 직선은 두 점 (0, 3)과 (12, 0)을 통과하므로 기울기는

$$m=\frac{\Delta y}{\Delta x}=\frac{0-3}{12-0}=-\frac{1}{4}$$

이 되고[6] y축 절편은 점 (0, 3)에서 확인할 수 있다.

예제 14 1차방정식이 다음과 같은 형태로 표시되어 있는 경우:

$$y=mx+b \qquad m,\ b\ =\ \text{상수}$$

이 직선의 기울기와 절편은 주어진 방정식으로부터 직접 파악할 수 있다. 즉 m은 직선의 기울기를 나타내며, $(0, b)$는 y축의 절편을 나타내는 좌표가 된다. 그리고 [연습문제 1.10]에서 보는 바와 같이 $(-\frac{b}{m}, 0)$은 x축 절편의 좌표가 된다[7].

역자 TIP

6) 기울기 $m=(-)1/4$로 음(−)의 값을 가지고 있기 때문에 직선은 우하향의 형태를 띠고 있다.
7) $y=mx+b$에서 x축의 절편은, y 값을 y=0으로 놓고 x 값을 구하면 $0=mx+b$로부터 $x=-b/m$을 구할 수 있다. 따라서 x축 절편의 좌표는 $(-b/m, 0)$이 된다.

그러므로 [예제 12]에서 제시된 방정식이 나타내는 직선의 기울기는 $-\frac{1}{4}$이고 y 절편과 x 절편의 좌표는 각각 (0, 3)과 (12, 0)이 됨을 알 수 있다.

연습 문제

■ 지수

1.1 지수법칙을 이용하여 다음을 간단히 하시오.

a) $x^4 \cdot x^5$

$$x^4 \cdot x^5 = x^{4+5} = x^9$$

b) $x^7 \cdot x^{-3}$

$$x^7 \cdot x^{-3} = x^{7+(-3)} = x^4$$

$$\left[x^7 \cdot x^{-3} = x^7 \cdot \frac{1}{x^3} = x \cdot x \cdot x \cdot x \cdot x \cdot x \cdot x \cdot \frac{1}{x \cdot x \cdot x} = x^4\right]$$

c) $x^{-2} \cdot x^{-4}$

$$x^{-2} \cdot x^{-4} = x^{-2+(-4)} = x^{-6} = \frac{1}{x^6}$$

$$\left[x^{-2} \cdot x^{-4} = \frac{1}{x \cdot x} \cdot \frac{1}{x \cdot x \cdot x \cdot x} = \frac{1}{x^6}\right]$$

d) $x^2 \cdot x^{1/2}$

$$x^2 \cdot x^{1/2} = x^{2+(1/2)} = x^{5/2} = \sqrt{x^5}$$

$$[x^2 \cdot x^{1/2} = (x \cdot x)(\sqrt{x}) = (\sqrt{x} \cdot \sqrt{x} \cdot \sqrt{x} \cdot \sqrt{x})(\sqrt{x}) = (x^{1/2})^5 = x^{5/2}]$$

e) $\frac{x^9}{x^3}$

$$\frac{x^9}{x^3} = x^{9-3} = x^6$$

f) $\frac{x^4}{x^7}$

$$\frac{x^4}{x^7} = x^{4-7} = x^{-3} = \frac{1}{x^3}$$

$$\left[\frac{x^4}{x^7} = \frac{x \cdot x \cdot x \cdot x}{x \cdot x \cdot x \cdot x \cdot x \cdot x \cdot x} = \frac{1}{x^3}\right]$$

g) $\frac{x^3}{x^{-4}}$

$$\frac{x^3}{x^{-4}} = x^{3-(-4)} = x^{3+4} = x^7$$

$$\left[\frac{x^3}{x^{-4}} = \frac{x^3}{1/x^4} = x^3 \cdot x^4 = x^7\right]$$

h) $\dfrac{x^3}{\sqrt{x}}$

$$\frac{x^3}{\sqrt{x}} = \frac{x^3}{x^{1/2}} = x^{3-(1/2)} = x^{5/2} = \sqrt{x^5}$$

i) $(x^2)^5$

$$(x^2)^5 = x^{2\cdot5} = x^{10}$$

j) $(x^4)^{-2}$

$$(x^4)^{-2} = x^{4\cdot(-2)} = x^{-8} = \frac{1}{x^8}$$

k) $\dfrac{1}{x^5}\cdot\dfrac{1}{y^5}$

$$\frac{1}{x^5}\cdot\frac{1}{y^5} = x^{-5}\cdot y^{-5} = (xy)^{-5} = \frac{1}{(xy)^5}$$

l) $\dfrac{x^3}{y^3}$

$$\frac{x^3}{y^3} = \left(\frac{x}{y}\right)^3$$

▪ 다항식

1.2 다음 다항식을 간단히 계산하시오.

a) $3xy + 5xy$ *b*) $13yz^2 - 28yz^2$ *c*) $36x^2y^3 - 25x^2y^3$
d) $26x_1x_2 + 58x_1x_2$ *e*) $16x^2y^3z^5 - 37x^2y^3z^5$

a) $8xy$, *b*) $-15yz^2$, *c*) $11x^2y^3$, *d*) $84x_1x_2$, *e*) $-21x^2y^3z^5$

1.3 다음 다항식을 간단히 하시오.

a) $(34x - 8y) + (13x + 12y)$

$$(34x - 8y) + (13x + 12y) = 47x + 4y$$

b) $(26x - 19y) - (17x - 50y)$

$$(26x - 19y) - (17x - 50y) = 9x + 31y$$

c) $(5x^2 - 8x - 23) - (2x^2 + 7x)$

$$(5x^2 - 8x - 23) - (2x^2 + 7x) = 3x^2 - 15x - 23$$

d) $(13x^2 + 35x) - (4x^2 + 17x - 49)$

$$(13x^2 + 35x) - (4x^2 + 17x - 49) = 9x^2 + 18x + 49$$

1.4 두 다항식의 곱셈에서는 첫 번째 다항식에 있는 각각의 항을 두 번째 다항식의 각 항에 곱한 후, 이들의 곱을 모두 합하여 계산한다는 사실을 상기하면서 다음 다항식의

곱셈을 계산하시오.

a) $(2x+9)(3x-8)$

$$(2x+9)(3x-8) = 6x^2 - 16x + 27x - 72 = 6x^2 + 11x - 72$$

b) $(6x-4y)(3x-5y)$

$$(6x-4y)(3x-5y) = 18x^2 - 30xy - 12xy + 20y^2 = 18x^2 - 42xy + 20y^2$$

c) $(3x-7)^2$

$$(3x-7)^2 = (3x-7)(3x-7) = 9x^2 - 21x - 21x + 49 = 9x^2 - 42x + 49$$

d) $(x+y)(x-y)$

$$(x+y)(x-y) = x^2 - xy + xy - y^2 = x^2 - y^2$$

▪ 방정식의 해

1.5 다음 1차방정식에서 미지수를 가진 항은 좌변으로 이항하고 그 밖의 항은 모두 우변으로 이항시킨 후, 이를 간략히 하는 과정을 통해 해를 구하시오.

a) $5x+6=9x-10$

$$\begin{aligned} 5x+6 &= 9x-10 \\ 5x-9x &= -10-6 \\ -4x &= -16 \\ x &= 4 \end{aligned}$$

b) $26-2x=8x-44$

$$\begin{aligned} 26-2x &= 8x-44 \\ -2x-8x &= -44-26 \\ -10x &= -70 \\ x &= 7 \end{aligned}$$

c) $9(3x+4)-2x=11+5(4x-1)$

$$\begin{aligned} 9(3x+4)-2x &= 11+5(4x-1) \\ 27x+36-2x &= 11+20x-5 \\ 27x-2x-20x &= 11-5-36 \\ 5x &= -30 \\ x &= -6 \end{aligned}$$

d) $\frac{x}{3}-16=\frac{x}{12}+14$

$$\frac{x}{3}-16=\frac{x}{12}+14$$

$$\frac{x}{3}-\frac{x}{12}=14+16$$

분모에 해당하는 3과 12의 최소공배수인 12를 양변에 곱하면 다음과 같이 쉽게 해를 구할 수 있다.

$$\begin{aligned} 12\cdot\left(\frac{x}{3}-\frac{x}{12}\right) &= 30\cdot 12 \\ 4x-x &= 360 \\ x &= 120 \end{aligned}$$

e) $\frac{5}{x}+\frac{3}{x+4}=\frac{7}{x}$ $\quad [x \neq 0,\ -4]$

$$\frac{5}{x}+\frac{3}{x+4}=\frac{7}{x}$$

분모의 최소공배수에 해당하는 $x(x+4)$를 양변에 곱하면

$$x(x+4)\cdot\left(\frac{5}{x}+\frac{3}{x+4}\right)=\frac{7}{x}\cdot x(x+4)$$
$$5(x+4)+3x=7(x+4)$$
$$8x+20=7x+28$$
$$x=8$$

1.6 다음 2차방정식의 해를 근의 공식을 이용하여 구하시오.

a) $5x^2+23x+12=0$

위의 2차방정식을 일반적 형태인 $ax^2+bx+c=0$에 적용하면 $a=5$, $b=23$, $c=12$에 해당하므로 이를 근의 공식에 대입한다.

$$\begin{aligned}x&=\frac{-b\pm\sqrt{b^2-4ac}}{2a}\\&=\frac{-23\pm\sqrt{(23)^2-4(5)(12)}}{2(5)}=\frac{-23\pm\sqrt{529-240}}{10}\\&=\frac{-23\pm\sqrt{289}}{10}=\frac{-23\pm17}{10}\end{aligned}$$

$$x=\frac{-23+17}{10}=-0.6\qquad x=\frac{-23-17}{10}=-4$$

b) $3x^2-41x+26=0$

$$\begin{aligned}x&=\frac{-(-41)\pm\sqrt{(-41)^2-4(3)(26)}}{2(3)}=\frac{41\pm\sqrt{1681-312}}{6}\\&=\frac{41\pm\sqrt{1369}}{6}=\frac{41\pm37}{6}\end{aligned}$$

$$x=\frac{41+37}{6}=13\qquad x=\frac{41-37}{6}=\frac{2}{3}$$

▪ 함수

1.7 *a*) $f(x)=x^2+4x-5$일 때 $f(2)$와 $f(-3)$을 구하시오.

$f(2)$를 구하기 위해 주어진 함수에 x 대신 2를 대입한다.

$$f(2)=(2)^2+4(2)-5=7$$

또 주어진 함수에 x 대신에 -3을 대입하면 $f(-3)$을 구할 수 있다.

$$f(-3)=(-3)^2+4(-3)-5=-8$$

b) $f(x)=2x^3-5x^2+8x-20$일 때, $f(5)$와 $f(-4)$를 구하시오.

$$f(5)=2(5)^3-5(5)^2+8(5)-20=145$$
$$f(-4)=2(-4)^3-5(-4)^2+8(-4)-20=-260$$

1.8 y가 종속변수로 표시되어 있는 다음 [그림 1.2]에서 어느 그래프가 x, y의 함수 관계를 표시하는 그래프인지 고르시오.

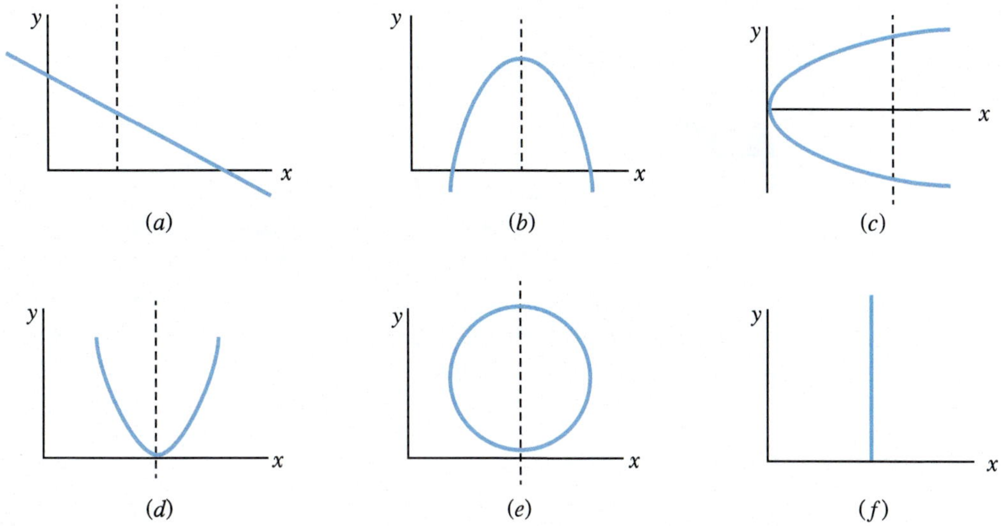

[그림 1.2]

어떤 그래프가 함수관계를 표시하는 그래프가 되기 위해서는, 각각의 x 값에 대해 이에 대응하는 y 값이 반드시 한 개만이 존재해야 한다. 그래프를 관통하는 수직선을 그었을 때, 그래프와 만나는 점이 두 점 이상이 되면 그 그래프는 함수를 나타내는 그래프가 될 수 없다. 이러한 기준에 따라 주어진 그래프가 함수를 나타내는 그래프인가의 여부를 판단하는 방법을 '수직선 검증'(vertical-line test)이라고 하는데, 이 방법에 따르면 (a), (b), (d)의 경우가 함수를 나타내는 그래프임을 알 수 있다. 그래프 (c), (e), (f)는 수직선이 두 점 이상에서 만나고 있어 함수를 나타내는 그래프가 아니다

1.9 다음 방정식 가운데 어느 것이 함수인지 확인하고 그 이유를 설명하시오.

a) $y=-2x+7$

$y=-2x+7$은 함수이다. 그 이유는 독립변수 x가 취할 수 있는 모든 값 하나하나에 대해 이에 대응하는 y 값이 오직 한 개 존재하기 때문이다. 예를 들어 x가 1의 값을 가질 때 $(x=1)$ 이에 대응하는 y 값은 $y=-2(1)+7=5$로써 오직 한 개의 y 값이 존재한다. 그래프는 [그림 1.2]의 (a)와 유사할 것이다.

b) $y^2=x$

$y^2=x$는 $y=\pm\sqrt{x}$로 쓸 수 있는데 이는 x가 취할 수 있는 양의 값 각각에 대해 (+)(−) 두 개의 y 값이 대응하고 있기 때문에 함수가 아니다. 예를 들어 x가

9의 값을 가지는 경우 이에 대응하는 y 값은 $y^2=9$로부터 $y=\pm\sqrt{9}=\pm3$이 되어, x=9에 대응하는 y 값이 두 개가 된다. $y^2=x$의 그래프는 [그림 1.2] (c)의 형태를 띠게 되는데, 그림에 나타난 바와 같이 수직선을 그렸을 때 만나는 점이 두 개가 되므로 함수가 될 수 없다. 여기서 우리는 포물선의 대칭축이 x축과 평행이 되는 포물선은 함수가 될 수 없음을 알 수 있다[8].

역자 TIP

8) 아래 c)번 문제와 비교하면서 이해하기 바란다. [그림 1.2]에서 (c)의 포물선의 경우는 대칭축이 x축과 평행을 유지하고 있으나, (d)의 포물선은 대칭축이 y축과 평행을 유지하고 있다. 따라서 (c)와 같이 포물선의 대칭축이 x축과 평행을 유지하고 있는 경우는 수직선을 그렸을 때 두 점에서 만나고 있고, 이는 주어진 x 값에 대응하는 y 값이 두 개가 되어 함수가 될 수 없다. 그러나 (d)와 같이 포물선의 대칭축이 y축과 평행을 이루는 포물선은 주어진 x 값에 대응하는 y 값이 오직 한 개가 되어 함수가 되는 것이다.

c) $y=x^2$

$y=x^2$은 함수이다. x가 취할 수 있는 값 각각에 대해 대응하는 y 값이 오직 하나씩만 존재하기 때문이다. 예를 들어 $x=-5$일 때, y는 $y=25$로서 단 한 개의 y 값이 대응되고 있다. $x=5$일 때도 이에 대응하는 y 값은 25로서, $x=-5$일 때의 대응값과 동일하나 이는 상관없다. 즉 함수의 정의는 단순히 주어진 x 값 하나하나에 대해 대응하는 y 값이 오직 하나 존재하면 되는 것이지, x에 대응하는 y 값이 모두 달라야 할 필요는 없는 것이다. $y=x^2$의 그래프는 [그림 1.2]의 (d)와 같은 모양을 가지게 되는데, 이는 포물선의 대칭축이 종속변수를 표시하는 y축과 평행일 때, 포물선의 그래프는 함수가 된다는 사실을 보여주고 있다.

d) $y=-x^2+6x+15$

$y=-x^2+6x+15$는 함수이다.

x가 취할 수 있는 각각의 x 값에 대해 이에 대응하는 y 값이 오직 하나씩 존재하기 때문이다. 그래프는 [그림 1.2]의 (b)와 같은 모양이 될 것이다.

e) $x^2+y^2=64$

$x^2+y^2=64$는 함수가 아니다.

x값이 $x=0$으로 주어진 경우 이에 대응하는 y 값은 $y^2=64$로부터 $y=\pm8$이 되어 두 개의 값이 존재함을 알 수 있다. 이 방정식의 그래프는 [그림 1.2]의 (e)에 표시된 것과 같은 모양의 원이 될 것이다. 원은 함수 여부를 가리는 수직선 검증을 만족시키지 못하고 있다.

f) x=4

$x=4$는 함수가 아니다. $x=4$의 그래프는 수직선이 된다. 이는 결국 $x=4$일 때

이에 대응하는 y 값이 무수히 많은 존재함을 의미하는 것이다. $x=4$의 그래프는 [그림 1.2] (*f*)와 같은 모양을 띠게 될 것이다.

■ 그래프, 기울기, 절편

1.10 $y=mx+b$의 1차방정식에서 기울기와 y 절편을 나타내는, 파라미터 m과 b에 의해 x 절편을 나타내시오.

$y=0$으로 놓으면,

$$0=mx+b$$
$$mx=-b$$
$$x=-\frac{b}{m}$$

그러므로 x의 절편은 $(-\frac{b}{m},\ 0)$이 된다.

1.11 다음 방정식의 그래프를 그리고 기울기와 절편을 구하시오.

a) $3y+15x=30$ *b*) $2y-6x=12$

c) $8y-2x+16=0$ *d*) $6y+3x-18=0$

방정식의 그래프를 그리기 위해서 먼저 y를 x에 대해 풀면 기울기와 y 절편을 표시하는 형태로 방정식을 변형시킬 수 있다. [예제 14]에서 본 바와 같이 기울기와 두 개의 절편(y 절편과 x 절편)은 변형된 방정식으로부터 구할 수 있으며, 직선의 그래프를 그리기 위해서는 기울기와 x 절편, y 절편 가운데 두 개만 알면 된다.([그림 1.3]과 [연습문제 2.1-2.10] 참조)

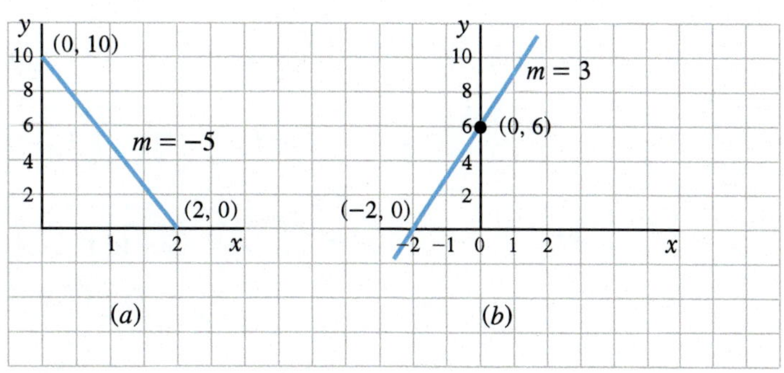

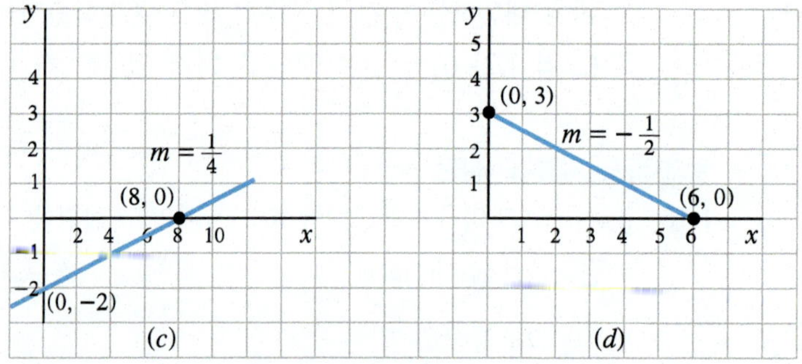

[그림 1.3]

a) $3y + 15x = 30$

$$3y = -15x + 30$$
$$y = -5x + 10$$

기울기 $m = -5$
y 절편: (0, 10)
x 절편: (2, 0)

b) $2y - 6x = 12$

$$2y = 6x + 12$$
$$y = 3x + 6$$

기울기 $m = 3$
y 절편: (0, 6)
x 절편: (−2, 0)

c) $8y - 2x + 16 = 0$

$$8y = 2x - 16$$
$$y = \tfrac{1}{4}x - 2$$

기울기 $m = \frac{1}{4}$
y 절편: (0, −2)
x 절편: (8, 0)

d) $6y + 3x - 18 = 0$

$$6y = -3x + 18$$
$$y = -\tfrac{1}{2}x + 3$$

기울기 $m = -\frac{1}{2}$
y 절편: (0, 3)
x 절편: (6, 0)

1.12 아래에 주어진 두 점을 통과하는 1차함수의 기울기를 각각 구하시오.

a) (4, 12), (8, 2) *b*) (−1, 15), (3, 6) *c*) (2, −3), (5, 18)

a) [예제 13]에서 설명한 공식에 대입하면 기울기 m을 구할 수 있다.

$$m = \frac{y_2 - y_1}{x_2 - x_1} = \frac{2 - 12}{8 - 4} = \frac{-10}{4} = -2\frac{1}{2}$$

b) $$m = \frac{6 - 15}{3 - (-1)} = \frac{-9}{4} = -2\frac{1}{4}$$

c) $$m = \frac{18 - (-3)}{5 - 2} = \frac{21}{3} = 7$$

1.13 (*a*) 2차 함수 $y = 2x^2$과 (*b*) 유리함수 $y = \dfrac{2}{x}$의 그래프를 그리시오.

(*a*)

x	$f(x) = 2x^2 = y$	점 좌표
-2	$f(-2) = 2(-2)^2 = 8$	$(-2, 8)$
-1	$f(-1) = 2(-1)^2 = 2$	$(-1, 2)$
0	$f(0) = 2(0)^2 = 0$	$(0, 0)$
1	$f(1) = 2(1)^2 = 2$	$(1, 2)$
2	$f(2) = 2(2)^2 = 8$	$(2, 8)$
3	$f(3) = 2(3)^2 = 18$	$(3, 18)$

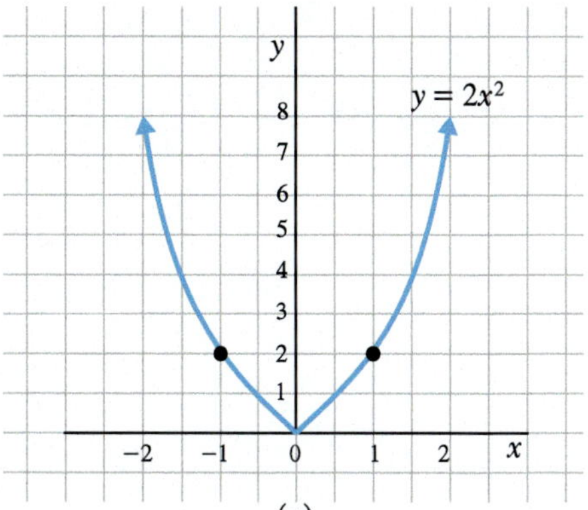

(*a*)

(*b*)

x	$f(x) = 2/x = y$	점 좌표
-4	$f(-4) = 2/(-4) = -\frac{1}{2}$	$(-4, -\frac{1}{2})$
-2	$f(-2) = 2/(-2) = -1$	$(-2, -1)$
-1	$f(-1) = 2/(-1) = -2$	$(-1, -2)$
$-\frac{1}{2}$	$f(-\frac{1}{2}) = 2/(-\frac{1}{2}) = -4$	$(-\frac{1}{2}, -4)$
$\frac{1}{2}$	$f(\frac{1}{2}) = 2/\frac{1}{2} = 4$	$(\frac{1}{2}, 4)$
1	$f(1) = 2/1 = 2$	$(1, 2)$
2	$f(2) = 2/2 = 1$	$(2, 1)$
4	$f(4) = 2/4 = \frac{1}{2}$	$(4, \frac{1}{2})$

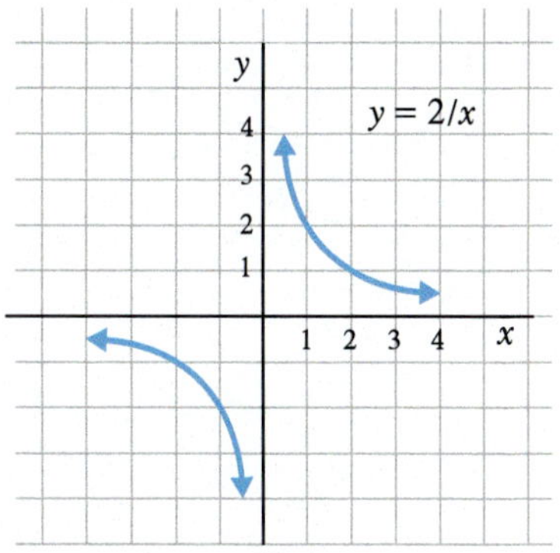

(*b*)

[그림 1.4]

2장

그래프와 방정식의 경제학적 응용

2.1 등비용선

'등비용선'(isocost line)이란 주어진 화폐액으로 구입할 수 있는 두 생산요소(자본과 노동)의 여러 구입량 조합을 표시한 것이다. 일반적으로 등비용선의 식은 $P_K K + P_L L = E$로 표시되는데, 여기서 K와 L은 자본과 노동의 구입량을, P_K와 P_L은 자본과 노동의 단위당 가격을, 그리고 E는 주어진 지출액을 표시한다.

등비용선 분석에서 자본과 노동의 개별 가격 및 지출액은 처음에 일정하게 주어진 것으로 간주한다. 오직 생산요소의 구입량 조합만이 변화할 수 있다고 본다. 그러므로 이 함수의 그래프는 K, L 가운데 어느 한 변수를 나머지 다른 한 변수에 의해 표시함으로써 그릴 수 있다.([예제 1]과 [연습문제 2.5-2.6] 참조)

예제 1 예산선의 방정식이 다음과 같이 주어져 있다고 했을 때, 그래프를 그리기 위한 함수식은 아래와 같이 구한다.

$$P_K K + P_L L = E$$

$$P_K K = E - P_L L$$

$$K = \frac{E - P_L L}{P_K}$$

$$K = \frac{E}{P_K} - \left(\frac{P_L}{P_K}\right) L$$

그러면 이것은 $y = a + bx$ 형태의 1차함수이다. 위 식에서 a에 해당하는 절편은 $a = E/P_K$이며 b에 해당하는 기울기는 $b = -P_L/P_K$이다. 그래프는 [그림 2.1]에 실선으로 그려져 있다.

어느 한 파라미터(parameter)[1)]의 변화로 인한 효과는 방정식과 그래프에 의해 쉽게 확인할 수 있다. 지출액이 E에서 E'으로 증가하면 종축의 절편이 증가하고 등비용선은 오른쪽으로 평행 이동한다. 즉 지출액 E일 때 실선으로 표시된 원래의 등비용선은 지출액 E'으로 증가하면 밖으로 평행 이동되어 점선으로 표시된 새로운 등비용선으로 나타나게 된다.

등비용선의 기울기는 변함이 없는데 이는 기울기를 결정하는 생산요소의 상대가격 (P_L/P_K)이 지출액의 변화에 의해 영향을 받지 않기 때문이다[2].

지출액의 변화와는 달리 P_L의 변화는 예산선의 기울기를 변화시키나, 종축의 절편에는 영향을 주지 않는다[3].

역자 TIP

1) $y=a+bx$에서 파라미터는 독립변수 x와 종속변수 y를 제외한 a와 b이다. 마찬가지로 예산선 방정식 $P_KK+P_LL=E$에서 변수의 역할을 하는 K와 L을 제외한 P_K, P_L, E가 파라미터가 된다.
2) 예산선의 기울기는 (-)P_L/P_K로 표시되는데 여기에 지출액인 E가 포함되어 있지 않으므로, 어떤 지출액의 변화 예산선의 기울기에는 영향을 주지 못한다.
3) 예산선의 기울기는 (-)P_L/P_K이고, 여기에는 P_L이 포함되어 있으므로 P_L의 변화는 당연히 예산의 기울기에 영향을 미치게 된다. 만약 노동의 가격, 즉 임금인 P_L이 상승하면 예산선의 기울기는 가파른 기울기를 가지게 될 것이다.
   또한 종축의 절편은 E/P_K인데 여기에는 P_L이 포함되어 있지 않다. 따라서 P_L이 변하더라도 예산선의 종축 절편에는 변함이 없다.

P_K의 변화는 예산선의 기울기를 변화시키고 종축의 절편도 변화시킨다.([연습문제 2.5-2.6] 참조)

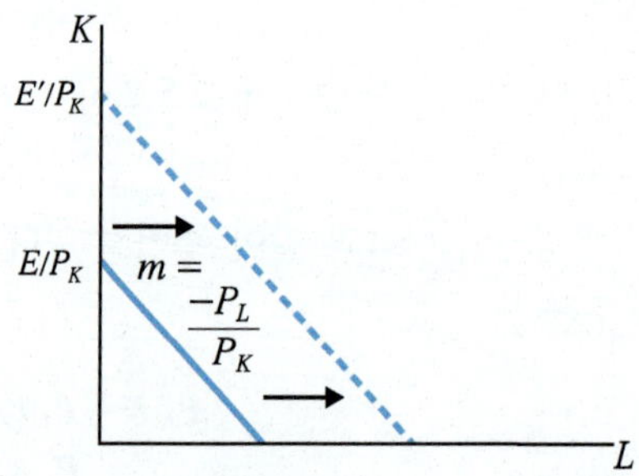

[그림 2.1]

2.2 수요 공급의 분석

수요공급에서의 균형은 $Q_s = Q_d$일 때 성립한다. 따라서 수요함수와 공급함수를 일치시킴으로써 균형가격과 균형수급량을 구할 수 있다.([예제 2]와 [연습문제 2.1-2.4] 그리고 [연습문제 2.11-2.16] 참조)

예제 2 공급함수와 수요함수가 각각 $Q_s = -5 + 3P$, $Q_d = 10 - 2P$ 일 때 균형에서는 $Q_s = Q_d$가 성립한다.

P에 대해 풀면

$$-5 + 3P = 10 - 2P$$
$$5P = 15 \qquad P = 3$$

위의 어느 한 방정식에 $P = 3$을 대입하면

$$Q_s = -5 + 3P = -5 + 3(3) = 4 = Q_d$$

2.3 국민소득 결정 모형

일반적으로 소득결정모형은 아래와 같이 네 개 부문으로 이루어진 경제의 균형소득 수준을 나타낸다.

$$Y = C + I + G + (X - Z)$$

여기서, Y = 소득, C = 소비, I = 투자, G = 정부 지출, X = 수출, Z = 수입.

위 모형에서 균형소득을 구하는 것은 어려운 일이 아니다. 우변에 있는 변수를 모두 합하면 위 방정식은 2차원 공간에 그래프로 나타낼 수 있다.([예제 3]과 [연습문제 2.7-2.10] 그리고 [연습문제 2.17-2.22] 참조)

예제 3 $Y = C + I$이고 $C = C_0 + bY$, $I = I_0$로 이루어진 간단한 2부문 경제에서, $C_0 = 85$, $b = 0.9$ 그리고 $I_0 = 55$로 주어졌을 때, (1) 먼저 파라미터(C_0, b, I_0)로 표시된 균형소득을 구한 후, (2) 이 파라미터에 주어진 값을 대입하여 균형소득을 계산하시오.

(1) 균형 방정식은

$$Y = C + I$$

이므로 여기에 $C = C_0 + bY$, $I = I_0$ 대입하면

$$Y = C_0 + bY + I_0$$

이를 Y에 대해 풀면

$$Y - bY = C_0 + I_0$$
$$(1 - b)Y = C_0 + I_0$$
$$Y = \frac{C_0 + I_0}{1 - b}$$

위와 같은 형태로 표시된 해를 '축약형'(reduced form)이라 한다. 축약형(또는 해 방정식

(solution equation))은 내생변수 Y를 외생변수(C_0, I_0)와 파라미터(b)의 양함수[4](explicit function) 형태로 나타내고 있다.

역자 TIP

4) 방정식에서 어느 한 변수를 나머지 변수만으로 표시할 수 있을 때 이를 양함수(explicit function)라고 한다. 이 때 어느 특정의 한 변수는 종속변수가 되고 나머지 변수들은 독립변수가 되는 것이다. 예를 들어 $2x-y=1$에서 y는 $y=2x-1$로 표시할 수 있으므로, $y=2x-1$는 양함수가 되고 y는 종속변수, x는 독립변수가 된다. 물론 $x=\frac{1}{2}y+\frac{1}{2}$로 표시할 수도 있으므로 이 또한 양함수가 되며, 단지 이 때는 x가 종속변수, y는 독립변수가 된다.

(2) 위에서 구한 균형국민소득 방정식(a)이나 축약형(b)에 파라미터의 값을 대입하면 균형소득을 계산할 수 있다.

a) $Y = C_0 + bY + I_0 = 85 + 0.9Y + 55$

$$Y - 0.9Y = 140$$
$$0.1Y = 140$$
$$Y = 1400$$

b) $Y = \dfrac{C_0 + I_0}{1-b} = \dfrac{85+55}{1-0.9}$

$$= \frac{140}{0.1} = 1400$$

$\dfrac{1}{1-b}$은 경제학에서 자발적 지출승수(autonomous expenditure multiplier)라고 하는데, 이는 1달러의 자발적 지출이 균형소득에 몇 배의 효과를 가져 오는가를 측정한다. 소득결정모형에서 $b = MPC$이기 때문에 승수 $= \dfrac{1}{1-MPC}$이 된다.

2.4 *IS−LM* 분석

IS 곡선은 재화시장의 균형을 가져오는 이자율과 소득의 여러 조합을 표시하는 곡선이다. 이에 반해 LM 곡선은 화폐시장의 균형을 가져오는 이자율과 소득의 여러 조합을 표시하는 곡선이다.

IS-LM 분석은 바로 재화시장과 화폐시장을 동시에 균형시켜주는 이자율과 소득을 구하는 것을 말하는데 이는 연립방정식의 해를 구함으로써 가능하다. 2.3절에서의 간단한 소득결정모형과는 달리 IS-LM 분석에서는 이자율을 하나의 변수로 다루고 있으며 그것의 효과는 모형 안에 포함되어 있다.([예제 4]와 [연습문제 2.23-2.24])

예제 4 간단한 2부문 경제에서 재화시장의 균형은 $Y = C + I$일 때 성립한다. 화폐시장의 균형은 화폐공급(M_s)과 화폐수요(M_d)가 일치할 때 성립하는데, 여기서 화폐수요는 거래적-예비적 화폐수요(M_t)와 투기적 화폐수요(M_z)로 구성된다.

예를 들어 2부문 경제가 $C = 48 + 0.8Y$, $I = 98 - 75i$, $M_s = 250$, $M_t = 0.3Y$, $M_z =$

$52-150i$로 나타나 있다고 하자.

재화시장의 균형(IS)은 $Y=C+I$일 때 성립하므로 여기에 위에서 주어진 정보를 대입하면

$$\begin{aligned} Y &= 48+0.8Y+98-75i \\ Y-0.8Y &= 146-75i \\ 0.2Y+75i-146 &= 0 \end{aligned} \tag{2.1}$$

화폐시장의 균형(LM)은 $M_s = M_t + M_z$[5]일 때 성립하므로 여기에 주어진 정보를 대입하면

$$\begin{aligned} 250 &= 0.3Y+52-150i \\ 0.3Y-150i-198 &= 0 \end{aligned} \tag{2.2}$$

역자 TIP

5) 화폐시장의 균형은 화폐공급과 화폐수요가 일치할 때, 즉 $M_s = M_d$일 때 성립하고 여기에 화폐수요 $M_d = M_t + M_z$를 대입한 것이다.

두 시장에서 동시에 균형이 성립하기 위한 조건은 식 (2.1)과 식 (2.2)로 구성된 연립 방정식의 해를 구하면 된다.

$$0.2Y+75i-146=0 \tag{2.1}$$

$$0.3Y-150i-198=0 \tag{2.2}$$

식 (2.1)에 2를 곱하고 그 결과인 식 (2.3)을 식 (2.2)에 더하여 i를 소거한 후 Y를 구한다.

$$0.4Y+150i-292=0 \tag{2.3}$$

$$\begin{aligned} &\underline{0.3Y-150i-198=0} \\ &0.7Y \qquad\quad -490=0 \\ &Y=700 \end{aligned}$$

식 (2.1)과 식 (2.2)에 위에서 구한 $Y=700$을 대입하여 i를 구한다.

$$\begin{aligned} 0.2Y+75i-146 &= 0 \\ 0.2(700)+75i-146 &= 0 \\ 140+75i-146 &= 0 \\ 75i &= 6 \\ i &= \tfrac{6}{75} = 0.08 \end{aligned}$$

따라서 재화시장과 화폐시장은 $Y=700$, $i=0.08$일 때 동시에 균형에 도달한다. 따라서 균형점에서

$$\begin{aligned} &C=48+0.8Y=48+0.8(700)=608, \\ &I=98-75i=98-75(0.08)=92, \\ &M_t=0.3Y=0.3(700)=210, \end{aligned}$$

$$M_z = 52 - 150i = 52 - 150(0.08) = 40$$
$$C + I = 608 + 92 = 700,$$
$$M_d = M_t + M_z = 210 + 40 = 250 = M_s$$

가 성립함을 알 수 있다.

연습 문제

■ 그래프

2.1 수요함수가 아래와 같은 방정식으로 주어졌을 때 이를 그래프로 그릴 수 있는지 확인하시오.

$$Q_d = -30P + 0.05Y + 2P_r + 4T$$

여기서 P = 재화의 가격, Y = 소득, P_r = 관련재의 가격, T = 기호이다.

위의 수요함수는 5개의 변수를 포함하고 있기 때문에 그래프로 나타낼 수 없다. 그러나 통상적인 수요분석에서 가격을 제외한 모든 독립변수는 일정하다고 가정(ceteris paribus)하기 때문에, 가격 변화가 수요량에 미치는 효과는 다른 변수의 수요량에 대한 영향과는 별개로 측정이 가능하다. 만약 다른 변수(Y, P_r, T)들이 일정하다고 가정하면 수요함수는 그래프로 표시할 수 있다[6].

2.2 (*a*) [연습문제 2.1]에서 $Y=5000$, $P_r=25$, $T=30$이라 가정할 때 수요함수의 그래프를 그리시오.

(*b*) (*a*)에서 도출된 수요함수가 내포하고 있는 의미는 무엇인가?

(*c*) 재화의 가격이 5에서 6으로 상승한 경우 그래프에는 어떤 변화가 일어나는가?

(*d*) 가격 이외의 다른 변수에 변화가 발생하면 어떤 결과가 나타나는가? 예를 들어 소득이 7400으로 증가하는 경우 그래프에서 나타나는 변화는?

a) [연습문제 2.1]의 방정식에 각 변수의 주어진 값을 대입하면 수요함수는 그래프로 쉽게 나타낼 수 있다.([그림 2.2][7])

$$Q_d = -30P + 0.05Y + 2P_r + 4T = -30P + 0.05(5000) + 2(25) + 4(30) = -30P + 420$$

b) 위의 (*a*)에서 그래프로 나타낸 수요곡선은 소득, 관련재의 가격 및 기호가 주어진 값 $Y=5000$, $P_r=25$, $T=30$으로 고정된채 변하지 않는다고 가정할 때, 여러 가지 다른 가격하에서의 수요량을 표시하고 있다.

역자 TIP

6) 위의 수요함수는 종속변수인 수요량(Q_d)이 가격(P), 소득(Y), 관련재 가격(P_r), 기호(T) 등의 4개 독립변수에 의해 영향받고 있음을 나타내고 있다. 따라서 이를 그래프로 나타내려면 독립변수를 표시하는 네 개의 축과 수요량인 종속변수를 표시하는 한 개 축을 합하여 모두 다섯 개의 축이 필요하다. 따라서 이 수요함수의 그래프는 5차원 이상의 차원에서나 그릴 수 있다.
그러나 소득, 관련재 가격, 기호의 세 개 독립변수를 일정하게 주어진 것으로 가정하면, 이들 변수들은 상수처럼 작용하므로, 위의 수요함수는 가격만 독립변수로 남게 된다. 이 경우 수요함수는 독립변수 한 개와 종속변수 한 개로 이루어진 $Q_d = f(P)$의 형태를 띠게 되고, 변수가 두 개(Q_d, P)

이므로, 2차원에 그래프로 그릴 수 있다.

7) 여기서는 주어진 수요함수 $Q_d = f(P)$에서 종속변수 Q_d를 종축에, 독립변수 P를 횡축에 설정하여 그래프를 그리고 있으나, 경제학 교과서에서는 전통적으로 $P = f^{-1}(Q_d)$의 역함수(inverse function) 형태로 표시하여 Q_d를 횡축에, P를 종축에 설정하여 수요곡선을 그리고 있다.

c) 그래프는 모든 가능한 가격하에서 이에 대응하는 수요량을 표시하고 있기 때문에, 재화의 가격 이외의 변수에 변화가 일어나지 않는 한, 그래프는 변동없이 동일한 상태를 유지할 것이다. 따라서 가격 변화는 수요곡선을 따라 이동하면서 수요량을 변화시키게 되는데 이를 '수요량의 변화(change in quantity demanded)'라고 한다. 가격이 5에서 6으로 오를 때, 수요량은 420 − 30(5) = 270에서 420 − 30(6) = 240으로 떨어진다. 즉 A 점에서 B 점으로 수요곡선상을 따라 이동한다.

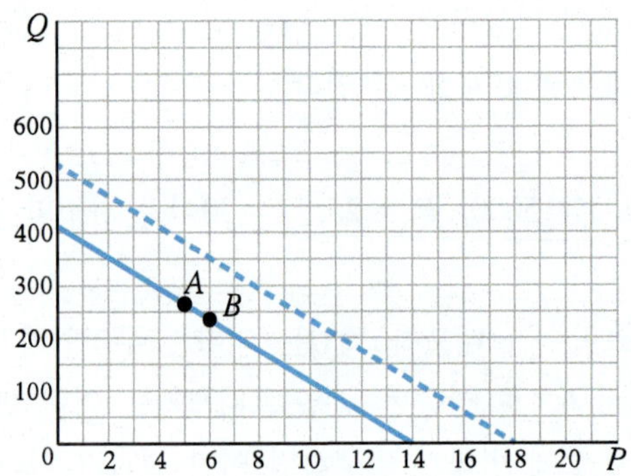

[그림 2.2]

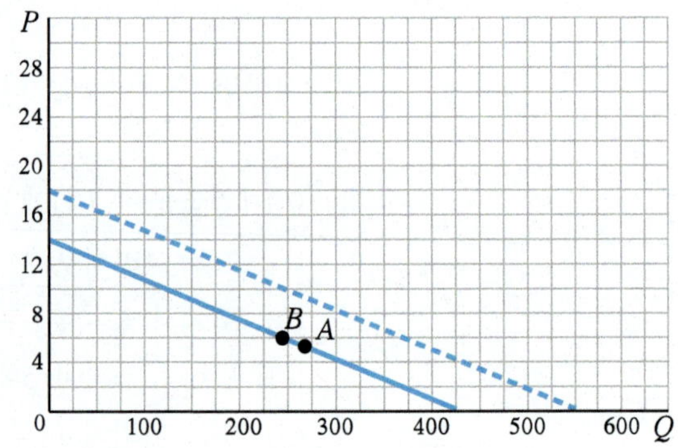

[그림 2.3]

d) 가격 이외의 다른 변수가 변한다면 수요곡선은 이동할 것이다. 이는 일정하게 주어졌다고 가정한 조건이 변화하게 되면 새로운 수요 함수가 나타나기 때문에 이를 '수요의 변화(change in demand)'[8]라 부른다. 만약 소득이 7400으로 증가하는 경우 새로운 수요함수는

$$Q = -30P + 0.05(7400) + 2(25) + 4(30) = -30P + 540$$

이 된다. 이에 대한 그래프는 [그림 2.2]에 점선으로 나타나 있다.

역자 TIP

8) '수요의 변화'는 '수요곡선의 변화'를 의미하며, 이는 곧 수요곡선의 이동에 의한 수요변화이다.

2.3 경제학에서는 전통적으로 수요 공급의 분석에서 독립변수인 가격을 종축에 표시하고 종속변수인 수요량을 횡축에 표시한다.

(a) 전통적인 방법에 따라 [연습문제 2.2]에 있는 수요함수의 그래프를 그리시오.

(b) 가격이 5에서 6으로 상승하는 경우 수요량을 구하시오. 또 소득이 7400으로 증가하는 경우 수요함수에는 어떠한 변화가 일어나는가?

a) 수요함수 $Q_d = 420 - 30P$는 역함수(inverse function)의 형태로 전통적인 방법에 따라 그래프를 그릴 수 있다. 즉 $Q_d = 420 - 30P$에서 독립변수 P를 종속변수 Q_d의 함수로 나타냄으로써 역함수를 구할 수 있다. 그러므로 P를 Q_d에 의해 표시하면 $Q_d = 420 - 30P$의 역함수는 $P = 14 - \frac{1}{30}Q_d$가 된다. 이 그래프는 [그림 2.3]에 실선으로 표시되어 있다.

b) P가 5에서 6으로 상승하면 Q_d는 270에서 240으로 감소한다.

$$\begin{aligned} P &= 14 - \tfrac{1}{30}Q_d \\ 5 &= 14 - \tfrac{1}{30}Q_d \\ \tfrac{1}{30}Q_d &= 9 \\ Q_d &= 270 \end{aligned} \qquad \begin{aligned} P &= 14 - \tfrac{1}{30}Q_d \\ 6 &= 14 - \tfrac{1}{30}Q_d \\ \tfrac{1}{30}Q_d &= 8 \\ Q_d &= 240 \end{aligned}$$

이러한 변화는 [그림 2.3]에서 A로부터 B로의 이동으로 나타난다. 만약 소득이 $Y = 7400$으로 증가했다면 [연습문제 2.2(d)]에 나타난 바와 같이 수요함수는 $Q_d = 540 - 30P$가 된다. 여기에서 P를 Q_d로 나타내면 역함수는 $P = 18 - \frac{1}{30}Q_d$가 되고, 이 그래프는 [그림 2.3]에서 점선으로 그려져 있다.

2.4 (a) 수요함수 $Q_d = -4P + 0.01Y - 5P_r + 10T$의 그래프를 그리시오. 이 때 $Y = 8000$, $P_r = 8$, $T = 4$이다.

(b) 관련재는 어떤 종류의 재화인가?

(c) T가 8로 증가하여 그 재화에 대한 선호도가 커졌다면 수요함수에는 어떠한 변화가 일어나는가?

(d) 전통적인 방식에 따라 P를 종축에 그리고 Q_d를 횡축에 표시하여 위 수요함수의 그래프를 그리시오.

a) $$Q_d = -4P + 0.01(8000) - 5(8) + 10(4) = -4P + 80$$

이것의 그래프는 [그림 2.4(a)]에 실선으로 그려져 있다.

b) 관련재는 음(-)의 계수를 가지고 있으므로 관련재 가격이 상승하면 수요함수에서 표시하고 있는 원래 재화의 수요량은 감소하게 된다. 따라서 이 관련재는 정의에 의해 보완재에 해당한다.

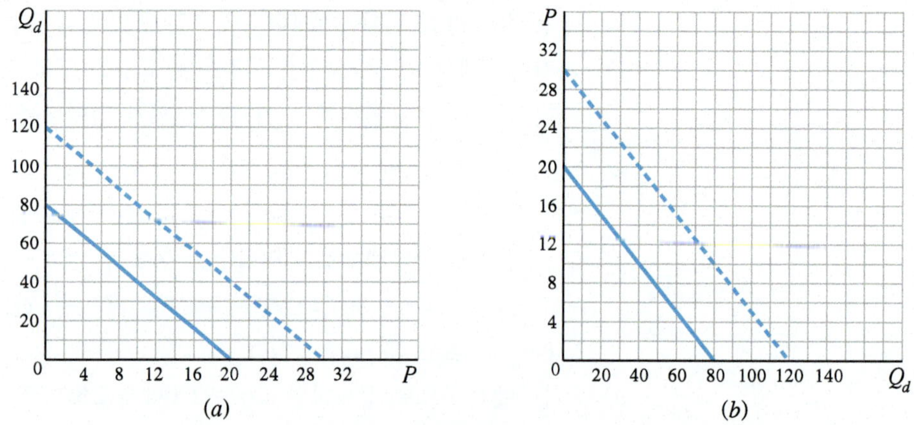

[그림 2.4]

c) 선호도가 $T=4$에서 $T=8$로 증가하면 전체적으로 새로운 수요가 발생한다.

$$Q_d = -4P + 0.01(8000) - 5(8) + 10(8) = -4P + 120$$

이 경우의 그래프는 [그림 2.4(a)]에 점선으로 나타나 있다

d) 종축에 P를 설정하여 그래프를 그리기 위해서는 먼저 역함수를 구해야 한다. $Q_d = 80 - 4P$의 역함수는 $P = 20 - \frac{1}{4}Q_d$가 되며 이의 그래프는 [그림 2.4(b)]에 실선으로 나타나 있다.

또한 $Q_d = 120 - 4P$의 역함수는 $P = 30 - \frac{1}{4}Q_d$이며 [그림 2.4(b)]에 점선으로 그려져 있다.

2.5 어떤 사람이 가격이 각각 3달러와 5달러인 X, Y 두 재화를 구입하는 데 120달러를 지출하고 있다.

(*a*) 주어진 예산(B)을 가지고 구입 할 수 있는 두 재화의 여러 가지 조합을 표시하는 예산선을 그리시오.

(*b*) 예산이 25% 감소하면 원래의 예산선에는 어떤 변화가 생기는가?

(*c*) X재의 가격이 두 배로 오르는 경우 예산선에는 어떤 변화가 생기는가?

(*d*) Y재의 가격이 4달러로 하락하는 경우 예산선에 생기는 변화는?

a) 일반적으로 예산선을 표시하는 함수는 $P_X X + P_Y Y = B$이다.

따라서 $P_X = 3$, $P_Y = 5$, $B = 120$이므로 $3X + 5Y = 120$이 된다.

위의 함수식을 그래프를 그리기 위해 Y를 X의 함수로 나타내면 $Y = 24 - \frac{3}{5}X$가 되는데 이는 [그림 2.5(*a*)]에 실선으로 그려져 있다.

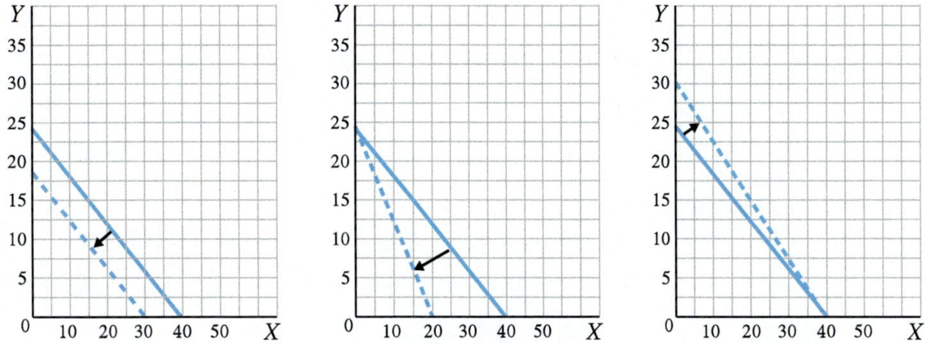

(*a*) 예산(*B*)의 감소 (*b*) *X*재 가격(P_X)의 상승 (*c*) *Y*재 가격(P_Y)의 하락

[그림 2.5]

b) 예산이 25% 감소하였으므로 새로운 예산은 $90\left[120 - \frac{1}{4}(120) = 90\right]$달러이다. 이 예산선의 방정식은

$$3X + 5Y = 90$$
$$Y = 18 - \tfrac{3}{5}X$$

이 그래프는 [그림 2.5(*a*)]에 점선으로 표시되어 있다. 예산의 감소는 예산선을 왼쪽으로 평행 이동시키는 결과를 낳는다.

c) P_X가 2배가 되면 예산선의 방정식은 다음과 같이 된다.

$$6X + 5Y = 120$$
$$Y = 24 - \tfrac{6}{5}X$$

종축의 절편에는 변동이 없으나 기울기는 더 가파르게 변하였다([그림 2.5(*b*)]에 점선으로 표시되어 있다). *X*재의 가격이 오를수록 주어진 예산하에서의 *X*재 구입량은 감소할 수 밖에 없기 때문이다.

d) P_Y가 4달러로 하락하면 예산선의 방정식은 다음과 같이 변한다.

$$3X + 4Y = 120$$
$$Y = 30 - \tfrac{3}{4}X$$

P_Y의 변동으로 종축의 절편과 기울기가 변한다. 이 경우의 그래프는 [그림 2.5(*c*)]에 점선으로 그려져 있다.

2.6 철강 생산에는 석탄(*C*)이나 개스(*G*)가 사용된다. 석탄과 개스의 비용이 각각 100과 500일 때, 주어진 지출액으로 구입 가능한 석탄과 개스의 여러 가지 상이한 조합을 표시하는 등비용선을 아래의 물음에 따라 그리시오.

(*a*) 지출액이 10,000인 경우

(*b*) 지출액이 50% 증가한 경우

(*c*) 개스의 가격이 20% 하락한 경우

(*d*) 석탄 가격이 25% 상승한 경우

a)
$$P_C C + P_G G = E$$
$$100C + 500G = 10{,}000$$
$$C = 100 - 5G$$

그래프는 [그림 2.6(*a*)]에 실선으로 나타나 있다.

b) 지출액이 50% 증가하면 새로운 지출액은 15,000[=10,000 +0.5(10,000)]이 된다. 따라서 방정식은

$$100C + 500G = 15000$$
$$C = 150 - 5G$$

가 된다.

그래프는 [그림 2.6(*a*)]에 점선으로 나타나 있다.

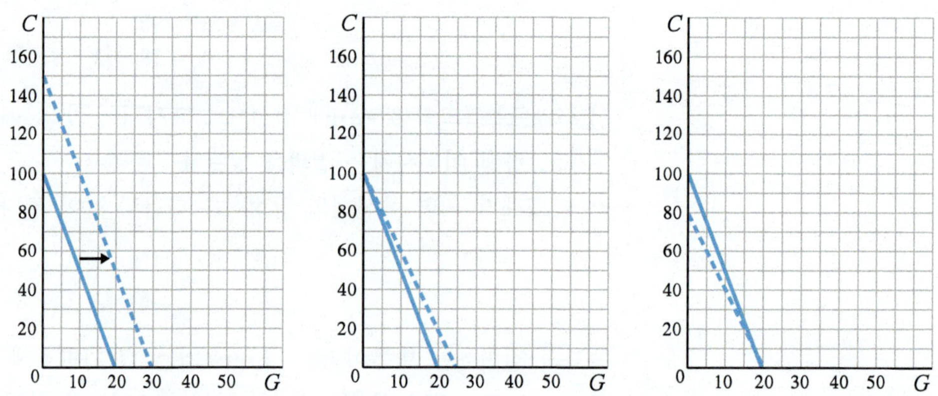

(*a*) 예산이 증가한 경우　(*b*) 개스 가격(P_G)이 하락한 경우　(*c*) 석탄 가격(P_C)이 상승한 경우

[그림 2.6]

c) 개스 가격이 20% 하락하면 새로운 개스 가격은 400[=500-0.2(500)]이 되고 다음과 같은 등비용선의 방정식을 얻을 수 있다.

$$100C + 400G = 10{,}000$$
$$C = 100 - 4G$$

그래프는 [그림 2.6(*b*)]에 점선으로 나타나 있다.

d) 석탄 가격이 25% 상승하면 새로운 석탄 가격은 125[=100+0.25(100)]가 되고 새로운 예산선의 방정식은 다음과 같이 된다.

$$125C + 500G = 10{,}000$$
$$C = 80 - 4G$$

그래프는 [그림 2.6(*c*)]에 점선으로 그려져 있다.

■ 국민소득 결정 모형의 그래프

2.7 $Y = C + I$, $C = 50 + 0.8Y$, $I_0 = 50$으로 주어져 있다.

(*a*) 소비함수의 그래프를 그리시오.

(*b*) 총수요함수 $C + I_0$의 그래프를 그리시오.

(*c*) 그래프로부터 균형국민소득을 구하시오.

a) 소비는 소득의 함수이기 때문에 횡축에 소득을, 그리고 종축에 소비를 택하여 그래프를 그릴 수 있다([그림 2.7] 참조).

I, G, $(X - Z)$와 같은 소비 이외의 다른 총수요 구성 요소가 모형에 부가되더라도 이들 요소는 역시 종축에 표시될 수 있다. 선형의 소비 함수로부터 종축의 절편과 기울기(MPC[9] 또는 $\Delta C / \Delta Y$)가 각각 50, 0.8임을 쉽게 알 수 있다.

b) 위 모형에서 투자는 자발적 투자(autonomous investment)이다. 이는 투자가 소득에 독립적이며 소득의 변화에 대해 투자는 어떠한 변화도 일으키지 않는다는 것을 의미한다. 따라서 상수로만 구성된 투자함수는 수평의 직선이 된다[10]. 이것을 선형함수에 더하는 경우 상수의 크기만큼 선형함수를 평행 이동시키게 된다. [그림 2.7]에 나타난 바와 같이 총수요함수($C + I_0$)는 소비함수를 자발적 투자인 50만큼 평행으로 상향 이동시킨 실선으로 나타나 있다.

c) 그래프로부터 균형국민소득을 구하기 위해서는 원점을 통과하는 45°선을 긋는다([그림 2.7]에 점선으로 표시되어 있다). 만약 X, Y축이 동일한 크기로 측정되어 있다면 45°선의 기울기는 1이 되는데, 이는 원점에서 출발해서 45°선을 따라서 움직이는 경우, 횡축에 표시된 변수의 값이 1단위씩 수평으로 증가할 때 종축에 표시된 변수의 값도 같은 크기로 1단위씩 수직으로 증가한다는 것을 의미한다. 따라서 45°선상에 있는 모든 점은 동일한 수평 좌표와 수직 좌표를 가지고 있다.

따라서 총수요함수가 45°선과 만날 때 수직축에 표시된 총수요($C + I_0$)는 수평축에 표시된 국민소득(Y)와 일치할 것이다. [그림 2.7]에 명백히 나타난 바와 같이 균형국민소득은 총수요함수가 45°선과 만나는 500에서 결정된다.

역자 TIP

9) MPC(Marginal Propensity to Consume)은 한계소비성향을 나타낸다.

10) $I_0 = 50$은 $I_0 = 50 + (0)Y$나 마찬가지이므로 Y의 변화가 I_0에 영향을 주지 못한다. 따라서 이를 그래프로 나타낼 경우 기울기가 '0'이 되어 수평의 직선으로 나타난다.

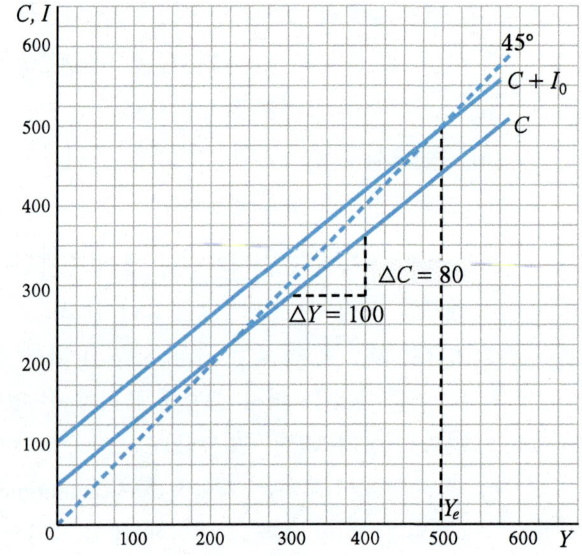

[그림 2.7]

2.8 $Y = C + I + G$, $C = 25 + 0.75Y$, $I = I_0 = 50$ 그리고 $G = G_0 = 25$의 국민소득 모형식이 주어져 있다.

(*a*) 총수요를 구성하는 개별 요소의 그래프와 총수요함수의 그래프를 그리시오.

(*b*) 균형국민소득을 구하시오.

(*c*) 총수요함수의 그래프는 이를 구성하는 개별 요소의 그래프를 그리지 않고 어떻게 직접 도출해낼 수 있는가?

a) [그림 2.8] 참조

b) 균형국민소득 = 400

c) 총수요함수의 그래프를 직접 그리기 위해서는 총수요를 구성하는 개별 요소를 모두 더한다.

$$총수요(AD) = C + I + G = 25 + 0.75Y + 50 + 25 = 100 + 0.75Y$$

이와 같이 하여 총수요함수의 그래프를 직접 그린 것과 총수요 구성 요소인 C, I, G의 그래프를 각각 그린 후 이를 더하여 총수요함수의 그래프를 그린 것의 결과는 완전히 일치한다.

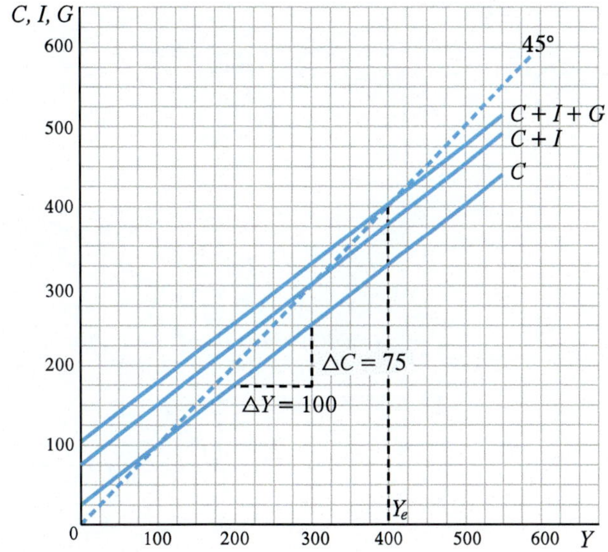

[그림 2.8]

2.9 정액세(lump-sum tax: 소득의 변화에 독립적인 조세)의 부과가 소득결정 모형의 파라미터(parameter)에 어떻게 영향을 주는지 아래에 주어진 두 모형의 그래프를 이용하여 설명하시오. 모형 (1)의 그래프는 실선으로, 그리고 모형 (2)의 그래프는 점선으로 나타내시오.

1) $Y = C + I$
$C = 100 + 0.6Y$
$I_0 = 40$

2) $Y = C + I$
$C = 100 + 0.6Yd$
$I_0 = 40$

$Yd = Y - T$
$T = 50$

(1)의 모형에는 정액세가 부과되어 있지 않기 때문에 소비함수 $C = 100 + 0.6Y$에 어떤 변화도 발생하지 않는다. 즉 가처분소득($Y_d = Y - T$)의 함수인 소비함수를 Y의 함수로 변환시키기 위해 조세 T를 부가할 필요가 없다[11].

그러나 (2)의 모형에서는 가처분소득 Y_d의 함수로 표시된 소비함수(C)를 국민소득 Y의 함수로 변환시켜 놓아야 한다[12].

1) Agg. $D = C + I$
$= 100 + 0.6Y + 40$
$= 140 + 0.6Y$

2) Agg. $D = C + I$
$= 100 + 0.6Yd + 40 = 140 + 0.6(Y - T)$
$= 140 + 0.6(Y - 50) = 110 + 0.6Y$

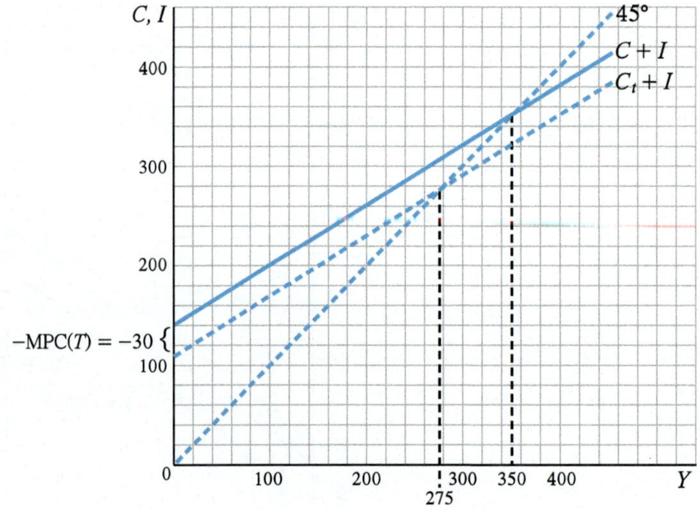

[그림 2.9]

정액세는 총수요함수의 수직축 절편에 대해 $-MPC \times T$ 만큼의 마이너스 효과를 나타내고 있다. 여기서는 $-0.6(50)=-30$이다. 정액세 부과의 결과, 기울기는 영향을 받지 않으나([그림 2.9]에서 두 그래프는 평행임에 유의)[13], 소득 수준은 절편에 대한 마이너스 효과로 인해 350에서 275로 감소하였다.

역자 TIP

11) 이는 소비함수 $C+100+0.6Y$에 조세 T를 부가할 필요가 없다는 의미이다. 즉 소비는 가처분소득(disposable income: Y_d)의 함수이고, 가처분소득은 소득(Y)에서 세금(T)을 공제한 것으로서 $Y_d = Y - T$로 표시할 수 있으므로 소비함수에는 조세인 변수 T가 포함되어 있어야 한다. 그런데 모형 (1)의 경우는 $Y=C+I$로서 정부부문(G)이 제외되어 있어 세금이 존재하지 않는다($T=0$). 따라서 소득 Y는 그 자체가 가처분소득 Y_d가 되어($Y_d = Y - T = Y$), 소비함수 $C=100+0.6Y$에 가처분소득을 표시하기 위해 T를 부가할 필요가 없는 것이다.
12) 즉 (2)의 모형에서는 조세 T가 존재하기 때문에 국민소득 Y와 가처분소득 Y_d 사이에 T만큼의 차이가 발생한다. 따라서 소비함수 $C=100+0.6Y_d$를 $C=100+0.6(Y-T)$로 변환시켜주어야 이를 균형국민소득결정 방정식 $Y=C+I$에 대입하여 균형국민소득 Y를 구할 수 있다.
13) 정액세 부과 전의 총수요곡선 $C+I$와 정액세 부과 후의 총수요곡선 C_t+I는 [그림 2.9]에서 보는 바와 같이 평행이다.

2.10 비례세(소득수준에 비례하여 부과되는 조세)를 부과하면 국민소득결정모형의 파라미터에 어떤 영향을 미치는지 그래프를 통하여 설명하시오. 먼저 비례세가 부과되지 않은 모형의 그래프를 실선으로 그린 후, 비례세가 부과된 모형의 그래프를 점선으로 그려 비교하시오.

1) $Y = C + I$
$C = 85 + 0.75Y$
$I_0 = 30$

2) $Y = C + I$
$C = 85 + 0.75Yd$
$I_0 = 30$
$Yd = Y - T$
$T = 20 + 0.2Y$

1) $\text{Agg. } D = C + I$
$= 85 + 0.75Y + 30$
$= 115 + 0.75Y$

2) $\text{Agg. } D = C + I$
$= 85 + 0.75Yd + 30 = 115 + 0.75(Y - T)$
$= 115 + 0.75(Y - 20 - 0.2Y)$
$= 115 + 0.75Y - 15 - 0.15Y = 100 + 0.6Y$

모형에 비례세의 변수가 도입되면 총수요함수의 기울기 또는 MPC가 영향을 받는다. 위 모형의 경우 비례세로 인해 기울기는 0.75에서 0.6으로 낮아졌다. 종축의 절편 역시 낮아졌는데, 이는 조세구조가 조세함수 $T = 20 + 0.2Y$에 나타난 바와 같이 20만큼의 정액세를 포함하고 있기 때문이다. 비례세로 인해 균형국민소득은 460에서 250으로 하락하였다.([그림 2.10] 참조)

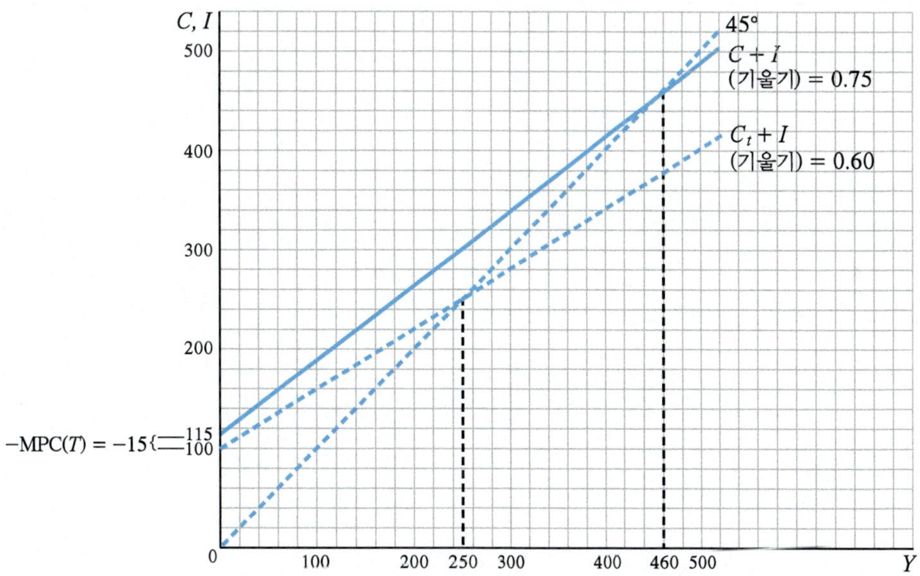

[그림 2.10]

■ 수요 공급의 분석

2.11 아래 시장에 대해 균형가격 및 균형수급량을 구하시오.

a) $Q_s = -20 + 3P$
$Q_d = 220 - 5P$

b) $Q_s = -45 + 8P$
$Q_d = 125 - 2P$

c) $Q_s + 32 - 7P = 0$
$Q_d - 128 + 9P = 0$

d) $13P - Q_s = 27$
$Q_d + 4P - 24 = 0$

각 시장은 $Q_s = Q_d$일 때 균형에 도달한다.

$$\begin{aligned} a) \quad Q_s &= Q_d \\ -20+3P &= 220-5P \\ 8P &= 240 \\ P &= 30 \\ Q_s &= -20+3P = -20+3(30) \\ Q_s &= 70 = Q_d \end{aligned}$$

$$\begin{aligned} b) \quad Q_s &= Q_d \\ -45+8P &= 125-2P \\ 10P &= 170 \\ P &= 17 \\ Q_d &= 125-2P = 125-2(17) \\ Q_d &= 91 = Q_s \end{aligned}$$

$$\begin{aligned} c) \quad Q_s &= 7P-32 \\ Q_d &= 128-9P \\ 7P-32 &= 128-9P \\ 16P &= 160 \\ P &= 10 \\ Q_s &= 7P-32 = 7(10)-32 \\ Q_s &= 38 = Q_d \end{aligned}$$

$$\begin{aligned} d) \quad Q_s &= -27+13P \\ Q_d &= 24-4P \\ -27+13P &= 24-4P \\ 17P &= 51 \\ P &= 3 \\ Q_d &= 24-4P = 24-4(3) \\ Q_d &= 12 = Q_s \end{aligned}$$

2.12 쇠고기(B)와 돼지고기(P)의 두 관련재 시장에 대해 다음과 같은 연립방정식이 주어졌을 때 대입법을 이용하여 각 시장의 균형조건을 구하시오.

1) $Q_{dB} = 82 - 3P_B + P_P$, $Q_{sB} = -5 + 15P_B$ 2) $Q_{dP} = 92 + 2P_B - 4P_P$, $Q_{sP} = -6 + 32P_P$

각 시장에서 균형은 $Q_s = Q_d$일 때 성립한다.

$$\begin{aligned} 1) \quad Q_{sB} &= Q_{dB} \\ -5+15P_B &= 82-3P_B+P_P \\ 18P_B - P_P &= 87 \end{aligned}$$

$$\begin{aligned} 2) \quad Q_{sP} &= Q_{dP} \\ -6+32P_P &= 92+2P_B-4P_P \\ 36P_P - 2P_B &= 98 \end{aligned}$$

위의 균형조건을 통해 두 개의 미지수(P_B, P_P)와 두 개의 방정식으로 이루어진 다음과 같은 연립방정식을 얻을 수 있다.

$$18P_B - P_P = 87 \qquad (2.4)$$
$$-2P_B + 36P_P = 98 \qquad (2.5)$$

식 (2.4)에서 P_P에 대해 풀면

$$P_P = 18P_B - 87$$

이 된다. 이를 식 (2.5)에 대입하면

$$-2P_B + 36(18P_B - 87) = 98 \qquad -2P_B + 648P_B - 3132 = 98$$
$$646P_B = 3230 \qquad P_B = 5$$

식 (2.4)나 식 (2.5)에 $P_B = 5$를 대입하면 P_P를 구할 수 있다.

$$-2(5) + 36P_P = 98$$
$$36P_P = 108 \qquad P_P = 3$$

끝으로 각 시장의 수요함수나 공급함수에 P_B와 P_P의 값을 대입하면 쇠고기와 돼지고기의 균형수급량을 구할 수 있다.

1) $Q_{dB} = 82 - 3P_B + P_P = 82 - 3(5) + (3)$
$Q_{dB} = 70 = Q_{sB}$

2) $Q_{dP} = 92 + 2P_B - 4P_P = 92 + 2(5) - 4(3)$
$Q_{dP} = 90 = Q_{sP}$

2.13 보완재인 바지(S)와 상의(J)에 대한 균형가격 및 균형수급량을 소거법을 이용하여 구하시오.

1) $Q_{dS} = 410 - 5P_S - 2P_J$　　2) $Q_{dJ} = 295 - P_S - 3P_J$
$Q_{sS} = -60 + 3P_S$　　$Q_{sJ} = -120 + 2P_J$

균형에서

1)
$$Q_{dS} = Q_{sS}$$
$$410 - 5P_S - 2P_J = -60 + 3P_S$$
$$470 - 8P_S - 2P_J = 0$$

2)
$$Q_{dJ} = Q_{sJ}$$
$$295 - P_S - 3P_J = -120 + 2P_J$$
$$415 - P_S - 5P_J = 0$$

위로부터 다음과 같은 두 방정식을 얻는다.

$$470 - 8P_S - 2P_J = 0 \quad (2.6)$$
$$415 - P_S - 5P_J = 0 \quad (2.7)$$

식 (2.7)에 8을 곱하여 식 (2.8)을 얻은 후, 이로부터 식 (2.6)을 빼면 P_S가 소거되어 P_J를 구할 수 있다.

$$3320 - 8P_S - 40P_J = 0 \quad (2.8)$$
$$\underline{-(+470 - 8P_S - 2P_J = 0)}$$
$$2850 \qquad - 38P_J = 0$$
$$P_J = 75$$

식 (2.6)에 $P_J = 75$를 대입하면

$$470 - 8P_S - 2(75) = 0$$
$$320 = 8P_S \qquad P_S = 40$$

끝으로 $P_J = 75$와 $P_S = 40$을 각 시장의 수요함수와 공급함수인 Q_d 또는 Q_S에 대입하면 각 재화의 균형수급량을 구할 수 있다.

1) $Q_{dS} = 410 - 5P_S - 2P_J = 410 - 5(40) - 2(75)$
$Q_{ds} = 60 = Q_{sS}$

2) $Q_{dJ} = 295 - P_S - 3P_J = 295 - 40 - 3(75)$
$Q_{dJ} = 30 = Q_{sJ}$

2.14 수요와 공급함수는 2차함수식으로 나타날 수도 있다. 다음과 같이 수요함수와 공급함수가 주어졌을 때 균형가격 및 균형수급량을 구하시오.

(수요함수)

$$P + Q^2 + 3Q - 20 = 0 \tag{2.9}$$

(공급함수)

$$P - 3Q^2 + 10Q = 5 \tag{2.10}$$

미지수가 두 개이고 방정식이 두 개이기 때문에 대입법이나 소거법 중 어느 것을 이용해도 상관없다. 대입법을 사용하기 위해 먼저 식 (2.10)을 P에 대해 풀면 P를 Q로 나타낼 수 있다.

$$\begin{aligned} P - 3Q^2 + 10Q &= 5 \\ P &= 3Q^2 - 10Q + 5 \end{aligned}$$

식 (2.9)에 $P = 3Q^2 - 10Q + 5$를 대입하면

$$\begin{aligned} (3Q^2 - 10Q + 5) + Q^2 + 3Q - 20 &= 0 \\ 4Q^2 - 7Q - 15 &= 0 \end{aligned}$$

여기에서 2차방정식의 근의 공식인 $Q_1, Q_2 = \dfrac{-b \pm \sqrt{b^2 - 4ac}}{2a}$를 이용하면, 여기서 $a = 4$, $b = -7$, $c = -15$이므로 $Q_1 = 3$과 $Q_2 = -1.25$를 얻는다.

가격이나 수량은 마이너스가 될 수 없으므로 균형수급량은 $Q = 3$이 된다. 이를 식 (2.9)나 식 (2.10)에 P를 구할 수 있다.

$$P + (3)^2 + 3(3) - 20 = 0, \qquad P = 2$$

2.15 수요함수와 공급함수가 다음과 같을 때 소거법을 이용하여 균형가격 및 균형수급량을 구하시오.

(수요함수)

$$3P + Q^2 + 5Q - 102 = 0 \tag{2.11}$$

(공급함수)

$$P - 2Q^2 + 3Q + 71 = 0 \tag{2.12}$$

식 (2.12)에 3을 곱하여 식 (2.13)을 얻고 이를 식 (2.11)에서 빼면 P를 소거할 수 있다.

$$\begin{array}{r} 3P + Q^2 + 5Q - 102 = 0 \\ -(3P - 6Q^2 + 9Q + 213 = 0) \\ \hline 7Q^2 - 4Q - 315 = 0 \end{array} \tag{2.13}$$

근의 공식을 이용하여([연습문제 2.14] 참조) Q를 구한 후 그 중에서 균형수급량이 되는 $Q = 7$을 식 (2.11) 또는 식 (2.12)에 대입하면 균형가격 P를 구할 수 있다.

식 (2.12)에 대입하면 균형가격 $P=6$을 얻을 수 있다.

$$P - 2(7)^2 + 3(7) + 71 = 0 \qquad P = 6$$

2.16 수요 공급의 분석은 지금까지 살펴본 두 개 시장이 아닌 세 개 이상의 시장에 대해서도 가능하다. 아래 제시된 세 개의 대체재에 대한 균형가격 및 균형수급량을 구하시오.

$$\begin{aligned} Q_{d1} &= 23 - 5P_1 + P_2 + P_3 & Q_{s1} &= -8 + 6P_1 \\ Q_{d2} &= 15 + P_1 - 3P_2 + 2P_3 & Q_{s2} &= -11 + 3P_2 \\ Q_{d3} &= 19 + P_1 + 2P_2 - 4P_3 & Q_{s3} &= -5 + 3P_3 \end{aligned}$$

각 시장이 균형에 도달하기 위해서는 수요량과 공급량이 일치해야하므로 $Q_{d1}=Q_{s1}$, $Q_{d2}=Q_{s2}$, $Q_{d3}=Q_{s3}$가 성립해야 한다.

$$\begin{aligned} Q_{d1} &= Q_{s1} & Q_{d2} &= Q_{s2} \\ 23 - 5P_1 + P_2 + P_3 &= -8 + 6P_1 & 15 + P_1 - 3P_2 + 2P_3 &= -11 + 3P_2 \\ 31 - 11P_1 + P_2 + P_3 &= 0 & 26 + P_1 - 6P_2 + 2P_3 &= 0 \end{aligned}$$

$$\begin{aligned} Q_{d3} &= Q_{s3} \\ 19 + P_1 + 2P_2 - 4P_3 &= -5 + 3P_3 \\ 24 + P_1 + 2P_2 - 7P_3 &= 0 \end{aligned}$$

이로부터 세 개의 미지수를 가진 세 개의 방정식을 얻을 수 있다.

$$31 - 11P_1 + P_2 + P_3 = 0 \tag{2.14}$$
$$26 + P_1 - 6P_2 + 2P_3 = 0 \tag{2.15}$$
$$24 + P_1 + 2P_2 - 7P_3 = 0 \tag{2.16}$$

먼저 변수 중의 하나를(여기서는 P_2) 소거하기로 하자. 식 (2.14)에 2를 곱하면

$$62 - 22P_1 + 2P_2 + 2P_3 = 0$$

을 얻는다. 여기에서 식 (2.16)을 빼면

$$\begin{array}{r} 62 - 22P_1 + 2P_2 + 2P_3 = 0 \\ \underline{-(24 + P_1 + 2P_2 - 7P_3) = 0} \\ 38 - 23P_1 \qquad\quad + 9P_3 = 0 \end{array} \tag{2.17}$$

식 (2.16)에 3을 곱하면

$$72 + 3P_1 + 6P_2 - 21P_3 = 0$$

을 얻는데 이를 식 (2.15)에 더하면

$$\begin{array}{r} 26 + P_1 - 6P_2 + 2P_3 = 0 \\ \underline{72 + 3P_1 + 6P_2 - 21P_3 = 0} \\ 98 + 4P_1 \qquad\quad - 19P_3 = 0 \end{array} \tag{2.18}$$

이제 방정식은 식 (2.17)과 식 (2.18)의 두 개로 축소되었고 미지수 역시 두 개로 줄어 들었다. 식 (2.17)에 19를 곱하고 식 (2.18)에 9를 곱한 후 이들 두 방정식을 더하면 P_3를 소거할 수 있다.

$$\begin{array}{r} 722 - 437P_1 + 171P_3 = 0 \\ \underline{882 + \;\; 36P_1 - 171P_3 = 0} \\ 1604 - 401P_1 \qquad\qquad = 0 \\ P_1 = 4 \end{array}$$

식 (2.18)에 $P_1 = 4$를 대입하면 P_3를 구할 수 있다.

$$98 + 4(4) - 19P_3 = 0$$

$$19P_3 = 114 \qquad P_3 = 6$$

P_2를 구하기 위해서는 위에서 구한 $P_1 = 4$, $P_3 = 6$을 식 (2.14), 식 (2.15), 식 (2,16)중 어느 하나의 방정식에 대입하면 된다. 여기서는 식 (2.14)에 대입해 보자.

$$31 - 11(4) + P_2 + (6) = 0 \qquad P = 7$$

■ 국민소득 결정 모형의 방정식

2.17 다음과 같이 국민소득 결정 모형이 주어져 있다. 즉 $Y = C + I + G$, $C = C_0 + bY$, $I = I_0$, $G = G_0$이고 $C_0 = 135$, $b = 0.8$, $I_0 = 75$, $G_0 = 30$으로 주어졌을 때

(*a*) 축약형[14]으로 균형 국민소득에 대한 방정식을 구하시오.

(*b*) 균형국민소득을 모형으로부터, 1) 직접 연립방정식을 푸는 방법과, 2) 축약형에 의한 방법 두 가지로 균형국민소득을 구하시오.

a) 2.3절에 따라 위 모형의 균형국민소득을 축약형으로 구하면,

$$\begin{aligned} Y &= C + I + G \\ &= C_0 + bY + I_0 + G_0 \\ Y - bY &= C_0 + I_0 + G_0 \\ (1-b)Y &= C_0 + I_0 + G_0 \\ Y &= \frac{C_0 + I_0 + G_0}{1-b} \end{aligned}$$

b) 1)

$$\begin{aligned} Y &= C + I + G = 135 + 0.8Y + 75 + 30 \\ Y - 0.8Y &= 240 \\ 0.2Y &= 240 \\ Y &= 1200 \end{aligned}$$

2)

$$\begin{aligned} Y &= \frac{C_0 + I_0 + G_0}{1-b} \\ &= \frac{135 + 75 + 30}{1 - 0.8} \\ &= 5(240) = 1200 \end{aligned}$$

역자 TIP

14) 해설부분 2.3절의 [예제 3] 참조. 즉, 축약형은 해 방정식(solution equation)을 의미하는 것에 유의할 것.

2.18 $Y = C + I$의 균형국민소득 모형하에서 $C = 89 + 0.8Y$, $I_0 = 24$일 때 균형국민소득을 구하시오.

$$Y = \frac{C_0 + I_0}{1 - b} = 5(89 + 24) = 565$$

[연습문제 2.17]로부터 $b = 0.8$일 때의 승수$(\frac{1}{1-b})$[15] 값은 쉽게 구할 수 있다. 결국 다른 방법에 의해서도 가능하지만 이 경우 축약형을 이용하면 더 빨리 방정식을 풀 수 있다.

역자 TIP

15) $Y = \frac{C_0 + I_0}{1-b}$에서 C_0, I_0는 외생변수(exogenous variable)에 해당한다. 즉 $Y = \frac{1}{1-b}(C_0 + I_0)$이므로 C_0 또는 I_0의 외생변수 변화에 대해 내생변수(endogenous variable)인 Y는 $\frac{1}{1-b}$의 비율로 변한다.

2.19 (*a*) 투자가 독립적이 아니고 소득의 함수[16]로 주어져 있는 다음과 같은 국민소득결정 모형의 축약형을 구하시오.

(*b*) 균형국민소득의 값을 구하시오.

(*c*) 또한 투자가 소득의 함수인 경우의 승수에는 투자가 독립적인 경우에 비해 어떤 변화가 일어났는지를 보이시오.

$$Y = C + I \qquad C = C_0 + bY \qquad I = I_0 + aY$$

여기서 $C_0 = 65$, $I_0 = 70$, $b = 0.6$, 그리고 $a = 0.2$.

a)

$$\begin{aligned} Y &= C + I \\ &= C_0 + bY + I_0 + aY \\ Y - bY - aY &= C_0 + I_0 \\ (1 - b - a)Y &= C_0 + I_0 \\ Y &= \frac{C_0 + I_0}{1 - b - a} \end{aligned}$$

b)

$$\begin{aligned} Y &= C + I \\ &= 65 + 0.6Y + 70 + 0.2Y \\ Y - 0.6Y - 0.2Y &= 65 + 70 \\ 0.2Y &= 135 \\ Y &= 675 \end{aligned}$$

c) 투자가 소득의 함수일 때 승수는 $\frac{1}{1-b}$에서 $\frac{1}{1-b-a}$로 변한다. 즉 승수의 분모 값이 작아지기 때문에 승수는 더 커진다. 파라미터 값을 대입하면 승수의 변화를 비교할 수 있다.

$$\frac{1}{1-b} = \frac{1}{1-0.6} = \frac{1}{0.4} = 2.5 \qquad \frac{1}{1-b-a} = \frac{1}{1-0.6-0.2} = \frac{1}{0.2} = 5$$

역자 TIP

16) 투자가 소득에 대해 독립적인 경우를 자발적 투자(autonomous investment)라고 부른다, 투자가 소득의 함수인 경우를 유발적 투자(induced investment)라고 부른다.

2.20 정액세가 모형에 포함되어 소비가 가처분소득(Y_d)의 함수로 표시될 때

(*a*) 균형국민소득을 축약형으로 나타내시오.

(*b*) 균형국민소득의 값을 구하시오.

(*c*) 승수에 대한 효과에 대해 설명하시오.

$$Y = C + I \qquad C = C_0 + bYd \qquad I = I_0 \qquad Yd = Y - T$$

여기서 $C_0 = 100$, $b = 0.6$, $I_0 = 40$, 그리고 $T = 50$.

a)
$$Y = C + I = C_0 + bYd + I_0 = C_0 + b(Y - T) + I_0 = C_0 + bY - bT + I_0$$
$$Y - bY = C_0 + I_0 - bT$$
$$Y = \frac{C_0 + I_0 - bT}{1 - b}$$

b)
$$Y = 100 + 0.6Yd + 40 = 140 + 0.6(Y - T) \text{ 또는 } Y = \frac{100 + 40 - 0.6(50)}{1 - 0.6} = \frac{110}{0.4}$$
$$= 140 + 0.6(Y - 50) = 140 + 0.6Y - 30 \qquad = 275$$
$$Y - 0.6Y = 110$$
$$0.4Y = 110$$
$$Y = 275$$

이 함수의 그래프는 [연습문제 2.9]에 그려져 있다.

c) *a*)에서 본 바와 같이 정액세(T)를 모형에 포함시키더라도 승수는 $\frac{1}{1-b}$로 변함이 없다. 단지 전체 외생 변수의 값만이 $-bT$만큼 감소될 뿐이다[17]. G_0, X_0, Z_0 등 그 밖의 다른 외생 변수가 포함되더라도 승수에는 어떠한 영향도 미치지 못한다.

역자 TIP

17) $Y = C + I$ 국민소득 결정 모형에서 $C = C_0 + bY_d$, $I = I_0$, $Y_d = Y - T$를 대입하면

$$Y = C_0 + bY_d + I_0 = C_0 + b(Y - T) + I_0 = C_0 + bY - bT + I_0$$

가 된다. 즉 $(1-b)Y = C_0 + I_0 - bT$에서 $Y = \frac{1}{1-b}(C_0 + I_0 - bT)$가 되므로, 정액세를 포함하지 않았을 때의 $Y = \frac{1}{1-b}(C_0 + I_0)$와 비교하면 전체 외생변수의 크기인 $C_0 + I_0$가 $-bT$만큼 감소되었을 뿐 승수인 $\frac{1}{1-b}$에는 변함이 없다.

2.21 아래와 같이 소득에 비례하는 비례세(t)가 국민소득 모형에 도입되는 경우

(*a*) 균형국민소득을 축약형으로 나타내시오.

(*b*) 균형국민소득 값(Y_e)을 구하고

(*c*) 비례세 도입에 따른 승수효과의 변화에 대해 설명하시오.

$$Y = C + I \qquad C = C_0 + bYd \qquad T = T_0 + tY \qquad Yd = Y - T$$

여기서 $I = I_0 = 30$, $C_0 = 85$, $b = 0.75$, $t = 0.2$, $T_0 = 20$이다.

a)

$$\begin{aligned} Y &= C + I = C_0 + bYd + I_0 \\ &= C_0 + b(Y - T) + I_0 = C_0 + b(Y - T_0 - tY) + I_0 \\ &= C_0 + bY - bT_0 - btY + I_0 \\ Y - bY + btY &= C_0 + I_0 - bT_0 \\ (1 - b + bt)Y &= C_0 + I_0 - bT_0 \\ Y &= \frac{C_0 + I_0 - bT_0}{1 - b + bt} \end{aligned}$$

b) 일단 축약형이 구해지면 이를 이용하여 해를 신속하게 구할 수 있다. 그러나 가끔 축약형을 이용할 수 없는 경우도 있으므로 다른 방법에도 익숙해질 필요가 있다.

$$\begin{aligned} Y = C + I &= 85 + 0.75Yd + 30 = 115 + 0.75(Y - T) \\ &= 115 + 0.75(Y - 20 - 0.2Y) = 115 + 0.75Y - 15 - 0.15Y \\ Y - 0.75Y + 0.15Y &= 100 \\ 0.4Y &= 100 \\ Y &= 250 \end{aligned}$$

이 함수의 그래프는 [연습문제 2.10]에 그려져 있다.

c) 승수는 $\frac{1}{1-b}$에서 $\frac{1}{1-b+bt}$로 변한다. 즉 분모가 더 커지기 때문에 승수의 크기는 작아진다.

$$\frac{1}{1-b} = \frac{1}{1-0.75} = \frac{1}{0.25} = 4$$

$$\frac{1}{1-b+bt} = \frac{1}{1-0.75+0.75(0.2)} = \frac{1}{1-0.75+0.15} = \frac{1}{0.4} = 2.5$$

2.22 모형에 해외 부문이 추가되어 양(+)의 한계수입성향(marginal propensity to import) z가 존재한다고 할 때,

(*a*) 균형국민소득을 축약형으로 나타내시오.

(*b*) 균형국민소득 값(Y_e)을 구하고

(*c*) 한계수입성향 도입에 따른 승수효과의 변화에 대해 설명하시오.

$$Y = C + I + G + (X - Z) \qquad C = C_0 + bY \qquad Z = Z_0 + zY$$

여기서 $I = I_0 = 90$, $G = G_0 = 65$, $X = X_0 = 80$, $C_0 = 70$, $Z_0 = 40$, $b = 0.9$ 그리고 $z = 0.15$이다.

a)
$$Y = C + I + G + (X - Z) = C_0 + bY + I_0 + G_0 + X_0 - Z_0 - zY$$
$$Y - bY + zY = C_0 + I_0 + G_0 + X_0 - Z_0$$
$$(1 - b + z)Y = C_0 + I_0 + G_0 + X_0 - Z_0$$
$$Y = \frac{C_0 + I_0 + G_0 + X_0 - Z_0}{1 - b + z}$$

b) 위에서 구한 축약형을 이용하면

$$Y = \frac{70 + 90 + 65 + 80 - 40}{1 - 0.9 + 0.15} = \frac{265}{0.25} = 1060$$

c) 모형에서 한계수입성향을 고려하는 경우 승수의 크기는 $\frac{1}{1-b}$에서 $\frac{1}{1-b+z}$로 작아진다. 즉 분모가 커져 승수 자체의 크기는 작아진다.

$$\frac{1}{1-b} = \frac{1}{1-0.9} = \frac{1}{0.1} = 10$$
$$\frac{1}{1-b+z} = \frac{1}{1-0.9+0.15} = \frac{1}{0.25} = 4$$

▪ *IS–LM* 방정식

2.23 $C = 120 + 0.7Y$, $I = 150 - 100i$, $M_s = 300$, $M_t = 0.25Y$, $M_z = 124 - 200i$와 같이 주어져 있다[18].

(*a*) 균형국민소득과 균형이자율을 구하시오.

(*b*) 그리고 경제가 균형 상태에 도달했을 때 C, I, M_t, M_z의 값을 구하시오.

a) 아래와 같은 조건에서 재화시장은 균형(*IS*)에 도달한다.

$$Y = C + I$$
$$= 102 + 0.7Y + 150 - 100i$$
$$Y - 0.7Y = 252 - 100i$$
$$0.3Y + 100i - 252 = 0$$ [19]

화폐시장의 균형은 화폐의 공급과 수요가 일치할 때 성립하므로

$$M_s = M_t + M_z$$
$$300 = 0.25Y + 124 - 200i$$
$$0.25Y - 200i - 176 = 0$$ [20]

재화시장과 화폐시장 두 시장이 동시에 균형에 도달하기 위해서는 다음의 연립방정식을 만족시켜야 한다.

$$0.3Y + 100i - 252 = 0 \qquad (2.19)$$
$$0.25Y - 200i - 176 = 0 \qquad (2.20)$$

식 (2.19)에 2를 곱하고 그 결과를 식 (2.20)에 더하면 i가 소거되어 Y를 구할

수 있다.

$$\begin{array}{r}0.6Y + 200i - 504 = 0\\ \underline{0.25Y - 200i - 176 = 0}\\ 0.85Y \qquad\qquad = 680\\ Y = 800\end{array}$$

Y=800을 식 (2.19)나 식 (2.20)에 대입하면 i를 구할 수 있다.

$$\begin{aligned}0.25Y - 200i - 176 &= 0\\ 0.25(800) - 200i - 176 &= 0\\ -200i &= -24\\ i &= 0.12\end{aligned}$$

b) $Y = 800$, $i = 0.12$일 때

$$C = 102 + 0.7(800) = 662 \qquad M_t = 0.25(800) = 200$$
$$I = 150 - 100(0.12) = 138 \qquad M_z = 124 - 200(0.12) = 100$$

그리고

$$C + I = Y \qquad M_t + M_z = M_s$$
$$662 + 138 = 800 \qquad 200 + 100 = 300$$

역자 TIP

18) M_s는 화폐공급, M_t는 거래적 화폐수요 그리고 M_z는 투기적 화폐수요를 표시한다.
19) 이것은 결국 재화시장의 균형을 표시하는 *IS* 곡선의 방정식이다.
20) 이는 화폐시장의 균형을 표시하는 *LM* 곡선의 방정식이다.

2.24 아래와 같이 모형이 주어졌을 때 (*a*) 균형국민소득과 균형이자율, 그리고 (*b*) 균형 상태에서의 C, I, M_t, M_z를 구하시오.

$C = 89 + 0.6Y \quad I = 120 - 150i \quad M_s = 275 \quad M_t = 0.1Y \quad M_z = 240 - 250i$

a) *IS*의 경우 :

$$\begin{aligned}Y &= 89 + 0.6Y + 120 - 150i\\ Y - 0.6Y &= 209 - 150i\\ 0.4Y + 150i - 209 &= 0\end{aligned}$$

*LM*의 경우 :

$$\begin{aligned}M_s &= M_t + M_z\\ 275 &= 0.1Y + 240 - 250i\\ 0.1Y - 250i - 35 &= 0\end{aligned}$$

균형에서 *IS-LM* 방정식은 동시에 성립하여야 한다.

$$0.4Y + 150i - 209 = 0 \quad (2.21)$$
$$0.1Y - 250i - 35 = 0 \quad (2.22)$$

식 (2.22)에 4를 곱하고 이를 식 (2.21)에서 빼면 Y를 소거할 수 있다.

$$\begin{aligned} 0.4Y + 150i - 209 &= 0 \\ -(0.4Y - 1000i - 140 &= 0) \\ \hline 1150i &= 69 \\ i &= 0.06 \end{aligned}$$

식 (2.21)이나 식 (2.22)에 $i = 0.06$을 대입하여 Y를 구한다.

$$\begin{aligned} 0.4Y + 150(0.06) - 209 &= 0 \\ 0.4Y &= 200 \\ Y &= 500 \end{aligned}$$

b) $Y = 500$과 $i = 0.06$의 균형상태에서

$$C = 89 + 0.6(500) = 389 \qquad M_t = 0.1(500) = 50$$
$$I = 120 - 150(0.06) = 111 \qquad M_z = 240 - 250(0.06) = 225$$

그리고

$$C + I = Y \qquad M_t + M_z = M_s$$
$$389 + 111 = 500 \qquad 50 + 225 = 275$$

3장

도함수와 미분법

3.1 극한

x가 a를 기준으로 양쪽에서 무한히 a에 접근할 때, x의 모든 값에 대해 함수 f의 함수 값인 $f(x)$가 '단 하나의 유한값' L에 수렴하는 경우, L을 x가 a에 접근할 때의 $f(x)$의 극한(limit)으로 정의하고 다음과 같이 표시한다.

$$\lim_{x \to a} f(x) = L$$

$\lim_{x \to a} f(x)$와 $\lim_{x \to a} g(x)$가 존재한다고 가정할 때 아래와 같은 극한법칙(rules of limits)이 성립하며 이는 [예제 2]에 설명되어 있다.([연습문제 3.1-3.4] 참조)

1. $\lim_{x \to a} k = k$ (k=상수)
2. $\lim_{x \to a} x^n = a^n$ (n=양의 정수)
3. $\lim_{x \to a} kf(x) = k \lim_{x \to a} f(x)$ (k=상수)
4. $\lim_{x \to a} [f(x) \pm g(x)] = \lim_{x \to a} f(x) \pm \lim_{x \to a} g(x)$
5. $\lim_{x \to a} [f(x) \cdot g(x)] = \lim_{x \to a} f(x) \cdot \lim_{x \to a} g(x)$
6. $\lim_{x \to a} [f(x) \div g(x)] = \lim_{x \to a} f(x) \div \lim_{x \to a} g(x)$ $\left[\lim_{x \to a} g(x) \neq 0\right]$
7. $\lim_{x \to a} [f(x)]^n = \left[\lim_{x \to a} f(x)\right]^n$ $(n > 0)$

예제 1 (a) [그림 3.1]에 있는 함수 $f(x)$의 그래프를 보면 x값이 왼쪽과 오른쪽 어느 쪽에서 3에 접근하든 $f(x)$의 값은 2에 접근하고 있음이 분명하다. 이는 x가 3에 접근할 때 $f(x)$의 극한이 2임을 의미하며 아래와 같이 쓸 수 있다.

$$\lim_{x\to 3} f(x)=2$$

[그림 3.1]에서 $f(x)$의 그래프는 $x=7$에서 불연속으로 끊어져 있음을 표시하고 있는데, 이와 같이 함수가 A점에서 정의되고 있지 않다고 하더라도 x가 어느 쪽에서 7에 접근하든 이에 대응하는 $f(x)$의 값은 4에 수렴하고 있음을 알 수 있다.

다시 말해서 x가 어떤 수 a에 접근할 때 함수의 극한은 a에 근접한 x 값에만 의존하므로 $f(x)$의 그래프가 $x=a$에서 불연속이 되어 있다고 하더라도 x가 a에 접근할 때의 극한은 존재하게 된다. 따라서 x가 7에 접근할 때 $f(x)$의 극한은 4이다.

$$\lim_{x\to 7} f(x)=4$$

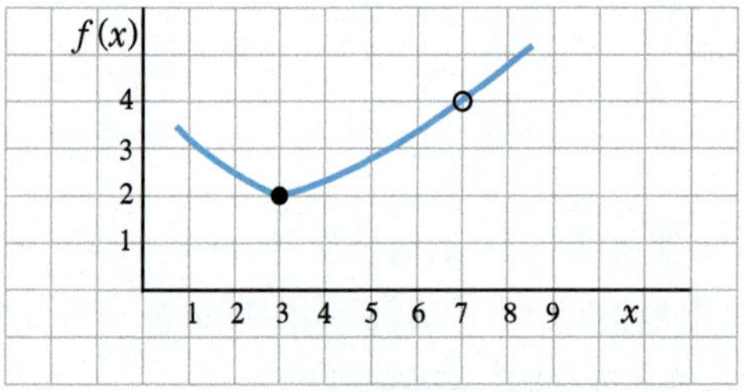

[그림 3.1]

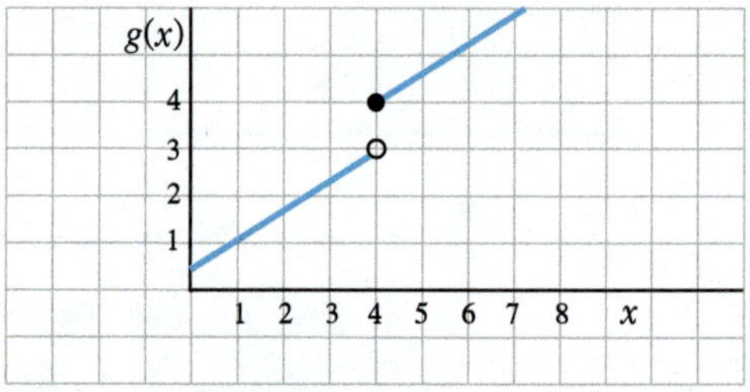

[그림 3.2]

(*b*) [그림 3.2]에서 x가 왼쪽으로부터 4에 접근할 때, 즉 x가 4보다 작은 값을 가진 상태에서 4에 접근하는 경우 $x\to 4^-$로 표시하며, 이 때 $g(x)$는 3에 수렴하고 있으며 이를 '일방극한'(one-sided limit)이라고 한다.

반면에 x가 오른쪽으로부터 4에 접근할 때, 즉 x가 4보다 큰 값을 가진 상태에서 4에 접근하는 경우 $x\to 4^+$로 표시하며 이 때 $g(x)$는 4에 수렴하고 있다. 따라서 x가 양쪽으로부터 접근할 때 $g(x)$는 '오직 하나의 값'에만 접근하고 있지 않기 때문에[1] x에 4에 접근할 때의 극한은 존재하지 않는다.

역자 TIP

1) x가 왼쪽으로부터 4에 접근할 때와 오른쪽으로부터 4에 접근할 때의 $g(x)$가 수렴하는 값은 각각 3과 4로서 다르다. 이 때 $g(x)$가 수렴하는 3과 4는 x가 어느 한 쪽에서 4에 접근했을 때 $g(x)$의 수렴값에 해당하므로 단순히 일방극한(one-sided limit)에 해당한다. 따라서 극한이란 정의에 따라 x가 어느 쪽으로부터 접근하든 간에 $g(x)$가 수렴하는 값은 하나이어야 하므로, 결국 왼쪽으로부터의 일방극한과 오른쪽으로부터의 일방극한이 일치할 때 극한은 존재하게 된다.

예제 2 그래프가 없는 경우 극한은 위에서 언급한 극한법칙을 이용하여 구할 수 있다.

a) $\lim_{x\to 5} 9 = 9$ (법칙 1)

b) $\lim_{x\to 6} x^2 = (6)^2 = 36$ (법칙 2)

c) $\lim_{x\to 3} 2x^3 = 2\lim_{x\to 3} x^3 = 2(3)^3 = 54$ (법칙 2와 3)

d) $\lim_{x\to 2}(x^4 + 3x) = \lim_{x\to 2} x^4 + 3\lim_{x\to 2} x$ (법칙 4)

$= (2)^4 + 3(2) = 22$

e) $\lim_{x\to 4}[(x+8)(x-5)] = \lim_{x\to 4}(x+8)\cdot\lim_{x\to 4}(x-5)$ (법칙 5)

$= (4+8)\cdot(4-5) = -12$

3.2 연속성

연속적 함수(continuous function)란 그래프를 그렸을 때 곡선상에서 어떤 끊어짐도 가지지 않은 함수를 말한다. 따라서 이러한 곡선은 종이에 연필을 떼지 않은 상태로 그려질 수 있다. 아래의 조건들이 만족될 때 함수 f는 $x=a$에서 연속적(continuous)이라고 말한다.

1. $x=a$일 때 $f(x)$가 존재한다.
2. $\lim_{x\to a} f(x)$가 존재하고
3. $\lim f(x) = f(a)$가 성립한다.

모든 다항식 함수는 연속적이 되며, 마찬가지로 모든 유리함수도 함수를 구성하는 분모가 0이 되어 함수 자체가 정의되지 않는 경우를 제외하고는 모두 연속적이 된다.([연습문제 3.5] 참조)

예제 3 연속적 함수의 그래프는 종이에서 연필을 떼지 않은 상태로 그려질 수 있으며 또 [그림 3.3]의 조그만 동그라미 표시는 그 곳이 함수에 포함되어 있지 않음을 표시한다. [그림 3.3(*a*)]의 $f(x)$는 $x=4$에서 불연속(discontinuous)이며, [그림 3.3(*b*)]의 $g(x)$ 또한 비록 $\lim_{x\to 5} g(x)$가 존재한다고 하더라도 $x=5$에서 불연속적임을 알 수 있다.

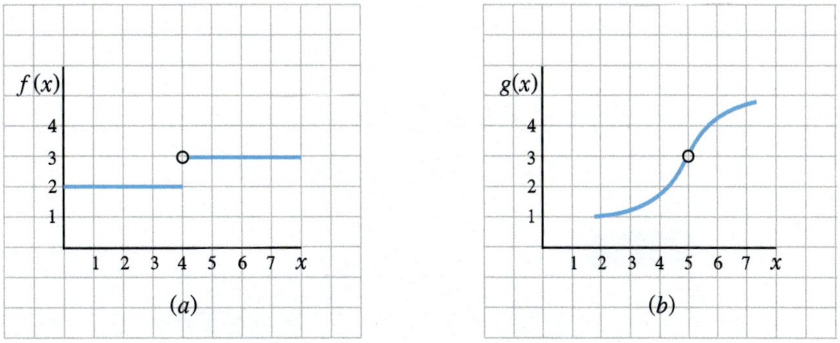

[그림 3.3]

3.3 곡선의 기울기

곡선의 기울기는 일정하지 않다. 즉 곡선상에 있는 각 점에서의 기울기는 각각 다르게 나타난다. 기하학적으로 곡선상에 있는 어느 한 점에서의 기울기는 바로 그 점에서 곡선에 접히도록 그린 직선의 기울기로 측정한다. 이 때 곡선에 접하도록 그린 직선을 접선(tangent line)이라고 하며, 각기 다른 점에서 곡선의 기울기를 측정하려 할 때는 [그림 3.4(*a*)]에서와 같이 그 점에 해당하는 각각의 접선을 구해야 한다.

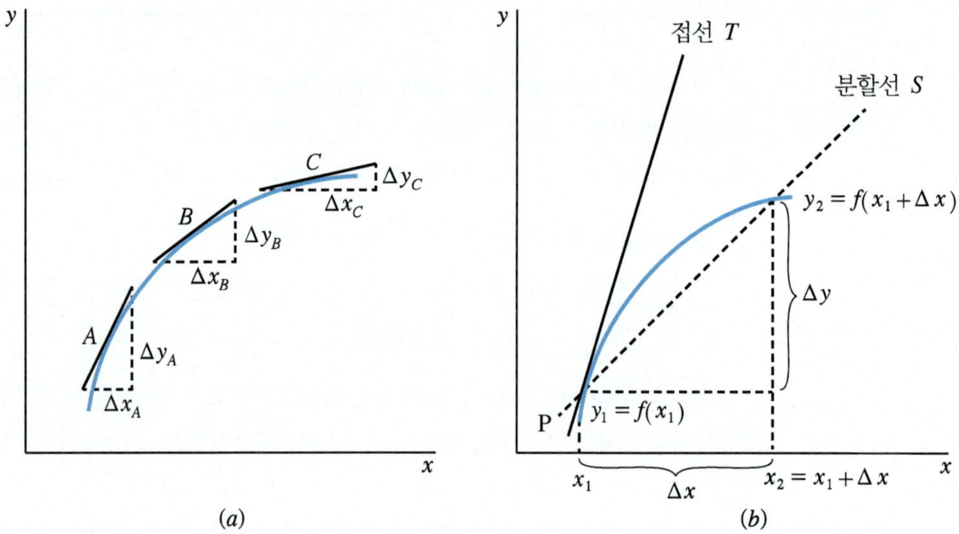

[그림 3.4]

원래 접선의 기울기는 두 점을 잇는 직선의 기울기로부터 도출된 것이다. [그림 3.4(*b*)]에서와 같이 두 점을 잇는 직선의 기울기는 다음과 같이 나타낼 수 있다.

$$\text{직선 } S\text{의 기울기} = \frac{y_2 - y_1}{x_2 - x_1} = \frac{\Delta y}{\Delta x}$$ 2)

여기에서 x_2와 y_2를 각각 $x_2 = x_1 + \Delta x$, $y_2 = f(x_1 + \Delta x)$라 하면, 두 점을 잇는 직선 S의 기울기는 다음과 같이 표시할 수 있다.

역자 TIP

2) 함수 $y = f(x)$의 그래프에서 x가 Δx만큼 변할 때, y는 Δy만큼 변한다고 하자. 이 때 $\frac{\Delta y}{\Delta x}$는 당연히 x 1단위당 y가 몇 단위 변화하였는가를 표시하므로 '평균' 개념을 지니게 되고, 이에 따라 '평균변화율'이란 이름을 붙이고 있다.

$$기울기\ S = \frac{f(x_1 + \Delta x) - f(x_1)}{(x_1 + \Delta x) - x_1} = \frac{f(x_1 + \Delta x) - f(x_1)}{\Delta x}$$

만약 x_1과 x_2 사이의 거리가 점점 작아진다면, 즉 $x \to 0$이 되는 경우 직선 S는 P점을 고정점으로 하여 시계 반대 반향으로 돌게 되며 점차적으로 접선 T에 접근하게 된다. 따라서 두 점을 잇는 직선 S의 기울기가 $x \to 0$에 따라 극한에 접근한다고 하면 그 극한은 바로 접선 T의 기울기가 되는 것이며, 이는 또한 바로 그 점에서의 곡선의 기울기인 것이다[3]. 이를 식으로 나타내면 다음과 같다. 기울기

$$기울기\ T = \lim_{\Delta x \to 0} \frac{f(x_1 + \Delta x) - f(x_1)}{\Delta x} \tag{3.1}$$

(주의) 여러 교과서에서 x의 변화분인 Δx를 h로 표시하고 있는데 이를 따를 경우 식은 다음과 같이 쓸 수 있다.

$$기울기\ \ T = \lim_{h \to 0} \frac{f(x_1 + h) - f(x_1)}{h} \tag{3.1a}$$

역자 TIP

3) $y = f(x)$의 그래프가 아래와 같이 그려졌을 때, A, B 두 점 사이의 기울기는 A, B 두 점을 잇는 직선의 기울기로 나타낼 수 있으며, 이는 $\frac{\Delta y}{\Delta x}$가 됨을 알 수 있다. 마찬가지로 A 점과 B' 점 그리고 A 점과 B'' 점 사이의 기울기는 이들 두 점을 잇는 직선의 기울기인 $\frac{\Delta y'}{\Delta x'}$, $\frac{\Delta y''}{\Delta x''}$으로 나타낼 수 있다. 여기서 x의 변화분이 Δx에서 $\Delta x'$, 그리고 $\Delta x''$으로 작아짐에 따라, 두 점을 잇는 '호'는 AB에서 AB', AB''으로 굴곡도가 완만해지고 있으며, 또한 이러한 호는 Δx가 작아짐에 따라 두 점을 잇는 '현'에 점차 접근하고 있음을 알 수 있다. 즉, 만약 B 점이 B', B''을 거쳐 A 점에 무한히 접근한다면 - 이는 Δx가 무한히 '0'에 수렴한다는 것을 의미한다 - 호와 현은 거의 일치할 것이며, 이 때의 기울기는 바로 A 점의 기울기가 되는 것이다.($\lim_{\Delta x \to 0} \frac{\Delta y}{\Delta x} = \frac{dy}{dx}$)

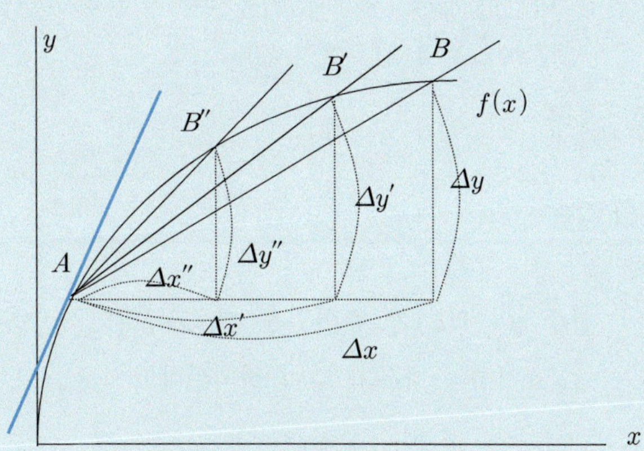

예제 4 $f(x)=2x^2$과 같은 비선형함수의 기울기를 구하려면 다음과 같은 단계를 거친다.

(1) 주어진 함수를 식 (3.1)이나 식 (3.1a)에 적용하여 이들 식에 있는 $x_1+\Delta x$(또는 x_1+h)와 x_1을 일반적인 형태인 $x+\Delta x$와 x로 대체한다.

(2) 함수를 간단히 정리한다.

(3) 함수의 극한을 계산한다.

이러한 과정에 따라 위에 주어진 함수의 기울기를 구하면 다음과 같다.

식 (3.1)로부터

$$\text{접선의 기울기 } T=\lim_{\Delta x\to 0}\frac{f(x+\Delta x)-f(x)}{\Delta x}$$

(1) 주어진 함수 $f(x)=2x^2$에 $x+\Delta x$와 x를 각각 대입하여 기울기를 나타내는 식을 구성한다.

$$\text{기울기 } T=\lim_{\Delta x\to 0}\frac{2(x+\Delta x)^2-2x^2}{\Delta x}$$

(2) 이를 간단히 정리한다.

$$\begin{aligned}\text{기울기 } T&=\lim_{\Delta x\to 0}\frac{2[x^2+2x(\Delta x)+(\Delta x)^2]-2x^2}{\Delta x}\\&=\lim_{\Delta x\to 0}\frac{4x(\Delta x)+2(\Delta x)^2}{\Delta x}\end{aligned}$$

분모 분자를 Δx로 나눈다.

$$\text{기울기 } T=\lim_{\Delta x\to 0}(4x+2\Delta x)$$

(3) 극한을 구한다.

$$\text{기울기 } T=4x$$

(주의) 기울기를 나타내는 T값은 x가 어떤 값을 가지느냐에 따라 달라진다는 것을 알 수 있다. 즉 $x=1$일 때 기울기는 $T=4x=4(1)=4$가 되고 $x=2$일 때 기울기는 $T=4x=4(2)=8$이 된다.

3.4 도함수

함수 $y=f(x)$가 주어졌을 때, x에서의[4] f 함수의 도함수(derivative)는 $f'(x)$ 또는 $\frac{dy}{dx}$로 표시하며 다음과 같이 정의된다.

$$f'(x) = \lim_{\Delta x \to 0} \frac{f(x+\Delta x) - f(x)}{\Delta x} \quad \text{(극한이 존재하는 경우)} \tag{3.2}$$

또는 식 (3.1a)로부터 $$f'(x) = \lim_{h \to 0} \frac{f(x_1+h) - f(x_1)}{h} \tag{3.2a}$$

여기서 $f'(x)$는 'x에 대한 f의 도함수'라고 읽는다.

어떤 함수의 도함수인 $f'(x)$ 또는 간단히 f'은 그 자체가 '기울기를 나타내는 함수' 이면서[5] 동시에 어떤 주어진 점에서 원함수 $f(x)$의 순간 변화율[6]을 나타내는 함수가 된다.

역자 TIP

4) 'x에서의 f 함수의 도함수'라는 표현을 좀더 정확히 표현하면 $x=x_1$과 같이 x가 특정한 값을 지닐 때를 지칭하여 '$x=x_1$에서의 f 함수의 도함수'라고 표현해야 한다. 그러나 여기서는 x가 x_1의 값을 가지든 x_2의 값을 가지든 x 값 자체가 변할 수 있는 것이므로 그대로 x에서의 f 함수의 도함수로 표현한 것이다. 따라서 x가 x_1이면 이는 바로 $x=x_1$에서의 f 함수의 도함수를 의미하는 것이며, x가 x_2이면 이는 $x=x_2$에서의 f 함수의 도함수를 의미하는 것이다.

5) 도함수 $f'(x)$는 3.3절에서 설명한 곡선상의 어느 한 점에서의 기울기를 나타내는 정의와 동일하다. 따라서 도함수는 기하학적으로 '기울기를 나타내는 함수'라고 볼 수 있으며, 이 기울기는 x가 어떤 값을 가지느냐에 따라 변한다는 것을 [예제 4]에서 확인하였다. 이는 더 나아가 $f(x)$가 x의 함수인 것과 같이 기울기를 나타내는 도함수 $f'(x)$ 역시 x의 함수가 됨을 의미한다.

이는 세부적으로 함수 측면에서 다음과 같이 설명할 수 있다. $y=f(x)$의 함수가 의미하는 것은 1.5절에서 본 바와 같이 x 값이 주어지면 이에 대응하는 y 값이 반드시 한 개만 존재한다는 것이며, 이 때 주어진 x 값에 대해 단 하나의 y 값으로 대응시켜주는 어떤 대응규칙(mapping rule) 또는 변환규칙(transformation rule)에 해당하는 것이 f로 표시되어 있는 것이다.

따라서 $y=f(x)$는 x 값이 주어지면 'f라는 규칙에 따라 y라는 하나의 값으로 변환'된다는 것을 보여주는 것이다. 예를 들어 $y=f(x)=2x^2+1$이라는 함수가 있다고 할 때, 이는 주어진 x 값을 제곱한 결과에 두 배를 하고 다시 그 결과에 1을 더하는 규칙(f)에 따라 y 값이 하나 결정된다는 것을 의미하는 것이다.

$y=f(x)$의 도함수인 $y'=f'(x)$를 이러한 측면에서 접근하면, x 값이 주어지면 f'이라는 변환규칙에 따라 하나의 y'값에 대응되게 되는데, 이 y'값이 바로 주어진 x 값에서의 기울기를 나타내는 것이다. 따라서 $y=f(x)$가 함수관계를 나타내는 것처럼 $y'=f'(x)$ 역시 함수관계를 나타내는 것이다. 단지 x 값이 주어졌을 때 f라는 규칙에 따라 변환되었을 때는 y 값을, 그리고 f'이라는 규칙에 따라 변환되었을 때는 y'값(기울기)으로 대응시키는 것이 다를 뿐이다.

6) $f(x)$의 그래프 상에 있는 A, B 두 점을 잇는 직선(S)의 기울기는 $\frac{\Delta y}{\Delta x}$로서, 이것이 의미하는 것은 $f(x)$ 그래프 상에서 A 점으로부터 B 점에 이르는 동안 x의 변화분을 Δx, y의 변화분을 Δy로 표시하여 Δy를 Δx로 나눈 것이므로 A 점과 B 점 사이의 구간에서 x 1단위당 y가 몇 단위 변했는가를 나타내는 것이다.

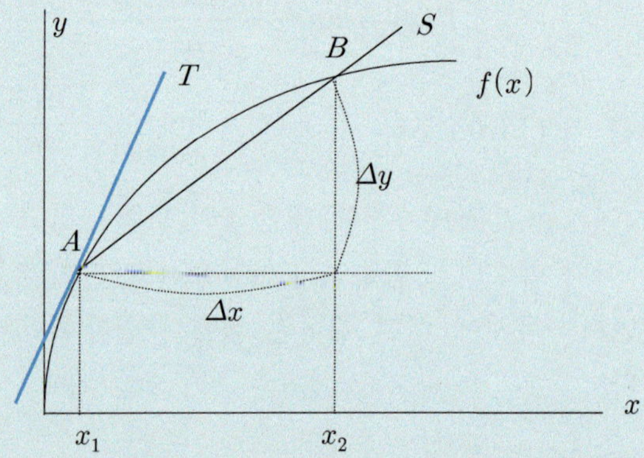

이는 어디까지나 A 점과 B 점 사이의 구간에서의 x 1단위 변화에 대한 y의 변화를 측정한 것이므로 '평균변화율'이라는 말을 사용한다.

그러나 Δx가 무한히 0에 접근하면($\Delta x \to 0$) A, B 두 점을 잇는 S 직선의 기울기는 A 점에 접하는 접선인 T 직선의 기울기에 수렴하게 되는데 이는 바로 A 점에서의 기울기에 해당하며 $\lim_{\Delta x \to 0} \dfrac{\Delta y}{\Delta x}$ 또는 간단히 $\dfrac{dy}{dx}$로 표시한다. 여기서 Δx가 무한히 0에 접근한 상태이기 때문에 A 점에서의 기울기인 $\lim_{\Delta x \to 0} \dfrac{\Delta y}{\Delta x} = \dfrac{dy}{dx}$는 바로 A 점에서의 '순간변화율'을 의미하게 된다.

3.5 미분가능과 연속성

어느 한 점에서 도함수가 존재할 때 그 점에서 함수는 미분가능(differentiable)하다고 말한다. 따라서 어느 한 점에서 함수가 미분가능하기 위해서는 먼저 (1) 그 점에서 함수가 연속적(continuous)이어야 하고 (2) 또 그 점에서 단 '하나의' 접선만을 가지고 있어야 한다. [그림 3.5]의 경우 $f(x)$는 a와 c에서 미분불가능인데, 그 이유는 바로 그 점에서 불연속점이 존재하며 또한 바로 이러한 불연속점에서의 도함수는 존재하지 않기 때문이다.

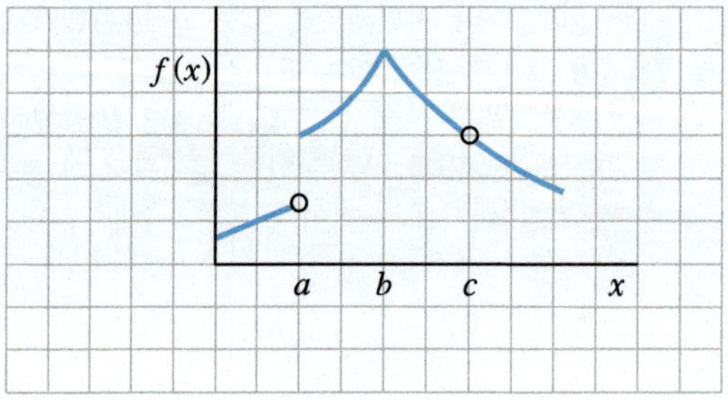

[그림 3.5]

그렇다고 해서 연속성 자체가 미분 가능성을 확보해 주지는 않는다. 즉 연속성은 미분가능성에 대한 충분조건이 되지 않는다. [그림 3.5]에서 $f(x)$는 분명히 b에서 연속적이지만 그 곳에서는 뾰족한 첨점(cusp)이 형성되어 있어 단 하나의 접선이 아닌 무수히 많은 접선이 존재할 수 있기 때문에 b에서는 미분이 불가능하다[7].

역자 TIP

7) 즉 도함수가 존재하지 않는다.

3.6 도함수의 표시

어떤 함수의 도함수를 표시하는 방법은 여러 가지가 있다. 즉 $y=f(x)$의 함수가 주어졌을 때 그 도함수는 다음과 같이 표시할 수 있다.

$$f'(x) \qquad y' \qquad \frac{dy}{dx} \qquad \frac{df}{dx} \qquad \frac{d}{dx}[f(x)] \qquad \text{또는} \qquad D_x[f(x)]$$

마찬가지로 $y=\phi(t)$의 도함수는 다음과 같이 표시 할 수 있다.

$$\phi'(t) \qquad y' \qquad \frac{dy}{dt} \qquad \frac{d\phi}{dt} \qquad \frac{d}{dt}[\phi(t)] \qquad \text{또는} \qquad D_t[\phi(t)]$$

$x=a$일 때 $y=f(x)$의 도함수는 $f'(a)$ 또는 $\left.\frac{dy}{dx}\right|_a$로 표시한다.

예제 5 $y=5x^2+7x+12$의 도함수는 다음과 같이 표시할 수 있다.

$$y' \qquad \frac{dy}{dx} \qquad \frac{d}{dx}(5x^2+7x+12) \qquad \text{또는} \qquad D_x(5x^2+7x+12)$$

$z=\sqrt{8t-3}$의 도함수는 같은 방법으로 다음과 같이 표시한다.

$$z' \qquad \frac{dz}{dt} \qquad \frac{d}{dt}(\sqrt{8t-3}) \qquad \text{또는} \qquad D_t(\sqrt{8t-3})$$

([연습문제 3.6-3.8] 참조)

3.7 미분법칙

미분(differentiation)한다는 것은 어떤 함수의 도함수를 도출하는 과정을 말한다. 도함수를 구하는 과정은 주어진 함수에 기본적인 몇 가지 공식을 적용하는 것 이상의 복잡한 것은 없다.

$y=f(x)$와 같은 함수에 대해 미분법칙을 설명하려고 할 때 $g(x)$, $h(x)$와 같은 또 다

른 x의 함수가 부가되기도 한다. 아래에 제시된 여러 가지 미분법칙은 [연습문제 3.6-3.21]에서 자세히 다루고 있으며 [연습문제 3.24-3.26]에서는 몇 가지 증명도 제시되어 있다.

3.7.1 상수함수의 미분법칙

상수함수 $f(x)=k$(여기서 k는 상수)의 도함수는 0이다.

즉 $f(x)=k$일 때 $\qquad f'(x)=0$

예제 6 $f(x)=8$일 때 $\qquad f'(x)=0$

$f(x)=-6$일 때 $\qquad f'(x)=0$

3.7.2 선형함수의 미분법칙

1차함수 $f(x)=mx+b$의 도함수는 x의 계수인 m이 된다. 1차함수의 도함수는 상수의 도함수가 0이 되므로 항상 변수의 계수와 일치한다.

즉 $f(x)=mx+b$일 때 $\qquad f'(x)=m$

예제 7 $f(x)=3x+2$일 때 $\qquad f'(x)=3$

$f(x)=5-\frac{1}{4}x$일 때 $\qquad f'(x)=-\frac{1}{4}$

$f(x)=12x$일 때 $\qquad f'(x)=12$

3.7.3 멱함수의 미분법칙

멱함수 $f(x)=kx^n$의 도함수는 계수 k에다 지수 n을 곱한 후 여기에 다시 x^{n-1}를 곱한 것과 같다.

즉 $f(x)=kx^n$일 때 $\qquad f'(x)=k\cdot n\cdot x^{n-1}$

예제 8 $f(x)=4x^3$ 일 때 $\qquad f'(x)=4\cdot 3\cdot x^{3-1}=12x^2$

$f(x)=5x^2$일 때 $\qquad f'(x)=5\cdot 2\cdot x^{2-1}=10x$

$f(x)=x^4$일 때 $\qquad f'(x)=1\cdot 4\cdot x^{4-1}=4x^3$

([연습문제 3.7] 참조)

3.7.4 합과 차의 미분법칙

미분가능한 두 함수 $g(x)$와 $h(x)$의 합으로 이루어진 $f(x)=g(x)+h(x)$에 대한 도함수는 각 개별 함수에 대한 도함수의 합과 같다. 마찬가지로 두 함수의 차에 대한 도함수는 각 개별 함수에 대한 도함수의 차와 같다.

즉 $f(x)=g(x)\pm h(x)$ 이면 $f'(x)=g'(x)\pm h'(x)$

예제 9 $f(x) = 12x^5 - 4x^4$일 때 $f'(x) = 60x^4 - 16x^3$

$f(x) = 9x^2 + 2x - 3$일 때 $f'(x) = 18x + 2$

([연습문제 3.8]참조. 합과 차의 미분법칙에 대한 도출과정은 [연습문제 3.24] 참조)

3.7.5 곱의 미분법칙

미분가능한 두 함수 $g(x)$와 $h(x)$의 곱으로 이루어진 $f(x)=g(x)h(x)$의 도함수는, 첫 번째 함수 $g(x)$에 두 번째 함수의 도함수 $h'(x)$를 곱한 결과에, 두 번째 함수 $h(x)$에 첫 번째 함수의 도함수 $g'(x)$를 곱한 결과를 합한 것과 같다.

즉 $f(x)=g(x)h(x)$ 이면 $f'(x)=g(x)h'(x)+g'(x)h(x)$ (3.3)

예제 10 $f(x)=3x^4(2x-5)$의 도함수를 구하려고 하는 경우, $g(x)=3x^4$, $h(x)=2x-5$로 치환하고 먼저 이들 함수에 대한 도함수 $g'(x)=12x^3$과 $h'(x)=2$를 구한다. 다음에 이들을 곱의 미분법칙 공식 (3.3)에 대입한다.

$$f'(x)=3x^4(2)+12x^3(2x-5)$$

이를 간단히 하면 다음과 같다.

$$f'(x)=6x^4+24x^4-60x^3=30x^4-60x^3$$

([연습문제 3.9-3.11]참조. 곱의 미분법칙에 대한 도출과정은 [연습문제 3.25] 참조)

3.7.6 몫의 미분법칙

두 함수 $g(x)$와 $h(x)$가 모두 미분가능하고 $h(x)\neq 0$일 때, $f(x)=\dfrac{g(x)}{h(x)}$의 도함수는 분모의 함수 $h(x)$에 분자의 도함수 $g'(x)$에 분모를 곱하고, 여기에서 분자의 함수 $g(x)$에 분모의 도함수 $h'(x)$를 곱한 결과를 뺀 후, 이를 분모의 제곱으로 나누면 된다.

즉 $f(x)=\dfrac{g(x)}{h(x)}$일 때

$$f'(x) = \frac{h(x)\cdot g'(x) - g(x)\cdot h'(x)}{[h(x)]^2} \quad (3.4)$$

예제 11 $y=\dfrac{5x^3}{4x+3}$에서 분자와 분모 함수를 각각 $g(x)=5x^3$, $h(x)=4x+3$이라 하면, $g'(x)=15x^2$, $h'(x)=4$이다. 이를 몫의 미분법칙 식 (3.4)에 대입하면

$$f'(x) = \frac{(4x+3)(15x^2) - 5x^3(4)}{(4x+3)^2}$$

이를 간단히 하면

$$f'(x) = \frac{60x^3 + 45x^2 - 20x^3}{(4x+3)^2} = \frac{40x^3 + 45x^2}{(4x+3)^2} = \frac{5x^2(8x+9)}{(4x+3)^2}$$

([연습문제 3.12-3.13] 참조. 몫의 미분법칙에 대한 도출과정은 [연습문제 3.26] 참조)

3.7.7. 일반 멱함수의 미분법칙

멱함수가 $f(x) = [g(x)]^n$의 형태로 주어진 경우(여기서 $g(x)$는 미분가능한 함수이고 n은 실수이다), 이의 도함수는 지수 n에 $[g(x)]^{n-1}$을 곱하고 여기에 다시 $g(x)$ 함수의 도함수인 $g'(x)$를 곱한 것과 같다.

즉 $f(x) = [g(x)]^n$일 때

$$f'(x) = n[g(x)]^{n-1} \cdot g'(x) \tag{3.5}$$

예제 12 $f(x) = (x^3+6)^5$의 함수가 주어졌을 때 이의 도함수를 구해 보기로 하자. $g(x) = x^3+6$이라 하면 $g'(x) = 3x^2$이 된다. 이를 일반 멱함수의 미분법칙 공식 (3.5)에 대입한다.

$$f'(x) = 5(x^3+6)^{5-1} \cdot 3x^2$$

이를 간단히 하면

$$f'(x) = 5(x^3+6)^4 \cdot 3x^2 = 15x^2(x^3+6)^4$$

(주의) 일반 멱함수의 미분법칙은 아래에서 살펴볼 연쇄법칙으로부터 도출될 수 있다.
([연습문제 3.14-3.15] 참조)

3.7.8 연쇄 미분법칙

y가 u의 함수이고 u가 다시 x의 함수인 경우, 즉 $y = f(u)$이고 동시에 $u = g(x)$일 때 $y = f[g(x)]$라 표시하고 이를 합성함수(composite function) 또는 함수의 함수(function of a function)라고 부른다. 합성함수가 $y = f[g(x)]$로 주어졌을 때 x에 대한 y의 도함수는, 첫 번째 함수 $y = f(u)$의 u에 대한 도함수에 두 번째 함수 $u = g(x)$의 x에 대한 도함수를 곱한 것과 같다.

$$\frac{dy}{dx} = \frac{dy}{du} \cdot \frac{du}{dx} \tag{3.6}$$

([연습문제 3.16-3.17] 참조)

예제 13 함수 $y = (5x^2+3)^4$의 도함수를 연쇄법칙을 이용하여 구해 보기로 하자. 연쇄법칙을 이용하기 위해 주어진 함수를 $y = u^4$ 그리고 $u = 5x^2+3$이라고 하자. 그러면 $\frac{dy}{du} = 4u^3$이고 $\frac{du}{dx} = 10x$가 되므로 이를 식 (3.6)에 대입한다.

$$\frac{dy}{dx} = 4u^3 \cdot 10x = 40xu^3$$

위에서 구한 도함수를 x 변수 하나로 표시하기 위해 u를 $5x^2+3$으로 대체한다.

$$\frac{dy}{dx} = 40x(5x^2+3)^3$$

좀 더 복잡한 함수의 경우는 기본적인 미분법칙을 혼합 사용하여 도함수를 구해야 한다. ([연습문제 3.18-3,19] 참조)

3.8 고차도함수

1차도함수가 주어진 원함수(primitive function)의 기울기와 변화율을 나타내고 있는 것과 마찬가지로, 2차도함수 $f''(x)$는 1차도함수의 기울기와 변화율을 나타낸다. 그리고 3차도함수 $f'''(x)$는 2차도함수의 기울기와 변화율을 표시한다. 따라서 고차도함수는 이보다 한 단계 낮은 차수의 도함수를 다시 미분함으로써 간단히 구할 수 있다. 이와 관련된 예제와 문제는 [예제 14]와 [연습문제 3.20-3.21]에서 다루고 있다.

예제 14 $y=f(x)$의 함수가 주어졌을 때 일반적으로 2차도함수를 표시하는 기호로는 $f''(x)$, $\frac{d^2y}{dx^2}$, y'', D^2y등을 들 수 있다. 3차 도함수는 $f'''(x)$, $\frac{d^3y}{dx^3}$, f''', D^3y로, 그리고 4차 도함수는 $f^{(4)}(x)$, $\frac{d^4y}{dx^4}$, $y^{(4)}$, D^4y등으로 표시한다. 고차도함수는 한 단계 낮은 차수의 도함수를 연속적으로 미분하여 구한다.

따라서 만약 $y=2x^4+5x^3+3x^2$이면

$$f'(x)=8x^3+15x^2+6x$$
$$f''(x)=24x^2+30x+6$$
$$f'''(x)=48x+30$$
$$f^{(4)}(x)=48$$
$$f^{(5)}(x)=0$$

([연습문제 3.20-3.21] 참조)

3.9 음함수

원론수준의 경제학에서 다루고 있는 함수의 대부분은 양함수(explicit function)로서 여기에서는 등호(=)를 기준으로 왼쪽에는 종속변수가 그리고 오른쪽에는 독립변수가 위치한다.

그러나 경제학에서 빈번하게 취급되는 것은 음함수(implicit function)인데, 이 음함수에서는 양함수에서 종속변수와 독립변수로 작용하였던 두 변수와 상수가 모두가 등호의 왼쪽에 위치한다. 음함수의 일부는 어느 한 변수(종속변수)를 나머지 변수(독립변수)의 함수로 나타냄으로써 양함수로 쉽게 변환시킬 수 있다. 그러나 이러한 변환이 모든 음함수에 대해 모두 가능한 것은 아니다.

이와같이 양함수로의 변환이 불가능한 음함수의 도함수는 음함수의 미분(implicit differentiation)에 의해 구할 수 있다.([예제 16], [연습문제 3.22-3.23], [연습문제 4.25-4.26], 5.10절, [연습문제 5.20-5.21], [연습문제 6.51-6.52] 참조)

예제 15 양함수와 음함수의 예는 다음과 같다.

(양함수)

$$y = 4x \qquad y = x^2 + 6x - 7 \qquad y = \frac{x^4 - 9x^3}{x^2 - 13}$$

(음함수)

$$8x + 5y - 21 = 0 \qquad 3x^2 - 8xy - 5y - 49 = 0 \qquad 35x^3y^7 - 106 = 0$$

예제 16 $3x^4 - 7y^5 - 86 = 0$으로 주어졌을 때 도함수 $\frac{dy}{dx}$는 음함수 미분법칙에 따라 2단계 과정을 거쳐 구할 수 있다.

1) 양변을 x의 함수라 간주하고 방정식의 양변을 x에 대해 미분한다.

$$\frac{d}{dx}(3x^4 - 7y^5 - 86) = \frac{d}{dx}(0) \tag{3.7}$$

$$\frac{d}{dx}(3x^4) - \frac{d}{dx}(7y^5) - \frac{d}{dx}(86) = \frac{d}{dx}(0)$$

이 때 $\frac{d}{dx}(3x^4) = 12x^3$이고 $\frac{d}{dx}(86) = 0$이다. $\frac{d}{dx}(7y^5)$에 대해 일반 멱함수 미분법칙을 적용하고 $\frac{d}{dx}(y) = \frac{dy}{dx}$임을 상기하면 아래와 같은 결과를 얻을 수 있다.

$$\frac{d}{dx}(7y^5) = 7 \cdot 5 \cdot y^{5-1} \cdot \frac{d}{dx}(y) = 35y^4\frac{dy}{dx}$$

이를 식 (3.7)에 대입한다.

$$12x^3 - 35y^4\frac{dy}{dx} = 0 \tag{3.8}$$

2) 식 (3.8)을 정리하여 $\frac{dy}{dx}$를 구한다.

$$-35y^4\frac{dy}{dx} = -12x^3$$

$$\frac{dy}{dx} = \frac{12x^3}{35y^4}$$

이를 5장에 있는 [예 16]의 결과와 비교해 보기 바란다.

연습 문제

■ 극한과 연속성

3.1 극한 법칙을 이용하여 다음 함수의 극한을 구하시오.

a) $\lim_{x\to 2}[x^3(x+4)]$

$$\lim_{x\to 2}[x^3(x+4)] = \lim_{x\to 2} x^3 \cdot \lim_{x\to 2}(x+4) \qquad \text{(법칙 5)}$$
$$= (2)^3 \cdot (2+4) = 8 \cdot 6 = 48$$

b) $\lim_{x\to 4} \dfrac{3x^2-5x}{x+6}$

$$\lim_{x\to 4} \frac{3x^2-5x}{x+6} = \frac{\lim_{x\to 4}(3x^2-5x)}{\lim_{x\to 4}(x+6)} \qquad \text{(법칙 6)}$$
$$= \frac{3(4)^2-5(4)}{4+6} = \frac{48-20}{10}$$
$$= 2.8$$

c) $\lim_{x\to 2} \sqrt{6x^3+1}$

$$\lim_{x\to 2} \sqrt{6x^3+1} = \lim_{x\to 2}(6x^3+1)^{1/2}$$
$$= [\lim_{x\to 2}(6x^3+1)]^{1/2} \qquad \text{(법칙 7)}$$
$$= [6(2)^3+1]^{1/2} = (49)^{1/2} = 7$$

3.2 다음 다항함수와 유리함수의 극한을 구하시오.

a) $\lim_{x\to 3}(5x^2-4x+9)$

모든 다항함수와 유리함수의 극한은 그 극한이 존재하는 경우 극한의 속성에 따라 $\lim_{x\to a} f(x) = f(a)$이 된다. 따라서 극한을 구하려면 단지 x가 a일 때의 함수 값을 계산하면 된다.

$$\lim_{x\to 3}(5x^2-4x+9) = 5(3)^2 - 4(3) + 9 = 42$$

b) $\lim_{x\to -4}(3x^2+7x-12)$

$$\lim_{x\to -4}(3x^2+7x-12) = 3(-4)^2 + 7(-4) - 12 = 8$$

c) $\lim_{x\to 6} \dfrac{4x^2-2x-8}{5x^2+6}$

$$\lim_{x\to 6} \frac{4x^2-2x-8}{5x^2+6} = \frac{4(6)^2-2(6)-8}{5(6)^2+6} = \frac{124}{186} = \frac{2}{3}$$

3.3 다음 유리함수의 극한을 구하시오.

만일 분모의 극한이 0이 되면, (법칙 6)이나 위에서 이용한 일반적인 극한법칙은 적용할 수 없다.

a) $\lim_{x \to 7} \frac{x-7}{x^2-49}$

분모의 극한이 0이 되므로 (법칙 6)은 이용할 수 없다. 그러나 우리가 관심을 갖는 함수는 x가 7일 때 $(x=7)$가 아니라 x가 무한히 7에 근접할 때이므로 만약 주어진 함수가 인수분해와 약분 과정을 통해 분모가 0이 되는 문제가 해결 된다면 극한을 구할 수 있다.

$$\lim_{x \to 7} \frac{x-7}{x^2-49} = \lim_{x \to 7} \frac{x-7}{(x+7)(x-7)}$$
$$= \lim_{x \to 7} \frac{1}{x+7} = \frac{1}{14}$$

b) $\lim_{x \to -7} \frac{x-7}{x^2-49}$

$$\lim_{x \to -7} \frac{x-7}{x^2-49} = \lim_{x \to -7} \frac{x-7}{(x+7)(x-7)}$$
$$= \lim_{x \to -7} \frac{1}{x+7}$$

극한은 존재하지 않는다.

c) $\lim_{x \to 6} \frac{x^2-2x-24}{x-6}$

분모의 극한이 0이므로 인수분해한다.

$$\lim_{x \to 6} \frac{x^2-2x-24}{x-6} = \lim_{x \to 6} \frac{(x+4)(x-6)}{x-6} = \lim_{x \to 6} (x+4) = 10$$

3.4 무한대의 역할에 유의하면서 다음 함수의 극한을 구하시오.

a) $\lim_{x \to 0} \frac{2}{x} \quad (x \neq 0)$

[그림 1.4(*b*)]에 나타난 바와 같이 x가 양(+)으로부터 0에 접근하면$(x \to 0^+)$ $f(x)$는 양의 무한대로 접근하며, x가 음(-)으로부터 0에 접근하면$(x \to 0^-)$ $f(x)$는 음의 무한대에 접근한다. 극한이 양의 무한대와 음의 무한대로 서로 일치하지 않으므로 극한은 존재하지 않는다.

$$\lim_{x \to 0^+} \frac{2}{x} = \infty \qquad \lim_{x \to 0^-} \frac{2}{x} = -\infty \quad \text{극한은 존재하지 않는다.}$$

b) $\lim_{x\to\infty}\frac{2}{x} \qquad \lim_{x\to-\infty}\frac{2}{x}$

[그림 1.4(*b*)]에 나타난 바와 같이 x가 ∞에 접근함에 따라 $f(x)$는 0에 수렴하고, x가 $-\infty$에 접근함에 따라 $f(x)$는 역시 0에 수렴한다. 따라서 두 경우 모두 극한이 존재한다.

$$\lim_{x\to\infty}\frac{2}{x}=0 \qquad \lim_{x\to-\infty}\frac{2}{x}=0$$

c) $\lim_{x\to\infty}\frac{3x^2-7x}{4x^2-21}$

$x\to\infty$일 때 분자와 분모가 모두 무한대가 되어 문제가 불분명해진다. 이러한 상황을 제거하는 방법은 주어진 함수에 있는 x의 가장 높은 차수로 모든 항을 나누는 것이다. 여기서는 x^2이 가장 높은 차수이므로 모든 항을 x^2으로 나눈다.

$$\lim_{x\to\infty}\frac{3x^2-7x}{4x^2-21}=\lim_{x\to\infty}\frac{3-(7/x)}{4-(21/x^2)}=\frac{3-0}{4-0}=\frac{3}{4}$$

3.5 주어진 점에서 함수가 연속적이기 위한 조건(3.2절 참조), 즉 (1) $f(x)$가 정의되고 (2) $\lim_{x\to a} f(x)$가 존재하며 (3) $\lim_{x\to a} f(x)=f(a)$가 성립하는지의 여부를 통해, 다음 함수가 주어진 점에서 연속적인지를 확인하시오.

a) $f(x)=5x^2-8x+9, \quad x=3$

1) $f(3)=5(3)^2-8(3)+9=30$
2) $\lim_{x\to3}(5x^2-8x+9)=5(3)^2-8(3)+9=30$
3) $\lim_{x\to3}f(x)=30=f(3)$ $\quad f(x)$는 연속적이다.

b) $f(x)=\frac{x^2+3x+12}{x-3}, \quad x=4$

1) $f(4)=\frac{(4)^2+3(4)+12}{4-3}=\frac{40}{1}=40$
2) $\lim_{x\to4}\frac{x^2+3x+12}{x-3}=40$
3) $\lim_{x\to4}f(x)=40=f(4)$ $\quad f(x)$는 연속적이다.

c) $f(x)=\frac{x-3}{x^2-9}, \quad x=-3$

1) $f(-3)=\frac{-3-3}{(-3)^2-9}=\frac{-6}{0}$

분모가 0이 되므로 $f(x)$는 $x=-3$에서 정의되지 않는다. 따라서 $x=-3$에서 극한이 존재한다고 하더라도 이 함수는 $x=-3$에서 연속적이 아니다.

2) $\lim_{x\to-3}\frac{x-3}{x^2-9}=\lim_{x\to-3}\frac{x-3}{(x+3)(x-3)}=\lim_{x\to-3}\frac{1}{x+3}=\frac{1}{0}$

3) 따라서 $f(x)$는 $x=3$에서 불연속이며 극한값도 존재하지 않는다.

■ 도함수 기호와 간단한 도함수

3.6 다음 함수를 미분하고 여러 가지 도함수 기호의 사용을 연습하시오.

a) $f(x)=17$

$f'(x)=0$ (상수함수의 미분법칙)

b) $y=-12$

$\frac{dy}{dx}=0$

c) $y=5x+12$

$y'=5$ (선형함수의 미분법칙)

d) $f(x)=9x-6$

$f'=9$

3.7 멱함수 미분법칙을 이용하여 다음 함수를 미분하시오. 여기서도 여러 가지 도함수 기호의 사용을 연습하시오.

a) $y=8x^3$

$\frac{d}{dx}(8x^3)=24x^2$

b) $f(x)=-6x^5$

$f'=-30x^4$

c) $f(x)=5x^{-2}$

$f'(x)=5(-2)\cdot x^{[-2-(1)]}=-10x^{-3}=-\frac{10}{x^3}$

d) $y=-9x^{-4}$

$\frac{dy}{dx}=-9(-4)\cdot x^{[-4-(1)]}=36x^{-5}=\frac{36}{x^5}$

e) $y=\frac{7}{x}=7x^{-1}$

$D_x(7x^{-1})=7(-1)x^{-2}=-7x^{-2}=-\frac{7}{x^2}$

f) $f(x)=18\sqrt{x}=18x^{1/2}$

$\frac{df}{dx}=18\left(\frac{1}{2}\right)\cdot x^{1/2-1}=9x^{-1/2}=\frac{9}{\sqrt{x}}$

3.8 합과 차의 미분법칙을 이용하여 다음 함수를 미분하시오. 등호 왼쪽에 있는 변수는 종속변수 y로 그리고 오른쪽에서 있는 변수는 독립변수 x로 간주하시오.

a) $R = 8t^2 + 5t - 6$

$\frac{dR}{dt} = 16t + 5$

b) $C = 4t^3 - 9t^2 + 28t - 68$

$C' = 12t^2 - 18t + 28$

c) $p = 6q^5 - 3q^3$

$\frac{dp}{dq} = 30q^4 - 9q^2$

d) $q = 7p^4 + 15p^{-3}$

$D_p(7p^4 + 15p^{-3}) = 28p^3 - 45p^{-4}$

■ 곱의 미분법칙

3.9 $y = f(x) = 5x^4(3x - 7)$일 때

(a) 곱의 법칙을 이용하여 도함수를 구하시오.

(b) 주어진 함수를 먼저 전개하여 간단히 정리한 후 도함수를 구하시오.

(c) (a)와 (b)에서 구한 두 도함수를 비교하시오.

a) 식 (3.3)에 있는 곱의 미분법칙 공식인

$$f'(x) = g(x)h'(x) + g'(x)h(x)$$

를 적용하여, $g(x) = 5x^4$ 그리고 $h(x) = 3x - 7$이라 하면 $g'(x) = 20x^3$이고 $h'(x) = 3$이 된다. 이 값들을 위의 공식에 대입하면

$$y' = f'(x) = 5x^4(3) + (3x - 7)(20x^3)$$

이를 간단히 정리하면

$$y' = 15x^4 + 60x^4 - 140x^3 = 75x^4 - 140x^3$$

b) 주어진 함수를 먼저 곱셈 계산을 통해 전개하여 간단히 정리한다.

$$y = 5x^4(3x - 7) = 15x^5 - 35x^4$$

이로부터 도함수를 구하면

$$y' = 75x^4 - 140x^3$$

c) (a)와 (b)에서 구한 도함수는 일치한다.

(a)와 (b) 어떤 방법에 의해서도 곱셈으로 이루어진 함수의 도함수를 구할 수 있으나 함수가 더 복잡해지면 곱의 미분법칙은 더 유용하게 쓰이게 된다.

3.10 $y = f(x) = (x^8 + 8)(x^6 + 11)$일 때 위의 문제 [3.9]에서 요구한 바를 구하시오.

a) $g(x) = x^8 + 8$, $h(x) = x^6 + 11$이라 하면, $g'(x) = 8x^7$이고 $h'(x) = 6x^5$이다. 이를 곱의 미분법칙 공식 (3.3)에 대입하면

$$y' = f'(x) = (x^8 + 8)(6x^5) + (x^6 + 11)(8x^7)$$
$$= 6x^{13} + 48x^5 + 8x^{13} + 88x^7 = 14x^{13} + 88x^7 + 48x^5$$

b) 먼저 곱셈 계산을 통해 전개하여 간단히 정리한 후, 이로부터 도함수를 구한다.

$$y = (x^8 + 8)(x^6 + 11) = x^{14} + 11x^8 + 8x^6 + 88$$
$$y' = 14x^{13} + 88x^7 + 48x^5$$

c) 물론 두 방법에 의해 구한 도함수는 일치한다.

3.11 다음 각 함수를 곱의 미분법칙을 이용하여 미분하시오.

a) $y = (4x^2 - 3)(2x^5)$

$$\frac{dy}{dx}(4x^2 - 3)(10x^4) + 2x^5(8x) = 40x^6 - 30x^4 + 16x^6 = 56x^6 - 30x^4$$

b) $y = 7x^9(3x^2 - 12)$

$$\frac{dy}{dx} = 7x^9(6x) + (3x^2 - 12)(63x^8) = 42x^{10} + 189x^{10} - 756x^8 = 231x^{10} - 756x^8$$

c) $y = (2x^4 + 5)(3x^5 - 8)$

$$\frac{dy}{dx} = (2x^4 + 5)(15x^5) + (3x^5 - 8)(8x^3) = 30x^8 + 75x^4 + 24x^8 - 64x^3 = 54x^8 + 75x^4 - 64x^2$$

d) $z = (3 - 12t^3)(5 + 4t^6)$

$$\frac{dz}{dt} = (3 - 12t^3)(24t^5) + (5 + 4t^6)(-36t^2) = 72t^5 - 288t^8 - 180t^2 - 144t^8 = -432t^8 + 72t^5 - 180t^2$$

■ 몫의 미분법칙

3.12 $y = \dfrac{10x^8 - 6x^7}{2x}$ 일 때 다음에 답하시오.

(*a*) 몫의 미분법칙을 이용하여 직접 도함수를 구하시오.
(*b*) 먼저 나눗셈 계산을 하여 함수를 간단히 한 후 이로부터 도함수를 구하시오.
(*c*) 두 결과를 비교하시오.

a) 몫의 미분법칙은 식 (3.4)로부터

$$f(x) = \frac{g(x)}{h(x)} \qquad \rightarrow \qquad f'(x) = \frac{h(x)g'(x) - g(x)h'(x)}{[h(x)]^2}$$

가 되고 여기서 $g(x) =$ 분자$= 10x^8 - 6x^7$이고 $h(x) =$분모$= 2x$이다. 각각의 도함수를 구하면

$$g'(x) = 80x^7 - 42x^6, \qquad h'(x) = 2$$

이를 몫의 미분법칙 공식에 대입하면

$$y' = \frac{2x(80x^7 - 42x^6) - (10x^8 - 6x^7)(2)}{(2x)^2}$$
$$= \frac{160x^8 - 84x^7 - 20x^8 + 12x^7}{4x^2} = \frac{140x^8 - 72x^7}{4x^2}$$
$$= 35x^6 - 18x^5$$

b) 먼저 나눗셈 계산을 통해 간단히 하면

$$y = \frac{10x^8 - 6x^7}{2x} = 5x^7 - 3x^6$$
$$y' = 35x^6 - 18x^5$$

c) 계산이 틀리지 않았다면 두 가지 방법에 의해 구한 도함수는 항상 동일할 것이다. 그러나 함수가 복잡해지면 몫의 미분법칙은 더욱 중요하게 된다. 두 번째 방법은 결과를 검산하는 하나의 방법이 될 수 있다.

3.13 몫의 미분법칙에 의해 다음 함수를 미분하시오.

a) $y = \dfrac{3x^8 - 4x^7}{4x^3}$

여기서 $g(x) = 3x^8 - 4x^7$이고 $h(x) = 4x^3$이라 하면, $g'(x) = 24x^7 - 28x^6$이고 $h'(x) = 12x^2$이다. 이를 몫의 미분법칙 공식에 대입하면,

$$y' = \frac{4x^3(24x^7 - 28x^6) - (3x^8 - 4x^7)(12x^2)}{(4x^3)^2}$$
$$= \frac{96x^{10} - 112x^9 - 36x^{10} + 48x^9}{16x^6} = \frac{60x^{10} - 64x^9}{16x^6} = 3.75x^4 - 4x^3$$

b) $y = \dfrac{4x^5}{1 - 3x}$ $\quad (x \neq \dfrac{1}{3})$

(주의: $x = \dfrac{1}{3}$이면 분모는 0이 되어 함수는 성립하지 않기 때문에 조건이 부가되었다.)

$$\frac{dy}{dx} = \frac{(1-3x)(20x^4) - 4x^5(-3)}{(1-3x)^2} = \frac{20x^4 - 60x^5 + 12x^5}{(1-3x)^2} = \frac{20x^4 - 48x^5}{(1-3x)^2}$$

c) $y = \dfrac{15x^2}{2x^2 + 7x - 3}$

$$\frac{dy}{dx} = \frac{(2x^2 + 7x - 3)(30x) - 15x^2(4x + 7)}{(2x^2 + 7x - 3)^2}$$
$$= \frac{60x^3 + 210x^2 - 90x - 60x^3 - 105x^2}{(2x^2 + 7x - 3)^2} = \frac{105x^2 - 90x}{(2x^2 + 7x - 3)^2}$$

d) $y = \dfrac{6x-7}{8x-5} \qquad (x \neq \frac{5}{8})$

$$\frac{dy}{dx} = \frac{(8x-5)(6)-(6x-7)(8)}{(8x-5)^2} = \frac{48x-30-48x+56}{(8x-5)^2} = \frac{26}{(8x-5)^2}$$

e) $y = \dfrac{5x^2-9x+8}{x^2+1}$

$$\frac{dy}{dx} = \frac{(x^2+1)(10x-9)-(5x^2-9x+8)(2x)}{(x^2+1)^2}$$
$$= \frac{10x^3-9x^2+10x-9-10x^3+18x^2-16x}{(x^2+1)^2} = \frac{9x^2-6x-9}{(x^2+1)^2}$$

■ 일반 멱함수의 미분법칙

3.14 $y=(5x+8)^2$의 함수에 대해,

(a) 일반 멱함수 미분법칙을 이용하여 도함수를 구하시오.

(b) 먼저 제곱계산을 하여 간단히 정리한 후 이로부터 도함수를 구하시오.

(c) (a)와 (b)에서 구한 두 도함수를 비교하시오.

a) 식 (3.5)에 있는 일반 멱함수 미분법칙에 따르면, $f(x)=[g(x)]^n$ 의 도함수는

$$f'(x) = n[g(x)]^{n-1} \cdot g'(x)$$

가 되는데, 여기에 주어진 함수를 적용하면 $g(x)=5x+8$이고 $g'(x)=5$, $n=2$이다. 이를 일반 멱함수 미분법칙에 대입한다.

$$y' = 2(5x+8)^{2-1} \cdot 5 = 10(5x+8) = 50x+80$$

b) 먼저 제곱 계산을 하고 이로부터 도함수를 구한다.

$$y = (5x+8)(5x+8) = 25x^2+80x+64$$
$$y' = 50x+80$$

c) 두 방법에 의해 구한 도함수는 일치한다. 차수를 나타내는 n이 더 커져 고차가 되든가 음수가 되든가 또는 분수가 되는 경우 일반 멱함수 미분법칙을 이용하면 더 빠르고 효율적으로 도함수를 구할 수 있다.

3.15 일반 멱함수 미분법칙에 따라 아래 주어진 함수의 도함수를 구하시오.

a) $y=(6x^3+9)^4$

여기에서 $g(x)=6x^3+9$이고 $g'(x)=18x^2$, $n=4$이므로 이를 일반 멱함수 미분법칙에 대입한다.

$$y' = 4(6x^3+9)^{4-1} \cdot 18x^2$$
$$= 4(6x^3+9)^3 \cdot 18x^2 = 72x^2(6x^3+9)^3$$

b) $y = (2x^2 - 5x + 7)^3$

$$\begin{aligned} y' &= 3(2x^2 - 5x + 7)^2 \cdot (4x - 5) \\ &= (12x - 15)(2x^2 - 5x + 7)^2 \end{aligned}$$

c) $y = \dfrac{1}{7x^3 + 13x + 3}$

주어진 함수를 먼저 다음과 같이 변형시킨다.

$$y = (7x^3 + 13x + 3)^{-1}$$

여기에 일반 멱함수 미분법칙을 적용한다.

$$\begin{aligned} y' &= -1(7x^3 + 13x + 3)^{-2} \cdot (21x^2 + 13) \\ &= -(21x^2 + 13)(7x^3 + 13x + 3)^{-2} \\ &= \frac{-(21x^2 + 13)}{(7x^3 + 13x + 3)^2} \end{aligned}$$

d) $y = \sqrt{34 - 6x^2}$

멱함수로 변형시킨 후 미분한다.

$$\begin{aligned} y &= (34 - 6x^2)^{1/2} \\ y' &= \tfrac{1}{2}(34 - 6x^2)^{-1/2} \cdot (-12x) \\ &= -6x(34 - 6x^2)^{-1/2} = \frac{-6x}{\sqrt{34 - 6x^2}} \end{aligned}$$

e) $y = \dfrac{1}{\sqrt{4x^3 + 94}}$

멱함수로 변형시킨 후 도함수를 구한다.

$$\begin{aligned} y &= (4x^3 + 94)^{-1/2} \\ y' &= -\tfrac{1}{2}(4x^3 + 94)^{-3/2} \cdot (12x^2) = -6x^2(4x^3 + 94)^{-3/2} \\ &= \frac{-6x^2}{(4x^3 + 94)^{3/2}} = \frac{-6x^2}{\sqrt{(4x^3 + 94)^3}} \end{aligned}$$

■ 연쇄 미분법칙

3.16 아래의 함수는 모두 합성함수의 형태로 주어져 있다. 이들 함수의 도함수인 $\dfrac{dy}{dx}$를 연쇄 미분법칙을 이용하여 구하시오.

a) $y = (3x^4 + 5)^6$

$u = 3x^4 + 5$라 하면 위의 주어진 함수는 $y = u^6$이 된다.
여기에서 $\dfrac{dy}{du} = 6u^5$이고 $\dfrac{du}{dx} = 12x^3$이므로 식 (3.6)의 연쇄 미분법칙인

$$\frac{dy}{dx} = \frac{dy}{du}\frac{du}{dx}$$

에 대입하면

$$\frac{dy}{dx} = 6u^5 \cdot 12x^3 = 72x^3u^5$$

이 된다. 여기서 $u = 3x^4 + 5$이므로 이를 다시 대입하면

$$\frac{dy}{dx} = 72x^3(3x^4 + 5)^5$$

b) $y = (7x + 9)^2$

$u = 7x + 9$라 하면 위의 함수는 $y = u^2$이 된다. 여기에서 $\frac{dy}{du} = 2u$이고 $\frac{du}{dx} = 7$이므로 이를 연쇄 미분법칙에 대입한다.

$$\frac{dy}{dx} = 2u \cdot 7 = 14u$$

다시 위의 결과에 $u = 7x + 9$를 대입한다.

$$\frac{dy}{dx} = 14(7x + 9) = 98x + 126$$

c) $y = (4x^5 - 1)^7$

$u = 4x^5 - 1$이라 하면 $y = u^7$이 되고 이로부터 $\frac{dy}{du} = 7u^6$, $\frac{du}{dx} = 20x^4$이 된다. 따라서

$$\frac{dy}{dx} = 7u^6 \cdot 20x^4 = 140x^4u^6$$

$u = 4x^5 - 1$이므로 이를 대입한다.

$$\frac{dy}{dx} = 140x^4(4x^5 - 1)^6$$

3.17 아래 주어진 함수에 대해 문제 [3.16]에서와 같이 연쇄 미분법칙을 이용하여 $\frac{dy}{dx}$를 구하시오.

a) $y = (x^2 + 3x - 1)^5$

$u = x^2 + 3x - 1$이라 하면 $y = u^5$이 되고 이로부터 $\frac{dy}{du} = 5u^4$, $\frac{du}{dx} = 2x + 3$이다. 이를 연쇄 미분법칙인 식 (3.6)에 대입하면

$$\frac{dy}{dx} = 5u^4(2x + 3) = (10x + 15)u^4$$

여기서 $u = x^2 + 3x - 1$이므로 이를 대입한다.

$$\frac{dy}{dx} = (10x + 15)(x^2 + 3x - 1)^4$$

$b)$ $y = -3(x^2 - 8x + 7)^4$

$u = x^2 - 8x + 7$이라 하면 $y = -3u^4$이 되고 $\frac{dy}{du} = -12u^3$, $\frac{du}{dx} = 2x - 8$이다. 따라서

$$\frac{dy}{dx} = -12u^3(2x-8) = (-24x+96)u^3$$
$$= (-24x+96)(x^2-8x+7)^3$$

▪ 미분법칙의 결합

3.18 필요한 미분법칙을 이용하여 다음 함수의 도함수를 구하시오. 아래의 함수는 미분법칙을 적용하는데 용이하도록 구성되어 있으므로, 주어진 함수 형태를 그대로 유지한 상태에서 이들의 도함수를 구하시오.

$a)$ $y = \frac{3x(2x-1)}{5x-2}$

이 함수는 분자가 곱셈으로 구성된 분수 형태를 띠고 있으므로 도함수를 구하기 위해서는 몫의 미분법칙과 곱의 미분법칙을 이용해야 한다.

몫의 미분법칙인 식 (3.4)를 이용하면

$$y' = \frac{h(x) \cdot g'(x) - g(x) \cdot h'(x)}{[h(x)]^2}$$

$g(x) = 3x(2x-1)$, $h(x) = 5x - 2$ 그리고 $h'(x) = 5$에 해당한다. 그리고 $g'(x)$를 구하기 위해 식 (3.3)의 곱의 미분법칙을 이용하면,

$$g'(x) = 3x \cdot 2 + (2x-1) \cdot 3 = 12x - 3$$

이 된다.

이 결과를 위의 몫의 미분법칙에 대입한다.

$$y' = \frac{(5x-2)(12x-3) - [3x(2x-1)] \cdot 5}{(5x-2)^2}$$

이를 간단히 정리하면 아래와 같은 도함수를 얻을 수 있다.

$$y' = \frac{60x^2 - 15x - 24x + 6 - 30x^2 + 15x}{(5x-2)^2} = \frac{30x^2 - 24x + 6}{(5x-2)^2}$$

(주의) 위에서 구한 도함수가 맞는지 검산하려면 주어진 함수를

$$y = 3x \cdot \frac{2x-1}{5x-2} \qquad \text{또는} \qquad y = \frac{3x}{5x-2} \cdot (2x-1)$$

로 간주하고 곱의 미분법칙과 몫의 미분법칙을 이용한다.

b) $y = 3x(4x-5)^2$

이 함수는 두 함수의 곱셈으로 구성되어 있으며 이 중 하나는 멱함수이다. 따라서 도함수를 구하기 위해서는 곱의 미분법칙과 일반 멱함수 미분법칙이 필요하다. 다음의 곱의 미분법칙을 이용한다.

$$y' = g(x) \cdot h'(x) + h(x) \cdot g'(x)$$

여기에서 $g(x) = 3x$, $h(x) = (4x-5)^2$ 그리고 $g'(x) = 3$이고 $h'(x)$를 구하기 위해 일반 멱함수 미분법칙을 이용한다.

$$h'(x) = 2(4x-5) \cdot 4 = 8(4x-5) = 32x - 40$$

이를 곱의 미분법칙에 대입한 후 간단히 정리한다.

$$y' = 3x \cdot (32x-40) + (4x-5)^2 \cdot 3$$
$$y' = 96x^2 - 120x + 3(16x^2 - 40x + 25) = 144x^2 - 240x + 75$$

c) $y = (3x-4) \cdot \dfrac{5x+1}{2x+7}$

곱셈으로 연결 된 두 함수 가운데 하나가 분수 형태이므로 곱의 미분법칙과 몫의 미분법칙을 이용한다. 먼저 곱의 미분법칙을 위의 함수에 적용한다.

$$y' = g(x) \cdot h'(x) + h(x) \cdot g'(x)$$

여기서 $g(x) = 3x-4$, $h(x) = \dfrac{5x+1}{2x+7}$ 그리고 $g'(x) = 3$이다.

다음 단계로 몫의 미분법칙을 이용하여 $h'(x)$를 구한다.

$$h'(x) = \frac{(2x+7)(5)-(5x+1)(2)}{(2x+7)^2} = \frac{33}{(2x+7)^2}$$

곱의 미분법칙에 위에서 구한 결과를 대입한 후 간단히 정리한다.

$$y' = (3x-4) \cdot \frac{33}{(2x+7)^2} + \frac{5x+1}{2x+7} \cdot 3 = \frac{99x-132}{(2x+7)^2} + \frac{15x+3}{2x+7}$$
$$= \frac{99x-132+(15x+3)(2x+7)}{(2x+7)^2} = \frac{30x^2+210x-111}{(2x+7)^2}$$

이를 검산하기 위해 주어진 함수를 $y = \dfrac{(3x-4)(5x+1)}{(2x+7)}$로 간주하고 몫의 미분법칙을 먼저 이용한 후 곱의 미분법칙을 적용한다.

d) $y = \dfrac{(8x-5)^3}{(7x+4)}$

몫의 미분법칙을 적용하면, 여기서

$$g(x) = (8x-5)^3, \quad h(x) = 7x+4, \quad h'(x) = 7$$

에 해당한다. 그리고 일반 멱함수 미분법칙을 이용하여 $g'(x)$를 구하면

$$g'(x) = 3(8x-5)^2 \cdot 8 = 24(8x-5)^2$$

이 결과를 몫의 미분법칙에 대입한다.

$$\begin{aligned} y' &= \frac{(7x+4)\cdot 24(8x-5)^2 - (8x-5)^3 \cdot 7}{(7x+4)^2} \\ &= \frac{(168x+96)(8x-5)^2 - 7(8x-5)^3}{(7x+4)^2} \end{aligned}$$

이를 검산하기 위해서는 주어진 함수를 $y = (8x-5)^3(7x+4)^{-1}$의 형태로 간주하여 먼저 곱의 미분법칙을 적용한 후 일반 멱함수 미분법칙을 적용한다.

e) $y = \left(\dfrac{3x+4}{2x+5}\right)^2$

먼저 일반 멱함수 미분법칙을 적용한다.

$$y' = 2\left(\frac{3x+4}{2x+5}\right)\cdot\frac{d}{dx}\left(\frac{3x+4}{2x+5}\right) \tag{3.9}$$

그 다음에 몫의 미분법칙을 이용하면

$$\frac{d}{dx}\left(\frac{3x+4}{2x+5}\right) = \frac{(2x+5)(3)-(3x+4)(2)}{(2x+5)^2} = \frac{7}{(2x+5)^2}$$

이 되며 이를 식 (3.9)에 대입한다.

$$y' = 2\left(\frac{3x+4}{2x+5}\right)\cdot\frac{7}{(2x+5)^2} = \frac{14(3x+4)}{(2x+5)^3} = \frac{42x+56}{(2x+5)^3}$$

이를 검산하기 위해서는 주어진 함수를 $y = (3x+4)^2(2x+5)^{-2}$의 형태로 간주하고 여기에 먼저 곱의 미분법칙을 적용하고 다음에 일반 멱함수 미분법칙을 적용한다.

3.19 적합한 미분법칙을 이용하여 다음을 미분하시오.

a) $y = (5x-1)(3x+4)^3$

곱의 미분법칙과 연쇄 법칙을 이용하면

$$\frac{dy}{dx} = (5x-1)[3(3x+4)^2(3)] + (3x+4)^3(5)$$

이를 간단히 정리하면

$$\frac{dy}{dx} = (5x-1)(9)(3x+4)^2 + 5(3x+4)^3 = (45x-9)(3x+4)^2 + 5(3x+4)^3$$

b) $y = \dfrac{(9x^2-2)(7x+3)}{5x}$

몫의 미분법칙과 곱의 미분법칙을 이용하면

$$y' = \frac{5x[(9x^2-2)(7) + (7x+3)(18x)] - (9x^2-2)(7x+3)(5)}{(5x)^2}$$

이를 간단히 정리하면

$$y' = \frac{5x(63x^2 - 14 + 126x^2 + 54x) - 5(63x^3 + 27x^2 - 14x - 6)}{25x^2} = \frac{630x^3 + 135x^2 + 30}{25x^2}$$

c) $y = \dfrac{15x+23}{(3x+1)^2}$

몫의 미분법칙과 일반 멱함수 미분법칙을 적용한다.

$$y' = \frac{(3x+1)^2(15) - (15x+23)[2(3x+1)(3)]}{(3x+1)^4}$$

이를 간단히 하면

$$y' = \frac{15(3x+1)^2 - (15x+23)(18x+6)}{(3x+1)^4} = \frac{-135x^2 - 414x - 123}{(3x+1)^4}$$

d) $y = (6x+1)\dfrac{4x}{9x-1}$

곱의 미분법칙과 몫의 법칙을 적용하면

$$D_x = (6x+1)\frac{(9x-1)(4) - 4x(9)}{(9x-1)^2} + \frac{4x}{9x-1}(6)$$

이를 간단히 정리하면

$$D_x = \frac{(6x+1)(36x - 4 - 36x)}{(9x-1)^2} + \frac{24x}{9x-1} = \frac{216x^2 - 48x - 4}{(9x-1)^2}$$

e) $y = \left(\dfrac{3x-1}{2x+5}\right)^3$

일반 멱함수 미분법칙과 몫의 미분법칙을 이용하면

$$y' = 3\left(\frac{3x-1}{2x+5}\right)^2 \frac{(2x+5)(3) - (3x-1)(2)}{(2x+5)^2}$$

이를 간단히 정리한다.

$$y' = \frac{3(3x-1)^2}{(2x+5)^2} \frac{17}{(2x+5)^2} = \frac{51(3x-1)^2}{(2x+5)^4}$$

▪ 고차도함수

3.20 다음 각각의 함수에 대해 (1) 2차도함수를 구하고 (2) $x=2$에서의 도함수 값을 구하시오. 2차도함수를 표시하는 기호를 다양하게 사용해 보시오.

a) $y = 7x^3 + 5x^2 + 12$

1) $\frac{dy}{dx} = 21x^2 + 10x$

$\frac{d^2y}{dx^2} = 42x + 10$

2) $x=2$에서 $\frac{d^2y}{dx^2} = 42(2) + 10$

$= 94$

b) $f(x) = x^6 + 3x^4 + x$

1) $f'(x) = 6x^5 + 12x^3 + 1$

$f''(x) = 30x^4 + 36x^2$

2) $x=2$에서 $f''(x) = 30(2)^4 + 36(2)^2$

$= 624$

c) $y = (2x+3)(8x^2-6)$

1) $Dy = (2x+3)(16x) + (8x^2-6)(2)$

$= 32x^2 + 48x + 16x^2 - 12$

$= 48x^2 + 48x - 12$

$D^2y = 96x + 48$

2) $x=2$에서 $D^2y = 96(2) + 48$

$= 240$

d) $f(x) = (x^4-3)(x^3-2)$

1) $f' = (x^4-3)(3x^2) + (x^3-2)(4x^3)$

$= 3x^6 - 9x^2 + 4x^6 - 8x^3$

$= 7x^6 - 8x^3 - 9x^2$

$f'' = 42x^5 - 24x^2 - 18x$

2) $x=2$에서 $f'' = 42(2)^5 - 24(2)^2 - 18(2)$

$= 1212$

e) $y = \frac{5x}{1-3x}$

1) $y' = \frac{(1-3x)(5) - 5x(-3)}{(1-3x)^2}$

$= \frac{5 - 15x + 15x}{(1-3x)^2} = \frac{5}{(1-3x)^2}$

$y'' = \frac{(1-3x)^2(0) - 5[2(1-3x)(-3)]}{(1-3x)^4}$

$= \frac{-5(-6+18x)}{(1-3x)^4} = \frac{30-90x}{(1-3x)^4} = \frac{30}{(1-3x)^3}$

2) $x=2$에서 $y'' = \frac{30-90(2)}{[1-3(2)]^4}$

$= \frac{-150}{(-5)^4}$

$= -\frac{6}{25}$

f) $y = \dfrac{7x^2}{x-1}$

1) $y' = \dfrac{(x-1)(14x) - 7x^2(1)}{(x-1)^2}$

$= \dfrac{14x^2 - 14x - 7x^2}{(x-1)^2} = \dfrac{7x^2 - 14x}{(x-1)^2}$

$y'' = \dfrac{(x-1)^2(14x-14) - (7x^2-14x)[2(x-1)(1)]}{(x-1)^4}$

$= \dfrac{(x^2-2x+1)(14x-14) - (7x^2-14x)(2x-2)}{(x-1)^4}$

$= \dfrac{14(x-1)}{(x-1)^4} = \dfrac{14}{(x-1)^3}$

2) $x = 2$에서 $y'' = \dfrac{14}{(2-1)^3}$

$= 14$

g) $f(x) = (8x-4)^3$

1) $f' = 3(8x-4)^2(8)$

$= 24(8x-4)^2$

$f'' = 2(24)(8x-4)(8)$

$= 384(8x-4)$

2) $x = 2$에서 $f'' = 384[8(2)-4]$

$= 4608$

h) $y = (5x^3 - 7x^2)^2$

1) $Dy = 2(5x^3 - 7x^2)(15x^2 - 14x)$

$= 150x^5 - 350x^4 + 196x^3$

$D^2y = 750x^4 - 1400x^3 + 588x^2$

2) $x = 2$에서 $D^2y = 750(2)^4 - 1400(2)^3 + 588(2)^2$

$= 3152$

3.21 다음 각각의 함수에 대해 (1) 1차도함수부터 연속적으로 고차도함수를 구하고, (2) $x = 3$에서의 각각의 도함수 값을 구하시오.

a) $y = x^3 + 3x^2 + 9x - 7$

1) $y' = 3x^2 + 6x + 9$

$y'' = 6x + 6$

$y''' = 6$

$y^{(4)} = 0$

2) $x = 3$에서 $y' = 3(3)^2 + 6(3) + 9 = 54$

$y'' = 6(3) + 6 = 24$

$y''' = 6$

$y^{(4)} = 0$

b) $y = (4x-7)(9x+2)$

1) $y' = (4x-7)(9) + (9x+2)(4)$

$= 36x - 63 + 36x + 8 = 72x - 55$

$y'' = 72$

$y''' = 0$

2) $x = 3$에서 $y' = 72(3) - 55 = 161$

$y'' = 72$

$y''' = 0$

c) $y = (5-x)^4$

1) $D_x = 4(5-x)^3(-1) = -4(5-x)^3$
$D_x^2 = -12(5-x)^2(-1) = 12(5-x)^2$
$D_x^3 = 24(5-x)(-1)$
$= -24(5-x) = 24x - 120$
$D_x^4 = 24$
$D_x^5 = 0$

2) $x = 3$에서 $D_x = -4(5-3)^3 = -32$
$D_x^2 = 12(5-3)^2 = 48$
$D_x^3 = 24(3) - 120 = -48$
$D_x^4 = 24$
$D_x^5 = 0$

■ 음함수 미분

3.22 음함수 미분을 이용하여 다음 방정식에 대한 도함수 $\dfrac{dy}{dx}$를 구하시오.

a) $4x^2 - y^3 = 97$

양변에서 x에 대한 도함수를 구한다.

$$\frac{d}{dx}(4x^2) - \frac{d}{dx}(y^3) = \frac{d}{dx}(97) \tag{3.10}$$

여기에서 $\dfrac{d}{dx}(4x^2) = 8x$, $\dfrac{d}{dx}(97) = 0$이다. 그리고 도함수 $\dfrac{dy}{dx}$를 구하려면 y를 x의 함수로 간주하여야 하므로 일반 멱함수 미분법칙을 이용하여 좌변의 y^3을 x로 미분한다.

$$\frac{d}{dx}(y^3) = 3 \cdot y^2 \cdot \frac{d}{dx}(y)$$

식 (3.10)에 이들을 대입하고 $\dfrac{d}{dx}(y) = \dfrac{dy}{dx}$이므로 아래와 같이 $\dfrac{dy}{dx}$를 구할 수 있다.

$$8x - 3y^2\left(\frac{dy}{dx}\right) = 0$$

$$-3y^2\left(\frac{dy}{dx}\right) = -8x$$

$$\frac{dy}{dx} = \frac{8x}{3y^2}$$

b) $3y^5 - 6y^4 + 5x^6 = 243$

먼저 양변에서 x에 대한 도함수를 구한다.

$$\frac{d}{dx}(3y^5) - \frac{d}{dx}(6y^4) + \frac{d}{dx}(5x^6) = \frac{d}{dx}(243)$$

$$15y^4\left(\frac{dy}{dx}\right) - 24y^3\left(\frac{dy}{dx}\right) + 30x^5 = 0$$

여기서 $\dfrac{dy}{dx}$를 구한다.

$$(15y^4 - 24y^3)\left(\frac{dy}{dx}\right) = -30x^5$$

$$\frac{dy}{dx} = \frac{-30x^5}{15y^4 - 24y^3} = \frac{-10x^5}{5y^4 - 8y^3}$$

c) $2x^4 + 7x^3 + 8y^5 = 136$

$$\frac{d}{dx}(2x^4) + \frac{d}{dx}(7x^3) + \frac{d}{dx}(8y^5) = \frac{d}{dx}(136)$$

$$8x^3 + 21x^2 + 40y^4\left(\frac{dy}{dx}\right) = 0$$

$$40y^4\left(\frac{dy}{dx}\right) = -(8x^3 + 21x^2)$$

$$\frac{dy}{dx} = \frac{-(8x^3 + 21x^2)}{40y^4}$$

3.23 음함수 미분 과정에서 적합한 미분법칙을 적용하여 다음 각각의 방정식에 대한 $\frac{dy}{dx}$를 구하시오.

a) $x^4y^6 = 89$

$$\frac{d}{dx}(x^4y^6) = \frac{d}{dx}(89)$$

곱의 미분법칙과 일반 멱함수 미분법칙을 이용한다.

$$x^4 \cdot \frac{d}{dx}(y^6) + y^6 \cdot \frac{d}{dx}(x^4) = \frac{d}{dx}(89)$$

$$x^4 \cdot 6y^5\frac{dy}{dx} + y^6 \cdot 4x^3 = 0$$

$\frac{dy}{dx}$에 대해 풀면

$$6x^4y^5\frac{dy}{dx} = -4x^3y^6$$

$$\frac{dy}{dx} = \frac{-4x^3y^6}{6x^4y^5} = \frac{-2y}{3x}$$

b) $2x^3 + 5xy + 6y^2 = 87$

$$\frac{d}{dx}(2x^3 + 5xy + 6y^2) = \frac{d}{dx}(87)$$

여기에서 $5xy$의 도함수를 구하기 위해서는 곱의 미분법칙을 이용해야 한다.

$$6x^2 + \left[5x \cdot \left(\frac{dy}{dx}\right) + y \cdot (5)\right] + 12y\left(\frac{dy}{dx}\right) = 0$$

위에서 $\frac{dy}{dx}$를 구하면

$$(5x + 12y)\left(\frac{dy}{dx}\right) = -6x^2 - 5y$$

$$\frac{dy}{dx} = \frac{-(6x^2 + 5y)}{5x + 12y}$$

c) $7x^4 + 3x^3y + 9xy^2 = 496$

$$28x^3 + \left[3x^3 \cdot \left(\frac{dy}{dx}\right) + y \cdot 9x^2\right] + \left[9x \cdot 2y\left(\frac{dy}{dx}\right) + y^2 \cdot 9\right] = 0$$

$$28x^3 + 3x^3\left(\frac{dy}{dx}\right) + 9x^2y + 18xy\left(\frac{dy}{dx}\right) + 9y^2 = 0$$

$$(3x^3 + 18xy)\left(\frac{dy}{dx}\right) = -28x^3 - 9x^2y - 9y^2$$

$$\frac{dy}{dx} = \frac{-(28x^3 + 9x^2y + 9y^2)}{3x^3 + 18xy}$$

d) $(5y - 21)^3 = 6x^5$

$$\frac{d}{dx}[(5y - 21)^3] = \frac{d}{dx}(6x^5)$$

일반 멱함수 미분법칙을 적용한다.

$$3(5y - 21)^2 \cdot 5\left(\frac{dy}{dx}\right) = 30x^4$$

$$15(5y - 21)^2\left(\frac{dy}{dx}\right) = 30x^4$$

$$\frac{dy}{dx} = \frac{30x^4}{15(5y - 21)^2}$$

e) $(2x^3 + 7y)^2 = x^5$

$$\frac{d}{dx}(2x^3 + 7y)^2 = \frac{d}{dx}(x^5)$$

$$2(2x^3 + 7y) \cdot \frac{d}{dx}(2x^3 + 7y) = 5x^4$$

$$(4x^3 + 14y)\left[6x^2 + 7\left(\frac{dy}{dx}\right)\right] = 5x^4$$

$$24x^5 + 28x^3\left(\frac{dy}{dx}\right) + 84x^2y + 98y\left(\frac{dy}{dx}\right) = 5x^4$$

$$(28x^3 + 98y)\frac{dy}{dx} = 5x^4 - 24x^5 - 84x^2y$$

$$\frac{dy}{dx} = \frac{5x^4 - 24x^5 - 84x^2y}{28x^3 + 98y}$$

([연습문제 4.24-4.25, 5.20-5.21, 6.51-6.52] 참조)

■ 미분법칙의 도출

3.24 $f(x)=g(x)+h(x)$의 함수가 주어지고 여기서 $g(x)$와 $h(x)$가 모두 미분가능한 함수일 때 $f'(x)=g'(x)+h'(x)$가 성립함을 보임으로써 합의 미분법칙을 증명하시오.

식 (3.2)로부터 $f(x)$의 도함수는 다음과 같다.

$$f'(x) = \lim_{\Delta x \to 0} \frac{f(x+\Delta x) - f(x)}{\Delta x}$$

여기에 $f(x)=g(x)+h(x)$를 대입하면

$$f'(x) = \lim_{\Delta x \to 0} \frac{[g(x+\Delta x) + h(x+\Delta x)] - [g(x) + h(x)]}{\Delta x}$$

이를 정리하면

$$f'(x) = \lim_{\Delta x \to 0} \frac{g(x+\Delta x) - g(x) + h(x+\Delta x) - h(x)}{\Delta x}$$

여기서 항을 분리하고 극한을 구한다.

$$\begin{aligned} f'(x) &= \lim_{\Delta x \to 0} \left[\frac{g(x+\Delta x) - g(x)}{\Delta x} + \frac{h(x+\Delta x) - h(x)}{\Delta x} \right] \\ &= \lim_{\Delta x \to 0} \frac{g(x+\Delta x) - g(x)}{\Delta x} + \lim_{\Delta x \to 0} \frac{h(x+\Delta x) - h(x)}{\Delta x} \\ &= g'(x) + h'(x) \end{aligned}$$

3.25 $f(x)=g(x)\cdot h(x)$의 함수가 주어지고 여기서 $g'(x)$와 $h'(x)$가 존재할 때 $f'(x)=g(x)h'(x)+h(x)g'(x)$가 성립함을 보임으로써 곱의 미분법칙을 증명하시오.

$$f'(x) = \lim_{\Delta x \to 0} \frac{f(x+\Delta x) - f(x)}{\Delta x}$$

위에 $f(x)=g(x)h(x)$를 대입한다.

$$f'(x) = \lim_{\Delta x \to 0} \frac{g(x+\Delta x) \cdot h(x+\Delta x) - g(x) \cdot h(x)}{\Delta x}$$

위 식에 $g(x+\Delta x)\cdot h(x)$를 더하고 뺀다. 결과에 변화는 없다.

$$f'(x) = \lim_{\Delta x \to 0} \frac{g(x+\Delta x)h(x+\Delta x) - g(x+\Delta x)h(x) + g(x+\Delta x)h(x) - g(x)h(x)}{\Delta x}$$

$g(x+\Delta x)$와 $h(x)$로 인수분해하면

$$
\begin{aligned}
f'(x) &= \lim_{\Delta x \to 0} \frac{g(x+\Delta x)[h(x+\Delta x)-h(x)]+h(x)[g(x+\Delta x)-g(x)]}{\Delta x} \\
&= \lim_{\Delta x \to 0} \frac{g(x+\Delta x)[h(x+\Delta x)-h(x)]}{\Delta x} + \lim_{\Delta x \to 0} \frac{h(x)[g(x+\Delta x)-g(x)]}{\Delta x} \\
&= \lim_{\Delta x \to 0} g(x+\Delta x) \cdot \lim_{\Delta x \to 0} \frac{h(x+\Delta x)-h(x)}{\Delta x} + \lim_{\Delta x \to 0} h(x) \cdot \lim_{\Delta x \to 0} \frac{g(x+\Delta x)-g(x)}{\Delta x} \\
&= g(x) \cdot h'(x) + h(x) \cdot g'(x)
\end{aligned}
$$

3.26 $f(x) = \dfrac{g(x)}{h(x)}$ 의 함수가 주어지고 여기서 $g'(x)$와 $h'(x)$가 존재하고 $h(x) \neq 0$일 때

$$f'(x) = \frac{h(x) \cdot g'(x) - g(x) \cdot h'(x)}{[h(x)]^2}$$

가 성립함을 보임으로써 몫의 미분법칙을 증명하시오.

$f(x) = \dfrac{g(x)}{h(x)}$ 에서 $g(x)$를 구하면,

$$g(x) = f(x) \cdot h(x)$$

여기서 곱의 미분법칙을 이용해서 $g(x)$의 도함수 $g'(x)$를 구한다.

$$g'(x) = f(x) \cdot h'(x) + h(x) \cdot f'(x)$$

이로부터 $f'(x)$에 대해 풀면,

$$
\begin{aligned}
h(x) \cdot f'(x) &= g'(x) - f(x) \cdot h'(x) \\
f'(x) &= \frac{g'(x) - f(x) \cdot h'(x)}{h(x)}
\end{aligned}
$$

$f(x)$에 $\dfrac{g(x)}{h(x)}$를 대입한다.

$$f'(x) = \frac{g'(x) - \dfrac{g(x) \cdot h'(x)}{h(x)}}{h(x)}$$

위의 분모와 분자에 $h(x)$를 곱하면 다음과 같은 결과를 얻을 수 있다.

$$f'(x) = \frac{h(x) \cdot g'(x) - g(x) \cdot h'(x)}{[h(x)]^2}$$

4장

경제학에서의 도함수 이용

4.1 증가함수와 감소함수

함수 $f(x)$의 그래프가 점 $[a, f(a)]$의 근방에서 왼쪽으로부터 오른쪽으로 상향(하향)할 때 함수 $f(x)$는 $x=a$에서 증가(감소)하고 있다고 말한다. 1차도함수는 주어진 함수의 변화율과 기울기를 나타내기 때문에, $x=a$에서 1차도함수가 양(+)의 값을 가진다는 것은 그 함수가 $x=a$에서 증가하고 있다는 것을 의미한다. 마찬가지로 1차도함수가 음(−)의 값을 가지는 경우는 함수가 감소하고 있음을 뜻한다.

이는 [그림 4.1]에 나타난 것처럼 다음과 같이 요약할 수 있다.

$$f'(x) > 0 \ : \ \ x = a\text{에서 증가함수}$$
$$f'(x) < 0 \ : \ \ x = a\text{에서 감소함수}$$

특히 정의구역 전체 구간에서 증가(감소)하는 함수를 단조증가(단조감소)함수(monotonicallly increasing function, monotonically decreasing function)라고 한다.([연습문제 4.1-4.3] 참조)

4.2 오목성과 볼록성

함수 $f(x)$의 그래프가 점 $[a, f(a)]$을 중심으로 한 임의의 작은 구역에서, 완전히 점 $[a, f(a)]$의 접선 아래에 놓여 있을 때 함수 $f(x)$는 $x=a$에서 '오목'(concave)하다고 한다.

반면에 함수 $f(x)$의 그래프가 점 $[a, f(a)]$을 중심으로 한 임의의 작은 구역에서, 완전히 점 $[a, f(a)]$의 접선 위에 놓여 있을 때 함수 $f(x)$는 $x=a$에서 '볼록'(convex)하다고 한다.

$x=a$에서 2차도함수가 양(+)이면 이는 함수가 $x=a$에서 볼록하다는 것을 나타낸다. 마찬가지로 $x=a$에서 2차도함수가 음(-)이면, 이는 주어진 함수가 $x=a$에서 오목하다는 것을 나타낸다.

지금까지 살펴본 바와 같이 기울기를 나타내는 1차도함수의 부호는 오목성(concavity)과

아무 관련이 없다. 이상을 간단히 요약하면 다음과 같이 표시할 수 있다.([그림 4.2]와 [연습문제 4.1-4.4] 참조)

$f''(a) > 0$: 에서 $f(x)$는 블록

$f''(a) < 0$: 에서 $f(x)$는 오목

정의구역에 있는 모든 x에 대해 $f''(x) > 0$일 때 $f(x)$는 '강볼록'(strictly convex)하다고 하며, 정의구역에 있는 모든 x에 대해 $f''(x) < 0$일 때 $f(x)$는 '강오목'(strictly concave)하다고 말한다.

기울기>0
$x=a$에서 증가함수
(a)

기울기<0
$x=a$에서 감소함수
(b)

[그림 4.1]

(a) $f'(a) > 0$
$f''(a) > 0$

(b) $f'(a) < 0$
$f''(a) > 0$

$x=a$에서 블록

(c) $f'(a) > 0$
$f''(a) < 0$

(d) $f'(a) < 0$
$f''(a) < 0$

$x=a$에서 오목

[그림 4.2]

4.3 상대적 극값

주어진 함수가 어떤 점에서 상대적 극대 또는 상대적 극소에 도달했을 때, 그 점을 '상대적 극값'(relative extreme)이라고 한다.

$x=a$에서 함수가 상대적 극대 또는 극소가 되기 위해서는 주어진 함수가 $x=a$에서 증가도 감소도 아닌 수평(plateau) 상태에 있어야 한다. 함수가 $x=a$에서 증가도 감소도 하지 않는 경우, $x=a$에서의 1차도함수는 '0'이 되든가 또는 1차도함수가 존재하지 않는 상황이 된다. 함수의 정의구역에 있는 어느 점에서 주어진 함수의 도함수가 0이 되어(또는 그 점에서 도함수가 존재하지 않는다 하더라도) 그 점에서 함수가 상대적 극대 또는 극소를 가지게 될 때, 정의구역에 대응되는 점을 '임계점'(critical point) 또는 '임계값'(critical value)이라 한다.

상대적 극대가 되는지 또는 상대적 극소가 되는지를 구분하기 위해서는 2차도함수의 검증을 거쳐야 한다.

$x=a$에서 $f'(a)=0$이라 할 때

1. 만약 $f''(a)<0$이라면 이는 함수가 볼록하여 함수의 그래프가 완전히 $x=a$에서의 접선 위에 놓여 있음을 나타내는 것이므로 함수는 $x=a$에서 상대적 극소를 가지게 된다.
2. 만약 $f''(a)<0$이라면 이는 함수가 오목하여 함수의 그래프가 완전히 $x=a$에서의 접선 아래에 놓여 있음을 나타내는 것이므로 함수는 $x=a$에서 상대적 극대를 가지게 된다.
3. 만약 $f''(a)=0$이라면 $x=a$에서 함수의 상대적 극대나 상대적 극소를 결정할 수 없다.[1]

x의 모든 값에 대해 미분이 가능한 함수를 미분가능 함수(differentiable function)라고 하는데, 이러한 미분가능 함수의 경우 임계점은 $f'(x)=0$을 만족시키는 x 값을 구하면 된다.

이를 간단히 요약하면 다음과 같다.

$$f'(a)=0,\quad f''(a)>0 : \qquad x=a\text{에서 상대적 극소}$$
$$f'(a)=0,\quad f''(a)<0 : \qquad x=a\text{에서 상대적 극대}$$

([그림 4.3]과 [연습문제 4.5-4.6] 참조)

역자 TIP

1) $f(x)$의 2차도함수가 $f''(a)=0$인 경우, 함수 $f(x)$는 $x=a$에서 변곡점(inflection point) 또는 상대적 극대, 상대적 극소를 가질 수 있기 때문에 $f''(a)=0$이 되면 $x=a$에서 변곡점, 상대적 극대, 상대적 극소 중 어느 것이 되는지를 추가로 체크해야 한다.([예제 3] 참조)

$f'(a) = 0$
$f''(a) > 0$
$x = a$에서 상대적 극소
(*a*)

$f'(a) = 0$
$f''(a) < 0$
$x = a$에서 상대적 극대
(*b*)

[그림 4.3]

4.4 변곡점

함수의 그래프 상에 있는 어느 한 점에서 접선을 그렸을 때, 그 접선이 그래프를 가로질러 통과하고 또 함수가 그 점에서 오목 상태에서 볼록 상태로 바뀌거나 반대로 볼록 상태에서 오목 상태로 바뀔 경우 이러한 점을 변곡점(inflection point)이라 한다. 변곡점에서는 2차도함수가 '0'이 되든가 또는 존재하지 않는다. 여기서 1차도함수의 부호는 중요하지 않다.

요약하면 [그림 4.4]에서 보는 바와 같이 $x = a$에서 변곡점이 발생하고 있으며 이들의 특성은 다음과 같이 요약할 수 있다.([연습문제 4.6, 4.6(c)] 참조)

1. $f''(a) = 0$이 된다.
2. $x = a$에서 오목성이 바뀐다.(즉 오목에서 볼록으로 또는 볼록에서 오목으로)
3. 그래프는 $x = a$에서의 접선을 가로질러 통과한다.

4.5 함수의 최적화

'최적화'(optimization)란 함수의 상대적 극대(relative maximum) 또는 상대적 극소(relative minimum)를 구하는 과정을 말한다. 이러한 최적화는 그래프의 도움 없이 앞의 [4.3절-4.4절]과 아래에 제시되어 있는 기법을 통해 이루어진다.

1. 먼저 1차도함수를 구하여 이를 '0'으로 놓고 이로부터 방정식을 풀어 임계점을 구한다. 이러한 단계는 최적화를 위한 필요조건으로서 1차조건(first-order condition)이라 한다. 1차도함수 값이 '0'이 되는 임계점에서 해당 함수는 증가상태도 감소상태도 아닌 수평상태에 있게 된다. 이러한 수평상태에 있는 점은 상대적 극대 또는 상대적 극

소가 될 가능성이 있다.

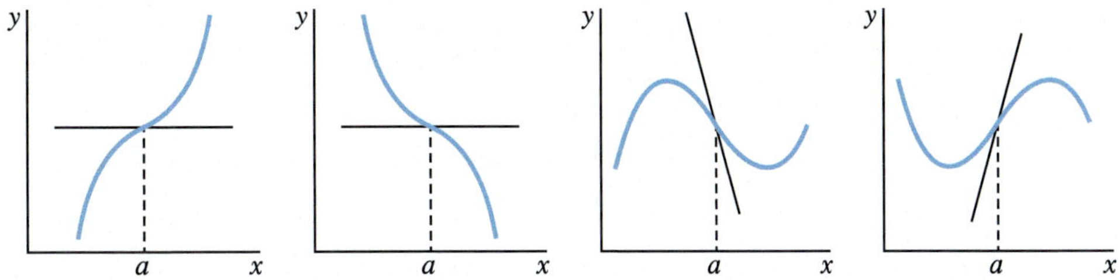

$f'(a) = 0$	$f'(a) = 0$	$f'(a) < 0$	$f'(a) > 0$
$f''(a) = 0$	$f''(a) = 0$	$f''(a) = 0$	$f''(a) = 0$
(*a*)	(*b*)	(*c*)	(*c*)

$x = a$에서 변곡점

[그림 4.4]

2. 2차도함수를 구하고, 위에서 구한 임계점에서의 2차도함수 값의 부호를 조사한다. 만약 임계점 $x = a$에서,

$f''(a) < 0$ 이면, 함수는 $x = a$에서 오목, 따라서 상대적 극대.
$f''(a) > 0$ 이면, 함수는 $x = a$에서 볼록, 따라서 상대적 극소.
$f''(a) = 0$ 이면, 함수는 $x = a$에서 오목, 볼록이 결정되지 않음, 따라서 상대적 극대 또는 상대적 극소를 확인할 수 없음.(4.6절 참조)

최적화의 필요조건인 1차조건(first-order condition)이 만족되었다면, 위에서 행한 과정은 최적화를 위한 충분조건으로서 2차조건(second-order condition)이라 한다.

상대적 극대	상대적 극소
$f'(a) = 0$	$f'(a) = 0$
$f''(a) < 0$	$f''(a) > 0$

만약 함수가 '강오목'(strictly concave)이면 단 하나의 극대값을, 그리고 함수가 '강볼록'(strictly convex)이면 단 하나의 극소값을 가지게 되는데, 이를 각각 절대적 극대(global maximum), 절대적 극소(global minimum)라 한다.([예제 1]과 [연습문제 4.7-4.9] 참조)

예제 1 $f(x) = 2x^3 - 30x^2 + 126x + 59$ 의 함수를 최적화하시오.

a) 임계점을 구하기 위해 1차도함수를 구하여 이를 0으로 놓고 x에 대해 푼다.

$$f'(x) = 6x^2 - 60x + 126 = 0$$
$$6(x-3)(x-7) = 0$$
$$x = 3 \qquad x = 7 \qquad \text{임계점}$$

b) 오목성을 조사하기 위해 2차도함수를 구하고 여기에 위에서 구한 임계값을 대입하여, 임계점에서의 2차도함수 값의 부호를 확인한다. 2차도함수의 부호가 음(−)이면 상대적 극대를, 그리고 그 부호가 양(+)이면 상대적 극소를 가진다.

$$f''(x) = 12x - 60$$

$f''(3) = 12(3) - 60 = -24 < 0$ 오목, 상대적 극대

$f''(7) = 12(7) - 60 = 24 > 0$ 볼록, 상대적 극소

따라서 이 함수는 $x = 3$의 임계값에서 극대가 되고 $x = 7$의 임계값에서 극소가 된다.

4.6 최적화 확인을 위한 고차도함수의 연속적 도출

[그림 4.4(a)-(d)]에 나타난 것처럼 $f''(a) = 0$이 되는 경우, 2차도함수를 통해서는 상대적 극대, 상대적 극소를 확인할 수 없다[2]. 이 때는 연속적 도함수 검증(successive derivative test)를 통해 변곡점 여부와 상대적 극대, 상대적 극소를 확인할 수 있다.

1. 2차도함수를 연속적으로 미분하여 얻은 고차도함수에 임계점을 대입하여 계산한 각 차수의 고차도함수 값(즉 $f^{(3)}(a)$, $f^{(4)}(a)$, $f^{(5)}(a) \cdots$)중에서, 첫 번째로 나타나는 '0'이 아닌 값을 가지는 고차도함수의 미분차수(order)가 홀수이면(즉 3차도함수, 5차도함수…), 이 함수는 임계점에서 변곡점을 가지게 된다.([연습문제 4.6(*b*), 4.6(*d*), 4.7(*c*)] 참조)
2. 2차도함수를 연속적으로 미분하여 얻은 고차도함수에 임계점을 대입하여 계산한 각 차수의 고차도함수 값(즉 $f^{(3)}(a)$, $f^{(4)}(a)$, $f^{(5)}(a) \cdots$)중에서, 첫 번째로 나타나는 '0'이 아닌 값을 가지는 고차도함수의 미분차수(order)가 짝수이면(즉 4차도함수, 6차도함수…), 이 함수는 임계점 $x = a$에서 극값을 가지게 되는데, 이 경우 고차도함수의 값이 임계점에서 음(−)이면 오목(concave) 상태가 되어 상대적 극대를 가지고, 그리고 고차도함수의 값이 임계점에서 양(+)이면 볼록(convex) 상태가 되어 상대적 극소를 가지게 된다.([연습문제 4.6(*a*), 4.6(*c*), 4.7(*d*), 4.9(*c*)-(*d*)] 참조)

역자 TIP

2) $f''(a) = 0$, 즉 임계값 $x = a$에서 2차도함수가 양(+)도 음(−)도 아닌 0이 되는 경우 2차도함수 값만으로는 오목성을 결정할 수 없으며 변곡점이 발생할 소지가 있다.

4.7 한계개념

경제학에서 많이 사용되는 개념인 한계비용(marginal cost: MC)은 생산물을 1단위 더 추가 생산함에 따라 발생하는 총비용(total cost: TC)의 변화로 정의된다. 또한 한계수입(marginal revenue: MR)은 재화를 추가적으로 1단위 더 판매함으로써 얻게 되는 총수입(total revenue: TR)의 변화로 정의된다. 총비용(TC)과 총수입(TR)은 모두 생산량(Q)의 함수이기 때문에 한계비용(MC)과 한계수입(MR)은 수학적으로 각각 총비용함수(TC)와 총수입함수(TR)의 도함수로서 나타낼 수 있다. 따라서 만약 총비용함수와 총수입함수가 각각 다음과 같을 때 한계비용함수와 한계수입함수는 아래와 같이 나타낼 수 있다.

$\text{TC} = \text{TC}(Q)$ 이면 $\qquad \text{MC} = \dfrac{d\text{TC}}{dQ}$

$\text{TR} = \text{TR}(Q)$ 이면 $\qquad \text{MR} = \dfrac{d\text{TR}}{dQ}$

결국 경제학에서 쓰이는 함수의 한계개념은 총함수(total function)의 도함수로서 나타낼 수 있다.([예제 2, 3], [연습문제 4.10-4.16])

예제 2

1. $\text{TR} = 75Q - 4Q^2$ 이면 $\text{MR} = d\text{TR}/dQ = 75 - 8Q$.
2. $\text{TC} = Q^2 + 7Q + 23$ 이면 $\text{MC} = d\text{TC}/dQ = 2Q + 7$.

예제 3 수요함수가 $P = 30 - 2Q$로 주어졌을 때, 이로부터 총수입함수를 도출한 후 Q에 대한 도함수를 구하면 한계수입함수를 얻을 수 있다. 따라서 먼저 총수입함수를 구하면

$$\text{TR} = PQ = (30 - 2Q)Q = 30Q - 2Q^2$$

$$\text{MR} = \frac{d\text{TR}}{dQ} = 30 - 4Q$$

만약 $Q = 4$이면 $\text{MR} = 30 - 4(4) = 14$; $Q = 5$이면 $\text{MR} = 30 - 4(5) = 10$

4.8 경제학 관련 함수의 최적화

경제학에서 자주 취급되는 문제들 중에는 이윤을 극대화한다든가 또는 생산량, 생산성을 극대화하는 것에서부터 비용 최소화, 공해의 최소화 그리고 희소자원의 투입을 최소화하는 문제에 이르기까지 다양하다. 이러한 문제들은 앞에서 언급한 기법을 이용하면 쉽게 해결할 수 있다.([예제 4]와 [연습문제 4.17-4.23] 참조)

예제 4 어떤 기업의 총수입함수와 총비용함수가 각각 $R = 4000Q - 33Q^2$과 $C = 2Q^3 - 3Q^2 + 400Q + 5000$으로 주어졌을 때 이윤 π를 극대화하시오.($Q > 0$을 가정)

a) 이윤함수를 구성한다: $\pi = R - C$.

$$\begin{aligned}\pi &= 4000Q - 33Q^2 - (2Q^3 - 3Q^2 + 400Q + 5000)\\ &= -2Q^3 - 30Q^2 + 3600Q - 5000\end{aligned}$$

b) 1차도함수를 구하여 '0'으로 놓고 임계점을 구하기 위해 Q에 대해 푼다.

$$\begin{aligned}\pi' &= -6Q^2 - 60Q + 3600 = 0\\ &= -6(Q^2 + 10Q - 600) = 0\\ &= -6(Q + 30)(Q - 20) = 0\end{aligned}$$

$$Q = -30 \qquad Q = 20 \qquad \text{임계점}$$

c) 임계점에서의 2차도함수 값을 구한다. 이 때 임계점이 음수(-)인 경우는 경제학적인 의미가 없으므로 제외한다(즉 $Q > 0$). 다음에 임계점에서 이윤함수가 상대적 극대를 가지는지 확인하기 위해 오목성에 대한 부호를 조사한다.

$$\begin{aligned}\pi'' &= -12Q - 60\\ \pi''(20) &= -12(20) - 60 = -300 < 0 \quad \text{오목, 상대적 극대}\end{aligned}$$

따라서 이윤은 $Q = 20$일 때 극대화되며 이 때 이윤은 다음과 같다.

$$\pi(20) = -2(20)^3 - 30(20)^2 + 3600(20) - 5000 = 39,000$$

4.9 총개념, 한계개념, 평균개념 사이의 관계

어떤 특정 투입물(예를 들어 자본)에 대한 총생산물곡선(total product curve: TP)은 이 해당 투입물을 제외한 다른 투입물(예를 들어 노동과 토지)은 고정시켜 놓은 상태에서, '해당 투입물만'을 변화시키는 생산함수로부터 도출된다.

어떤 투입물, 즉 어떤 특정 생산요소의 총생산물, 평균생산물, 한계생산물 사이의 관계를 표시하는 그래프는 [예제 5]에서 제시되는 방법에 따라 쉽게 그릴 수 있다.

예제 5 총생산물함수가 $\text{TP} = 90K^2 - K^3$으로 주어졌을 때 총생산물과 평균생산물 그리고 한계생산물 사이의 관계는 다음과 같이 그래프로 나타낼 수 있다.

1. 1차조건을 이용하여 임계값을 구한다.

$$\begin{aligned}\text{TP}' &= 180K - 3K^2 = 0\\ &3K(60 - K) = 0\end{aligned}$$

$$K = 0 \qquad K = 60 \qquad \text{임계값}$$

2차조건을 확인한다.

$$\mathrm{TP}'' = 180 - 6K$$
$$\mathrm{TP}''(0) = 180 > 0 \quad \text{볼록,} \quad \text{상대적 극소}$$
$$\mathrm{TP}''(60) = -180 < 0 \quad \text{오목,} \quad \text{상대적 극대}$$

변곡점을 조사한다.

$$\mathrm{TP}'' = 180 - 6K = 0$$
$$K = 30$$
$$K < 30 \quad \mathrm{TP}'' > 0 \quad \text{볼록}$$
$$K > 30 \quad \mathrm{TP}'' < 0 \quad \text{오목}$$

$K = 30$에서 $\mathrm{TP}'' = 0$이고 오목성이 변하기 때문에 $K = 30$에서 변곡점이 존재한다.

2. 자본의 평균생산물(AP_K)을 구하고 이를 극대화한다.

$$\mathrm{AP}_K = \frac{\mathrm{TP}}{K} = 90K - K^2$$
$$\mathrm{AP}_K' = 90 - 2K = 0$$
$$K = 45 \quad \text{임계값}$$
$$\mathrm{AP}_K'' = -2 < 0 \quad \text{오목, 상대적 극대}$$

3. 자본의 한계생산물(MP_K)을 구하고 이를 극대화한다. 이 때 $\mathrm{MP}_K = \mathrm{TP}' = 180K - 3K^2$

$$\mathrm{MP}_K' = 180 - 6K = 0$$
$$K = 30 \quad \text{임계값}$$
$$\mathrm{MP}_K'' = -6 < 0 \quad \text{오목, 상대적 극대}$$

4. [그림 4.5]와 같이 그림과 같이 그래프를 그린다.
   TP, AP_K그리고 MP_K 사이의 관계를 살펴보면

   a) 먼저 TP가 볼록하고 체증하면서 증가하는 구간에서 MP_K는 증가하고 있으며, TP가 변곡점에 다다랐을 때 MP_K는 극대에 이른다. 다시 TP가 오목하고 체감하면서 증가하는 구간에서 MP_K는 감소하고 있다.

   b) TP는 $\mathrm{MP}_K > 0$인 전 구간에서 증가하고 있으며 $\mathrm{MP}_K = 0$일 때 TP는 극대에 이른다. 그리고 $\mathrm{MP}_K < 0$일 때 TP는 감소하고 있다.

   c) AP_K는 원점에서 TP곡선에 그은 직선이 TP곡선에 접할 때 즉 $\mathrm{MP}_K = \mathrm{AP}_K$일 때 극대에 이른다.

   d) AP_K가 증가할 때 MP_K와 AP_K는 $\mathrm{MP}_K > \mathrm{AP}_K$인 상태에 있으며, AP_K가 극대에 이르렀을 때 $\mathrm{MP}_K = \mathrm{AP}_K$가 된다. 그리고 AP_K가 감소할 때 MP_K와 AP_K는 $\mathrm{MP}_K < \mathrm{AP}_K$인 상태에 있다.

   e) TP가 감소할 때 MP_K는 $\mathrm{MP}_K < 0$이다.([연습문제 4.26] 참조)

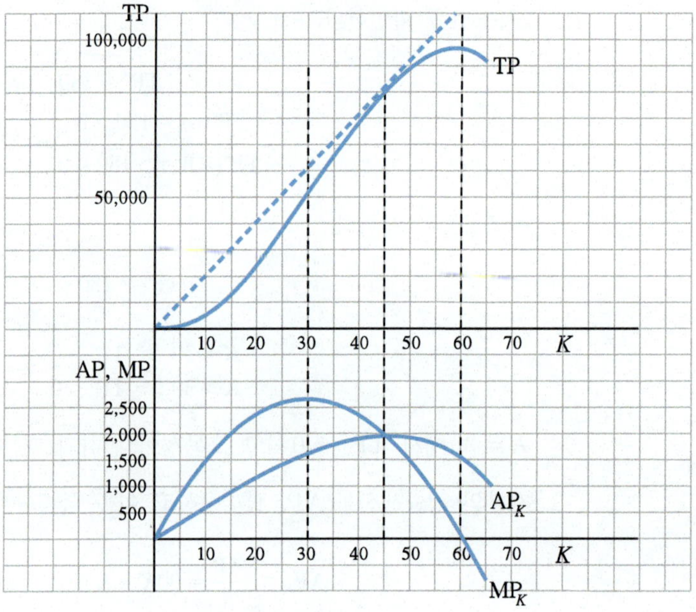
TP
100,000
TP
50,000
10
20
30
40
50
60
70
K
AP, MP
2,500
2,000
1,500
1,000
500
AP_K
10
20
30
40
50
60
70
K
MP_K

[그림 4.5]

연습 문제

■ 증가함수와 감소함수, 오목성과 볼록성

4.1 [그림 4.6]의 그래프에서 다음에 해당하는 그래프를 고르시오.

(1) 모든 x에 대해 증가하고 있는 그래프

(2) 모든 x에 대해 감소하고 있는 그래프

(3) 모든 x에 대해 볼록한 그래프

(4) 모든 x에 대해 오목한 그래프

(5) 상대적 극대와 상대적 극소를 가지고 있는 그래프

(6) 변곡점을 가진 그래프

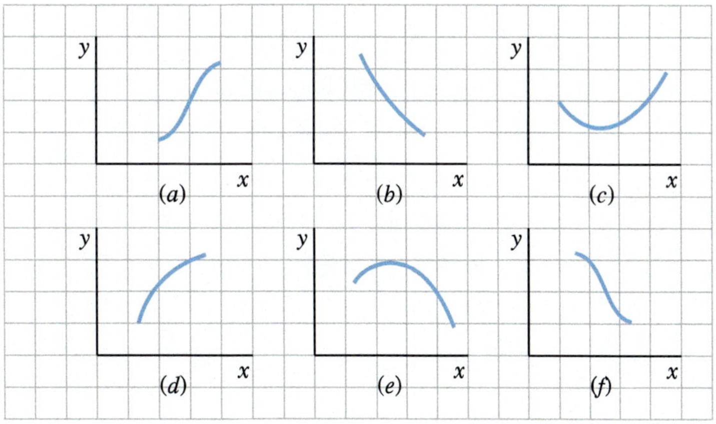

[그림 4.6]

1) a, d: 모든 x에 대해 증가

2) b, f: 모든 x에 대해 감소

3) b, c: 모든 x에 대해 볼록

4) d, e: 모든 x에 대해 오목

5) c, e: 상대적 극대와 상대적 극소

6) a, f: 변곡점

4.2 [그림 4.7]의 그래프에서 다음에 해당하는 것을 고르시오.

(1) 모든 x에 대해 1차도함수가 양(+)인 그래프

(2) 모든 x에 대해 1차도함수가 음(-)인 그래프

(3) 모든 x에 대해 2차도함수가 양(+)인 그래프

(4) 모든 x에 대해 2차도함수가 음(-)인 그래프

(5) 1차도함수가 특정한 점에서 '0'이 되는 그래프

(6) 2차도함수가 특정한 점에서 '0'이 되는 그래프

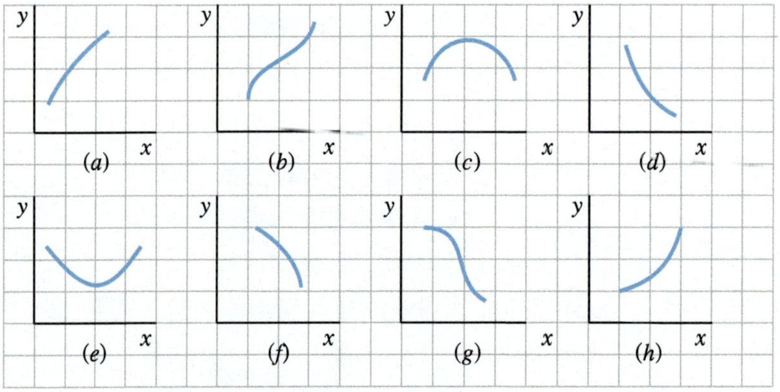

[그림 4.7]

1) a, b, h: 우상향하는 그래프

2) d, f, g: 우하향하는 그래프

3) d, e, h: 전 구간에서 볼록한 그래프

4) a, c, f: 전 구간에서 오목한 그래프

5) c, e: 극점에서 수평이 되는 그래프

6) b, g: 변곡점을 가지는 그래프

4.3 다음의 함수가 $x = 4$에서 증가하는지 감소하는지 또는 정체상태에 있는지를 확인하시오.

a) $y = 3x^2 - 14x + 5$

$$y' = 6x - 14$$

$$y'(4) = 6(4) - 14 = 10 > 0$$ $x = 4$에서 함수는 증가상태에 있다.

b) $y = x^3 - 7x^2 + 6x - 2$

$$y' = 3x^2 - 14x + 6$$

$$y'(4) = 3(4)^2 - 14(4) + 6 = -2 < 0$$ $x = 4$에서 함수는 감소상태에 있다.

c) $y = x^4 - 6x^3 + 4x^2 - 13$

$$y' = 4x^3 - 18x^2 + 8x$$

$$y'(4) = 4(4)^3 - 18(4)^2 + 8(4) = 0$$ $x = 4$에서 함수는 정체상태에 있다.

4.4 다음 함수가 $x = 3$에서 오목한지 볼록한지를 확인하시오.

a) $y = -2x^3 + 4x^2 + 9x - 15$

$$y' = -6x^2 + 8x + 9$$
$$y'' = -12x + 8$$
$$y''(3) = -12(3) + 8 = -28 < 0 \quad x = 3\text{에서 함수는 오목}$$

b) $y = (5x^2 - 8)^2$

$$y' = 2(5x^2 - 8)(10x) = 20x(5x^2 - 8) = 100x^3 - 160x$$
$$y'' = 300x^2 - 160$$
$$y''(3) = 300(3)^2 - 160 = 2540 > 0 \quad x = 3\text{에서 함수는 볼록}$$

■ 상대적 극값

4.5 아래에 주어진 함수의 상대적 극값을 다음과 같은 단계에 따라 구하시오.

(1) 임계값을 구한다.

(2) 임계값에서 함수가 상대적 극대에 있는지 상대적 극소에 있는지를 확인한다.

a) $f(x) = -7x^2 + 126x - 23$

1) 1차도함수를 구하여 '0'으로 놓고 x에 대해 풀면 임계값을 구할 수 있다.

$$f'(x) = -14x + 126 = 0$$
$$x = 9 \qquad \text{임계값}$$

2) 2차도함수를 구한 후 여기에 임계값을 대입하여 임계값에서의 2차도함수 값을 계산한다. 이 값이 양이냐 음이냐에 따라 상대적 극대, 극소를 구별하는 오목성을 확인한다.

$$f''(x) = -14$$
$$f''(9) = -14 < 0 \qquad \text{오목, 상대적 극대}$$

b) $f(x) = 3x^3 - 36x^2 + 135x - 13$

1)
$$f'(x) = 9x^2 - 72x + 135 = 0$$
$$= 9(x^2 - 8x + 15) = 0$$
$$= 9(x - 3)(x - 5) = 0$$
$$x = 3 \qquad x = 5 \quad \text{임계값}$$

2)
$$f''(x) = 18x - 72$$
$$f''(3) = 18(3) - 72 = -18 < 0 \qquad \text{오목, 상대적 극대}$$
$$f''(5) = 18(5) - 72 = 18 > 0 \qquad \text{볼록, 상대적 극소}$$

c) $f(x) = 2x^4 - 16x^3 + 32x^2 + 5$

1)
$$f'(x) = 8x^3 - 48x^2 + 64x = 0$$
$$= 8x(x^2 - 6x + 8) = 0$$
$$= 8x(x-2)(x-4) = 0$$
$x = 0 \quad x = 2 \quad x = 4$ 임계값

2)
$$f''(x) = 24x^2 - 96x + 64$$
$f''(0) = 24(0)^2 - 96(0) + 64 = 64 > 0$ 볼록, 상대적 극소
$f''(2) = 24(2)^2 - 96(2) + 64 = -32 < 0$ 오목, 상대적 극대
$f''(4) = 24(4)^2 - 96(4) + 64 = 64 > 0$ 볼록, 상대적 극소

4.6 다음 함수에 대해 (1) 임계값을 구하고, (2) 임계값에서 함수가 상대적 극대, 극소를 가지는지 또는 변곡점을 가지는지를 확인하시오.

a) $f(x) = -(x-8)^4$

1) 1차도함수를 구하여 '0'으로 놓고 x에 대해 풀면 임계값을 구할 수 있다.

$$y' = -4(x-8)^3 = 0$$
$$x - 8 = 0$$
$x = 8$ 임계값

2) 2차도함수를 구하고 여기에 임계값을 대입하여 임계값에서의 2차도함수 값을 계산한다. 이 값이 양이냐 음이냐에 따라 상대적 극대와 극소를 구별하는 오목성과 변곡점을 가지는지 여부를 결정할 수 있다.

$$y'' = -12(x-8)^2$$
$y''(8) = -12(8-8)^2 = 0$ 오목성이 결정되지 않음

2차도함수 값에 의해 오목성이 결정되지 않으면, 계속해서 그보다 높은 고차도함수를 구한 후, 여기에 다시 임계값을 대입한다. 이러한 과정은 임계값에서의 고차도함수 값이 '0이 아닌 값'을 가질 때까지 계속한다.

$$y''' = -24(x-8)$$
$y'''(8) = 24(8-8) = 0$ 오목성이 결정되지 않음
$$y^{(4)} = -24$$
$$y^{(4)}(8) = -24 < 0$$

[4.6절]에서 설명한 바와 같이, 계속해서 임계값에서의 고차도함수 값을 구해가는 과정에서 최초로 '0이 아닌 값'을 가지는 고차도함수의 차수가 '짝수'이면, y는 상대적 극값을 가지며 '홀수'이면 변곡점을 갖는다. 특히 짝수 차수의 고차도함수 값이 음이면 y는 오목하며 임계값에서 상대적 극대에 이르게 된다[3].([그림 4.8(a)] 참조)

b) $f(x) = (5-x)^3$

1) $$y' = 3(5-x)^2(-1) = -3(5-x)^2 = 0$$
$$x = 5 \quad \text{임계값}$$

2) $$y'' = 6(5-x)$$
$$y''(5) = 6(5-5) = 0 \quad \text{오목성이 결정되지 않음}$$

2차도함수가 0이므로 계속하여 고차도함수를 구하고 임계값에서의 이들 고차도함수 값을 계산한다. 이러한 과정을 통해 최초로 0이 아닌 도함수 값을 가지는 고차도함수를 찾는다.

$$y''' = -6$$
$$y'''(5) = -6 < 0$$

4.6절에서 설명한 것처럼 최초로 0이 아닌 도함수 값을 가지는 고차도함수가 홀수 차수의 도함수일 때 y는 변곡점에 이르며 극값을 가지지 않는다.([그림 4.8(b)] 참조)

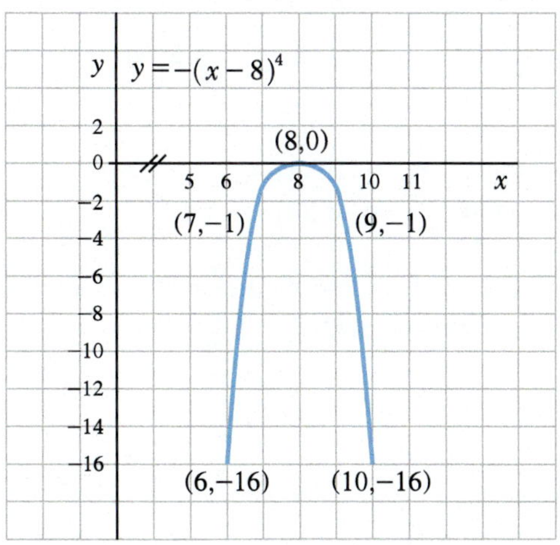

(a)

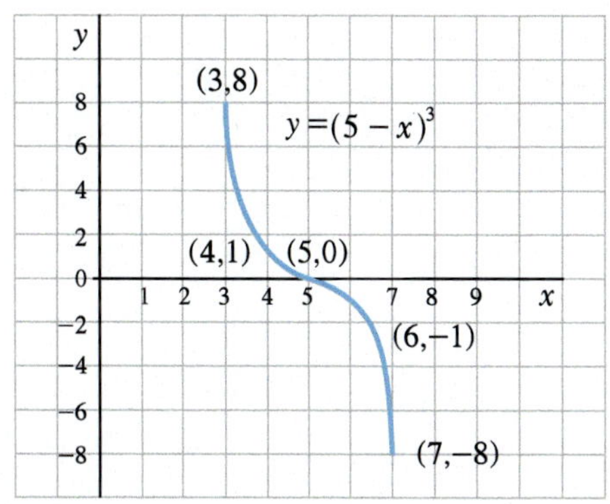

(b)

[그림 4.8]

역자 TIP

3) 물론 짝수 차수의 고차도함수 값이 양이면 y는 볼록하며 임계값에서 상대적 극소를 가지게 된다.

c) $y = -2(x-6)^6$

1) $$y' = -12(x-6)^5 = 0$$
$$x = 6 \quad \text{임계값}$$

2) $$y'' = -60(x-6)^4$$
$$y''(6) = -60(0)^4 = 0 \quad \text{오목성이 결정되지 않음}$$

계속해서 고차도함수를 구한다.

$$\begin{array}{lll} y''' = -240(x-6)^3 & y'''(6) = 0 & \text{오목성이 결정되지 않음} \\ y^{(4)} = -720(x-6)^2 & y^{(4)}(6) = 0 & \text{오목성이 결정되지 않음} \\ y^{(5)} = -1440(x-6) & y^{(5)}(6) = 0 & \text{오목성이 결정되지 않음} \\ y^{(6)} = -1440 & y^{(6)}(6) = -1440 < 0 & \end{array}$$

최초로 0이 아닌 도함수 값을 가지는 고차도함수의 차수가 짝수이므로 y는 임계값($x = 6$)에서 극값에 도달한다. $y^{(6)}(6) < 0$이므로 y는 오목하고 상대적 극대에 도달한다.

d) $y = (4-x)^5$

1) $$y' = 5(4-x)^4(-1) = -5(4-x)^4 = 0$$
$$x = 4 \quad \text{임계값}$$

2) $$y'' = 20(4-x)^3$$
$$y''(4) = 20(0)^3 = 0 \quad \text{오목성이 결정되지 않음}$$

3차도함수부터 시작하여 고차도함수를 차례로 구하고 여기에 임계값을 대입하여 '0'이 아닌 최초의 고차도함수 값을 찾는다.

$$\begin{array}{lll} y''' = -60(4-x)^2 & y'''(4) = 0 & \text{오목성이 결정되지 않음} \\ y^{(4)} = 120(4-x) & y^{(4)}(4) = 0 & \text{오목성이 결정되지 않음} \\ y^{(5)} = -120 & y^{(5)}(4) = -120 < 0 & \end{array}$$

'0'이 아닌 값을 가지는 최초의 고차도함수의 차수가 홀수이므로, y는 임계점 $x = 4$에서 변곡점을 가진다.

■ 최적화

4.7 아래에 주어진 함수를 다음과 같은 단계에 따라 최적화 하시오.

(1) 함수가 최적화되는 임계값을 구하시오.
(2) 상대적 극대, 극소를 결정하기 위한 오목성을 확인하시오.
(3) 임계값에서 함수의 변곡점 여부를 확인하시오.
(4) 임계값에서 함수가 가지게 되는 상대적 극대값, 극소값 그리고 변곡점에서의 값을 구하시오.

a) $f(x) = x^3 - 18x^2 + 96x - 80$

1) $$f'(x) = 3x^2 - 36x + 96 = 0$$
$$= 3(x-4)(x-8) = 0$$
$$x = 4 \quad x = 8 \quad \text{임계값}$$

2) $$f''(x) = 6x - 36$$
$$f''(4) = 6(4) - 36 = -12 < 0 \quad \text{오목, 상대적 극대}$$
$$f''(8) = 6(8) - 36 = 12 > 0 \quad \text{볼록, 상대적 극소}$$

3) $$f'' = 6x - 36 = 0$$
$$x = 6$$

$f''(6) = 0$이고 2)에서 보는 바와 같이 $x = 4$와 $x = 8$ 사이에서 오목성이 바뀌므로 임계값 $x = 6$에서 변곡점이 생긴다.

4)
$f(4) = (4)^3 - 18(4)^2 + 96(4) - 80 = 80$ (4, 80) 상대적 극대
$f(6) = (6)^3 - 18(6)^2 + 96(6) - 80 = 64$ (6, 64) 변곡점
$f(8) = (8)^3 - 18(8)^2 + 96(8) - 80 = 48$ (8, 48) 상대적 극소

b) $f(x) = -x^3 + 6x^2 + 15x - 32$

1) $$f'(x) = -3x^2 + 12x + 15 = 0$$
$$= -3(x+1)(x-5) = 0$$
$x = -1$ $x = 5$ 임계값

2) $$f''(x) = -6x + 12$$
$f''(-1) = -6(-1) + 12 = 18 > 0$ 오목, 상대적 극소
$f''(5) = -6(5) + 12 = -18 < 0$ 볼록, 상대적 극대

3) $$f''(x) = -6x + 12 = 0$$
$x = 2$에서 변곡점

4)
$f(-1) = -40$ (−1, −40) 상대적 극소
$f(2) = 14$ (2, 14) 변곡점
$f(5) = 68$ (5, 68) 상대적 극대

c) $f(x) = (2x - 7)^3$

1) $$f'(x) = 3(2x-7)^2(2) = 6(2x-7)^2 = 0$$
$x = 3.5$ 임계값

2) $$f''(x) = 12(2x-7)(2) = 24(2x-7)$$
$f''(3.5) = 24[2(3.5) - 7] = 0$ 오목성이 결정되지 않음

계속해서 고차도함수 값을 구해나간다.

$$f''' = 48$$
$$f'''(3.5) = 48 > 0$$

3) [4.6절]에서 설명한 바와 같이, 2차도함수 값이 '0'이 되어 함수의 오목성이 결정되지 않은 경우, 계속해서 고차도함수를 구하고 이 때 최초로 '0'이 아닌 값을 가지는 고차도함수의 차수가 홀수이면 함수는 변곡점을 가지게 되는데, 위 2)에서 3차도함수 값이 최초로 0이 아닌 값인 48로 나타나고 있다. 따라서 위 함수는 $x = 3.5$에서 변곡점을 가지게 된다. 임계점에서 변곡점을 가지므로 상대적 극대, 극소는 없다.

4) $f(3.5) = 0$ (3.5, 0) 변곡점

임계값 $x = 3.5$의 왼쪽($x = 3$)과 오른쪽($x = 4$) 구역에서 오목성을 조사

한다.

$$f''(3) = 24[2(3) - 7] = -24 < 0 \quad \text{오목}$$
$$f''(4) = 24[2(4) - 7] = 24 > 0 \quad \text{볼록}$$

d) $f(x) = (x+2)^4$

1) $$f'(x) = 4(x+2)^3 = 0$$
$$x = -2 \quad \text{임계값}$$

2) $$f''(x) = 12(x+2)^2$$
$$f''(-2) = 12(-2+2)^2 = 0 \quad \text{오목성이 결정되지 않음}$$

[4.6절]에서 설명한 것처럼 계속해서 고차도함수 값을 구해 나간다.

$$f'''(x) = 24(x+2)$$
$$f'''(-2) = 24(-2+2) = 0 \quad \text{오목성이 결정되지 않음}$$
$$f^{(4)}(x) = 24$$
$$f^{(4)}(-2) = 24 > 0 \quad \text{상대적 극소}$$

최초로 '0'이 아닌 값을 가지게 되는 고차도함수의 차수가 짝수이고 또한 그 고차도함수의 값이 양(+)이므로, 함수 $f(x)$는 임계값 $x=-2$에서 극소값을 가지게 된다.

3) 변곡점은 존재하지 않는다.

4) $$f(-2) = 0 \quad (-2, 0) \quad \text{상대적 극소}$$

4.8 아래에 2차, 3차함수를 다음과 같은 단계에 따라 최적화 하시오.

(1) 함수가 최적화되는 임계값을 구하시오.

(2) 최적화를 위한 2차조건을 통해 상대적 극대, 극소를 확인하시오.

a) $y = 7x^2 + 112x - 54$

1) 1차도함수를 구하여 그것을 '0'으로 놓고 x에 대해 풀면 임계값을 구할 수 있다.

$$y' = 14x + 112 = 0$$
$$x = -8 \quad \text{임계값}$$

2) 2차도함수를 구하고 여기에 임계값을 대입하여 2차도함수 값을 계산한다. 그리고 임계값에서의 2차도함수 값의 부호를 통해 상대적 극대, 극소를 확인한다.

$$y'' = 14$$
$$y''(-8) = 14 > 0 \quad \text{볼록, 상대적 극소}$$

위에서 2차도함수 y''의 값이 0보다 큰 상수이므로, y 함수는 임계값 $x=-8$에서 강볼록이 되며 절대적 극소를 가지게 된다.

b) $y = -9x^2 + 72x - 13$

1) $$y' = -18x + 72 = 0$$
$$x = 4 \quad \text{임계값}$$

2) $$y'' = -18$$
$$y''(4) = -18 < 0 \qquad \text{오목, 상대적 극대}$$

위에서 2차도함수 y''의 값이 0보다 작은 상수이므로, y 함수는 임계값 $x = 4$에서 강오목이 되며 절대적 극대를 가지게 된다.

c) $y = x^3 - 6x^2 - 135x + 4$

1) $$y' = 3x^2 - 12x - 135 = 0$$
$$= 3(x^2 - 4x - 45) = 0$$
$$= 3(x + 5)(x - 9) = 0$$
$$x = -5 \qquad x = 9 \qquad \text{임계값}$$

2) $$y'' = 6x - 12$$
$$y''(-5) = 6(-5) - 12 = -42 < 0 \quad \text{오목, 상대적 극대}$$
$$y''(9) = 6(9) - 12 = 42 > 0 \quad \text{볼록, 상대적 극소}$$

d) $y = -2x^3 + 15x^2 + 84x - 25$

1) $$y' = -6x^2 + 30x + 84 = 0$$
$$= -6(x + 2)(x - 7) = 0$$
$$x = -2 \qquad x = 7 \quad \text{임계값}$$

2) $$y'' = -12x + 30$$
$$y''(-2) = -12(-2) + 30 = 54 > 0 \quad \text{볼록, 상대적 극소}$$
$$y''(7) = -12(7) + 30 = -54 < 0 \quad \text{오목, 상대적 극대}$$

4.9 [문제 4.8]에서와 동일한 과정을 통해 다음 고차 다항함수를 최적화하시오.

a) $y = x^4 - 8x^3 - 80x^2 + 15$

1) $$y' = 4x^3 - 24x^2 - 160x = 0$$
$$= 4x(x + 4)(x - 10) = 0$$
$$x = 0 \qquad x = -4 \qquad x = 10 \text{ 임계값}$$

2) $$y'' = 12x^2 - 48x - 160$$
$$y''(-4) = 12(-4)^2 - 48(-4) - 160 = 224 > 0 \quad \text{볼록, 상대적 극소}$$
$$y''(0) = 12(0)^2 - 48(0) - 160 = -160 < 0 \quad \text{오목, 상대적 극대}$$
$$y''(10) = 12(10)^2 - 48(10) - 160 = 560 > 0 \quad \text{볼록, 상대적 극소}$$

b) $y = -3x^4 - 20x^3 + 144x^2 + 17$

1) $$y' = -12x^3 - 60x^2 + 288x = 0$$
$$= -12x(x - 3)(x + 8) = 0$$
$$x = 0 \qquad x = 3 \qquad x = -8 \quad \text{임계값}$$

2) $y'' = -36x^2 - 120x + 288$

$y''(-8) = -36(-8)^2 - 120(-8) + 288 = -1056 < 0$ 오목, 상대적 극대

$y''(0) = -36(0)^2 - 120(0) + 288 = 288 > 0$ 볼록, 상대적 극소

$y''(3) = -36(3)^2 - 120(3) + 288 = -396 < 0$ 오목, 상대적 극대

c) $y = -(x+13)^4$

1) $y' = -4(x+13)^3 = 0$

$x + 13 = 0 \qquad x = -13$ 임계값

2) $y'' = -12(x+13)^2$

$y''(-13) = -12(-13+13)^2 = 0$ 오목성이 결정되지 않음

[4.6절]과 [연습문제 4.6]에서 설명한 것처럼 계속 고차도함수를 구한다.

$y''' = -24(x+13)$

$y'''(-13) = -24(0) = 0$ 오목성이 결정되지 않음

$y^{(4)} = -24$

$y^{(4)}(-13) = -24 < 0$ 오목, 상대적 극대

d) $y = (9-4x)^4$

1) $y' = 4(9-4x)^3(-4) = -16(9-4x)^3 = 0$

$9 - 4x = 0 \qquad x = 2\frac{1}{4}$ 임계값

2) $y'' = -48(9-4x)^2(-4) = 192(9-4x)^2$

$y''(2\frac{1}{4}) = 192(0)^2 = 0$ 오목성이 결정되지 않음

$y''' = 384(9-4x)(-4) = -1536(9-4x)$

$y'''(2\frac{1}{4}) = -1536(0) = 0$

$y^{(4)} = 6144$

$y^{(4)}(2\frac{1}{4}) = 6144 > 0$ 볼록, 상대적 극소

■ 한계개념, 평균개념 및 총개념

4.10 다음 총함수에 대한 한계함수 및 평균함수를 구하시오. 그리고 $Q = 3$과 $Q = 5$일 때 한계함수와 평균함수 값을 구하시오.

a) $\text{TC} = 3Q^2 + 7Q + 12$

1) $\text{MC} = \dfrac{d\text{TC}}{dQ} = 6Q + 7$

$Q = 3,\ \text{MC} = 6(3) + 7 = 25$

$Q = 5,\ \text{MC} = 6(5) + 7 = 37$

2) $\text{AC} = \dfrac{\text{TC}}{Q} = 3Q + 7 + \dfrac{12}{Q}$

$Q = 3,\ \text{AC} = 3(3) + 7 + \frac{12}{3} = 20$

$Q = 5,\ \text{AC} = 3(5) + 7 + \frac{12}{5} = 24.4$

(주의 : 평균함수를 구할 때 상수항도 Q로 나누는 것에 유의)

b) $\pi = Q^2 - 13Q + 78$

1) $\dfrac{d\pi}{dQ} = 2Q - 13$

2) $\text{A}\pi = \dfrac{\pi}{Q} = Q - 13 + \dfrac{78}{Q}$

$Q=3, \dfrac{d\pi}{dQ} = 2(3) - 13 = -7$

$Q=5, \dfrac{d\pi}{dQ} = 2(5) - 13 = -3$

$Q=3, A\pi = 3 - 13 + \frac{78}{3} = 16$
$Q=5, A\pi = 5 - 13 + \frac{78}{5} = 7.6$

c) $TR = 12Q - Q^2$

1) $MR = \dfrac{dTR}{dQ} = 12 - 2Q$

$Q=3, MR = 12 - 2(3) = 6$
$Q=5, MR = 12 - 2(5) = 2$

2) $AR = \dfrac{TR}{Q} = 12 - Q$

$Q=3, AR = 12 - 3 = 9$
$Q=5, AR = 12 - 5 = 7$

d) $TC = 35 + 5Q - 2Q^2 + 2Q^3$

1) $MC = \dfrac{dTC}{dQ} = 5 - 4Q + 6Q^2$

$Q=3, MC = 5 - 4(3) + 6(3)^2 = 47$
$Q=5, MC = 5 - 4(5) + 6(5)^2 = 135$

2) $AC = \dfrac{TC}{Q} = \dfrac{35}{Q} + 5 - 2Q + 2Q^2$

$Q=3, AC = \frac{35}{3} + 5 - 2(3) + 2(3)^2 = 28.67$
$Q=5, AC = \frac{35}{5} + 5 - 2(5) + 2(5)^2 = 52$

4.11 다음 공급함수에 대해 한계지출(Marginal Expenditure: ME) 함수를 구하고 $Q=4$와 $Q=10$일 때의 값을 계산하시오.

a) $P = Q^2 + 2Q + 1$

한계지출함수를 구하기 위해 주어진 공급함수에서 먼저 총지출함수(Total Expenditure: TE)를 구하고, 이로부터 Q에 대한 도함수를 구한다.

$$TE = PQ = (Q^2 + 2Q + 1)Q = Q^3 + 2Q^2 + Q$$
$$ME = \frac{dTE}{dQ} = 3Q^2 + 4Q + 1$$

$Q=4$에서, $ME = 3(4)^2 + 4(4) + 1 = 65.$

$Q=10$에서, $ME = 3(10)^2 + 4(10) + 1 = 341.$

b) $P = Q^2 + 0.5Q + 3$

$$TE = PQ = (Q^2 + 0.5Q + 3)Q = Q^3 + 0.5Q^2 + 3Q$$
$$ME = 3Q^2 + Q + 3$$

$Q=4$에서, $ME = 3(4)^2 + 4 + 3 = 55.$

$Q=10$에서, $ME = 3(10)^2 + 10 + 3 = 313.$

4.12 다음 수요함수에 대한 MR 함수를 도출하고 $Q=4$, $Q=10$일 때 MR 값을 구하시오.

a) $Q = 36 - 2P$

$$P = 18 - 0.5Q$$
$$\text{TR} = (18 - 0.5Q)Q = 18Q - 0.5Q^2$$
$$\text{MR} = \frac{d\text{TR}}{dQ} = 18 - Q$$

$Q = 4$, $\text{MR} = 18 - 4 = 14$
$Q = 10$, $\text{MR} = 18 - 10 = 8$

b) $44 - 4P - Q = 0$

$$P = 11 - 0.25Q$$
$$\text{TR} = (11 - 0.25Q)Q = 11Q - 0.25Q^2$$
$$\text{MR} = \frac{d\text{TR}}{dQ} = 11 - 0.5Q$$

$Q = 4$, $\text{MR} = 11 - 0.5(4) = 9$
$Q = 10$, $\text{MR} = 11 - 0.5(10) = 6$

4.13 다음 소비함수에서 도함수를 이용하여 한계소비성향 $\text{MPC}=\frac{dC}{dY}$[4]를 구하시오.

a) $C = C_0 + bY$

$$\text{MPC} = \frac{dC}{dY} = b$$

b) $C = 1500 + 0.75Y$

$$\text{MPC} = \frac{dC}{dY} = 0.75$$

4.14 $C = 1200 + 0.8Y_d$로 소비함수가 주어졌을 때 이의 도함수를 이용하여 MPC를 구하시오.(여기서 Y_d는 가처분소득으로서 $Y_d = Y - T$이며 조세는 $T = 100$으로 주어졌다)

$C = f(Y_d)$의 형태로 소비함수가 주어졌을 때는 먼저 $C = f(Y)$로 변형시킨 후에 도함수를 구한다. 따라서

$$C = 1200 + 0.8(Y - 100) = 1120 + 0.8Y$$
$$\text{MPC} = \frac{dC}{dY} = 0.8$$

국민소득결정모형에 정액세(lump-sum tax)가 도입되더라도 MPC나 승수(multiplier)[5]에는 영향을 미치지 않는다는 것에 유의해야 한다.

역자 TIP

4) 경제학에서 한계소비성향(Marginal Propensity to Consume: MPC)은 $\frac{dC}{dY_d}$를 의미하나 조세가 0인 경우($T=0$)를 가정하면 $Y_d = Y - T$의 정의로부터 $Y_d = Y$가 되어 $\text{MPC}=\frac{dC}{dY_d}=\frac{dC}{dY}$로 표시할 수 있다.

5) 승수는 $m = \frac{1}{1-\text{MPC}}$로 주어지기 때문에 MPC가 변하지 않는 한 승수에도 변함은 없다.

4.15 $C = 2000 + 0.9Y_d$이고 $Y_d = Y - T$, $T = 300 + 0.2Y$일 때 도함수를 이용하여 MPC를 구하시오.

$$C = 2000 + 0.9(Y - 300 - 0.2Y) = 2000 + 0.9Y - 270 - 0.18Y = 1730 + 0.72Y$$

$$\text{MPC} = \frac{dC}{dY} = 0.72$$

비례세(proportional tax)를 국민소득결정모형에 도입하게 되면 MPC의 값은 '영향을 받게 되고' 따라서 승수의 값도 변한다[6].

4.16 다음 평균비용함수로부터 한계비용 함수를 도출하시오.

a) $\text{AC} = 1.5Q + 4 + \dfrac{46}{Q}$

평균비용함수가 주어졌을 때 이로부터 한계비용함수를 구하기 위해서는 먼저 총비용함수를 도출한 후 이것의 도함수를 구하면 된다.

$$\text{TC} = (\text{AC})Q = \left(1.5Q + 4 + \frac{46}{Q}\right)Q = 1.5Q^2 + 4Q + 46$$

$$\text{MC} = \frac{d\text{TC}}{dQ} = 3Q + 4$$

b) $\text{AC} = \dfrac{160}{Q} + 5 - 3Q + 2Q^2$

$$\text{TC} = \left(\frac{160}{Q} + 5 - 3Q + 2Q^2\right)Q = 160 + 5Q - 3Q^2 + 2Q^3$$

$$\text{MC} = \frac{d\text{TC}}{dQ} = 5 - 6Q + 6Q^2$$

역자 TIP

6) 위 문제의 경우 $Y_d = Y - T$에서 T가 정액세가 아닌 비례세이므로($T = 300 + 0.2Y$) MPC의 정의인 $\dfrac{dC}{dY_d}$가 $\dfrac{dC}{dY}$와 일치하지 않는다. 따라서 저자가 풀이한 MPC$= \dfrac{dC}{dY} = 0.72$는 착오를 일으킨 것으로 생각되며 MPC의 정답은 $C = 2000 + 0.9Y_d$에서 직접 구할 수 있다. MPC$= \dfrac{dC}{dY_d} = 0.9$

■ 경제함수의 최적화

4.17 아래의 총수입함수(TR)와 총이윤함수(π)를 다음과 같은 단계에 따라 극대화하시오. (1) 임계값을 구하고 (2) 2차조건을 확인한다. 그리고 (3) TR 또는 π의 극대값을 계산한다.

a) $\text{TR} = 32Q - Q^2$

1) $\text{TR}' = 32 - 2Q = 0$

$Q = 16$ 임계값

2) $TR'' = -2 < 0$

3) $TR = 32(16) - (16)^2 = 256$ 오목, 상대적 극대

위의 2)에서처럼 2차도함수의 값이 함수의 전구간에서 음(-)이 되면, 함수는 강오목(strictly concave)이 되어 절대적 극대(global maximum)를 가지게 된다.

b) $\pi = -Q^2 + 11Q - 24$

1) $\pi' = -2Q + 11 = 0$
$Q = 5.5$ 임계값

2) $\pi'' = -2 < 0$ 오목, 상대적 극대

3) $\pi = -(5.5)^2 + 11(5.5) - 24 = 6.25$

c) $\pi = -\frac{1}{3}Q^3 - 5Q^2 + 2000Q - 326$

1) $$\pi' = -Q^2 - 10Q + 2000 = 0 \qquad (4.1)$$
$$-1(Q^2 + 10Q - 2000) = 0 \qquad (4.2)$$
$$(Q + 50)(Q - 40) = 0$$
$Q = -50$ $Q = 40$ 임계값

2) $\pi'' = -2Q - 10$
$\pi''(40) = -2(40) - 10 = -90 < 0$ 오목, 상대적 극대
$\pi''(-50) = -2(-50) - 10 = 90 > 0$ 볼록, 상대적 극소

임계값이 음수($Q = -50$)인 경우는 경제학적 의미가 없기 때문에 제외된다.

3) $\pi = -\frac{1}{3}(40)^3 - 5(40)^2 + 2000(40) - 326 = 50{,}340.67$

(주의) 2차조건을 조사할 때는 반드시 (2)단계에서처럼 음수로 인수분해하기 전 처음에 구한 1차도함수인 식 (4.1)로부터 2차도함수를 구해야 한다. 식 (4.2)에서처럼 음수로 인수분해하고 난 후에 이로부터 2차도함수를 구하게 되면 2차조건은 역으로 되어 주어진 함수는 $Q = -50$에서 극대에 이르고 $Q = 40$에서 극소에 이르게 된다는 결론을 도출하게 되는데 이는 틀린 결과이다. 각자 해보기 바란다.

d) $\pi = -Q^3 - 6Q^2 + 1440Q - 545$

1) $\pi' = -3Q^2 - 12Q + 1440 = 0$
$-3(Q - 20)(Q + 24) = 0$
$Q = 20$ $Q = -24$ 임계값

2) $\pi'' = -6Q - 12$
$\pi''(20) = -6(20) - 12 = -132 < 0$ 오목, 상대적 극대

3) $\pi = -(20)^3 - 6(20)^2 + 1440(20) - 545 = 17{,}855$

4.18 다음 총비용함수 TC로부터 (1) 평균비용함수 AC와 (2) AC가 극소화되는 임계값을 구하시오. 그리고 (3) 평균비용의 최소값을 구하시오.

a) $\text{TC} = Q^3 - 5Q^2 + 60Q$

1) $\text{AC} = \dfrac{\text{TC}}{Q} = \dfrac{Q^3 - 5Q^2 + 60Q}{Q} = Q^2 - 5Q + 60$

2) $\text{AC}' = 2Q - 5 = 0 \qquad Q = 2.5$
$\text{AC}'' = 2 > 0$ 볼록, 상대적 극소

3) $\text{AC}(2.5) = (2.5)^2 - 5(2.5) + 60 = 53.75$

위의 2)에서처럼 2차도함수의 값이 함수의 전구간에서 양(-)이 되면, 함수는 강볼록(strictly convex)이 되어 절대적 극소(global minimum)를 가지게 된다.

b) $\text{TC} = Q^3 - 21Q^2 + 500Q$

1) $\text{AC} = \dfrac{Q^3 - 21Q^2 + 500Q}{Q} = Q^2 - 21Q + 500$

2) $\text{AC}' = 2Q - 21 = 0 \qquad Q = 10.5$
$\text{AC}'' = 2 > 0$ 볼록, 상대적 극소

3) $\text{AC} = (10.5)^2 - 21(10.5) + 500 = 389.75$

4.19 총수입함수와 총비용함수가 아래와 같이 주어졌을 때 다음 단계에 따라 이윤을 극대화하시오. (1) 이윤함수 π=TR-TC를 구성하고 (2) 이윤함수 π가 상대적 극값을 갖는 임계값을 구한 후 2차조건을 조사하시오. 그리고 (3) 극대이윤을 계산하시오.

a) $\text{TR} = 1400Q - 6Q^2 \qquad \text{TC} = 1500 + 80Q$

1) $\pi = 1400Q - 6Q^2 - (1500 + 80Q)$
$\quad = -6Q^2 + 1320Q - 1500$

2) $\pi' = -12Q + 1320 = 0$
$Q = 110$ 임계값
$\pi'' = -12 < 0$ 오목, 상대적 극대

3) $\pi = -6(110)^2 + 1320(110) - 1500 = 71{,}100$

b) $\text{TR} = 1400Q - 7.5Q^2 \qquad \text{TC} = Q^3 - 6Q^2 + 140Q + 750$

1) $\pi = 1400Q - 7.5Q^2 - (Q^3 - 6Q^2 + 140Q + 750)$
$\quad = -Q^3 - 1.5Q^2 + 1260Q - 750 \qquad (4.3)$

2) $\pi' = -3Q^2 - 3Q + 1260 = 0$
$\quad = -3(Q^2 + Q - 420) = 0$
$\quad = -3(Q + 21)(Q - 20) = 0$
$Q = -21 \qquad Q = 20$ 임계값

[연습문제 4.17(c)에 설명되어 있는 것처럼 위의 식 (4.3)에서 직접 2차도함수를 구하고 모든 음수의 임계값은 제외한다.

$$\pi'' = -6Q - 3$$
$$\pi''(20) = -6(20) - 3 = -123 < 0 \quad \text{오목, 상대적 극대}$$

3) $\pi = -(20)^3 - 1.5(20)^2 + 1260(20) - 750 = 15{,}850$

c) $\text{TR} = 4350Q - 13Q^2 \qquad \text{TC} = Q^3 - 5.5Q^2 + 150Q + 675$

1) $\pi = 4350Q - 13Q^2 - (Q^3 - 5.5Q^2 + 150Q + 675)$
$= -Q^3 - 7.5Q^2 + 4200Q - 675$

2) $\pi' = -3Q^2 - 15Q + 4200 = 0$
$= -3(Q^2 + 5Q - 1400) = 0$
$= -3(Q + 40)(Q - 35) = 0$

$$Q = -40 \qquad Q = 35 \quad \text{임계값}$$

$$\pi'' = -6Q - 15$$
$$\pi''(35) = -6(35) - 15 = -225 < 0 \quad \text{오목, 상대적 극대}$$

3) $\pi = -(35)^3 - 7.5(35)^2 + 4200(35) - 675 = 94{,}262.50$

d) $\text{TR} = 5900Q - 10Q^2 \qquad \text{TC} = 2Q^3 - 4Q^2 + 140Q + 845$

1) $\pi = 5900Q - 10Q^2 - (2Q^3 - 4Q^2 + 140Q + 845)$
$= -2Q^3 - 6Q^2 + 5760Q - 845$

2) $\pi' = -6Q^2 - 12Q + 5760 = 0$
$= -6(Q^2 + 2Q - 960) = 0$
$= -6(Q + 32)(Q - 30) = 0$

$$Q = -32 \qquad Q = 30 \quad \text{임계값}$$

$$\pi'' = -12Q - 12$$
$$\pi''(30) = -12(30) - 12 = -372 < 0 \quad \text{오목, 상대적 극대}$$

3) $\pi = -2(30)^3 - 6(30)^2 + 5760(30) - 845 = 112{,}555$

4.20 이윤이 극대화되는 생산량의 수준에서 한계비용(MR)과 한계수입(MC)이 일치됨을 증명하시오.

$$\pi = \text{TR} - \text{TC}$$

이윤 π를 극대화하기 위해 $d\pi/dQ = 0$이 되어야 한다.

$$\frac{d\pi}{dQ} = \frac{d\text{TR}}{dQ} - \frac{d\text{TC}}{dQ} = 0$$
$$\frac{d\text{TR}}{dQ} = \frac{d\text{TC}}{dQ}$$
$$\text{MR} = \text{MC} \qquad \text{Q.E.D.}$$

4.21 국내시장과 해외시장에서 아래와 같은 수요함수에 직면한 생산자는 두 시장에서 가격차별화를 시행하려 한다.

$$Q_1 = 21 - 0.1P_1 \qquad (4.4)$$
$$Q_2 = 50 - 0.4P_2 \qquad (4.5)$$

총비용함수는 TC=2000 + 10Q이고 여기서 $Q = Q_1 + Q_2$[7]이다. 이윤을 극대화하기 위해 생산자가 아래 상황에서 부과해야 하는 가격은 각각 얼마인가?

(*a*) 두 시장 사이에 가격차별화를 시행하는 경우
(*b*) 가격차별화를 시행하지 않는 경우
(*c*) 가격차별화를 시행한 경우와 그렇지 않은 경우의 이윤의 차이는?

a) 가격차별화를 시행하는 경우 이윤 극대화를 위해 생산자는 각 시장에서 MR=MC가 되도록 가격을 설정하면 된다. 즉 $\text{MC} = \text{MR}_1 = \text{MR}_2$가 만족되어야 한다.
TC=2000 + 10Q로부터

$$\text{MC} = \frac{d\text{TC}}{dQ} = 10$$

이므로 MC는 어떤 생산량 수준하에서도 일정함을 알 수 있다.
국내시장의 수요함수는

$$Q_1 = 21 - 0.1P_1$$

따라서
$$P_1 = 210 - 10Q_1$$
$$\text{TR}_1 = (210 - 10Q_1)Q_1 = 210Q_1 - 10Q_1^2$$

그리고
$$\text{MR}_1 = \frac{d\text{TR}_1}{dQ_1} = 210 - 20Q_1$$

$\text{MR}_1 = \text{MC}$일 때, $210 - 20Q_1 = 10 \qquad Q_1 = 10$
$Q_1 = 10$일 때, $P_1 = 210 - 10(10) = 110$

해외시장의 수요함수는 $Q_2 = 50 - 0.4P_2$이므로 $P_2 = 125 - 2.5Q_2$가 되어 해외시장에서의 총수입함수는

$$\text{TR}_2 = (125 - 2.5Q_2)Q_2 = 125Q_2 - 2.5Q_2^2$$

이 된다.

따라서
$$\text{MR}_2 = \frac{d\text{TR}_2}{dQ_2} = 125 - 5Q_2$$

$\text{MR}_2 = \text{MC}$일 때, $125 - 5Q_2 = 10 \qquad Q_2 = 23$
$Q_2 = 23$일 때, $P_2 = 125 - 2.5(23) = 67.5$

가격차별화를 할 때 생산자는 수요가 상대적으로 더 탄력적인 해외 시장에 낮은

가격($P_2 = 67.5$)을 부과하고 있으며, 수요의 탄력성이 상대적으로 낮은 국내시장에는 높은 가격($P_1 = 110$)을 부과하고 있다.

역자 TIP

7) Q_1은 국내시장의 수요량, Q_2는 해외시장의 수요량을 표시한다.

b) 가격차별화를 하지 않는다면 $P_1 = P_2$이고 두 수요함수 식 (4.4)와 식 (4.5)를 합하는 것이 가능하므로

$$Q = Q_1 + Q_2 = 21 - 0.1P + 50 - 0.4P = 71 - 0.5P$$

따라서

$$P = 142 - 2Q$$

$$\text{TR} = (142 - 2Q)Q = 142Q - 2Q^2$$

그리고

$$\text{MR} = \frac{d\text{TR}}{dQ} = 142 - 4Q$$

MR=MC일 때, $142 - 4Q = 10 \qquad Q = 33$

$Q = 33$일 때, $P = 142 - 2(33) = 76$

가격 차별화를 하지 않았을 때의 가격은, 가격 차별화를 시행했을 때 해외시장에 상대적으로 낮게 부과했던 가격과 국내시장에 상대적으로 높게 부과했던 가격의 사이에서 결정된다. 그러나 판매량은 변함이 없음에 유의해야 한다. 즉

$$P = 76\text{일 때},\ Q_1 = 13.4,\ Q_2 = 19.6,\ Q = 33$$

c) (가격 차별화가 있는 경우)

$$\text{TR} = \text{TR}_1 + \text{TR}_2 = P_1Q_1 + P_2Q_2 = 110(10) + 67.5(23) = 2652.50$$

$\text{TC} = 2000 + 10Q$, where $Q = Q_1 + Q_2$.

$$\text{TC} = 2000 + 10(10 + 23) = 2330$$

따라서

$$\pi = \text{TR} - \text{TC} = 2652.50 - 2330 = 322.50$$

(가격 차별화가 없는 경우)

$$\text{TR} = PQ = 76(33) = 2508$$

가격차별화의 시행여부에 관계없이 총비용은 TC=2330으로 동일하다. 따라서 이윤은 $\pi = 2508\text{-}2330 = 178$이다. 즉 이윤은 가격차별화를 시행하는 경우(322.5)가 시행하지 않는 경우(178)보다 더 높다.

4.22 어느 기업이 아래와 같은 두 개의 상이한 수요함수를 가지고 있고

$$Q_1 = 24 - 0.2P_1, \quad Q_2 = 10 - 0.05P_2$$

총비용함수는 TC=35+40Q라 할 때, (a) 가격차별화를 하는 경우와 (b) 가격 차별화를 하지 않는 경우에 각각 이 기업은 이윤극대화를 위해 어떤 가격을 부과해야 하는가?

a) 가격차별화를 하는 경우

첫 번째 시장의 수요함수 $Q_1 = 24 - 0.2P_1$에서,

$$P_1 = 120 - 5Q_1$$
$$TR_1 = (120 - 5Q_1)Q_1 = 120Q_1 - 5Q_1^2$$
$$MR_1 = 120 - 10Q_1$$

$MC=MR_1=MR_2$ 일 때 기업의 이윤은 극대화된다.

$$TC = 35 + 40Q$$
$$MC = 40$$

$MC=MR_1$의 조건으로부터, $40 = 120 - 10Q_1 \qquad Q_1 = 8$

$Q_1 = 8$일 때 가격은, $P_1 = 120 - 5(8) = 80$

두 번째 시장의 수요함수 $Q_2 = 10 - 0.05P_2$에서

$$P_2 = 200 - 20Q_2$$
$$TR_2 = (200 - 20Q_2)Q_2 = 200Q_2 - 20Q_2^2$$
$$MR_2 = 200 - 40Q_2$$

$MC=MR_2$의 조건으로부터 $40 = 200 - 40Q_2 \qquad Q_2 = 4$

따라서 $Q_2 = 4$일 때 가격은 $P_2 = 200 - 20(4) = 120$

b) 가격차별화를 하지 않는 경우, 두 시장에서의 가격은 동일하므로 $P_1 = P_2 = P$이며 두 수요함수는 다음과 같이 합할 수 있다.

$$Q = Q_1 + Q_2 = 24 - 0.2P + 10 - 0.05P = 34 - 0.25P$$

따라서

$$P = 136 - 4Q$$
$$TR = (136 - 4Q)Q = 136Q - 4Q^2$$
$$MR = 136 - 8Q$$

이윤극대화조건인 MR=MC에 의해

$$40 = 136 - 8Q \qquad Q = 12$$

$Q = 12$에서 $P = 136 - 4(12) = 88$

4.23 총수입(TR)과 총비용(TC)이 아래와 같이 주어졌을 때 MR=MC에 따라 (a) 이윤 π를 극대화하고 (b) 2차조건을 조사하시오.

$$\text{TR} = 1400Q - 7.5Q^2 \qquad \text{TC} = Q^3 - 6Q^2 + 140Q + 750$$

a) $\text{MR} = \text{TR}' = 1400 - 15Q$, $\text{MC} = \text{TC}' = 3Q^2 - 12Q + 140$

MR=MC에 의해 $\qquad 1400 - 15Q = 3Q^2 - 12Q + 140$

모든 항을 오른쪽으로 이항한 후 Q에 대해 풀면

$$3Q^2 + 3Q - 1260 = 0$$
$$3(Q+21)(Q-20) = 0$$
$$Q = -21 \qquad Q = 20 \quad \text{임계값}$$

b) $\text{TR}'' = -15$, $\text{TC}'' = 6Q - 12$

π = TR-TC이고 π를 극대화하는 것이 목적이므로 $\text{TR}'' - \text{TC}''$을 통해 π 함수의 2차조건을 조사한다.

$$\pi'' = \text{TR}'' - \text{TC}''$$
$$= -15 - 6Q + 12 = -6Q - 3$$
$$\pi''(20) = -6(20) - 3 = -123 < 0 \qquad \text{오목, 상대적 극대}$$

이를 [연습문제 4.19(*b*)]와 비교해 보기 바란다.

■ 기술적 한계대체율

4.24 어떤 정해진 생산량을 생산하는 데 필요한 노동(L)과 자본(K)의 여러 가지 다른 투입조합을 표시하는 것이 등량곡선(Isoquant)이다. Q=2144단위의 생산량에 대한 등량곡선의 방정식이 다음과 같이 주어졌을 때

$$16K^{1/4}L^{3/4} = 2144$$

(*a*) 3.9절에서 살펴본 음함수 미분을 이용하여, 경제학에서 기술적 한계대체율(Marginal Rate of Technical Substitution: MRTS)이라 부르는 등량곡선의 기울기 $\frac{dK}{dL}$를 구하시오.

(*b*) $K = 256$, $L = 108$일 때의 기술적 한계대체율을 계산하시오.

a) 주어진 등량곡선의 방정식의 양변으로부터 L에 대한 도함수를 구하고, 여기서 K를 L의 함수로 간주한다.

$$\frac{d}{dL}(16K^{1/4}L^{3/4}) = \frac{d}{dL}(2144)$$

K가 L의 함수로 간주되므로 곱의 미분법칙을 이용한다.

$$16K^{1/4}\cdot\frac{d}{dL}(L^{3/4})+L^{3/4}\cdot\frac{d}{dL}(16K^{1/4})=\frac{d}{dL}(2144)$$

$$\left(16K^{1/4}\cdot\frac{3}{4}L^{-1/4}\right)+\left(L^{3/4}\cdot 16\cdot\frac{1}{4}K^{-3/4}\cdot\frac{dK}{dL}\right)=0$$

$$12K^{1/4}L^{-1/4}+4K^{-3/4}L^{3/4}\cdot\frac{dK}{dL}=0$$

dK/dL에 대해 풀면

$$\frac{dK}{dL}=\frac{-12K^{1/4}L^{-1/4}}{4K^{-3/4}L^{3/4}}=\frac{-3K}{L}$$

b) $K=256,\ L=108$에서 기술적 한계대체율은

$$\text{MRTS}=\frac{dK}{dL}=\frac{-3(256)}{108}=-7.11$$

이는 생산량이 변동없이 동일한 등량곡선상에 있기 위해서는 L이 1단위 증가할 경우 K는 7.11단위 감소되어야만 한다는 것을 의미한다.([연습문제 6.51] 참조)

4.25 등량곡선의 방정식이 다음과 같이 주어졌을 때

$$25K^{3/5}L^{2/5}=5400$$

(*a*) MRTS를 구하고 (*b*) $K=243,\ L=181$일 때의 MRTS를 계산하시오.

a) K를 L의 함수로 간주하고 곱의 미분법칙을 이용하면 $\frac{dK}{dL}$ 즉 MRTS를 구할 수 있다.

$$25K^{3/5}\cdot\frac{2}{5}L^{-3/5}+L^{2/5}\cdot 25\cdot\frac{3}{5}K^{-2/5}\cdot\frac{dK}{dL}=0$$

$$10K^{3/5}L^{-3/5}+15K^{-2/5}L^{2/5}\cdot\frac{dK}{dL}=0$$

dK/dL에 대해 풀면

$$\frac{dK}{dL}=\frac{-10K^{3/5}L^{-3/5}}{15K^{-2/5}L^{2/5}}=\frac{-2K}{3L}=\text{MRTS}$$

b) $K=243,\ L=181$에서

$$\text{MRTS}=\frac{dK}{dL}=\frac{-2(243)}{3(181)}=-0.895$$

이는 L이 1단위 증가하는 경우 생산량 수준을 변동없이 일정하게 유지시키기 위해서는 즉 동일한 등량곡선상에 위치하기 위해서는 K가 0.895단위 감소되어야 한다는 것을 의미한다.([연습문제 6.52])

■ 함수와 그래프의 관계

4.26 총비용함수가 $C = Q^3 - 18Q^2 + 750Q$로 주어졌을 때 미분을 이용하여 총비용, 평균비용 그리고 한계비용 사이의 관계를 나타내는 그래프를 그리시오.

a) 총비용함수로부터 1차도함수와 2차도함수를 구한다.

$$C' = 3Q^2 - 36Q + 750$$
$$C'' = 6Q - 36$$

다음에 (1) 오목성과 (2) 변곡점에 대해 조사한다.

1) $Q < 6$일 때, $C'' < 0$ 오목
$Q > 6$일 때 $C'' > 0$ 볼록

2)
$$6Q - 36 = 0$$
$$Q = 6$$
$$C(6) = (6)^3 - 18(6)^2 + 750(6) = 4068$$

총비용함수 $C(Q)$는 $Q = 6$일 때 오목상태에서 볼록상태로 바뀌므로

(6, 4068) 변곡점

b) 평균비용함수 AC와 상대적 극값을 구한다.

$$\text{AC} = \frac{\text{TC}}{Q} = Q^2 - 18Q + 750$$
$$\text{AC}' = 2Q - 18 = 0$$
$$Q = 9 \quad \text{임계값}$$
$$\text{AC}'' = 2 > 0 \quad \text{볼록, 상대적 극소}$$

c) 한계비용함수 MC와 상대적 극값을 구한다.

$$\text{MC} = C' = 3Q^2 - 36Q + 750$$
$$\text{MC}' = 6Q - 36 = 0$$
$$Q = 6 \quad \text{임계값}$$
$$\text{MC}'' = 6 > 0 \quad \text{볼록, 상대적 극소}$$

d) 다음 사항에 유의하면서 [그림 4.9]과 같이 그래프를 그린다.

(1) TC가 오목하고 체감하면서 증가할 때 MC는 감소하고, TC가 볼록하고 체증하면서 증가할 때 MC는 증가한다. 그리고 TC가 오목성이 바뀌는 변곡점에 있을 때 MC는 극소에 이른다.

(2) AC는 MC<AC가 성립되는 전 구간에서 감소하며, MC=AC일 때 극소에 이른다. 그리고 MC>AC일 때 AC는 증가한다.

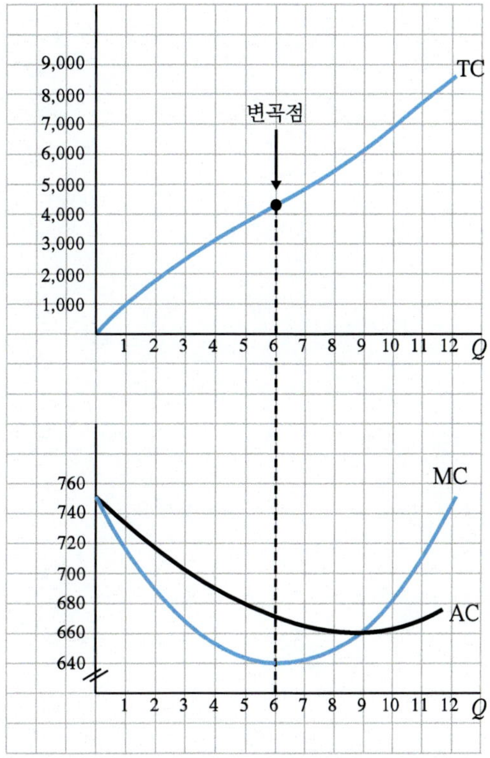

9,000
8,000
7,000
6,000
5,000
4,000
3,000
2,000
1,000
TC
변곡점
1 2 3 4 5 6 7 8 9 10 11 12 Q
760
740
720
700
680
660
640
MC
AC
1 2 3 4 5 6 7 8 9 10 11 12 Q

[그림 4.9]

5장 다변수함수의 미분

5.1 다변수함수와 편도함수

4장에서 살펴본 도함수는 $y = f(x)$와 같이 단일 독립변수를 가진 함수에 국한되었다. 그러나 실제 경제분석에서는 두 개 이상의 독립변수를 가진 함수가 일반적이다.

$z = f(x,y)$에서 f의 정의구역(domain)에 속하는 두 개의 실수 (x,y)로 이루어진 순서쌍(ordered pair) 각각에 대해 단 하나의 z 값이 f의 치역(range)에 존재하면, $z = f(x,y)$는 독립변수가 두 개인 함수로 정의된다. 그리고 이 때 z는 종속변수, x, y는 독립변수가 된다.

다변수함수(multivariate function)에서 특정한 어느 한 독립변수(x 또는 y)의 변화가 종속변수 z에 미치는 영향을 측정하기 위해서는 편도함수의 개념이 필요하다.

x에 대한 z의 편도함수(partial derivative)는, 독립변수 x를 제외한 나머지 독립변수는 모두 일정하게 고정시켜 놓은 상태에서, 특정 독립변수 x만을 변화시켰을 때 이에 대응하는 종속변수 z의 순간변화율을 의미한다[1].

그리고 이러한 x에 대한 z의 편도함수는 $\frac{\partial z}{\partial x}$, $\frac{\partial f}{\partial x}$, $f_x(x,y)$, f_x 또는 z_x 등으로 표시한다[2]. 마찬가지로 y에 대한 z의 편도함수는 x를 고정시켜 놓은 상태에서의 y 변화에 대한 z의 순간변화율을 나타내는 것으로 $\frac{\partial z}{\partial y}$, $\frac{\partial f}{\partial y}$, $f_y(x,y)$, f_y 또는 z_y 등으로 표시한다.

역자 TIP

1) $z = f(x,y)$에서 x에 대한 z의 편도함수는 x의 변화에 대한 z의 순간변화율을 표시하는데, 여기서 x가 변화할 때 y도 변화한다면 종속변수 z의 변화분 속에는 x의 변화와 y의 변화에 의해 유발된 영향이 모두 포함되게 되므로, 순수하게 x의 변화에 대한 z의 순간변화율을 측정하기 위해서는 x를 제외한 나머지 변수인 y를 일정하게 고정되어 있는 것으로 간주해야 한다.
2) f_x에서 아래첨자 x는 독립변수 x에 대한 편도함수임을 표시한다. 그리고 이는 묵시적으로 독립변수가 x 이외에 또 있다는 것을 암시하고 있는 것이다. $\frac{\partial z}{\partial x}$에서도 z가 x만의 함수였다면 x에 대한 도함수는 ∂ 대신에 d를 사용하여 $\frac{dz}{dx}$로 표시되었을 것이다. 따라서 $\frac{dz}{dx}$ 대신 $\frac{\partial z}{\partial x}$로 표시되었다는 사실은 독립변수가 x 하나만이 아니라는 것을 암시하고 있는 것이다.

이를 수학적으로 나타내면 다음과 같다.

$$\frac{\partial z}{\partial x} = \lim_{\Delta x \to 0} \frac{f(x + \Delta x, y) - f(x, y)}{\Delta x} \tag{5.1a}$$

$$\frac{\partial z}{\partial y} = \lim_{\Delta y \to 0} \frac{f(x, y + \Delta y) - f(x, y)}{\Delta y} \tag{5.1b}$$

여러 독립변수 가운데 어느 한 독립변수에 대한 편도함수를 구하기 위해서는 일반적인 미분법칙을 그대로 적용하면 되는데, 단지 이 때 나머지 다른 독립변수는 모두 일정하게 고정되어 있는 것으로, 즉 상수로 간주하기만 하면 된다.([예제 1, 2]와 [연습문제 5.1, 5.23] 참조)

예제 1 $z = 3x^2y^3$의 편도함수를 구하는 과정은 다음과 같다.

a) x로 미분할 때 y는 상수로 간주하여 x를 제외한 다른 변수는 계수와 함께 앞에 괄호로 묶어 놓았다고 생각한다.

$$z = [3y^3] \cdot x^2$$

그리고 y항을 상수처럼 고정시켜 놓은 상태에서 x항의 도함수를 구한다.

$$\frac{\partial z}{\partial x} = z_x = [3y^3] \cdot \frac{d}{dx}(x^2)$$
$$= [3y^3] \cdot 2x$$

미분과정에서 상수끼리 곱셈으로 연결된 부분은 그대로 상수로 처리되어 남아있으므로 이들 부분을 간단히 정리하면 아래의 결과를 얻을 수 있다.

$$\frac{\partial z}{\partial x} = z_x = 6xy^3$$

b) y로 미분할 때 x는 상수로 간주하여 x를 제외한 다른 변수는 계수와 함께 괄호로 묶어 놓았다고 생각한다. 그리고 위에서와 같은 과정을 거친다.

$$z = [3x^2] \cdot y^3$$
$$\frac{\partial z}{\partial y} = z_y = [3x^2] \cdot \frac{d}{dy}(y^3)$$
$$= [3x^2] \cdot 3y^2 = 9x^2y^2$$

예제 2 $z = 5x^3 - 3x^2y^2 + 7y^5$에 대한 편도함수는 다음과 같이 구할 수 있다.

a) x로 미분할 때 y를 포함하는 모든 항은 y를 계수와 함께 괄호로 묶어 상수로 간주한다.

$$z = 5x^3 - [3y^2]x^2 + [7y^5]$$

다음에 각 항의 도함수를 구한다. 이 때 상수항을 미분하면 0이 된다는 사실에 유의한다.

$$\begin{aligned}\frac{\partial z}{\partial x} &= \frac{d}{dx}(5x^3) - [3y^2]\cdot\frac{d}{dx}(x^2) + \frac{d}{dx}[7y^5] \\ &= 15x^2 - [3y^2]\cdot 2x + 0 \\ &= 15x^2 - 6xy^2\end{aligned}$$

b) y로 미분할 때 x를 포함하는 모든 항은 x를 계수와 함께 괄호로 묶어 상수로 간주한 후 위에서처럼 각 항을 미분한다.

$$\begin{aligned}z &= [5x^3] - [3x^2]y^2 + 7y^5 \\ \frac{\partial z}{\partial y} &= \frac{d}{dy}[5x^3] - [3x^2]\cdot\frac{d}{dy}(y^2) + \frac{d}{dy}(7y^5) \\ &= 0 - [3x^2]\cdot 2y + 35y^4 \\ &= -6x^2y + 35y^4\end{aligned}$$

([연습문제 5.1] 참조)

5.2 편미분 법칙

편도함수는 기본적으로 3장 7절에서 다른 미분법칙을 이용하여 구한다.

아래에 몇 가지 중요한 법칙이 예시와 함께 제시되어 있다.([예제 3-5], [연습문제 5.2-5.5, 5.23] 참조)

5.2.1 곱의 미분법칙

$z = g(x,y)\cdot h(x,y)$ 일 때

$$\frac{\partial z}{\partial x} = g(x,y)\cdot\frac{\partial h}{\partial x} + h(x,y)\cdot\frac{\partial g}{\partial x} \tag{5.2a}$$

$$\frac{\partial z}{\partial y} = g(x,y)\cdot\frac{\partial h}{\partial y} + h(x,y)\cdot\frac{\partial g}{\partial y} \tag{5.2b}$$

예제 3 $z = (3x+5)(2x+6y)$일 때 곱의 미분법칙에 따라

$$\frac{\partial z}{\partial x} = (3x+5)(2) + (2x+6y)(3) = 12x + 10 + 18y$$

$$\frac{\partial z}{\partial y} = (3x+5)(6) + (2x+6y)(0) = 18x + 30$$

5.2.2 몫의 미분법칙

$z = g(x,y)/h(x,y)$ 그리고 $h(x,y) \neq 0$일 때,

$$\frac{\partial z}{\partial x} = \frac{h(x,y) \cdot \partial g/\partial x - g(x,y) \cdot \partial h/\partial x}{[h(x,y)]^2} \tag{5.3a}$$

$$\frac{\partial z}{\partial y} = \frac{h(x,y) \cdot \partial g/\partial y - g(x,y) \cdot \partial h/\partial y}{[h(x,y)]^2} \tag{5.3b}$$

예제 4 $z = \dfrac{(6x+7y)}{(5x+3y)}$일 때 몫의 미분법칙에 따라

$$\frac{\partial z}{\partial x} = \frac{(5x+3y)(6)-(6x+7y)(5)}{(5x+3y)^2}$$

$$= \frac{30x+18y-30x-35y}{(5x+3y)^2} = \frac{-17y}{(5x+3y)^2}$$

$$\frac{\partial z}{\partial y} = \frac{(5x+3y)(7)-(6x+7y)(3)}{(5x+3y)^2}$$

$$= \frac{35x+21y-18x-21y}{(5x+3y)^2} = \frac{17x}{(5x+3y)^2}$$

5.2.3 일반 멱함수 미분법칙

$z = [g(x,y)]^n$일 때,

$$\frac{\partial z}{\partial x} = n[g(x,y)]^{n-1} \cdot \frac{\partial g}{\partial x} \tag{5.4a}$$

$$\frac{\partial z}{\partial y} = n[g(x,y)]^{n-1} \cdot \frac{\partial g}{\partial y} \tag{5.4b}$$

예제 5 $z = (x^3+7y^2)^4$일 때 일반 멱함수 미분법칙을 적용하면

$$\frac{\partial z}{\partial x} = 4(x^3+7y^2)^3 \cdot (3x^2) = 12x^2(x^3+7y^2)^3$$

$$\frac{\partial z}{\partial y} = 4(x^3+7y^2)^3 \cdot (14y) = 56y(x^3+7y^2)^3$$

5.3 2차편도함수

$z = f(x,y)$의 함수가 주어졌을 때 2차편도함수가 의미하는 것은 f함수의 여러 독립변수들 가운데 해당 특정 독립변수를 제외한 나머지 독립변수들은 모두 일정하게 고정시켜 놓은 상태에서, 해당 특정 독립변수에 대해서만 f함수를 부분적으로 두 번 미분하였음을

뜻한다.

$$f_{xx} = (f_x)_x = \frac{\partial}{\partial x}\left(\frac{\partial z}{\partial x}\right) = \frac{\partial^2 z}{\partial x^2} \qquad f_{yy} = (f_y)_y = \frac{\partial}{\partial y}\left(\frac{\partial z}{\partial y}\right) = \frac{\partial^2 z}{\partial y^2}$$

f_{xx}는 두 독립변수 x, y중 y가 고정되어 있는 상태에서 x에 대한 1차편도함수 f_x의 변화율을 나타낸다. 마찬가지로 f_{yy}는 두 독립변수 중 x가 고정되어 있는 상태에서 y에 대한 1차편도함수 f_y의 변화율을 나타낸다.([연습문제 5.6, 5.8] 참조)

교차편도함수(cross partial derivative) 또는 혼합편도함수(mixed partial derivative) f_{xy}나 f_{yx}는[3] 원래 주어진 함수를 하나의 독립변수에 대해서만 부분적으로 미분하고 난 후 이를 다시 다른 독립변수에 대해 부분적으로 미분하였음을[4] 의미한다[5].

$$f_{xy} = (f_x)_y = \frac{\partial}{\partial y}\left(\frac{\partial z}{\partial x}\right) = \frac{\partial^2 z}{\partial y\, \partial x} \qquad f_{yx} = (f_y)_x = \frac{\partial}{\partial x}\left(\frac{\partial z}{\partial y}\right) = \frac{\partial^2 z}{\partial x\, \partial y}$$

간단히 말해서 교차편도함수는 1차편도함수를 구할 때 고정시켜놓았던 독립변수 중 어느 특정 변수에 대한 1차편도함수의 변화율을 의미한다.([연습문제 5.7, 5.9])

예제 6 $z = 7x^3 + 9xy + 2y^5$에서 (a) 1차편도함수, (b) 2차편도함수, 그리고 (c) 교차편도함수는 다음과 같이 구한다.

a) $\frac{\partial z}{\partial x} = z_x = 21x^2 + 9y \qquad \frac{\partial z}{\partial y} = z_y = 9x + 10y^4$

b) $\frac{\partial^2 z}{\partial x^2} = z_{xx} = 42x \qquad \frac{\partial^2 z}{\partial y^2} = z_{yy} = 40y^3$

c) $\frac{\partial^2 z}{\partial y\, \partial x} = \frac{\partial}{\partial y}\left(\frac{\partial z}{\partial x}\right) = \frac{\partial}{\partial y}(21x^2 + 9y) = z_{xy} = 9$

$\frac{\partial^2 z}{\partial x\, \partial y} = \frac{\partial}{\partial x}\left(\frac{\partial z}{\partial y}\right) = \frac{\partial}{\partial x}(9x + 10y^4) = z_{yx} = 9$

역자 TIP

3) 편도함수 f_x를 y로 다시 편미분한 경우의 교차편도함수는 f_{xy}로, 그리고 편도함수 f_y를 x로 다시 편미분한 경우의 교차편도함수는 f_{yx}로 표시한다.

4) 편도함수를 구하는 과정을 '편미분한다'라고 할 때, 위에서 부분적으로 미분한다는 것은 바로 편미분한다는 것, 즉 편도함수를 구하는 과정에 해당한다.

여기서는 '편미분'과 '편미분한다'라는 말을 구분하여 사용하기로 한다. 다시 말해 '편미분'이라는 말을 편도함수를 구하는 과정, 즉 partial differentiation의 의미로 쓰는 것을 피하기로 한다. 그 이유는 나중에 언급하게 될 partial differential의 의미로 편미분이라는 용어를 사용하기 위해서이다.

대부분의 경우, partial differentiation과 partial differential은 엄연히 구분되는 용어임에도 불구하고 모두 편미분이라는 말로 표현하고 있어 혼란을 야기하고 있다. 이를 확실히 구분하기 위해 앞으로 여기서는 편도함수를 구하는 과정(partial differentiation)을 '편미분한다'로 표시하고, 편미분이라는 말은 단지 partial differential의 의미로만 사용하기로 한다.([5.8절] 참조)

5) 어떤 함수에서 f_{xy}, f_{yx} 두 교차편도함수가 연속적이라면 이들 교차편도함수는 항상 같게 되는데 (즉 $f_{xy} = f_{yx}$) 이를 '영의 정리(Young's theorem)'라고 한다.

예제 7 $x=4,\ y=1$일 때, 함수 $z=3x^2y^3$에 대한 (a) 1차편도함수, (b) 2차편도함수, 그리고 (c) 교차편도함수의 값은 다음과 같이 구한다.

a)
$$z_x = 6xy^3 \qquad z_y = 9x^2y^2$$
$$z_x(4,1) = 6(4)(1)^3 = 24 \qquad z_y(4,1) = 9(4)^2(1)^2 = 144$$

b)
$$z_{xx} = 6y^3 \qquad z_{yy} = 18x^2y$$
$$z_{xx}(4,1) = 6(1)^3 = 6 \qquad z_{yy}(4,1) = 18(4)^2(1) = 288$$

c)
$$z_{xy} = \frac{\partial}{\partial y}(6xy^3) = 18xy^2 \qquad z_{yx} = \frac{\partial}{\partial x}(9x^2y^2) = 18xy^2$$
$$z_{xy}(4,1) = 18(4)(1)^2 = 72 \qquad z_{yx}(4,1) = 18(4)(1)^2 = 72$$

영의 정리에 의해 두 교차편도함수가 연속적이라면 이들은 동일할 것이다.([연습문제 5.7-5.9])

5.4 다변수함수의 최적화

$z=f(x,y)$와 같은 다변수함수가 상대적 극소 또는 극대에 이르기 위해서는 다음의 세 가지 조건이 충족되어야 한다.

1. 1차편도함수는 모두 동시에 '0'이 되어야 한다. 즉 $z_x = z_y = 0$이 성립하여야 한다. 이는 '임계점'이라 불리는 점 (a,b)에서 함수가 증가도 감소도 하지 않고 수평상태에 있음을 뜻한다.
2. 임계점 (a,b)에서 계산한 x와 y의 각각의 2차편도함수는, 극대가 되기 위해서는 음(-)이 되어야 하며($z_{xx} < 0,\ z_{yy} < 0$), 반대로 극소가 되기 위해서는 양(+)이 되어야 한다($z_{xx} > 0,\ z_{yy} > 0$). 이의 의미는 함수가 극대가 되기 위해서는 기울기가 수평상태인 임계점 (a,b)에서, 함수가 오목(concave)하고 여기서 해당 독립변수가 증가하는 경우 우하향의 형태를 가져야 하며, 극소의 경우는 함수가 임계점에서 수평상태의 기울기와 함께 볼록(convex)하고 해당 독립변수가 증가하는 경우 우상향의 형태를 가져야 한다는 것을 뜻한다.
3. 임계점 (a,b)에서 계산한 x, y 각각의 2차편도함수의 곱은 교차편도함수의 제곱의 값보다 커야 한다. 즉 $z_{xx}z_{yy} > (z_{xy})^2$이어야 한다[6]. 이 조건이 없으면 임계점 (a,b)에서 반드시 상대적 극대, 극소가 이루어진다는 보장이 없다. 다시 말해 변곡점(inflection point)이나 안점(saddle point)[7]이 될 수도 있다. 따라서 $z_{xx}z_{yy} > (z_{xy})^2$의 조건은 임계점

(a, b)에서 함수가 변곡점이나 안점이 되는 것을 제거하고 극대, 극소점을 가려내기 위한 조건에 해당한다.

역자 TIP

6) 원래 임계값에서 x, y 각각의 2차편도함수와 교차편도함수의 관계는 $z_{xx}z_{yy} > z_{xy}z_{yx}$가 성립해야 하는데 '영의 정리'(Young's theorem)에 의해 $z_{xy} = z_{yx}$가 되어 $z_{xx}z_{yy} > (z_{xy})^2$로 표시된 것이다.
7) 안점(saddle point)은 말안장의 모양을 한 점을 의미한다. 안점에서는 어느 한 축에 대해서는 극소점이 되지만 다른 한 축에 대해서는 극대점이 된다. 예를 들어 [그림 5.2]에서 x축에 대해 극소가 이루어지고 있으나 다른 y축에 대해서는 극대가 이루어지고 있다.

이를 요약하면 [그림 5.1]에서 보는 바와 같이 임계점 (a, b)에서 다음과 같은 조건이 성립해야 한다.

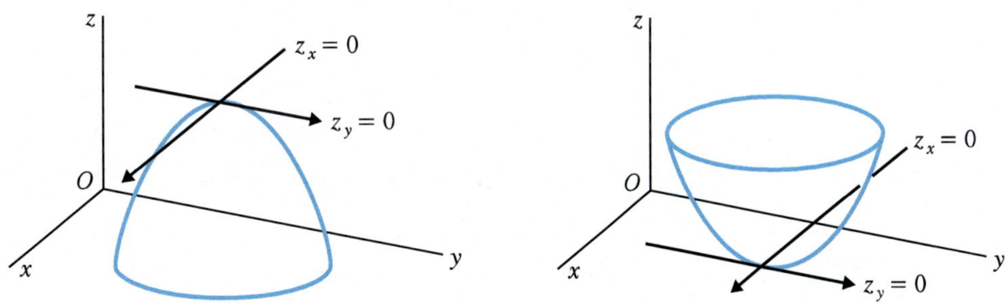

[그림 5.1]

상대적 극대	상대적 극소
1. $f_x, f_y = 0$	1. $f_x, f_y = 0$
2. $f_{xx}, f_{yy} < 0$	2. $f_{xx}, f_{yy} > 0$
3. $f_{xx} \cdot f_{yy} > (f_{xy})^2$	3. $f_{xx} \cdot f_{yy} > (f_{xy})^2$

그리고 다음에 유의해야 한다.

1) 영의 정리에 의해 $f_{xy} = f_{yx}$ 이므로 $f_{xy} \cdot f_{yx} = (f_{xy})^2$ 이다. 따라서 위의 세 번째 조건은 $f_{xx} \cdot f_{yy} - (f_{xy})^2 > 0$ 으로 쓸 수 있다.
2) $z_{xx}z_{yy} > (z_{zy})^2$의 조건이 깨져서 $z_{xx}z_{yy} < (z_{zy})^2$이 되는 경우 임계점 (a, b)에서 함수는 극대, 극소가 아닌 변곡점 또는 안점을 가지게 된다.

   이 때 2차편도함수 f_{xx}와 f_{yy}가 임계점에서 동일한 부호를 가지면 함수는 변곡점(inflection point)에 있게 된다. 그러나 만약 f_{xx}와 f_{yy}가 다른 부호를 가지게 되면 함수는 [그림 5.2]에서 보는 바와 같이 안점(saddle point)에 있게 되는데, 이 안점에서 함수는 어느 한 축에서 보았을 때는 극대에 이르고 있으나 다른 축에서 보았을 때는 극소에 이르고 있다.

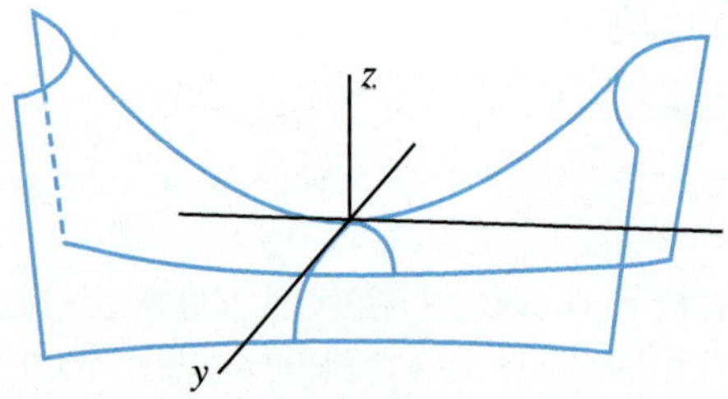

[그림 5.2]

3) $f_{xx} \cdot f_{yy} = (f_{xy})^2$ 인 경우는 어떤 결론도 내릴 수 없다.([예제 8], [연습문제 5.10, 5.11] 참조), 변곡점에 관해서는 [연습문제 5.10(c), 5.11(b)(c)], 그리고 안점에 관해서는 [연습문제 5.10(d), 5.11(a)(d)]를 참조하기 바란다.
4) 만약 함수가 [그림 5.1]에서 보듯이 독립변수 x, y에 대해 강오목(strictly concave)[강볼록(strictly convex)]하다면, 함수는 오직 하나의 극대[극소]를 가지게 되는데 이를 절대적 극대[절대적 극소]라 한다. 만약 함수가 어떤 특정 구간에서 x, y에 대해 오목[볼록]하다면, 함수는 상대적 극대[상대적 극소]를 가지게 된다.

예제 8 다음 함수에 대해 (a) 임계점을 구하고 (b) 그 임계점에서 함수가 상대적 극대에 있는지 극소에 있는지를 조사하시오.

$$z = 2y^3 - x^3 + 147x - 54y + 12$$

a) 먼저 1차편도함수를 구하여 이를 0으로 놓고 x와 y에 대해 푼다.

$$\begin{aligned} z_x &= -3x^2 + 147 = 0 & z_y &= 6y^2 - 54 = 0 \\ x^2 &= 49 & y^2 &= 9 \\ x &= \pm 7 & y &= \pm 3 \end{aligned} \qquad (5.5)$$

$x = \pm 7$, $y = \pm 3$으로부터 네 개의 서로 다른 임계점을 구할 수 있다: (7, 3), (7, −3), (−7, 3), (−7, −3).

b) 식 (5.5)로부터 2차편도함수를 구하고 임계점에서의 이들 값을 계산하여 부호를 조사한다.

$$z_{xx} = -6x \qquad z_{yy} = 12y$$

1) $z_{xx}(7, 3) = -6(7) = -42 < 0$ $\qquad z_{yy}(7, 3) = 12(3) = 36 > 0$
2) $z_{xx}(7, -3) = -6(7) = -42 < 0$ $\qquad z_{yy}(7, -3) = 12(-3) = -36 < 0$
3) $z_{xx}(-7, 3) = -6(-7) = 42 > 0$ $\qquad z_{yy}(-7, 3) = 12(3) = 36 > 0$
4) $z_{xx}(-7, -3) = -6(-7) = 42 > 0$ $\qquad z_{yy}(-7, -3) = 12(-3) = -36 < 0$

위의 (1)과 (4)에서 2차편도함수 z_{xx}와 z_{yy}의 부호가 다르므로 함수는 임계점과 (7, 3)과 (−7, −3)에서 상대적 극대나 극소에 이르지 못한다. z_{xx}와 z_{yy}가 서로 다른 부호를 가지고 있을 때 $f_{xx} \cdot f_{yy}$는 $(z_{xy})^2$보다 더 클 수 없으며 이 경우 함수는 안점에 있게 된다.

(2)에서는 2차편도함수의 부호가 모두 음(-)이고 (3)에서는 부호가 모두 양(+)이므로 함수는 임계점 (7, −3)에서 상대적 극대에, 그리고 임계점 (-7, 3)에서는 상대적 극소에 '이를 수도 있다'. 실제로 이들 임계점에서 함수가 상대적 극대 혹은 극소에 이르는지를 확인하기 위해서는 변곡점의 가능성을 배제하는 세 번째 조건을 만족하는지 살펴보아야 한다.

c) 식 (5.5)로부터 식에서 교차편도함수를 구하여 $z_{xx}(a,b) \cdot z_{yy}(a,b) > [z_{xy}(a,b)]^2$이[8] 성립하는지를 확인한다.

$$z_{xy} = 0 \qquad z_{yx} = 0$$

$$z_{xx}(a,b) \cdot z_{yy}(a,b) \quad > \quad [z_{xy}(a,b)]^2$$

(2)에서 $$(-42) \cdot (-36) \quad > \quad (0)^2$$
$$1512 > 0$$

(3)에서 $$(42) \cdot (36) \quad > \quad (0)^2$$
$$1512 > 0$$

따라서 함수는 (7, −3)에서 극대화되고 (-7, 3)에서 극소화 된다; 변곡점 관련 문제는 [연습문제 5.10(c), 5.11(b)-(c)]를 참조하기 바란다.

역자 TIP

8) 여기서 a, b는 임계점의 x, y 값을 표시한 것이다. 예를 들어 $z_{xx}(a,b)$는 2차편도함수 z_{xx}에 x, y 값으로 각각 a, b를 대입한 것으로, 임계점 (a,b)에서의 2차편도함수 값을 의미한다.

5.5 제약조건하의 최적화와 라그랑지 함수

미분은 제약조건하에서 함수를 극대화하거나 극소화하는 데에도 역시 이용될 수 있다. 제약조건식 $g(x, y) = k$(상수) 하에서 함수 $f(x, y)$[9]가 주어진 경우, 새로운 함수 F는 (1) 제약조건식을 0이 되게 한 후[10], (2) 여기에 라그랑지 승수(Lagrange multiplier) λ를 곱하고 (3) 이를 $f(x, y)$ 함수에 더하는 과정을 통해 새롭게 구성할 수 있다. 즉,

$$F(x, y, \lambda) = f(x, y) + \lambda[k - g(x, y)] \tag{5.6}$$

여기서 $F(x, y, \lambda)$를 라그랑지 함수(Lagrange function)라 하며 $f(x, y)$는 목적함수(objective function) 그리고 $g(x, y) = k$는 제약조건식(constraint)이라 한다.

위의 라그랑지 함수에서 제약조건식은 항상 0이 되도록 설정하기 때문에 $\lambda[k - g(x, y)]$ 역시 항상 0이 되어 목적함수 $f(x, y)$에 $\lambda[k - g(x, y)]$의 항이 부가되었다고 하여 목적함

수의 값이 변하지는 않는다[11].

라그랑지 함수를 구성하는 세 개의 '모든 독립변수' $x,\, y,\, \lambda$ 각각에 대하 1차편도함수를 구하여 이를 0으로 놓고 얻은 연립방정식을 풀면 목적함수가 최적화되는 임계값 $(x_0,\, y_0,\, \lambda_0)$을 구할 수 있다.

역자 TIP

9) 여기서 제약조건식 $g(x,y)=k$에 대해 $f(x,y)$는 목적함수(objective function)라 한다. 즉 주어진 제약조건하에서 극대 또는 극소의 최적화(optimization) 대상이 되는 함수를 목적함수라 한다.

10) 이는 제약조건식을 음함수(implicit function)의 형태로 변형하라는 의미이기도 하다. 제약조건식 $g(x,y)=k$을 음함수 형태로 변형하면 $k-g(x,y)=0$이다. 물론 $g(x,y)-k=0$로 변형해도 상관없다. 단지 라그랑지 승수 λ의 부호만 바뀌게 된다.

11) 다시 말해서 목적함수 $f(x,y)$의 최적화는 라그랑지 함수 $F(x,y,\lambda)$의 최적화와 일치한다.

$$F_x(x,y,\lambda)=0 \qquad F_y(x,y,\lambda)=0 \qquad F_\lambda(x,y,\lambda)=0$$

2차조건은 제약조건이 없는 경우의 최적화 2차조건과 다르기 때문에 12.5절에서 다루기로 한다.([예제 9], [연습문제 5.12-5.14], 6.6절, 6.9-6.10절, [연습문제 6.28-6.39, 6.41-6.44] 참조)

제약조건식이 부등식을 포함하고 있는 경우는 13장을 참조하기 바란다.

예제 9 $x+y=56$의 제약조건하에 다음 함수를 최적화하시오.

$$z=4x^2+3xy+6y^2$$

1\. 제약조건식이 0이 되도록 음함수 형태로 변형시킨다.

$$56-x-y=0$$

여기에 λ를 곱하고 이를 목적함수에 더하여 라그랑지 함수 Z를 구성한다[12].

$$Z = 4x^2 + 3xy + 6y^2 + \lambda(56 - x - y) \tag{5.7}$$

역자 TIP

12) 제약조건식이 '0'이 되도록 변형시킬 때, 위와 같이 $56-x-y=0$으로 할 수 있지만, $x+y-56=0$으로 할 수도 있다. 이 경우 라그랑지함수는 $Z=4x^2+3xy+6y^2+\lambda(x+y-56)$이 된다. 이 때 λ 자체의 부호는 제약조건식을 $56-x-y=0$으로 했을 때와는 반대가 된다.

2\. 1차편도함수를 구하여 이를 0으로 놓고 연립방정식을 푼다.

$$Z_x = 8x + 3y - \lambda = 0 \tag{5.8}$$

$$Z_y = 3x + 12y - \lambda = 0 \tag{5.9}$$

$$Z_\lambda = 56 - x - y = 0 \tag{5.10}$$

식 (5.8)에서 식 (5.9)를 빼고 λ를 소거한다.

$$5x - 9y = 0 \qquad x = 1.8y$$

식 (5.10)에 위에서 구한 $x = 1.8y$를 대입한다.

$$56 - 1.8y - y = 0 \qquad y_0 = 20$$ [13]

이로부터 x와 λ를 구할 수 있다.

$$x_0 = 36 \qquad \lambda_0 = 348$$

식 (5.7)에 이들 임계값을 대입한다.

$$\begin{aligned} Z &= 4(36)^2 + 3(36)(20) + 6(20)^2 + (348)(56 - 36 - 20) \\ &= 4(1296) + 3(720) + 6(400) + 348(0) = 9744 \end{aligned}$$

12장 [예제 5]에서는 여기서 구한 최적값 Z가 극소값이 됨을 보일 것이다. 무엇보다도 임계값에서 제약조건식은 0이 되기 때문에 라그랑지 함수 Z 값은 목적함수 z 값과 일치한다는 사실을 유념하기 바란다[14].([연습문제 5.12-5.14]와 6.6절, 6.9-6.10절 참조)

역자 TIP

13) $y = 20$으로 표시하여야 하나, 단지 임계값임을 강조하기 위해 $y_0 = 20$으로 표시한 것 뿐이다.

14) 목적함수 z를 최적화하는 임계값은 제약조건식을 반드시 만족시켜야 하고, 또 이 제약조건식은 라그랑지 함수를 구성할 때 음함수의 형태로 변형되어 부가되었음을 상기해야 한다.

5.6 라그랑지 승수의 중요성

라그랑지 승수(Lagrange multiplier) λ는 제약조건식에서의 상수 1단위의 변화가 목적함수에 미치는 영향의 정도와 대략적으로 일치한다.

예를 들어 [예제 9]에서 λ=348이었는데 이는 제약조건식의 상수(k=56)가 1단위 증가(감소)할 때 Z는 대략 348단위 증가(감소)하게 된다는 것을 의미한다. 실제로 이를 [예제 10]에서 확인해 보기로 하자.

이러한 특성을 가진 라그랑지 승수는 ‘잠재가격(shadow price)’라 불려지기도 한다. 다른 예로서, 예산 제약조건식하의 효용극대화 문제에서 λ는 예산에 해당하는 소득의 1달러 추가지출에 대한 효용의 증대분을 나타낸다.([연습문제 6.36])

(주의) 위의 식 (5.6)에서 $\lambda[k-g(x,y)]=\lambda[g(x,y)-k]=0$이므로 제약조건식은 어떤 형태로도 x, y의 임계값을 변화시키지 않고 목적함수에 더하거나 뺄 수 있다. 단지 λ의 부호만이 영향을 받을 것이다. 그러나 5.6절에서 주어진 λ의 해석을 제대로 하기 위해서는 최적화 문제에 부합하는 제약조건식의 형태를 택하여 목적함수에 부가해야 한다.([연습문제 5.12-5.14]

예제 10 [예제 9]로부터 제약조건식의 상수가 1단위 증가할 때 Z는 대략 348단위 증가한다는 것을 확인하기 위해, 제약조건식의 상수가 56에서 1단위 증가한 새로운 제약조건식 $x+y=57$하에서 목적함수 $z=4x^2+3xy+6y^2$을 최적화해 보기로 하자.

$$Z = 4x^2 + 3xy + 6y^2 + \lambda(57 - x - y)$$
$$Z_x = 8x + 3y - \lambda = 0$$
$$Z_y = 3x + 12y - \lambda = 0$$
$$Z_\lambda = 57 - x - y = 0$$

위의 연립방정식을 풀면

$$x_0 = 36.64 \qquad y_0 = 20.36 \qquad \lambda_0 = 354.2$$

이를 라그랑지 함수에 대입하면 Z=10,095를 얻을 수 있다. 이는 제약조건식의 상수가 1이 증가하기 전 56일 때의 Z값 9,744보다 351이 더 큰 값인데, 이는 λ 값인 348과 거의 동일한 크기임을 알 수 있다.

5.7 미분(Differentials)

3.4절에서 도함수 $\frac{dy}{dx}$는 $\Delta x \to 0$일 때 $\frac{\Delta y}{\Delta x}$의 극한값을 표시하는 기호로 사용되었다. $y=f(x)$의 함수에서 독립변수 x의 미세한 변화분(x의 미분) dx에 의해 유발되는 'y의 변화분'을 'y의 미분'(differenetial)[15]이라고 하며, 이러한 면에서 도함수 $\frac{dy}{dx}$는 y의 미분 dy와 x의 미분 dx의 비율로 간주할 수 있다.

그러므로 $y=2x^2+5x+4$에서 y의 미분(differential)을 구하려면 순간변화율인 도함수를 먼저 구하고

$$\frac{dy}{dx} = 4x + 5 \qquad \text{(도함수 또는 변화율)}$$

이의 양변에 x의 미세한 변화분인 x의 미분 dx를 곱하면 y의 미분 dy를 다음과 같이 구할 수 있다[16].

$$dy = (4x+5) \cdot dx \qquad \text{(미분 또는 변화분)}$$

y의 변화 = x의 미세한 변화에 대한 y의 변화율 · x의 미세한 변화분

예제 11

1. $y = 4x^3 + 5x^2 - 7$에서 도함수는 $\dfrac{dy}{dx} = 12x^2 + 10x$이므로 미분은

$$dy = (12x^2 + 10x)dx$$

2. $y = (2x-5)^2$일 때, $\dfrac{dy}{dx} = 2(2x-5)(2) = 8x - 20$이므로 미분은

$$dy = (8x - 20)dx$$

([연습문제 5.15] 참조)

역자 TIP

15) 여기서도 differentiation과 differential을 구분해야 한다. differentiation은 도함수를 구하는 과정이기 때문에 '미분한다'로 표시하고 '미분'이라는 말은 differential의 의미로 쓰기로 한다.

16) $\dfrac{dy}{dx} = 4x+5$에서 $\dfrac{dy}{dx}$는 y의 미세한 변화분인 미분(differential) dy를 x의 미세한 변화분인 미분 dx로 나눈 것이므로 x 1단위 변화분에 대한 y의 변화분을 의미하는데, 이러한 y의 변화는 $(4x+5)$라는 x의 함수에 따라 변한다는 것이다. 따라서 y의 미분 dy는 $dy = (4x+5)dx$이므로 x가 dx만큼 변할 때의 y의 변화분을 의미한다.

5.8 전미분과 편미분

두 개 이상의 독립변수를 포함하는 함수에서, '모든' 각 독립변수의 미세한 변화에 의해 유발되는 종속변수의 변화분을 전미분(total differential)이라고 한다. 따라서 $z = f(x, y)$에서 전미분 dz는 수학적으로 다음과 나타낼 수 있다.

$$dz = z_x\, dx + z_y\, dy \tag{5.11}$$ [17]

여기서 z_x와 z_y는 각각 x와 y에 대한 z의 편도함수(partial derivative)이며, dx와 dy는 x와 y의 미세한 변화분인 미분이다. 그러므로 전미분은 각 독립변수에 대한 편도함수를 구한 후 이를 위의 공식에 대입하여 구할 수 있다.

역자 TIP

17) 이를 서술적으로 설명하면 전미분 dz는 x, y 두 독립변수가 각각 dx, dy만큼 변했을 때 종속변수 z의 변화분을 나타내는데 여기서 $z_x dx$는 y가 상수처럼 고정된 상태에서 x만 dx만큼 변했을

때의 z의 변화분을 표시한다. 마찬가지로 $z_y dy$는 x가 고정된 상태에서 y만 dy만큼 변했을 때의 z의 변화분을 표시한다. 이 때 종속변수의 변화분 dz에는 종속변수 z에 영향을 미칠 수 있는 두 개의 독립변수가 dx, dy만큼 변했을 때의 영향분이 모두 포함되어 있기 때문에 전미분(total differential)이라 하는 것이다.

예제 12 아래 주어진 함수의 전미분은 다음과 같은 과정을 통해 구할 수 있다.

1. $z = x^4 + 8xy + 3y^3$

먼저 각 독립변수 x, y에 대한 편도함수를 구하면

$$z_x = 4x^3 + 8y \qquad z_y = 8x + 9y^2$$

이므로, 이를 전미분 공식에 대입하면 전미분을 구할 수 있다.

$$dz = (4x^3 + 8y)\,dx + (8x + 9y^2)\,dy$$

2. $z = \dfrac{x-y}{x+1}$

$$z_x = \frac{(x+1)(1)-(x-y)(1)}{(x+1)^2} = \frac{y+1}{(x+1)^2}$$

$$z_y = \frac{(x+1)(-1)-(x-y)(0)}{(x+1)^2} = \frac{-1(x+1)}{(x+1)^2} = \frac{-1}{x+1}$$

따라서 전미분은 $$dz = \frac{y+1}{(x+1)^2}dx - \left(\frac{1}{x+1}\right)dy$$

위의 전미분 $dz = z_x dx + z_y dy$에서 x, y 두 개의 독립변수 중 어느 하나를 고정시켜 상수처럼 간주한다면, 즉 $dy = 0$으로 하는 경우 $dz = z_x dx$가 되는데 이 때 dz를 편미분(partial differential)이라고 한다[18].

$$dz = z_x\,dx$$

따라서 편미분이란 다변수함수에서 다른 독립변수는 모두 고정시킨 상황에서 어느 특정한 독립변수를 미세하게 변화시켰을 때 유발되는 종속변수의 변화를 말한다.([연습문제 5.16-5.17, 6.45, 6.52] 참조)

역자 TIP

18) $dz = z_x dx + z_y dy$에서 dz는 독립변수 x, y가 각각 dx, dy만큼 변화했을 때의 영향을 전부 포함하고 있기 때문에 전미분(total differential)이라고 표현하는데 반하여, $dz = z_x dx$에서의 dz는 $dy = 0$인 상태에서 x만 dx 변화했을 때의 영향만을 포함하고 있기 때문에 편미분(partial differential)이라고 한다. 편미분 dz를 전미분 dz와 구분하기 위해, 편미분 dz는 일반적으로 ∂z로 표시한다.
결국 편도함수(partial derivative)는 특정 독립변수의 1단위 변화분에 대한 종속변수의 변화분을 표시하는데 반하여, 편미분은 어느 특정 독립변수가 x의 미분인 dx만큼 변화하였을 때의 변화분을 표시한다.

5.9 전도함수

$z=f(x, y)$의 함수가 주어지고, 여기서 x, y가 다시 $y=g(x)$의 함수 관계에 있을 때, 즉 x와 y가 독립적이 아니라 종속적인 관계에 있다면, x의 변화는 두 가지 경로를 통해 z에 영향을 주게 된다. 한 가지 경로는 x의 변화가 f 함수를 통해 '직접' 영향을 주는 것이고, 다른 한 경로는 x의 변화가 g 함수를 통해 y에 영향을 주고, 이 y의 변화가 다시 z에 영향을 주는 '간접적'인 경우이다. [그림 5.3]은 이러한 경로를 잘 나타내고 있다.

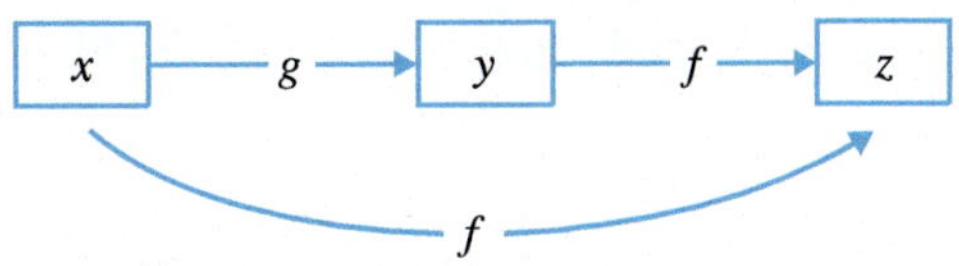

[그림 5.3]

x, y가 독립적이지 않을 때 x의 변화가 z에 얼마만큼 영향을 주는가를 측정하기 위해서는 전도함수(total derivative)를 구해야 한다.

전도함수란 바로 x가 z에 미치는 '직접적'인 영향(direct effect) $\frac{\partial z}{\partial x}$에다 x가 y를 통해 z에 미치는 '간접적'인 영향 $\frac{\partial z}{\partial y}\frac{dy}{dx}$[19]를 더한 것이다. 따라서 전도함수는 다음과 같이 간단히 표시할 수 있다.

$$\frac{dz}{dx}=z_x+z_y\frac{dy}{dx} \tag{5.12}$$

([예제 13-15], [연습문제 5.18-5.19])

역자 TIP

19) $\frac{\partial z}{\partial y}\frac{dy}{dx}$에서 z와 y의 관계가 $z=f(x, y)$로 다변수함수이므로 $\frac{\partial z}{\partial y}$의 편도함수 기호로 표시되고 있으나 y와 x의 관계는 $y=g(x)$로서 독립변수가 하나이기 때문에 일반적인 도함수 기호를 이용하여 $\frac{dy}{dx}$로 표시하고 있다.

예제 13 전도함수를 구하는 또 다른 방법은 z의 전미분을 도출하는 것이다. 즉 z의 전미분은

$$dz=z_x dx+z_y dy$$

가 되는데 이를 dx로 나누면

$$\frac{dz}{dx}=z_x\frac{dx}{dx}+z_y\frac{dy}{dx}$$

여기서 $\frac{dx}{dx}=1$이므로 $\frac{dz}{dx}=z_x+z_y\frac{dy}{dx}$

예제 14 $z=f(x,y)=6x^3+7y$이고 $y=g(x)=4x^2+3x+8$일 때, x에 대한 z의 전도함수 $\frac{dz}{dx}$는

$$\frac{dz}{dx}=z_x+z_y\frac{dy}{dx}$$

이고 여기서 $z_x=18x^2$, $z_y=7$ 그리고 $\frac{dy}{dx}=8x+3$이므로 이를 대입하면

$$\frac{dz}{dx}=18x^2+7(8x+3)=18x^2+56x+21$$

이 결과를 검산하기 위해서는 $y=4x^2+3x+8$을 원래의 함수에 y 대신 대입하여 z를 x만의 함수로 만든 다음, 다음과 같이 이 함수의 도함수를 구하여 동일한 결과를 얻는지를 확인한다.

$$z=6x^3+7(4x^2+3x+8)=6x^3+28x^2+21x+56$$

그러므로

$$\frac{dz}{dx}=18x^2+56x+21$$

예제 15 변수 사이의 함수 관계가 확장되더라도 전도함수는 같은 방법으로 구할 수 있다. 다음과 같은 함수가 주어졌을 때

$$z=8x^2+3y^2 \qquad x=4t \qquad y=5t$$

t에 대한 z의 전도함수는 다음과 같이 구한다.

$$\frac{dz}{dt}=z_x\frac{dx}{dt}+z_y\frac{dy}{dt}$$

여기서 $z_x=16x$, $z_y=6y$, $\frac{dx}{dt}=4$, 그리고 $\frac{dy}{dt}=5$이므로, 이를 위에 대입하면

$$\frac{dz}{dt}=16x(4)+6y(5)=64x+30y$$

여기에서 다시 $x=4t$, $y=5t$이므로 이를 위에 대입한다.

$$\frac{dz}{dt}=64(4t)+30(5t)=406t$$

5.10 음함수와 역함수 미분법칙

3.9절에서 살펴본 바와 같이 $y=f(x)$와 같은 형태의 함수에서는 y가 분명하게 명시적으로 x에 의해 표현[20]되고 있어 이를 '양함수'(explicit function)라 부른다.

반면에 $f(x,y)=0$과 같은 형태의 함수에서는 y가 x에 의해 명시적으로 설명되고 있음

이 나타나 있지 않기 때문에 '음함수'(implicit function)라 한다. 만약 음함수 $f(x, y) = 0$이 존재하고, 음함수가 정의되는 부근의 점에서 $f_y \neq 0$이라면, 이 음함수의 전미분은 $f_x dx + f_y dy = 0$으로 쓸 수 있다.

도함수(derivative)는 미분(differential)의 비율이라는 점을 감안하여 $f_x dx + f_y dy = 0$을 정리하면 아래와 같은 '음함수 미분법칙'(implicit function rule)을 얻을 수 있다.

$$\frac{dy}{dx} = -\frac{f_x}{f_y} \tag{5.13}$$

여기서 도함수 $\frac{dy}{dx}$는 각 편도함수의 역수에 (−) 부호를 붙인 것이라는 점을 알 수 있다.

$$\frac{dy}{dx} = -\frac{f_x}{f_y} = -\frac{1}{f_y/f_x}$$

$y = f(x)$의 함수가 주어졌을 때, 각각의 y 값이 오직 하나의 x 값에 대응된다면 역함수(inverse function) $x = f^{-1}(y)$가 존재한다. 이러한 역함수가 존재하는 경우, 역함수의 도함수는 원래 함수에 대한 도함수의 역수가 된다는 사실을 '역함수 미분법칙'(inverse function rule)이라 한다.

따라서 원래의 함수가 $Q = f(P)$로 주어졌을 때, 이에 대한 역함수 $P = f^{-1}(Q)$의 도함수는, 원래 함수의 도함수가 $\frac{dQ}{dP}$이므로 이의 역수인 $\frac{dP}{dQ}$가 된다. 즉,

$$\frac{dP}{dQ} = \frac{1}{dQ/dP} \qquad (\text{여기서 } \frac{dQ}{dP} \neq 0) \tag{5.14}$$

([예제 16, 17]과 [연습문제 5.20-5.22, 6.51, 6.52])

역자 TIP

20) x가 독립변수, 그리고 y가 종속변수임이 확연히 구분되고 있음을 의미한다.

예제 16 다음 음함수에 대한 도함수 $\frac{dy}{dx}$는 다음과 같이 구한다.

(a) $7x^2 - y = 0$ (b) $3x^4 - 7y^5 - 86 = 0$

a) 식 (5.13)으로부터 $\frac{dy}{dx} = -\frac{f_x}{f_y}$ 이고

여기서 $f_x = 14x$이고 $f_y = -1$이므로 이를 대입하면

$$\frac{dy}{dx} = -\frac{14x}{(-1)} = 14x$$

가 된다.

위에서 구한 도함수를 검산하기 위해서는 주어진 음함수에 있는 y를 x에 대해 푼 후

이의 도함수를 구하여 서로 일치하는가를 비교한다. 즉,

$$y = 7x^2 \qquad \frac{dy}{dx} = 14x$$

b) $$\frac{dy}{dx} = -\frac{f_x}{f_y} = -\frac{12x^3}{-35y^4} = \frac{12x^3}{35y^4}$$

이 결과를 3장의 [예제 16]의 결과와 비교하시오.

예제 17 다음 함수의 역함수에 대한 도함수를 구하시오.

1) $Q = 20 - 2P$

$\dfrac{dP}{dQ} = \dfrac{1}{dQ/dP}$ 이므로 여기에 $\dfrac{dQ}{dP} = -2$를 대입하면

$$\frac{dP}{dQ} = \frac{1}{-2} = -\frac{1}{2}$$

2) $Q = 25 + 3P^3$

$$\frac{dP}{dQ} = \frac{1}{dQ/dP} = \frac{1}{9P^2} \qquad (P \neq 0)$$

연습 문제

■ 1차편도함수

5.1 다음 함수의 1차편도함수를 구하시오.

a) $z = 8x^2 + 14xy + 5y^2$

$$z_x = 16x + 14y$$
$$z_y = 14x + 10y$$

b) $z = 4x^3 + 2x^2y - 7y^5$

$$z_x = 12x^2 + 4xy$$
$$z_y = 2x^2 - 35y^4$$

c) $z = 6w^3 + 4wx + 3x^2 - 7xy - 8y^2$

$$z_w = 18w^2 + 4x$$
$$z_x = 4w + 6x - 7y$$
$$z_y = -7x - 16y$$

d) $z = 2w^2 + 8wxy - x^2 + y^3$

$$z_w = 4w + 8xy$$
$$z_x = 8wy - 2x$$
$$z_y = 8wx + 3y^2$$

5.2 식 (5.2)의 곱의 미분법칙을 이용하여 다음 함수의 1차편도함수를 구하시오.

a) $z = 3x^2(5x + 7y)$

$$z_x = 3x^2(5) + (5x + 7y)(6x)$$
$$= 45x^2 + 42xy$$
$$z_y = 3x^2(7) + (5x + 7y)(0)$$
$$= 21x^2$$

b) $z = (9x - 4y)(12x + 2y)$

$$z_x = (9x - 4y)(12) + (12x + 2y)(9)$$
$$= 108x - 48y + 108x + 18y = 216x - 30y$$
$$z_y = (9x - 4y)(2) + (12x + 2y)(-4)$$
$$= 18x - 8y - 48x - 8y = -30x - 16y$$

c) $z = (2x^2 + 6y)(5x - 3y^3)$

$$z_x = (2x^2 + 6y)(5) + (5x - 3y^3)(4x)$$
$$= 10x^2 + 30y + 20x^2 - 12xy^3$$
$$= 30x^2 + 30y - 12xy^3$$
$$z_y = (2x^2 + 6y)(-9y^2) + (5x - 3y^3)(6)$$
$$= -18x^2y^2 - 54y^3 + 30x - 18y^3$$
$$= -72y^3 - 18x^2y^2 + 30x$$

d) $z = (w - x - y)(3w + 2x - 4y)$

$$z_w = (w - x - y)(3) + (3w + 2x - 4y)(1)$$
$$= 6w - x - 7y$$
$$z_x = (w - x - y)(2) + (3w + 2x - 4y)(-1)$$
$$= -w - 4x + 2y$$
$$z_y = (w - x - y)(-4) + (3w + 2x - 4y)(-1)$$
$$= -7w + 2x + 8y$$

5.3 식 (5.3)의 몫의 미분법칙을 이용하여 다음 함수의 1차편도함수를 구하시오.

a) $z = \dfrac{5x}{6x - 7y}$

$$z_x = \frac{(6x-7y)(5) - (5x)(6)}{(6x-7y)^2} = \frac{-35y}{(6x-7y)^2}$$

$$z_y = \frac{(6x-7y)(0) - (5x)(-7)}{(6x-7y)^2} = \frac{35x}{(6x-7y)^2}$$

b) $z = \dfrac{x + y}{3y}$

$$z_x = \frac{3y(1) - (x+y)(0)}{(3y)^2} = \frac{1}{3y}$$

$$z_y = \frac{3y(1) - (x+y)(3)}{(3y)^2} = \frac{-3x}{(3y)^2} = \frac{-x}{3y^2}$$

c) $z = \dfrac{4x - 9y}{5x + 2y}$

$$z_x = \frac{(5x+2y)(4) - (4x-9y)(5)}{(5x+2y)^2} = \frac{53y}{(5x+2y)^2}$$

$$z_y = \frac{(5x+2y)(-9) - (4x-9y)(2)}{(5x+2y)^2} = \frac{-53x}{(5x+2y)^2}$$

d) $z = \dfrac{x^2 - y^2}{3x + 2y}$

$$z_x = \frac{(3x+2y)(2x) - (x^2-y^2)(3)}{(3x+2y)^2} = \frac{3x^2 + 4xy + 3y^2}{(3x+2y)^2}$$

$$z_y = \frac{(3x+2y)(-2y) - (x^2-y^2)(2)}{(3x+2y)^2} = \frac{-2x^2 - 6xy - 2y^2}{(3x+2y)^2}$$

5.4 식 (5.4)의 일반 멱함수 미분법칙을 이용하여 다음 함수의 1차편도함수를 구하시오.

a) $z = (x + y)^2$

$$z_x = 2(x+y)(1) = 2(x+y)$$

$$z_y = 2(x+y)(1) = 2(x+y)$$

b) $z = (2x - 5y)^3$

$$z_x = 3(2x-5y)^2(2) = 6(2x-5y)^2$$

$$z_y = 3(2x-5y)^2(-5) = -15(2x-5y)^2$$

c) $z = (7x^2 + 4y^3)^5$

$$z_x = 5(7x^2+4y^3)^4(14x) = 70x(7x^2+4y^3)^4$$

$$z_y = 5(7x^2+4y^3)^4(12y^2) = 60y^2(7x^2+4y^3)^4$$

d) $z = (5w + 4x + 7y)^3$

$$z_w = 3(5w+4x+7y)^2(5) = 15(5w+4x+7y)^2$$

$$z_x = 3(5w+4x+7y)^2(4) = 12(5w+4x+7y)^2$$

$$z_y = 3(5w+4x+7y)^2(7) = 21(5w+4x+7y)^2$$

5.5 여러 미분법칙을 이용하여 다음 함수의 1차편도함수를 구하시오.

a) $z = \dfrac{(5x^2 - 7y)(3x^2 + 8y)}{4x + 2y}$

곱의 미분법칙과 몫의 미분법칙을 이용한다.

$$z_x = \frac{(4x+2y)[(5x^2-7y)(6x)+(3x^2+8y)(10x)]-(5x^2-7y)(3x^2+8y)(4)}{(4x+2y)^2}$$
$$= \frac{(4x+2y)(30x^3-42xy+30x^3+80xy)-(5x^2-7y)(12x^2+32y)}{(4x+2y)^2}$$
$$= \frac{(4x+2y)(60x^3+38xy)-(5x^2-7y)(12x^2+32y)}{(4x+2y)^2}$$
$$z_y = \frac{(4x+2y)[(5x^2-7y)(8)+(3x^2+8y)(-7)]-(5x^2-7y)(3x^2+8y)(2)}{(4x+2y)^2}$$
$$= \frac{(4x+2y)(40x^2-56y-21x^2-56y)-(5x^2-7y)(6x^2+16y)}{(4x+2y)^2}$$
$$= \frac{(4x+2y)(19x^2-112y)-(5x^2-7y)(6x^2+16y)}{(4x+2y)^2}$$

b) $z = (5x^2-4y)^2(2x+7y^3)$

곱의 미분법칙과 일반 멱함수 미분법칙을 이용한다.

$$\begin{aligned} z_x &= (5x^2-4y)^2(2)+(2x+7y^3)[2(5x^2-4y)(10x)] \\ &= 2(5x^2-4y)^2+(2x+7y^3)(100x^3-80xy) \\ z_y &= (5x^2-4y)^2(21y^2)+(2x+7y^3)[2(5x^2-4y)(-4)] \\ &= 21y^2(5x^2-4y)^2+(2x+7y^3)(-40x^2+32y) \end{aligned}$$

c) $z = \dfrac{(3x+11y)^3}{2x+6y}$

몫의 미분법칙과 일반 멱함수 미분법칙을 이용한다.

$$z_x = \frac{(2x+6y)[3(3x+11y)^2(3)]-(3x+11y)^3(2)}{(2x+6y)^2}$$
$$= \frac{(18x+54y)(3x+11y)^2-2(3x+11y)^3}{(2x+6y)^2}$$
$$z_y = \frac{(2x+6y)[3(3x+11y)^2(11)]-(3x+11y)^3(6)}{(2x+6y)^2}$$
$$= \frac{(66x+198y)(3x+11y)^2-6(3x+11y)^3}{(2x+6y)^2}$$

d) $z = \left(\dfrac{8x+7y}{5x+2y}\right)^2$

일반 멱함수 미분법칙과 몫의 미분법칙을 이용한다.

$$z_x = 2\left(\frac{8x+7y}{5x+2y}\right)\left[\frac{(5x+2y)(8)-(8x+7y)(5)}{(5x+2y)^2}\right]$$
$$= \frac{16x+14y}{5x+2y}\left[\frac{-19y}{(5x+2y)^2}\right] = \frac{-(266y^2+304xy)}{(5x+2y)^3}$$

$$z_y = 2\left(\frac{8x+7y}{5x+2y}\right)\left[\frac{(5x+2y)(7)-(8x+7y)(2)}{(5x+2y)^2}\right]$$
$$= \frac{16x+14y}{5x+2y}\left[\frac{19x}{(5x+2y)^2}\right] = \frac{304x^2+266xy}{(5x+2y)^3}$$

■ 2차편도함수

5.6 다음 함수의 2차편도함수 z_{xx}, z_{yy}를 구하시오.

a) $z = x^2 + 2xy + y^2$

$z_x = 2x + 2y \qquad z_y = 2x + 2y$

$z_{xx} = 2 \qquad z_{yy} = 2$

b) $z = x^3 - 9xy - 3y^3$

$z_x = 3x^2 - 9y \qquad z_y = -9x - 9y^2$

$z_{xx} = 6x \qquad z_{yy} = -18y$

c) $z = 2xy^4 + 7x^3y$

$z_x = 2y^4 + 21x^2y \qquad z_y = 8xy^3 + 7x^3$

$z_{xx} = 42xy \qquad z_{yy} = 24xy^2$

d) $z = x^4 + x^3y^2 - 3xy^3 - 2y^3$

$z_x = 4x^3 + 3x^2y^2 - 3y^3 \qquad z_y = 2x^3y - 9xy^2 - 6y^2$

$z_{xx} = 12x^2 + 6xy^2 \qquad z_{yy} = 2x^3 - 18xy - 12y$

e) $z = (12x - 7y)^2$

$z_x = 2(12x - 7y)(12) \qquad z_y = 2(12x - 7y)(-7)$

$= 288x - 168y \qquad = -168x + 98y$

$z_{xx} = 288 \qquad z_{yy} = 98$

f) $z = (7x + 3y)^3$

$z_x = 3(7x+3y)^2(7) \qquad z_y = 3(7x+3y)^2(3)$

$= 21(7x+3y)^2 \qquad = 9(7x+3y)^2$

$z_{xx} = 42(7x+3y)(7) \qquad z_{yy} = 18(7x+3y)(3)$

$= 2058x + 882y \qquad = 378x + 162y$

g) $z = (x^2 + 2y)^4$

$z_x = 4(x^2+2y)^3(2x) = 8x(x^2+2y)^3 \qquad z_y = 4(x^2+2y)^3(2) = 8(x^2+2y)^3$

$z_{xx} = 8x[3(x^2+2y)^2(2x)] + (x^2+2y)^3(8) \qquad z_{yy} = 24(x^2+2y)^2(2) = 48(x^2+2y)^2$

$= 48x^2(x^2+2y)^2 + 8(x^2+2y)^3$

5.7 다음 함수의 교차편도함수 z_{xy}와 z_{yx}를 구하시오.

a) $z = 3x^2 + 12xy + 5y^2$

$z_x = 6x + 12y \qquad z_y = 12x + 10y$

$z_{xy} = 12 \qquad z_{yx} = 12$

b) $z = x^3 - xy - 2y^3$

$$z_x = 3x^2 - y \qquad z_y = -x - 6y^2$$
$$z_{xy} = -1 \qquad z_{yx} = -1$$

c) $z = 8x^2y - 11xy^3$

$$z_x = 16xy - 11y^3 \qquad z_y = 8x^2 - 33xy^2$$
$$z_{xy} = 16x - 33y^2 \qquad z_{yx} = 16x - 33y^2$$

d) $z = (8x - 4y)^5$

$$z_x = 5(8x-4y)^4(8) = 40(8x-4y)^4 \qquad z_y = 5(8x-4y)^4(-4) = -20(8x-4y)^4$$
$$z_{xy} = 160(8x-4y)^3(-4) = -640(8x-4y)^3 \qquad z_{yx} = -80(8x-4y)^3(8) = -640(8x-4y)^3$$

위에서 교차편도함수는 처음 1차편도함수가 어떤 변수를 기준으로 구해졌는지에 관계없이 '영의 정리'(Young's theorem)에 따라 $z_{xy} = z_{yx}$가 됨을 확인하기 바란다.

5.8 다음 함수에 대한 1차편도함수와 2차편도함수를 구하시오.

a) $z = x^{0.4}y^{0.6}$

$$z_x = 0.4x^{-0.6}y^{0.6} \qquad z_y = 0.6x^{0.4}y^{-0.4}$$
$$z_{xx} = -0.24x^{-1.6}y^{0.6} \qquad z_{yy} = -0.24x^{0.4}y^{-1.4}$$

b) $f(x, y) = x^{0.7}y^{0.2}$

$$f_x = 0.7x^{-0.3}y^{0.2} \qquad f_y = 0.2x^{0.7}y^{-0.8}$$
$$f_{xx} = -0.21x^{-1.3}y^{0.2} \qquad f_{yy} = -0.16x^{0.7}y^{-1.8}$$

c) $z = 2w^6x^5y^3$

$$z_w = 12w^5x^5y^3 \qquad z_x = 10w^6x^4y^3 \qquad z_y = 6w^6x^5y^2$$
$$z_{ww} = 60w^4x^5y^3 \qquad z_{xx} = 40w^6x^3y^3 \qquad z_{yy} = 12w^6x^5y$$

d) $f(x, y, z) = 10x^3y^2z^4$

$$f_x = 30x^2y^2z^4 \qquad f_y = 20x^3yz^4 \qquad f_z = 40x^3y^2z^3$$
$$f_{xx} = 60xy^2z^4 \qquad f_{yy} = 20x^3z^4 \qquad f_{zz} = 120x^3y^2z^2$$

5.9 다음 함수의 교차편도함수를 구하시오.

a) $z = x^{0.3}y^{0.5}$

$$z_x = 0.3x^{-0.7}y^{0.5} \qquad z_y = 0.5x^{0.3}y^{-0.5}$$
$$z_{xy} = 0.15x^{-0.7}y^{-0.5} \qquad z_{yx} = 0.15x^{-0.7}y^{-0.5}$$

b) $f(x, y) = x^{0.1}y^{0.8}$

$$f_x = 0.1x^{-0.9}y^{0.8} \qquad f_y = 0.8x^{0.1}y^{-0.2}$$
$$f_{xy} = 0.08x^{-0.9}y^{-0.2} \qquad f_{yx} = 0.08x^{-0.9}y^{-0.2}$$

c) $z = w^3x^4y^3$

$$z_w = 3w^2x^4y^3 \qquad z_x = 4w^3x^3y^3 \qquad z_y = 3w^3x^4y^2$$
$$z_{wx} = 12w^2x^3y^3 \qquad z_{xw} = 12w^2x^3y^3 \qquad z_{yw} = 9w^2x^4y^2$$
$$z_{wy} = 9w^2x^4y^2 \qquad z_{xy} = 12w^3x^3y^2 \qquad z_{yx} = 12w^3x^3y^2$$

d) $f(x, y, z) = x^3y^{-4}z^{-5}$

$$f_x = 3x^2y^{-4}z^{-5} \qquad f_y = -4x^3y^{-5}z^{-5} \qquad f_z = -5x^3y^{-4}z^{-6}$$
$$f_{xy} = -12x^2y^{-5}z^{-5} \qquad f_{yx} = -12x^2y^{-5}z^{-5} \qquad f_{zx} = -15x^2y^{-4}z^{-6}$$
$$f_{xz} = -15x^2y^{-4}z^{-6} \qquad f_{yz} = 20x^3y^{-5}z^{-6} \qquad f_{zy} = 20x^3y^{-5}z^{-6}$$

영의 정리(Young's theroem)에 따라 (c)에서 $z_{wx} = z_{xw}$, $z_{yw} = z_{wy}$, $z_{xy} = z_{yx}$이고 (d)에서 $f_{xy} = f_{yx}$, $f_{xz} = f_{zx}$, $f_{yz} = f_{zy}$ 임을 확인하기 바란다.

■ 다변수함수의 최적화

5.10 다음 함수에 대해 (1) 주어진 함수가 최적화되는 임계점을 구하고 (2) 해당 임계점에서 함수가 극대화되는지, 극소화되는지, 변곡점(inflection point)을 갖는지 그렇지 않으면 안점(saddle point)을 갖는지를 확인하시오.

a) $z = 3x^2 - xy + 2y^2 - 4x - 7y + 12$

1) 1차편도함수를 구하여 이를 0으로 놓고 1.4절에서 설명한 방법에 따라 연립방정식을 푼다.

$$z_x = 6x - y - 4 = 0 \qquad (5.15)$$
$$z_y = -x + 4y - 7 = 0 \qquad (5.16)$$
$$x = 1 \qquad y = 2 \qquad (1, 2) \qquad \text{임계점}$$

2) 식 (5.15)와 식 (5.16)으로부터 2차편도함수를 구하고 임계점에서의 이들 값을 계산하고 그 부호를 조사한다.

$$z_{xx} = 6 \qquad z_{yy} = 4$$
$$z_{xx}(1, 2) = 6 > 0 \qquad z_{yy}(1, 2) = 4 > 0$$

2차편도함수 z_{xx}와 z_{yy}가 x, y 값에 상관없이 모두 양(+)의 부호를 가지므로 함수는 일단 절대적 극소를 가질 가능성이 있다. 이를 최종적으로 확인하기 위해 식 (5.15)와 식 (5.16)으로부터 교차 편도함수를 구하고

$$z_{xy} = -1 = z_{yx}$$

임계점에서의 이들의 값을 계산하여 세 번째 조건 $z_{xx} \cdot z_{yy} > z_{xy}^2$의 성립여부를 확인한다.

$$z_{xy}(1,2) = -1 = z_{yx}(1,2)$$
$$z_{xx}(1,2) \cdot z_{yy}(1,2) > [z_{xy}(1,2)]^2$$
$$6 \cdot 4 \quad > \quad (-1)^2$$

$z_{xx} > 0$, $z_{yy} > 0$이고 $z_{xx} \cdot z_{yy} > z_{xy}^2$이 성립하므로 함수는 임계점 (1, 2)에서 절대적 극소를 갖는다.

b) $f(x,y) = 60x + 34y - 4xy - 6x^2 - 3y^2 + 5$

1) 1차편도함수를 구하여 이를 0으로 놓고 풀면 임계점을 구할 수 있다.

$$f_x = 60 - 4y - 12x = 0 \qquad (5.17)$$
$$f_y = 34 - 6y - 4x = 0 \qquad (5.18)$$
$$x = 4 \qquad y = 3 \qquad (4,3) \qquad \text{임계점}$$

2) 2차편도함수를 구하여 임계점에서의 이들의 값을 계산한 후 이들 값의 부호를 확인한다.

$$f_{xx} = -12 \qquad\qquad f_{yy} = -6$$
$$f_{xx}(4,3) = -12 < 0 \qquad f_{yy}(4,3) = -6 < 0$$

식 (5.17)이나 (5.18)에서 교차도함수를 구한다.

$$f_{xy} = -4 = f_{yx}$$

다음에 임계점에서의 교차도함수 값을 계산하고 $f_{xx} \cdot f_{yy} > f_{xy}^2$ 의 조건이 성립하는지 확인한다.

$$f_{xy}(4,3) = -4 = f_{yx}(4,3)$$
$$f_{xx}(4,3) \cdot f_{yy}(4,3) > [f_{xy}(4,3)]^2$$
$$-12 \quad \cdot \quad -6 \quad > \quad (-4)^2$$

$f_{xx} < 0$, $f_{yy} < 0$이고 $f_{xx} f_{yy} > (f_{xy})^2$이 성립하므로 함수는 임계점 (4, 3)에서 절대적 극대를 가진다.

c) $z = 48y - 3x^2 - 6xy - 2y^2 + 72x$

1)

$$z_x = -6x - 6y + 72 = 0$$
$$z_y = -6x - 4y + 48 = 0$$
$$x = 0 \qquad y = 12 \qquad (0,12) \qquad \text{임계점}$$

2) 임계점에서의 2차편도함수 값을 조사한다.

$$z_{xx} = -6 \qquad\qquad z_{yy} = -4$$
$$z_{xx}(0,12) = -6 < 0 \qquad z_{yy}(0,12) = -4 < 0$$

x, y의 모든 값에 대해 $z_{xx} < 0$, $z_{yy} < 0$이므로 함수는 절대적 극대에 이를 가능성이 있다. 따라서 최종적으로 $z_{xx} \cdot z_{yy} > z_{xy}^2$의 조건이 성립하는지 확인한다.

$$
\begin{aligned}
z_{xy} &= -6 = z_{yx} \\
z_{xy}(0,12) &= -6 = z_{yx}(0,12) \\
z_{xx}(0,12) \cdot z_{yy}(0,12) &> [z_{xy}(0,12)]^2 \\
-6 \quad \cdot \quad -4 &< (-6)^2
\end{aligned}
$$

$z_{xx} < 0$, $z_{yy} < 0$으로 2차편도함수가 동일한 부호를 가지고 있으나 $z_{xx} \cdot z_{yy} < z_{xy}^2$이 되어 함수는 임계점 (0, 12)에서 변곡점을 갖는다.

d) $f(x, y) = 5x^2 - 3y^2 - 30x + 7y + 4xy$

1)

$$
\begin{aligned}
f_x &= 10x + 4y - 30 = 0 \\
f_y &= 4x - 6y + 7 = 0
\end{aligned}
$$

$$x = 2 \qquad y = 2.5 \qquad (2, 2.5) \qquad \text{임계점}$$

2)

$$
\begin{aligned}
f_{xx} &= 10 & f_{yy} &= -6 \\
f_{xx}(2, 2.5) &= 10 > 0 & f_{yy}(2, 2.5) &= -6 < 0
\end{aligned}
$$

교차도함수를 구하고 관련된 조건을 확인한다.

$$
\begin{aligned}
f_{xy} &= 4 = f_{yx} \\
f_{xx}(2, 2.5) \quad \cdot \quad f_{yy}(2, 2.5) &> [f_{xy}(2, 2.5)]^2 \\
10 \quad \cdot \quad -6 &< 4^2
\end{aligned}
$$

$f_{xx} > 0$, $f_{yy} < 0$으로 서로 다른 부호를 가지고 있으므로 $f_{xx} f_{yy} > (f_{xy})^2$는 성립할 수 없다. 따라서 함수는 안점을 가지게 된다.

5.11 다음 3차함수에 대해 (1) 임계점을 구하고, (2) 이 임계점에서 함수가 상대적 극대, 상대적 극소, 변곡점 또는 안점을 갖는지 여부를 확인하시오.

a) $z(x, y) = 3x^3 - 5y^2 - 225x + 70y + 23$

1) 1차편도함수를 구하고 이를 0으로 놓는다.

$$z_x = 9x^2 - 225 = 0 \tag{5.19}$$

$$z_y = -10y + 70 = 0 \tag{5.20}$$

위의 연립방정식을 풀어 임계점을 구한다.

$$
\begin{aligned}
9x^2 &= 225 & -10y &= -70 \\
x^2 &= 25 & y &= 7 \\
x &= \pm 5
\end{aligned}
$$

$$(5, 7) \qquad (-5, 7) \qquad \text{임계점}$$

2) 식 (5.19)와 (5.20)으로부터 2차편도함수를 구한다.

$$z_{xx} = 18x \qquad z_{yy} = -10$$

임계점에서의 이들 2차 편도함수의 값을 구하여 부호를 조사한다.

$$z_{xx}(5,7) = 18(5) = 90 > 0 \qquad z_{yy}(5,7) = -10 < 0$$
$$z_{xx}(-5,7) = 18(-5) = -90 < 0 \qquad z_{yy}(-5,7) = -10 < 0$$

식 (5.19)와 (5.20)에서 교차도함수를 구한다.

$$z_{xy} = 0 = z_{yx}$$

다음 단계로 임계점에서의 교차도함수 값을 구하여 $z_{xx}z_{yy} > z_{xy}^2$의 조건을 만족시키는지 확인한다.

	$z_{xx}(a,b)\cdot z_{yy}(a,b)$		$[z_{xy}(a,b)]^2$
At $(5,7)$,	$90 \cdot -10$	$<$	0
At $(-5,7)$,	$-90 \cdot -10$	$>$	0

임계점 $(-5, 7)$에서 $z_{xx} < 0$, $z_{yy} < 0$이고 $z_{xx}z_{yy} > (z_{xy})^2$이므로, $z(5, 7)$은 상대적 극대가 된다. 임계점 $(5, 7)$에서는 $z_{xx}(>0)$, $z_{yy}(<0)$는 서로 다른 부호를 가지고 있고 $z_{xx}z_{yy} < (z_{xy})^2$이므로, $z(5, 7)$은 안점이 된다.

b) $f(x,y) = 3x^3 + 1.5y^2 - 18xy + 17$

1) 1차편도함수를 구하고 이를 0으로 놓는다.

$$f_x = 9x^2 - 18y = 0 \tag{5.21}$$
$$f_y = 3y - 18x = 0 \tag{5.22}$$

위의 연립방정식을 풀어 임계점을 구한다.

$$18y = 9x^2 \qquad 3y = 18x$$
$$y = \tfrac{1}{2}x^2 \qquad y = 6x \tag{5.23}$$

따라서

임계점
임계점

$$\tfrac{1}{2}x^2 = 6x$$
$$x^2 - 12x = 0$$
$$x(x-12) = 0$$
$$x = 0 \qquad x = 12$$

식 (5.23)의 $y = 6x$에 $x = 0$과 $x = 12$를 대입하여 y 값을 구한다.

$$y = 6(0) = 0$$
$$y = 6(12) = 72$$

그러므로 임계점은 (0, 0), (12, 72)가 된다.

2) 식 (5.21)과 (5.22)에서 2차편도함수를 구한다.

$$f_{xx} = 18x \qquad f_{yy} = 3$$

임계점에서의 이들 2차 편도함수의 값을 구하여 부호를 조사한다.

$$f_{xx}(0,0) = 18(0) = 0 \qquad f_{yy}(0,0) = 3 > 0$$
$$f_{xx}(12,72) = 18(12) = 216 > 0 \qquad f_{yy}(12,72) = 3 > 0$$

식 (5.21)과 (5.22)에서 교차도함수를 구한다.

$$f_{xy} = -18 = f_{yx}$$

다음 단계로 임계점에서의 교차도함수 값을 구하여 $f_{xx}f_{yy} > (f_{xy})^2$의 조건을 만족시키는지 확인한다.

	$f_{xx}(a,b)$	$\cdot$	$f_{yy}(a,b)$	$>$	$[f_{xy}(a,b)]^2$
임계점 (0,0),	0	$\cdot$	3	$<$	$(-18)^2$
임계점 (12,72),	216	$\cdot$	3	$>$	$(-18)^2$
			648	$>$	324

임계점 (12, 72)에서 $f_{xx} > 0$, $f_{yy} > 0$이고 $f_{xx}f_{yy} > (f_{xy})^2$이므로, $f(12,72)$는 상대적 극소가 된다. 반면에 임계점 (0, 0)에서는 f_{xx}와 f_{yy}가 동일한 부호를 가지면서 $f_{xx}f_{yy} < (f_{xy})^2$이 되므로, $f(0,0)$은 변곡점이 된다.

c) $f = 3x^3 - 9xy + 3y^3$

1)
$$f_x = 9x^2 - 9y = 0 \qquad (5.24)$$
$$f_y = 9y^2 - 9x = 0 \qquad (5.25)$$

식 (5.24)에서
$$9y = 9x^2 \qquad y = x^2$$

식 (5.25)에 $y = x^2$을 대입한다.

$$9(x^2)^2 - 9x = 0$$
$$9x^4 - 9x = 0$$
$$9x(x^3 - 1) = 0$$
$$9x = 0 \qquad x^3 - 1 = 0$$
$$x = 0 \qquad x^3 = 1$$
$$x = 1$$

식 (5.24)에 이들 값을 대입하면 $x = 0$일 때 $y = 0$이고, $x = 1$일 때 $y = 1$이다. 따라서

$$(0,0) \qquad (1,1) \qquad \text{임계점}$$

2) 식 (5.24)와 (5.25)에서 2차조건을 조사한다.

$$f_{xx} = 18x \qquad f_{yy} = 18y$$
$$f_{xx}(0,0) = 18(0) = 0 \qquad f_{yy}(0,0) = 18(0) = 0$$
$$f_{xx}(1,1) = 18(1) = 18 > 0 \qquad f_{yy}(1,1) = 18(1) = 18 > 0$$
$$f_{xy} = -9 = f_{yx}$$

	$f_{xx}(a,b)$	$\cdot$	$f_{yy}(a,b)$	$>$	$[f_{xy}(a,b)]^2$
(0, 0)에서	0	$\cdot$	0	$<$	$(-9)^2$
(1, 1)에서	18	$\cdot$	18	$>$	$(-9)^2$

임계점 (1, 1)에서 $f_{xx} > 0$, $f_{yy} > 0$이고 $f_{xx}f_{yy} > (f_{xy})^2$이므로 함수는 임계점 (1, 1)에서 상대적 극소를 갖는다. 또 임계점 (0, 0)에서 f_{xx}, f_{yy}는 동일한 부호를 가지고 있으나 $f_{xx}f_{yy} < (f_{xy})^2$이므로 함수는 (0, 0)의 임계점에서 변곡점을 갖는다.

d) $f(x,y) = x^3 - 6x^2 + 2y^3 + 9y^2 - 63x - 60y$

1) $$f_x = 3x^2 - 12x - 63 = 0 \qquad f_y = 6y^2 + 18y - 60 = 0 \tag{5.26}$$
$$3(x^2 - 4x - 21) = 0 \qquad 6(y^2 + 3y - 10) = 0$$
$$(x+3)(x-7) = 0 \qquad (y-2)(y+5) = 0$$
$$x = -3 \quad x = 7 \qquad y = 2 \quad y = -5$$

따라서 $(-3, 2)$ $(-3, -5)$ $(7, 2)$ $(7, -5)$ 임계점

2) 각각의 임계값에서 2차편도함수를 구하고 그 부호를 조사한다. 식 (5.26)에서

	$f_{xx} = 6x - 12$	$f_{yy} = 12y + 18$
(i)	$f_{xx}(-3,2) = -30 < 0$	$f_{yy}(-3,2) = 42 > 0$
(ii)	$f_{xx}(-3,-5) = -30 < 0$	$f_{yy}(-3,-5) = -42 < 0$
(iii)	$f_{xx}(7,2) = 30 > 0$	$f_{yy}(7,2) = 42 > 0$
(iv)	$f_{xx}(7,-5) = 30 > 0$	$f_{yy}(7,-5) = -42 < 0$

위의 (i)과 (iv)에서 f_{xx}와 f_{yy}는 서로 다른 부호를 가지고 있으므로 이들 임계점에서 함수는 안점을 가진다. 따라서 (ii)와 (iii)에 대해서만 교차편도함수와 관련된 조건을 조사한다.

$$f_{xy} = 0 = f_{yx}$$

	$f_{xx}(a,b)$	$\cdot$	$f_{yy}(a,b)$	$>$	$[f_{xy}(a,b)]^2$
(ii)에서	(-30)	$\cdot$	(-42)	$>$	$(0)^2$
(iii)에서	(30)	$\cdot$	(42)	$>$	$(0)^2$

함수는 임계점 (−3, −5)에서 상대적 극대를 가지며 임계점 (7, 2)에서는 상대적 극소를 가진다. 또한 (−3, 2)와 (7, −5)의 임계점에서는 안점을 갖는다.

■ 제약조건하의 최적화와 라그랑지 승수

5.12 (1) 라그랑지 승수를 이용하여 주어진 제약조건하에서 아래 함수를 최적화하시오.

(2) 제약조건식의 상수가 1단위 변화할 때 목적함수의 값은 얼마나 변하는가?

a) $z=4x^2-2xy+6y^2$ s.t. $x+y=72$[21]

1) 제약조건식을 음함수 형태로 구성하여 λ를 곱한 후, 이를 목적함수에 부가하여 라그랑지 함수를 구성한다.

$$Z = 4x^2 - 2xy + 6y^2 + \lambda(72 - x - y)$$

역자 TIP

21) s.t.는 subject to 의 약자이며 s.t. 이후의 식은 제약조건식을 나타낸다.

최적화의 1차조건은

$$Z_x = 8x - 2y - \lambda = 0 \tag{5.27}$$
$$Z_y = -2x + 12y - \lambda = 0 \tag{5.28}$$
$$Z_\lambda = 72 - x - y = 0 \tag{5.29}$$

이 되고 이로부터 임계값을 구한다.
λ를 소거하기 위해 식 (5.27)에서 식 (5.28)을 뺀다.

$$10x - 14y = 0 \qquad x = 1.4y$$

식 (5.29)에 $x=1.4y$를 대입하고 정리하면

$$1.4y + y = 72 \qquad y_0 = 30$$

$y_0=30$을 $x=1.4y$에 대입하면 다음과 같이 임계값을 구할 수 있다.

$$x_0 = 42 \qquad y_0 = 30 \qquad \lambda_0 = 276$$

따라서 최적화 값은

$$Z = 4(42)^2 - 2(42)(30) + 6(30)^2 + 276(72 - 42 - 30) = 9936.$$

b) $f(x,y) = 26x - 3x^2 + 5xy - 6y^2 + 12y$ s.t. $3x + y = 170$

1) 라그랑지 함수를 구성하고 최적화를 위한 1차조건을 구한다.

$$F = 26x - 3x^2 + 5xy - 6y^2 + 12y + \lambda(170 - 3x - y)$$

따라서

$$F_x = 26 - 6x + 5y - 3\lambda = 0 \tag{5.30}$$
$$F_y = 5x - 12y + 12 - \lambda = 0 \tag{5.31}$$
$$F_\lambda = 170 - 3x - y = 0 \tag{5.32}$$

λ를 소거하기 위해 식 (5.31)에 3을 곱한 후 이를 식 (5.30)에서 뺀다.

$$-21x + 41y - 10 = 0 \tag{5.33}$$

x를 소거하기 위해 식 (5.32)에 7을 곱한 수 이를 식 (5.33)에서 뺀다.

$$48y - 1200 = 0 \qquad y_0 = 25$$

$y_0 = 25$를 위의 방정식에 대입하면 아래와 같은 임계값을 구할 수 있다.

$$x_0 = \frac{145}{3} = 48\frac{1}{3} \qquad y_0 = 25 \qquad \lambda_0 = \frac{-139}{3} = -46\frac{1}{3}$$

위의 임계값들을 라그랑지 함수에 대입하면 $F = -3160$이 된다.

2) $\lambda = -\frac{139}{3}$이므로 제약조건식에서 주어진 상수 1단위 증가는 목적함수 값을 약 $\frac{139}{3}(= 46\frac{1}{3})$만큼 '감소'시키는 결과를 가져오게 되며 그 결과 $F \approx -3206.33$이 된다.

c) $f(x, y, z) = 4xyz^2$ s.t. $x + y + z = 56$

1)
$$F = 4xyz^2 + \lambda(56 - x - y - z)$$
$$F_x = 4yz^2 - \lambda = 0 \tag{5.34}$$
$$F_y = 4xz^2 - \lambda = 0 \tag{5.35}$$
$$F_z = 8xyz - \lambda = 0 \tag{5.36}$$
$$F_\lambda = 56 - x - y - z = 0 \tag{5.37}$$

식 (5.34)와 식 (5.35)로부터 λ를 소거하면

$$4yz^2 = 4xz^2 \qquad y = x$$

식 (5.34)와 식 (5.36)으로부터 λ를 소거하면

$$4yz^2 = 8xyz \qquad z = 2x$$

식 (5.37)에 위에서 얻은 $y = x$와 $z = 2x$를 대입한다.

$$56 - x - x - 2x = 0 \qquad 4x = 56 \qquad x_0 = 14$$

$x_0 = 14$를 앞의 방정식에 대입하면

$$x_0 = 14 \quad y_0 = 14 \qquad z_0 = 28 \qquad \lambda_0 = 43{,}904$$
$$F_0 = 614{,}656$$

2)
$$F_1 \approx F_0 + \lambda_2 \approx 614{,}656 + 43{,}904 \approx 658{,}560$$

2차조건에 대해서는 [연습문제 12.28] 참조하기 바란다.

d) $f(x, y, z) = 5xy + 8xz + 3yz$ s.t. $2xyz = 1920$

1)
$$F = 5xy + 8xz + 3yz + \lambda(1920 - 2xyz)$$
$$F_x = 5y + 8z - 2\lambda yz = 0 \tag{5.38}$$

$$F_y = 5x + 3z - 2\lambda xz = 0 \tag{5.39}$$

$$F_z = 8x + 3y - 2\lambda xy = 0 \tag{5.40}$$

$$F_\lambda = 1920 - 2xyz = 0 \tag{5.41}$$

식 (5.38), (5.39), 그리고 식 (5.40)을 λ에 대해 풀면

$$\lambda = \frac{5y + 8z}{2yz} = \frac{2.5}{z} + \frac{4}{y} \tag{5.42}$$

$$\lambda = \frac{5x + 3z}{2xz} = \frac{2.5}{z} + \frac{1.5}{x} \tag{5.43}$$

$$\lambda = \frac{8x + 3y}{2xy} = \frac{4}{y} + \frac{1.5}{x} \tag{5.44}$$

식 (5.42)와 (5.43)에서 $\frac{2.5}{z}$를 소거한다.

$$\frac{4}{y} = \frac{1.5}{x} \qquad 4x = 1.5y \qquad x = \frac{1.5}{4}y$$

식 (5.43)와 (5.44)에서 $\frac{1.5}{x}$를 소거한다.

$$\frac{2.5}{z} = \frac{4}{y} \qquad 4z = 2.5y \qquad z = \frac{2.5}{4}y$$

식 (5.41)에 $x = \frac{1.5}{4}y$와 $z = \frac{2.5}{4}y$를 대입한다.

$$1920 = 2 \cdot \left(\frac{1.5}{4}y\right) \cdot y \cdot \left(\frac{2.5}{4}y\right)$$

$$y^3 = 1920 \cdot \frac{16}{7.5} = 4096$$

$$y_0 = 16$$

따라서 임계값은 $x_0 = 6,\ y_0 = 16,\ z_0 = 10,\ \lambda_0 = 0.5$

$$F_0 = 1440$$

2) $$F_1 \approx F_0 + \lambda_0 \approx 1440 + 0.5 \approx 1440.5$$

5.13 연습문제 5.12(a)에서는 제약함수에서의 상수 1단위 증가가 목적함수의 최적화 값을 9,936에서 10,212로 약 276만큼 증가시키는 것으로 측정되었다. 이를 검산하기 위해 $x + y = 73$의 새로운 제약조건하에서 원래의 목적함수 $z = 4x^2 - 2xy + 6y^2$을 최적화하여 그 결과를 비교해 보시오.

먼저 라그랑지 함수를 구성하고 최적화의 1차조건을 구한다.

$$Z = 4x^2 - 2xy + 6y^2 + \lambda(73 - x - y)$$
$$Z_x = 8x - 2y - \lambda = 0$$

$$Z_y = -2x + 12y - \lambda = 0$$
$$Z_\lambda = 73 - x - y = 0$$

따라서 각 변수의 임계값은 $x_0 = 42.58$, $y_0 = 30.42$, $\lambda_0 = 279.8$이고, 이 때 최적화된 목적함수 값은 $Z = 10{,}213.9$가 되어, 원래의 라그랑지 함수의 λ 값(=276)으로부터 추정한 목적함수 값 10,212(=9936+276)와 비교할 때 1.9(=10213.9-10212) 단위 또는 0.02%의 차이가 날 뿐이다.

5.14 목적함수에 포함되어 있는 독립변수가 제약조건에 의해 항상 일정한 비례관계에 있는 경우(예를 들어 $x = 3y$), 제약조건식의 상수 1단위 증가는 독립변수 사이의 일정한 비례관계를 깨뜨리기 때문에 λ의 효과는 어떠한 경제적 의미도 지니지 않는다. 이를 염두에 두고 제약조건이 일정 비율관계에 있는 다음 함수를 최적화하시오.

a) $z = 4x^2 - 3x + 5xy - 8y + 2y^2$ s.t. $x = 2y$

$x - 2y = 0$이므로 라그랑지 함수를 구성하면

$$Z = 4x^2 - 3x + 5xy - 8y + 2y^2 + \lambda(x - 2y)$$
$$Z_x = 8x - 3 + 5y + \lambda = 0$$
$$Z_y = 5x - 8 + 4y - 2\lambda = 0$$
$$Z_\lambda = x - 2y = 0$$

위의 연립방정식을 풀면, $x_0 = 0.5$, $y_0 = 0.25$, $\lambda_0 = -2.25$이고, 따라서 $Z_0 = -1.75$

b) $z = -5x^2 + 7x + 10xy + 9y - 2y^2$ s.t. $y = 5x$

라그랑지 함수를 구성하면

$$Z = -5x^2 + 7x + 10xy + 9y - 2y^2 + \lambda(5x - y)$$
$$Z_x = -10x + 7 + 10y + 5\lambda = 0$$
$$Z_y = 10x + 9 - 4y - \lambda = 0$$
$$Z_\lambda = 5x - y = 0$$

이로부터 임계값은 $x_0 = 5.2$, $y_0 = 26$, $\lambda = -43$이고, 따라서 $Z_0 = 135.2$

([연습문제 12.19, 12.28] 참조)

▪ 미분

5.15 다음 함수에 대한 미분 dy를 구하시오.

a) $y = 7x^3 - 5x^2 + 6x - 3$

$$\frac{dy}{dx} = 21x^2 - 10x + 6$$

따라서 $dy = (21x^2 - 10x + 6)\,dx$

b) $y = (4x+3)(3x-8)$

$$\frac{dy}{dx} = (4x+3)(3) + (3x-8)(4) = 24x - 23$$

따라서 $dy = (24x-23)\,dx$

c) $y = \dfrac{9x-4}{5x}$

$$\frac{dy}{dx} = \frac{5x(9) - (9x-4)(5)}{(5x)^2} = \frac{20}{25x^2}$$

$$dy = \frac{4}{5x^2}dx$$

d) $y = (11x+9)^3$

$$\frac{dy}{dx} = 3(11x+9)^2(11)$$

$$dy = 33(11x+9)^2\,dx$$

5.16 다음 함수에 대한 전미분 $dz = z_x dx + z_y dy$를 구하시오.

a) $z = 5x^3 - 12xy - 6y^5$

$$z_x = 15x^2 - 12y \qquad z_y = -12x - 30y^4$$
$$dz = (15x^2 - 12y)\,dx - (12x + 30y^4)\,dy$$

b) $z = 7x^2y^3$

$$z_x = 14xy^3 \qquad z_y = 21x^2y^2$$
$$dz = 14xy^3\,dx + 21x^2y^2\,dy$$

c) $z = 3x^2(8x - 7y)$

$$z_x = 3x^2(8) + (8x-7y)(6x) \qquad z_y = 3x^2(-7) + (8x-7y)(0)$$
$$dz = (72x^2 - 42xy)\,dx - 21x^2\,dy$$

d) $z = (5x^2 + 7y)(2x - 4y^3)$

$$z_x = (5x^2+7y)(2) + (2x-4y^3)(10x) \qquad z_y = (5x^2+7y)(-12y^2) + (2x-4y^3)(7)$$
$$dz = (30x^2 - 40xy^3 + 14y)\,dx - (112y^3 + 60x^2y^2 - 14x)\,dy$$

e) $z = \dfrac{9y^3}{x-y}$

$$z_x = \frac{(x-y)(0) - 9y^3(1)}{(x-y)^2} \qquad z_y = \frac{(x-y)(27y^2) - 9y^3(-1)}{(x-y)^2}$$
$$dz = \frac{-9y^3}{(x-y)^2}dx + \frac{27xy^2 - 18y^3}{(x-y)^2}dy$$

f) $z = (x-3y)^3$

$$z_x = 3(x-3y)^2(1) \qquad z_y = 3(x-3y)^2(-3)$$
$$dz = 3(x-3y)^2\,dx - 9(x-3y)^2\,dy$$

5.17 문제 5.16에서 주어진 각 함수에 대해 $dy=0$일 때 x에 대한 편미분을 구하시오.

a) $dz = (15x^2 - 12y)\,dx$ b) $dz = 14xy^3\,dx$ c) $dz = (72x^2 - 42xy)\,dx$

d) $dz = (30x^2 - 40xy^3 + 14y)\,dx$ e) $dz = \dfrac{-9y^3}{(x-y)^2}dx$ f) $dz = 3(x-3y)^2\,dx$

■ 전도함수

5.18 다음 함수들에 대한 전도함수 $\dfrac{dz}{dx}$를 구하시오.

a) $z = 6x^2 + 15xy + 3y^2$ 여기서 $y = 7x^2$

$$\begin{aligned}\frac{dz}{dx} &= z_x + z_y\frac{dy}{dx}\\ &= (12x+15y) + (15x+6y)(14x)\\ &= 210x^2 + 84xy + 12x + 15y\end{aligned}$$

b) $z = (13x - 18y)^2$ 여기서 $y = x + 6$

$$\begin{aligned}\frac{dz}{dx} &= z_x + z_y\frac{dy}{dx}\\ &= 26(13x-18y) - 36(13x-18y)(1)\\ &= -10(13x-18y)\end{aligned}$$

c) $z = \dfrac{9x-7y}{2x+5y}$ 여기서 $y = 3x - 4$

$$\begin{aligned}\frac{dz}{dx} &= z_x + z_y\frac{dy}{dx}\\ &= \frac{59y}{(2x+5y)^2} - \frac{59x}{(2x+5y)^2}(3) = \frac{59(y-3x)}{(2x+5y)^2}\end{aligned}$$

d) $z = 8x - 12y$ 여기서 $y = (x+1)/x^2$

$$\begin{aligned}\frac{dz}{dx} &= z_x + z_y\frac{dy}{dx}\\ &= 8 - \frac{12(-x^2-2x)}{x^4}\\ &= 8 + \frac{12(x+2)}{x^3}\end{aligned}$$

5.19 다음 함수의 전도함수 $\dfrac{dz}{dw}$를 구하시오.

a) $z = 7x^2 + 4y^2$ 여기서 $x = 5w,\quad y = 4w$

$$\frac{dz}{dw} = z_x\frac{dx}{dw} + z_y\frac{dy}{dw} = 14x(5) + 8y(4) = 70x + 32y$$

b) $z = 10x^2 - 6xy - 12y^2$ 여기서 $x = 2w,\quad y = 3w$

$$\frac{dz}{dw} = z_x \frac{dx}{dw} + z_y \frac{dy}{dw} = (20x - 6y)(2) + (-6x - 24y)(3) = 22x - 84y$$

■ 음함수와 역함수 미분법칙

5.20 아래 주어진 음함수로부터 도함수 $\frac{dy}{dx}$와 $\frac{dx}{dy}$를 구하시오.

a) $y - 6x + 7 = 0$

$$\frac{dy}{dx} = \frac{-f_x}{f_y} = \frac{-(-6)}{1} = 6 \qquad \frac{dx}{dy} = \frac{-f_y}{f_x} = \frac{-(1)}{-6} = \frac{1}{6}$$

b) $3y - 12x + 17 = 0$

$$\frac{dy}{dx} = \frac{-f_x}{f_y} = \frac{-(-12)}{3} = 4 \qquad \frac{dx}{dy} = \frac{-f_y}{f_x} = \frac{-(3)}{-12} = \frac{1}{4}$$

c) $x^2 + 6x - 13 - y = 0$

$$\frac{dy}{dx} = \frac{-f_x}{f_y} = \frac{-(2x+6)}{-1} = 2x + 6 \qquad \frac{dx}{dy} = \frac{-f_y}{f_x} = \frac{-(-1)}{2x+6} = \frac{1}{2x+6} \qquad (x \neq -3)$$

위의 경우 $\frac{dy}{dx}$는 $\frac{dx}{dy}$의 역수임을 확인하기 바란다.

5.21 음함수 미분법칙을 이용하여 $\frac{dy}{dx}$를 구하고, *e*), *f*)의 경우에는 $\frac{dy}{dz}$도 구하시오.

a) $f(x,y) = 3x^2 + 2xy + 4y^3$

$$\frac{dy}{dx} = \frac{-f_x}{f_y} = -\frac{6x + 2y}{12y^2 + 2x}$$

b) $f(x,y) = 12x^5 - 2y$

$$\frac{dy}{dx} = \frac{-f_x}{f_y} = \frac{-60x^4}{-2} = 30x^4$$

c) $f(x,y) = 7x^2 + 2xy^2 + 9y^4$

$$\frac{dy}{dx} = \frac{-f_x}{f_y} = -\frac{14x + 2y^2}{36y^3 + 4xy}$$

d) $f(x,y) = 6x^3 - 5y$

$$\frac{dy}{dx} = \frac{-f_x}{f_y} = \frac{18x^2}{-5} = 3.6x^2$$

e) $f(x,y,z) = x^2y^3 + z^2 + xyz$

$$\frac{dy}{dx} = \frac{-f_x}{f_y} = -\frac{2xy^3 + yz}{3x^2y^2 + xz}$$

$$\frac{dy}{dz} = \frac{-f_z}{f_y} = -\frac{2z + xy}{3x^2y^2 + xz}$$

f) $f(x,y,z) = x^3z^2 + y^3 + 4xyz$

$$\frac{dy}{dx} = \frac{-f_x}{f_y} = -\frac{3x^2z^2 + 4yz}{3y^2 + 4xz}$$

$$\frac{dy}{dz} = \frac{-f_z}{f_y} = -\frac{2x^3z + 4xy}{3y^2 + 4xz}$$

5.22 역함수 미분법칙을 이용하여 $\frac{dP}{dQ}$를 구하시오.

a) $Q = 210 - 3P$

$$\frac{dP}{dQ} = \frac{1}{dQ/dP} = -\frac{1}{3}$$

b) $Q = 35 - 0.25P$

$$\frac{dP}{dQ} = \frac{1}{-0.25} = -4$$

c) $Q = 14 + P^2$

$$\frac{dP}{dQ} = \frac{1}{2P} \qquad (P \neq 0)$$

d) $Q = P^3 + 2P^2 + 7P$

$$\frac{dP}{dQ} = \frac{1}{3P^2 + 4P + 7}$$

■ 미분법칙의 확인

5.23 미분법칙을 확인하기 위해 다음 함수에 대해 (1) 식 (5.1a)의 정의에 따라 $\frac{\partial z}{\partial x}$를 구하고 (2) 식 (5.1$b$)의 정의에 따라 $\frac{\partial z}{\partial y}$를 구하시오.

a) $z = 38 + 7x - 4y$

1) 식 (5.1a)로부터, $\displaystyle\frac{\partial z}{\partial x} = \lim_{\Delta x \to 0} \frac{f(x+\Delta x, y) - f(x, y)}{\Delta x}$

주어진 함수를 위에 대입하면

$$\begin{aligned}\frac{\partial z}{\partial x} &= \lim_{\Delta x \to 0} \frac{[38 + 7(x+\Delta x) - 4y] - (38 + 7x - 4y)}{\Delta x} \\ &= \lim_{\Delta x \to 0} \frac{38 + 7x + 7\Delta x - 4y - 38 - 7x + 4y}{\Delta x} \\ &= \lim_{\Delta x \to 0} \frac{7\Delta x}{\Delta x} = \lim_{\Delta x \to 0} 7 = 7\end{aligned}$$

2) 식 (5.1b)로부터, $\displaystyle\frac{\partial z}{\partial y} = \lim_{\Delta y \to 0} \frac{f(x, y+\Delta y) - f(x, y)}{\Delta y}$

주어진 함수를 위에 대입하면

$$\begin{aligned}\frac{\partial z}{\partial y} &= \lim_{\Delta y \to 0} \frac{[38 + 7x - 4(y+\Delta y)] - (38 + 7x - 4y)}{\Delta y} \\ &= \lim_{\Delta y \to 0} \frac{38 + 7x - 4y - 4\Delta y - 38 - 7x + 4y}{\Delta y} \\ &= \lim_{\Delta y \to 0} \frac{-4\Delta y}{\Delta y} = \lim_{\Delta y \to 0} (-4) = -4\end{aligned}$$

b) $z = 18x - 5xy + 14y$

1) $$\frac{\partial z}{\partial x} = \lim_{\Delta x \to 0} \frac{[18(x+\Delta x) - 5(x+\Delta x)y + 14y] - (18x - 5xy + 14y)}{\Delta x}$$

$$= \lim_{\Delta x \to 0} \frac{18x + 18\Delta x - 5xy - 5\Delta xy + 14y - 18x + 5xy - 14y}{\Delta x}$$

$$= \lim_{\Delta x \to 0} \frac{18\Delta x - 5\Delta xy}{\Delta x} = \lim_{\Delta x \to 0} (18 - 5y) = 18 - 5y$$

2) $$\frac{\partial z}{\partial y} = \lim_{\Delta y \to 0} \frac{[18x - 5x(y + \Delta y) + 14(y + \Delta y)] - (18x - 5xy + 14y)}{\Delta y}$$

$$= \lim_{\Delta y \to 0} \frac{18x - 5xy - 5x\,\Delta y + 14y + 14\Delta y - 18x + 5xy - 14y}{\Delta y}$$

$$= \lim_{\Delta y \to 0} \frac{-5x\,\Delta y + 14\Delta y}{\Delta y} = \lim_{\Delta y \to 0} (-5x + 14) = -5x + 14$$

c) $z = 3x^2 y$

1) $$\frac{\partial z}{\partial x} = \lim_{\Delta x \to 0} \frac{[3(x + \Delta x)^2 y] - 3x^2 y}{\Delta x}$$

$$= \lim_{\Delta x \to 0} \frac{3x^2 y + 6x\,\Delta xy + 3(\Delta x)^2 y - 3x^2 y}{\Delta x}$$

$$= \lim_{\Delta x \to 0} \frac{6x\,\Delta xy + 3(\Delta x)^2 y}{\Delta x}$$

$$= \lim_{\Delta x \to 0} (6xy + 3\Delta xy) = 6xy$$

2) $$\frac{\partial z}{\partial y} = \lim_{\Delta y \to 0} \frac{[3x^2(y + \Delta y)] - 3x^2 y}{\Delta y}$$

$$= \lim_{\Delta y \to 0} \frac{3x^2 y + 3x^2\,\Delta y - 3x^2 y}{\Delta y} = \lim_{\Delta y \to 0} \frac{3x^2\,\Delta y}{\Delta y} = \lim_{\Delta y \to 0} 3x^2 = 3x^2$$

d) $z = 4x^2 y^2$

1) $$\frac{\partial z}{\partial x} = \lim_{\Delta x \to 0} \frac{[4(x + \Delta x)^2 y^2] - 4x^2 y^2}{\Delta x}$$

$$= \lim_{\Delta x \to 0} \frac{4x^2 y^2 + 8x\,\Delta xy^2 + 4(\Delta x)^2 y^2 - 4x^2 y^2}{\Delta x}$$

$$= \lim_{\Delta x \to 0} \frac{8x\,\Delta xy^2 + 4(\Delta x)^2 y^2}{\Delta x}$$

$$= \lim_{\Delta x \to 0} (8xy^2 + 4\Delta xy^2) = 8xy^2$$

2) $$\frac{\partial z}{\partial y} = \lim_{\Delta y \to 0} \frac{[4x^2(y + \Delta y)^2] - 4x^2 y^2}{\Delta y}$$

$$= \lim_{\Delta y \to 0} \frac{4x^2 y^2 + 8x^2 y\,\Delta y + 4x^2(\Delta y)^2 - 4x^2 y^2}{\Delta y}$$

$$= \lim_{\Delta y \to 0} \frac{8x^2 y\,\Delta y + 4x^2(\Delta y)^2}{\Delta y} = \lim_{\Delta y \to 0} (8x^2 y + 4x^2\,\Delta y) = 8x^2 y$$

6장
경제학에서의 다변수함수 미분

6.1 한계생산성

자본의 한계생산물(Margian Product of capital: MP_K)이란 자본을 제외한 모든 생산요소를 고정시킨 상태에서 자본 1단위 변화에 의해 유발되는 생산물의 변화를 말한다.

따라서 생산함수가 아래와 같이 주어졌을 때

$$Q = 36KL - 2K^2 - 2L^2$$

MP_K는 편도함수 $\dfrac{\partial Q}{\partial K}$를 통해 구할 수 있다. 즉,

$$\mathrm{MP}_K = \frac{\partial Q}{\partial K} = 36L - 4K$$

마찬가지로 노동의 한계생산물은 $\mathrm{MP}_L = \dfrac{\partial Q}{\partial L} = 36K - 6L$이 된다.([연습문제 6.1-6.3] 참조)

6.2 국민소득결정 승수와 비교정학(comparative statics)

편도함수를 이용하면 국민소득결정 모형에서 여러 가지 승수(multiplier)를 도출할 수 있다.

국민소득결정 모형에 있는 외생변수(exogenous variable)나 파라메터(parameter)의 변화가 내생변수(endogenous variable)의 균형수준에 어떤 변화를 가져올 것인가를 예상하는 데 있어서, 국민소득결정 승수는 비교정태분석(comparative static analysis)의 기본적 분석기반을 제공한다. 비교정태분석은 간단히 비교정학(comparative statics)라고도 하며, 13장에서 더 상세히 다루어질 것이다.

국민소득모형이 다음과 같이 주어졌을 때[1],

$$Y = C + I + G + (X - Z)$$

여기서 $C = C_0 + bY \quad G = G_0 \quad Z = Z_0$
$I = I_0 + aY \quad X = X_0$

역자 TIP

1) 위의 국민소득모형에서 Y= 국민소득, C= 소비, I= 투자, G= 정부지출, X= 수출, Z= 수입을 표시한다.

[연습문제 2.19]에서처럼 간단히 대입 과정을 통해 Y에 대해 풀면, 다음과 같은 균형국민소득을 구할 수 있다.

$$\bar{Y} = \frac{1}{1-b-a}(C_0 + I_0 + G_0 + X_0 - Z_0) \tag{6.1}$$

식 (6.1)에서 임의의 변수나 파라메터에 대한 편도함수를 구하면 바로 그 해당 변수 또는 파라메터에 대한 승수를 구할 수 있다.

따라서 정부지출승수는 다음과 같이 구할 수 있으며

$$\frac{\partial \bar{Y}}{\partial G_0} = \frac{1}{1-b-a}$$

수입승수는 다음과 같이 구할 수 있다.

$$\frac{\partial \bar{Y}}{\partial Z_0} = -\frac{1}{1-b-a}$$

한계투자성향[2](marginal propensity to invest)의 변화에 대한 승수는 $\frac{\partial \bar{Y}}{\partial a}$에 의해 구할 수 있으며, 이 때 몫의 미분법칙을 이용하여 다음과 같은 결과를 얻을 수 있다[3].

역자 TIP

2) 위의 국민소득모형에서 주어진 투자함수($I = I_0 + aY$)는 투자가 국민소득 Y와 관계가 없는 자발적 투자(autonomous investment) I_0와 Y의 변화에 의해 유발되는 유발적 투자(induced investment)로 구성되어 있다. 여기서 한계투자성향이란 Y 1단위 변화에 의해 유발되는 I의 변화, 즉 $\frac{dI}{dY} = a$를 의미한다.
3) 식 (6.1)로부터 a에 대한 편도함수를 구한다.

$$\frac{\partial \bar{Y}}{\partial a} = \frac{(1-b-a)(0) - (C_0 + I_0 + G_0 + X_0 - Z_0)(-1)}{(1-b-a)^2} = \frac{C_0 + I_0 + G_0 + X_0 - Z_0}{(1-b-a)^2}$$

위의 결과는 다음과 같이 표시할 수 있기 때문에

$$\frac{\partial \bar{Y}}{\partial a} = \frac{1}{1-b-a}(C_0 + I_0 + G_0 + X_0 - Z_0)\left(\frac{1}{1-b-a}\right)$$

여기에 식 (6.1)을 대입하면 아래와 같이 간단히 표시할 수 있다.

$$\frac{\partial \bar{Y}}{\partial a} = \frac{\bar{Y}}{1-b-a}$$

([연습문제 6.4-6.8] 참조)

6.3 수요의 소득탄력성과 교차탄력성

수요함수에서 소득을 제외한 다른 모든 변수가 일정하게 고정되어 있을 때, 소득의 %변화에 대한 수요의 %변화 비율을 '수요의 소득탄력성'(income elasticity of demand; ϵ_Y)라 한다. 반면에 '수요의 교차탄력성'(cross price elasticity of demand: ϵ_c)은 수요함수에서 타재화 가격을 제외한 다른 모든 변수가 일정하게 고정된 상태에서, 타재화 가격의 %변화에 대한 해당 재화수요의 %변화 비율을 말한다.

수요함수가 다음과 같이 주어진 경우,

$$Q_1 = a - bP_1 + cP_2 + mY \quad (Y: \text{소득},\ P_2: \text{대체재 가격})$$

수요의 소득탄력성은

$$\epsilon_Y = \frac{\partial Q_1}{Q_1} \div \frac{\partial Y}{Y} = \frac{\partial Q_1}{\partial Y}\left(\frac{Y}{Q_1}\right)$$

가 되며, 교차탄력성은 다음과 같다.

$$\epsilon_c = \frac{\partial Q_1}{Q_1} \div \frac{\partial P_2}{P_2} = \frac{\partial Q_1}{\partial P_2}\left(\frac{P_2}{Q_1}\right)$$

([예세 1, 2]와 [연습문제 6.18-6.21] 참조)

예제 1 쇠고기의 수요함수가

$$Q_b = 4850 - 5P_b + 1.5P_p + 0.1Y \tag{6.2}$$

로 주어지고 소득이 $Y = 10,000$, 쇠고기 가격이 $P_b = 200$, 그리고 돼지고기 가격이 $P_p = 100$일 때, 쇠고기 수요의 (1) 소득탄력성과 (2) 교차탄력성은 아래와 같이 구할 수 있다.

1)

$$\epsilon_Y = \frac{\partial Q_b}{Q_b} \div \frac{\partial Y}{Y} = \frac{\partial Q_b}{\partial Y}\left(\frac{Y}{Q_b}\right) \tag{6.3}$$

식 (6.2)로부터 $\dfrac{\partial Q_b}{\partial Y} = 0.1$

그리고 $Q_b = 4850 - 5(200) + 1.5(100) + 0.1(10,000) = 5000$ (6.4)

이를 식 (6.3)에 대입하면, $\epsilon_Y = 0.1(10{,}000/5{,}000) = 0.2$가 된다.

$\epsilon_Y < 1$일 때 재화는 소득에 대해 비탄력적(income-inelastic)이다. 즉 소득이 1% 증가하는 경우, 이 재화의 수요는 1% 미만으로 증가한다는 것을 의미한다. 따라서 상대적인 시장점유율은 경제성장과 함께 감소하게 된다. 이와같이 수요의 소득탄력성은 시장의 성장잠재력을 임시하세 되기 때문에 위의 경우($\epsilon_Y = 0.2$)는 성장잠재력이 한계에 달하고 있음을 시사하는 것이다.

2)
$$\epsilon_c = \frac{\partial Q_b}{Q_b} \div \frac{\partial P_p}{P_p} = \frac{\partial Q_b}{\partial P_p}\left(\frac{P_p}{Q_b}\right)$$

식 (6.2)로부터 $\dfrac{\partial Q_b}{\partial P_p} = 1.5$이고, 식 (6.4)에서 $Q_b = 5{,}000$이므로

$$\epsilon_c = 1.5\left(\frac{100}{5000}\right) = 0.03$$

쇠고기와 돼지고기 같은 '대체재'(substitute goods)의 경우는 $\dfrac{\partial Q_1}{\partial P_2} > 0$이 되어 수요의 교차탄력성은 양(+)이 된다. 그러나 '보완재'(complementary goods)의 경우는 $\dfrac{\partial Q_1}{\partial P_2} < 0$이 되어 교차탄력성은 음(−)이 된다. 만약 $\dfrac{\partial Q_1}{\partial P_2} = 0$이 되었다면 두 재화 사이에는 아무런 관련도 없는 독립재가 된다.

예제 2 [예제 1]의 상황에서, 돼지고기 가격이 10% 상승하는 경우 쇠고기 수요는 몇 % 증가할 것인가는 다음과 같이 추정할 수 있다.

$$\epsilon_c = \frac{\partial Q_b}{Q_b} \div \frac{\partial P_p}{P_p}$$

위 식의 항을 정리한 후 주어진 파라메터 값을 대입하면

$$\frac{\partial Q_b}{Q_b} = \epsilon_c \frac{\partial P_p}{P_p} = (0.03)(0.10) = 0.003$$

따라서 쇠고기 수요는 0.3% 증가할 것이다.

6.4 미분과 증가분

경제학에서는 자주 독립변수(예를 들어 노동, 자본, 판매량 등)의 변화에 대한 종속변수(예컨대 비용, 판매수입, 이윤 등)의 변화를 측정하게 되는데, 이 때 독립변수의 변화가 비교적 미세하다면 미분으로 그 효과를 측정할 수 있다.

따라서 $z = f(x, y)$일 때, 독립변수 x의 미세한 변화가 종속변수 z에 미치는 효과는 아래와 같은 편미분(partial differential)에 의해 나타낼 수 있다.

$$dz = z_x\, dx$$

x 변화분의 크기가 더 커지는 경우 z에 미치는 효과는 편도함수에 x의 변화분을 곱하여 근사적인 측정값을 다음과 같이 구할 수 있다[4].

$$\Delta z \approx z_x\, \Delta x$$

역자 TIP

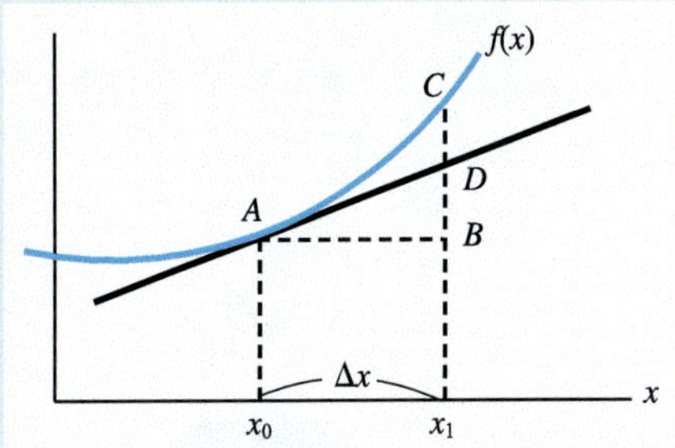

4) x의 변화분이 크면 클수록 오차는 커질 것이다. $z=f(x)$의 함수가 아래와 같이 그려져 있다고 하자. A점에서의 점선의 기울기는 도함수 $\frac{dz}{dx}=\frac{df(x_0)}{dx}=f'(x_0)$로 표시된다. 이때 x가 Δx만큼 증가하는 경우 z에 미치는 영향은 $\frac{dz}{dx}\cdot\Delta x$로 측정할 수 있으나 이는 기하학적으로 표시하면 DB의 크기에 해당하므로 실제 Δx의 변화에 따른 z의 변화인 Δz가 표시하는 CB의 크기와는 DC만큼의 오차가 생긴다. 따라서 이 경우 $\Delta z \cong \frac{dz}{dx}\cdot\Delta x$는 근사한 측정에 그치게 된다.

함수 $z=f(x,y)$가 선형(linear)이라면 $\dfrac{dz}{dx}=\dfrac{\Delta z}{\Delta x}$가 되어 x의 증가가 z에 미치는 효과는 위와 같이 근사적인 측정값이 아닌 정확한 측정값이 될 것이다. 즉,

$$\Delta z = z_x\, \Delta x$$

([예제 3-4] 그리고 [연습문제 6.9-6.17] 참조)

예제 3 어느 기업의 생산비가 다음과 같이 x, y 두 재화의 생산량에 의존한다고 하자.

$$\text{TC} = x^2 - 0.5xy + y^2$$

이 때 x의 생산량을 미세하게 증가시킬 때 발생하는 추가생산비는 미분에 의해 다음과 같이 구할 수 있다.

$$d\text{TC} = (2x - 0.5y)\, dx$$

x의 생산증가분이 상대적으로 큰 경우 생산비 증가는 x의 편도함수에 x의 생산증가분을 곱하면 근사적인 측정값을 얻을 수 있다. 이를 수학적으로 표시하면,

$$\Delta\text{TC} \approx \frac{\partial\text{TC}}{\partial x}\Delta x \tag{6.5}$$

가 된다. $\dfrac{\partial TC}{\partial x}$는 x의 한계비용(MC_x)이기 때문에 식 (6.5)를 다음과 같이 쓸 수도 있다.

$$\Delta\text{TC} \approx \text{MC}_x\, \Delta x$$

만약 초기값이 $x=100$, $y=50$이고 $\Delta x = 3$이라면 생산비 증가분은 다음과 같다.

$$\Delta TC \approx [2(100) - 0.5(60)] \cong 510$$

예제 4 6.2절의 국민소득결정 모형에서 a, b, Y가 각각 $a = 0.1,\ b = 0.7,\ Y = 1200$으로 주어졌다고 하자. 그러면 미분(differential)을 이용하여 독립변수 증가에 따른 효과를 계산할 수 있다. 편도함수가 아래와 같이 주어졌을 때,

$$\frac{\partial \bar{Y}}{\partial G_0} = \frac{1}{1 - b - a}$$

편미분을 구하면

$$d\bar{Y} = \frac{1}{1 - b - a} dG_0$$[5]

이 된다.

역자 TIP

5) 더 정확하게 표현하면 $\partial \bar{Y} = \frac{1}{1-b-a} \partial G_0$이다.

이러한 선형모형에서는 어느 점에서든지 기울기가 일정하기 때문에

$$\frac{\partial \bar{Y}}{\partial G_0} = \frac{\Delta \bar{Y}}{\Delta G_0}$$

이고 따라서

$$\Delta \bar{Y} = \frac{1}{1 - b - a} \Delta G_0$$

가 된다. 이 경우 정부지출이 100달러 증가한다면 국민소득 증가분은

$$\Delta \bar{Y} = \frac{1}{1 - 0.7 - 0.1}(100) = 500$$

이 됨을 알 수 있다.

6.5 경제학에서 이용되는 다변수함수의 최적화

식품 제조업자들은 동일한 제품이라 하더라도 여러 등급으로 나누어 판매하는 경우가 자주 있다. 즉 생산제품의 일부는 자신의 상표명으로 판매하고 또 나머지 일부는 대형 연쇄점의 상표명으로 판매하기도 한다. 의류 제조업자와 디자이너의 경우도, 최고급 상표의 제품과 할인판매점을 위한 저가의 유사상품을 동시에 생산하는 경우가 빈번하다.

이러한 상황하에서 이윤을 극대화하거나 생산비를 극소화하는 함수는 다변수함수에 해

당하기 때문에, 5.4절에서 설명한 다변수함수의 최적화를 위한 기본법칙이 필요하게 된다. ([예제 5-6]과 [연습문제 6.22-6.27] 참조)

예제 5 x, y 두 재화를 생산하는 기업이 다음과 같은 이윤함수를 가지고 있다.

$$\pi = 64x - 2x^2 + 4xy - 4y^2 + 32y - 14$$

이윤을 극대화하는 x, y 두 재화의 생산량을 구하고, 실제로 이윤이 극대화되었는지는 다음과 같은 과정을 통해 확인할 수 있다.

1. 먼저 x, y에 대한 각각의 1차편도함수를 구하여 '0'으로 놓고 x, y의 연립방정식을 푼다.

$$\pi_x = 64 - 4x + 4y = 0 \tag{6.6}$$

$$\pi_y = 4x - 8y + 32 = 0 \tag{6.7}$$

연립방정식의 해인 $\bar{x} = 40,\ \bar{y} = 24$를 구할 수 있다

2. 함수가 극대화되기 위해서는 2차편도함수가 음(−)이 되어야 하기 때문에 먼저 π_{xx}와 π_{yy}를 구하여 이를 확인한다. 식 (6.6)과 식 (6.7)로부터

$$\pi_{xx} = -4 \qquad \pi_{yy} = -8$$

3. $\pi_{xx}\pi_{yy} > (\pi_{xy})^2$의 성립여부를 확인하기 위해 교차편도함수를 구한다. 식 (6.6)과 식 (6.7)로부터 $\pi_{xy} = 4 = \pi_{yx}$가 되므로

$$\begin{aligned} \pi_{xx}\pi_{yy} &> (\pi_{xy})^2 \\ (-4)(-8) &> (4)^2 \\ 32 &> 16 \end{aligned}$$

따라서 $\bar{x} = 40,\ \bar{y} = 24$에서 이윤은 극대화되며 이 때 이윤은 $\pi = 1650$이 된다.

예제 6 독점적 경쟁시장에서 생산자는 이윤을 극대화할 수 있도록 가격을 결정한다. 독점적 경쟁시장에 있는 어느 생산자가 생산제품에 대해 두 개의 다른 상표를 부착하여 판매하고 있으며 이들 제품에 대한 수요함수는 각각 다음과 같이 주어져 있다고 하자.

$$Q_1 = 14 - 0.25P_1 \tag{6.8}$$

$$Q_2 = 24 - 0.5P_2 \tag{6.9}$$

이와 함께 비용함수가

$$\text{TC} = Q_1^2 + 5Q_1Q_2 + Q_2^2 \tag{6.10}$$

으로 주어진 경우, 이윤을 극대화하기 위해 각 상표의 제품에 부과할 가격과 생산량은 얼마이며, 또 이 때 이윤은 얼마인지는 다음과 같이 구한다.

먼저 두 상표의 생산량 Q_1, Q_2로 구성되는 이윤함수(π)를 구성한다. 이윤함수는 총수입

(TR)에서 총비용(TC)를 뺀 π=TR-TC이고 또 기업의 총수입은 TR$= P_1 Q_1 + P_2 Q_2$이므로

$$\pi = P_1 Q_1 + P_2 Q_2 - \text{TC}$$

이다. 여기에 식 (6.10)을 대입하면

$$\pi = P_1 Q_1 + P_2 Q_2 - (Q_1^2 + 5Q_1 Q_2 + Q_2^2) \tag{6.11}$$

이 된다. 다음에 식 (6.8)과 식 (6.9)의 역함수를 구하여 P를 Q의 함수로 표시한다.

$$P_1 = 56 - 4Q_1 \tag{6.12}$$

$$P_2 = 48 - 2Q_2 \tag{6.13}$$

이를 식 (6.11)에 대입하면 다음과 같이 이윤함수를 Q_1과 Q_2의 함수로 나타낼 수 있다.

$$\begin{aligned}\pi &= (56 - 4Q_1)Q_1 + (48 - 2Q_2)Q_2 - Q_1^2 - 5Q_1 Q_2 - Q_2^2 \\ &= 56Q_1 - 5Q_1^2 + 48Q_2 - 3Q_2^2 - 5Q_1 Q_2\end{aligned} \tag{6.14}$$

위의 이윤함수를 극대화하기 위해 Q_1, Q_2에 대한 1차편도함수를 구한 후 이를 '0'으로 놓고 풀면,

$$\pi_1 = 56 - 10Q_1 - 5Q_2 = 0 \qquad \pi_2 = 48 - 6Q_2 - 5Q_1 = 0$$

$\overline{Q}_1 = 2.75$, $\overline{Q}_2 = 5.7$의 임계값을 갖게 된다.

이 임계값에서 이윤이 극대화되는가를 확인하기 위해 2차편도함수를 구한다.

$$\pi_{11} = -10 \qquad \pi_{22} = -6 \qquad \pi_{12} = -5 = \pi_{21}$$

π_{11}과 π_{22}가 모두 음(-)이고 $\pi_{11}\pi_{22} > (\pi_{12})^2$을 만족시키므로 이윤함수는 위의 임계값에서 극대화된다.

끝으로 $\overline{Q}_1 = 2.75$와 $\overline{Q}_2 = 5.7$을 각각 식 (6.12)와 식 (6.13)에 대입하면, 이윤을 극대화하는 가격을 결정할 수 있다.

$$P_1 = 56 - 4(2.75) = 45 \qquad P_2 = 48 - 2(5.7) = 36.6$$

즉, 상표 1과 상표 2에 대해 각각 \$45, \$36.6의 가격을 부과하면, 상표 1과 상표 2의 판매량은 각각 2.75와 5.7에 달한다는 것을 나타내고 있다. 또 이 때 극대이윤은 식 (6.11) 또는 식 (6.14)로부터 다음과 같이 계산할 수 있다.

$$\pi = 45(2.75) + 36.6(5.7) - (2.75)^2 - 5(2.75)(5.7) - (5.7)^2 = 213.94$$

6.6 경제학에서 이용되는 다변수함수 제약조건하의 최적화

경제학에서 자주 제기되는 문제는 제약조건하에서 목적함수를 최적화(극대화 또는 극소

화)하는 해(solution)을 구하는 것이다 - 예를 들어 주어진 예산의 제약조건하에서 효용을 극대화한다든가, 생산 할당량과 같이 주어진 생산량을 생산하는 제약조건하에서 생산비용을 최소화하는 것이 그것이다.

이러한 경우 라그랑지 함수(5.5절 참조)를 이용하면 문제를 아주 쉽게 해결할 수 있다. ([예제 7]과 [연습문제 6.28-6.39] 참조)

더 나아가 제약조건식이 부등식인 경우는 13.7절의 오목계획(concave progrmming)을 참조하기 바란다.

예제 7 x, y 두 재화를 생산하는 기업의 비용함수가 $c = 8x^2 - xy + 12y^2$이고 또한 x, y 두 재화의 생산량 합계가 최소한 42가 되어야 하는 제약에 묶여 있다고 할 때(즉 $x + y = 42$의 제약조건), 비용최소화를 가져오는 임계값을 구하시오.

먼저 제약조건식을 음함수 형태로 하여 여기에 라그랑지 승수 λ를 곱한 후 이를 목적함수에 부가하여 라그랑지 함수를 구성한다.

$$C = 8x^2 - xy + 12y^2 + \lambda(42 - x - y)$$

1차편도함수를 구하면

$$\begin{aligned} C_x &= 16x - y - \lambda = 0 \\ C_y &= -x + 24y - \lambda = 0 \\ C_\lambda &= 42 - x - y = 0 \end{aligned}$$

위의 연립방정식을 풀면 $\bar{x} = 25$, $\bar{y} = 17$, 그리고 $\bar{\lambda} = 383$을 구할 수 있다. 특히 $\bar{\lambda} = 383$의 의미는 제약조건식에서의 상수 1단위 증가, 다시 말해서 생산할당량이 42에서 43으로 1단위 증가할 때 비용은 약 383달러의 증가를 가져온다는 것을 뜻한다. 2차조건에 대해서는 12.5절과 [연습문제 12.27(a)]에서 다루기로 한다.

6.7 동차생산함수

생산함수를 구성하는 투입요소를 모두 k (> 0)배 하였을 때 생산량이 k^n배로 변화하는 경우 이를 n차 동차생산함수(homogeneous production function of degree n)라 한다. 여기서 k^n의 지수인 n이 1이면($n = 1$) 1차 동차생산함수가 되고 $n = 2$이면 2차 동차생산함수, 그리고 $n = 0.5$이면 0.5차 동차생산함수가 된다.

수학적으로 표현하면 k가 모든 양의 실수라 할 때 $f(kx, ky) = k^n f(x, y)$가 성립하면 함수 $z = f(x, y)$는 n차 동차함수이다.([예제 8]과 [연습문제 6.40] 참조)

예제 8 주어진 함수가 몇 차 동차함수인지 확인하는 과정이 아래에 예시되어 있다.

1. $z = 8x + 9y$는 1차동차함수이다.

$$f(kx, ky) = 8kx + 9ky = k(8x + 9y)$$

2. $z = x^2 + xy + y^2$는 2차동차함수이다

$$f(kx, ky) = (kx)^2 + (kx)(ky) + (ky)^2 = k^2(x^2 + xy + y^2)$$

3. $z = x^{0.3}y^{0.4}$는 1미만의 차수(0.7차)를 가진 동차함수이다.

$$f(kx, ky) = (kx)^{0.3}(ky)^{0.4} = k^{0.3+0.4}(x^{0.3}y^{0.4}) = k^{0.7}(x^{0.3}y^{0.4})$$

4. $z = \frac{2x}{y}$는 0차동차함수이다.

$$f(kx, ky) = \frac{2kx}{ky} = 1\left(\frac{2x}{y}\right) \qquad \frac{k}{k} = k^0 = 1 \text{ 이므로}$$

5. $z = x^3 + 2xy + y^3$은 동차함수가 아니다. 즉 $f(kx, ky) = k^n f(x, y)$가 성립하지 않기 때문이다.

$$\begin{aligned} f(kx, ky) &= (kx)^3 + 2(kx)(ky) + (ky)^3 \\ &= k^3x^3 + 2k^2xy + k^3y^3 = k^2(kx^3 + 2xy + ky^3) \end{aligned}$$

6. $Q = AK^{\alpha}L^{\beta}$은 $(\alpha + \beta)$차 동차함수이다.

$$Q(kK, kL) = A(kK)^{\alpha}(kL)^{\beta} = Ak^{\alpha}K^{\alpha}k^{\beta}L^{\beta} = k^{\alpha+\beta}(AK^{\alpha}L^{\beta})$$

6.8 규모에 대한 수확

생산함수에서 모든 투입요소가 k배 증가할 때 생산량 역시 같은 비율로 k배 증가하는 경우, 이러한 생산함수는 '규모에 대한 수확불변'(constant returns to scale)을 보이고 있다고 말한다.

만약 생산량이 투입요소의 증가배수 k보다도 더 큰 비율로 증가하는 경우는 '규모에 대한 수확체증'(increasing returns to scale)이라고 하며, 반대로 생산량이 투입요소의 증가배수인 k보다 작은 비율로 증가하는 경우는 '규모에 대한 수확체감'(decreasing returns to scale)이라고 한다. 다시 말해서 동차 생산함수의 차수인 n이 $n > 1$이면 규모에 대한 수확체증, $n = 1$이면 규모에 대한 수확불변, 그리고 $n < 1$이면 규모에 대한 수확체감을 나타내게 된다.([연습문제 6.40] 참조)

6.9 콥-다글라스 생산함수의 최적화

경제분석을 할 때 자주 이용하는 생산함수 중의 하나가 $q = AK^{\alpha}L^{\beta}(A > 0;$ $0 < \alpha, \beta < 1)$으로 표현되는 콥-다글라스 생산함수(Cobb-Douglas production function)이다. 물론 여기서 q는 생산량 그리고 K와 L은 각각 자본과 노동의 투입량을 표시한다.

또한 α는 '자본의 산출물탄력성'(output elasticity of capital)이라 부르는 것으로서, 이는 노동 L을 고정시켜 놓은 상태에서 자본 K만을 1% 변화시켰을 때 생산량이 몇 % 변화하는가를 표시한다. 마찬가지로 β는 '노동의 산출물탄력성'(output elasticity of labor)이라 부르는 것으로서, 이는 자본 K를 고정시켜 놓은 상태에서 노동 L만을 1% 변화시켰을 때 생산량이 몇 % 변화하는가를 표시한다. 끝으로 A는 기술수준을 반영하는 효율성 파라메터(efficiency parameter)에 해당한다[6].

역자 TIP

6) A는 기술계수(technology coefficient)라고도 한다. A가 높은 값을 가질수록 생산의 효율성은 높아지기 때문에 동일한 투입량에 대해 더 많은 생산량을 가져오게 된다.

위에서 $\alpha + \beta = 1$일 때 콥-다글라스 생산함수는 규모에 대한 수확불변을 나타내며, $\alpha + \beta \neq 1$인 일반적인 콥-다글라스 생산함수는 $\alpha + \beta > 1$일 경우 규모에 대한 수확체증을, 그리고 $\alpha + \beta < 1$일 경우는 규모에 대한 수확체감을 나타낸다.

예산 제약조건하에서의 콥-다글라스 생산함수의 최적화는 [예제 10]과 [연습문제 6.41-6.42]에서 예시되어 있으며 이에 대한 최적화의 2차조건은 12.5절에 설명되어 있다. 또 콥-다글라스 생산함수의 특성과 이에 대한 증명은 [연습문제 6.53-6.58]에서 다루고 있다.

예제 9 (a) $q = AK^{\alpha}L^{\beta}$과 (b) $q = 5K^{0.4}L^{0.6}$의 생산함수에 대한 1차편도함수와 2차편도함수가 아래에 예시되어 있다.

a)

$$q_K = \alpha AK^{\alpha-1}L^{\beta} \qquad q_L = \beta AK^{\alpha}L^{\beta-1}$$
$$q_{KK} = \alpha(\alpha-1)AK^{\alpha-2}L^{\beta} \qquad q_{LL} = \beta(\beta-1)AK^{\alpha}L^{\beta-2}$$
$$q_{KL} = \alpha\beta AK^{\alpha-1}L^{\beta-1} \qquad q_{LK} = \alpha\beta AK^{\alpha-1}L^{\beta-1}$$

b)

$$q_K = 2K^{-0.6}L^{0.6} \qquad q_L = 3K^{0.4}L^{-0.4}$$
$$q_{KK} = -1.2K^{-1.6}L^{0.6} \qquad q_{LL} = -1.2K^{0.4}L^{-1.4}$$
$$q_{KL} = 1.2K^{-0.6}L^{-0.4} \qquad q_{LK} = 1.2K^{-0.6}L^{-0.4}$$

예제 10 $P_K = 3,\ P_L = 4$이고 \$108의 예산이 주어졌을 때, 콥-다글라스 생산함수 $q = K^{0.4}L^{0.5}$의 최적화과정은 다음과 같다.

1. 라그랑지 함수를 구성한다.

$$Q = K^{0.4}L^{0.5} + \lambda(108 - 3K - 4L)$$

2. 간단한 멱함수 미분법칙을 이용하여 1차편도함수를 구하고 이를 0으로 설정한 후, 연립방정식을 풀어 임계값 K_0와 L_0를 구한다(필요한 경우 λ_0도 구한다).

$$\frac{\partial Q}{\partial K} = Q_K = 0.4K^{-0.6}L^{0.5} - 3\lambda = 0 \quad (6.15)$$

$$\frac{\partial Q}{\partial L} = Q_L = 0.5K^{0.4}L^{-0.5} - 4\lambda = 0 \quad (6.16)$$

$$\frac{\partial Q}{\partial \lambda} = Q_\lambda = 108 - 3K - 4L = 0 \quad (6.17)$$

식 (6.15)와 식 (6.16)에서 λ항을 우변으로 이항시킨 후 식 (6.15)를 (6.16)으로 나누어 λ를 소거한다.

$$\frac{0.4K^{-0.6}L^{0.5}}{0.5K^{0.4}L^{-0.5}} = \frac{3\lambda}{4\lambda}$$

이를 정리하면

$$0.8K^{-1}L^{1} = 0.75$$

$$\frac{L}{K} = \frac{0.75}{0.8} \qquad L = 0.9375K$$

식 (6.17)에 $L = 0.9375K$를 대입한다.

$$108 - 3K - 4(0.9375K) = 0 \qquad K_0 = 16$$

식 (6.17)에 $K_0 = 16$을 대입하면 $L_0 = 15$를 구할 수 있다.

예제 11 [예제 10]의 문제($q = K^{0.4}L^{0.5}$, $P_K = 3$, $P_L = 4$) 그리고 $B = 108$은 미시경제학에서 다루는 생산 극대화조건을 이용하여 구할 수도 있다.

$$\frac{MP_L}{MP_K} = \frac{P_L}{P_K}$$

아래 (a)에 그 과정이 제시되어 있으며 (b)에는 그 내용이 그래프로 표시되어 있다.

a)

$$MP_K = \frac{\partial q}{\partial K} = 0.4K^{-0.6}L^{0.5} \qquad MP_L = \frac{\partial q}{\partial L} = 0.5K^{0.4}L^{-0.5}$$

이 결과를 위의 생산 극대화조건에 대입하면

$$\frac{0.5K^{0.4}L^{-0.5}}{0.4K^{-0.6}L^{0.5}} = \frac{4}{3}$$

이를 [예제 10]에서처럼 풀면

$$0.8K^{-1}L^{1} = 0.75$$
$$L = 0.9375K$$

이를 예산 조건식에 대입한다

$$3K + 4L = 108$$
$$3K + 4(0.9375K) = 108$$
$$K_0 = 16 \qquad L_0 = 15$$

위의 결과는 [예제 10]에서 구한 결과와 정확히 일치한다.([그림 6.1] 참조)

b)

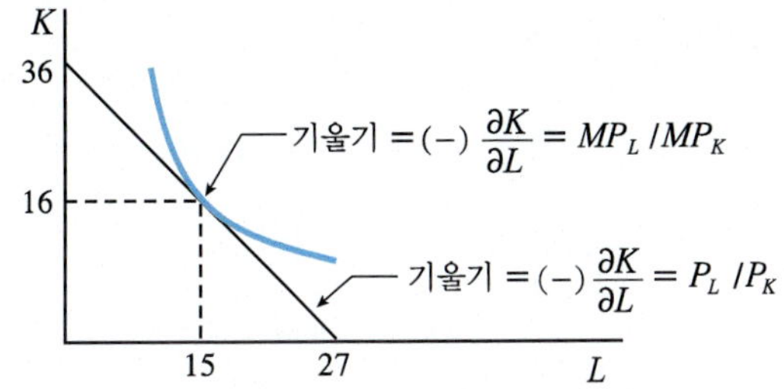

[그림 6.1]

6.10 CES 생산함수의 최적화

대체탄력성(elasticity of substitution) σ는 요소가격 비율인 (P_L/P_K)의 % 변화에 의해 유발되는 요소투입 비율 (K/L)의 % 변화를 측정한 것이다.

$$\sigma = \frac{\dfrac{d(K/L)}{K/L}}{\dfrac{d(P_L/P_K)}{P_L/P_K}} = \frac{\dfrac{d(K/L)}{d(P_L/P_K)}}{\dfrac{K/L}{P_L/P_K}} \tag{6.18}$$

이 때 σ는 $0 \le \sigma \le \infty$의 구간을 갖는다. 만약 $\sigma = 0$이라면 이는 대체탄력성이 전혀 없음을 나타낸다. 즉 두 생산요소는 보완재 관계에 있어서 반드시 고정비율로 투입되어야 하는 경우에 해당한다. 만약 $\sigma = \infty$이면 두 생산요소는 완전대체 관계에 있음을 의미한다.

[연습문제 6.57]에 나타나 있듯이 콥-다글라스 생산함수의 대체탄력성은 1로서 항상 일정한 값을 가지므로 이는 대체탄력성이 일정한 CES 생산함수(Constant Elasticity of Substitution production function)의 특수한 예에 해당한다. 왜냐하면 CES 생산함수는 대체탄력성이 일정한 값을 가지지만 반드시 그 일정한 값이 '1'이어야 한다는 제약은 없기 때문이다.

CES 생산함수의 전형적인 형태는 다음과 같이 나타낼 수 있다.

$$q = A[\alpha K^{-\beta} + (1 - \alpha)L^{-\beta}]^{-1/\beta} \tag{6.19}$$

여기서 A는 효율성을 나타내는 파라메터이고 α는 생산요소의 상대적 분배비율을 나타내는 분배 파라메터(distribution parameter), 그리고 β는 대체탄력성을 결정해 주는 대체성 파라메터(substitution parameter)로서 이들은 각각 $A>0$, $0<\alpha<1$, $\beta>-1$의 범위를 갖는다.

CES 생산함수가 주어진 예산 조건하에서 최적화되는 과정은 [예제 12]와 [연습문제 6.43-6.44]에 설명되어 있으며, CES 생산함수의 중요한 특성과 이에 대한 증명은 [연습문제 6.59-6.69]에서 다루고 있다.

예제 12 $4K+3L=120$의 제약조건하에서 다음과 같은 CES 생산함수를 극대화하는 과정은 아래와 같다.

$$q = 75[0.3K^{-0.4} + (1-0.3)L^{-0.4}]^{-1/0.4}$$

1. 먼저 라그랑지 함수를 구성한다.

$$Q = 75(0.3K^{-0.4} + 0.7L^{-0.4})^{-2.5} + \lambda(120 - 4K - 3L)$$

2. 멱함수 미분법칙을 이용하여 Q_K와 Q_L을 구하고 1차조건을 조사한다.

$$Q_K = -187.5(0.3K^{-0.4} + 0.7L^{-0.4})^{-3.5}(-0.12K^{-1.4}) - 4\lambda = 0$$
$$= 22.5K^{-1.4}(0.3K^{-0.4} + 0.7L^{-0.4})^{-3.5} - 4\lambda = 0 \qquad (6.20)$$

$$Q_L = -187.5(0.3K^{-0.4} + 0.7L^{-0.4})^{-3.5}(-0.28L^{-1.4}) - 3\lambda = 0$$
$$= 52.5L^{-1.4}(0.3K^{-0.4} + 0.7L^{-0.4})^{-3.5} - 3\lambda = 0 \qquad (6.21)$$

$$Q_\lambda = 120 - 4K - 3L = 0 \qquad (6.22)$$

간단히 정리한 후 식 (6.21)을 식 (6.20)으로 나누어 λ를 소거한다.

$$\frac{52.5L^{-1.4}(0.3K^{-0.4} + 0.7L^{-0.4})^{-3.5}}{22.5K^{-1.4}(0.3K^{-0.4} + 0.7L^{-0.4})^{-3.5}} = \frac{3\lambda}{4\lambda}$$

$$\frac{52.5L^{-1.4}}{22.5K^{-1.4}} = \frac{3}{4}$$

$$67.5K^{-1.4} = 210L^{-1.4}$$
$$K^{-1.4} = 3.11L^{-1.4}$$
$$K = (3.11)^{-1/1.4}L = (3.11)^{-0.71}L$$
$$K \approx 0.45L$$

이를 식 (6.22)에 대입한다.

$$120 - 4(0.45L) - 3L = 0 \qquad L_0 = 25 \qquad K_0 = 11.25$$

노트: $(3.11)^{-0.71}$을 계산기로 구하기 위해서는, 1) 먼저 3.11을 입력하고, 2) 버튼(x^y)을 누르고, 3) 0.71을 입력하고 (-) 부호를 붙이기 위해 버튼(+/-)을 누른다. 4) 마지막으로 버튼(=)을 누르면 $(3.11)^{-0.71}=0.44683$을 구할 수 있다.

연습 문제

■ 한계개념

6.1 다음에 주어진 생산함수(Q)에 대하여 각 생산요소의 한계생산성을 구하시오.

a) $Q = 6x^2 + 3xy + 2y^2$

$$\mathrm{MP}_x = \frac{\partial Q}{\partial x} = 12x + 3y$$

$$\mathrm{MP}_y = \frac{\partial Q}{\partial y} = 3x + 4y$$

b) $Q = 0.5K^2 - 2KL + L^2$

$$\mathrm{MP}_K = K - 2L$$
$$\mathrm{MP}_L = 2L - 2K$$

c) $Q = 20 + 8x + 3x^2 - 0.25x^3 + 5y + 2y^2 - 0.5y^3$

$$\mathrm{MP}_x = 8 + 6x - 0.75x^2$$
$$\mathrm{MP}_y = 5 + 4y - 1.5y^2$$

d) $Q = x^2 + 2xy + 3y^2 + 1.5yz + 0.2z^2$

$$\mathrm{MP}_x = 2x + 2y$$
$$\mathrm{MP}_y = 2x + 6y + 1.5z$$
$$\mathrm{MP}_z = 1.5y + 0.4z$$

6.2 *a*) [연습문제 6.1(*a*)]에서 생산요소가 $\bar{y} = 4$로 고정되어 있다고 할 때, $x = 5$와 $x = 8$에서의 생산요소 x에 대한 한계생산물 MP_x를 구하시오.

b) $\bar{x} = 5$, $\bar{y} = 4$에서 한계수입이 3달러라고 할 때, x 생산요소에 대한 한계수입생산물[7]을 계산하시오.

역자 TIP

7) 한계수입생산물(Marginal Revenue of Product: MRP)이란 한계생산물에 한계수입을 곱한 것이다. 따라서 생산요소 x에 대한 한계수입생산물은 $\mathrm{MRP}_x = \mathrm{MP}_x \cdot \mathrm{MR}$로 표시할 수 있다.

a) $\mathrm{MP}_x = 12x + 3y$

$x = 5, \bar{y} = 4$일 때, $\mathrm{MP}_x = 12(5) + 3(4) = 72.$

$x = 8, \bar{y} = 4$일 때, $\mathrm{MP}_x = 12(8) + 3(4) = 108.$

b) $\mathrm{MRP}_x = \mathrm{MP}_x(\mathrm{MR})$

$\bar{x} = 5, \bar{y} = 4$일 때, $\mathrm{MRP}_x = (72)(3) = 216.$

6.3 (*a*) x, y 두 재화에 대한 비용함수가 $c = 3x^2 + 7x + 1.5xy + 6y + 2y^2$일 때 x와 y

의 한계비용을 구하시오.

(*b*) $x=5$, $\bar{y}=3$일 때 x의 한계비용을 구하시오.

a)

$$MC_x = 6x + 7 + 1.5y$$
$$MC_y = 1.5x + 6 + 4y$$

b) y가 3으로 고정된 상태에서 $x=5$일 때 x의 한계비용은

$$MC_x = 6(5) + 7 + 1.5(3) = 41.5$$

▪ 국민소득결정 승수와 비교정학

6.4 세 개 부문의 국민소득결정 모형이 다음과 같이 주어졌을 때

$$Y = C + I_0 + G_0 \qquad Yd = Y - T \qquad C_0, I_0, G_0, T_0 > 0 \qquad 0 < b, t < 1$$
$$C = C_0 + bYd \qquad T = T_0 + tY$$

(*a*) 정부지출(G_0), (*b*) 정액세(lump-sum tax: T_0), (*c*) 세율(t)에서의 1단위 변화가 균형국민소득 수준에 어떤 방향으로 얼마만큼 영향을 미치는지를 확인하시오. 즉, 정부지출승수(government-expenditure multiplier), 자발적 조세승수[8)](autonomous tax multiplier) 그리고 세율승수(tax rate multiplier)를 구하시오.

역자 TIP

8) 여기서 자발적이란 말은 조세함수 $T = T_0 + tY$에서 조세가 Y의 변화와는 관계가 없다는 의미로서, 여기서는 T_0가 자발적 조세 또는 정액세에 해당한다.

각각의 승수를 구하기 위해 먼저 균형국민소득을 다음과 같이 구한다.

$$Y = C_0 + bY - bT_0 - btY + I_0 + G_0$$
$$\bar{Y} = \frac{1}{1-b+bt}(C_0 - bT_0 + I_0 + G_0) \qquad (6.23)$$

다음 단계로 해당 변수 및 파라메터에 대한 편도함수를 구한다.

a)

$$\frac{\partial \bar{Y}}{\partial G_0} = \frac{1}{1-b+bt}$$

$0 < b < 1$이므로 $\partial \bar{Y}/\partial G_0 > 0$이다. 즉, 정부지출의 1단위 증가는 $\frac{1}{1-b+bt}$만큼의 균형국민소득 증가를 가져온다.

b)

$$\frac{\partial \bar{Y}}{\partial T_0} = \frac{-b}{1-b+bt} < 0$$

자발적 조세의 1단위 증가는 균형국민소득을 $\frac{-b}{1-b+bt}$만큼 증가시킬 것이다.

즉 $\dfrac{b}{1-b+bt}$ 만큼의 균형국민소득 감소를 가져올 것이다.

c) 세율 t가 식 (6.23)의 분모에 있기 때문에 t에 대한 편도함수는 몫의 미분법칙을 이용하면 쉽게 구할 수 있다.

$$\frac{\partial \bar{Y}}{\partial t} = \frac{(1-b+bt)(0)-(C_0-bT_0+I_0+G_0)(b)}{(1-b+bt)^2}$$
$$= \frac{-b(C_0-bT_0+I_0+G_0)}{(1-b+bt)^2} = \frac{-b}{1-b+bt}\left(\frac{C_0-bT_0+I_0+G_0}{1-b+bt}\right)$$

따라서 위의 식에 식 (6.23)을 대입하면 조세승수는 다음과 같이 나타낼 수 있다.

$$\frac{\partial \bar{Y}}{\partial t} = \frac{-b\bar{Y}}{1-b+bt} < 0$$

이는 세율이 1단위 증가하면 균형국민소득이 세율승수과 같은 크기만큼 감소하게 된다는 것을 의미한다.

6.5 국민소득 모형이 간단하게 다음과 같이 주어지고

$$Y = C + I_0 + G_0 \qquad Yd = Y - T$$
$$C = C_0 + bYd \qquad T = T_0$$

조세는 국민소득 Y에 전혀 영향을 받지 않는다고 할 때, 정부지출을 1단위 증가시키면서 이 정부지출의 재원을 조세 1단위의 부과로 충당하려고 하는 경우 균형국민소득에 미치는 효과를 계산하시오. 즉, 조세가 정액세로만 구성되어 있는 경우 비교정태분석을 통해 균형예산승수(balanced budget multiplier)를 구하시오.

$$Y = C_0 + b(Y - T_0) + I_0 + G_0$$
$$\bar{Y} = \frac{1}{1-b}(C_0 - bT_0 + I_0 + G_0)$$

따라서 G_0, T_0에 대한 편도함수를 구하면 정부지출승수는

$$\frac{\partial \bar{Y}}{\partial G_0} = \frac{1}{1-b} \qquad (6.24)$$

그리고 조세승수는

$$\frac{\partial \bar{Y}}{\partial T_0} = \frac{-b}{1-b} \qquad (6.25)$$

이 된다. 조세 1단위 증가와 연계된 정부지출 1단위 증가의 효과, 즉 균형예산승수 효과는 식 (6.24)와 식 (6.25)의 합이 된다.

$$\Delta\bar{Y} = \frac{1}{1-b} + \left(\frac{-b}{1-b}\right) = \frac{1}{1-b} - \frac{b}{1-b} = \frac{1-b}{1-b} = 1$$

따라서 정부지출 증가분을 그대로 조세부과 증가로 연결시킬 경우 균형국민소득은 조세부과분 또는 정부지출 크기만큼 증가한다는 것을 알 수 있다. 이 경우 균형예산 승수는 (+)1이다.

6.6 조세가 국민소득의 함수로 표시되고 있는 다음과 같은 국민소득모형에서

$$Y = C + I_0 + G_0 \qquad Yd = Y - T$$
$$C = C_0 + bYd \qquad T = T_0 + tY$$

자발적 조세(autonomous tax) T_0를 추가로 1단위 더 부과하고 이 크기만큼 정부지출을 추가로 1단위 증가시킬 때, 균형국민소득에 미치는 효과에 대해 설명하시오. 즉, 조세가 국민소득의 함수로 주어진 경우 '균형예산승수'(balanced buget multiplier)의 효과에 대해 설명하시오.

식 (6.23)으로부터 $\overline{Y} = \frac{1}{1-b+bt}(C_0 - bT_0 + I_0 + G_0)$이므로 정부지출승수와 조세승수는

$$\frac{\partial \bar{Y}}{\partial G_0} = \frac{1}{1-b+bt} \tag{6.26}$$

그리고 $$\frac{\partial \bar{Y}}{\partial T_0} = \frac{-b}{1-b+bt} \tag{6.27}$$

자발적 조세(T_0)와 정부지출(G_0)을 동시에 1단위 증가시킬 때 균형국민소득($\overline{Y}$)에 대한 효과는 식 (6.26)과 식 (6.27)의 합으로 나타난다. 즉

$$\Delta\bar{Y} = \frac{1}{1-b+bt} + \left(\frac{-b}{1-b+bt}\right) = \frac{1-b}{1-b+bt}$$

위로부터 균형예산에 대한 효과는 양(+)이지만 $(1-b) < 1-b+bt$이기 때문에 1보다 작음을 알 수 있다. 결국 국민소득 모형에서 조세가 국민소득의 함수로 주어진 경우, 자발적 조세 부과분만큼 정부지출을 증가시키면 균형국민소득에 양(+)의 효과를 나타내지만 그 효과는 정부지출 증가분보다 작다[9]. 다시 말해 균형예산승수는 1보다 작다.

역자 TIP

9) 앞에서 살펴본 바와 같이 조세함수가 자발적 조세만으로 이루어진 경우는, 균형국민소득이 정부지출 변화분만큼 변화한다.

6.7 국민소득 모형이 다음과 같이 주어져 있다.

$$Y = C + I_0 + G_0 + X_0 - Z \qquad T = T_0 + tY$$
$$C = C_0 + bYd \qquad Z = Z_0 + zYd$$

여기서 모든 독립변수는 양(+)이고 $0 < b, z, t < 1$이다. 이 때 (a) 수출(X_0), (b) 자발적 수입(Z_0), (c) 자발적 조세(T_0)의 1단위 변화가 각각 균형국민소득에 미치는 효과를 산출하시오. 즉, 수출승수, 자발적 수입승수, 자발적 조세승수를 구하시오 ($Z = f(Y_d)$ 임에 유의).

먼저 균형국민소득을 구한다.

$$Y = C_0 + b(Y - T_0 - tY) + I_0 + G_0 + X_0 - Z_0 - z(Y - T_0 - tY)$$

$$\bar{Y} = \frac{1}{1 - b + bt + z - zt}(C_0 - bT_0 + I_0 + G_0 + X_0 - Z_0 + zT_0)$$

a)
$$\frac{\partial \bar{Y}}{\partial X_0} = \frac{1}{1 - b + bt + z - zt} > 0$$

$0 < b, z < 1$이기 때문에 $\frac{\partial \overline{Y}}{\partial X_0} > 0$이 되며 이는 수출 1단위 증가가 수출승수만큼 균형국민소득($\overline{Y}$)의 증가를 유발한다는 것을 의미한다.

b)
$$\frac{\partial \bar{Y}}{\partial Z_0} = \frac{-1}{1 - b + bt + z - zt} < 0$$

자발적 수입의 증가는 $\overline{Y}$의 감소를 가져온다.

c)
$$\frac{\partial \bar{Y}}{\partial T_0} = \frac{z - b}{1 - b + bt + z - zt} < 0$$

위 식에서 분모부분은 (+)이고 분자 부분의 경우, 한 국가의 한계수입성향(z)은 보통 그 나라의 한계소비성향(b)보다 작기 때문에 $\frac{\partial Y}{\partial T_0} < 0$이 된다. 즉 $z < b$이므로 $z - b < 0$이 된다. 따라서 자발적 조세의 증가는 식 (6.27)에서처럼 국민소득의 감소를 가져오지만, 분자에 (+) 값의 한계수입성향 z가 있기 때문에 국민소득에 대한 감소효과는 완화된다. 양(+)의 한계수입성향(z)이 존재할 때, 조세 증가는 수입에 대한 지출을 감소시키게 되므로 조세 증가가 균형국민소득에 미치는 (-)효과는 축소되게 된다.

6.8 [연습문제 6.7]의 모형에서 한계수입성향(z)의 1단위 변화가 균형국민소득 $\overline{Y}$에 미치는 효과를 산출하시오.

$$\frac{\partial \bar{Y}}{\partial z} = \frac{(1 - b + bt + z - zt)(T_0) - (C_0 - bT_0 + I_0 + G_0 + X_0 - Z_0 + zT_0)(1 - t)}{(1 - b + bt + z - zt)^2}$$

$$= \frac{T_0}{1 - b + bt + z - zt} - \frac{\bar{Y}(1 - t)}{1 - b + bt + z - zt}$$

$$= \frac{-[\bar{Y} - (T_0 + t\bar{Y})]}{1 - b + bt + z - zt} = \frac{-\bar{Y}d}{1 - b + bt + z - zt} < 0$$

■ 미분과 비교정학

6.9 $Y = C + I_0 + G_0 \quad Yd = Y - T \quad C_0 = 100 \quad I_0 = 90 \quad b = 0.75$

$C = C_0 + bYd \quad T = T_0 + tY \quad G_0 = 330 \quad T_0 = 240 \quad t = 0.20$

위의 모형에서 (a) 균형국민소득 $\overline{Y}$는 얼마인가? (b) 정부지출(G_0)과, (c) 자발적 조세(T_0)가 각각 \$50 증가할 때 $\overline{Y}$에 대한 효과는 얼마인가?

a) 식 (6.23)으로부터,

$$\bar{Y} = \frac{1}{1-b+bt}(C_0 - bT_0 + I_0 + G_0)$$

$$= \frac{1}{1-0.75+0.75(0.20)}[100 - 0.75(240) + 90 + 330]$$

$$= \frac{1}{0.40}(100 - 180 + 90 + 330) = 2.5(340) = 850$$

b) 정부가 정부지출(G_0)을 \$50 증가시키는 경우 균형국민소득의 변화는,

$$\Delta\bar{Y} = \frac{\partial\bar{Y}}{\partial G_0}\Delta G_0 = \frac{1}{1-b+bt}(50) = 2.5(50) = 125$$

c) 자발적 조세(T_0)가 \$50 증가하는 경우 균형국민소득의 변화는,

$$\Delta\bar{Y} = \frac{\partial\bar{Y}}{\partial T_0}\Delta T_0 = \frac{-b}{1-b+bt}(50) = \frac{-0.75}{1-0.75+0.75(0.20)}(50) = -1.875(50) = -93.75$$

6.10 [연습문제 6.9(a)]에서 완전고용수준하의 국민소득(Y_{fe})이 1000이고 정부가 완전고용을 달성하려고 할 때, 이를 위해 정부는 (a) 정부지출 또는 (b) 자발적 조세를 얼마만큼 변화시켜야 하는가?

a) 현재의 국민소득이 850이기 때문에 정부는 완전고용수준하의 국민소득 1000에 도달하기 위해서는 국민소득을 150만큼 증가시켜야 한다. 즉 원하는 국민소득 증가분이 $\Delta\overline{Y} = 150$이므로 이를 [연습문제 6.9(b)]의 식에 대입하면

$$\Delta\bar{Y} = \frac{\partial\bar{Y}}{\partial G_0}\Delta G_0$$

$$150 = 2.5\Delta G_0 \qquad \Delta G_0 = 60$$

을 얻을 수 있다. 결국 정부지출이 60만큼 증가하면 국민소득은 150만큼 증가할 것이다.

b) 정부가 자발적 조세의 변화를 통해 완전고용에 도달하려 하는 경우, [연습문제 6.9 (c)]로부터,

$$\Delta\bar{Y} = \frac{\partial\bar{Y}}{\partial T_0}\Delta T_0$$

$$150 = -1.875\Delta T_0 \qquad \Delta T_0 = -80$$

이 되므로 자발적 조세를 80만큼 감소시켜야 한다.

6.11 (a) 위의 [연습문제 6.10(a)]에 의한 정책이 시행되는 경우와, (b)[연습문제 6.10(b)]에 의한 정책이 시행되는 경우의 재정적자에 대한 효과를 비교설명하시오.

a) 정부의 재정상태는 정부의 조세수입(T)과 정부지출(G) 사이의 차이에 의해 파악할 수 있다. 초기의 국민소득이 850이었으므로,

$$T = 240 + 0.2(850) = 410 \qquad G_0 = 330 \qquad T - G_0 = 410 - 330 = 80$$

이 되어 정부의 재정상태는 80만큼의 흑자를 보이고 있다.

이 상태에서 정부가 완전고용을 달성하기 위해 정부지출을 60만큼 늘리면 국민소득은 $\Delta \overline{Y} = 150$만큼 소득이 증가[10]하게 되고, 조세수입은 국민소득의 함수이기 때문에 $\Delta \overline{T} = 0.2(150) = 30$만큼 증가하게 된다.

역자 TIP

10) 정부지출승수 효과에 따른 소득증가이다.

종국적으로 정부지출 60의 증가는 조세수입 30의 증가를 가져오므로 경제를 완전고용에 도달하도록 하는데 필요한 정부의 순비용은 $30에 해당한다.

새로운 국민소득 $\overline{Y} = 1000$에서

$$T = 240 + 0.2(1000) = 440 \qquad G_0 = 330 + 60 = 390 \qquad T - G_0 = 440 - 390 = 50$$

이 되므로, 정부의 재정흑자는 정책을 시행하기 전 $80에서 $50로 감소된 것을 확인할 수 있다.

b) [연습문제 6.10(b)]의 정책이 시행되어 정부가 T_0를 80만큼 감소시킬 경우 당연히 조세수입은 초기에 80만큼 감소할 것이다. 그러나 이로 인한 $150의 국민소득 증가는 $\Delta T = 0.2(150) = 30$만큼 조세수입을 증가시키는 결과를 가져올 것이다. 따라서 경제를 완전고용 수준으로 활성화시키기 위해 자발적 조세를 감소시키는 정책시행에 따르는 순비용은 $50가 된다. 실제로 $\overline{Y} = 1000$에서 정부의 재정흑자가 $30로 감소되었음을 아래 식에서 확인할 수 있다.

$$T = 160 + 0.2(1000) = 360 \qquad G_0 = 330 \qquad T - G_0 = 360 - 330 = 30$$

6.12 (a) [연습문제 6.9]에서 비례세[11]가 10% 증가하는 경우 균형국민소득 $\overline{Y}$에 미치는 효과는?

(b) 정부가 원래의 한계조세율($\frac{dT}{dY} = t$) 20%를 변화시켜 완전고용하의 국민소득인 $Y_{fe} = 1000$에 도달하고자 한다면 t는 어느 정도 변화시켜야 하는가?

역자 TIP

11) [연습문제 6.9]의 조세함수 $T = T_0 + tY$는 Y의 변화와 관계가 없는 T_0의 자발적 조세와 Y의 변화에 비례적인 조세 tY로 구성되어 있다.

a) 비례세를 10% 증가시키면 세율변화분은

$$\Delta t = 0.10(0.20) = 0.02$$

이 때 세율변화에 의한 국민소득의 변화분은

$$\Delta \bar{Y} = \frac{\partial \bar{Y}}{\partial t}\Delta t$$

가 되므로 [연습문제 6.4(*c*)]에서 구한 $\frac{\partial \overline{Y}}{\partial t}$를 위에 대입하면

$$\Delta \bar{Y} \approx \frac{-b\bar{Y}}{1-b+bt}(0.02)$$

이 경우 독립변수의 변화와는 달리 파라메터의 변화는 승수값을 변화시키기 때문에 개략적으로만 그 효과를 파악할 수 있다.

$$\Delta \bar{Y} \approx \frac{-0.75(850)}{0.4}(0.02) = -31.88$$

b) 정부는 완전고용하의 국민소득에 도달하려면 $\overline{Y}$를 150만큼 증가시켜야 하므로, 위의 방정식에 $\Delta \overline{Y} = 150$을 대입하면

$$150 \approx \frac{-0.75(850)}{0.4}\Delta t$$
$$\Delta t \approx -0.09$$

세율은 약 0.09 감소되어야 한다. 따라서 새로운 세율은 약 11%(0.20 - 0.09 = 0.11)가 될 것이다.

6.13 다음과 같이 국민소득모형이 주어졌을 때 다음을 계산하시오.

$$Y = C + I_0 + G_0 + X_0 - Z \qquad T = T_0 + tY$$
$$C = C_0 + bYd \qquad Z = Z_0 + zYd$$

여기서

$$b = 0.9 \qquad t = 0.2 \qquad C_0 = 125$$
$$X_0 = 150 \qquad Z_0 = 55 \qquad I_0 = 92.5$$
$$z = 0.15 \qquad T_0 = 150 \qquad G_0 = 600$$

(*a*) 균형국민소득

(*b*) 자발적 수출(X_0)이 60 증가했을 때 $\overline{Y}$에 대한 효과

(c) 자발적 수입(Z_0)이 30 증가했을 때 $\bar{Y}$에 대한 효과

a) [연습문제 6.7]에서와 같은 방법에 따라

$$\bar{Y} = \frac{1}{1-b+bt+z-zt}(C_0 - bT_0 + I_0 + G_0 + X_0 - Z_0 + zT_0)$$
$$= \frac{1}{1-0.9+0.9(0.2)+0.15-0.15(0.2)}[125-0.9(150)+92.5+600+150-55+22.5]$$
$$= 2.5(800) = 2000$$

b) $$\Delta\bar{Y} = \frac{\partial\bar{Y}}{\partial X_0}\Delta X_0 = \frac{1}{1-b+bt+z-zt}(60) = 2.5(60) = 150$$

c) $$\Delta\bar{Y} = \frac{\partial\bar{Y}}{\partial Z_0}\Delta Z_0 = \frac{-1}{1-b+bt+z-zt}(30) = -2.5(30) = -75$$

6.14 만약 [연습문제 6.13]에서 주어진 모형에서 완전고용수준하의 국민소득이 2075라 한다면,

(a) 완전고용수준하의 국민소득에 도달하기 위해 정부지출은 얼마만큼 증가시켜야 하는가?

(b) 동일한 효과를 얻기 위해서는 자발적 조세를 얼마만큼 감소시켜야 하는가?

a) 국민소득에 대한 정부지출 효과는

$$\Delta\bar{Y} = \frac{\partial\bar{Y}}{\partial G_0}\Delta G_0$$

이므로 여기에 $\Delta\bar{Y} = 75$를 대입하면

$$75 = \frac{1}{1-b+bt+z-zt}\Delta G_0 = 2.5\Delta G_0 \qquad \Delta G_0 = 30$$

b) $$\Delta\bar{Y} = \frac{\partial\bar{Y}}{\partial T_0}\Delta T_0$$

$$75 = \frac{z-b}{1-b+bt+z-zt}\Delta T_0 = -1.875\Delta T_0 \qquad \Delta T_0 = -40$$

정부는 자발적 조세를 40만큼 삭감시켜야 한다.

6.15 [연습문제 6.14]에서 만약 정부가 (a) 정부지출의 증가 또는 (b) 조세의 삭감을 통해 완전고용에 도달한 경우, 재정적자에 대한 효과를 계산하시오.

a) 정부가 정부지출을 30 증가시키게 되면 정부적자는 처음에 30만큼 증가한다. 그러나 정부지출의 증가로 국민소득은 75만큼 증가하게 되고, $\Delta\bar{Y} = 75$에서 $\Delta T = 0.2(75) = 15$이므로 정부의 조세수입은 15만큼 증가하게 된다.

따라서 정부지출 증대 정책을 시행함으로써 정부가 부담하는 비용은 $15(30

- 15 = 15)가 된다.

b) 정부가 자발적 조세를 40만큼 삭감하면 조세수입은 처음에 40만큼 감소한다. 그러나 조세감소 정책으로 국민소득이 75만큼 증가하게 되면서 이는 다시 15만큼의 조세수입 증대를 유발하게 된다. 따라서 이 정책에 대한 순비용은 25(40 - 15 = 25)이고 재정적자는 25만큼 악화된다.

6.16 [연습문제 6.14]에서의 (a) 정부지출과, (b) 조세 삭감이 국제수지(balance of payment: B/P)에 미치는 효과를 계산하시오.

a) 국제수지는 $\text{B/P} = X - Z$이므로, [연습문제 6.13]에서 주어진 모형의 관련 함수를 국제수지함수에 대입하면 식 (6.28)을 얻을 수 있다.

$$\text{B/P} = X_0 - (Z_0 + zYd) = X_0 - Z_0 - zY + zT_0 + ztY \tag{6.28}$$

정부지출이 30 증가할 때 국민소득 변화분은 $\Delta Y = 75$이고, 식 (6.28)의 우변항에서는 Y만 변수로 작용하기 때문에

$$\Delta(\text{B/P}) = -z(75) + zt(75)^{12)}$$

이 된다. 여기에 $z = 0.15$, $zt = (0.15)(0.2) = 0.03$을 대입하면, 국제수지에 대한 효과는 $\Delta(\text{B/P}) = -9$가 된다.

b) 정부가 자발적 조세를 40만큼 감소시키면 국민소득은 $\Delta Y = 75$만큼 증가하게 되고 식 (6.28)로부터

$$\Delta(\text{B/P}) = -z(75) + z(-40) + zt(75) = -15^{13)}$$

조세삭감 정책은 정부지출을 증대시키는 것보다 가처분소득(disposible income)을 더 크게 증가시키기 때문에 그 결과 더 높은 수입증가를 유발하여 국제수지 적자를 더 확대시키게 된다.

역자 TIP

12) $\Delta(\text{B/P}) = \dfrac{\partial(\text{B/P})}{\partial Y}\Delta Y = (-z + zt)\Delta Y = -z\Delta Y + zt\Delta Y$의 과정을 거쳐 얻은 결과이다.

13) $\Delta(\text{B/P}) = \dfrac{\partial(\text{B/P})}{\partial T_0}\Delta T_0 + \dfrac{\partial(\text{B/P})}{\partial Y}\Delta Y = z\Delta T_0 - z\Delta Y + zt\Delta Y$의 과정을 거쳐 얻은 결과이다.

6.17 [연습문제 6.13]의 모형에서 한계수입성향이 1%포인트 감소하는 경우 균형국민소득 $\bar{Y}$에 미치는 효과를 아래 식에 따라 측정하시오.

$$\Delta\bar{Y} \approx \frac{\partial\bar{Y}}{\partial z}\Delta z$$

[연습문제 6.8]에서 얻은 결과인 $\frac{\partial \bar{Y}}{\partial z}$를 위 식에 대입한다.

$$\Delta\bar{Y} = \frac{-\bar{Y}d}{1-b+bt+z-zt}\Delta z$$

여기서 $\bar{Y}d = \bar{Y} - T_0 - t\bar{Y} = 2000 - 150 - 0.2(2000) = 1450$

따라서 $\Delta\bar{Y} = \frac{-1450}{0.4}(-0.01) = +36.25$

■ 편탄력성

6.18 수요함수가 $Q = 700 - 2P + 0.02Y$로 주어진 경우, $P = 25$, $Y = 5000$일 때 (*a*) 수요의 가격탄력성과 (*b*) 수요의 소득탄력성을 구하시오.

a)
$$\epsilon_d = \frac{\partial Q}{\partial P}\left(\frac{P}{Q}\right)$$

여기서 $\partial Q/\partial P = -2$ and $Q = 700 - 2(25) + 0.02(5000) = 750$. 따라서

$$\epsilon_d = -2\left(\frac{25}{750}\right) = -0.067$$

b)
$$\epsilon_Y = \frac{\partial Q}{\partial Y}\left(\frac{Y}{Q}\right) = 0.02\left(\frac{5000}{750}\right) = 0.133$$

6.19 수요함수가 $Q = 400 - 8P + 0.05Y$로 주어지고 $P = 15$, $Y = 12{,}000$일 때

(*a*) 수요의 소득탄력성을 구하시오.
(*b*) 소득이 매년 5%씩 증가한다고 했을 때 수요의 성장잠재력을 구하시오.
(*c*) 이 성장잠재력에 대해 설명하시오.

a) $Q = 400 - 8(15) + 0.05(12{,}000) = 880$ 그리고 $\partial Q/\partial Y = 0.05$.

$$\epsilon_Y = \frac{\partial Q}{\partial Y}\left(\frac{Y}{Q}\right) = 0.05\left(\frac{12{,}000}{880}\right) = 0.68$$

b)
$$\epsilon_Y = \frac{\partial Q}{Q} \div \frac{\partial Y}{Y}$$

위 식을 정리하여 $\frac{\partial Q}{Q}$을 구한 후, 주어진 파라메터 값을 대입하면,

$$\frac{\partial Q}{Q} = \epsilon_Y \frac{\partial Y}{Y} = 0.68(0.05) = 0.034$$

따라서 이 재화의 수요는 3.4%씩 증가할 것이다.

c) $0 < \epsilon_Y < 1$이기 때문에 이 재화의 수요는 국민소득의 증가와 함께 증가하겠지만

[14], 국민소득 증가율보다는 낮은 증가율을 보일 것이다[15]. 그러므로 절대적으로는 수요가 증가하더라도 상대적인 시장점유율은 경제성장과 함께 감소할 것이다. 그러나 만약 $\epsilon_Y > 1$이라면 수요는 경제성장률보다 더 빨리 증가할 것이며 시장점유율 또한 높아질 것이다. 그런데 만약 $\epsilon_Y < 0$인 경우는 재화의 수요가 국민소득 증가함에 따라 오히려 감소하게 될 것이다.

역자 TIP

14) 수요함수 $Q = 400 - 8P + 0.05Y$에서 수요가 가격 P와 소득 Y의 함수로 이루어져 있음을 알 수 있다.

15) $\frac{\partial Q}{Q} = \epsilon_Y \frac{\partial Y}{Y}$에서 $\frac{\partial Y}{Y}$가 경제성장률이고 $\frac{\partial Q}{Q}$는 재화의 수요증가율인데 이 관계식에서 ϵ_Y가 $0 < \epsilon_Y < 1$이므로 $\frac{\partial Q}{Q} < \frac{\partial Y}{Y}$이 된다. 즉 수요증가율이 소득증가율보다 낮다.

6.20 수요함수가 $Q_1 = 100 - P_1 + 0.75P_2 - 0.25P_3 + 0.0075Y$로 주어지고, $P_1 = 10$, $P_2 = 20$, $P_3 = 40$, $Y = 10{,}000$ 그리고 $Q_1 = 170$일 때, 서로 다른 두 재화에 대한 수요의 교차탄력성을 구하시오.

$$\epsilon_{12} = \frac{\partial Q_1}{\partial P_2}\left(\frac{P_2}{Q_1}\right) = 0.75\left(\frac{20}{170}\right) = 0.088$$

$$\epsilon_{13} = \frac{\partial Q_1}{\partial P_3}\left(\frac{P_3}{Q_1}\right) = -0.25\left(\frac{40}{170}\right) = -0.059$$

6.21 수요함수가 $Q_1 = 50 - 4P_1 - 3P_2 + 2P_3 + 0.001Y$로 주어지고, $P_1 = 5$, $P_2 = 7$, $P_3 = 3$, $Y = 11{,}000$, $Q_1 = 26$일 때 다음에 답하시오.

(*a*) 교차탄력성을 이용하여 1재화와 다른 두 재화 사이의 관계를 확인하시오.

(*b*) 다른 두 재화(2재화와 3재화)의 가격이 각각 10% 상승했을 때 Q_1에 미치는 영향을 계산하시오.

a) $$\epsilon_{12} = -3(\tfrac{7}{26}) = -0.81 \qquad \epsilon_{13} = 2(\tfrac{3}{26}) = 0.23$$

ϵ_{12}가 음(-)이므로 1재화와 2재화 사이의 관계는 서로 보완재이다. 따라서 P_2의 증가는 Q_1의 감소를 가져온다. 또한 ϵ_{13}는 양(+)이므로 1재화와 3재화는 대체재의 관계에 있다. 따라서 P_3의 증가는 Q_1의 증가를 유발하게 된다.

b) $$\epsilon_{12} = \frac{\partial Q_1}{Q_1} \div \frac{\partial P_2}{P_2}$$

위 식을 정리하여 $\frac{\partial Q}{Q}$을 구한 후, 주어진 파라메터 값을 대입하면,

$$\frac{\partial Q_1}{Q_1} = \epsilon_{12}\frac{\partial P_2}{P_2} = -0.81(0.10) = -0.081$$

따라서 P_2가 10% 상승하면 Q_1은 8.1% 감소한다는 것을 알 수 있다. 동일한 방법에 의해

$$\epsilon_{13} = \frac{\partial Q_1}{Q_1} \div \frac{\partial P_3}{P_3}$$

$$\frac{\partial Q_1}{Q_1} = \epsilon_{13}\frac{\partial P_3}{P_3} = 0.23(0.10) = 0.023$$

따라서 P_3의 10% 상승은 Q_1을 2.3% 증가시킨다.

■ 경제함수의 최적화

6.22 x, y 두 재화를 생산하고 있는 기업의 이윤함수(π)가 $\pi = 160x - 3x^2 - 2xy - 2y^2 + 120y - 18$로 주어졌을 때, (*a*) 이윤을 극대화하시오. (*b*) 2차조건을 검토하고, (*c*) 임계값($\bar{x}$, $\bar{y}$)에서의 이윤을 구하시오.

a) $$\pi_x = 160 - 6x - 2y = 0 \qquad \pi_y = -2x - 4y + 120 = 0$$

이 연립방정식을 풀면, $\bar{x} = 20$, $\bar{y} = 20$

b) 2차 편도함수를 구하면

$$\pi_{xx} = -6 \qquad \pi_{yy} = -4 \qquad \pi_{xy} = -2$$

여기서 $\pi_{xx} = -6 < 0$, $\pi_{yy} = -4 < 0$이고 $\pi_{xx}\pi_{yy} > \pi_{xy}^2$이므로 이윤 π는 임계값 $\bar{x} = \bar{y} = 20$에서 극대화된다.

c) $$\pi = 2,782$$

6.23 $\pi = 25x - x^2 - xy - 2y^2 + 30y - 28$일 때 [문제 6.22]에서의 물음에 답하시오.

a) $$\pi_x = 25 - 2x - y = 0 \qquad \pi_y = -x - 4y + 30 = 0$$

따라서 임계값은 $\bar{x} = 10$, $\bar{y} = 5$

b) $$\pi_{xx} = -2 \qquad \pi_{yy} = -4 \qquad \pi_{xy} = -1$$

$\pi_{xx} < 0$, $\pi_{yy} < 0$이고 $\pi_{xx}\pi_{yy} > \pi_{xy}^2$이므로 이윤 π는 임계값에서 극대값을 가진다.

c) $$\pi = 172$$

6.24 x, y 두 재화를 생산하는 독점기업이 직면하고 있는 x, y의 수요함수와 비용함수가

다음과 같이 주어졌을 때

$$x = 25 - 0.5P_x \qquad (6.29)$$

$$y = 30 - P_y \qquad (6.30)$$

$$c = x^2 + 2xy + y^2 + 20 \qquad (6.31)$$

(*a*) 이윤을 극대화하는 두 재화의 생산량
(*b*) 이윤을 극대화하는 두 재화의 가격
(*c*) 극대이윤을 구하시오.

a) 두 재화를 생산하는 이 기업의 이윤함수는 $\pi = \text{TR}_x + \text{TR}_y - \text{TC}$이므로, $\text{TR}_x = P_x x$, $\text{TR}_y = P_y y$를 대입하면

$$\pi = P_x x + P_y y - c \qquad (6.32)$$

식 (6.29)와 식 (6.30)에서

$$P_x = 50 - 2x \qquad (6.33)$$

$$P_y = 30 - y \qquad (6.34)$$

이므로 이를 식 (6.32)에 대입하면 식 (6.35)를 얻을 수 있다.

$$\begin{aligned}\pi &= (50-2x)x + (30-y)y - (x^2+2xy+y^2+20)\\ &= 50x - 3x^2 + 30y - 2y^2 - 2xy - 20\end{aligned} \qquad (6.35)$$

식 (6.35)를 극대화하기 위한 1차조건

$$\pi_x = 50 - 6x - 2y = 0 \qquad \pi_y = 30 - 4y - 2x = 0$$

이 연립방정식을 풀면 임계값 $\bar{x} = 7$, $\bar{y} = 4$를 얻을 수 있다. 2차조건을 검토하면,

$$\pi_{xx} = -6,\ \pi_{yy} = -4,\ \pi_{xy} = -2$$

에서 $\pi_{xx} < 0$, $\pi_{yy} < 0$이고 $\pi_{xx}\pi_{yy} > (\pi_{xy})^2$이 성립하므로 이윤 π는 극대화된다.

b) 식 (6.33)과 식 (6.34)에 임계값 $\bar{x} = 7$, $\bar{y} = 4$를 대입하면 두 재화의 가격을 구할 수 있다.

$$P_x = 50 - 2(7) = 36 \qquad P_y = 30 - 4 = 26$$

c) 식 (6.35)에 임계값 $\bar{x} = 7$, $\bar{y} = 4$를 대입하면 극대이윤은 $\pi = 215$가 된다.

6.25 x, y 두 재화를 생산하는 독점기업의 수요함수와 총비용함수가 아래와 같이 주어졌을 때 이윤극대화를 위한 (*a*) 생산량, (*b*) 가격, 그리고 (*c*) 극대이윤을 구하시오.

(수요함수)

$$x = 50 - 0.5P_x \qquad (6.36)$$

$$y = 76 - P_y \qquad (6.37)$$

(총비용함수) $c = 3x^2 + 2xy + 2y^2 + 55$

a) 식 (6.36)과 식 (6.37)로부터

$$P_x = 100 - 2x \tag{6.38}$$

$$P_y = 76 - y \tag{6.39}$$

이를 $\pi = P_x x + P_y y - c$에 대입하면 이윤함수 π를 x, y의 함수로 나타낼 수 있다.

$$\begin{aligned}\pi &= (100 - 2x)x + (76 - y)y - (3x^2 + 2xy + 2y^2 + 55) \\ &= 100x - 5x^2 + 76y - 3y^2 - 2xy - 55\end{aligned} \tag{6.40}$$

식 (6.40)을 극대화하기 위한 1차조건

$$\pi_x = 100 - 10x - 2y = 0 \qquad \pi_y = 76 - 6y - 2x = 0$$

으로부터 임계값 $\bar{x} = 8$, $\bar{y} = 10$을 얻을 수 있다. 2차조건을 확인하기 위해 2차 편도함수를 구한다.

$\pi_{xx} = -10$, $\pi_{yy} = -6$, $\pi_{xy} = -2$로부터 $\pi_{xx} < 0$, $\pi_{yy} < 0$이고 $\pi_{xx}\pi_{yy} > (\pi_{xy})^2$이 성립하므로 2차조건 역시 만족된다. 따라서 이윤 π는 임계값 $\bar{x} = 8$, $\bar{y} = 10$에서 극대화된다.

b) 식 (6.38)과 식 (6.39)에 임계값 $\bar{x} = 8$, $\bar{y} = 10$을 대입하면

$$P_x = 100 - 2(8) = 84 \qquad P_y = 76 - 10 = 66$$

c) 식 (6.40)에서 $\pi = 725$

6.26 x, y 두 재화를 생산하는 독점기업의 수요함수와 총비용함수가 아래와 같이 주어졌을 때 이윤극대화를 위한 (*a*) 생산량, (*b*) 가격, 그리고 (*c*) 극대이윤을 구하시오.

(수요함수)

$$Q_1 = 49\tfrac{1}{3} - \tfrac{2}{3}P_1 \tag{6.41}$$

$$Q_2 = 36 - \tfrac{1}{2}P_2 \tag{6.42}$$

(총비용함수) $c = Q_1^2 + 2Q_1Q_2 + Q_2^2 + 120$

a) 식 (6.41)과 식 (6.42)에서 P_1과 P_2를 구한다.

$$P_1 = 74 - 1.5Q_1 \tag{6.43}$$

$$P_2 = 72 - 2Q_2 \tag{6.44}$$

이를 $\pi = P_1Q_1 + P_2Q_2 - c$에 대입하면

$$\begin{aligned}\pi &= (74 - 1.5Q_1)Q_1 + (72 - 2Q_2)Q_2 - (Q_1^2 + 2Q_1Q_2 + Q_2^2 + 120) \\ &= 74Q_1 - 2.5Q_1^2 + 72Q_2 - 3Q_2^2 - 2Q_1Q_2 - 120\end{aligned} \tag{6.45}$$

식 (6.45)를 극대화하기 위한 1차조건을 구한다.

$$\pi_1 = 74 - 5Q_1 - 2Q_2 = 0 \qquad \pi_2 = 72 - 6Q_2 - 2Q_1 = 0$$

따라서 임계값은 $\overline{Q}_1 = 11.54$, $\overline{Q}_2 = 8.15$가 된다.

2차조건을 확인하기 위해 2차편도함수를 구하면, $\pi_{11} = -5$, $\pi_{22} = -6$, 그리고 $\pi_{12} = -2$가 되고, $\pi_{11} < 0$, $\pi_{22} < 0$이고 $\pi_{11}\pi_{22} > (\pi_{12})^2$가 성립하므로 2차조건 역시 만족된다. 따라서 이윤 π는 임계값 $\overline{Q}_1 = 11.54$, $\overline{Q}_2 = 8.15$에서 극대화된다.

b) 식 (6.43)과 식 (6.44)에 임계값 $\overline{Q}_1 = 11.54$, $\overline{Q}_2 = 8.15$을 대입하면

$$P_1 = 74 - 1.5(11.54) = 56.69 \qquad P_2 = 72 - 2(8.15) = 55.70$$

c) 식 (6.45)에 임계값을 대입하면 $\pi = 600.46$

6.27 다음과 같은 수요함수와 비용함수를 가지고 있는 기업의 이윤극대화 (*a*) 생산량, (*b*) 가격, (*c*) 이윤을 구하시오.

(수요함수) $$Q_1 = 5200 - 10P_1 \tag{6.46}$$

$$Q_2 = 8200 - 20P_2 \tag{6.47}$$

(비용함수) $$c = 0.1Q_1^2 + 0.1Q_1Q_2 + 0.2Q_2^2 + 325$$

a) 식 (6.46)과 식 (6.47)로부터

$$P_1 = 520 - 0.1Q_1 \tag{6.48}$$

$$P_2 = 410 - 0.05Q_2 \tag{6.49}$$

따라서

$$\begin{aligned}\pi &= (520 - 0.1Q_1)Q_1 + (410 - 0.05Q_2)Q_2 - (0.1Q_1^2 + 0.1Q_1Q_2 + 0.2Q_2^2 + 325) \\ &= 520Q_1 - 0.2Q_1^2 + 410Q_2 - 0.25Q_2^2 - 0.1Q_1Q_2 - 325 \end{aligned} \tag{6.50}$$

식 (6.50)을 극대화하는 임계값을 구하면

$$\pi_1 = 520 - 0.4Q_1 - 0.1Q_2 = 0 \qquad \pi_2 = 410 - 0.5Q_2 - 0.1Q_1 = 0$$

에서 $\overline{Q}_1 = 1152.63$, $\overline{Q}_2 = 589.47$이 된다.

2차조건에서는 $\pi_{11} = -0.4$, $\pi_{22} = -0.5$, $\pi_{12} = -0.1 = \pi_{21}$이 되어 $\pi_{11} < 0$, $\pi_{22} < 0$ 그리고 $\pi_{11}\pi_{22} > (\pi_{12})^2$이 성립한다. 따라서 임계값 $\overline{Q}_1 = 1152.63$, $\overline{Q}_2 = 589.47$에서 이윤 π는 극대화된다.

b) 임계값을 식 (6.48)과 식 (6.49)에 대입하면 이윤을 극대화하기 위한 가격을 구할 수 있다.

$$P_1 = 520 - 0.1(1152.63) = 404.74 \qquad P_2 = 410 - 0.05(589.47) = 380.53$$

c) $$\pi = 420{,}201.32$$

■ 제약조건하에서의 최적화와 경제학에서의 응용

6.28 (a) (x, y 두 재화에 대한 총생산비함수가 $c = 6x^2 + 10y^2 - xy + 30$이고 x, y의 생산량이 $x + y = 34$의 제약조건하에 있을 때, 이 기업은 비용최소화를 위해 x, y를 각각 얼마만큼 생산해야 하는가?

(b) 생산량 할당량이 34단위에서 1단위 감소하는 경우 비용에 미치는 영향을 측정하시오.

a) 먼저 제약조건식을 음함수의 형태로 변형시킨 후 λ를 곱하고, 이를 목적함수에 부가하여 라그랑지 함수를 구성한다.

$$C = 6x^2 + 10y^2 - xy + 30 + \lambda(34 - x - y)$$
$$C_x = 12x - y - \lambda = 0$$
$$C_y = 20y - x - \lambda = 0$$
$$C_\lambda = 34 - x - y = 0$$

이를 풀면 $\bar{x} = 21$, $\bar{y} = 13$, $\bar{\lambda} = 239$와 $c = 4093$을 얻을 수 있다. 2차조건은 12.5절에서 논의할 것이다.

b) $\lambda = 239$이므로 제약조건식의 상수(생산할당량) 1단위 감소는 약 239의 비용감소를 가져올 것이다.

6.29 (a) x, y 두 재화를 생산하는 기업의 이윤함수가 $\pi = 80x - 2x^2 - xy - 3y^2 + 100y$이고 x, y의 최대 생산능력이 $x + y = 12$라고 할 때, 이윤극대화를 위해 이 기업은 x, y를 얼마만큼씩 생산해야 하는가?

(b) 생산능력이 1단위 증가하는 경우 이윤에 미치는 영향을 측정하시오.

a) $$\Pi = 80x - 2x^2 - xy - 3y^2 + 100y + \lambda(12 - x - y)$$
$$\Pi_x = 80 - 4x - y - \lambda = 0$$
$$\Pi_y = -x - 6y + 100 - \lambda = 0$$
$$\Pi_\lambda = 12 - x - y = 0$$

위의 연립방정식을 풀면 임계값은 $\bar{x} = 5$, $\bar{y} = 7$, $\bar{\lambda} = 53$이 되고, 따라서 극대이윤은 $\pi = 868$이 된다.

b) $\bar{\lambda} = 53$이므로 생산능력이 1단위 증가하면 이윤은 약 53만큼 증가하게 된다.

6.30 어느 목축업자의 이윤함수가 다음과 같이 주어져 있다.

$$\pi = 110x - 3x^2 - 2xy - 2y^2 + 140y$$

여기서 x는 소의 양쪽 허리살이고 y는 소가죽이라 할 때, 소가죽 한 장당 양쪽 허리살이 나오므로 허리살과 쇠가죽은 다음과 같은 비율로 생산된다.

$$\frac{x}{2} = y \qquad x = 2y$$ [16]

역자 TIP

16) $2x = y$라고 혼동하기 쉽다. 소 한 마리당 허리살(x)이 왼쪽, 오른쪽 둘일 때 쇠가죽(y) 한 장이 생산되므로 $2:1 = x:y$의 관계가 성립한다. 이를 정리하면 $x = 2y$, 즉 $y = \frac{1}{2}x$가 된다.

이 목축업자는 이윤을 극대화하기 위해 x, y를 얼마만큼씩 생산해야 하는가?

$$\Pi = 110x - 3x^2 - 2xy - 2y^2 + 140y + \lambda(x - 2y)$$
$$\Pi_x = 110 - 6x - 2y + \lambda = 0$$
$$\Pi_y = -2x - 4y + 140 - 2\lambda = 0$$
$$\Pi_\lambda = x - 2y = 0$$

이로부터 $\bar{x} = 20$, $\bar{y} = 10$, $\bar{\lambda} = 30$이고 이윤은 $\pi = 1800$이 된다.

6.31 (*a*) 생산할당량이 $x + y = 39$이고 비용함수가 $c = 5x^2 + 2xy + 3y^2 + 800$일 때 생산비를 최소화하시오.

(*b*) 생산할당량이 40으로 증가하는 경우의 추가생산비를 구하시오.

a)

$$C = 5x^2 + 2xy + 3y^2 + 800 + \lambda(39 - x - y)$$
$$C_x = 10x + 2y - \lambda = 0$$
$$C_y = 2x + 6y - \lambda = 0$$
$$C_\lambda = 39 - x - y = 0$$

연립방정식을 풀면, $\bar{x} = 13$, $\bar{y} = 26$, $\bar{\lambda} = 182$ 그리고 $c = 4349$이다.

b) $\bar{\lambda} = 182$이므로 생산할당량 한 단위 증가는 약 182의 추가비용을 필요로 한다.

6.32 x, y 두 재화를 생산하는 독점기업의 수요함수가 아래와 같이 주어지고

$$x = 72 - 0.5P_x \tag{6.51}$$

$$y = 120 - P_y \tag{6.52}$$

총비용함수는 $c = x^2 + xy + y^2 + 35$라고 한다. 두 재화의 생산량 합계가 최대 40으로 제한되어 있는 경우, 즉 $x + y = 40$일 때, 이윤을 극대화하는 (*a*) 생산량, (*b*) 가격, 그리고 이때의 (*c*) 이윤을 구하시오.

a) 식 (6.51)과 (6.52)에서

$$P_x = 144 - 2x \tag{6.53}$$
$$P_y = 120 - y \tag{6.54}$$

따라서

$$\pi = (144 - 2x)x + (120 - y)y - (x^2 + xy + y^2 + 35) = 144x - 3x^2 - xy - 2y^2 + 120y - 35$$

의 이윤함수를 구할 수 있다.

$$\Pi = 144x - 3x^2 - xy - 2y^2 + 120y - 35 + \lambda(40 - x - y)$$

여기에 제약조건을 부가하여 라그랑지 함수를 구성한다.

이윤극대화 1차조건에 따라

$$\Pi_x = 144 - 6x - y - \lambda = 0$$
$$\Pi_y = -x - 4y + 120 - \lambda = 0$$
$$\Pi_\lambda = 40 - x - y = 0$$

따라서 $\bar{x} = 18$, $\bar{y} = 22$, 그리고 $\bar{\lambda} = 14$

b) 위의 결과를 식 (6.53)과 (6.54)에 대입하면

$$P_x = 144 - 2(18) = 108 \qquad P_y = 120 - 22 = 98$$

c) $\pi = 2{,}861$

6.33 삼륜차의 부품제조업자는 차체(y) 한 대당 타이어(x) 세 개를 판매한다. 따라서 x와 y의 관계는

$$\frac{x}{3} = y \qquad x = 3y$$

이다. 이때 수요함수가

$$x = 63 - 0.25P_x \tag{6.55}$$
$$y = 60 - \tfrac{1}{3}P_y \tag{6.56}$$

이고 비용함수가 다음과 같이 주어진 경우

$$c = x^2 + xy + y^2 + 190$$

이윤을 극대화하는 (*a*) 생산량, (*b*) 가격 그리고 (*c*) 이윤을 구하시오.

a) 식 (6.55)와 (6.56)을 이용하여 먼저 이윤함수를 도출한다.

$$P_x = 252 - 4x \tag{6.57}$$
$$P_y = 180 - 3y \tag{6.58}$$

따라서 이윤함수는

$$\pi = (252 - 4x)x + (180 - 3y)y - (x^2 + xy + y^2 + 190) = 252x - 5x^2 - xy + 180y - 190 - 4y^2$$

제약조건을 부가하여 라그랑지 함수를 다음과 같이 구성하고 이윤극대화 1차조건을 구한다.

$$\Pi = 252x - 5x^2 - xy - 4y^2 + 180y - 190 + \lambda(x - 3y)$$

$$\Pi_x = 252 - 10x - y + \lambda = 0 \qquad \Pi_y = -x - 8y + 180 - 3\lambda = 0 \qquad \Pi_\lambda = x - 3y = 0$$

따라서 임계값은 $\bar{x} = 27$, $\bar{y} = 9$이고 $\bar{\lambda} = 27$이 된다.

b) 식 (6.57)과 (6.58)에 위의 결과를 대입하면 $P_x = 144$, $P_y = 153$

c) $$\pi = 4022$$

6.34 [연습문제 4.22]에서는 기업이 동일한 재화를 서로 다른 두 개의 시장에서 판매할 때, 각 시장에 서로 다른 가격을 부과하여 가격차별화를 시도하는 경우와, 양 시장에 동일한 가격을 부과하는 두 가지 경우로 구분하여 이윤극대화 생산량을 구하는 문제를 다루었다. 그 때 주어진 두 시장에서의 수요함수와 비용함수가 아래와 같다.

$$Q_1 = 21 - 0.1P_1 \tag{6.59}$$

$$Q_2 = 50 - 0.4P_2 \tag{6.60}$$

$$c = 2000 + 10Q \quad \text{여기서} \quad Q = Q_1 + Q_2 \tag{6.61}$$

다변수함수의 미분법칙을 이용하여 [연습문제 4.22]에 대한 해를 검산하시오.

식 (6.59), (6.60), (6.61)로부터

$$P_1 = 210 - 10Q_1 \tag{6.62}$$

$$P_2 = 125 - 2.5Q_2 \tag{6.63}$$

$$c = 2000 + 10Q_1 + 10Q_2$$

(가격차별화를 하는 경우)

두 개의 시장에 서로 다른 가격을 부과하므로 $P_1 \neq P_2$이 되어 이윤함수는

$$\begin{aligned}\pi &= (210 - 10Q_1)Q_1 + (125 - 2.5Q_2)Q_2 - (2000 + 10Q_1 + 10Q_2)\\ &= 200Q_1 - 10Q_1^2 + 115Q_2 - 2.5Q_2^2 - 2000\end{aligned}$$

이윤극대화를 위해 이윤함수의 1차편도함수를 구하여 0으로 설정하고 이를 푼다.

$$\pi_1 = 200 - 20Q_1 = 0 \qquad \pi_2 = 115 - 5Q_2 = 0$$

따라서 $\bar{Q}_1 = 10$, $\bar{Q}_2 = 23$이다.

이를 식 (6.62)와 (6.63)에 대입하면 $\bar{P}_1 = 110$, $\bar{P}_2 = 67.5$가 되어 [연습문제 4.21]에서 구한 결과와 동일함을 알 수 있다.

(가격차별화를 하지 않는 경우)

두 시장에 동일한 가격이 부과되므로 $P_1 = P_2$이고, 식 (6.62)와 (6.63)으로부터

$$210 - 10Q_1 = 125 - 2.5Q_2$$
$$2.5Q_2 - 10Q_1 = -85$$

위의 식을 제약조건으로 간주하여 새로운 라그랑지 함수를 구성한다.

$$\Pi = 200Q_1 - 10Q_1^2 + 115Q_2 - 2.5Q_2^2 - 2000 + \lambda(85 - 10Q_1 + 2.5Q_2)$$

다음에 1차조건을 구한다.

$$\Pi_1 = 200 - 20Q_1 - 10\lambda = 0 \qquad \Pi_2 = 115 - 5Q_2 + 2.5\lambda = 0 \qquad \Pi_\lambda = 85 - 10Q_1 + 2.5Q_2 = 0$$

이로부터 임계값 $\overline{Q}_1 = 13.4$, $\overline{Q}_2 = 19.6$, $\overline{\lambda} = -6.8$을 얻을 수 있다.

이를 식 (6.62)와 (6.63)에 대입하면

$$P_1 = 210 - 10(13.4) = 76$$
$$P_2 = 125 - 2.5(19.6) = 76$$
$$Q = 13.4 + 19.6 = 33$$

6.35 수요함수와 비용함수가 다음과 같이 주어졌을 때 [연습문제 4.23]에 대한 해를 검산하시오.

$$Q_1 = 24 - 0.2P_1 \qquad Q_2 = 10 - 0.05P_2$$
$$c = 35 + 40Q \quad \text{여기서} \quad Q = Q_1 + Q_2$$

주어진 수요함수와 비용함수로부터

$$P_1 = 120 - 5Q_1 \tag{6.64}$$
$$P_2 = 200 - 20Q_2 \tag{6.65}$$
$$c = 35 + 40Q_1 + 40Q_2$$

(가격차별화를 하는 경우)

$$\pi = (120 - 5Q_1)Q_1 + (200 - 20Q_2)Q_2 - (35 + 40Q_1 + 40Q_2)$$
$$= 80Q_1 - 5Q_1^2 + 160Q_2 - 20Q_2^2 - 35$$

따라서 $\pi_1 = 80 - 10Q_1 = 0 \qquad \pi_2 = 160 - 40Q_2 = 0$

이로부터 $\overline{Q}_1 = 8$, $\overline{Q}_2 = 4$, $P_1 = 80$, $P_2 = 120$의 임계값을 얻을 수 있다.

(가격차별화를 하지 않는 경우)
두 시장의 가격은 $P_1 = P_2$로 동일하므로 이를 식 (6.64)과 (6.65)에 대입하면

$$120 - 5Q_1 = 200 - 20Q_2$$
$$20Q_2 - 5Q_1 = 80 \tag{6.66}$$

식 (6.66)을 제약조건식으로 간주하여 라그랑지 함수를 구성한다.

$$\Pi = 80Q_1 - 5Q_1^2 + 160Q_2 - 20Q_2^2 - 35 + \lambda(80 + 5Q_1 - 20Q_2)$$

$$\Pi_1 = 80 - 10Q_1 + 5\lambda = 0 \qquad \Pi_2 = 160 - 40Q_2 - 20\lambda = 0 \qquad \Pi_\lambda = 80 + 5Q_1 - 20Q_2 = 0$$

이로부터 임계값 $\overline{Q}_1 = 6.4$, $\overline{Q}_2 = 5.6$, $\overline{\lambda} = -3.2$를 구할 수 있다. 이를 식 (6.64)와 (6.65)에 대입하면

$$P_1 = 120 - 5(6.4) = 88$$
$$P_2 = 200 - 20(5.6) = 88$$
$$Q = 6.4 + 5.6 = 12$$

6.36 (*a*) $P_1 = 1$, $P_2 = 4$이고 $B = 120$일 때 효용함수 $u = Q_1Q_2$를 극대화하시오($B =$ 예산).

(*b*) 예산이 한 단위 증가할 때 효용에 미치는 효과를 측정하시오.

a) 예산의 제약조건이 $Q_1 + 4Q_2 = 120$이므로 이를 목적함수인 효용함수에 부가하여 라그랑지 함수를 구성한다.

$$U = Q_1Q_2 + \lambda(120 - Q_1 - 4Q_2)$$

$$U_1 = Q_2 - \lambda = 0 \qquad U_2 = Q_1 - 4\lambda = 0 \qquad U_\lambda = 120 - Q_1 - 4Q_2 = 0$$

에서 임계값 $\overline{Q}_1 = 60$, $\overline{Q}_2 = 15$, $\overline{\lambda} = 15$를 구할 수 있으며 극대화된 효용은 $u = 900$이 된다.

b) $\lambda = 15$이므로 1달러의 예산 증가는 약 15만큼의 효용증가를 가져올 것이다. 따라서 $\overline{Q}_1 = 60$, $\overline{Q}_2 = 15$일 때 화폐(또는 소득)의 한계효용은 약 15가 된다.

6.37 (*a*) $P_1 = 10$, $P_2 = 2$이고 $B = 240$일 때 효용함수 $u = Q_1Q_2$를 극대화하시오.

(*b*) 화폐의 한계효용은 얼마인가?

a) 먼저 라그랑지 함수를 구성한다.

$$U = Q_1Q_2 + \lambda(240 - 10Q_1 - 2Q_2)$$

$$U_1 = Q_2 - 10\lambda = 0 \qquad U_2 = Q_1 - 2\lambda = 0 \qquad U_\lambda = 240 - 10Q_1 - 2Q_2 = 0$$

따라서 $\quad \overline{Q}_1 = 12$, $\overline{Q}_2 = 60$, $\overline{\lambda} = 6$

b) $\overline{Q}_1 = 12$, $\overline{Q}_2 = 60$에서 화폐의 한계효용은 약 6이다.

6.38 $P_1 = 2$, $P_2 = 5$이고 $B = 51$일 때 효용함수 $u = Q_1Q_2 + Q_1 + 2Q_2$를 극대화하시오.

라그랑지 함수를 구성하면 $U = Q_1Q_2 + Q_1 + 2Q_2 + \lambda(51 - 2Q_1 - 5Q_2)$.

$$U_1 = Q_2 + 1 - 2\lambda = 0 \qquad U_2 = Q_1 + 2 - 5\lambda = 0 \qquad U_\lambda = 51 - 2Q_1 - 5Q_2 = 0$$

따라서 $\bar{Q}_1 = 13$, $\bar{Q}_2 = 5$, 그리고 $\bar{\lambda} = 3$이다.

6.39 $P_x = 8$, $P_y = 12$이고 $B = 212$의 조건하에서 효용함수 $u = xy + 3x + y$를 극대화하시오.

라그랑지 함수는 $U = xy + 3x + y + \lambda(212 - 8x - 12y)$이다.

$$U_x = y + 3 - 8\lambda = 0 \qquad U_y = x + 1 - 12\lambda = 0 \qquad U_\lambda = 212 - 8x - 12y = 0$$

따라서 $\bar{x} = 15$, $\bar{y} = 7\frac{2}{3}$, $\bar{\lambda} = 1\frac{1}{3}$

■ 동차성과 규모에 대한 수확

6.40 다음 생산함수에 대해 동차성(homogeneity)의 차수와 규모에 대한 수확(returns to scale)을 확인하시오.

a) $Q = x^2 + 6xy + 7y^2$

$$f(kx, ky) = (kx)^2 + 6(kx)(ky) + 7(ky)^2 = k^2(x^2 + 6xy + 7y^2)$$

이므로 Q는 2차동차생산함수로서 규모에 대한 수확체증을 보이고 있다.

b) $Q = x^3 - xy^2 + 3y^3 + x^2y$

$$f(kx, ky) = (kx)^3 - (kx)(ky)^2 + 3(ky)^3 + (kx)^2(ky) = k^3(x^3 - xy^2 + 3y^3 + x^2y)$$

이므로 Q는 3차동차생산함수로서 규모에 대한 수확체증을 보이고 있다.

c) $Q = \dfrac{3x^2}{5y^2}$

$$f(kx, ky) = \frac{3(kx)^2}{5(ky)^2} = \frac{3x^2}{5y^2} \qquad \text{그리고} \qquad k^0 = 1$$

이므로 Q는 0차 동차생산함수로서 규모에 대한 수확체감을 보이고 있다.

d) $$Q = 0.9K^{0.2}L^{0.6}$$

$$\begin{aligned} Q(kK, kL) &= 0.9(kK)^{0.2}(kL)^{0.6} = Ak^{0.2}K^{0.2}k^{0.6}L^{0.6} \\ &= k^{0.2+0.6}(0.9K^{0.2}L^{0.6}) = k^{0.8}(0.9K^{0.2}L^{0.6}) \end{aligned}$$

이므로 Q는 0.8차 동차생산함수로서 규모에 대한 수확체감을 보이고 있다.
콥-다글라스 생산함수의 동차성과 규모에 대한 수확은 항상 지수의 합인 $(\alpha + \beta)$가 됨을 유념하기 바란다(6장 [예제 8-(6)] 참조).

■ 제약조건하에서의 콥-다글라스 생산함수의 최적화

6.41 주어진 제약조건하에서 다음의 콥-다글라스 생산함수를 최적화하시오. 이때 최적화

과정은 (1) 먼저 라그랑지 함수를 구성하고 (2) 이로부터 [예제 10]에서의 순서에 따라 임계값을 구하시오.

a) $q = K^{0.3}L^{0.5}$ s.t. $6K + 2L = 384$

1) $$Q = K^{0.3}L^{0.5} + \lambda(384 - 6K - 2L)$$

2) $$Q_K = 0.3K^{-0.7}L^{0.5} - 6\lambda = 0 \tag{6.67}$$

$$Q_L = 0.5K^{0.3}L^{-0.5} - 2\lambda = 0 \tag{6.68}$$

$$Q_\lambda = 384 - 6K - 2L = 0 \tag{6.69}$$

식 (6.67)과 (6.68)에서 λ항을 이항시킨 후, 식 (6.67)을 식 (6.68)로 나누어 λ를 소거한다.

$$\frac{0.3K^{-0.7}L^{0.5}}{0.5K^{0.3}L^{-0.5}} = \frac{6\lambda}{2\lambda}$$

이를 간단히 정리하면

$$0.6K^{-1}L^{1} = 3$$

$$\frac{L}{K} = \frac{3}{0.6} \qquad L = 5K$$

식 (6.69)에 $L = 5K$를 대입한다.

$$384 - 6K - 2(5K) = 0 \qquad K_0 = 24 \qquad L_0 = 120$$

2차조건은 [연습문제 12.27(b)]에서 다루어지고 있으니 이를 참조하기 바란다.

b) $q = 10K^{0.7}L^{0.1}$, 이때 $P_K = 28$, $P_L = 10$ 그리고 $B = 4000$

1) $$Q = 10K^{0.7}L^{0.1} + \lambda(4000 - 28K - 10L)$$

2) $$Q_K = 7K^{-0.3}L^{0.1} - 28\lambda = 0 \tag{6.70}$$

$$Q_L = 1K^{0.7}L^{-0.9} - 10\lambda = 0 \tag{6.71}$$

$$Q_\lambda = 4000 - 28K - 10L = 0 \tag{6.72}$$

식 (6.70)과 (6.71)에서 λ항을 이항시킨 후, 식 (6.70)을 식 (6.71)로 나누어 λ를 소거한다.

$$\frac{7K^{-0.3}L^{0.1}}{1K^{0.7}L^{-0.9}} = \frac{28\lambda}{10\lambda}$$

$$7K^{-1}L^{1} = 2.8$$

$$\frac{L}{K} = \frac{2.8}{7} \qquad L = 0.4K$$

이를 식 (6.72)에 대입하면, $K_0 = 125 \qquad L_0 = 50$

(2차조건은 [연습문제 12.27(*c*)] 참조).

6.42 위 문제에서 행한 최적화 순서에 따라 예산의 제약조건하에서 다음 효용함수를 극대화하시오.

a) $u = x^{0.6}y^{0.25}$, 이때 $P_x = 8, P_y = 5$, 그리고 $B = 680$

1) $$U = x^{0.6}y^{0.25} + \lambda(680 - 8x - 5y)$$

2) $$U_x = 0.6x^{-0.4}y^{0.25} - 8\lambda = 0 \qquad (6.73)$$

$$U_y = 0.25x^{0.6}y^{-0.75} - 5\lambda = 0 \qquad (6.74)$$

$$U_\lambda = 680 - 8x - 5y = 0 \qquad (6.75)$$

식 (6.73)과 (6.74)에서 λ항을 이항시킨 후, 식 (6.73)을 식 (6.74)로 나누어 λ를 소거한다.

$$\frac{0.6x^{-0.4}y^{0.25}}{0.25x^{0.6}y^{-0.75}} = \frac{8\lambda}{5\lambda}$$

$$2.4x^{-1}y^{1} = 1.6$$

$$y = \tfrac{2}{3}x$$

이를 식 (6.75)에 대입하면, $x_0 = 60 \qquad y_0 = 40$

b) $u = x^{0.8}y^{0.2}$, 이때 $P_x = 5$, $P_y = 3$ 그리고 $B = 75$

1) $$U = x^{0.8}y^{0.2} + \lambda(75 - 5x - 3y)$$

2) $$U_x = 0.8x^{-0.2}y^{0.2} - 5\lambda = 0 \qquad (6.76)$$

$$U_y = 0.2x^{0.8}y^{-0.8} - 3\lambda = 0 \qquad (6.77)$$

$$U_\lambda = 75 - 5x - 3y = 0 \qquad (6.78)$$

식 (6.76)과 (6.77)에서 λ항을 이항시킨 후, 식 (6.76)을 식 (6.77)로 나누어 λ를 소거한다.

$$\frac{0.8x^{-0.2}y^{0.2}}{0.2x^{0.8}y^{-0.8}} = \frac{5\lambda}{3\lambda}$$

$$4x^{-1}y^{1} = \tfrac{5}{3}$$

$$y = \tfrac{5}{12}x$$

이를 식 (6.78)에 대입하면, $x_0 = 12 \qquad y_0 = 5$

▪ 제약조건하에서의 CES 생산함수의 최적화

6.43 아래 제약조건하에서 CES 생산함수를 최적화하시오. 이때 최적화 과정은 (1) 먼저 라그랑지 함수를 구성하고 (2) 이로부터 [예제 12]에서의 순서에 따라 임계값을 구하시오.

$$q = 80[0.4K^{-0.25} + (1 - 0.4)L^{-0.25}]^{-1/0.25} \qquad \text{s.t.} \quad 5K + 2L = 150$$

1) $$Q = 80(0.4K^{-0.25} + 0.6L^{-0.25})^{-4} + \lambda(150 - 5K - 2L)$$

2) 일반 멱함수 미분법칙을 이용하여 Q_K와 Q_L을 구한다.

$$Q_K = -320(0.4K^{-0.25} + 0.6L^{-0.25})^{-5}(-0.1K^{-1.25}) - 5\lambda = 0$$
$$= 32K^{-1.25}(0.4K^{-0.25} + 0.6L^{-0.25})^{-5} - 5\lambda = 0 \quad (6.79)$$
$$Q_L = -320(0.4K^{-0.25} + 0.6L^{-0.25})^{-5}(-0.15L^{-1.25}) - 2\lambda = 0$$
$$= 48L^{-1.25}(0.4K^{-0.25} + 0.6L^{-0.25})^{-5} - 2\lambda = 0 \quad (6.80)$$
$$Q_\lambda = 150 - 5K - 2L = 0 \quad (6.81)$$

식 (6.79)과 (6.80)에서 λ항을 이항시킨 후, 식 (6.79)을 식 (6.80)으로 나누어 λ를 소거한다.

$$\frac{32K^{-1.25}(0.4K^{-0.25} + 0.6L^{-0.25})^{-5}}{48L^{-1.25}(0.4K^{-0.25} + 0.6L^{-0.25})^{-5}} = \frac{5\lambda}{2\lambda}$$
$$\frac{32K^{-1.25}}{48L^{-1.25}} = 2.5$$
$$K^{-1.25} = 3.75L^{-1.25}$$

K의 -1.25 제곱근을 구하면

$$K = (3.75)^{-1/1.25}L = (3.75)^{-0.8}L$$
$$K \approx 0.35L$$

이를 식 (6.81)에 대입한다.

$$150 - 5(0.35L) - 2L = 0 \qquad L_0 = 40 \qquad K_0 = 14$$

6.44 [연습문제 6.43]에서와 같이 주어진 제약조건하에서 다음 CES 생산함수를 최적화하시오.

$$q = 100[0.2K^{-(-0.5)} + (1-0.2)L^{-(-0.5)}]^{-1/(-0.5)}$$
$$\text{s.t.} \quad 10K + 4L = 4100$$

1) $$Q = 100(0.2K^{0.5} + 0.8L^{0.5})^2 + \lambda(4100 - 10K - 4L)$$

2) $$Q_K = 200(0.2K^{0.5} + 0.8L^{0.5})(0.1K^{-0.5}) - 10\lambda = 0$$
$$= 20K^{-0.5}(0.2K^{0.5} + 0.8L^{0.5}) - 10\lambda = 0 \quad (6.82)$$
$$Q_L = 200(0.2K^{0.5} + 0.8L^{0.5})(0.4L^{-0.5}) - 4\lambda = 0$$
$$= 80L^{-0.5}(0.2K^{0.5} + 0.8L^{0.5}) - 4\lambda = 0 \quad (6.83)$$
$$Q_\lambda = 4100 - 10K - 4L = 0 \quad (6.84)$$

식 (6.82)과 (6.83)에서 λ항을 이항시킨 후, 식 (6.82)을 식 (6.83)으로 나누어 λ를 소거한다.

$$\frac{20K^{-0.5}(0.2K^{0.5}+0.8L^{0.5})}{80L^{-0.5}(0.2K^{0.5}+0.8L^{0.5})}=\frac{10\lambda}{4\lambda}$$

$$\frac{20K^{-0.5}}{80L^{-0.5}}=2.5$$

$$K^{-0.5}=10L^{-0.5}$$

이로부터 K를 구하면

$$K=(10)^{-1/0.5}L=(10)^{-2}L$$
$$K=0.01L$$

이를 식 (6.84)에 대입한다. $L_0=1000 \qquad K_0=10$

■ **편도함수와 미분**

6.45 생산함수가 $Q=10K^{0.4}L^{0.6}$으로 주어졌을 때 (*a*) 이로부터 자본(K)과 노동(L)의 한계생산성을 구하고, (*b*) $K=8$, $L=20$일 때 자본과 노동이 각각 추가적으로 한 단위 증가하는 경우 생산량에 미치는 효과를 계산하시오.

a) $\text{MP}_K=\dfrac{\partial Q}{\partial K}=0.4(10)K^{-0.6}L^{0.6}=4K^{-0.6}L^{0.6}$

$\text{MP}_L=\dfrac{\partial Q}{\partial L}=0.6(10)K^{0.4}L^{-0.4}=6K^{0.4}L^{-0.4}$

b) $$\Delta Q\approx(\partial Q/\partial K)\Delta K$$

따라서 $K=8$, $L=20$일 때 자본(K) 한 단위 변화가 생산량에 미치는 효과는 다음과 같다.

$$\Delta Q\approx 4K^{-0.6}L^{0.6}=4(8)^{-0.6}(20)^{0.6}$$

계산기를 이용하여 계산하면

$$\Delta Q\approx 4K^{-0.6}L^{0.6}\approx 4(8)^{-0.6}(20)^{0.6}\approx 4(0.28717)(6.03418)\approx 6.93$$

노동(L) 한 단위 변화가 생산량에 미치는 효과는 다음과 같다.

$$\Delta Q\approx 6K^{0.4}L^{-0.4}\approx 6(8)^{0.4}(20)^{-0.4}\approx 6(2.29740)(0.30171)\approx 4.16$$

6.46 생산함수가 $Q=12K^{0.3}L^{0.5}$으로 주어지고 $K=10$, $L=15$일 때 [연습문제 6.45]에서의 물음에 답하시오.

a) $$\text{MP}_K=3.6K^{-0.7}L^{0.5} \qquad \text{MP}_L=6K^{0.3}L^{-0.5}$$

b) $K=10$, $L=15$일 때 K가 한 단위 변화하는 경우 생산량의 변화는 다음과 같이 계산할 수 있다.

$$\Delta Q \approx 3.6(10)^{-0.7}(15)^{0.5} \approx 3.6(0.19953)(3.87298) \approx 2.78$$

노동(L) 한 단위 변화가 생산량에 미치는 효과는 다음과 같다.

$$\Delta Q \approx 6(10)^{0.3}(15)^{-0.5} \approx 6(1.99526)(0.25820) \approx 3.09$$

6.47 생산함수가 $Q = 4\sqrt{KL}$로 주어졌을 때 $K = 50$, $L = 600$에서의 (*a*) MP_K와 MP_L을 구하고 K와 L이 각각 한 단위 변화했을 때 Q의 변화량을 구하시오.

a) $Q = 4\sqrt{KL} = 4(KL)^{1/2}$ 멱함수 미분법칙에 의해

$$\text{MP}_K = Q_K = 2(KL)^{-1/2}(L) = \frac{2L}{\sqrt{KL}} \qquad \text{MP}_L = Q_L = 2(KL)^{-1/2}(K) = \frac{2K}{\sqrt{KL}}$$

b) $K = 50$, $L = 600$일 때 K 한 단위 변화에 의해 유발되는 생산량 Q의 변화는

$$\Delta Q \approx 2[50(600)]^{-1/2}(600) \approx 2(0.00577)(600) \approx 6.93$$

L 한 단위 변화가 생산량에 미치는 영향은

$$\Delta Q \approx 2[50(600)]^{-1/2}(50) \approx 2(0.00577)(50) \approx 0.58$$

6.48 생산함수가 $Q = 2\sqrt{KL}$이고 $K = 100$, $L = 1000$일 때 [연습문제 6.47]에서의 물음에 답하시오.

a)
$$Q = 2(KL)^{1/2}$$

$$\text{MP}_K = (KL)^{-1/2}(L) = \frac{L}{\sqrt{KL}} \qquad \text{MP}_L = (KL)^{-1/2}(K) = \frac{K}{\sqrt{KL}}$$

b) $K = 100$, $L = 1000$일 때 K가 한 단위 변화하면

$$\Delta Q \approx [100(1000)]^{-1/2}(1000) \approx (0.00316)(1000) \approx 3.16$$

L 한 단위 변화에 대한 생산량 변화는

$$\Delta Q \approx [100(1000)]^{-1/2}(100) \approx (0.00316)(100) \approx 0.316$$

6.49 어느 회사의 매출(s)은 가격(P)과 광고비(A) 그리고 판매대리인 수(r)에 의존하는 것으로 알려져 있다.

$$s = (12{,}000 - 900P)A^{1/2}r^{1/2}$$

$P = \$6$, $r = 49$ 그리고 $A = \$8100$일 때 (*a*) 판매대리인을 추가로 고용하는 경우, (*b*) 광고비를 추가로 \$1 증액하는 경우, (*c*) 가격을 \$0.10 인하하는 경우의 각각에 대하여 판매량 변화에 미치는 영향을 계산하시오.

a) $$\Delta s \approx \frac{\partial s}{\partial r}\Delta r = \frac{1}{2}(12{,}000 - 900P)A^{1/2}r^{-1/2}\Delta r$$

$$= \tfrac{1}{2}[12{,}000 - 900(6)](8100)^{1/2}(49)^{-1/2}(1) = \tfrac{1}{2}(6600)(90)(\tfrac{1}{7}) = 42{,}429$$

b) $$\Delta s \approx \frac{\partial s}{\partial A}\Delta A = \frac{1}{2}(12{,}000 - 900P)A^{-1/2}r^{1/2}\Delta A = \frac{1}{2}(6600)\left(\frac{1}{90}\right)(7)(1) = 256.67$$

c) $$\Delta s \approx \frac{\partial s}{\partial P}\Delta P = -900A^{1/2}r^{1/2}\Delta P = -900(90)(7)(-0.10) = 56{,}700$$

6.50 [연습문제 6.49]에서처럼 기업의 매출함수가 $s=(15000-1000P)A^{2/3}r^{1/4}$으로 주어졌을 때 $P=4$, $A=\$6000$, $r=24$에서 (*a*) 판매대리인을 추가로 고용하는 경우, (*b*) 광고비를 추가로 \$1 증액하는 경우, (*c*) 가격을 \$0.10 인하하는 경우의 각각에 대하여 매출 변화에 미치는 영향을 계산하시오.

a) $$\begin{aligned}\Delta s &\approx \tfrac{1}{4}(15{,}000 - 1000P)A^{2/3}r^{-3/4}\Delta r\\ &\approx \tfrac{1}{4}(11{,}000)(6000)^{2/3}(24)^{-3/4}(1)\\ &\approx 2750(330.19)(0.09222) \approx 83{,}740\end{aligned}$$

b) $$\begin{aligned}\Delta s &\approx \tfrac{2}{3}(15{,}000 - 1000P)A^{-1/3}r^{1/4}\Delta A\\ &\approx \tfrac{2}{3}(11{,}000)(6000)^{-1/3}(24)^{1/4}(1)\\ &\approx (7333.33)(0.05503)(2.21336) \approx 893\end{aligned}$$

c) $$\begin{aligned}\Delta s &\approx -1000A^{2/3}r^{1/4}\Delta P\\ &\approx -1000(6000)^{2/3}(24)^{1/4}(-0.01)\\ &\approx 10(330.19)(2.21336) \approx 7308\end{aligned}$$

6.51 등량곡선의 방정식이 다음과 같이 주어졌을 때

$$16K^{1/4}L^{3/4} = 2144$$

음함수 미분법칙(5장 10절 참조)을 이용하여 등량곡선의 기울기 dK/dL, 즉 기술적 한계대체율 MRTS(Marginal Rate of Technical Substitution)를 구하시오.

등량곡선의 방정식을 음함수 형태로 다음과 같이 변형시킨 후

$$F(K,L) = 16K^{1/4}L^{3/4} - 2144 = 0$$

식 (5.13)의 음함수 미분법칙을 적용한다.

$$\frac{dK}{dL} = \frac{-F_L}{F_K} = \frac{-12K^{1/4}L^{-1/4}}{4K^{-3/4}L^{3/4}} = \frac{-3K}{L} = \text{MRTS}$$

위의 결과를 [연습문제 4.24]의 해와 비교해 보기 바란다.

6.52 등량곡선의 방정식이 다음과 같이 주어졌을 때

$$25K^{3/5}L^{2/5} = 5400$$

음함수 미분법칙을 이용하여 MRTS를 구하시오.

등량곡선의 방정식을 다음과 같은 음함수 형태로 변형시킨다.

$$F(K, L) = 25K^{3/5}L^{2/5} - 5400 = 0$$

여기에 식 (5.13)의 음함수 미분법칙을 적용한다.

$$\frac{dK}{dL} = \frac{-F_L}{F_K} = \frac{-10K^{3/5}L^{-3/5}}{15K^{-2/5}L^{2/5}} = \frac{-2K}{3L} = \text{MRTS}$$

위의 결과를 [연습문제 4.25]의 해와 비교해 보기 바란다.

■ 증명

6.53 동차성의 특성을 이용하여 콥-다글라스 생산함수 $q = AK^{\alpha}L^{\beta}$에서 $\alpha + \beta = 1$인 경우 규모에 대한 수확불변이 됨을 보이시오.

각각의 투입물을 k배 한다.

$$\begin{aligned} q(kK, kL) &= A(kK)^{\alpha}(kL)^{\beta} = Ak^{\alpha}K^{\alpha}k^{\beta}L^{\beta} \\ &= k^{\alpha+\beta}(AK^{\alpha}L^{\beta}) = k^{\alpha+\beta}(q) \end{aligned}$$

6장 9절에서 설명한 바와 같이 $\alpha + \beta = 1$이면 $q(kK, kL) = k^{\alpha+\beta}(AK^{\alpha}L^{\beta}) = kq$에 따라 콥-다글라스 생산함수는 규모에 대한 수확불변이 된다. 마찬가지로 $\alpha + \beta > 1$이면 규모에 대한 수확체증이 되고, $\alpha + \beta < 1$이면 규모에 대한 수확체감이 된다.

6.54 예산 제약조건식이 $P_x x + P_y y = B$로 주어지고 효용함수가 $u = Ax^a y^b$으로 주어진 경우, 제약조건하에서 효용이 극대화되는 점에서는 가격 비율인 P_x/P_y가 한계효용 비율인 MU_x/MU_y와 일치해야만 됨을 증명하시오.

$$U = Ax^a y^b + \lambda(B - P_x x - P_y y)$$

$$U_x = aAx^{a-1}y^b - \lambda P_x = 0 \tag{6.85}$$

$$U_y = bAx^a y^{b-1} - \lambda P_y = 0 \tag{6.86}$$

$$U_{\lambda} = B - P_x x - P_y y = 0$$

식 (6.85)에서 $aAx^{a-1}y^b = u_x = \text{MU}_x$ 그리고 식 (6.86)에서 $bAx^a y^{b-1} = u_y = \text{MU}_y$가 된다.

또한 식 (6.85)로부터 $$\lambda = \frac{aAx^{a-1}y^b}{P_x} = \frac{\text{MU}_x}{P_x}$$

식 (6.85)로부터 $$\lambda = \frac{bAx^a y^{b-1}}{P_y} = \frac{\text{MU}_y}{P_y}$$

두 식이 모두 λ로 동일하므로 $\frac{MU_x}{P_x} = \frac{MU_y}{P_y}$ $\frac{MU_x}{MU_y} = \frac{P_x}{P_y}$ Q.E.D.

6.55 예산 제약조건식이 $P_K K + P_L L = B$이고 콥-다글라스 생산함수가 $q = AK^{\alpha} L^{\beta}$으로 주어진 경우, 비용최소화를 위한 최적화 조건은 다음과 같음을 증명하시오.

$$\frac{K}{L} = \frac{\alpha P_L}{\beta P_K}$$

먼저 목적함수와 제약조건을 연결하여 라그랑지 함수를 구성하고 1차조건을 구한다.

$$Q = AK^{\alpha} L^{\beta} + \lambda(B - P_K K - P_L L)$$

$$Q_K = \alpha A K^{\alpha-1} L^{\beta} - \lambda P_K = 0 \tag{6.87}$$

$$Q_L = \beta A K^{\alpha} L^{\beta-1} - \lambda P_L = 0 \tag{6.88}$$

$$Q_{\lambda} = B - P_K K - P_L L = 0$$

식 (6.87)과 (6.88)로부터

$$\frac{\alpha A K^{\alpha-1} L^{\beta}}{P_K} = \lambda = \frac{\beta A K^{\alpha} L^{\beta-1}}{P_L}$$

항을 정리하여 간단히 하면 $\frac{P_L}{P_K} = \frac{\beta A K^{\alpha} L^{\beta-1}}{\alpha A K^{\alpha-1} L^{\beta}}$

따라서

$$\frac{P_L}{P_K} = \frac{\beta K}{\alpha L} \qquad \frac{K}{L} = \frac{\alpha P_L}{\beta P_K} \qquad \text{Q.E.D.} \tag{6.89}$$

6.56 콥-다글라스 생산함수 $Q = AK^{\alpha} L^{\beta}$이 1차동차 생산함수라 할 때, 여기서 α, β는 각각 자본에 대한 산출물탄력성(ϵ_{QK})과 노동에 대한 산출물탄력성(ϵ_{QL})을 나타냄을 증명하시오.

산출물탄력성은 다음과 같이 정의할 수 있다.

$$\epsilon_{QK} = \frac{\partial Q/\partial K}{Q/K} \quad \text{그리고} \quad \epsilon_{QL} = \frac{\partial Q/\partial L}{Q/L}$$

1차동차 생산함수이므로 $\alpha + \beta = 1$이 되고, 이로부터 $\beta = 1 - \alpha$, 그리고 $k = K/L$이라 하면

$$Q = AK^{\alpha} L^{1-\alpha} = A\left(\frac{K}{L}\right)^{\alpha} L = Ak^{\alpha} L$$

한계생산물 함수를 구하면

$$\frac{\partial Q}{\partial K} = \alpha AK^{\alpha-1}L^{1-\alpha} = \alpha AK^{\alpha-1}L^{-(\alpha-1)} = \alpha A\left(\frac{K}{L}\right)^{\alpha-1} = \alpha Ak^{\alpha-1}$$

$$\frac{\partial Q}{\partial L} = (1-\alpha)AK^{\alpha}L^{-\alpha} = (1-\alpha)A\left(\frac{K}{L}\right)^{\alpha} = (1-\alpha)Ak^{\alpha}$$

다음 평균생산물 함수를 구하면

$$\frac{Q}{K} = \frac{Ak^{\alpha}L}{K} = \frac{Ak^{\alpha}}{K} = Ak^{\alpha-1}$$

$$\frac{Q}{L} = \frac{Ak^{\alpha}L}{L} = Ak^{\alpha}$$

따라서 한계생산물 함수를 평균생산물 함수로 나누면 산출물탄력성 ϵ을 구할 수 있다.

$$\epsilon_{QK} = \frac{\partial Q/\partial K}{Q/K} = \frac{\alpha Ak^{\alpha-1}}{Ak^{\alpha-1}} = \alpha \qquad \text{Q.E.D.}$$

$$\epsilon_{QL} = \frac{\partial Q/\partial L}{Q/L} = \frac{(1-\alpha)Ak^{\alpha}}{Ak^{\alpha}} = 1-\alpha = \beta \qquad \text{Q.E.D.}$$

6.57 식 (6.89)는 콥-다글라스 생산함수에 대해 비용최소화를 만족시키는 요소 투입비율을 나타내고 있다. 이로부터 콥-다글라스 생산함수의 대체탄력성 σ는 1이 됨을 증명하시오.

6장 10절에서 대체탄력성은 요소가격비율인 P_L/P_K의 %변화에 대한 비용최소화 요소 투입비율인 K/L의 %변화로 정의되었다.

$$\sigma = \frac{\dfrac{d(K/L)}{K/L}}{\dfrac{d(P_L/P_K)}{P_L/P_K}} = \frac{\dfrac{d(K/L)}{d(P_L/P_K)}}{\dfrac{K/L}{P_L/P_K}} \tag{6.90}$$

식 (6.89)에서 α, β는 상수이고 P_K와 P_L은 독립변수이므로 K/L은 P_L/P_K의 함수로 간주할 수 있다. 식 (6.90)에서 두 번째 비율로부터 대체탄력성 σ는 한계함수/평균함수로 나타나 있음을 알 수 있다. 먼저 식 (6.89)로부터 한계함수를 구한다.

$$\frac{d(K/L)}{d(P_L/P_K)} = \frac{\alpha}{\beta}$$

다음에 식 (6.89)의 양변을 P_L/P_K로 나누어 평균함수를 구한다.

$$\frac{K/L}{P_L/P_K} = \frac{\alpha}{\beta}$$

식 (6.90)에 이를 대입하면

$$\sigma = \frac{\dfrac{d(K/L)}{d(P_L/P_K)}}{\dfrac{K/L}{P_L/P_K}} = \frac{\alpha/\beta}{\alpha/\beta} = 1 \qquad \text{Q.E.D.}$$

6.58 식 (6.89)에는 콥-다글라스 생산함수에 대해 비용을 최소화하는 요소 투입비율이 제시되어 있다. 이를 이용하여 [예제 10]에서 생산함수가 $q = K^{0.4}L^{0.5}$이고 $P_K = 3$, $P_L = 4$로 주어졌을 때 구한 해를 검산하시오.

$\alpha = 0.4$, $\beta = 0.5$이므로 식 (6.89)로부터 비용최소화 요소투입비율은

$$\frac{K}{L} = \frac{0.4(4)}{0.5(3)} = \frac{1.6}{1.5}$$

자본과 노동은 $K : L = 16 : 15$의 비율로 투입되어야만 한다. 이는 [예제 10]에서 구한 $K_0 = 16$, $L_0 = 15$의 결과와 일치한다.

6.59 CES 생산함수가 아래와 같이 주어지고

$$q = A[\alpha K^{-\beta} + (1-\alpha)L^{-\beta}]^{-1/\beta} \tag{6.91}$$

[연습문제 6.54]에서 본 것처럼 생산요소 가격의 비율이 한계생산물의 비율, 즉 $MRTS$와 일치할 때 생산함수는 최적화된다는 것을 염두에 두고 (*a*) CES 생산함수의 대체탄력성 σ는 일정함을 증명하시오. 그리고 (*b*) σ가 취할 수 있는 범위에 대해 언급하시오.

a) 생산함수가 최적화되기 위한 1차조건은 다음과 같다.

$$\frac{\partial Q/\partial L}{\partial Q/\partial K} = \frac{P_L}{P_K} \tag{6.92}$$

멱함수 미분법칙을 이용하여 식 (6.91)의 1차 편도함수를 구한다.

$$\frac{\partial Q}{\partial L} = -\frac{1}{\beta}A[\alpha K^{-\beta} + (1-\alpha)L^{-\beta}]^{-(1/\beta)-1}(-\beta)(1-\alpha)L^{-\beta-1}$$

이를 간단히 정리하면

$$\frac{\partial Q}{\partial L} = (1-\alpha)A[\alpha K^{-\beta} + (1-\alpha)L^{-\beta}]^{-(1+\beta)/\beta}L^{-(1+\beta)}$$

여기서 A를 $A^{1+\beta}/A^{\beta} = A$로 대체하여 대입한다.

$$\frac{\partial Q}{\partial L} = (1-\alpha)\frac{A^{1+\beta}}{A^{\beta}}[\alpha K^{-\beta} + (1-\alpha)L^{-\beta}]^{-(1+\beta)/\beta}L^{-(1+\beta)}$$

식 (6.91)에서 $A^{1+\beta}[\alpha K^{-\beta} + (1-\alpha)L^{-\beta}]^{-(1+\beta)/\beta} = Q^{1+\beta}$이고 $L^{-(1+\beta)} =$

$1/L^{1+\beta}$이므로

$$\frac{\partial Q}{\partial L} = \frac{1-\alpha}{A^{\beta}}\left(\frac{Q}{L}\right)^{1+\beta} \tag{6.93}$$

같은 방법으로
$$\frac{\partial Q}{\partial K} = \frac{\alpha}{A^{\beta}}\left(\frac{Q}{K}\right)^{1+\beta} \tag{6.94}$$

식 (6.92)에 식 (6.93)과 (6.94)를 대입하면 A^{β}과 Q가 소거되어 아래의 결과를 얻을 수 있다.

$$\frac{1-\alpha}{\alpha}\left(\frac{K}{L}\right)^{1+\beta} = \frac{P_L}{P_K}$$

$$\left(\frac{K}{L}\right)^{1+\beta} = \frac{\alpha}{1-\alpha}\frac{P_L}{P_K}$$

$$\frac{\bar{K}}{\bar{L}} = \left(\frac{\alpha}{1-\alpha}\right)^{1/(1+\beta)}\left(\frac{P_L}{P_K}\right)^{1/(1+\beta)} \tag{6.95}$$

여기서 α, β는 상수이므로, [연습문제 6.57]에서와 같이 $\overline{K}/\overline{L}$를 P_L/P_K의 함수로 간주하면 대체탄력성은 한계함수와 평균함수의 비율로서 계산할 수 있다. 먼저

$$h = \left(\frac{\alpha}{1-\alpha}\right)^{1/(1+\beta)}$$

이라 하면 식 (6.95)는 다음과 같이 표시할 수 있다.

$$\frac{\bar{K}}{\bar{L}} = h\left(\frac{P_L}{P_K}\right)^{1/(1+\beta)} \tag{6.96}$$

따라서 한계함수는

$$\frac{d(\bar{K}/\bar{L})}{d(P_L/P_K)} = \frac{h}{1+\beta}\left(\frac{P_L}{P_K}\right)^{1/(1+\beta)-1} \tag{6.97}$$

이 되고 평균함수는 다음과 같이 구할 수 있다.

$$\frac{\bar{K}/\bar{L}}{P_L/P_K} = \frac{h(P_L/P_K)^{1/(1+\beta)}}{P_L/P_K} = h\left(\frac{P_L}{P_K}\right)^{1/(1+\beta)-1} \tag{6.98}$$

식 (6.97)의 한계함수를 식 (6.98)의 평균함수로 나누면 대체탄력성을 구할 수 있다.

$$\sigma = \frac{\dfrac{d(K/L)}{d(P_L/P_K)}}{\dfrac{K/L}{P_L/P_K}} = \frac{\dfrac{h}{1+\beta}(P_L/P_K)^{1/(1+\beta)-1}}{h(P_L/P_K)^{1/(1+\beta)-1}} = \frac{1}{1+\beta} \tag{6.99}$$

β는 주어진 모수(parameter)이므로 대체탄력성 $\sigma = 1/(1+\beta)$은 상수로서 일정하다.

b) $-1<\beta<0$이면 $\sigma>1$, $\beta=0$이면 $\sigma=1$, $0<\beta<\infty$이면 $\sigma<1$

6.60 CES 생산함수는 1차 동차생산함수로서 규모에 대한 수확불변임을 증명하시오.[17]

식 (6.91)로부터 $Q = A[\alpha K^{-\beta} + (1-\alpha)L^{-\beta}]^{-1/\beta}$

투입요소 K와 L을 각각 k배 하면(6장 7절 참조)

$$\begin{aligned} f(kK, kL) &= A[\alpha(kK)^{-\beta} + (1-\alpha)(kL)^{-\beta}]^{-1/\beta} \\ &= A\{k^{-\beta}[\alpha K^{-\beta} + (1-\alpha)L^{-\beta}]\}^{-1/\beta} \\ &= A(k^{-\beta})^{-1/\beta}[\alpha K^{-\beta} + (1-\alpha)L^{-\beta}]^{-1/\beta} \\ &= kA[\alpha K^{-\beta} + (1-\alpha)L^{-\beta}]^{-1/\beta} = kQ \qquad \text{Q.E.D.} \end{aligned}$$

역자 TIP

17) 이 문제는 모든 CES 생산함수가 1차 동차생산함수인 것으로 받아들여질 수 있는 오해의 소지가 있다. 일반적인 CES 생산함수는 $q=A[\alpha K^{-\beta}+(1-\alpha)L^{-\beta}]^{-v/\beta}$이고 여기서 v는 이 생산함수가 v차 동차생산함수임을 나타낸다. 우리가 여기서 다루고 있는 CES 생산함수는 $v=1$인 경우로서 1차 동차인 CES 생산함수만을 다루고 있는 것이다.

6.61 [예제 12]에서 주어진 CES 생산함수 $q=75(0.3K^{-0.4}+0.7L^{-0.4})^{-2.5}$에 대한 대체탄력성을 구하시오.

식 (6.99)로부터 $\sigma = \dfrac{1}{1+\beta}$

여기에서 $\beta=0.4$이므로 $\sigma=1/(1+0.4)=0.71$

6.62 [예제 12]에서 $4K+3L=120$의 제약조건하에 CES 생산함수 $q=75(0.3K^{-0.4}+0.7L^{-0.4})^{-2.5}$을 극대화한 결과 $\overline{K}=11.25$, $\overline{L}=25$에서 생산함수가 최적화됨을 확인하였다. 이를 식 (6.95)의 최적 요소투입비율 조건식을 이용하여 검산하시오.

식 (6.95)에서 $\dfrac{\bar{K}}{\bar{L}} = \left(\dfrac{\alpha}{1-\alpha}\dfrac{P_L}{P_K}\right)^{1/(1+\beta)}$

$\alpha=0.3$, $1-\alpha=0.7$ 그리고 $\beta=0.4$를 대입하면

$$\frac{\bar{K}}{\bar{L}} = \left(\frac{0.3}{0.7}\frac{3}{4}\right)^{1/1.4} = \left(\frac{0.9}{2.8}\right)^{0.71} = (0.32)^{0.71} \approx 0.45$$

[예제 12]에서 최적 요소투입량은 $\overline{K}=11.25$, $\overline{L}=25$이었으므로, 최적요소투입비율은 $\overline{K}/\overline{L}=11.25/25=0.45$가 되어 위의 결과와 일치한다.

6.63 [연습문제 6.43]에서 $5K+2L=150$의 제약조건하에 $q=80(0.4K^{-0.25}+0.6L^{-0.25})^{-4}$

의 생산함수를 극대화한 결과 $\overline{K}=14$, $\overline{L}=40$에서 최적화되었다. 이를 식 (6.95)를 이용하여 검산하시오.

식 (6.95)에 $\alpha=0.4$, $1-\alpha=0.6$ 그리고 $\beta=0.25$를 대입한다.

$$\frac{\bar{K}}{\bar{L}}=\left(\frac{0.4}{0.6}\frac{2}{5}\right)^{1/1.25}=\left(\frac{0.8}{3}\right)^{0.8}\approx 0.35$$

$\overline{K}=14$, $\overline{L}=40$이므로 최적 요소투입비율은 $\overline{K}/\overline{L}=14/40=0.35$

6.64 [연습문제 6.63]의 생산함수로부터 대체탄력성을 구하시오.

식 (6.99)으로부터

$$\sigma=\frac{1}{1+\beta}=\frac{1}{1+0.25}=0.8$$

6.65 [연습문제 6.44]에서 CES 생산함수 $q=100(0.2K^{0.5}+0.8L^{0.5})^2$을 $10K+4L=4100$의 제약조건하에 최적화한 결과 $\overline{K}=10$, $\overline{L}=1000$의 임계값을 얻었다. 이를 식 (6.95)를 이용하여 검산하시오.

$\alpha=0.2$, $1-\alpha=0.8$ 그리고 $\beta=-0.5$이므로

$$\frac{\bar{K}}{\bar{L}}=\left[\left(\frac{0.2}{0.8}\right)\left(\frac{4}{10}\right)\right]^{1/(1-0.5)}=\left(\frac{0.8}{8}\right)^2=(0.1)^2=0.01$$

$\overline{K}=10$, $\overline{L}=1000$이므로 최적 요소투입비율은 $\overline{K}/\overline{L}=10/1000=0.01$

6.66 [연습문제 6.65]에서 주어진 생산함수의 대체탄력성을 구하시오.

식 (6.99)로부터 $$\sigma=\frac{1}{1+\beta}=\frac{1}{1-0.5}=2$$

6.67 (*a*) [연습문제 6.64]에서 구한 대체탄력성을 이용하여 P_L이 25% 증가하는 경우, [연습문제 6.43]에서의 비용최소화 요소 투입비율($\overline{K}/\overline{L}$)에는 얼마만큼의 영향을 미치는지 측정하시오.

(*b*) 식 (6.95)에 인상된 새로운 P_L을 대입하여 이를 검산하시오.

a) 대체탄력성은 요소가격비율인 P_L/P_K의 상대적 변화(%변화)에 의해 유발되는 요소 투입비율 $\overline{K}/\overline{L}$의 상대적 변화(%변화)를 측정하는 것이다.

P_L이 25% 증가하는 경우 $P_L=1.25(2)=2.5$가 되어 요소가격비율은 $P_L/P_K=2.5/5=0.5$가 된다. 즉 P_L이 2에서 25% 증가하여 2.5로 되면서, 요소

가격비율 P_L/P_K은 $0.4(=2/5)$에서 $0.5(=2.5/5)$이 되었다.

따라서 요소 가격비율의 %변화는 P_L이 인상되기 전의 비율 $2/5=0.4$를 기준이 되므로 $(0.5-0.4)/0.4=0.25$가 된다.

[연습문제 6.64]에서 구한 대체탄력성이 0.8이므로, P_L의 인상으로 인한 요소투입비율 $\overline{K}/\overline{L}$의 예상 %변화는

$$\frac{\Delta(\bar{K}/\bar{L})}{\bar{K}/\bar{L}} \approx 0.8(0.25) = 0.2 \qquad \text{또는} \qquad 20\%$$

가 된다. 그리고 요소투입비율은 P_L이 인상되기 전의 $(\overline{K}/\overline{L})_1=0.35$에서 P_L이 인상되고 난 후에는 $(\overline{K}/\overline{L})_2 \approx 1.2(0.35) \approx 0.42$가 된다.

b) 식 (6.95)에 $P_L=2.5$를 대입하면

$$\frac{\bar{K}}{\bar{L}} = \left(\frac{0.4}{0.6}\frac{2.5}{5}\right)^{0.8} = \left(\frac{1}{3}\right)^{0.8} \approx 0.42$$

6.68 (*a*) [연습문제 6.43]의 자료에서 자본의 가격(P_K)이 20% 하락하였을 경우 새로운 비용최소화 요소 투입비율은 얼마로 변하는지 대체탄력성을 이용하여 측정하시오.
(*b*) 이를 검산하시오.

a) P_K가 20% 하락하는 경우 $P_K=0.8(5)=4$가 되므로, 요소가격비율은 P_K가 변화하기 전의 $P_L/P_K=2/5(P_K=5,\ P_L=2)$에서 P_K가 변화한 후 $P_L/P_K=2/4$로 25% 증가하였다. 여기서 대체탄력성이 0.8이므로 요소투입비율의 %변화는

$$\frac{\Delta(\bar{K}/\bar{L})}{\bar{K}/\bar{L}} = 0.8(0.25) = 0.2 \qquad \text{또는} \qquad 20\%$$

가 되고 요소 투입비율은 $(\overline{K}/\overline{L})_2 \approx 1.2(0.35)=0.42$가 된다.

b) 식 (6.95)에 $P_K=4$를 대입하면

$$\frac{\bar{K}}{\bar{L}} = \left(\frac{0.4}{0.6}\frac{2}{4}\right)^{0.8} = \left(\frac{0.8}{2.4}\right)^{0.8} = 0.42$$

6.69 (*a*) [연습문제 6.44]에서 노동의 가격이 10% 하락하는 경우, 대체탄력성을 이용하여 비용최소화 요소투입비율 $\overline{K}/\overline{L}$에 미치는 영향을 측정하시오.
(*b*) 이를 검산하시오.

a) P_L이 10% 하락하면 $P_L=0.9(4)=3.6$이 되므로 요소가격비율은 $P_L/P_K=4/10$에서 $P_L/P_K=3.6/10$으로 10% 하락한 결과를 낳는다. P_L/P_K이 10% 하락하

고 대체탄력성이 2이므로

$$\frac{\Delta(\bar{K}/\bar{L})}{\bar{K}/\bar{L}} \approx 2(-0.10) = -0.20 \qquad \text{또는} \qquad -20\%$$

가 되고 처음의 최적화 요소투입비율이 $\overline{K}/\overline{L} = 0.01$이었으므로 노동가격 변화 후의 요소투입비율은

$$(\overline{K}/\overline{L})_2 \approx (1-0.2)(0.01) = 0.8(0.01) = 0.008$$

이 된다.

b) 식 (6.95)에 $P_L = 3.6$을 대입하면

$$\frac{\bar{K}}{\bar{L}} = \left(\frac{0.2}{0.8}\frac{3.6}{10}\right)^2 = \left(\frac{0.72}{8}\right)^2 = (0.09)^2 = 0.0081$$

7장 지수함수와 로그함수

7.1 지수함수

지금까지는 주로 $y = x^a$과 같은 멱함수(power function)를 다루었는데, 이러한 멱함수에서는 밑수(base)가 변수 x이고 여기에 상수가 지수(exponent)로 붙어 있다. 7장에서는 새로운 중요한 함수를 다루게 되는데 이 함수는 상수 a가 밑수가 되고 변수 x가 지수가 되는 형태를 띠게 된다. 이러한 함수를 지수함수(exponent function)라 하는데 다음과 같이 쓸 수 있다.

$$y = a^x \qquad a > 0 \qquad \text{그리고} \qquad a \neq 1$$

복리 계산이나 감가상각과 같은 증가율과 반감률을 나타내는 데 자주 이용되는 지수함수는 다음과 같은 일반적인 특성을 지니고 있다.

1. 지수함수의 정의구역은 모든 실수의 집합이 되며 지수함수의 치역은 모든 양의 실수의 집합이 된다. 즉 $x < 0$의 경우를 포함한 모든 x에 대해 $y > 0$이다.
2. $a > 1$인 경우 지수함수는 볼록한 형태를 지닌 증가함수이며 $0 < a < 1$인 경우는 볼록한 형태를 지닌 감소함수이다.
3. $x = 0$일 때 y는 밑수의 값에 관계없이 $y = 1$이다.

[예제 1]과 [연습문제 7.1-7.2]를 참조하기 바란다(지수를 복습하려면 1장 1절과 [연습문제 1.1] 참조).

예제 1 (a) $y = 2^x$과 (b) $y = 2^{-x} = (\frac{1}{2})^x$의 지수함수가 주어졌을 때 [그림 7-1]에 있는 이들 함수의 그래프를 통해 위에서 언급한 지수함수의 특성을 확인할 수 있다.

$a)\ y = 2^x$

x	y
−3	$\frac{1}{8}$
−2	$\frac{1}{4}$
−1	$\frac{1}{2}$
0	1
1	2
2	4
3	8

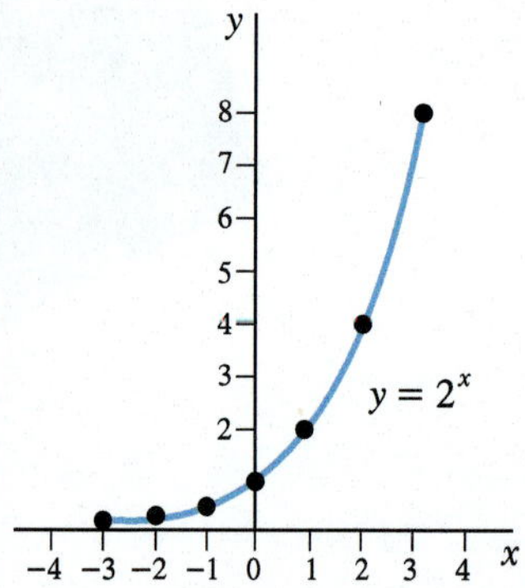

(a)

$b)\ y = 2^{-x} = (\frac{1}{2})^x$

x	y
−3	8
−2	4
−1	2
0	1
1	$\frac{1}{2}$
2	$\frac{1}{4}$
3	$\frac{1}{8}$

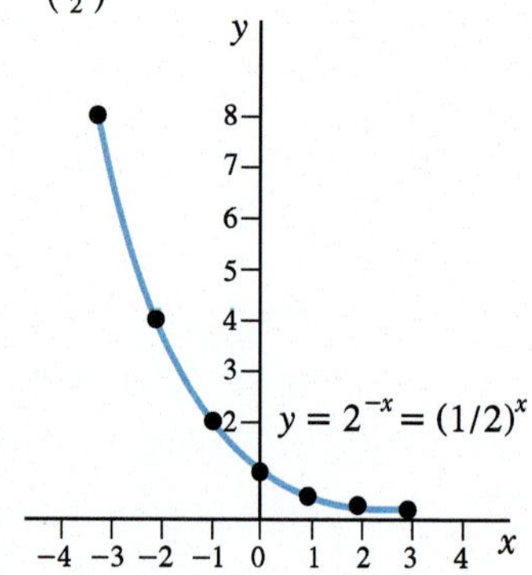

(b)

[그림 7-1]

7.2 로그함수

$y = a^x$으로 주어진 지수함수 f의 두 변수 x, y를 서로 바꾸면 $x = a^y$이라는 새로운 함수 g가 생기게 되는데, 이 때 f함수에 의해 연계되는 독립 변수와 종속 변수의 짝인 (x, y)는 g함수에서는 (y, x)의 짝으로 순서가 반대로 나타나게 된다. 예를 들어 $f(2) = 4$이면 $g(4) = 2$이고, $f(3) = 8$이면 $g(8) = 3$이 된다.

지수함수 f의 역함수에 해당하는 새로운 함수 g는 a를 밑수로 하는 로그함수(logarithmic function)라고 부른다. a를 밑수로 하는 로그함수는 $x = a^y$ 대신에 다음과 같은 형태로 표시하는 것이 보통이다.

$$y = \log_a x \qquad a > 0,\ a \neq 1$$

$\log_a x$는 x를 얻기 위해서는 a에 몇 승을 해야 하는지를 나타내는 지수에 해당한다. 1을 제외한 어떤 양수도 로그함수의 밑수가 될 수 있다. x의 상용로그(common logarithm)는 $\log_{10} x$ 또는 $\log x$로 쓰며, 이는 x를 얻기 위해서는 10에 몇 승을 해야 하는지를 나타내는 지수인 것이다.

로그함수가 $y = \log_a x (a > 0,\ a \neq 1)$로 주어졌을 때 이는 다음과 같은 특성을 갖는다.

1. 로그함수의 정의구역은 모든 양의 실수 집합이며, 로그함수의 치역은 모든 실수의 집합이다. 로그함수의 역함수는 바로 지수함수가 된다.
2. 밑수가 $a > 1$인 경우 로그함수는 오목한 형태를 지닌 증가함수이다. 그리고 밑수가 $0 < a < 1$인 경우는 로그함수는 볼록한 형태를 지닌 감소함수이다.
3. $x = 1$일 때 y는 밑수의 값에 관계없이 $y = 0$이다.

[예제 2-4]와 [연습문제 7.5-7.6]을 참조하기 바란다.

예제 2 $y=2^x$과 $x=2^y$ 같이 x와 y가 서로 교환된 두 함수 f와 g의 그래프를 <그림 7-2>에서 살펴보면 f, g의 함수 중 어느 한 함수는 $y=x$의 45도 선을 축으로 하는 다른 함수의 반사상(mirror image)이 됨을 확인 할 수 있다. 따라서 $f(x)=y$에 대해 대칭 또는 반사상이 되는 함수는 $g(y)=x$이다. $x=2^y$은 $y=\log_2 x$와 동일하다는 점을 상기하라.

a) $y = 2^x$

x	y
-3	$\frac{1}{8}$
-2	$\frac{1}{4}$
-1	$\frac{1}{2}$
0	1
1	2
2	4
3	8

b) $y = \log_2 x \leftrightarrow x = 2^y$

x	y
$\frac{1}{8}$	-3
$\frac{1}{4}$	-2
$\frac{1}{2}$	-1
1	0
2	1
4	2
8	3

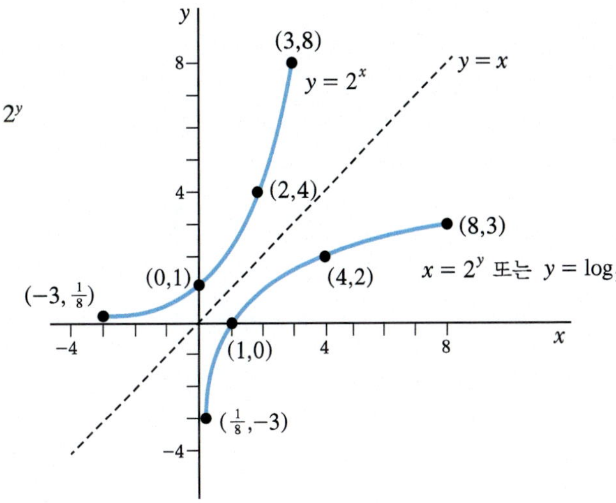

[그림 7–2]

예제 3 x의 상용로그는 x를 얻기 위해 10에 몇 승을 해야 하는지를 나타내는 지수임을 상기하면서 다음을 살펴보시오.

$$\log 10 = 1 \quad 10^1 = 10, \qquad \log 1 = 0 \quad 10^0 = 1$$
$$\log 100 = 2 \quad 10^2 = 100, \qquad \log 0.1 = -1 \quad 10^{-1} = 0.1$$
$$\log 1000 = 3 \quad 10^3 = 1000, \qquad \log 0.01 = -2 \quad 10^{-2} = 0.01$$

예제 4 정확하게 밑수의 몇 제곱승으로 나타낼 수 있는 수의 로그는 계산기의 도움 없이 쉽게 구할 수 있다.

$$\log_7 49 = 2 \quad 7^2 = 49, \qquad \log_2 16 = 4 \quad 2^4 = 16$$
$$\log_{36} 6 = \tfrac{1}{2} \quad 36^{1/2} = 6, \qquad \log_{16} 2 = \tfrac{1}{4} \quad 16^{1/4} = 2$$
$$\log_3 \tfrac{1}{9} = -2 \quad 3^{-2} = \tfrac{1}{9}, \qquad \log_2 \tfrac{1}{8} = -3 \quad 2^{-3} = \tfrac{1}{8}$$

정확하게 밑수의 몇 제곱승으로 나타낼 수 없는 수의 로그를 구하기 위해서는 계산기나 로그표가 필요하다.

7.3 지수함수와 로그함수의 특성

$a, b > 0$이고 $a, b \neq 1$이며 x와 y가 임의의 실수일 때 지수함수는 다음과 같은 특성을 갖는다.

1. $a^x \cdot a^y = a^{x+y}$
2. $\dfrac{1}{a^x} = a^{-x}$
3. $\dfrac{a^x}{a^y} = a^{x-y}$
4. $(a^x)^y = a^{xy}$
5. $a^x \cdot b^x = (ab)^x$
6. $\dfrac{a^x}{b^x} = \left(\dfrac{a}{b}\right)^x$

a, x, y가 양의 실수이고 n이 실수이며 $a \neq 1$일 때 로그함수는 다음과 같은 특성을 갖는다.

1. $\log_a xy = \log_a x + \log_a y$
2. $\log_a \dfrac{x}{y} = \log_a x - \log_a y$
3. $\log_a x^n = n \log_a x$
4. $\log_a \sqrt[n]{x} = \dfrac{1}{n} \log_a x$

(지수의 특성은 1장 1절과 [연습문제 1.1]에서 다루어졌으므로 이를 참조하기 바란다. 로그의 특성은 [예제 5]와 [연습문제 7.12-7.16]에서 다루어진다.)

[표 7.1]

x	$\log x$	x	$\log x$	x	$\log x$	x	$\log x$
1	0.0000	6	0.7782	11	1.0414	16	1.2041
2	0.3010	7	0.8451	12	1.0792	17	1.2304
3	0.4771	8	0.9031	13	1.1139	18	1.2553
4	0.6021	9	0.9542	14	1.1461	19	1.2788
5	0.6990	10	1.0000	15	1.1761	20	1.3010

예제 5 아래의 문제는 단지 로그함수의 특성을 보이기 위해 간단하게 만들어진 것이다. 로그의 특성을 이용하면 간단히 계산할 수 있다.

a)
$$\begin{aligned} x &= 7 \cdot 2 \\ \log x &= \log 7 + \log 2 \\ \log x &= 0.8451 + 0.3010 \\ \log x &= 1.1461 \\ x &= 14 \end{aligned}$$

b)
$$\begin{aligned} x &= 18 \div 3 \\ \log x &= \log 18 - \log 3 \\ \log x &= 1.2553 - 0.4771 \\ \log x &= 0.7782 \\ x &= 6 \end{aligned}$$

c)
$$\begin{aligned} x &= 3^2 \\ \log x &= 2 \log 3 \\ \log x &= 2(0.4771) \\ \log x &= 0.9542 \\ x &= 9 \end{aligned}$$

d)
$$\begin{aligned} x &= \sqrt[3]{8} \\ \log x &= \tfrac{1}{3} \log 8 \\ \log x &= \tfrac{1}{3}(0.9031) \\ \log x &= 0.3010 \\ x &= 2 \end{aligned}$$

7.4 자연지수함수와 자연로그함수

지수함수와 로그함수에서 가장 많이 사용되는 밑수는 무리수인 e이다. 이를 수학적으로 표현하면 다음과 같다.

$$e = \lim_{n\to\infty}\left(1+\frac{1}{n}\right)^n \approx 2.71828 \tag{7.1}$$

특히 e를 밑수로 하는 지수함수를 자연지수함수(natural exponential functions)라고 하며 $y=e^x$으로 표시한다. 마찬가지로 e를 밑수로 하는 로그함수를 자연로그함수(natural logarithmic function)라고 하며 $y=\log_e x$ 또는 $y=\ln x$로 표시한다. 따라서 $\ln x$가 의미하는 것은 x를 얻기 위해서는 e에 몇 제곱승을 해야 하는지를 나타내는 지수에 해당한다[1].

지수함수와 로그함수가 공통의 밑수를 가지는 경우 어느 한 함수는 다른 함수의 역함수가 된다. 이는 순서쌍(ordered pair) (a,b)가 e^x에 의해 연결되는 쌍이라면, 순서쌍 (b,a)는 $\ln x$에 의해 연결되는 쌍이 되며, 그 반대도 성립함을 의미하는 것이다[2].

자연지수함수와 자연로그함수는 다른 일반적인 지수함수와 로그함수의 법칙을 그대로 따르며 이들의 계산은 수표나 계산기를 이용하여 쉽게 얻어낼 수 있다. [연습문제] (7.3), (7.4) (7.6)을 참조하기 바란다.

역자 TIP

1) 즉 $\ln x$의 의미는 e에 $\ln x$승을 하면 x가 된다는 것이다. $e^{\ln x}=x$.
2) 이는 바로 $y=e^x \leftrightarrow x=\ln y$ 을 의미한다. $y=e^x$에 의해 연결되는 순서쌍 (a,b)는 $b=e^a$이며 여기에 자연로그를 취하면 $a=\ln b$가 되어 순서쌍 (b,a)가 된다. 즉 $b=e^a \leftrightarrow a=\ln b$ 로서 지수함수와 로그함수 사이에는 역함수 관계가 성립함을 알 수 있다.

7.5 자연지수함수와 자연로그함수의 해

자연지수함수와 자연로그함수는 서로 역함수의 관계에 있기 때문에 어느 한 함수는 다른 한 함수를 계산하는데 도움이 된다. $\ln x$의 의미가 x를 얻기 위해서는 e에 $\ln x$승을 해야 한다는 것임을 염두에 두고 다음을 이해하기 바란다.

1. e의 지수 부분이 특정 상수($a>0$)의 자연로그일 경우 이 결과는 바로 그 해당 상수가 되며, e의 지수 부분이 어떤 특정 변수($x>0$)의 자연로그일 경우 이 결과는 바로 그 특정 해당 변수가 된다. 마찬가지로 e의 지수 부분이 특정 함수($f(x)>0$)에 대한 자연로그로 되어 있을 경우, 이 결과는 바로 해당 함수가 된다. 이를 간단히 수식으로 표현하면 다음과 같다.

$$e^{\ln a} = a \qquad e^{\ln x} = x \qquad e^{\ln f(x)} = f(x) \tag{7.2}$$

2. 반대로 자연지수함수에서 e의 지수 부분이 상수, 변수, 또는 특정 변수의 함수로 이루어진 경우에 자연로그를 취하면 그 결과는 바로 그대로 e의 지수 부분을 구성했던 상수, 변수, 또는 특정 변수의 함수가 된다. 이를 수식으로 표현하면 다음과 같다.

$$\ln e^{a} = a \qquad \ln e^{x} = x \qquad \ln e^{f(x)} = f(x) \tag{7.3}$$

([예제 6]과 [연습문제 7.18-7.22] 참조).

예제 6 식 (7.2)와 (7.3)의 원리를 이용하면 아래 방정식을 쉽게 풀 수 있다.

a) $5e^{x+2} = 120$

1) 먼저 e^{x+2}에 대해 풀면

$$5e^{x+2} = 120$$
$$e^{x+2} = 24$$

2) e를 소거하기 위해 양변에 자연로그를 취한다.

$$\ln e^{x+2} = \ln 24$$

식 (7.3)에서

$$x + 2 = \ln 24$$
$$x = \ln 24 - 2$$

계산기를 이용하여 $\ln 24 = 3.17805$을 계산한 후 이를 대입하면

$$x = 3.17805 - 2 = 1.17805$$

b) $6\ln x - 7 = 12.2$

1) 먼저 $\ln x$에 대해 풀면

$$6\ln x = 19.2$$
$$\ln x = 3.2$$

2) 자연로그를 소거하기 위해 위 방정식의 양변을 e의 지수로 놓는다.

$$e^{\ln x} = e^{3.2}$$

식 (7.2)로부터

$$x = e^{3.2}$$

계산기를 이용하여 $e^{3.2} = 24.53253$을 구한 후 이를 대입한다.

$$x = 24.53253$$

7.6 비선형함수의 로그변환

경제 분석에서 자주 이용되는 분석도구인 선형대수(linear algebra)와 회귀분석(linear regression)은 선형함수나 선형방정식을 가정하고 있다.

콥-다글라스 생산함수와 같은 몇몇의 비선형함수는 간단한 로그변환(logarithmic transformation)을 통해 선형함수로 쉽게 변환되기도 하나, CES 생산함수와 같이 선형함수로의 변환이 불가능한 비선형함수도 있다. 예를 들어 콥-다글라스 생산함수의 경우는 로그의 특성을 이용하면 다음과 같이 쉽게 선형함수로 변환 시킬 수 있다.

$$q = AK^{\alpha}L^{\beta}$$
$$\ln q = \ln A + \alpha \ln K + \beta \ln L \tag{7.4}$$

특히 식 (7.4)의 형태를 갖는 함수를 로그선형함수(log-linear function)라 한다.

그러나 아래의 CES 생산함수는 로그 변환을 하였음에도 아직 $K^{-\beta}$과 $L^{-\beta}$의 항이 남아 있으므로 선형함수가 아니다.

$$q = A[\alpha K^{-\beta} + (1-\alpha)L^{-\beta}]^{-1/\beta}$$
$$\ln q = \ln A - \frac{1}{\beta}\ln[\alpha K^{-\beta} + (1-\alpha)L^{-\beta}]$$

식 (7.4)와 같이 콥-다글라스 생산함수를 로그 변환시킨 후, 여기에 최소자승법을 적용하여 추정한 계수 α와 β의 추정치(estimate)는 바로 K와 L에 대한 산출물탄력성(output elasticity)을 나타내는 것이다([연습문제 6.56] 참조).

연습 문제

■ 그래프

7.1 밑수 a가 $a > 1$일 때 다음 지수함수 각각에 대하여 변수의 변화를 표시하는 표를 작성하고, 이를 이용하여 각 지수함수의 그래프를 동일한 좌표축에 그린 후 다음 사실을 확인하시오.

(1) 각 지수함수의 함수 값은 절대 0이 되지 않는다.

(2) 이들 지수함수는 모두 점 (0, 1)을 통과한다.

(3) 이들 지수함수는 모두 양(+)의 기울기를 가지고 있으며 볼록한 형태를 지닌다.

a) $y = 3^x$　　b) $y = 4^x$　　c) $y = 5^x$

a)

x	y
−3	$\frac{1}{27}$
−2	$\frac{1}{9}$
−1	$\frac{1}{3}$
0	1
1	3
2	9
3	27

b)

x	y
−3	$\frac{1}{64}$
−2	$\frac{1}{16}$
−1	$\frac{1}{4}$
0	1
1	4
2	16
3	64

c)

x	y
−3	$\frac{1}{125}$
−2	$\frac{1}{25}$
−1	$\frac{1}{5}$
0	1
1	5
2	25
3	125

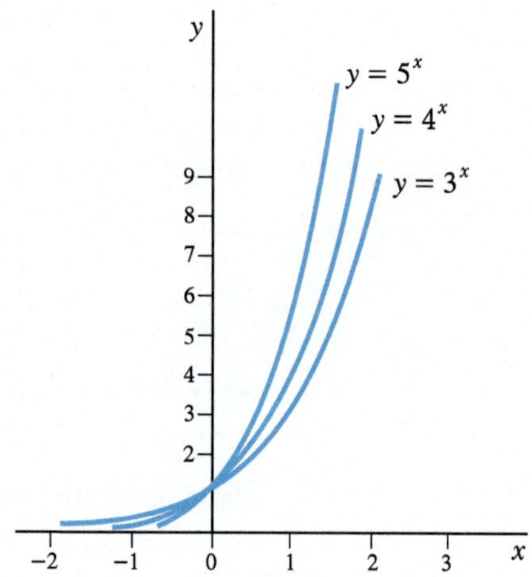

[그림 7-3]

7.2 밑수 a가 $0 < a < 1$일 때 아래의 지수함수 각각에 대하여 변수의 변화를 표시하는 표를 작성하고, 이를 이용하여 각 지수함수의 그래프를 동일한 좌표축에 그린 후 다음 사실을 확인하시오.

(1) 각 지수함수의 함수 값은 절대 0이 되지 않는다.

(2) 이들 지수함수는 모두 점 (0, 1)을 통과하며

(3) 이들 지수함수는 모두 음(-)의 기울기를 가지며 볼록한 형태를 지닌다.

a) $y-\left(\frac{1}{3}\right)^x = 3^{-x}$　　b) $y=\left(\frac{1}{4}\right)^x = 4^{-x}$　　c) $y=\left(\frac{1}{5}\right)^x = 5^{-x}$

a)	
x	y
−3	27
−2	9
−1	3
0	1
1	$\frac{1}{3}$
2	$\frac{1}{9}$
3	$\frac{1}{27}$

b)	
x	y
−3	64
−2	16
−1	4
0	1
1	$\frac{1}{4}$
2	$\frac{1}{16}$
3	$\frac{1}{64}$

c)	
x	y
−3	125
−2	25
−1	5
0	1
1	$\frac{1}{5}$
2	$\frac{1}{25}$
3	$\frac{1}{125}$

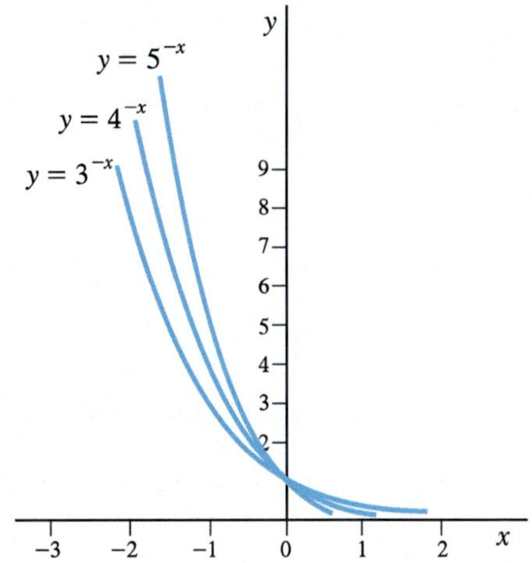

[그림 7-4]

7.3 계산기나 자연지수함수표를 이용하여 아래 주어진 자연지수함수 $y = e^{kx}$ $(k > 0)$ 각각에 대하여 변수의 변화를 표시하는 표를 작성하고, 이를 이용하여 각 자연지수함수의 그래프를 동일한 좌표축에 그린 후 다음 사실을 확인하시오.

(1) 각 자연지수함수의 함수 값은 절대 0이 되지 않는다.
(2) 이들 자연지수함수는 모두 점 (0, 1)을 통과한다.
(3) 이들 자연지수함수는 모두 양(+)의 기울기를 가지며 볼록한 형태를 지닌다.

a) $y = e^{0.5x}$ *b)* $y = e^{x}$ *c)* $y = e^{2x}$

a)	
x	y
−2	0.37
−1	0.61
0	1.00
1	1.65
2	2.72

b)	
x	y
−2	0.14
−1	0.37
0	1.00
1	2.72
2	7.39

c)	
x	y
−2	0.02
−1	0.14
0	1.00
1	7.39
2	54.60

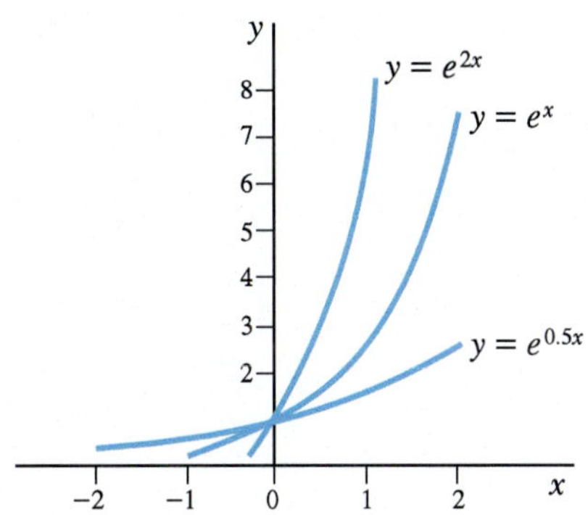

[그림 7-5]

7.4 아래 주어진 자연지수함수 $y = e^{kx}$ $(k < 0)$ 각각에 대하여 변수의 변화를 표시하는 표를 작성하고, 이를 이용하여 각 자연지수함수의 그래프를 동일한 좌표축에 그린 후 다음 사실을 확인하시오.

(1) 각 자연지수함수의 함수 값은 절대 0이 되지 않는다.
(2) 이들 자연지수함수는 모두 점 (0, 1)을 통과한다.
(3) 이들 자연지수함수는 모두 음(-)의 기울기를 가지며 볼록한 형태를 지닌다.

a) $y = e^{-0.5x}$ b) $y = e^{-x}$ c) $y = e^{-2x}$

a)

x	y
−2	2.72
−1	1.65
0	1.00
1	0.61
2	0.37

b)

x	y
−2	7.39
−1	2.72
0	1.00
1	0.37
2	0.14

c)

x	y
−2	54.60
−1	7.39
0	1.00
1	0.14
2	0.02

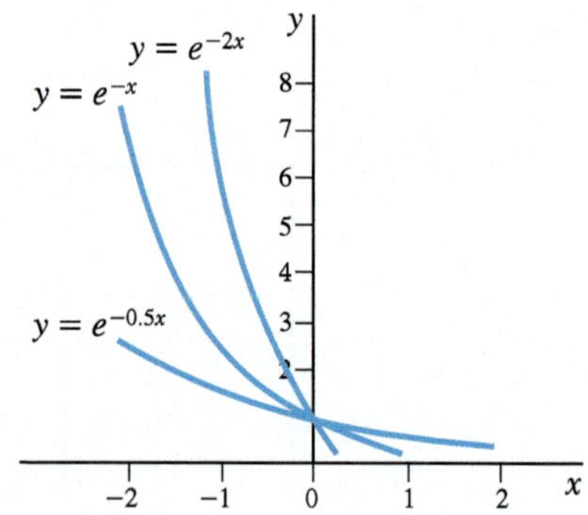

[그림 7-6]

7.5 아래 주어진 함수에 대해 변수의 변동을 나타내는 표를 작성하고, 이를 이용하여 함수의 그래프를 그리시오. 그리고 이를 통해 주어진 두 함수 중 하나는 다른 함수의 반사상(mirror image), 즉 역함수가 된다는 것을 확인하시오. 이때 (1) (*a*)의 정의구역은 (*b*)의 치역이 되고, (*a*)의 치역은 (*b*)의 정의구역이 된다는 사실과, (2) 밑수 a가 $0 < a < 1$일 때 로그함수는 감소함수로서 볼록한 형태를 지닌다는 것도 확인하시오.

a) $y = (\frac{1}{2})^x = 2^{-x}$ b) $x = (\frac{1}{2})^y$ 또는 $y = \log_{1/2} x$

a)

x	y
−3	8
−2	4
−1	2
0	1
1	$\frac{1}{2}$
2	$\frac{1}{4}$
3	$\frac{1}{8}$

b)

x	y
8	−3
4	−2
2	−1
1	0
$\frac{1}{2}$	1
$\frac{1}{4}$	2
$\frac{1}{8}$	3

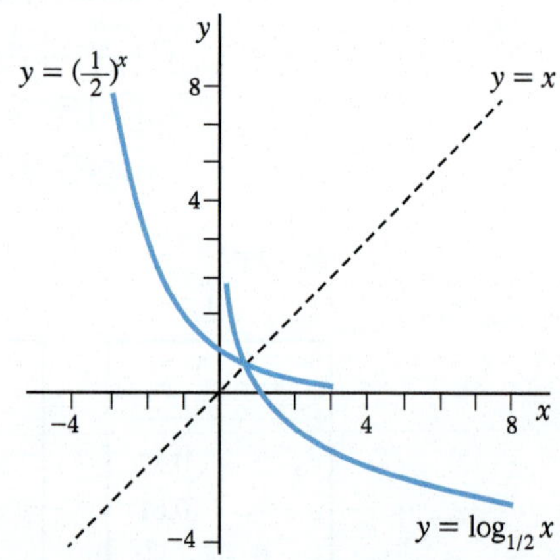

[그림 7-7]

7.6 (*a*) $y = e^x$과 (*b*) $y = \ln x$ 함수에 대해 계산기를 이용하여 변수의 변동을 나타내는 표를 작성하고 이를 이용하여 함수의 그래프를 그리시오. 그리고 이를 통해 한 함수는 다른 함수의 반사상(mirror image) 또는 역함수가 된다는 것을 확인하시오. 이때 (1) (*a*)의 정의구역은 (*b*)의 치역이 되고, (*a*)의 치역은 (*b*)의 정의구역이 되며, (2) $\ln x$는 $0 < x < 1$일 때 음수, 그리고 $x > 1$일 때 양수가 된다는 사실과 (3) $\ln x$는 증가함수로서 오목한 형태를 지닌다는 것도 확인하시오.

a) $y = e^x$

x	y
−2	0.13534
−1	0.36788
0	1.00000
1	2.71828
2	7.38906

b) $y = \ln x$

x	y
0.13534	−2
0.36788	−1
1.00000	0
2.71828	1
7.38906	2

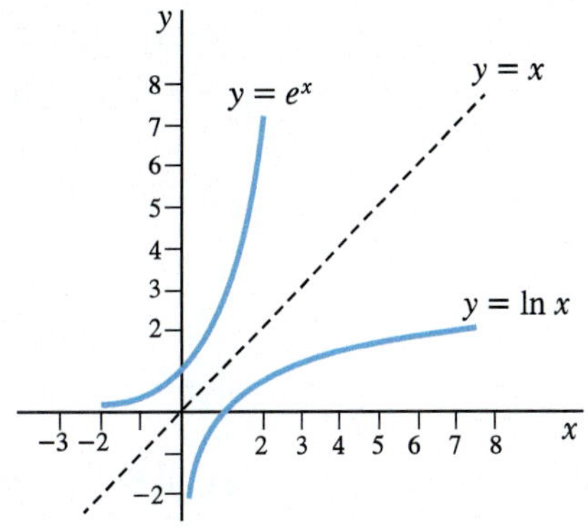

[그림 7-8]

■ 지수함수와 로그함수의 변환

7.7 다음 로그 수식을 지수 수식의 형태로 변환하시오.

a) $\log_8 64 = 2$

$64 = 8^2$

b) $\log_5 125 = 3$

$125 = 5^3$

c) $\log_7 \frac{1}{7} = -1$

$\frac{1}{7} = 7^{-1}$

d) $\log_3 \frac{1}{81} = -4$

$\frac{1}{81} = 3^{-4}$

e) $\log_{36} 6 = \frac{1}{2}$

$6 = 36^{1/2}$

f) $\log_{16} 2 = \frac{1}{4}$

$2 = 16^{1/4}$

g) $\log_a y = 6x$

$y = a^{6x}$

h) $\log_2 y = 7x$

$y = 2^{7x}$

7.8 다음 자연로그함수를 자연지수함수 형태로 변환하시오.

a) $\ln 32 = 3.46574$

$32 = e^{3.46574}$

b) $\ln 0.8 = -0.22314$

$0.8 = e^{-0.22314}$

c) $\ln 20 = 2.99573$

$20 = e^{2.99573}$

d) $\ln 2.5 = 0.91629$

$2.5 = e^{0.91629}$

e) $\ln y = -4x$

$y = e^{-4x}$

f) $\ln y = 2t + 1$

$y = e^{2t+1}$

7.9 다음 지수 형태의 수식을 로그 형태의 수식으로 변환하시오.

a) $81 = 9^2$

$\log_9 81 = 2$

b) $32 = 2^5$

$\log_2 32 = 5$

c) $\frac{1}{9} = 3^{-2}$

$\log_3 \frac{1}{9} = -2$

d) $\frac{1}{16} = 2^{-4}$

$\log_2 \frac{1}{16} = -4$

e) $5 = 125^{1/3}$

$\log_{125} 5 = \frac{1}{3}$

f) $11 = 121^{1/2}$

$\log_{121} 11 = \frac{1}{2}$

g) $27 = 9^{3/2}$

$\log_9 27 = \frac{3}{2}$

h) $64 = 256^{3/4}$

$\log_{256} 64 = \frac{3}{4}$

7.10 아래의 자연지수 수식을 자연로그 수식으로 변환하시오.

a) $4.8 = e^{1.56862}$

$\ln 4.8 = 1.56862$

b) $15 = e^{2.70805}$

$\ln 15 = 2.70805$

c) $0.6 = e^{-0.51083}$

$\ln 0.6 = -0.51083$

d) $130 = e^{4.86753}$

$\ln 130 = 4.86753$

e) $y = e^{(1/2)t}$

$\ln y = \frac{1}{2}t$

f) $y = e^{t-5}$

$\ln y = t - 5$

7.11 아래 주어진 식을 적절히 변환시켜 x, y, a를 구하시오.

a) $y = \log_{30} 900$

$900 = 30^y$

$y = 2$

b) $y = \log_2 \frac{1}{32}$

$\frac{1}{32} = 2^y$

$y = -5$

c) $\log_4 x = 3$

$x = 4^3$

$x = 64$

d) $\log_{81} x = \frac{3}{4}$

$x = 81^{3/4}$

$x = 27$

e) $\log_a 27 = 3$

$27 = a^3$

$a = 27^{1/3}$

$a = 3$

f) $\log_a 4 = \frac{2}{3}$

$4 = a^{2/3}$

$a = 4^{3/2}$

$a = 8$

g) $\log_a 125 = \frac{3}{2}$

$125 = a^{3/2}$

$a = 125^{2/3}$

$a = 25$

h) $\log_a 8 = \frac{3}{4}$

$8 = a^{3/4}$

$a = 8^{4/3}$

$a = 16$

▪ 로그와 지수의 특성

7.12 로그의 특성을 이용하여 다음 수식을 덧셈, 뺄셈 또는 곱셈의 형태로 바꾸시오.

a) $\log_a 56x$

$$\log_a 56x = \log_a 56 + \log_a x$$

b) $\log_a 33x^4$

$$\log_a 33x^4 = \log_a 33 + 4\log_a x$$

c) $\log_a x^2 y^3$

$$\log_a x^2 y^3 = 2\log_a x + 3\log_a y$$

d) $\log_a u^5 v^{-4}$

$$\log_a u^5 v^{-4} = 5\log_a u - 4\log_a v$$

e) $\log_a \frac{6x}{7y}$

$$\begin{aligned}\log_a \frac{6x}{7y} &= \log_a 6x - \log_a 7y \\ &= \log_a 6 + \log_a x - (\log_a 7 + \log_a y) \\ &= \log_a 6 + \log_a x - \log_a 7 - \log_a y\end{aligned}$$

f) $\log_a \frac{x^7}{y^4}$

$$\log_a \frac{x^7}{y^4} = 7\log_a x - 4\log_a y$$

g) $\log_a \sqrt[3]{x}$

$$\log_a \sqrt[3]{x} = \tfrac{1}{3}\log_a x$$

7.13 로그의 특성을 이용하여 다음 자연로그 수식을 덧셈, 뺄셈 또는 곱셈의 형태로 바꾸시오.

a) $\ln 76x^3$

$$\ln 76x^3 = \ln 76 + 3\ln x$$

b) $\ln x^5 y^2$

$$\ln x^5 y^2 = 5\ln x + 2\ln y$$

c) $\ln \frac{x^4}{y^6}$

$$\ln \frac{x^4}{y^6} = 4\ln x - 6\ln y$$

d) $\ln \frac{8x}{9y}$

$$\begin{aligned}\ln \frac{8x}{9y} &= \ln 8x - \ln 9y \\ &= \ln 8 + \ln x - (\ln 9 + \ln y) \\ &= \ln 8 + \ln x - \ln 9 - \ln y\end{aligned}$$

e) $\ln \sqrt[4]{x}$

$$\ln \sqrt[4]{x} = \tfrac{1}{4}\ln x$$

f) $\ln(x^5\sqrt{y})$

$$\ln(x^5\sqrt{y}) = 5\ln x + \tfrac{1}{2}\ln y$$

g) $\ln \frac{3\sqrt[5]{x}}{\sqrt{y}}$

$$\ln \frac{3\sqrt[5]{x}}{\sqrt{y}} = \ln 3 + \tfrac{1}{5}\ln x - \tfrac{1}{2}\ln y$$

h) $\ln \sqrt{\frac{x^7}{y^4}}$

$$\ln \sqrt{\frac{x^7}{y^4}} = \tfrac{1}{2}(7\ln x - 4\ln y)$$

7.14 지수의 특성을 이용하여 다음의 지수 식을 간단히 하시오(여기서 $a, b > 0$, $a \neq b$).

a) $a^x \cdot a^y$

$$a^x \cdot a^y = a^{x+y}$$

b) $a^{4x} \cdot a^{5y}$

$$a^{4x} \cdot a^{5y} = a^{4x+5y}$$

c) $\dfrac{a^{2x}}{a^{3y}}$

$$\frac{a^{2x}}{a^{3y}} = a^{2x-3y}$$

d) $\dfrac{a^x}{b^x}$

$$\frac{a^x}{b^x} = \left(\frac{a}{b}\right)^x$$

e) $\sqrt{a^{7x}}$

$$\sqrt{a^{7x}} = (a^{7x})^{1/2} = a^{(7/2)x}$$

f) $(a^x)^{4y}$

$$(a^x)^{4y} = a^{4xy}$$

7.15 다음 자연지수 식을 간단히 하시오.

a) $e^{5x} \cdot e^{2y}$

$$e^{5x} \cdot e^{2y} = e^{5x+2y}$$

b) $(e^{3x})^5$

$$(e^{3x})^5 = e^{15x}$$

c) $\dfrac{e^{8x}}{e^{6x}}$

$$\frac{e^{8x}}{e^{6x}} = e^{8x-6x} = e^{2x}$$

d) $\dfrac{e^{4x}}{e^{7x}}$

$$\frac{e^{4x}}{e^{7x}} = e^{4x-7x} = e^{-3x} = \frac{1}{e^{3x}}$$

7.16 다음 자연로그 식을 간단히 하시오.

a) $\ln 8 + \ln x$

$$\ln 8 + \ln x = \ln 8x$$

b) $\ln x^5 - \ln x^3$

$$\ln x^5 - \ln x^3 = \ln \frac{x^5}{x^3} = \ln x^2 = 2\ln x$$

c) $\ln 12 + \ln 5 - \ln 6$

$$\ln 12 + \ln 5 - \ln 6 = \ln \frac{12 \cdot 5}{6} = \ln 10$$

d) $\ln 7 - \ln x + \ln 9$

$$\ln 7 - \ln x + \ln 9 = \ln \frac{7 \cdot 9}{x} = \ln \frac{63}{x}$$

e) $\frac{1}{2}\ln 81$

$$\tfrac{1}{2}\ln 81 = \ln 81^{1/2} = \ln 9$$

f) $5\ln\frac{1}{2}$

$$5\ln\tfrac{1}{2} = \ln(\tfrac{1}{2})^5 = \ln\tfrac{1}{32}$$

g) $\frac{1}{3}\ln 27 + 4\ln 2$

$$\tfrac{1}{3}\ln 27 + 4\ln 2 = \ln 27^{1/3} + \ln 2^4 = \ln(3 \cdot 16) = \ln 48$$

h) $2\ln 4 - \frac{1}{3}\ln 8$

$$2\ln 4 - \tfrac{1}{3}\ln 8 = \ln 4^2 - \ln 8^{1/3} = \ln\tfrac{16}{2} = \ln 8$$

7.17 다음 지수 식을 간단히 하시오.

a) $e^{3\ln x}$

$e^{3\ln x} = e^{\ln x^3}$ 식 (7.2)로부터, $e^{\ln f(x)} = f(x)$,

$e^{3\ln x} = x^3$

b) $e^{4\ln x + 5\ln y}$

$$e^{4\ln x + 5\ln y} = e^{\ln x^4} \cdot e^{\ln y^5} = x^4 y^5$$

c) $e^{(1/2)\ln 6x}$

$$e^{(1/2)\ln 6x} = e^{\ln (6x)^{1/2}} = (6x)^{1/2} = \sqrt{6x}$$

d) $e^{4\ln x - 9\ln y}$

$$e^{4\ln x - 9\ln y} = \frac{e^{\ln x^4}}{e^{\ln y^9}} = \frac{x^4}{y^9}$$

■ **지수함수와 로그함수의 해**

7.18 7.5절의 기법을 이용하여 아래 자연지수함수로부터 x를 구하시오.

a) $3e^{5x} = 8943$

1) 먼저 e^{5x}에 대해 정리한다.

$$e^{5x} = 2981$$

2) 양변에 자연로그를 취하여 e를 소거한다.

$$\ln e^{5x} = \ln 2981$$

식 (7.3)을 이용하면 $\quad 5x = \ln 2981$

계산기를 이용하여 $\ln 2981$을 구하면 $\ln 2981 = 8.00001 \approx 8$이 되고 이를 대입하면 x를 구할 수 있다.

$$5x = 8$$
$$x = 1.6$$

b) $4e^{3x-1.5} = 360$

1) $e^{3x-1.5}$에 대해 풀면, $\quad e^{3x-1.5} = 90$

2) 자연로그를 취하면, $\quad \ln e^{3x-1.5} = \ln 90$

식 (7.3)을 이용하면, $\quad 3x - 1.5 = \ln 90$

계산기를 이용하여 $\ln 90$을 구하면 $\ln 90 = 4.49981 \approx 4.5$이므로 이를 대입하여 x를 구한다.

$$3x - 1.5 = 4.5 \qquad x = 2$$

c) $\frac{1}{2}e^{x^2} = 259$

1) e^{x^2}에 대해 풀면, $\quad e^{x^2} = 518$

2) 자연로그를 취한다. $\quad \ln e^{x^2} = \ln 518$

식 (7.3)을 이용하면, $\quad x^2 = 6.24998 \approx 6.25 \qquad x = \pm 2.5$

7.19 7.5절의 기법을 이용하여 아래 자연지수함수로부터 x를 구하시오.

a) $5\ln x + 8 = 14$

1) $\ln x$에 대해 풀면

$$5\ln x = 6 \qquad \ln x = 1.2$$

2) 자연로그를 소거하기 위해 주어진 방정식의 양변을 e의 지수로 놓는다.

$$e^{\ln x} = e^{1.2}$$

식 (7.2)를 이용하면, $x = e^{1.2}$

계산기를 이용하면 $e^{1.2} = 3.32012$이므로

$$x = 3.32012 \approx 3.32$$

b) $\ln (x+4)^2 = 3$

1) 로그법칙을 이용하여 $\ln x$에 대해 풀면

$$2\ln (x+4) = 3$$
$$\ln (x+4) = 1.5$$

2) $e^{\ln(x+4)} = e^{1.5}$

식 (7.2)에서 $x + 4 = e^{1.5}$

계산기를 사용하면, $x + 4 = 4.48169$

$$x = 4.48169 - 4 = 0.48169$$

c) $\ln \sqrt{x+34} = 2.55$

1) 간단히 정리하여 풀면 $\frac{1}{2}\ln (x+34) = 2.55$

$$\ln (x+34) = 5.1$$

2) 식 (7.2)를 이용하면, $x + 34 = e^{5.1} \approx 164$

$$x = 130$$

7.20 다음 방정식에서 x를 y로 표시하시오.

a) $\log_a x = y^3$

$x = a^{y^3}$

b) $\log_a x = \log_a 3 + \log_a y$

$x = 3y$ 로그에서의 덧셈 = 대수에서의 곱셈

c) $\ln x = 3y$

$x = e^{3y}$

d) $\ln x = \log_a y$

$x = e^{\log_a y}$

e) $\log_a x = \ln y$

$x = a^{\ln y}$

f) $y = ge^{hx}$

자연지수함수에서 지수가 x일 때, x를 구하기 위해서는 양변에 자연로그를 취한다.

$$\ln y = \ln g + hx \ln e = \ln g + hx$$

$$x = \frac{\ln y - \ln g}{h}$$

g) $y = ae^{x+1}$

$$\ln y = \ln a + (x+1)\ln e = \ln a + x + 1$$
$$x = \ln y - \ln a - 1$$

h) $y = p(1+i)^x$

밑수가 e가 아닌 지수함수에서 지수가 x일 때, x를 구하기 위해서는 양변에 상용로그를 취한다.

$$\log y = \log p + x \log(1+i)$$
$$x = \frac{\log y - \log p}{\log(1+i)}$$

7.21 상용로그를 이용하여 다음 식을 계산하시오.

a) $y = 625(0.8)$

1) 위 식의 양변에 상용로그를 취한 후 로그의 특성을 이용한다(7.3절 참조).

$$\log y = \log 625 + \log 0.8$$

계산기를 이용하여 625와 0.8의 로그 값을 구한다.

$$\log y = 2.79588 + (-0.09691) = 2.69897$$

2) $\log y = 2.69897$의 의미는 10에 2.69897승을 하면 y가 된다는 것을 뜻하기 때문에 y를 구하기 위해서는 $10^{2.69897}(=500)$, 즉 2.69897의 역로그(antilog)를 계산기를 이용하여 구한다.

$$y = \text{antilog}\, 2.69897 = 10^{2.69897} = 500$$

b) $y = \frac{40}{100}$

1) $$\log y = \log 40 - \log 100$$

2) $$\log y = 1.60206 - 2 = -0.39794$$
$$y = \text{antilog}\,(-0.39794) = 10^{-0.39794} = 0.4$$

c) $y = \dfrac{130}{0.25}$

1) $$\log y = \log 130 - \log 0.25$$

2) $$\log y = 2.11394 - (-0.60206) = 2.71600$$
$$y = \text{antilog}\, 2.71600 = 10^{2.71600} = 519.996 \approx 520$$

d) $y = (1.06)^{10}$

1) $$\log y = 10 \log 1.06$$

2) $$\log y = 10(0.02531) = 0.2531$$
$$y = \text{antilog}\, 0.2531 = 10^{0.2531} = 1.791$$

e) $y = 1024^{0.2}$

1) $$\log y = 0.2 \log 1024$$

2) $$\log y = 0.2(3.0103) = 0.60206$$

$$y = \text{antilog}\, 0.60206 = 10^{0.60206} = 4$$

f) $y = \sqrt[5]{1024}$

1) $$\log y = \tfrac{1}{5} \log 1024$$

2) $$\log y = \tfrac{1}{5}(3.0103) = 0.60206$$

$$y = \text{antilog}\, 0.60206 = 10^{0.60206} = 4$$

$y = 1024^{1/5} = 1024^{0.2} = 4$이기 때문에 위의 해는 (e)의 결과와 동일하다. 어떤 값 x의 5제곱근은 바로 x의 0.2승 또는 1/5승을 한 것과 동일하다[3]. 제곱근의 식 (f)에서는 로그를 5로 나누고 있으나, 지수식 (e)에서는 로그에 0.2를 곱하고 있음을 비교하기 바란다.

역자 TIP

1) $\sqrt[5]{x} = x^{0.2} (= x^{1/5})$

7.22 자연로그를 이용하여 다음 식을 계산하시오.

a) $y = 12.5^3$

1) $$\ln y = 3 \ln 12.5$$

계산기를 이용하여 $\ln 12.5 = 2.52573$을 구하고 이를 대입한다.

2) $$\ln y = 3(2.52573) = 7.57719$$

$\ln y = 7.57719$의 의미는 e에 7.57719승을 하면 y가 된다는 것을 뜻한다. 따라서 7.57719의 역로그, 즉 $e^{7.57719}$을 계산하면 y를 구할 수 있다.

$$y = \text{antilog}_e\, 7.57719 = e^{7.57719} \approx 1953.1$$

b) $y = \sqrt[4]{28{,}561}$

1) $$\ln y = \tfrac{1}{4} \ln 28{,}561$$

2) $$\ln y = \tfrac{1}{4}(10.25980) = 2.56495$$

$$y = \text{antilog}_e\, 2.56495 = e^{2.56495} = 13$$

8장 지수함수와 로그함수의 경제학에서의 응용

8.1 복리계산

원금 P가 t년 동안 연 이자율 i로 복리 계산될 때, t년 후의 원리금 S는 아래의 지수함수로 표시할 수 있다.

$$S = P(1+i)^t \tag{8.1}$$

1년을 m기간으로 나누어 t년 동안 매 기간마다 복리로 계산한다면 원리금은

$$S = P\left(1+\frac{i}{m}\right)^{mt} \tag{8.2}$$

이 된다. 여기서 만약 연 100%의 이자율로 1년 동안 '연속적'으로 복리 계산하는 경우[1] 원리금은 다음과 같이 쓸 수 있다.

$$S = P\lim_{m\to\infty}\left(1+\frac{1}{m}\right)^m = P(2.71828) = Pe^{2)}$$

역자 TIP

1) 1년을 m 기간으로 나눌 경우 한 기간당 이자율은 $1/m$(연이자율=100%이므로)이 되고 복리계산하면 원리금은 $S=P(1+\frac{1}{m})^m$이 된다. 여기서 '연속적'으로 복리계산한다는 것은 1년을 무한대의 기간으로 나눈다는 의미로서 이 때 원리금은 $S=P\lim_{n\to\infty}(+\frac{1}{m})^m$이 된다.
2) $\lim_{m\to\infty}(1+\frac{1}{m})^m=e$는 정의에 의해 성립하는 것이다.

더 나아가 이자율이 이자율이 100%가 아닌 r이고, 기간 역시 1년이 아닌 t년 동안 연속적으로 복리 계산한다고 하면 원리금은

$$S = Pe^{rt} \tag{8.3}$$

나타낼 수 있다[3]. 감가상각률이나 디플레이션과 같은 마이너스(-) 증가율에 대해서도 위의

공식이 동일하게 적용 될 수 있으며 단지 i와 r이 마이너스일 뿐이다. [예제 1]과 [연습문제 8.1-8.6, 8.9-8.17]을 참조하기 바란다.

역자 TIP

3) 연이자율이 r이고 1년을 m 기간으로 나누어 t년 동안 매 기간마다 복리로 이자를 계산하는 경우 원리금은 $S=(1+\frac{r}{m})^{mt}$이 된다(P=원금). 이를 연속적으로 복리계산한다면 $S=P\lim_{m\to\infty}(1+\frac{r}{m})^{mt}$이 되는데 $e\equiv\lim_{m\to\infty}(1+\frac{1}{m})^{m}$의 정의에서 $\frac{1}{m}$과 m은 역수의 관계에 있으므로, 이러한 관계를 유도하면 $S=P\lim_{m\to\infty}(1+\frac{r}{m})^{mt}=P\lim_{m\to\infty}(1+\frac{r}{m})^{\frac{m}{r}\frac{r}{m}mt}=P\lim_{m\to\infty}(1+\frac{r}{m})^{\frac{m}{r}rt}$을 도출할 수 있다. 여기서 $\lim_{m\to\infty}(1+\frac{r}{m})^{\frac{m}{r}}=e$가 되므로 연속적 복리계산의 경우 원리금은 $S=Pe^{rt}$이 된다.

예제 1 100달러를 연이자율 10%로 2년 동안 복리 계산하는 경우, 기간을 각각 1) 1년 기준, 2) 6개월 기준, 3) 연속적 기준으로 했을 때의 원리금을 구하시오.

1) 1년을 기준으로 복리 계산하면 $S=P(1+i)^{t}$이므로

$$S = 100(1 + 0.10)^2 = 121$$

2) 6개월 기준으로 복리 계산하는 경우, $S=P[1+(i/m)]^{mt}$에서 $m=2,\ t=2$이므로

$$S = 100\left(1+\frac{0.10}{2}\right)^{2(2)} = 100(1+0.05)^4$$

계산기를 통해 $(1.05)^4=1.2155$를 구한 후 이를 대입하면

$$S = 100(1.2155) = 121.55$$

3) 연속적으로 복리 계산한다면 $S=Pe^{rt}$으로부터 $S=100e^{0.1(2)}=100e^{0.2}$이 된다. 계산기를 이용하여 $e^{0.2}=1.2214$를 구하여 대입한다.

$$S = 100(1.2214) = 122.14$$

8.2 실효이자율과 명목이자율

[예제 1]에서 본 바와 같이 동일한 명목이자율(nominal rate of interest)하에서도 원금을 어떤 식으로 복리 계산하느냐에 따라 다른 실효이자율(effective rate of interest)을 얻게 된다. [예제 1]에서 100달러를 1년을 기준으로 2년 동안 복리 계산할 때, 그 가치는 $S=121$달러에 이르며, 6개월 기준으로 반기별 복리 계산할 때는 $S=121.55$, 그리고 연속적 복리계산의 경우는 $S=122.14$에 이른다.

이러한 여러 가지 복리계산에 대해 연실효이자율(i_e)을 구하려면

$$P(1+i_e)^t = P\left(1+\frac{i}{m}\right)^{mt}$$ [4]

역자 TIP

4) 이 관계식이 바로 실효이자율의 의미를 설명해 주고 있다.

의 관계식으로부터 양변을 P로 나누고 t제곱근을 구하면 된다.

$$1+i_e = \left(1+\frac{i}{m}\right)^m$$

$$i_e = \left(1+\frac{i}{m}\right)^m - 1 \tag{8.4}$$

같은 방법으로 연속적 복리계산한 경우의 연실효이자율은 $P(1+i_e)^t = Pe^{rt}$으로부터 구할 수 있다.

$$1+i_e = e^r$$

$$i_e = e^r - 1 \tag{8.5}$$

[예제 2]와 [연습문제 8.7-8.8]을 참조하기 바란다.

예제 2 2년 동안 (1) 반기별(6개월 기준)과 (2) 연속적으로 각각 복리 계산한다고 할 때 명목이자율 10%에 대한 연실효이자율을 구하시오.

1) 반기별 복리계산의 경우

$$i_e = \left(1+\frac{i}{m}\right)^m - 1 = (1.05)^2 - 1$$

계산기를 이용하여 $(1.05)^2$의 값을 구하여 이를 대입하면

$$i_e = 1.1025 - 1 = 0.1025 = 10.25\%$$

2) 연속적 복리계산의 경우

$$i_e = e^r - 1 = e^{0.1} - 1$$

계산기를 이용하여 $e^{0.10} = 1.10517$을 구한 후 이를 대입한다.

$$i_e = 1.10517 - 1 = 0.10517 \approx 10.52\%$$

8.3 할인율

미래에 받게 될 일정 금액의 화폐는 현재의 동일한 금액만큼 가치를 가지고 있지 않은데, 그 이유는 현재 수중에 있는 화폐는 이자를 받고 빌려줌으로써 장래 만기시에는 훨씬 더 큰 금액으로 증가시킬 수 있기 때문이다. 현재 이자율이 8%라고 한다면 현재 100달러는 1년 뒤 108달러로 증가할 것이다. 따라서 1년 후의 108달러는 현재 시점에서는 100달러의 가치, 즉 100달러의 현재가치(present value)를 지니고 있는 것이다.

할인(discounting)이란 바로 미래의 화폐액에 대한 현재가치 P를 구하는 과정이다. 연복리 계산으로 t년 후의 가치 S가

$$S = P(1+i)^t$$

이면, 현재가치[5] P는

$$P = \frac{S}{(1+i)^t} = S(1+i)^{-t} \tag{8.6}$$

이 된다.

마찬가지로 1년을 m 기간으로 나누어 기간별로 복리계산한 경우의 현재가치는 $P = S(1+\frac{i}{m})^{-mt}$이 되고, 연속적으로 복리계산한 경우의 현재가치는 $P = Se^{-rt}$이[6] 된다. 특히 현재가치를 구하는 과정에서 사용하는 이자율을 할인율(discount rate)이고 한다. ([예제 3]과 [연습문제 8.18-8.22] 참조).

역자 TIP

5) 원금 P를 연이자율 i로 복리계산할 때 t년 후의 원리금이 S가 되므로 P는 바로 t년 후 S에 대한 현재가치에 해당한다.
6) 불연속적 증가율 i와 구분하여 연속적 증가율은 r로 표시하고 있다. 이에 따라 연속적 복리계산하에서의 현재가치는 $P = Se^{-rt}$으로 표시된다.

예제 3 5년 만기시의 가치가 1000달러인 채권의 현재가치는 다음과 같이 구한다. 이때 이자율은 9%로 복리계산을 기준으로 한다.

$$P = S(1+i)^{-t} = 1000(1+0.09)^{-5}$$

계산기를 이용하여 $1.09^{-5} = 0.64993$을 구한다.

$$P = 1000(0.64993) = 649.93$$

9%의 이자율을 가정할 때, 현재의 649.93달러는 5년 후 1000달러가 되기 때문에, 이는 반대로 5년 후 1000달러를 지불하기로 약정한 채권은 현재 약 649.93달러의 가치를 가지고 있다고 할 수 있다.

8.4 지수함수와 자연지수함수 사이의 변환

8.1절에서 살펴본 것처럼, (1) 지수함수는 불연속적 증가율(discrete growth)을 측정하는 데 이용되며, (2) 자연지수함수는 연속적 증가율(continuous growth)을 측정하는 데 이용된다. 이때 불연속적 증가율이란 1년이나 1분기를 단위로 하여, 복리이자 계산을 한다든가 또는 할인을 하는 경우에 사용되는 증가율이다. 이에 반해 연속적 증가율이란 동물의 발육이라든가 인구증가에서와 같이, 증가나 성장이 불연속으로 일정 기간의 단위 시간마다 끊어져서 이루어지는 것이 아니라 연속적으로 이루어지는 경우를 말한다.

불연속적 증가를 나타내는 지수함수 $S=P(1+\frac{i}{m})^{mt}$은 연속적 증가율을 나타내는 자연지수함수 $S=Pe^{rt}$의 형태로 변환시킬 수 있다. 이를 위해서는 먼저 $S=P(1+\frac{i}{m})^{mt}$이 $S=Pe^{rt}$의 형태로 변환되었다고 보고, 두 식을 등식으로 연결한다. 그리고 이로부터 r을 구한다.

$$P\left(1+\frac{i}{m}\right)^{mt}=Pe^{rt}$$

양변을 P로 나누어 소거한 후 자연로그를 취하면,

$$\left(1+\frac{i}{m}\right)^{mt}=e^{rt}$$

$$\ln\left(1+\frac{i}{m}\right)^{mt}=\ln e^{rt}$$

$$mt\ln\left(1+\frac{i}{m}\right)=rt$$

다시 양변을 t로 나누면

$$r=m\ln\left(1+\frac{i}{m}\right)$$

가 되므로 이를 Pe^{rt}에 대입한다. 따라서

$$S=P\left(1+\frac{i}{m}\right)^{mt}=Pe^{m\ln(1+i/m)t} \tag{8.7}$$

([예제 4-5]와 [연습문제 8.37-8.42] 참조).

예제 4 연 10% 이자율하에서 반기별로(6개월 기준) 100달러를 2년 동안 복리계산할 때의 가치를 자연지수함수를 이용하여 구하면 다음과 같다.

$$S=Pe^{rt}$$

에서 $r = m\ln(1+\frac{i}{m})$이므로

$$r = 2\ln\left(1+\frac{0.10}{2}\right) = 2\ln 1.05 = 2(0.04879) = 0.09758$$

이를 위에 대입하면

$$S = 100e^{(0.09758)2} = 100e^{0.19516}$$

계산기를 이용하여 $e^{0.19516} = 1.2155$를 구하여 대입하면

$$S = 100(1.2155) = 121.55$$

로서 [예제 1]에서 구한 결과와 동일하다.

자연지수함수에서 연속적 증가율은 Pe^{rt}의 r에 의해 파악된다는 것을 유의해야 한다. 이러한 측면에서, 100달러를 연이자율 10%로 6개월 기준의 복리계산을 하는 경우의 연속적 증가율은 0.09758 또는 연 9.758%에 해당한다. 다시 말해 연속적 복리계산에서의 9.758% 이자율은 6개월 기준 복리계산에서의 10% 이자율과 동일한 것이다.

예제 5 현재 연매출액이 10,000달러인 기업이 매년 12%의 매출증가를 계획하고 있다면, 4년 후 예상매출액은 지수함수를 이용하여 다음과 같이 산출할 수 있다.

$$\begin{aligned} S &= 10{,}000(1+0.12)^4 \\ &= 10{,}000(1.5735) = 15{,}735 \end{aligned}$$

예제 6 [예제 5]에서 산출한 예상매출액은 $r = m\ln(1+i/m)$와 $m=1$임을 감안하면 자연지수함수에서도 계산할 수 있다

$$\begin{aligned} r &= \ln 1.12 = 0.11333 \\ S &= 10{,}000e^{0.11333(4)} = 10{,}000(1.5735) = 15{,}735 \end{aligned}$$

8.5 증가율의 측정

매출액 함수라든가 생산비함수, 이윤함수 등과 같이 매년 지속적으로 증가추세를 보이는 함수의 경우, 두 시점의 데이터 값이 주어진다면 이로부터 연 증가율을 구할 수 있으며, 연립방정식을 통해 증가추세를 나타내는 자연지수함수도 추정할 수 있다.

$S = Pe^{rt}$을 예로 든다면 증가율은 r이 되는데, 여기서 실제 자료로서 1996년의 매출액이 274만 달러이고, 2001의 매출액이 419만 달러에 달했다고 한다면, 이 기간 동안의 증가율은 다음과 같이 구할 수 있다.

1996년을 $t=0$ 그리고 5년 후 2001년을 $t=5$로 하여 두 시점의 데이터 값을 먼저 자연지수함수 $S = pe^{rt}$에 대입한다(단위는 백만 달러로 하며 $e^0 = 1$에 유의한다).

$$2.74 = Pe^{r(0)} = P \tag{8.8}$$

$$4.19 = Pe^{r(5)} \tag{8.9}$$

식 (8.8)의 $P = 2.74$를 식 (8.9)에 대입하여 간단히 정리한다.

$$4.19 = 2.74e^{5r}$$
$$1.53 = e^{5r}$$

양변에 자연로그를 취하면

$$\ln 1.53 = \ln e^{5r} = 5r$$
$$0.42527 = 5r$$
$$r = 0.08505 \approx 8.5\%$$

위에서 구한 P와 r을 $S = Pe^{rt}$에 대입하면,

$$S = 2.74e^{0.085t}$$

$r = 0.085$이므로 연간 연속적 증가율은 8.5%이다.

불연속적 증가율 i를 구하려면 연속적 증가율 r과 불연속적 증가율 i의 관계가 다음과 같으므로

$$r = m\ln\left(1 + \frac{i}{m}\right)$$

여기에 기간이 1년을 단위로 하는 $m = 1$을 대입한다.

$$0.085 = \ln(1 + i)$$
$$1 + i = \text{antilog}_e 0.085 = e^{0.085} = 1.08872$$
$$i = 1.08872 - 1 = 0.08872 \approx 8.9\%$$

([예제 7]과 [연습문제 8.43-8.45] 참조).

예제 7 위의 자료가 주어졌을 때 이들 자료로부터, $S = P(1+i)^t$과 같은 형태의 증가율을 나타내는 통상적인 지수함수를 도출할 수 있다.

주어진 자료를 통상적인 지수함수 형태로 구성한다.

$$2.74 = P(1 + i)^0 = P \tag{8.10}$$

$$4.19 = P(1 + i)^5 \tag{8.11}$$

식 (8.10)의 $P = 2.74$를 식 (8.11)에 대입하여 간단히 정리한다.

$$4.19 = 2.74(1 + i)^5$$
$$1.53 = (1 + i)^5$$

양변에 상용로그를 취한다.

$$\log 1.53 = 5 \log(1+i)$$
$$\tfrac{1}{5}(0.18469) = \log(1+i)$$
$$\log(1+i) = 0.03694$$
$$1 + i = \text{antilog}\, 0.03694 = 10^{0.03694} = 1.08878$$
$$i = 1.08878 - 1 = 0.08878 \approx 8.9\%$$

이를 대입하면

$$S = 2.74(1 + 0.089)^t$$

연습 문제

■ 복리계산

8.1 원금(P)가 1000달러이고 연이자율(i)이 6%이며 기간이 3년으로 주어진 경우, 원금이 각각 (*a*) 1년 기준, (*b*) 반기(6개월) 기준, (*c*) 분기(3개월) 기준으로 복리계산 될 때의 미래가치 S를 계산하시오.

a) 식 (8.1)로부터 $S = P(1+i)^t = 1000(1+0.06)^3$

계산기를 이용하면 $1.06^3 = 1.19102$이므로 이를 대입한다.

$$S = 1000(1.19102) \approx 1191.02$$

b) 식 (8.2)로부터 $S = P\left(1+\dfrac{i}{m}\right)^{mt} = 1000\left(1+\dfrac{0.06}{2}\right)^{2(3)} = 1000(1.03)^6$

계산기를 이용하여 $1.03^6 = 1.19405$를 구하여 대입한다.

$$S = 1000(1.19405) \approx 1194.05$$

c) $$S = 1000\left(1+\frac{0.06}{4}\right)^{4(3)} = 1000(1.015)^{12}$$

계산기를 이용하여 $1.015^{12} = 1.19562$를 구한 후 이를 대입한다.

$$S = 1000(1.19562) \approx 1195.62$$

8.2 원금이 100달러이고 연이자율과 기간이 각각 8%, 5년으로 주어진 경우, [연습문제 8.1]에서의 물음에 답하시오.

a) $$S = 100(1.08)^5 = 100(1.46933) \approx 146.93$$

b) $$S = 100\left(1+\frac{0.08}{2}\right)^{2(5)} = 100(1.04)^{10} = 100(1.48024) \approx 148.02$$

c) $$S = 100\left(1+\frac{0.08}{4}\right)^{4(5)} = 100(1.02)^{20} = 100(1.48595) \approx 148.60$$

8.3 원금이 1,250달러, 연이자율이 12% 그리고 기간이 4년으로 주어진 경우 [연습문제 8.1]에서의 물음에 답하시오.

a) $S = 1250(1.12)^4 = 1250(1.57352) \approx 1966.90$

b) $S = 1250(1.06)^8 = 1250(1.59385) \approx 1992.31$

c) $S = 1250(1.03)^{16} = 1250(1.60471) \approx 2005.89$

8.4 원금 100달러를 연이자율 5%하에서 6년 동안 각각 (*a*) 1년 기준과 (*b*) 연속적 기준으로 복리 계산할 때 미래가치를 구하시오.

a) $S = 100(1.05)^6 = 100(1.34010) \approx 134.01$

b) 식 (8.3)으로부터 $S = Pe^{rt} = 100e^{0.05(6)} = 100e^{0.3}$

계산기를 이용하여 $e^{0.3} = 1.34986$을 구하고 이를 대입한다.

$$S = 100(1.34986) \approx 134.99$$

8.5 원금이 150달러이고 연이자율이 7% 그리고 기간이 4년인 경우, [연습문제 8.4]에서의 물음에 답하시오.

a) $S = 150(1.07)^4 = 150(1.31080) \approx 196.62$

b) $S = 150e^{0.07(4)} = 150e^{0.28} = 150(1.32313) \approx 198.47$

8.6 자연로그를 이용하여 (*a*) $S = 100e^{0.3}$과 (*b*) $S = 150e^{0.28}$을 구하시오.

a)
$$\ln S = \ln 100 + 0.3 \ln e = 4.60517 + 0.3(1) = 4.90517$$
$$S = \text{antilog}_e 4.90517 = e^{4.90517} \approx 134.99$$

b)
$$\ln S = \ln 150 + 0.28 \ln e = 5.01064 + 0.28 = 5.29064$$
$$S = \text{antilog}_e 5.29064 = e^{5.29064} \approx 198.47$$

8.7 100달러를 연 6%의 이자율하에서 (*a*) 반기별(6개월 기준)과 (*b*) 연속적 기준으로 복리계산되는 각 경우에 대한 연실효이자율을 구하시오.

a) 8.2절에서 실효이자율의 개념은 $P(1+i_e)^t = P(1+\frac{i}{m})^{mt}$의 관계를 성립시키는 이자율($i_e$)임을 언급하였다. 식 (8.4)에서 명목이자율은 $i = 0.06$이고 $t = 1$, $m = 2$이므로

$$i_e = (1+\frac{i}{m})^m - 1 = 1.03^2 - 1$$

이 된다. 따라서 연실효이자율은

$$i_e = 1.0609 - 1 = 0.0609 \approx 6.09\%$$

b) $P(1+i_e)^t = Pe^{rt}$에서 양변에 자연로그를 취하면 $t\ln(1+i_e) = rt$가 되어 실효

이자율을 구할 수 있다. 식 (8.5)로부터

$$\begin{aligned} i_e &= e^r - 1 = e^{0.06} - 1 \\ &= 1.06184 - 1 = 0.06184 \approx 6.18\% \end{aligned}$$

8.8 1000달러를 12% 이자율로 (*a*) 분기별 기준과 (*b*) 연속적 기준으로 각각 복리계산할 경우 이에 대한 실효이자율을 구하시오.

a)

$$\begin{aligned} i_e &= \left(1 + \frac{i}{m}\right)^m - 1 = (1.03)^4 - 1 \\ &= 1.12551 - 1 = 0.12551 \approx 12.55\% \end{aligned}$$

b)

$$\begin{aligned} i_e &= e^r - 1 = e^{0.12} - 1 \\ &= 1.12750 - 1 = 0.12750 \approx 12.75\% \end{aligned}$$

■ 기간

8.9 주어진 원금을 연복리로 계산했을 때 10년 만에 두 배로 만드는 데 필요한 이자율을 구하시오.

$$S = P(1+i)^t$$

에서 원금이 두 배가 되어야 하므로 $S = 2P$에 의해 $2P = P(1+i)^{10}$이 성립한다. 이것의 양변을 P로 나누고 10제곱근을 취하면

$$2 = (1+i)^{10} \qquad (1+i) = \sqrt[10]{2}$$

계산기를 이용하여 $\sqrt[10]{2} = 2^{1/10} = 2^{0.1} = 1.07177$을 구한다.

$$\begin{aligned} 1 + i &= 1.07177 \\ i &= 1.07177 - 1 = 0.07177 \approx 7.18\% \end{aligned}$$

8.10 반기별로 복리 계산할 때 6년만에 원금을 두 배로 만드는 데 필요한 이자율을 구하시오.

$$\begin{aligned} S &= P\left(1 + \frac{i}{m}\right)^{mt} \\ 2P &= P\left(1 + \frac{i}{2}\right)^{2(6)} \\ 2 &= 1(1 + 0.5i)^{12} \\ 1 + 0.5i &= \sqrt[12]{2} \\ \ln(1 + 0.5i) &= \tfrac{1}{12}\ln 2 = \tfrac{1}{12}(0.69315) = 0.05776 \\ 1 + 0.5i &= e^{0.05776} = 1.05946 \\ 0.5i &= 1.05946 - 1 = 0.05946 \\ i &= 0.11892 \approx 11.89\% \end{aligned}$$

8.11 분기별로 복리 계산할 때 10년만에 원금을 세 배로 만드는 데 필요한 이자율을 구하시오.

$$S = P\left(1 + \frac{i}{4}\right)^{4(10)}$$

원금의 세 배가 되는 것이므로

$$3P = P\left(1 + \frac{i}{4}\right)^{40}$$
$$3 = (1 + 0.25i)^{40}$$
$$1 + 0.25i = \sqrt[40]{3}$$
$$\ln(1 + 0.25i) = \frac{1}{40}\ln 3 = 0.02747$$
$$1 + 0.25i = e^{0.02747} = 1.02785$$
$$i = 0.1114 \approx 11.14\%$$

8.12 8년 동안 연속적으로 복리 계산되는 경우 원금이 세 배가 되는 데 필요한 이자율은 얼마인가?

$$S = Pe^{rt}$$
$$3P = Pe^{r(8)}$$
$$\ln 3 = \ln e^{8r}$$
$$1.09861 = 8r \qquad r = 0.1373 = 13.73\%$$

8.13 25년 동안 연속적으로 복리 계산되는 경우 이자율이 얼마일 때 원금은 다섯 배가 되는가?

$$S = Pe^{rt}$$
$$5 = e^{25r}$$
$$\ln 5 = 25r$$
$$1.60944 = 25r \qquad r = 0.0644 = 6.44\%$$

8.14 12% 이자율로 연복리 계산을 하는 경우 원금이 두 배가 되기 위해서는 어느 정도의 기간이 필요한가? 반올림으로 소수점 두 째 자리까지 구하시오.

$$S = P(1 + i)^t \qquad 2 = (1 + 0.12)^t$$
$$\ln 2 = t \ln 1.12 \qquad 0.69315 = 0.11333t$$
$$t \approx 6.12 \text{ 년}$$

8.15 8% 이자율하에서 반기별 복리 계산을 했을 때 초기 가치를 2.5배로 증가시키는 데 필요한 기간은 얼마인가?

$$S = P\left(1 + \frac{0.08}{2}\right)^{2t} \qquad 2.5 = (1.04)^{2t}$$

$$\ln 2.5 = 2t \ln 1.04 \qquad 0.91629 = 2(0.03922)t$$

$$t \approx 11.68 \text{ 년}$$

8.16 5% 이자율하에서 분기별 복리 계산을 하는 경우, 원금이 두 배가 되는 데 필요한 기간은 얼마인가?

$$S = P\left(1 + \frac{0.05}{4}\right)^{4t} \qquad 2 = (1.0125)^{4t}$$

$$\ln 2 = 4t \ln 1.0125 \qquad 0.69315 = 4(0.01242)t$$

$$t \approx 13.95 \text{ 년}$$

8.17 (*a*) 9% 이자율하에서 연속적 복리 계산을 하는 경우 원금을 4배로 하는 데 필요한 기간은? (*b*) 12% 이자율로 연속적 복리 계산을 하는 경우, 원금을 세 배로 만드는 데 필요한 기간은?

a) $S = Pe^{rt}$ $\qquad 4 = e^{0.09t}$

$\ln 4 = 0.09t \qquad 1.38629 = 0.09t$

$t \approx 15.4$ 년

b) $S = Pe^{rt}$ $\qquad 3 = e^{0.12t}$

$\ln 3 = 0.12t \qquad 1.09861 = 0.12t$

$t \approx 9.16$ 년

■ 할인

8.18 10%의 이자율로 이자가 각각 (*a*) 1년 기준과 (*b*) 반기(6개월) 기준으로 복리 계산되는 경우에 지금부터 4년 후에 지불되는 750달러의 현재가치는 얼마인가?

a) 식 (8.6)을 이용하면

$$P = S(1+i)^{-t} = 750(1.10)^{-4}$$

계산기를 이용하여 $1.10^{-4} = 0.68301$을 구한다.

$$P = 750(0.68301) \approx 512.26$$

b)

$$P = S\left(1 + \frac{i}{m}\right)^{-mt} = 750(1.05)^{-8}$$

$$= 750(0.67684) \approx 507.63$$

8.19 이자율이 4%이고 7년 후 지불금액이 600인 경우 [연습문제 8.18]에서의 물음에 답하시오.

a)

$$P = 600(1.04)^{-7}$$

$$= 600(0.75992) \approx 455.95$$

b)

$$P = 600(1.02)^{-14}$$

$$= 600(0.75788) \approx 454.73$$

8.20 8% 이자율하에서 이자가 3년 동안 (a) 연복리 및 (b) 연속적으로 복리 계산되어 얻은 원리금이 각각 500달러라고 할 때 이에 대한 현재가치를 구하시오.

a) $P = 500(1.08)^{-3}$
$= 500(0.79383) \approx 396.92$

b) $P = Se^{-rt} = 500e^{-0.08(3)} = 500e^{-0.24}$
$= 500(0.78663) \approx 393.32$

8.21 이자율이 9%일 때 5년 후 120달러의 현재가치를 [연습문제 8.20]에서와 같이 두 가지 경우로 구분하여 구하시오.

a) $P = 120(1.09)^{-5}$
$= 120(0.64993) \approx 77.99$

b) $P = 120e^{-0.09(5)} = 120e^{-0.45}$
$= 120(0.63763) \approx 76.52$

8.22 [연습문제 8.21]의 해를 자연로그를 이용하여 구하시오.

$$P = 120e^{-0.45}$$
$$\ln P = \ln 120 + (-0.45) = 4.78749 - 0.45 = 4.33749$$
$$P = \text{antilog}_e 4.33749 = e^{4.33749} \approx 76.52$$

■ 지수함수

8.23 1년 매출액이 150,000달러인 기업이 연 8%의 매출성장을 기대하고 있을 때 6년 후 예상 매출액을 구하시오.

$$S = 150{,}000(1.08)^6$$
$$= 150{,}000(1.58687) \approx 238{,}031$$

8.24 앞으로 10년 동안 매년 연 9%의 이윤 증가가 예상될 때 현재의 이윤이 240,000달러라면 10년 후 예상이윤은 얼마인가?

$$\pi = 240{,}000(1.09)^{10}$$
$$= 240{,}000(2.36736) \approx 568{,}166$$

8.25 지금까지 식료품비는 매년 3.6%씩 증가해 왔다. 현재 매월 200달러의 식료품비를 지출하고 있는 가계가 5년 후 지출하게 될 월 식료품비는 얼마로 예상 할 수 있는가?

$$F = 200(1.036)^5$$
$$= 200(1.19344) \approx 238.69$$

8.26 생계비가 1993년을 100으로 할 때 매년 12.5%의 증가를 보여 온 경우, 2000년의 생계비 지수는 얼마가 되겠는가?

$$C = 100(1.125)^7$$
$$= 100(2.28070) \approx 228.07$$

8.27 어느 의류 할인매점에서는 제품이 매진될 때까지 매일 10%씩 가격을 인하하고 있다면 지금 175달러짜리 의복은 5일 후 가격은 얼마가 되겠는가?

$$\begin{aligned} P &= 175(1-0.10)^5 \\ &= 175(0.9)^5 = 175(0.59049) \approx 103.34 \end{aligned}$$

8.28 새 차는 첫 해에 매월 3%씩 감가상각이 이루어지고 있다고 한다면, 6,000달러인 차는 첫 해 말에 장부가격이 얼마가 되겠는가?

$$\begin{aligned} B &= 6000(0.97)^{12} \\ &= 6000(0.69384) \approx 4163.04 \end{aligned}$$

8.29 달러 가치가 매년 2.6%씩 감소한다면 25년 후 1달러의 가치는 얼마가 되겠는가?

$$\begin{aligned} D &= 1.00(0.974)^{25} \\ &= 1.00(0.51758) \approx 0.5176 \text{ or } 51.76¢ \end{aligned}$$

8.30 1989년 평균 입원비는 500달러였으나 1999년에는 1,500달러로 증가하였다. 이 경우 연 평균 증가율은 얼마인가?

$$\begin{aligned} 1500 &= 500(1+i)^{10} \\ 3 &= (1+i)^{10} \\ 1+i &= \sqrt[10]{3} \end{aligned}$$

계산기를 이용하여 구한 $\sqrt[10]{3} = 1.11612$를 대입한다.

$$1+i = 1.11612 \qquad i = 0.11612 \approx 11.6\%$$

8.31 5개년개발계획에 따르면 계획기간 초에 260만 달러에 머물던 투자를 계획기간 말에는 420만 달러에 달하도록 계획하고 있다. 계획을 달성하기 위해서는 투자가 매년 몇 %씩 증가해야 하는가?

$$\begin{aligned} 4.2 &= 2.6(1+i)^5 \\ 1.615 &= (1+i)^5 \\ 1+i &= \sqrt[5]{1.615} = 1.10061 \\ i &= 0.10061 \approx 10\% \end{aligned}$$

8.32 어느 개발도상국이 현재 560만 달러의 저축을 1,200만 달러로 증가시키려 하고 있다. 만약 저축이 매년 15%씩 증가한다고 하면 몇 년이 소요될 것인지 계산하시오.

$$12 = 5.6(1.15)^t$$

로그변환을 통해 지수 t를 구한다.

$$\ln 12 = \ln 5.6 + t \ln 1.15$$
$$2.48491 = 1.72277 + 0.13976t$$
$$0.13976t = 0.76214 \qquad t \approx 5.45 \text{ years}$$

8.33 많은 제3세계 국가의 인구증가율은 3.2%에 이르고 있다. 현재 100만의 인구를 가진 국가는 20년 후 인구가 얼마나 될 것인지 계산하시오.

인구는 시간에 걸쳐 연속적으로 증가하므로 자연지수함수를 이용해야 한다.

$$P = 1{,}000{,}000e^{0.032(20)} = 1{,}000{,}000e^{0.64}$$
$$= 1{,}000{,}000(1.89648) \approx 1{,}896{,}480$$

8.34 [연습문제 8.33]에서 이 나라가 인구 증가율을 2.4%로 낮추는 경우 20년 후 인구는 얼마가 될까?

$$P = 1{,}000{,}000e^{0.024(20)} = 1{,}000{,}000e^{0.48}$$
$$= 1{,}000{,}000(1.61607) \approx 1{,}616{,}070$$

8.35 세계 인구가 2.6%의 증가율을 보이고 있다면, 세계 인구가 두 배가 되는 데는 어느 정도의 기간이 소요 되는가?

$$2 = e^{0.026t}$$
$$\ln 2 = 0.026t$$
$$0.69315 = 0.026t \qquad t = 26.66 \text{ years}$$

8.36 기후 조건으로 인하여 사헬(Sahel) 지역의 농경지는 매년 3.5%씩 침식되어 없어지고 있다면, 현재의 농경지 A는 12년 후 얼마나 남아 있겠는가?

$$P = Ae^{-0.035(12)} = Ae^{-0.42}$$
$$= 0.657047A \quad \text{또는} \quad 66\%$$

■ 지수함수의 변환

8.37 원금 2,000달러를 12%의 이자율하에서 반기별로 복리 계산할 경우 3년 후의 가치를 (*a*) 지수함수를 이용하여 구하고 (*b*) 동일한 결과를 자연지수함수에 의해서도 구하시오.

a)
$$S = P\left(1 + \frac{i}{m}\right)^{mt} = 2000\left(1 + \frac{0.12}{2}\right)^{2(3)} = 2000(1.06)^6 = 2000(1.41852) \approx 2837.04$$

b)
$$S = Pe^{rt}$$

여기서 $r = m \ln(1 + i/m) = 2 \ln 1.06 = 2(0.05827) = 0.11654.$

따라서 $S = 2000e^{0.11654(3)} = 2000e^{0.34962} = 2000($

8.38 원금 600달러를 5년 동안 9% 이자율로 연복리 계산할 경우의 미래가치를 [연습문제 8.37]에서의 물음에 따라 구하시오.

a)
$$S = 600(1.09)^5 = 600(1.53862) \approx 923.17$$

b)
$$S = Pe^{rt}, \quad r = \ln 1.09 = 0.08618.$$
$$S = 600e^{0.08618(5)} = 600e^{0.4309} = 600(1.53864) \approx 923.18^*$$

8.39 원금 1,800달러를 8% 이자율로 분기별 복리 계산을 하는 경우 2.5년 후의 미래가치를 [연습문제 8.39]에서의 물음에 따라 구하시오.

a)
$$\begin{aligned} S &= 1800(1.02)^{10} \\ &= 1800(1.21899) \approx 2194.18 \end{aligned}$$

b)
$$\begin{aligned} r &= 4\ln 1.02 = 4(0.01980) = 0.07920 \\ S &= 1800e^{0.07920(2.5)} = 1800e^{0.19800} \\ &= 1800(1.21896) = 2194.13^* \end{aligned}$$

8.40 $S = Pe^{0.07696t}$을 불연속적인 연복리 계산하에서의 형태로 변형시키시오.

$$r = m\ln\left(1 + \frac{i}{m}\right)$$

여기서 1년을 단위로 복리 계산을 하고 있으므로 $m = 1$이다.

$$\begin{aligned} 0.07696 &= \ln(1+i) \\ 1 + i &= \text{antilog}_e 0.07696 = 1.08 \\ i &= 0.08 \end{aligned}$$

따라서
$$S = P(1.08)^t$$

8.41 $S = Pe^{0.09758t}$을 불연속적인 반기별 복리 계산하에서의 형태로 변형시키시오.

$$\begin{aligned} r &= 2\ln(1 + 0.5i) \\ 0.09758 &= 2\ln(1 + 0.5i) \\ 1 + 0.5i &= \text{antilog}_e 0.04879 = 1.05 \\ 0.5i &= 0.05 \qquad i = 0.10 \end{aligned}$$

따라서
$$S = P(1.05)^{2t}$$

8.42 $S = Pe^{0.15688t}$을 분기별 복리 계산하에서의 형태로 변형시키시오.

$$\begin{aligned} r &= 4\ln(1 + 0.25i) \\ \tfrac{1}{4}(0.15688) &= \ln(1 + 0.25i) \\ 1 + 0.25i &= \text{antilog}_e 0.03922 = 1.04 \\ i &= 0.16 \\ S &= P(1.04)^{4t} \end{aligned}$$

■ 데이터를 이용한 지수함수의 추정

8.43 어느 가축의 수 P가 1997년의 3.5(백만 마리)에서 2001년에는 4.97(백만 마리)로 증가하였다. 이 가축의 증가를 자연지수함수로 표시하고 증가율을 구하시오.

$$3.50 = P_0 e^{r(0)} = P_0 \tag{8.12}$$

$$4.97 = P_0 e^{r(4)} \tag{8.13}$$

식 (812)의 $P_0 = 3.50$을 식 (8.13)에 대입하고 간단히 한다.

$$4.97 = 3.50e^{4r}$$
$$1.42 = e^{4r}$$

양변에 상용로그를 취한다.

$$\ln 1.42 = \ln e^{4r} = 4r$$
$$0.35066 = 4r$$
$$r = 0.08767 \approx 8.8\%$$

따라서 $P = 3.50e^{0.088t} \qquad r = 8.8\%$

8.44 정부가 추진하고 있는 계획의 비용 C가 1995년의 5.39에서 2001년에는 10.64로 증가하였다(단위: 10억 달러). 이 계획의 추진비용을 일반지수함수로 표시하고 연증가율을 구하시오.

$$5.39 = C_0(1+i)^0 = C_0 \tag{8.14}$$

$$10.64 = C_0(1+i)^6 \tag{8.15}$$

식 (8.14)의 $C_0 = 5.39$를 식 (8.15)에 대입하고 이를 간단히 한다.

$$10.64 = 5.39(1+i)^6$$
$$1.974 = (1+i)^6$$

양변에 상용로그를 취한다.

$$\log 1.974 = 6\log(1+i)$$
$$\tfrac{1}{6}(0.29535) = \log(1+i)$$
$$\log(1+i) = 0.04923$$
$$1+i = \text{antilog}\,0.04923 = 10^{0.04923} = 1.12$$
$$i = 1.12 - 1 = 0.12 = 12\%$$

따라서 $C = 5.39(1+0.12)^t \qquad i = 12\%$

8.45 [연습문제 8.44]에서의 비용이 1991년의 $C = 2.80$에서 2001년에는 $C = 5.77$로 주어졌다고 할 때 이 비용을 일반지수함수로 표시하고 연 증가율을 구하시오.

$$2.80 = C_0(1+i)^0 = C_0 \tag{8.16}$$

$$5.77 = C_0(1+i)^{10} \tag{8.17}$$

식 (8.16)의 $C_0 = 2.80$을 식 (8.17)에 대입하고 간단히 한다.

$$5.77 = 2.80(1+i)^{10}$$
$$2.06 = (1+i)^{10}$$

양변에 로그를 취한다.

$$\log 2.06 = 10 \log(1+i)$$
$$\tfrac{1}{10}(0.31387) = \log(1+i)$$
$$\log(1+i) = 0.03139$$
$$1 + i = \text{antilog}\, 0.03139 = 10^{0.03139} = 1.07495$$
$$i = 1.07495 - 1 = 0.07495 \approx 7.5\%$$

따라서 $$C = 2.80(1+0.075)^t \qquad i = 7.5\%$$

9장 지수함수와 로그함수의 미분

9.1 미분법칙

아래에는 지수함수와 로그함수의 미분법칙이 제시되어 있으며 이와 관련된 문제를 [예제 1-4]와 [연습문제 9.1-9.8]에서 다루고 있다. 그리고 이 미분법칙 가운데 몇 가지는 [연습문제 9.35-9.40]에서 증명 과정을 다루고 있다.

9.1.1 자연지수함수의 미분법칙

$f(x)=e^{g(x)}$이고 $g(x)$가 x의 미분가능한 함수일 때, 도함수는

$$f'(x) = e^{g(x)} \cdot g'(x) \tag{9.1}$$

간단히 말해서 자연지수함수의 도함수는 원래의 자연지수함수에다 지수의 도함수를 곱한 것이다.

예제 1 아래에 주어진 각 지수함수의 도함수는 다음과 같다.

1. $f(x)=e^x$

   $g(x)=x$이고 $g'(x)=1$이므로 이를 식 (9.1)에 대입하면

   $$f'(x)=e^x \cdot 1 = e^x$$

   e^x의 도함수는 그대로 원래의 함수 e^x이다.

2. $f(x)=e^{x^2}$

   $g(x)=x^2$이고 $g'(x)=2x$이므로 이를 식 (9.1)에 대입한다.

   $$f'(x)=e^{x^2} \cdot 2x = 2xe^{x^2}$$

3. $f(x)=3e^{7-2x}$

   $g(x)=7-2x$에서 $g'(x)=-2$이다. 이를 식 (9.1)에 대입한다.

$$f'(x) = 3e^{7-2x} \cdot (-2) = -6e^{7-2x}$$

$x = 4$일 때 이 함수의 기울기를 계산하면

$$f'(4) = -6e^{7-2(4)} = -6e^{-1} = -6\left(\frac{1}{2.71828}\right) = -2.2$$

([연습문제 9.1] 참조)

9.1.2 일반 지수함수의 미분법칙(밑수가 e가 아닌 a인 경우)

$f(x) = a^{g(x)}$ $(a > 0,\ a \neq 1)$이고 $g(x)$가 x의 미분가능한 함수일 때, 도함수는 다음과 같다.

$$f'(x) = a^{g(x)} \cdot g'(x) \cdot \ln a \tag{9.2}$$

즉 도함수는 원래의 함수에 지수의 도함수를 곱하고 여기에 다시 밑수의 자연로그를 곱한 것이다.

예제 2 밑수가 a인 지수함수의 도함수를 구하는 과정이 아래에 예시되어 있다.

1. $f(x) = a^{1-2x}$

   $g(x) = 1 - 2x$이고 $g'(x) = -2$이므로 이를 식 (9.2)에 대입한다.

   $$f'(x) = a^{1-2x} \cdot (-2) \cdot \ln a = -2a^{1-2x} \ln a$$

2. $y = a^x$

   $g(x) = x,\ g'(x) = 1$이므로 식 (9.2)로부터

   $$y' = a^x \cdot 1 \cdot \ln a = a^x \ln a$$

   여기서 a는 물론 임의의 수로 주어질 수 있다([연습문제 9.2(c)-(g)] 참조).

3. $y = x^2 a^{3x}$

   함수가 x^2과 a^{3x}의 곱으로 이루어져 있으므로 곱의 미분법칙을 이용해야 한다.

   $$\begin{aligned} y' &= x^2(a^{3x} \cdot 3 \cdot \ln a) + a^{3x}(2x) \\ &= xa^{3x}(3x \ln a + 2) \end{aligned}$$

   ([연습문제 9.2] 참조).

9.1.3 자연로그함수의 미분법칙

$f(x) = \ln g(x)$로 주어지고 여기에서 $g(x)$가 양(+)이고 미분가능할 때 도함수는 다음과 같이 구한다.

$$f'(x) = \frac{1}{g(x)} \cdot g'(x) = \frac{g'(x)}{g(x)} \tag{9.3}$$

([예제 3]과 [연습문제 9.3-9.5] 참조).

예제 3 자연로그함수의 도함수를 구하는 과정이 아래에 예시 되어 있다.

1. $f(x) = \ln 6x^2$

   $g(x) = 6x^2$에서 $g'(x) = 12x$를 구하여 식 (9.3)에 대입한다.

$$f'(x) = \frac{1}{6x^2} \cdot 12x = \frac{2}{x}$$

2. $y = \ln x$

   $g(x) = x$에서 $g'(x) = 1$이므로 식 (9.3)으로부터

$$y' = \frac{1}{x} \cdot 1 = \frac{1}{x}$$

3. $y = \ln(x^2 + 6x + 2)$

   $g(x) = x^2 + 6x + 2$이고 $g'(x) = 2x + 6$이므로 식 (9.3)으로부터

$$y' = \frac{1}{x^2 + 6x + 2} \cdot (2x + 6) = \frac{2x + 6}{x^2 + 6x + 2}$$

   $x = 4$일 때 이 함수의 기울기는

$$y'(4) = \tfrac{14}{42} = \tfrac{1}{3}$$

9.1.4 로그함수의 미분법칙(밑수가 e가 아닌 a인 경우)

$f(x) = \log_a g(x)$가 주어지고($a > 0$, $a \neq 1$), $g(x)$가 양(+)이고 미분가능할 때 도함수는 다음과 같이 구한다.

$$f'(x) = \frac{1}{g(x)} \cdot g'(x) \cdot \log_a e \quad \text{또는} \quad f'(x) = \frac{1}{g(x)} \cdot g'(x) \cdot \frac{1}{\ln a} \tag{9.4}$$

위의 두 도함수가 동일한 것은 $\log_a e = 1/\ln a$이기 때문이다.
([예제4]와 [연습문제 9.6, 9.40] 참조).

예제 4 밑수가 a인 로그함수의 도함수 도출과정은 다음과 같다.

1. $f(x) = \log_a(2x^2 + 1)$

   $g(x) = 2x^2 + 1$에서 $g'(x) = 4x$이므로 이를 식 (9.4)에 대입하면

$$f'(x) = \frac{1}{2x^2+1} \cdot 4x \cdot \log_a e = \frac{4x}{2x^2+1} \log_a e$$

또는
$$f'(x) = \frac{4x}{(2x^2+1)\ln a}$$

2. $y = \log_a x$

$g(x) = x$ 이고 $g'(x) = 1$ 이므로 식 (9.4)로부터

$$y' = \frac{1}{x} \cdot 1 \cdot \log_a e = \frac{\log_a e}{x}$$

또는
$$y' = \frac{1}{x \ln a}$$

9.2 고차도함수

고차도함수는 도함수의 도함수를 구함으로써 얻을 수 있다. ([예제 5]와 [연습문제 9.9-9.10] 참조).

예제 5 지수함수와 로그함수의 1차 및 2차도함수를 구하는 과정이 아래에 예시 되어 있다.

1. $y = e^{5x}$ 일 때, 1차도함수와 2차도함수는

$$\frac{dy}{dx} = e^{5x}(5) = 5e^{5x}$$
$$\frac{d^2y}{dx^2} = 5e^{5x}(5) = 25e^{5x}$$

2. $y = a^x$ 일 때 1차도함수는

$$\frac{dy}{dx} = a^x(1)\ln a = a^x \ln a$$

이 되고(여기서 $\ln a$는 상수이다), 이를 다시 미분하면 2차도함수를 구할 수 있다.

$$\frac{d^2y}{dx^2} = a^x(\ln a)(1)(\ln a) = a^x(\ln a)^2 = a^x \ln^2 a$$

3. $y = \ln 2x$ 의 1차도함수는

$$\frac{dy}{dx} = \frac{1}{2x}(2) = \frac{1}{x} \quad \text{또는} \quad x^{-1}$$

그리고 2차도함수는 간단한 멱함수의 미분법칙에 따라 구할 수 있다.

$$\frac{d^2y}{dx^2} = -x^{-2} \quad \text{또는} \quad -\frac{1}{x^2}$$

4. $y = \log_a 3x$일 때 1차도함수는

$$\frac{dy}{dx} = \frac{1}{3x}(3)\frac{1}{\ln a} = \frac{1}{x\ln a}$$

몫의 미분법칙에 따라 2차도함수를 구하면 여기서 $\ln a$는 상수이므로

$$\frac{d^2y}{dx^2} = \frac{x\ln a(0) - 1\ln a}{(x\ln a)^2} = \frac{-\ln a}{x^2\ln^2 a} = -\frac{1}{x^2\ln a}$$

9.3 편도함수

편도함수는 어느 한 독립변수에 대해서만 주어진 함수를 미분함으로써 얻게 되는데, 이때 나머지 다른 독립 변수는 모두 일정하게 고정되어 있는 것으로 간주한다. ([예제 6]과 [연습문제 9.11] 참조).

예제 6 1차 및 2차편도함수를 구하는 과정이 아래에 예시되어 있다.

1. $z = e^{(3x+2y)}$일 때 1차 및 2차 편도함수는

$$z_x = e^{(3x+2y)}(3) = 3e^{(3x+2y)} \qquad z_y = e^{(3x+2y)}(2) = 2e^{(3x+2y)}$$
$$z_{xx} = 3e^{(3x+2y)}(3) = 9e^{(3x+2y)} \qquad z_{yy} = 2e^{(3x+2y)}(2) = 4e^{(3x+2y)}$$
$$z_{xy} = 6e^{(3x+2y)} = z_{yx}$$

2. $z = \ln(5x + 9y)$일 때 1차 편도함수를 구하면

$$z_x = \frac{5}{5x+9y} \qquad z_y = \frac{9}{5x+9y}$$

1차 편도함수에 몫의 미분법칙을 이용하여 2차편도함수를 구한다.

$$z_{xx} = \frac{(5x+9y)(0) - 5(5)}{(5x+9y)^2} = \frac{-25}{(5x+9y)^2} \qquad z_{yy} = \frac{(5x+9y)(0) - 9(9)}{(5x+9y)^2} = \frac{-81}{(5x+9y)^2}$$

$$z_{xy} = \frac{-45}{(5x+9y)^2} = z_{yx}$$

9.4 지수함수와 로그함수의 최적화

지수함수와 로그함수의 최적화 역시 4.5절과 5.4절에서 언급한 최적화의 일반법칙을 따른다. 최적화 과정은 [예제 7]에 예시되어 있으며 [연습문제 9.12-9.21]에서도 다루고 있다.

예제 7 지수함수 및 로그함수가 임계값에서 극대 또는 극소를 가지는지 여부를 결정하는 과정은 다음과 같다.

1. $y = 2xe^{4x}$

   곱의 미분법칙에 따라 도함수를 구한 후 이를 0으로 놓는다.

   $$\frac{dy}{dx} = 2x(4e^{4x}) + 2(e^{4x}) = 0$$
   $$= 2e^{4x}(4x+1) = 0$$

   도함수가 0이 되기 위해서는 $2e^{4x} = 0$이든가 $4x+1=0$이어야 한다. 그러나 어떠한 x 값에 대해서도 $2e^{4x} \neq 0$이므로

   $$4x + 1 = 0 \qquad \bar{x} = -\tfrac{1}{4}$$

   에서 $\frac{dy}{dx} = 0$이 성립한다.

   $$\frac{d^2y}{dx^2} = 2e^{4x}(4) + (4x+1)(2e^{4x})(4) = 8e^{4x}(4x+2)$$

   2차조건을 살펴보면

   $\bar{x} = -\frac{1}{4}$의 임계값에서 2차도함수 값을 계산하면

   $$\frac{d^2y}{dx^2} = 8e^{-1}(-1+2) = \frac{8}{e} > 0$$

   이다. 즉 2차도함수가 양(+)이 되어 함수는 임계값에서 극소화된다.

2. $y = \ln(x^2 - 6x + 10)$

   자연로그의 미분법칙에 따라

   $$\frac{dy}{dx} = \frac{2x-6}{x^2-6x+10} = 0$$

   양변을 분모인 $(x^2 - 6x + 10)$으로 곱하면

   $$2x - 6 = 0 \qquad \bar{x} = 3$$

   의 임계값을 구할 수 있다. 다음에 몫의 미분법칙을 이용하여 2차도함수를 구하면

$$\frac{d^2y}{dx^2} = \frac{(x^2-6x+10)(2)-(2x-6)(2x-6)}{(x^2-6x+10)^2}$$

임계값 $\bar{x} = 3$에서 2차도함수는 $d^2y/dx^2 = 2 > 0$이 되어 함수는 극소화된다.

3. $z = e^{(x^2-2x+y^2-6y)}$

$$z_x = (2x-2)e^{(x^2-2x+y^2-6y)} = 0 \qquad z_y = (2y-6)e^{(x^2-2x+y^2-6y)} = 0$$

x, y가 어떤 값을 가지든 $e^{(x^2-2x+y^2-6y)} \neq 0$이므로

$$\begin{aligned} 2x-2 &= 0 \qquad & 2y-6 &= 0 \\ \bar{x} &= 1 & \bar{y} &= 3 \end{aligned}$$

2차조건을 검사하기 위해 곱의 미분법칙을 이용한다.

$$z_{xx} = (2x-2)(2x-2)e^{(x^2-2x+y^2-6y)} + e^{(x^2-2x+y^2-6y)}(2)$$
$$z_{yy} = (2y-6)(2y-6)e^{(x^2-2x+y^2-6y)} + e^{(x^2-2x+y^2-6y)}(2)$$

$\bar{x} = 1$, $\bar{y} = 3$

$$z_{xx} = 0 + 2e^{-10} > 0 \qquad z_{yy} = 0 + 2e^{-10} > 0$$

이고(e에 몇 승을 하더라도 항상 양이므로) 교차편도함수를 구하면

$$z_{xy} = (2x-2)(2y-6)e^{(x^2-2x+y^2-6y)} = z_{yx}$$

가 된다.

임계값 $\bar{x} = 1$, $\bar{y} = 3$에서 $z_{xy} = 0 = z_{yx}$이므로 함수는 $z_{xx} > 0$, $z_{yy} > 0$과 $z_{xx}z_{yy} > (z_{xy})^2$을 만족시키고 있어 $\bar{x} = 1$과 $\bar{y} = 3$에서 극소값을 가진다.

9.5 로그 미분

여러 항이 곱셈과 나눗셈으로 연결된 함수의 미분은 자연로그함수와 그 도함수를 이용하면 용이하게 처리할 수 있다. 이러한 과정을 로그 미분(logarithmic differentiation)이라 하며 [예제 8]과 [연습문제 9.22]에 예시되어 있다.

예제 8 아래 주어진 함수의 도함수를 구하기 위해 다음과 같이 로그미분을 이용한다.

$$g(x) = \frac{(5x^3-8)(3x^4+7)}{(9x^5-2)} \tag{9.5}$$

a) 양변에 자연로그를 취한다.

$$\ln g(x) = \ln \frac{(5x^3-8)(3x^4+7)}{(9x^5-2)}$$
$$= \ln(5x^3-8) + \ln(3x^4+7) - \ln(9x^5-2)$$

b) $\ln g(x)$의 도함수를 구한다.

$$\frac{d}{dx}[\ln g(x)] = \frac{g'(x)}{g(x)} = \frac{15x^2}{5x^3-8} + \frac{12x^3}{3x^4+7} - \frac{45x^4}{9x^5-2} \tag{9.6}$$

c) 식 (9.6)에서 $g'(x)$를 구한다.

$$g'(x) = \left(\frac{15x^2}{5x^3-8} + \frac{12x^3}{3x^4+7} - \frac{45x^4}{9x^5-2}\right) \cdot g(x) \tag{9.7}$$

d) 식 (9.7)에 $g(x)$ 대신 식 (9.5)를 대입한다.

$$g'(x) = \left(\frac{15x^2}{5x^3-8} + \frac{12x^3}{3x^4+7} - \frac{45x^4}{9x^5-2}\right) \cdot \frac{(5x^3-8)(3x^4+7)}{(9x^5-2)}$$

9.6 기타 증가율 측정방법

함수 $y = f(t)$의 증가율은 다음과 같이 정의된다.

$$G = \frac{dy/dt}{y} = \frac{f'(t)}{f(t)} = \frac{y'}{y}$$

9.1.3절에서의 내용을 상기하면 이는 $\ln y$의 도함수와 정확히 일치한다.

따라서 함수의 증가율은 (1) 함수의 도함수를 해당 함수 자체로 나누든가 또는 (2) 함수에 자연로그를 취한 후 이를 미분함으로써 측정할 수 있다. 후자의 방법은 함수가 복잡한 경우 도움이 된다. ([예제 9]와 [연습문제 9.23-9.30] 참조).

예제 9 $V = Pe^{rt}$(여기서 P는 상수)의 증가율을 위에서 설명한 두 가지 방법에 의해서 구해보기로 하자.

1. 전자의 방법에 의하면 $G = \dfrac{V'}{V}$이므로 $V = Pe^{rt}$의 도함수 V'을 구하여 대입한다.

   즉 $V' = Pe^{rt}(r)$이므로

$$G = \frac{rPe^{rt}}{Pe^{rt}} = r$$

2. 후자의 방법을 이용하려면 먼저 함수에 자연로그를 취한다.

$$\ln V = \ln P + \ln e^{rt} = \ln P + rt$$

그리고 위의 자연로그함수로부터 t에 대한 도함수를 구하면 증가율은

$$G = \frac{1}{V}\frac{dV}{dt} = \frac{d}{dt}(\ln V) = \frac{d}{dt}(\ln P + rt) = 0 + r = r$$

9.7 최적기간

지수함수를 이용하면 시간의 흐름에 따른 재화 가치의 상승 또는 하락을 표시할 수 있다. 그러한 재화에는 포도주라든가 치즈, 토지와 같은 것들이 모두 포함된다. 미래의 1달러는 현재의 1달러만큼의 가치에 미달하기 때문에, 미래가치를 현재가치화하기 위해서는 반드시 할인과정을 거쳐야 한다. 이러한 면에서 투자나 투기를 하는 사람들은 그들이 가지고 있는 자산의 현재가치를 극대화하려고 노력한다([예제 10]과 [연습문제 9.31-9.34] 참조).

예제 10 숙성기간에 따른 치즈의 가치를 나타내는 함수가 $V = 1400(1.25)^{\sqrt{t}}$으로 주어져 있다. 연속적 복리 계산하에서의 자본비용이 연 9%이고 숙성을 위한 저장비용은 없다고 할 때, 이 회사는 숙성 저장기간을 얼마로 하는 것이 가장 최적이겠는가?

이 회사는 치즈의 현재가치를 극대화하려고 할 것이다. 이 때 현재가치는 $P = Ve^{-rt}$으로 표시되므로 여기에 V와 r의 주어진 값을 대입하면 $P = 1400(1.25)^{\sqrt{t}}e^{-0.09t}$이 된다.
자연로그를 취하면

$$\ln P = \ln 1400 + t^{1/2}\ln 1.25 - 0.09t$$

여기서 P를 극대화하기 위해 도함수를 구하여 0으로 놓는다.

$$\frac{1}{P}\frac{dP}{dt} = 0 + \frac{1}{2}(\ln 1.25)t^{-1/2} - 0.09 = 0$$

$$\frac{dP}{dt} = P\left[\frac{1}{2}(\ln 1.25)t^{-1/2} - 0.09\right] = 0 \tag{9.8}$$

$P \neq 0$이므로 $$\tfrac{1}{2}(\ln 1.25)t^{-1/2} - 0.09 = 0$$

$$t^{-1/2} = \frac{0.18}{\ln 1.25}$$

$$t = \left(\frac{\ln 1.25}{0.18}\right)^2 = \left(\frac{0.22314}{0.18}\right)^2 \approx 1.54\ (\text{년})$$

$P = f(t)$이므로 곱의 미분법칙을 이용하여 식 (9.8)의 2차조건을 조사하면

$$\frac{d^2P}{dt^2} = P\left[-\frac{1}{4}(\ln 1.25)t^{-3/2}\right] + \left[\frac{1}{2}(\ln 1.25)t^{-1/2} - 0.09\right]\frac{dP}{dt}$$

임계값에서 $dP/dt=0$이므로

$$\frac{d^2P}{dt^2}=P\left[-\frac{1}{4}(\ln 1.25)t^{-3/2}\right]=-P(0.05579t^{-3/2})$$

따라서 $P>0$, $t>0$의 상태에서 $\frac{d^2P}{dt^2}<0$이 되므로 함수는 극대값을 가진다.

9.8 로그변환을 이용한 콥-다글라스 수요함수의 도출

소비자가 구입하고자 하는 재화의 양을 가격과 소득의 함수로 표시한 것을 수요함수라 한다. 콥-다글라스 수요함수는 소비자의 소득이 주어진 조건하에서 콥-다글라스 효용함수를 극대화함으로써 도출된다.

효용함수가 $u=x^{\alpha}y^{\beta}$이고 예산조건이 $p_x x+p_y y=M$으로 주어졌다고 보고, 수요함수 도출의 첫 단계로 먼저 효용함수를 로그변환한다.

$$\ln u=\alpha\ln x+\beta\ln y$$

라그랑지 함수를 구성하고 이를 극대화한다.

$$U=\alpha\ln x+\beta\ln y+\lambda(M-p_x x-p_y y)$$

$$U_x=\alpha\cdot\frac{1}{x}-\lambda p_x=0 \qquad \alpha=\lambda p_x x$$

$$U_y=\beta\cdot\frac{1}{y}-\lambda p_y=0 \qquad \beta=\lambda p_y y$$

$$U_\lambda=M-p_x x-p_y y=0$$

U_x와 U_y에서 구한 α와 β를 더한 후 $p_x x+p_y y=M$임을 감안하면 다음과 같이 λ를 구할 수 있다.

$$\alpha+\beta=\lambda(p_x x+p_y y)=\lambda M$$

$$\lambda=\frac{\alpha+\beta}{M}$$

U_x와 U_y에 $\lambda=(\alpha+\beta)/M$을 대입하면

$$\frac{\alpha}{x}-\left(\frac{\alpha+\beta}{M}\right)p_x=0 \qquad \bar{x}=\left(\frac{\alpha}{\alpha+\beta}\right)\left(\frac{M}{p_x}\right) \tag{9.9a}$$

$$\frac{\beta}{y}-\left(\frac{\alpha+\beta}{M}\right)p_y=0 \qquad \bar{y}=\left(\frac{\beta}{\alpha+\beta}\right)\left(\frac{M}{p_y}\right) \tag{9.9b}$$

더 나아가 만약 $\alpha+\beta=1$이라고 하면,

$$\bar{x} = \frac{\alpha M}{p_x} \qquad \bar{y} = \frac{\beta M}{p_y} \tag{9.9c}$$

예제 11 효용함수가 $u = x^{0.3}y^{0.7}$ 이고 소득이 $M = 200$ 으로 주어졌을 때 9.8절에서 도출한 방법대로 x, y에 대한 (a) 수요함수를 도출하고 (b) $p_x = 5$, $p_y = 8$ 그리고 $p_x = 6$, $p_y = 10$일 때 수요량을 계산하시오.

a) 식 (9.9c)에서

$$\bar{x} = \frac{\alpha M}{p_x} \qquad \bar{y} = \frac{\beta M}{p_y}$$

b) $p_x = 5$, $p_y = 8$일 때

$$\bar{x} = \frac{0.3(200)}{5} = 12 \qquad \bar{y} = \frac{0.7(200)}{8} = 17.5$$

$p_x = 6$, $p_y = 10$일 때

$$\bar{x} = \frac{0.3(200)}{6} = 10 \qquad \bar{y} = \frac{0.7(200)}{10} = 14$$

연습 문제

▪ 자연지수함수의 도함수

9.1 $\dfrac{de^{g(x)}}{dx} = e^{g(x)}g'(x)$의 미분법칙에 따라 다음 지수함수를 미분하시오.

a) $y = e^{2x}$

$g(x) = 2x,\ g'(x) = 2,$
$y' = e^{2x}(2) = 2e^{2x}$

b) $y = e^{(-1/3)x}$

$g(x) = -\frac{1}{3}x,\ g'(x) = -\frac{1}{3},$
$y' = e^{-(1/3)x}(-\frac{1}{3}) = -\frac{1}{3}e^{(-1/3)x}$

c) $y = e^{x^3}$

$y' = e^{x^3}(3x^2) = 3x^2e^{x^3}$

d) $y = 3e^{x^2}$

$y' = 3e^{x^2}(2x) = 6xe^{x^2}$

e) $y = e^{2x+1}$

$y' = e^{2x+1}(2) = 2e^{x+1}$

f) $y = e^{1-4x}$

$y' = -4e^{1-4x}$

g) $y = 5e^{1-x^2}$

$y' = -10xe^{1-x^2}$

h) $y = 2xe^{x}$

곱의 미분법칙에 따라,
$y' = 2x(e^x) + e^x(2) = 2e^x(x+1)$

i) $y = 3xe^{2x}$

$y' = 3x(2e^{2x}) + e^{2x}(3) = 3e^{2x}(2x+1)$

j) $y = x^2e^{5x}$

$y' = x^2(5e^{5x}) + e^{5x}(2x) = xe^{5x}(5x+2)$

k) $y = \dfrac{e^{5x}-1}{e^{5x}+1}$

몫의 미분법칙에 따라

$$y' = \frac{(e^{5x}+1)(5e^{5x}) - (e^{5x}-1)(5e^{5x})}{(e^{5x}+1)^2} = \frac{10e^{5x}}{(e^{5x}+1)^2}$$

l) $y = \dfrac{e^{2x}+1}{e^{2x}-1}$

$$y' = \frac{(e^{2x}-1)(2e^{2x}) - (e^{2x}+1)(2e^{2x})}{(e^{2x}-1)^2} = \frac{-4e^{2x}}{(e^{2x}-1)^2}$$

▪ e가 아닌 밑수를 가진 지수함수의 미분

9.2 $\dfrac{d}{dx}[a^{g(x)}] = a^{g(x)}g'(x)\ln a$의 공식에 따라 다음의 지수함수를 미분하시오.

a) $y = a^{2x}$

$g(x) = 2x$라 하면 $g'(x) = 2$이므로

$$y' = a^{2x}(2)\ln a = 2a^{2x}\ln a$$

b) $y = a^{5x^2}$

$$y' = a^{5x^2}(10x)\ln a = 10xa^{5x^2}\ln a$$

c) $y = 4^{2x+7}$

$$y' = 4^{2x+7}(2)\ln 4 = 2(4)^{2x+7}\ln 4$$
$$y' = 2(1.38629)(4)^{2x+7} = 2.77258(4)^{2x+7}$$

d) $y = 2^x$

$$y' = 2^x(1)\ln 2 = 2^x \ln 2 = 0.69315(2)^x$$

e) $y = 7^{x^2}$

$$y' = 7^{x^2}(2x)\ln 7 = 2x(7)^{x^2}\ln 7 = 2x(7)^{x^2}(1.94591) = 3.89182x(7)^{x^2}$$

f) $y = x^3 2^x$

곱의 미분법칙에 따라 미분을 하는데 x^3은 멱함수이고 2^x은 지수함수이므로 이에 적합한 미분법칙을 적용한다.

$$y' = x^3[2^x(1)\ln 2] + 2^x(3x^2) = x^2 2^x(x\ln 2 + 3)$$

g) $y = x^2 2^{5x}$

$$y' = x^2[2^{5x}(5)\ln 2] + 2^{5x}(2x) = x2^{5x}(5x\ln 2 + 2)$$

■ 자연로그함수의 도함수

9.3 $\dfrac{d}{dx}[\ln g(x)] = \dfrac{1}{g(x)}g'(x)$의 미분법칙에 따라 다음 자연로그함수를 미분하시오.

a) $y = \ln 2x^3$

$g(x) = 2x^3$이라 하면 $g'(x) = 6x^2$이므로

$$y' = \frac{1}{2x^3}(6x^2) = \frac{3}{x}$$

b) $y = \ln 7x^2$

$$y' = \frac{1}{7x^2}(14x) = \frac{2}{x}$$

c) $y = \ln(1 + x)$

$$y' = \frac{1}{1+x}$$

d) $y = \ln(4x + 7)$

$$y' = \frac{1}{4x+7}(4) = \frac{4}{4x+7}$$

e) $y = \ln 6x$

$$y' = \frac{1}{6x}(6) = \frac{1}{x}$$

f) $y = 6\ln x$

$$y' = 6\left(\frac{1}{x}\right) = \frac{6}{x}$$

(e)에서와 같이 로그 기호 안에서 상수가 곱해진 경우 이러한 로그함수를 미분하면 상수가 상쇄되어 없어지는 반면, (f)에서와 같이 상수가 로그 기호 밖에서 곱해진 경우는 미분을 하더라도 그대로 남아 있다는 것을 유의해야 한다.

9.4 [연습문제 9.3]에서와 같이 다음 함수를 미분하시오.

a) $y = \ln^2 x = (\ln x)^2$

일반 멱함수 미분법칙에 따라

$$y' = 2\ln x \frac{d}{dx}(\ln x) = 2\ln x\left(\frac{1}{x}\right) = \frac{2\ln x}{x}$$

b) $y = \ln^2 8x = (\ln 8x)^2$

$$y' = 2\ln 8x\left(\frac{1}{8x}\right)(8) = \frac{2\ln 8x}{x}$$

c) $y = \ln^2(3x+1) = [\ln(3x+1)]^2$

$$y' = 2\ln(3x+1)\left(\frac{1}{3x+1}\right)(3) = \frac{6\ln(3x+1)}{3x+1}$$

d) $y = \ln^2(5x+6)$

$$y' = 2\ln(5x+6)\left(\frac{1}{5x+6}\right)(5) = \frac{10\ln(5x+6)}{5x+6}$$

e) $y = \ln^3(4x+13)$

$$y' = 3[\ln(4x+13)]^2\left(\frac{1}{4x+13}\right)(4) = 3\ln^2(4x+13)\left(\frac{4}{4x+13}\right) = \frac{12}{4x+13}\ln^2(4x+13)$$

f) $y = \ln(x+5)^2 \neq [\ln(x+5)]^2$

$g(x) = (x+5)^2$이라 하면 $g'(x) = 2(x+5)$가 되므로

$$y' = \frac{1}{(x+5)^2}[2(x+5)] = \frac{2}{x+5}$$

g) $y = \ln(x-8)^2$

$$y' = \frac{1}{(x-8)^2}[2(x-8)] = \frac{2}{x-8}$$

h) $y = 3\ln(1+x)^2$

$$y' = 3\left[\frac{1}{(1+x)^2}\right][2(1+x)] = \frac{6}{1+x}$$

9.5 7.3절의 로그법칙을 이용하여 다음 자연로그함수를 미분하시오.

a) $y = \ln(x+5)^2$

로그법칙에 따라, $\ln(x+5)^2 = 2\ln(x+5)$이므로 [연습문제 9.4(*f*)]에서처럼

$$y' = 2\left(\frac{1}{x+5}\right)(1) = \frac{2}{x+5}$$

b) $y = \ln(2x+7)^2$

$$y = 2\ln(2x+7)$$

$$y' = 2\left(\frac{1}{2x+7}\right)(2) = \frac{4}{2x+7}$$

c) $y = \ln[(3x+7)(4x+2)]$

$$y = \ln(3x+7) + \ln(4x+2)$$

$$y' = \frac{3}{3x+7} + \frac{4}{4x+2}$$

d) $y = \ln[5x^2(3x^3 - 7)]$

$$y = \ln 5x^2 + \ln(3x^3 - 7)$$
$$y' = \frac{10x}{5x^2} + \frac{9x^2}{3x^3 - 7}$$
$$= \frac{2}{x} + \frac{9x^2}{3x^3 - 7}$$

e) $y = \ln\frac{3x^2}{x^2 - 1}$

$$y = \ln 3x^2 - \ln(x^2 - 1)$$
$$y' = \frac{2}{x} - \frac{2x}{x^2 - 1}$$

f) $y = \ln\frac{x^3}{(2x+5)^2}$

$$y = \ln x^3 - \ln(2x+5)^2$$
$$y' = \frac{1}{x^3}(3x^2) - 2\left(\frac{1}{2x+5}\right)(2)$$
$$= \frac{3}{x} - \frac{4}{2x+5}$$

g) $y = \ln\sqrt{\frac{2x^2+3}{x^2+9}}$

$$y = \tfrac{1}{2}[\ln(2x^2+3) - \ln(x^2+9)]$$
$$y' = \frac{1}{2}\left(\frac{4x}{2x^2+3} - \frac{2x}{x^2+9}\right)$$
$$= \frac{2x}{2x^2+3} - \frac{x}{x^2+9}$$

■ e가 아닌 밑수를 가진 로그함수의 도함수

9.6 아래 공식에 따라 다음 로그함수를 미분하시오.

$$\frac{d}{dx}[\log_a g(x)] = \frac{1}{g(x)} \cdot g'(x) \cdot \log_a e = \frac{1}{g(x)} \cdot g'(x) \cdot \frac{1}{\ln a}$$

a) $y = \log_a(4x^2 - 3)$

$$y' = \frac{1}{4x^2 - 3}(8x)\left(\frac{1}{\ln a}\right)$$
$$= \frac{8x}{(4x^2-3)\ln a}$$

b) $y = \log_4 9x^3$

$$y' = \frac{1}{9x^3}(27x^2)\left(\frac{1}{\ln 4}\right)$$
$$= \frac{3}{x\ln 4}$$

c) $y = \log_2(8 - x)$

$$y' = \frac{1}{(8-x)}(-1)\left(\frac{1}{\ln 2}\right)$$
$$= -\frac{1}{(8-x)\ln 2}$$

d) $y = x^3 \log_6 x$

곱의 미분법칙에 따라

$$y' = x^3\left[\frac{1}{x}(1)\left(\frac{1}{\ln 6}\right)\right] + \log_6 x(3x^2)$$
$$= \frac{x^2}{\ln 6} + 3x^2 \log_6 x$$

e) $y = \log_a \sqrt{x^2 - 7}$

로그법칙에 따라 $y = \frac{1}{2}\log_a(x^2 - 7)$이므로

$$y' = \frac{1}{2}\left[\frac{1}{x^2-7}(2x)\left(\frac{1}{\ln a}\right)\right] = \frac{x}{(x^2-7)\ln a}$$

■ 미분법칙의 혼합

9.7 적합한 미분법칙을 혼합사용하여 다음 함수를 미분하시오.

a) $y = x^2 \ln x^3$

곱의 미분법칙에 따라

$$y' = x^2\left(\frac{1}{x^3}\right)(3x^2) + \ln x^3(2x) = 3x + 2x\ln x^3 = 3x + 6x\ln x = 3x(1 + 2\ln x)$$

b) $y = x^3 \ln x^2$

$$y' = x^3\left(\frac{1}{x^2}\right)(2x) + \ln x^2(3x^2) = 2x^2 + 6x^2\ln x = 2x^2(1 + 3\ln x)$$

c) $y = e^x \ln x$

곱의 미분법칙에 따라

$$y' = e^x\left(\frac{1}{x}\right) + (\ln x)(e^x) = e^x\left(\frac{1}{x} + \ln x\right)$$

d) $y = e^{-2x}\ln 2x$

$$y' = e^{-2x}\left(\frac{1}{2x}\right)(2) + \ln 2x(-2e^{-2x}) = e^{-2x}\left(\frac{1}{x} - 2\ln 2x\right)$$

e) $y = \ln e^{3x+2}$

$$y' = \frac{1}{e^{3x+2}}(3e^{3x+2}) = 3$$

$\ln e^{3x+2} = 3x+2$ 이므로 $\frac{d}{dx}(\ln e^{3x+2}) = \frac{d}{dx}(3x+2) = 3$

f) $y = e^{\ln x}$

$$y' = e^{\ln x}\left(\frac{1}{x}\right) = x\left(\frac{1}{x}\right) = 1$$

($e^{\ln x} = x$이므로)

g) $y = e^{\ln(2x+1)}$

$$y' = e^{\ln(2x+1)}\left(\frac{1}{2x+1}\right)(2) = 2$$

($e^{\ln(2x+1)} = 2x+1$이므로)

h) $y = e^{x\ln x}$

$$y' = e^{x\ln x}\frac{d}{dx}(x\ln x)$$

$\frac{d}{dx}(x\ln x)$에 대해 곱의 미분법칙을 적용하면

$$y' = e^{x\ln x}\left[x\left(\frac{1}{x}\right) + (\ln x)(1)\right] = e^{x\ln x}(1 + \ln x)$$

i) $y = e^{x^2\ln 3x}$

$$y' = e^{x^2 \ln 3x}\left[x^2\left(\frac{1}{3x}\right)(3) + \ln 3x(2x)\right]$$
$$= e^{x^2 \ln 3x}(x + 2x \ln 3x) = xe^{x^2 \ln 3x}(1 + 2 \ln 3x)$$

■ 지수함수와 로그함수의 기울기

9.8 주어진 점에서 다음 함수의 기울기를 구하시오.

a) $y = 3e^{0.2x}$, $\quad x = 5.$

$$y' = 0.6e^{0.2x}$$

$x = 5, \quad y' = 0.6e^{0.2(5)} = 0.6(2.71828) \approx 1.63097.$

b) $y = 2e^{-1.5x}$, $\quad x = 4.$

$$y' = -3e^{-1.5x}$$

$x = 4, \quad y' = -3e^{-1.5(4)} = -3e^{-6} = -3(0.00248) \approx -0.00744.$

c) $y = \ln(x^2 + 8x + 4)$, $\quad x = 2.$

$$y' = \frac{2x + 8}{x^2 + 8x + 4}$$

$x = 2, \quad y' = \frac{12}{24} = 0.5.$

d) $y = \ln^2(x + 4) \qquad x = 6.$

$$y' = [2 \ln(x + 4)]\left(\frac{1}{x + 4}\right)(1) = \frac{2 \ln(x + 4)}{x + 4}$$

$x = 6, \qquad y' = \dfrac{2 \ln 10}{10} = \dfrac{2(2.30259)}{10} \approx 0.46052$

9.9 다음 함수의 1차 및 2차도함수를 구하시오.

a) $y = e^{3x}$

$$y' = 3e^{3x}$$
$$y'' = 9e^{3x}$$

b) $y = e^{-(1/2)x}$

$$y' = -\tfrac{1}{2}e^{-(1/2)x}$$
$$y'' = \tfrac{1}{4}e^{-(1/2)x}$$

c) $y = 3e^{5x+1}$

$$y' = 15e^{5x+1}$$
$$y'' = 75e^{5x+1}$$

d) $y = 2xe^x$

곱의 미분법칙에 따라

$$y' = 2x(e^x) + e^x(2) = 2e^x(x + 1)$$
$$y'' = 2e^x(1) + (x + 1)(2e^x) = 2e^x(x + 2)$$

e) $y = \ln 2x^5$

$$y' = \frac{1}{2x^5}(10x^4) = \frac{5}{x} = 5x^{-1}$$
$$y'' = -5x^{-2} = \frac{-5}{x^2}$$

f) $y = 4 \ln x$

$$y' = 4\left(\frac{1}{x}\right)(1) = \frac{4}{x} = 4x^{-1}$$
$$y'' = -4x^{-2}$$

9.10 다음 함수의 1차 및 2차도함수를 구하시오.

a) $y = a^{3x}$

$$y' = a^{3x}(3)\ln a = 3a^{3x}\ln a$$

여기서 $\ln a$는 상수이므로

$$y'' = (3a^{3x}\ln a)(3)\ln a = 9a^{3x}(\ln a)^2$$

b) $y = a^{5x+1}$

$$y' = a^{5x+1}(5)\ln a = 5a^{5x+1}\ln a$$
$$y'' = (5a^{5x+1}\ln a)(5)\ln a = 25a^{5x+1}(\ln a)^2$$

c) $y = \log_a 5x$

$$y' = \frac{1}{5x}(5)\frac{1}{\ln a} = \frac{1}{x\ln a} = (x\ln a)^{-1}$$

일반 멱함수 미분법칙을 이용하면

$$y'' = -1(x\ln a)^{-2}\ln a = \frac{-\ln a}{x^2\ln^2 a} = -\frac{1}{x^2\ln a}$$

d) $y = \log_3 6x$

$$y' = \frac{1}{6x}(6)\left(\frac{1}{\ln 3}\right) = \frac{1}{x\ln 3} = (x\ln 3)^{-1}$$
$$y'' = -1(x\ln 3)^{-2}(\ln 3) = \frac{-\ln 3}{x^2\ln^2 3} = -\frac{1}{x^2\ln 3}$$

e) $y = 3xe^x$

곱의 미분법칙에 따라

$$y' = 3x(e^x) + e^x(3) = 3e^x(x+1)$$
$$y'' = 3e^x(1) + (x+1)(3e^x) = 3e^x(x+2)$$

f) $y = \dfrac{4x}{3\ln x}$

몫의 미분법칙에 따라

$$y' = \frac{(3\ln x)(4) - 4x(3)(1/x)}{9\ln^2 x} = \frac{12\ln x - 12}{9\ln^2 x} = \frac{12(\ln x - 1)}{9\ln^2 x}$$
$$y'' = \frac{(9\ln^2 x)[12(1/x)] - 12(\ln x - 1)\{[9(2)\ln x](1/x)\}}{81\ln^4 x} = \frac{(108/x)(\ln^2 x) - (216/x)(\ln x - 1)(\ln x)}{81\ln^4 x}$$
$$= \frac{4\ln x - 8(\ln x - 1)}{3x\ln^3 x} = \frac{-4\ln x + 8}{3x\ln^3 x} = \frac{4(2 - \ln x)}{3x\ln^3 x}$$

■ **편도함수**

9.11 다음 각각의 함수에 대해 1차 및 2차편도함수를 구하시오.

a) $z = e^{x^2+y^2}$

$$z_x = 2xe^{x^2+y^2} \qquad z_y = 2ye^{x^2+y^2}$$

곱의 미분법칙에 따라

$$z_{xx} = 2x(2xe^{x^2+y^2}) + e^{x^2+y^2}(2) = 2e^{x^2+y^2}(2x^2+1) \qquad z_{yy} = 2y(2ye^{x^2+y^2}) + e^{x^2+y^2}(2) = 2e^{x^2+y^2}(2y^2+1)$$

$$z_{xy} = 4xye^{x^2+y^2} = z_{yx}$$

b) $z = e^{2x^2+3y}$

$$z_x = 4xe^{2x^2+3y} \qquad z_y = 3e^{2x^2+3y}$$

$$z_{xx} = 4x(4xe^{2x^2+3y}) + e^{2x^2+3y}(4) = 4e^{2x^2+3y}(4x^2+1) \qquad z_{yy} = 9e^{2x^2+3y}$$

$$z_{xy} = 12xe^{2x^2+3y} = z_{yx}$$

c) $z = a^{2x+3y}$

$$z_x = a^{2x+3y}(2)\ln a = 2a^{2x+3y}\ln a \qquad z_y = a^{2x+3y}(3)\ln a = 3a^{2x+3y}\ln a$$

$$z_{xx} = 2a^{2x+3y}(\ln a)(2)(\ln a) = 4a^{2x+3y}\ln^2 a \qquad z_{yy} = 3a^{2x+3y}(\ln a)(3)(\ln a) = 9a^{2x+3y}\ln^2 a$$

$$z_{xy} = 6a^{2x+3y}\ln^2 a = z_{yx}$$

d) $z = 4^{3x+5y}$

$$z_x = 4^{3x+5y}(3)\ln 4 = 3(4)^{3x+5y}\ln 4 \qquad z_y = 4^{3x+5y}(5)\ln 4 = 5(4)^{3x+5y}\ln 4$$

$$z_{xx} = 3(4)^{3x+5y}(\ln 4)(3)(\ln 4) = 9(4)^{3x+5y}\ln^2 4 \qquad z_{yy} = 5(4)^{3x+5y}(\ln 4)(5)(\ln 4) = 25(4)^{3x+5y}\ln^2 4$$

$$z_{xy} = 15(4)^{3x+5y}\ln^2 4 = z_{yx}$$

e) $z = \ln(7x+2y)$

$$z_x = \frac{7}{7x+2y} \qquad z_y = \frac{2}{7x+2y}$$

몫의 미분법칙에 따라

$$z_{xx} = \frac{(7x+2y)(0) - 7(7)}{(7x+2y)^2} = \frac{-49}{(7x+2y)^2} \qquad z_{yy} = \frac{(7x+2y)(0) - 2(2)}{(7x+2y)^2} = \frac{-4}{(7x+2y)^2}$$

$$z_{xy} = \frac{-14}{(7x+2y)^2} = z_{yx}$$

f) $z = \ln(x^2+4y^2)$

$$z_x = \frac{2x}{x^2+4y^2} \qquad z_y = \frac{8y}{x^2+4y^2}$$

$$z_{xx} = \frac{(x^2+4y^2)(2) - 2x(2x)}{(x^2+4y^2)^2} = \frac{8y^2-2x^2}{(x^2+4y^2)^2} \qquad z_{yy} = \frac{(x^2+4y^2)(8) - 8y(8y)}{(x^2+4y^2)^2} = \frac{8x^2-32y^2}{(x^2+4y^2)^2}$$

$$z_{xy} = \frac{-16xy}{(x^2+4y^2)^2} = z_{yx}$$

g) $z = \log_a(x - 2y)$

$$z_x = \frac{1}{(x-2y)\ln a} \qquad z_y = \frac{-2}{(x-2y)\ln a}$$

$$z_{xx} = \frac{-1\ln a}{(x-2y)^2\ln^2 a} = \frac{-1}{(x-2y)^2\ln a} \qquad z_{yy} = \frac{4\ln a}{(x-2y)^2\ln^2 a} = \frac{4}{(x-2y)^2\ln a}$$

$$z_{xy} = \frac{2}{(x-2y)^2\ln a} = z_{yx}$$

h) $z = \log_a(3x^2 + y^2)$

$$z_x = \frac{6x}{(3x^2+y^2)\ln a} \qquad z_y = \frac{2y}{(3x^2+y^2)\ln a}$$

$$z_{xx} = \frac{(3x^2+y^2)(\ln a)(6) - 6x(6x\ln a)}{(3x^2+y^2)^2\ln^2 a} = \frac{6y^2-18x^2}{(3x^2+y^2)^2\ln a}$$

$$z_{yy} = \frac{(3x^2+y^2)(\ln a)(2) - 2y(2y\ln a)}{(3x^2+y^2)^2\ln^2 a} = \frac{6x^2-2y^2}{(3x^2+y^2)^2\ln a}$$

$$z_{xy} = \frac{-12xy}{(3x^2+y^2)^2\ln a} = z_{yx}$$

■ 지수함수와 로그함수의 최적화

9.12 $y = 4xe^{3x}$에 대해 (a) 임계값을 구하고, (b) 이 함수가 임계값에서 극대화되는지 또는 극소화되는지를 확인하시오.

a) 곱의 미분법칙에 따라 미분한 후 0으로 놓는다.

$$y' = 4x(3e^{3x}) + e^{3x}(4) = 0$$
$$4e^{3x}(3x+1) = 0$$

x의 어떤 값에 대해서도 $4e^{3x} = 0$은 성립하지 않기 때문에 $3x+1=0$이어야 한다. 따라서 임계값은

$$3x + 1 = 0 \qquad \bar{x} = -\tfrac{1}{3}$$

b)
$$y'' = 4e^{3x}(3) + (3x+1)(12e^{3x}) = 12e^{3x}(3x+2)$$

$\bar{x} = -\dfrac{1}{3}$에서 $y'' = 12e^{-1}(1)$이다. 그리고 $y'' = 12(0.36788) > 0$이므로 함수는 임계값에서 극소값을 갖는다.

9.13 $y = 5xe^{-0.2x}$에 대해 [연습문제 9.22]의 물음에 답하시오.

a)
$$y' = 5x(-0.2e^{-0.2x}) + e^{-0.2x}(5) = 0$$
$$5e^{-0.2x}(1 - 0.2x) = 0$$

$5e^{-0.2x} \neq 0$이므로 $(1-0.2x) = 0$이 되고 따라서 임계값은 $\bar{x} = 5$

b) $$y'' = 5e^{-0.2x}(-0.2) + (1 - 0.2x)(-1e^{-0.2x}) = e^{-0.2x}(0.2x - 2)$$

$\bar{x} = 5$일 때 $y'' = e^{-1}(1-2)$이다.
$y'' = (0.36788)(-1) < 0$이 되어 이 함수는 임계값에서 극대값을 가진다.

9.14 함수가 $y = \ln(x^2 - 8x + 20)$으로 주어졌을 때 [연습문제 9.12]에서의 물음에 답하시오.

a) $$y' = \frac{2x - 8}{x^2 - 8x + 20} = 0$$

양변에 $(x^2 - 8x + 20)$을 곱하면 $2x - 8 = 0$으로부터 임계값은 $\bar{x} = 4$가 된다.

b) $$y'' = \frac{(x^2 - 8x + 20)(2) - (2x - 8)(2x - 8)}{(x^2 - 8x + 20)^2}$$

임계값 $\bar{x} = 4$일 때 $y'' = \dfrac{8}{16} > 0$이므로 함수는 극소값을 가진다.

9.15 함수가 $y = \ln(2x^2 - 20x + 5)$로 주어졌을 때 [연습문제 9.12]에서의 물음에 답하시오.

a) $$y' = \frac{4x - 20}{2x^2 - 20x + 5} = 0$$
$$4x - 20 = 0 \qquad \bar{x} = 5$$

b) $$y'' = \frac{(2x^2 - 20x + 5)(4) - (4x - 20)(4x - 20)}{(2x^2 - 20x + 5)^2}$$

임계값 $\bar{x} = 5$일 때, $y'' = -\dfrac{180}{2025} < 0$이므로 함수는 극대값을 가진다.

9.16 함수 $z = \ln(2x^2 - 12x + y^2 - 10y)$에 대해, (a) 임계값을 구하고 (b) 이 함수가 임계값에서 극대 또는 극소에 있는지를 확인하시오.

a) $$z_x = \frac{4x - 12}{2x^2 - 12x + y^2 - 10y} = 0 \qquad z_y = \frac{2y - 10}{2x^2 - 12x + y^2 - 10y} = 0$$
$$4x - 12 = 0 \quad \bar{x} = 3 \quad 2y - 10 = 0 \quad \bar{y} = 5$$

b) $$z_{xx} = \frac{(2x^2 - 12x + y^2 - 10y)(4) - (4x - 12)(4x - 12)}{(2x^2 - 12x + y^2 - 10y)^2}$$
$$z_{yy} = \frac{(2x^2 - 12x + y^2 - 10y)(2) - (2y - 10)(2y - 10)}{(2x^2 - 12x + y^2 - 10y)^2}$$

$\bar{x} = 3$, $\bar{y} = 5$일 때

$$z_{xx} = \frac{(-43)(4) - 0}{(-43)^2} = \frac{-172}{1849} < 0 \qquad z_{yy} = \frac{(-43)(2) - 0}{(-43)^2} = \frac{-86}{1849} < 0$$

$$z_{xy} = \frac{-(4x - 12)(2y - 10)}{(2x^2 - 12x + y^2 - 10y)^2} = z_{yx}$$

$\bar{x} = 3$, $\bar{y} = 5$에서, $z_{xy} = 0 = z_{yx}$이다. $z_{xx} < 0$, $z_{yy} < 0$이고 $z_{xx} z_{yy} > (z_{xy})^2$이 성립한다. 따라서 함수는 극대값을 가진다.

9.17 함수 $z = \ln(x^2 - 4x + 3y^2 - 6y)$에 대해 [연습문제 9.16]에서의 물음에 답하시오.

a)
$$z_x = \frac{2x - 4}{x^2 - 4x + 3y^2 - 6y} = 0 \qquad z_y = \frac{6y - 6}{x^2 - 4x + 3y^2 - 6y} = 0$$

$$2x - 4 = 0 \quad \bar{x} = 2 \quad 6y - 6 = 0 \quad \bar{y} = 1$$

b)
$$z_{xx} = \frac{(x^2 - 4x + 3y^2 - 6y)(2) - (2x - 4)(2x - 4)}{(x^2 - 4x + 3y^2 - 6y)^2}$$

$$z_{yy} = \frac{(x^2 - 4x + 3y^2 - 6y)(6) - (6y - 6)(6y - 6)}{(x^2 - 4x + 3y^2 - 6y)^2}$$

$\bar{x} = 2$, $\bar{y} = 1$에서 2차편도함수 값을 구하면

$$z_{xx} = \frac{(-7)(2) - 0}{(-7)^2} = -\frac{14}{49} < 0 \qquad z_{yy} = \frac{(-7)(6) - 0}{(-7)^2} = -\frac{42}{49} < 0$$

$$z_{xy} = \frac{-(2x - 4)(6y - 6)}{(x^2 - 4x + 3y^2 - 6y)^2} = z_{yx}$$

또한 $\bar{x} = 2$, $\bar{y} = 1$일 때 $z_{xy} = 0 = z_{yx}$가 된다.

$z_{xx} < 0$, $z_{yy} < 0$이고 $z_{xx} z_{yy} > (z_{xy})^2$의 관계가 성립한다. 따라서 이 함수는 임계값에서 극대에 이르게 된다.

9.18 함수 $z = e^{(3x^2 - 6x + y^2 - 8y)}$에 대해 [연습문제 9.16]에서의 물음에 답하시오.

a)
$$z_x = (6x - 6)e^{(3x^2 - 6x + y^2 - 8y)} = 0 \qquad z_y = (2y - 8)e^{(3x^2 - 6x + y^2 - 8y)} = 0$$

$$6x - 6 = 0 \quad \bar{x} = 1 \quad 2y - 8 = 0 \quad \bar{y} = 4$$

b) 곱의 미분법칙을 이용하면

$$z_{xx} = (6x - 6)(6x - 6)e^{(3x^2 - 6x + y^2 - 8y)} + e^{(3x^2 - 6x + y^2 - 8y)}(6)$$

$$z_{yy} = (2y - 8)(2y - 8)e^{(3x^2 - 6x + y^2 - 8y)} + e^{(3x^2 - 6x + y^2 - 8y)}(2)$$

임계값 $\bar{x} = 1$, $\bar{y} = 4$에서

$$z_{xx} = 0 + 6e^{-19} > 0 \qquad z_{yy} = 0 + 2e^{-19} > 0$$

또한 교차편도함수를 구하면

$$z_{xy} = (6x-6)(2y-8)e^{(3x^2-6x+y^2-8y)} = z_{yx}$$

가 되어 $\bar{x}=1$, $\bar{y}=4$에서 $z_{xy}=0=z_{yx}$이다.

따라서 $z_{xx}>0$, $z_{yy}>0$이고 $z_{xx}z_{yy}>(z_{xy})^2$이 성립하므로 함수는 극소값을 갖는다.

9.19 $z=e^{(2x^2-12x-2xy+y^2-4y)}$의 함수에 대해 [연습문제 9.16]에서의 물음에 답하시오.

a)

$$z_x = (4x-12-2y)e^{(2x^2-12x-2xy+y^2-4y)} = 0$$
$$4x-2y-12=0 \qquad (9.10)$$
$$z_y = (-2x+2y-4)e^{(2x^2-12x-2xy+y^2-4y)} = 0$$
$$-2x+2y-4=0 \qquad (9.11)$$

식 (9.10)과 식 (9.11)의 연립방정식을 풀면 $\bar{x}=8$, $\bar{y}=10$의 임계값을 구할 수 있다.

b)

$$z_{xx} = (4x-12-2y)(4x-12-2y)e^{(2x^2-12x-2xy+y^2-4y)} + e^{(2x^2-12x-2xy+y^2-4y)}(4)$$
$$z_{yy} = (-2x+2y-4)(-2x+2y-4)e^{(2x^2-12x-2xy+y^2-4y)} + e^{(2x^2-12x-2xy+y^2-4y)}(2)$$

$\bar{x}=8$, $\bar{y}=10$에서

$$z_{xx} = 0+4e^{-68}>0 \qquad z_{yy} = 0+2e^{-68}>0$$

곱의 미분법칙에 따라 교차편도함수를 구하면

$$z_{xy} = (4x-12-2y)(-2x+2y-4)e^{(2x^2-12x-2xy+y^2-4y)} + e^{(2x^2-12x-2xy+y^2-4y)}(-2) = z_{yx}$$

따라서 임계값 $\bar{x}=8$, $\bar{y}=10$에서 $z_{xy}=0-2e^{-68}=z_{yx}$가 된다.

즉 $z_{xx}>0$, $z_{yy}>0$이고 $z_{xx}z_{yy}>(z_{xy})^2$이 성립하므로 함수는 극소값을 갖는다.

9.20 수요함수가 다음과 같이 주어졌을 때

$$P = 8.25e^{-0.02Q} \qquad (9.12)$$

(a) 총수입이 극대가 되는 가격과 수요량을 구하고,

(b) 이에 대한 2차조건을 확인하시오.

a)

$$\text{TR} = PQ = (8.25e^{-0.02Q})Q$$

곱의 미분법칙에 따라

$$\frac{d\text{TR}}{d\text{Q}} = (8.25e^{-0.02Q})(1) + Q(-0.02)(8.25e^{-0.02Q}) = 0$$
$$(8.25e^{-0.02Q})(1-0.02Q) = 0$$

어떠한 Q 값에 대해서도 $(8.25e^{-0.02Q}) \neq 0$이므로, $1-0.02Q=0$이 되어야 한다.

따라서 총수입이 극대가 되는 수요량은 $\overline{Q}=50$이다.

식 (9.12)에 $\overline{Q}=50$을 대입하면

$$P=8.25e^{-0.02(50)}=8.25e^{-1}=8.25(0.36788)=3.04$$

b) 곱의 미분법칙에 따라

$$\frac{d^2\text{TR}}{dQ^2}=(8.25e^{-0.02Q})(-0.02)+(1-0.02Q)(-0.02)(8.25e^{-0.02Q})$$

$$=(-0.02)(8.25e^{-0.02Q})(2-0.02Q)$$

$\overline{Q}=50$에서 $\dfrac{d^2TR}{dQ^2}=(-0.02)(8.25e^{-1})(1)=-0.165(0.36788)<0$이다.

따라서 총수입(TR)은 임계값 $\overline{Q}=50$에서 극대가 된다.

9.21 (a) 수요함수가 $P=12.50e^{-0.005Q}$으로 주어졌을 때 총수입을 극대화하는 가격과 수량을 구하고, (b) 이에 대한 2차조건을 구하시오.

a)

$$\text{TR}=(12.50e^{-0.005Q})Q$$

$$\frac{d\text{TR}}{dQ}=(12.50e^{-0.005Q})(1)+Q(-0.005)(12.50e^{-0.005Q})$$

$$=(12.50e^{-0.005Q})(1-0.005Q)=0$$

$$1-0.005Q=0 \qquad \bar{Q}=200$$

따라서 $\quad P=12.50e^{-0.005(200)}=12.50e^{-1}=12.50(0.36788)=4.60$

b)

$$\frac{d^2\text{TR}}{dQ^2}=(12.50e^{-0.005Q})(-0.005)+(1-0.005Q)(-0.005)(12.50e^{-0.005Q})$$

$$=(-0.005)(12.50e^{-0.005Q})(2-0.005Q)$$

$\overline{Q}=200$에서, $\dfrac{d^2TR}{dQ^2}=(-0.005)(12.50e^{-1})(1)=-0.0625(0.36788)<0$이다.

따라서 함수는 임계값에서 극대화된다.

▪ 로그 미분

9.22 로그 미분을 이용하여 다음 함수의 도함수를 구하시오.

a)

$$g(x)=(x^3-2)(x^2-3)(8x-5) \tag{9.13}$$

1) 양변에 자연로그를 취한다.

$$\ln g(x)=\ln(x^3-2)+\ln(x^2-3)+\ln(8x-5)$$

2) $\ln g(x)$의 도함수를 구한다.

$$\frac{d}{dx}[\ln g(x)] = \frac{g'(x)}{g(x)} = \frac{3x^2}{x^3-2} + \frac{2x}{x^2-3} + \frac{8}{8x-5} \tag{9.14}$$

3) 식 (9.14)에서 $g'(x)$를 구한다.

$$g'(x) = \left(\frac{3x^2}{x^3-2} + \frac{2x}{x^2-3} + \frac{8}{8x-5}\right) \cdot g(x) \tag{9.15}$$

4) 식 (9.15)에서 $g(x)$ 대신에 식 (9.13)을 대입한다.

$$g'(x) = \left(\frac{3x^2}{x^3-2} + \frac{2x}{x^2-3} + \frac{8}{8x-5}\right)[(x^3-2)(x^2-3)(8x-5)]$$

b) $$g(x) = (x^4+7)(x^5+6)(x^3+2) \tag{9.16}$$

1) $$\ln g(x) = \ln(x^4+7) + \ln(x^5+6) + \ln(x^3+2)$$

2) $$\frac{d}{dx}[\ln g(x)] = \frac{g'(x)}{g(x)} = \frac{4x^3}{x^4+7} + \frac{5x^4}{x^5+6} + \frac{3x^2}{x^3+2}$$

3) $$g'(x) = \left(\frac{4x^3}{x^4+7} + \frac{5x^4}{x^5+6} + \frac{3x^2}{x^3+2}\right) \cdot g(x) \tag{9.17}$$

4) 식 (9.17)에서 $g(x)$ 대신 식 (9.16)을 대입한다.

$$g'(x) = \left(\frac{4x^3}{x^4+7} + \frac{5x^4}{x^5+6} + \frac{3x^2}{x^3+2}\right) \cdot (x^4+7)(x^5+6)(x^3+2)$$

c) $$g(x) = \frac{(3x^5-4)(2x^3+9)}{(7x^4-5)}$$

1) $$\ln g(x) = \ln(3x^5-4) + \ln(2x^3+9) - \ln(7x^4-5)$$

2) $$\frac{d}{dx}[\ln g(x)] = \frac{g'(x)}{g(x)} = \frac{15x^4}{3x^5-4} + \frac{6x^2}{2x^3+9} - \frac{28x^3}{7x^4-5}$$

3) $$g'(x) = \left(\frac{15x^4}{3x^5-4} + \frac{6x^2}{2x^3+9} - \frac{28x^3}{7x^4-5}\right) \cdot g(x)$$

4) $$g'(x) = \left(\frac{15x^4}{3x^5-4} + \frac{6x^2}{2x^3+9} - \frac{28x^3}{7x^4-5}\right) \cdot \frac{(3x^5-4)(2x^3+9)}{(7x^4-5)}$$

▪ 증가율

9.23 농산물의 가격은 매년 4%씩 증가하고 있으며 생산량은 매년 2%씩 증가하고 있다고 할 때, 농산물의 총수입 증가율은 얼마인가?

총수입은 $R = PQ$로 표시되므로 여기에 자연로그를 취하면,

$$\ln R = \ln P + \ln Q$$

가 된다. 자연로그의 도함수는 함수의 순간증가율과 동일하므로

$$G = \frac{d}{dt}(\ln R) = \frac{d}{dt}(\ln P) + \frac{d}{dt}(\ln Q)$$

여기서 $\frac{d}{dt}(\ln P) = P$의 증가율 $= 4\%$ $\frac{d}{dt}(\ln Q) = Q$의 증가율 $= 2\%$

따라서 $$G = \frac{d}{dt}(\ln R) = 0.04 + 0.02 = 0.06$$

즉 곱셈(product)으로 구성된 함수의 증가율은 각 구성요소의 증가율의 합과 동일함을 알 수 있다.

9.24 어느 기업이 생산 증대를 위해 투입물을 10% 증가시키려 하는 상황에서 투입물 가격이 3% 증가하는 경우, 투입물에 대한 총생산비 증가율은 얼마가 되는가?

$$C = PQ$$
$$\ln C = \ln P + \ln Q$$
$$G = \frac{d}{dt}(\ln C) = \frac{d}{dt}(\ln P) + \frac{d}{dt}(\ln Q) = 0.03 + 0.10 = 0.13$$

9.25 고용 기회(E)는 매년 4%씩 증가하고 있으며 인구(P)는 매년 2.5%씩 증가하고 있다. 1인당 고용 증가율(PCE)은 얼마인가?

$$\text{PCE} = \frac{E}{P}$$
$$\ln \text{PCE} = \ln E - \ln P$$

도함수를 통해 증가율을 구하면,

$$G = \frac{d}{dt}(\ln \text{PCE}) = \frac{d}{dt}(\ln E) - \frac{d}{dt}(\ln P) = 0.04 - 0.025 = 0.015 = 1.5\%$$

분수의 형태로 구성된 함수의 증가율은 분자와 분모의 증가율 차이와 동일함을 알 수 있다.

9.26 국민소득은 Y는 매년 1.5%씩 증가하고 있으며 인구 P는 매년 2.5%씩 증가하고 있다면, 1인당 국민소득(PCY: per capial income) 증가율은 얼마인가?

$$\text{PCY} = \frac{Y}{P}$$
$$\ln \text{PCY} = \ln Y - \ln P$$
$$G = \frac{d}{dt}(\ln \text{PCY}) = \frac{d}{dt}(\ln Y) - \frac{d}{dt}(\ln P) = 0.015 - 0.025 = -0.01 = -1\%$$

1인당 국민소득은 1년에 1%씩 감소하고 있다.

9.27 구리(c)와 바나나(b) 두 재화를 수출하는 국가가 있는데 그 수출액을 백만 달러 단위로 표시하면 다음과 같다.

$$c = c(t_0) = 4 \qquad b = b(t_0) = 1$$

만약 c와 b가 각각 10%, 20%씩의 수출 증가율을 보이는 경우, 이 나라의 전체 수출액(E) 증가율은 얼마가 되겠는가?

$$E = c + b$$
$$\ln E = \ln(c + b)$$
$$G = \frac{d}{dt}(\ln E) = \frac{d}{dt}\ln(c + b)$$

9.1.3절의 미분법칙을 이용하면,

$$G_E = \frac{1}{c + b}[c'(t) + b'(t)] \qquad (9.18)$$

9.6절로부터

$$G_c = \frac{c'(t)}{c(t)} \qquad G_b = \frac{b'(t)}{b(t)}$$

따라서 $\quad c'(t) = G_c c(t) \qquad b'(t) = G_b b(t)$

이를 식 (9.18)에 대입하면, $\quad G_E = \dfrac{1}{c + b}[G_c c(t) + G_b b(t)]$

항을 정리하면, $\quad G_E = \dfrac{c(t)}{c + b}G_c + \dfrac{b(t)}{c + b}G_b$

여기에 주어진 값을 대입한다.

$$G_E = \frac{4}{4 + 1}(0.10) + \frac{1}{4 + 1}(0.20) = \frac{4}{5}(0.10) + \frac{1}{5}(0.20) = 0.12 \quad \text{또는} \quad 12\%$$

여러 함수의 합에 의해 구성된 함수의 증가율은 각 구성함수 증가율의 가중평균이 됨을 알 수 있다.

9.28 어느 회사는 수입의 70%를 목욕용 의복으로부터 얻고 있으며, 20%는 목욕용 모자에서, 10%는 목욕용 슬리퍼에서 얻고 있다고 한다. 만약 목욕용 의류의 수입이 15% 증가하고, 모자와 슬리퍼의 수입은 각각 5%, 4%씩 증가하는 경우 총수입 증가율은 얼마인가?

$$G_R = 0.70(0.15) + 0.20(0.05) + 0.10(0.04) = 0.105 + 0.01 + 0.004 = 0.119 \quad \text{또는} \quad 11.9\%$$

9.29 매출액 함수가 $S(t) = 100{,}000e^{0.5\sqrt{t}}$으로 주어진 경우 $t = 4$일 때의 매출액 증가율 G를 구하시오.

$$\ln S(t) = \ln 100{,}000 + \ln e^{0.5\sqrt{t}} = \ln 100{,}000 + 0.5\sqrt{t}$$

$0.5\sqrt{t} = 0.5t^{1/2}$ 임을 감안하고 도함수를 구하면

$$G = \frac{d}{dt}\ln S(t) = \frac{S'(t)}{S(t)} = 0.5\left(\frac{1}{2}\right)t^{-1/2} = \frac{0.25}{\sqrt{t}}$$

따라서 $t = 4$ 에서 $$G = \frac{0.25}{\sqrt{4}} = 0.125 = 12.5\%$$

9.30 이윤함수가 $\pi(t) = 250{,}000e^{1.2t^{1/3}}$ 으로 주어졌을 때, $t = 8$ 에서의 이윤 증가율을 구하시오.

$$\ln \pi(t) = \ln 250{,}000 + 1.2t^{1/3}$$

도함수를 통해 증가율을 구하면 $$G = \frac{d}{dt}\ln \pi(t) = \frac{\pi'(t)}{\pi(t)} = 1.2\left(\frac{1}{3}\right)t^{-2/3} = \frac{0.4}{t^{2/3}}$$

따라서 $t = 8$ 일 때 증가율은, $$G = \frac{0.4}{8^{2/3}} = \frac{0.4}{4} = 0.1 = 10\%$$

▪ 최적기간

9.31 현재 100달러의 가치를 가진 무늬유리잔은 시간의 경과와 함께 아래 식에 따라 그 가치가 할증되고 있다고 한다.

$$V = 100e^{\sqrt{t}} = 100e^{t^{1/2}}$$

(*a*) $r = 0.08$ 과 (*b*) $r = 0.12$ 로 연속적 복리 계산을 하는 경우, 유리잔의 현재가치를 극대화하기 위해서는 보유기간을 얼마동안으로 해야 하는가?

a) 현재가치(P)는 $P = Ve^{-rt}$ 이므로 V와 r 값을 대입하면,

$$P = 100e^{\sqrt{t}}e^{-0.08t} = 100e^{\sqrt{t}-0.08t}$$

여기에 자연로그를 취하면, $P = \ln 100 + \ln e^{\sqrt{t}-0.08t} = \ln 100 + t^{1/2} - 0.08t$ 가 된다. ln100은 상수임을 유념하면서 도함수를 구하여 0으로 놓으면

$$\frac{d}{dt}(\ln P) = \frac{1}{P}\frac{dP}{dt} = \frac{1}{2}t^{-1/2} - 0.08$$

$$\frac{dP}{dt} = P\left(\frac{1}{2}t^{-1/2} - 0.08\right) = 0 \qquad (9.19)$$

$P \neq 0$ 이므로 $$\tfrac{1}{2}t^{-1/2} = 0.08$$
$$t^{-1/2} = 0.16$$
$$t = (0.16)^{-2} = \frac{1}{0.0256} = 39.06$$

2차조건을 검토하기 위해 곱의 미분법칙을 이용하면($P = f(t)$ 이므로),

$$\frac{d^2P}{dt^2} = P\left(-\frac{1}{4}t^{-3/2}\right) + \left(\frac{1}{2}t^{-1/2} - 0.08\right)\frac{dP}{dt}$$

임계값에서 $dp/dt = 0$이므로

$$\frac{d^2P}{dt^2} = \frac{-P}{4\sqrt{t^3}}$$

의 결과를 얻을 수 있는데, 여기서 P와 t는 모두 양이기 때문에 2차도함수 값이 음(-)이 됨을 알 수 있다. 따라서 $t = 39.06$에서 유리잔의 가치는 극대화된다.

b) $r = 0.12$인 경우는 앞의 식 (9.19)에서 0.08 대신에 0.12를 대입한다.

$$\frac{dP}{dt} = P\left(\frac{1}{2}t^{-1/2} - 0.12\right) = 0$$

$$\tfrac{1}{2}t^{-1/2} = 0.12$$

$$t = (0.24)^{-2} = \frac{1}{0.0576} = 17.36$$

2차조건은 변함이 없다. 여기서 할인율이 높을수록 보유 기간은 더 짧아지고 있음을 알 수 있다.

9.32 투기를 목적으로 구입한 토지의 가치가 아래의 식에 따라 증가한다고 가정할 때, 연속적 복리 계산하에서의 할인율이 0.09로 주어졌다면 구입한 토지의 현재가치를 극대화하기 위해서는 토지를 얼마 동안 보유해야 하는가?

$$V = 1000e^{\sqrt[3]{t}}$$

먼저 현재할인가치를 나타내는 식을 구한다.

$$P = 1000e^{\sqrt[3]{t}}e^{-0.09t} = 1000e^{\sqrt[3]{t}-0.09t}$$

여기에 자연로그를 취하면, $\ln P = \ln 1000 + t^{1/3} - 0.09t$

도함수를 구하면, $\frac{d}{dt}(\ln P) = \frac{1}{P}\frac{dP}{dt} = \frac{1}{3}t^{-2/3} - 0.09 = 0$

$$\frac{dP}{dt} = P\left(\frac{1}{3}t^{-2/3} - 0.09\right) = 0$$

$$\tfrac{1}{3}t^{-2/3} = 0.09 \qquad t = 0.27^{-3/2} \approx 7.13\text{(년)}$$

2차조건을 확인하면, 임계값에서 $dP/dt = 0$이므로

$$\frac{d^2P}{dt^2} = P\left(-\frac{2}{9}t^{-5/3}\right) + \left(\frac{1}{3}t^{-2/3} - 0.09\right)\frac{dP}{dt} = -\frac{2P}{9\sqrt[3]{t^5}} < 0$$

9.33 최근 사망한 어느 예술화가의 작품의 추정가치는 아래의 함수에 의해 결정된다고 한다.

$$V = 200{,}000(1.25)^{\sqrt[3]{t^2}}$$

연속적 복리 계산하에서의 할인율이 6%일 경우, 자산관리자는 이 예술작품을 얼마동안 보관한 후에 팔아야 하는가?

$P = Ve^{-rt}$에 V를 대입하면,

$$P = 200{,}000(1.25)^{t^{2/3}} e^{-0.06t}$$
$$\ln P = \ln 200{,}000 + t^{2/3} \ln 1.25 - 0.06t$$
$$\frac{d}{dt}(\ln P) = \frac{1}{P}\frac{dP}{dt} = \frac{2}{3}(\ln 1.25)\,t^{-1/3} - 0.06 = 0$$
$$\frac{dP}{dt} = P\left[\frac{2}{3}(\ln 1.25)\,t^{-1/3} - 0.06\right] = 0$$
$$t^{-1/3} = \frac{3(0.06)}{2\ln 1.25} \qquad t = \left[\frac{0.18}{2(0.22314)}\right]^{-3} = (0.403)^{-3} \approx 15.3\,(\text{년})$$

9.34 투자 목적으로 구입한 다이아몬드의 추정가치는 아래의 공식에 의해 표시된다고 한다.

$$V = 250{,}000(1.75)^{\sqrt[4]{t}}$$

연속적 복리 계산하에서의 할인율이 7%라고 한다면, 현재가치를 극대화하기 위해서는 다이아몬드를 얼마동안 보유해야 하는가?

$$P = 250{,}000(1.75)^{t^{1/4}} e^{-0.07t}$$
$$\ln P = \ln 250{,}000 + t^{1/4}(\ln 1.75) - 0.07t$$
$$\frac{d}{dt}(\ln P) = \frac{1}{P}\frac{dP}{dt} = \frac{1}{4}(\ln 1.75)\,t^{-3/4} - 0.07 = 0$$
$$\frac{dP}{dt} = P\left[\frac{1}{4}(\ln 1.75)\,t^{-3/4} - 0.07\right] = 0$$
$$\frac{1}{4}(\ln 1.75)\,t^{-3/4} - 0.07 = 0 \qquad t = \left(\frac{0.28}{\ln 1.75}\right)^{-4/3} = (0.50)^{-4/3} \approx 2.52\,(\text{년})$$

■ 증명 문제

9.35 $\ln x$에 대한 도함수를 도출하시오.

식 (3.2)에 있는 도함수의 정의로부터

$$f'(x) = \lim_{\Delta x \to 0} \frac{f(x+\Delta x) - f(x)}{\Delta x}$$

이고 여기에서 $f(x) = \ln x$에 해당하므로

$$\frac{d}{dx}(\ln x) = \lim_{\Delta x \to 0} \frac{\ln(x+\Delta x) - \ln x}{\Delta x}$$

$\ln a - \ln b = \ln(a/b)$의 특성에 따라 정리하면

$$\frac{d}{dx}(\ln x) = \lim_{\Delta x \to 0} \frac{\ln[(x+\Delta x)/x]}{\Delta x}$$

분모와 분자를 차례로 정리하면

$$\frac{d}{dx}(\ln x) = \lim_{\Delta x \to 0}\left(\frac{1}{\Delta x}\ln\frac{x+\Delta x}{x}\right) = \lim_{\Delta x \to 0}\left[\frac{1}{\Delta x}\ln\left(1+\frac{\Delta x}{x}\right)\right]$$

다음 x/x를 곱하면

$$\frac{d}{dx}(\ln x) = \lim_{\Delta x \to 0}\left[\frac{1}{x}\cdot\frac{x}{\Delta x}\ln\left(1+\frac{\Delta x}{x}\right)\right]$$

로그의 특성으로부터 $a\ln x = \ln x^a$이므로

$$\begin{aligned}\frac{d}{dx}(\ln x) &= \lim_{\Delta x \to 0}\left[\frac{1}{x}\ln\left(1+\frac{\Delta x}{x}\right)^{x/\Delta x}\right]\\ &= \frac{1}{x}\lim_{\Delta x \to 0}\left[\ln\left(1+\frac{\Delta x}{x}\right)^{x/\Delta x}\right]\end{aligned}$$

로그함수는 연속적이므로

$$\frac{d}{dx}(\ln x) = \frac{1}{x}\ln\left[\lim_{\Delta x \to 0}\left(1+\frac{\Delta x}{x}\right)^{x/\Delta x}\right]$$

$n = x/\Delta x$라 하면, $\Delta x \to 0$은 바로 $n \to \infty$를 의미한다. 따라서

$$\frac{d}{dx}(\ln x) = \frac{1}{x}\ln\left[\lim_{n \to \infty}\left(1+\frac{1}{n}\right)^{n}\right]$$

7.4절의 e의 정의에서 $e \equiv \lim_{n\to\infty}(1+\frac{1}{n})^n$이므로 이를 대입하면

$$\frac{d}{dx}(\ln x) = \frac{1}{x}\ln e = \frac{1}{x}\cdot 1 = \frac{1}{x}$$

9.36 $g(x)$가 양(+)이면서 미분가능하다고 할 때, $y = \ln g(x)$에 대한 도함수를 도출하시오

식 (3.6)의 연쇄법칙에 따라, $y = \ln u$, $u = g(x)$라 하면

$$\frac{dy}{dx} = \frac{dy}{du}\cdot\frac{du}{dx}$$

여기서 $\frac{dy}{du} = \frac{1}{u}$ 그리고 $\frac{du}{dx} = g'(x)$

이를 대입하면 $$\frac{dy}{dx} = \frac{1}{u} \cdot g'(x)$$

u를 $g(x)$로 대체한다.

$$\frac{dy}{dx} = \frac{1}{g(x)} \cdot g'(x)$$

따라서 $$\frac{d}{dx}[\ln g(x)] = \frac{1}{g(x)} \cdot g'(x) = \frac{g'(x)}{g(x)}$$

9.37 $y = e^x$의 도함수는 e^x임을 보이시오.

양변에 자연로그를 취한다.

$$\ln y = \ln e^x$$

식 (7.3)으로부터 $$\ln y = x$$

여기에서 y가 x의 함수이므로 연쇄미분법칙에 따라 음함수미분을 하면

$$\frac{1}{y} \cdot \frac{dy}{dx} = 1$$

$$\frac{dy}{dx} = y$$

y를 e^x으로 대체하면

$$\frac{d}{dx}(e^x) = e^x$$

9.38 $y = e^{g(x)}$일 때 $\dfrac{dy}{dx} = e^{g(x)} \cdot g'(x)$임을 증명하시오.

$y = e^u$, $u = g(x)$라 하면 연쇄미분법칙에 따라

$$\frac{dy}{dx} = \frac{dy}{du} \cdot \frac{du}{dx}$$

여기서 $$\frac{dy}{du} = e^u \qquad \text{그리고} \qquad \frac{du}{dx} = g'(x)$$

이므로 이를 대입하면 $$\frac{dy}{dx} = e^u \cdot g'(x)$$

따라서 좌변의 y를 $e^{g(x)}$으로 대체하고 우변의 u를 $g(x)$로 대체한다.

$$\frac{d}{dx}(e^{g(x)}) = e^{g(x)} \cdot g'(x)$$

9.39 $\log_a(\frac{x}{y}) = \log_a x - \log_a y$임을 증명하시오.

$s = \log_a x$ 그리고 $t = \log_a y$라 하면 7.2절의 로그의 정의로부터

$$a^s = x \qquad \text{그리고} \qquad a^t = y$$

또한

$$\frac{a^s}{a^t} = \frac{x}{y}$$

지수의 특성에 따라 $a^s/a^t = a^{s-t}$이므로

$$a^{s-t} = \frac{x}{y}$$

여기에서 양변에 밑수를 a로 한 로그를 취하면

$$\log_a \frac{x}{y} = s - t$$

여기서 s와 t에 각각 $s = \log_a x$와 $t = \log_a y$를 대입한다.

$$\log_a(\frac{x}{y}) = \log_a x - \log_a y$$

9.40 $\log_a e = \frac{1}{\ln a}$임을 증명하시오.

주어진 식의 양변을 밑수 a의 지수로 취한다.

$$a^{\log_a e} = a^{1/\ln a}$$

여기서 $a^{\log_a e} = e$이므로 이를 대입하면

$$e = a^{1/\ln a}$$

이 되고 양변에 밑수를 a로 한 로그를 취하면

$$\log_a e = \log_a a^{1/\ln a} = \frac{1}{\ln a}$$

10장

행렬의 기초(선형대수)

10.1 선형대수의 역할

선형대수를 이용하면, (1) 복잡한 방정식 체계를 간편한 방법으로 표현 할 수 있으며, (2) 어떤 방정식의 해를 구하기 전에 해의 존재 여부를 미리 확인할 수도 있다. (3) 더 나아가 선형대수는 연립방정식의 해를 구하는 방법을 제공하기도 한다. 그러나 선형대수는 선형방정식 체계에만 적용될 수 있다는 한계성이 있다. 이러한 제약에도 불구하고 많은 경제변수 사이의 관계는 선형방정식으로 수렴될 수 있으며 그 이외의 것도 선형관계로의 변환이 가능하기 때문에, 위에서 언급한 선형대수의 한계성으로 인한 제약은 극복되어질 수 있는 부분이다. [예제 2]와 7.6절 참조.

예제 1 스키 장비를 몇 개의 판매점을 통해 판매하고 있는 회사가 있을 때 행렬은 재고를 확인하는 간편한 방법을 제시한다.

판매점	스키폴	폴	바인딩	스키복
1	120	110	90	150
2	200	180	210	110
3	175	190	160	80
4	140	170	180	140

행렬의 행(row)을 따라 읽으면 기업은 임의의 판매점에서의 각 제품의 재고를 확인할 수 있으며, 행렬의 열(column)을 따라 읽으면 어떤 임의의 제품에 대한 판매점별 재고를 알 수 있다.

예제 2 $z = x^{0.3}/y^{0.6}$과 같은 비선형함수는 로그변환을 통해 쉽게 선형함수로 변환할 수 있다.

$$z = \frac{x^{0.3}}{y^{0.6}} = x^{0.3}y^{-0.6}$$

이고 양변에 자연로그를 취하면

$$\ln z = 0.3 \ln x - 0.6 \ln y$$

가 되고 이는 바로 로그선형(log-linear)이다. 같은 방법으로 많은 지수함수와 멱함수가 쉽게 선형함수로 변환될 수 있으며, 이는 선형대수에 의해 처리될 수 있다(7.6절 참조).

10.2 정의와 용어

행렬이란 숫자, 파라미터 또는 변수를 직사각형의 형태로 나열한 것을 말하는데, 여기서 숫자, 파라미터, 변수들은 각각 행렬 안에서 순서에 따라 자신만의 위치를 차지하고 있어야 한다. 여기서 행렬을 구성하고 있는 숫자(파라메터 또는 변수)를 행렬의 '원소'(elements)라고 한다. 또한 수평으로 나열한 숫자들은 '행'(row)이라고 하며 수직으로 나열된 숫자들을 '열'(column)이라 한다.

행렬의 '차원'(dimension)은 행과 열의 수에 의해 정의되는데 행과 열의 수가 각각 r과 c인 경우 행렬의 차원은 $r \times c$로 나타낸다($r \times c$는 r by c로 읽는다). 행렬의 차원을 나타낼 때는 행을 표시하는 숫자가 열을 표시하는 숫자보다 항상 앞에 나타나야 한다.

특히 행의 수와 열의 수가 일치하는 행렬을 '정방행렬'(square matrix)이라 한다. 만약 행렬의 차원이 $r \times 1$으로 행렬이 하나의 열로 구성되어 있는 경우 이를 '열벡터'(column vector)라 하며, 행렬의 차원이 $1 \times c$로 행렬이 하나의 행으로 이루어져 있는 경우, 이를 '행벡터'(row vector)라 한다.

A 행렬의 행을 열로 바꾸고, **A** 행렬의 열을 행으로 바꾸어 만든 행렬을 **A** 행렬의 '전치행렬'(transpose)이라 부르며 $\mathbf{A}'$ 또는 $\mathbf{A}^T$로 표시한다.

[예제 3]과 [연습문제 10.1-10.3] 참조.

예제 3

$$\mathbf{A} = \begin{bmatrix} a_{11} & a_{12} & a_{13} \\ a_{21} & a_{22} & a_{23} \\ a_{31} & a_{32} & a_{33} \end{bmatrix}_{3\times3} \quad \mathbf{B} = \begin{bmatrix} 3 & 9 & 8 \\ 4 & 2 & 7 \end{bmatrix}_{2\times3} \quad \mathbf{C} = \begin{bmatrix} 7 \\ 4 \\ 5 \end{bmatrix}_{3\times1} \quad \mathbf{D} = [3 \quad 0 \quad 1]_{1\times3}$$

위에서 **A**는 $3 \times 3 = 9$개의 원소를 가진 행렬로서 3개의 행과 3개의 열로 구성되어 있다. **A** 행렬은 행과 열의 수가 같기 때문에 정방행렬에 해당한다. 위에 나타난 바와 같이 행렬의 원소를 구분하기 위해 어떠한 구두점도 사용되고 있지 않다는 것에 유의해야 한다.

또한 **A**의 모든 원소는 각각의 위치를 표시하기 위해 두 개의 첨자를 가지고 있는데, 여기서 첫 번째 첨자는 그 원소가 위치해 있는 행을 표시하며 두 번째 첨자는 열을 표시하는 것이다. 따라서 a_{23}는 두 번째 행과 세 번째 열에 위치한 원소이며, a_{32}는 세 번째 행과 두 번째 열에 위치한 원소임을 나타낸다. 행렬을 표시할 때는 행이 항상 열보다 앞서서 표시되기 때문에 첨자도 **RC**(Row와 Column)로 생각하면 첫 번째 첨자가 행, 두 번째 첨자가 열을 표시한다는 것을 이해하는 데 도움이 될 것이다. 행의 수는 위로부터 아래로 세어나가며, 열의 수는 왼쪽부터 오른쪽으로 세어서 행과 열의 수를 결정한다.

B는 2×3 행렬이다. 행렬 **B**의 원소 b_{12}는 9이고, 원소 b_{21}은 4이다. **C**는 3×1 차원의 열벡터이고, **D**는 1×3 차원의 행벡터이다.

A의 전치행렬은

$$\mathbf{A}' = \begin{bmatrix} a_{11} & a_{21} & a_{31} \\ a_{12} & a_{22} & a_{32} \\ a_{13} & a_{23} & a_{33} \end{bmatrix}$$

그리고 **C**의 전치행렬은 다음과 같다.

$$\mathbf{C}' = [7 \quad 4 \quad 5]$$

10.3 행렬의 덧셈과 뺄셈

두 행렬의 덧셈(뺄셈) A+B(A−B)의 연산이 이루어지기 위해서는 두 행렬의 차원이 동일해야 한다. 행렬의 차원이 동일할 경우 두 행렬의 덧셈(뺄셈)은 어느 한 행렬의 각 원소에 다른 행렬의 대응하는 위치의 원소를 더하면(빼면) 된다.

따라서 A+B의 경우 A의 a_{11}에 B의 b_{11}을 더하며 A−B의 경우는 A의 a_{11}에서 B의 b_{11}을 뺀다. 동일한 방법으로 a_{12}는 b_{12}와 a_{13}는 b_{13} 등으로 대응하는 원소끼리 계산하면 된다. [예제 4-5]와 [연습문제 10.4-10.8] 참조.

예제 4 행렬 A와 B가 주어졌을 때 덧셈 A+B는 다음과 같이 계산된다.

$$\mathbf{A} = \begin{bmatrix} 8 & 9 & 7 \\ 3 & 6 & 2 \\ 4 & 5 & 10 \end{bmatrix}_{3\times3} \quad \mathbf{B} = \begin{bmatrix} 1 & 3 & 6 \\ 5 & 2 & 4 \\ 7 & 9 & 2 \end{bmatrix}_{3\times3} \quad \mathbf{A}+\mathbf{B} = \begin{bmatrix} 8+1 & 9+3 & 7+6 \\ 3+5 & 6+2 & 2+4 \\ 4+7 & 5+9 & 10+2 \end{bmatrix}_{3\times3} = \begin{bmatrix} 9 & 12 & 13 \\ 8 & 8 & 6 \\ 11 & 14 & 12 \end{bmatrix}_{3\times3}$$

행렬 **C**와 **D**가 주어졌을 때 뺄셈 **C**−**D**는 다음과 같이 구한다.

$$\mathbf{C} = \begin{bmatrix} 4 & 9 \\ 2 & 6 \end{bmatrix}_{2\times2} \quad \mathbf{D} = \begin{bmatrix} 1 & 7 \\ 5 & 4 \end{bmatrix}_{2\times2} \quad \mathbf{C}-\mathbf{D} = \begin{bmatrix} 4-1 & 9-7 \\ 2-5 & 6-4 \end{bmatrix}_{2\times2} = \begin{bmatrix} 3 & 2 \\ -3 & 2 \end{bmatrix}_{2\times2}$$

예제 5 [예제 1]에서 예시된 기업의 판매점에 행렬 **D**가 나타내는 수량이 입고되었다고 할 때 판매점별 각 제품의 재고수준은 얼마인가?

$$\mathbf{D} = \begin{bmatrix} 40 & 20 & 50 & 10 \\ 25 & 30 & 10 & 60 \\ 15 & 0 & 40 & 70 \\ 60 & 40 & 10 & 50 \end{bmatrix}$$

처음의 행렬을 S라 하면 새로운 재고수준을 파악하기 위해서는 S+D를 계산하면 된다. 각 행렬의 해당 원소를 더하면

$$\mathbf{S}+\mathbf{D}=\begin{bmatrix} 120+40 & 110+20 & 90+50 & 150+10 \\ 200+25 & 180+30 & 210+10 & 110+60 \\ 175+15 & 190+0 & 160+40 & 80+70 \\ 140+60 & 170+40 & 180+10 & 140+50 \end{bmatrix}=\begin{bmatrix} 160 & 130 & 140 & 160 \\ 225 & 210 & 220 & 170 \\ 190 & 190 & 200 & 150 \\ 200 & 210 & 190 & 190 \end{bmatrix}$$

10.4 스칼라 곱

행렬대수에서는 12, -2, 0.07 같은 수를 스칼라(scalar)라고 부른다. 행렬에 어떤 수나 스칼라를 곱하는 경우, 그 결과는 행렬의 모든 각 원소를 스칼라로 곱함으로써 얻어진다. 이러한 과정을 '스칼라 곱'(scalar multiplication)이라 한다. [예제 6]과 [연습문제 10.10-10.12].

예제 6 행렬 **A**가 아래와 같이 주어지고 $k=8$일 때 스칼라 곱 $k\mathbf{A}$의 결과는 다음과 같다.

$$\mathbf{A}=\begin{bmatrix} 6 & 9 \\ 2 & 7 \\ 8 & 4 \end{bmatrix}_{3\times2}$$

$$k\mathbf{A}=\begin{bmatrix} 8(6) & 8(9) \\ 8(2) & 8(7) \\ 8(8) & 8(4) \end{bmatrix}_{3\times2}=\begin{bmatrix} 48 & 72 \\ 16 & 56 \\ 64 & 32 \end{bmatrix}_{3\times2}$$

10.5 벡터 곱

행벡터 A에 열벡터 B를 곱하려면 먼저 각 벡터의 원소의 수가 같아야 한다. 곱하는 두 벡터의 원소의 수가 같을 때 '벡터 곱'(vector multiplication)[1)]의 결과는 행벡터에 있는 각각의 원소를 이에 대응하는 열벡터의 각 원소와 곱한 후 이를 더함으로써 얻어진다.

$$\mathbf{AB}=(a_{11}\times b_{11})+(a_{12}\times b_{21})+(a_{13}\times b_{31})$$

따라서 행벡터와 열벡터의 곱은 하나의 수 또는 스칼라가 된다. 행벡터와 열벡터의 곱은 매우 중요한 의미를 가지며 행렬의 곱(matrix multiplication)에 있어서 기본 연산법칙으로 작용한다. [예제 7]과 [연습문제 10.13-10.18] 참조.

역자 TIP

1) 원문에서는 벡터를 표시하는 문자로 A, B 등 대문자로 표시하고 있으나 일반적으로 대문자는 행렬을 표시하고, 벡터는 이와 구분하기 위해 소문자 $\boldsymbol{a}$, $\boldsymbol{b}$ 등으로 표시한다. 그리고 벡터는 일반적으로 열벡터를 기준으로 하기 때문에 두 벡터의 곱은 $\boldsymbol{a}'\boldsymbol{b}$로 표시된다. 즉 $\boldsymbol{a}'$은 열벡터 $\boldsymbol{a}$를 전치(transpose)한 것이므로 행벡터가 되고 $\boldsymbol{b}$는 열벡터이므로 $\boldsymbol{a}'\boldsymbol{b}$는 벡터 곱(vector multiplication)을 표시하게 된다.
행벡터에 열벡터를 곱하는 벡터 곱은 그 결과가 스칼라가 되기 때문에 '스칼라 적(積)'(scalar product), 또는 내적(inner product)이라고도 한다. 따라서 스칼라 곱(scalar multiplication)과 스칼라 적(scalar product)의 구분에 주의해야 한다.

예제 7 행벡터 A와 열벡터 B가 다음과 같이 주어졌을 때

$$\mathbf{A} = [4 \quad 7 \quad 2 \quad 9]_{1\times4} \qquad \mathbf{B} = \begin{bmatrix} 12 \\ 1 \\ 5 \\ 6 \end{bmatrix}_{4\times1}$$

두 벡터의 곱 AB는 아래와 같이 계산한다.

$$\mathbf{AB} = 4(12) + 7(1) + 2(5) + 9(6) = 48 + 7 + 10 + 54 = 119$$

다음 행벡터 C와 열벡터 D가 다음과 같을 때

$$\mathbf{C} = [3 \quad 6 \quad 8]_{1\times3} \qquad \mathbf{D} = \begin{bmatrix} 2 \\ 4 \\ 5 \end{bmatrix}_{3\times1}$$

두 벡터의 곱 **CD**는 아래와 같다.

$$\mathbf{CD} = (3\times2) + (6\times4) + (8\times5) = 6 + 24 + 40 = 70$$

위에서 보듯이 예로 든 두 벡터는 같은 수의 원소를 가지고 있기 때문에 벡터의 곱이 가능하다. 두 벡터의 곱에 있어서 곱하는 순서를 바꾸어 열벡터와 행벡터를 곱하게 되면(BA 또는 DC), 그 결과는 전혀 다르게 나타난다. [연습문제 10.36] 참조.

예제 8 벡터 곱의 의미를 가장 쉽게 이해하는 방법으로 다음 예를 들어보자. 아래에서 행벡터 Q는 세 가지 제품, 즉 햄버거, 감자튀김, 탄산음료의 판매량을 나타내고, 열벡터 P는 각 제품의 가격을 나타내고 있다고 하자.

$$\mathbf{Q} = [12 \quad 8 \quad 10] \qquad \mathbf{P} = \begin{bmatrix} 1.25 \\ 0.75 \\ 0.50 \end{bmatrix}$$

여기에서 벡터 곱 QP는 각 제품의 판매량에 가격을 곱한 후 이들을 더한 것이므로 바로 총매출액(total value of sales: TVS)에 해당한다.

$$\text{TVS} = \mathbf{QP} = [12(1.25) + 8(0.75) + 10(0.50)] = 26.00$$

10.6 행렬의 곱

차원이 각각 $(r \times c)_1$과 $(r \times c)_2$인 두 행렬을 곱하려면 먼저 두 행렬이 적합가능(conformable)해야 한다. 즉 $c_1 = r_2$일 때 적합가능하다고 하는데 이는 앞에 위치한 선행행렬(lead matrix)의 열벡터의 수와 뒤에 위치한 후행행렬(lag matrix)의 행벡터의 수가 일치해야 함을 의미한다[2].

두 행렬이 적합가능할 때 행렬의 곱은, 앞의 10.5절에서 언급한 행벡터와 열벡터를 곱하는 법칙에 따라, 앞에 위치한 선행행렬의 각 행벡터와 뒤에 위치한 후행행렬의 열벡터를 곱함으로써 얻어진다.

이 때 행벡터와 열벡터를 곱하여 얻은 스칼라는 새로운 행렬의 한 원소를 구성하게 된다. 다시 말해서 $\mathbf{A}$, $\mathbf{B}$ 두 행렬을 곱하여 $\mathbf{C}$ 행렬을 얻었다고 할 때($\mathbf{AB} = \mathbf{C}$), 행렬 $\mathbf{C}$의 각 원소 c_{ij}는 선행행렬 $\mathbf{A}$의 i번째 행벡터와 후행 행렬 $\mathbf{B}$의 j번째 열벡터를 곱하여 얻은 스칼라인 것이다. 행벡터와 열벡터의 곱을 내적(inner product) 또는 점곱(dot product)이라 부르기도 한다. [예제 9-11]과 [연습문제 10.19-10.33] 참조.

역자 TIP

2) 두 행렬의 곱 AB에서 A가 lead matrix, B가 lag matrix가 된다. lead matrix는 pre-multiplier, lag matrix는 post-multiplier라고도 한다.

예제 9

$$\mathbf{A} = \begin{bmatrix} 3 & 6 & 7 \\ 12 & 9 & 11 \end{bmatrix}_{2\times3} \qquad \mathbf{B} = \begin{bmatrix} 6 & 12 \\ 5 & 10 \\ 13 & 2 \end{bmatrix}_{3\times2} \qquad \mathbf{C} = \begin{bmatrix} 1 & 7 & 8 \\ 2 & 4 & 3 \end{bmatrix}_{2\times3}$$

행렬을 곱하기 전에 반드시 확인해야 하는 적합가능성(conformability)을 간단하게 알아내기 위해서는, 두 행렬의 차원을 행렬의 곱하는 순서에 따라 나열한 다음, 선행행렬의 차원을 나타내는 두 번째 숫자와 후행 행렬의 차원을 나타내는 첫 번째 숫자에 마음속으로 원을 그린다. 만약 이들 숫자가 일치하면 두 행렬은 주어진 순서로 곱하는 경우 적합가능하며, 원 밖에 있는 수는 두 행렬을 곱한 결과로서 얻은 새로운 행렬의 차원을 나타내게 된다. 따라서 두 행렬의 곱 $\mathbf{AB}$의 경우

$$2 \times 3 \quad = \quad 3 \times 2$$
$$\searrow \qquad \swarrow$$
$$2 \times 2$$

선행행렬의 열벡터 수와 후행행렬의 행벡터 수가 $3 = 3$으로 동일하므로, $\mathbf{A}$, $\mathbf{B}$ 두 행렬은 적합가능하며 행렬의 곱 $\mathbf{AB}$의 차원은 (2×2)가 된다. $\mathbf{A}$, $\mathbf{B}$ 두 행렬이 적합가능할 때 $\mathbf{AB}$는 '정의되었다'(defined)라고 말한다.

행렬의 곱 $\mathbf{BC}$의 경우

$$3 \times 2 \;=\; 2 \times 3$$

$$\searrow \quad \swarrow$$

$$3 \times 3$$

선행행렬의 열벡터 수와 후행행렬의 행벡터 수가 $2=2$으로 동일하므로, B, C 두 행렬은 적합가능하며 행렬의 곱 BC가 가능하다. 그리고 BC의 차원은 (3×3)가 될 것이다.

행렬의 곱 AC의 경우

$$2 \times 3 \;\neq\; 2 \times 3$$

선행행렬 A와 후행행렬 C는 적합가능하지 않으므로 행렬의 곱 AC는 정의되지 않는다.

예제 10 [예제 9]에서 A, B 두 행렬의 곱에 대한 적합가능성을 확인하였으므로 두 행렬의 곱 AB= D를 구할 수 있다.

먼저 A,B 두 행렬을 곱하여 얻은 행렬인 D의 원소 d_{11}을 구하기 위해서는 선행행렬 A의 첫 번째 행벡터 R_1에 후행행렬 B의 첫 번째 열벡터 C_1을 곱한다($d_{11}=\mathrm{R}_1\mathrm{C}_1$). 그리고 다시 선행행렬 A의 첫 번째 행벡터 R_1에 후행행렬 B의 두 번째 열벡터 C_2를 곱하여 $d_{12}(=\mathrm{R}_1\mathrm{C}_2)$를 계산한다.

이러한 방법으로 선행행렬 A의 첫 번째 행벡터 R_1에 후행 행렬 B의 마지막 열벡터까지 모두 곱하고 난 후에는 A 행렬의 두 번째 행벡터로 이동한다. 이제부터 다시 선행행렬 A의 두 번째 행벡터 R_2에 후행행렬 B의 첫 번째 열벡터 C_1을 곱하여 $d_{21}(=\mathrm{R}_2\mathrm{C}_1)$을 얻는다. 끝으로 A의 두 번째 행벡터 R_2에 B의 두 번째 열벡터 C_2를 곱하여 $d_{22}(=\mathrm{R}_2\mathrm{C}_2)$를 얻는다. 따라서

$$\mathbf{AB}=\mathbf{D}=\begin{bmatrix} R_1C_1 & R_1C_2 \\ R_2C_1 & R_2C_2 \end{bmatrix}=\begin{bmatrix} 3(6)+6(5)+\ \ 7(13) & 3(12)+6(10)+\ \ 7(2) \\ 12(6)+9(5)+11(13) & 12(12)+9(10)+11(2) \end{bmatrix}_{2\times2}$$

$$=\begin{bmatrix} 139 & 110 \\ 260 & 256 \end{bmatrix}_{2\times2}$$

같은 방법으로 행렬 B와 C의 곱은 아래와 같이 계산한다.

$$\mathbf{BC}=\mathbf{E}=\begin{bmatrix} R_1C_1 & R_1C_2 & R_1C_3 \\ R_2C_1 & R_2C_2 & R_2C_3 \\ R_3C_1 & R_3C_2 & R_3C_3 \end{bmatrix}=\begin{bmatrix} 6(1)+12(2) & 6(7)+12(4) & 6(8)+12(3) \\ 5(1)+10(2) & 5(7)+10(4) & 5(8)+10(3) \\ 13(1)+\ \ 2(2) & 13(7)+\ \ 2(4) & 13(8)+\ \ 2(3) \end{bmatrix}_{3\times3}$$

$$=\begin{bmatrix} 30 & 90 & 84 \\ 25 & 75 & 70 \\ 17 & 99 & 110 \end{bmatrix}_{3\times3}$$

예제 11 [예제 1]에서 스키, 스키폴, 바인딩, 스키복의 가격이 각각 \$200, \$50, \$100, \$150라고 하자. 이 때 판매점별 재고량(S)의 가치(V)를 구하기 위해서는, 먼저 각 제품의 가격을 열벡터 P로

표시하고 판매점별 제품별 재고를 나타내는 행렬 S에 P를 곱한다.

$$\mathbf{V}=\mathbf{SP}=\begin{bmatrix}120 & 110 & 90 & 150\\ 200 & 180 & 210 & 110\\ 175 & 190 & 160 & 80\\ 140 & 170 & 180 & 140\end{bmatrix}_{4\times4}\begin{bmatrix}200\\ 50\\ 100\\ 150\end{bmatrix}_{4\times1}$$

두 행렬 S, P는 적합가능하며 행렬의 곱 SP는 (4×1)의 차원을 가질 것이다.

$$4\times4 \;=\; 4\times1 \;\rightarrow\; 4\times1$$

따라서

$$\mathbf{V}=\begin{bmatrix}R_1C_1\\ R_2C_1\\ R_3C_1\\ R_4C_1\end{bmatrix}=\begin{bmatrix}120(200)+110(50)+90(100)+150(150)\\ 200(200)+180(50)+210(100)+110(150)\\ 175(200)+190(50)+160(100)+80(150)\\ 140(200)+170(50)+180(100)+140(150)\end{bmatrix}_{4\times1}=\begin{bmatrix}61{,}000\\ 86{,}500\\ 72{,}500\\ 75{,}500\end{bmatrix}_{4\times1}$$

10.7 행렬대수에서의 교환법칙, 결합법칙, 분배법칙

행렬의 덧셈은 두 행렬의 대응하는 원소를 단순히 더하는 것이기 때문에 더하는 순서는 중요한 의미를 갖지 않는다. 따라서 행렬의 덧셈은 교환법칙이 성립된다(즉 $\mathbf{A}+\mathbf{B}=\mathbf{B}+\mathbf{A}$). 같은 이유로 행렬의 덧셈은 결합법칙도 성립하므로 $(\mathbf{A}+\mathbf{B})+\mathbf{C}=\mathbf{A}+(\mathbf{B}+\mathbf{C})$가 된다.

행렬의 뺄셈의 경우도 동일하다. 즉, 행렬의 뺄셈 $\mathbf{A}-\mathbf{B}$는 행렬의 덧셈 형태인 $\mathbf{A}+(-\mathbf{B})$로 전환시킬 수 있으므로 행렬의 뺄셈 역시 교환법칙과 결합법칙이 성립한다.

몇 가지 예외는 있으나 행렬 곱셈의 경우는 교환법칙이 성립하지 않는다(즉 $\mathbf{AB}\neq\mathbf{BA}$). 그러나 스칼라 곱의 경우는 교환법칙이 성립한다($k\mathbf{A}=\mathbf{A}k$). 만약 세 개 또는 그 이상의 행렬이 적합가능하다면, 즉 예를 들어 $\mathbf{X}_{a\times b}$, $\mathbf{Y}_{c\times d}$, $\mathbf{Z}_{e\times f}$의 세 행렬에서 $b=c$, $d=e$라고 하면, 적합가능성의 순서대로 행렬을 곱하는 경우 결합법칙이 성립하므로 $(\mathbf{XY})\mathbf{Z}=\mathbf{X}(\mathbf{YZ})$가 된다. 적합가능한 경우 행렬의 곱셈에서는 분배법칙도 성립한다. 즉 $\mathbf{A}(\mathbf{B}+\mathbf{C})=\mathbf{AB}+\mathbf{AC}$가 성립한다. [예제 12-14]와 [연습문제 10.34-10.48] 참조.

예제 12 행렬 A와 B가 다음과 같이 주어졌을 때

$$\mathbf{A}=\begin{bmatrix}4 & 11\\ 17 & 6\end{bmatrix}\qquad \mathbf{B}=\begin{bmatrix}3 & 7\\ 6 & 2\end{bmatrix}$$

행렬의 덧셈에서 교환법칙이 성립함을 확인하기 위해 (1) $\mathbf{A}+\mathbf{B}=\mathbf{B}+\mathbf{A}$와 (2) $\mathbf{A}-\mathbf{B}=-\mathbf{B}+\mathbf{A}$임을 보이시오.

계산과정은 다음과 같다.

$$1)\quad \mathbf{A}+\mathbf{B}=\begin{bmatrix}4+3 & 11+7\\ 17+6 & 6+2\end{bmatrix}=\begin{bmatrix}7 & 18\\ 23 & 8\end{bmatrix}=\mathbf{B}+\mathbf{A}=\begin{bmatrix}3+\ 4 & 7+11\\ 6+17 & 2+\ 6\end{bmatrix}=\begin{bmatrix}7 & 18\\ 23 & 8\end{bmatrix}$$

$$2)\quad \mathbf{A}-\mathbf{B}=\begin{bmatrix}4-3 & 11-7\\ 17-6 & 6-2\end{bmatrix}=\begin{bmatrix}1 & 4\\ 11 & 4\end{bmatrix}=-\mathbf{B}+\mathbf{A}=\begin{bmatrix}-3+\ 4 & -7+11\\ -6+17 & -2+\ 6\end{bmatrix}=\begin{bmatrix}1 & 4\\ 11 & 4\end{bmatrix}$$

예제 13

$$\mathbf{A}=\begin{bmatrix}3 & 6 & 7\\ 12 & 9 & 11\end{bmatrix}_{2\times3}\qquad \mathbf{B}=\begin{bmatrix}6 & 12\\ 5 & 10\\ 13 & 2\end{bmatrix}_{3\times2}$$

위의 두 행렬에 대해 $\mathrm{AB}\neq\mathrm{BA}$ 임을 보임으로써 행렬의 곱셈에서는 교환법칙이 성립하지 않음을 입증할 수 있다.

행렬의 곱 AB는 적합가능하며 $2\times 3 = 3\times 2$ 이므로 AB는 (2×2)의 차원을 가질 것이다.

$$\mathbf{AB}=\begin{bmatrix}3(6)+6(5)+\ 7(13) & 3(12)+6(10)+\ 7(2)\\ 12(6)+9(5)+11(13) & 12(12)+9(10)+11(2)\end{bmatrix}_{2\times2}=\begin{bmatrix}139 & 110\\ 260 & 256\end{bmatrix}_{2\times2}$$

행렬의 곱 BA 역시 적합가능하나 $3\times 2 = 2\times 3$ 이므로 BA는 (3×3)의 차원을 가질 것이다.

$$\mathbf{BA}=\begin{bmatrix}6(3)+12(12) & 6(6)+12(9) & 6(7)+12(11)\\ 5(3)+10(12) & 5(6)+10(9) & 5(7)+10(11)\\ 13(3)+\ 2(12) & 13(6)+\ 2(9) & 13(7)+\ 2(11)\end{bmatrix}_{3\times3}=\begin{bmatrix}162 & 144 & 174\\ 135 & 120 & 145\\ 63 & 96 & 113\end{bmatrix}_{3\times3}$$

따라서 $\mathrm{AB}\neq\mathrm{BA}$ 이다. 대개 행렬의 위치를 바꾸어 곱하는 경우 적합성(conformability)조차도 가능하지 않는 경우가 많다.

예제 14 세 개의 행렬 A, B, C가 다음과 같이 주어졌을 때

$$\mathbf{A}=\begin{bmatrix}7 & 5\\ 1 & 3\\ 8 & 6\end{bmatrix}_{3\times2}\qquad \mathbf{B}=\begin{bmatrix}4 & 9 & 10\\ 2 & 6 & 5\end{bmatrix}_{2\times3}\qquad \mathbf{C}=\begin{bmatrix}2\\ 6\\ 7\end{bmatrix}_{3\times1}$$

행렬의 곱셈에서 결합법칙이 성립한다는 것을 보이기 위해 $(\mathrm{AB})\mathrm{C}=\mathrm{A}(\mathrm{BC})$를 계산하시오.

$$\mathbf{AB}=\begin{bmatrix}7(4)+5(2) & 7(9)+5(6) & 7(10)+5(5)\\ 1(4)+3(2) & 1(9)+3(6) & 1(10)+3(5)\\ 8(4)+6(2) & 8(9)+6(6) & 8(10)+6(5)\end{bmatrix}_{3\times3}=\begin{bmatrix}38 & 93 & 95\\ 10 & 27 & 25\\ 44 & 108 & 110\end{bmatrix}_{3\times3}$$

$$(\mathbf{AB})\mathbf{C}=\begin{bmatrix}38 & 93 & 95\\ 10 & 27 & 25\\ 44 & 108 & 110\end{bmatrix}_{3\times3}\begin{bmatrix}2\\ 6\\ 7\end{bmatrix}_{3\times1}=\begin{bmatrix}38(2)+\ 93(6)+\ 95(7)\\ 10(2)+\ 27(6)+\ 25(7)\\ 44(2)+108(6)+110(7)\end{bmatrix}_{3\times1}=\begin{bmatrix}1299\\ 357\\ 1506\end{bmatrix}_{3+1}$$

$$\mathbf{BC}=\begin{bmatrix}4(2)+9(6)+10(7)\\ 2(2)+6(6)+\ 5(7)\end{bmatrix}_{2\times1}=\begin{bmatrix}132\\ 75\end{bmatrix}_{2\times1}$$

$$\mathbf{A}(\mathbf{BC}) = \begin{bmatrix} 7 & 5 \\ 1 & 3 \\ 8 & 6 \end{bmatrix}_{3\times 2} \begin{bmatrix} 132 \\ 75 \end{bmatrix}_{2\times 1} = \begin{bmatrix} 7(132)+5(75) \\ 1(132)+3(75) \\ 8(132)+6(75) \end{bmatrix}_{3\times 1} = \begin{bmatrix} 1299 \\ 357 \\ 1506 \end{bmatrix}_{3\times 1} \quad \text{Q.E.D.}$$

10.8 항등행렬과 영행렬

항등행렬(identity matrix) $\mathbf{I}$ 는 왼쪽에서 오른쪽 아래로 주대각선 상에 있는 원소는 모두 1이고 나머지 원소는 모두 0인 정방행렬(square matrix)을 말한다([예제 15] 참조). $\mathbf{I}_n$ 에서와 같이 아래첨자가 사용될 때 n은 행등행렬의 차원이 $(n\times n)$임을 표시하는 것이다.

어떤 행렬에 항등행렬을 곱하는 경우, 그 결과는 원래의 행렬과 동일하기 때문에 항등행렬은 대수학에서의 1과 유사하다($\mathbf{AI}=\mathbf{IA}=\mathbf{A}$). 따라서 항등행렬에 항등행렬을 곱한 결과는 변함없이 그대로 항등행렬이 된다($\mathbf{I}\times\mathbf{I}=\mathbf{I}^2=\mathbf{I}$).

$\mathbf{A}=\mathbf{A}'$이 성립하는 행렬을 대칭행렬(symmetric matrix)이라고 하며, $\mathbf{A}\times\mathbf{A}=\mathbf{A}$가 성립하는 행렬을 멱등행렬(idempotent matrix)이라고 한다. 이렇게 볼 때 항등행렬은 대칭행렬이면서 동시에 멱등행렬이 된다.

영행렬(null matrix or zero matrix)은 원소가 모두 0으로 구성된 행렬을 말하며 차원은 어느 것이든 상관없다. 즉 영행렬은 반드시 정방행렬일 필요가 없다. 어떤 행렬에 영행렬을 더하거나 빼도 그 결과는 원래의 행렬이 되어 변함이 없으나, 영행렬을 곱하는 경우는 결과가 영행렬로 나타난다. [예제 15]와 [연습문제 10.49-10.51] 참조).

예제 15

$$\mathbf{A} = \begin{bmatrix} 7 & 10 & 14 \\ 9 & 2 & 6 \\ 1 & 3 & 7 \end{bmatrix} \quad \mathbf{B} = \begin{bmatrix} 5 & 12 \\ 20 & 4 \end{bmatrix} \quad \mathbf{N} = \begin{bmatrix} 0 & 0 \\ 0 & 0 \end{bmatrix} \quad \mathbf{I} = \begin{bmatrix} 1 & 0 & 0 \\ 0 & 1 & 0 \\ 0 & 0 & 1 \end{bmatrix}$$

위에 주어진 행렬의 계산과정을 통해 다음을 입증할 수 있다.

(1) 어떤 행렬에 항등행렬을 곱하는 경우 원래 행렬에는 어떤 변화도 일어나지 않는다(즉 $\mathbf{AI}=\mathbf{A}$).

(2) 영행렬을 곱하면 결과는 영행렬이 된다(즉 $\mathbf{BN}=\mathbf{N}$).

(3) 영행렬을 더하거나 빼는 경우 원래 행렬에는 변함이 없다(즉 $\mathbf{B}+\mathbf{N}=\mathbf{B}$).

1) $$\mathbf{AI} = \begin{bmatrix} 7 & 10 & 14 \\ 9 & 2 & 6 \\ 1 & 3 & 7 \end{bmatrix}\begin{bmatrix} 1 & 0 & 0 \\ 0 & 1 & 0 \\ 0 & 0 & 1 \end{bmatrix}$$

$$= \begin{bmatrix} 7(1)+10(0)+14(0) & 7(0)+10(1)+14(0) & 7(0)+10(0)+14(1) \\ 9(1)+2(0)+6(0) & 9(0)+2(1)+6(0) & 9(0)+2(0)+6(1) \\ 1(1)+3(0)+7(0) & 1(0)+3(1)+7(0) & 1(0)+3(0)+7(1) \end{bmatrix} = \begin{bmatrix} 7 & 10 & 14 \\ 9 & 2 & 6 \\ 1 & 3 & 7 \end{bmatrix} \text{Q.E.D.}$$

2) $$\mathbf{BN} = \begin{bmatrix} 5(0)+12(0) & 5(0)+12(0) \\ 20(0)+\ \ 4(0) & 20(0)+\ \ 4(0) \end{bmatrix} = \begin{bmatrix} 0 & 0 \\ 0 & 0 \end{bmatrix} \quad \text{Q.E.D.}$$

3) $$\mathbf{B}+\mathbf{N} = \begin{bmatrix} 5+0 & 12+0 \\ 20+0 & 4+0 \end{bmatrix} = \begin{bmatrix} 5 & 12 \\ 20 & 4 \end{bmatrix} \quad \text{Q.E.D.}$$

10.9 행렬을 이용한 연립선형방정식의 표현

행렬대수를 이용하면 연립선형방정식을 간단하게 표시할 수 있다. 간단한 예로서 다음과 같은 연립선형방정식을 생각해보자.

$$7x_1 + 3x_2 = 45$$
$$4x_1 + 5x_2 = 29$$

이를 행렬의 형태로 표시하면 다음과 같다.

$$\mathbf{AX} = \mathbf{B}$$

여기서 $$\mathbf{A} = \begin{bmatrix} 7 & 3 \\ 4 & 5 \end{bmatrix} \quad \mathbf{X} = \begin{bmatrix} x_1 \\ x_2 \end{bmatrix} \quad \text{and} \quad \mathbf{B} = \begin{bmatrix} 45 \\ 29 \end{bmatrix}$$

이때 A를 계수행렬(coefficient matrix), X를 해 벡터(solution vector), 그리고 B를 상수항 벡터(vector of constant terms)라고 하며, X와 B는 항상 열벡터가 된다. [예제 16-17] 참조.

예제 16 위에서 간단하게 예로 든 연립선형방정식을 AX= B가 정확하게 표현하고 있는지 확인하기 위해 행렬의 곱 AX를 구하고 이를 B와 비교해 보기로 한다. AX는 적합가능하므로 두 행렬의 곱셈은 가능하며 그 결과는 (2×1)의 차원을 가진 행렬이 될 것이다.

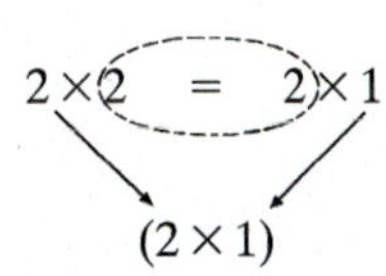

따라서 $$\mathbf{AX} = \begin{bmatrix} 7 & 3 \\ 4 & 5 \end{bmatrix}\begin{bmatrix} x_1 \\ x_2 \end{bmatrix} = \begin{bmatrix} 7x_1+3x_2 \\ 4x_1+5x_2 \end{bmatrix}_{2\times1}$$

그리고 $$\mathbf{AX} = \mathbf{B}: \quad \begin{bmatrix} 7x_1+3x_2 \\ 4x_1+5x_2 \end{bmatrix} = \begin{bmatrix} 45 \\ 29 \end{bmatrix} \quad \text{Q.E.D.}$$

여기서 AX는 각각의 행이 하나의 원소로 이루어져 있으므로 (2×1)의 열벡터에 해당한다.

예제 17

$$8w + 12x - 7y + 2z = 139$$
$$3w - 13x + 4y + 9z = 242$$

위의 연립선형방정식을 행렬의 형태로 표시하면

$$\begin{bmatrix} 8 & 12 & -7 & 2 \\ 3 & -13 & 4 & 9 \end{bmatrix}_{2\times4} \begin{bmatrix} w \\ x \\ y \\ z \end{bmatrix}_{4\times1} = \begin{bmatrix} 139 \\ 242 \end{bmatrix}_{2\times1}$$

여기서 계수행렬을 A, 변수의 열벡터를 W, 상수의 열벡터를 B라 하면 주어진 연립선형방정식은 다음과 같은 행렬형태로 나타낼 수 있다.

$$\mathbf{A}_{2\times4}\mathbf{W}_{4\times1} = \mathbf{B}_{2\times1}$$

연습 문제

■ **행렬 형태**

10.1 (*a*) 다음 각 행렬의 차원을 구하고, (*b*) 이들 행렬의 전치행렬 및 차원을 구하시오.

$$\mathbf{A}=\begin{bmatrix}6&7&9\\2&8&4\end{bmatrix}\quad \mathbf{B}=\begin{bmatrix}12&9&2&6\\7&5&8&3\\9&1&0&4\end{bmatrix}\quad \mathbf{C}=\begin{bmatrix}12\\19\\25\end{bmatrix}$$

$$\mathbf{D}=\begin{bmatrix}2&1\\7&8\\3&0\\9&5\end{bmatrix}\quad \mathbf{E}=\begin{bmatrix}10&2&9&6&8&1\end{bmatrix}\quad \mathbf{F}=\begin{bmatrix}1&2&5\\5&9&3\\6&7&6\\3&8&9\end{bmatrix}$$

a) 행렬의 차원은 반드시 행을 먼저 표시하고 열을 나중에 표시한다는 것을 유념해야 한다. 따라서 각 행렬의 차원은 A= 2×3, B= 3×4, C= 3×1, D= 4×2, E= 1×6, F= 4×3이다. 여기서 C는 열벡터, E는 행벡터가 된다.

b) A의 전치행렬은 A의 행을 열로, 또는 A의 열을 행으로 바꾼 행렬이다.

$$\mathbf{A}'=\begin{bmatrix}6&2\\7&8\\9&4\end{bmatrix}_{3\times2}\quad \mathbf{B}'=\begin{bmatrix}12&7&9\\9&5&1\\2&8&0\\6&3&4\end{bmatrix}_{4\times3}\quad \mathbf{C}'=\begin{bmatrix}12&19&25\end{bmatrix}_{1\times3}$$

$$\mathbf{D}'=\begin{bmatrix}2&7&3&9\\1&8&0&5\end{bmatrix}_{2\times4}\quad \mathbf{E}'=\begin{bmatrix}10\\2\\9\\6\\8\\1\end{bmatrix}_{6\times1}\quad \mathbf{F}'=\begin{bmatrix}1&5&6&3\\2&9&7&8\\5&3&6&9\end{bmatrix}_{3\times4}$$

10.2 $a_{21}=4$, $a_{32}=5$, $a_{13}=3$, $a_{23}=6$, $a_{12}=10$, $a_{31}=-5$일 때 첨자의 의미를 생각하면서 아래 주어진 행렬을 완성하시오.

$$\mathbf{A}=\begin{bmatrix}6&-&-\\-&7&-\\-&-&9\end{bmatrix}$$

첨자는 항상 행렬에서 행의 위치와 열의 위치를 순서대로 표시하기 때문에 $a_{21}=4$의 의미는 2행과 1열의 원소가 4라는 것이며, $a_{32}=5$는 3행과 2열에 위치한 원소가 5라는 것을 의미한다.

$$\mathbf{A} = \begin{bmatrix} 6 & 10 & 3 \\ 4 & 7 & 6 \\ -5 & 5 & 9 \end{bmatrix}$$

10.3 다섯 개의 대리점을 운영하고 있는 어느 기업이 대리점 1에 TV(t) 10대, 스테레오(s) 15대, 테이프 데크(d) 9대, 녹음기(r) 12대의 재고를 가지고 있으며, 대리점 2에는 각각 이들 제품을 순서대로 20대, 14대, 8대, 5대, 대리점 3에는 16대, 8대, 15대, 6대 그리고 대리점 4에는 25대, 15대, 7대, 16대, 끝으로 대리점 5에는 5대, 12대, 20대, 18대의 재고가 있는 것으 나타났다고 할 때 이를 행렬의 형태로 표시하시오.

대리점

$$\begin{array}{c} \\ 1 \\ 2 \\ 3 \\ 4 \\ 5 \end{array} \begin{array}{c} \begin{array}{cccc} t & s & d & r \end{array} \\ \begin{bmatrix} 10 & 15 & 9 & 12 \\ 20 & 14 & 8 & 5 \\ 16 & 8 & 15 & 6 \\ 25 & 15 & 7 & 16 \\ 5 & 12 & 20 & 18 \end{bmatrix} \end{array}$$

■ 행렬의 덧셈과 뺄셈

10.4 다음과 행렬 A, B가 주어졌을 때 A+B를 구하시오.

a) $\mathbf{A} = \begin{bmatrix} 8 & 9 \\ 12 & 7 \end{bmatrix} \quad \mathbf{B} = \begin{bmatrix} 13 & 4 \\ 2 & 6 \end{bmatrix}$

$$\mathbf{A}+\mathbf{B} = \begin{bmatrix} 8+13 & 9+4 \\ 12+\ 2 & 7+6 \end{bmatrix} = \begin{bmatrix} 21 & 13 \\ 14 & 13 \end{bmatrix}$$

b) $\mathbf{A} = \begin{bmatrix} 7 & -10 \\ -8 & 2 \end{bmatrix} \quad \mathbf{B} = \begin{bmatrix} -8 & 4 \\ 12 & -6 \end{bmatrix}$

$$\mathbf{A}+\mathbf{B} = \begin{bmatrix} 7+(-8) & -10+4 \\ -8+12 & 2+(-6) \end{bmatrix} = \begin{bmatrix} -1 & -6 \\ 4 & -4 \end{bmatrix}$$

c) $\mathbf{A} = [12 \quad 16 \quad 2 \quad 7 \quad 8] \quad \mathbf{B} = [0 \quad 1 \quad 9 \quad 5 \quad 6]$

$$\mathbf{A}+\mathbf{B} = [12 \quad 17 \quad 11 \quad 12 \quad 14]$$

d) $\mathbf{A} = \begin{bmatrix} 9 & 4 \\ 2 & 7 \\ 3 & 5 \\ 8 & 6 \end{bmatrix} \quad \mathbf{B} = \begin{bmatrix} 1 & 3 \\ 6 & 5 \\ 2 & 8 \\ 9 & 2 \end{bmatrix}$

$$\mathbf{A}+\mathbf{B} = \begin{bmatrix} 10 & 7 \\ 8 & 12 \\ 5 & 13 \\ 17 & 8 \end{bmatrix}$$

10.5 A, B 행렬이 다음과 같이 주어졌을 때 A+B를 구하시오.

$$\mathbf{A} = \begin{bmatrix} 0 & 1 & -6 & 2 \\ -3 & 5 & 8 & 7 \\ 2 & 9 & -1 & 6 \end{bmatrix} \qquad \mathbf{B} = \begin{bmatrix} 7 & 2 & 12 & 6 & 5 \\ 4 & 3 & 8 & 10 & 6 \\ 1 & 0 & 5 & 11 & 9 \end{bmatrix}$$

A, B 행렬은 A= 3×4, B= 3×5로 동일한 차원을 가지고 있지 않기 때문에 덧셈을 할 수 없다.

10.6 [연습문제 10.3]에 있는 기업이 다섯 개의 대리점에 각 제품을 다음 행렬(D)이 나타내는 바와 같이 인도하는 경우 재고수준은 얼마가 되겠는가?

$$\mathbf{D} = \begin{bmatrix} 4 & 3 & 5 & 2 \\ 0 & 9 & 6 & 1 \\ 5 & 7 & 2 & 6 \\ 12 & 2 & 4 & 8 \\ 9 & 6 & 3 & 5 \end{bmatrix}$$

$$\mathbf{I}_2 = \mathbf{I}_1 + \mathbf{D} = \begin{bmatrix} 10 & 15 & 9 & 12 \\ 20 & 14 & 8 & 5 \\ 16 & 8 & 15 & 6 \\ 25 & 15 & 7 & 16 \\ 5 & 12 & 20 & 18 \end{bmatrix} + \begin{bmatrix} 4 & 3 & 5 & 2 \\ 0 & 9 & 6 & 1 \\ 5 & 7 & 2 & 6 \\ 12 & 2 & 4 & 8 \\ 9 & 6 & 3 & 5 \end{bmatrix} = \begin{bmatrix} 14 & 18 & 14 & 14 \\ 20 & 23 & 14 & 6 \\ 21 & 15 & 17 & 12 \\ 37 & 17 & 11 & 24 \\ 14 & 18 & 23 & 23 \end{bmatrix}$$

10.7 다음 주어진 행렬에 대해 A−B를 구하시오.

a) $\mathbf{A} = \begin{bmatrix} 3 & 7 & 11 \\ 12 & 9 & 2 \end{bmatrix} \qquad \mathbf{B} = \begin{bmatrix} 6 & 8 & 1 \\ 9 & 5 & 8 \end{bmatrix}$

$$\mathbf{A} - \mathbf{B} = \begin{bmatrix} 3-6 & 7-8 & 11-1 \\ 12-9 & 9-5 & 2-8 \end{bmatrix} = \begin{bmatrix} -3 & -1 & 10 \\ 3 & 4 & -6 \end{bmatrix}$$

b) $\mathbf{A} = \begin{bmatrix} 16 \\ 2 \\ 15 \\ 9 \end{bmatrix} \qquad \mathbf{B} = \begin{bmatrix} 7 \\ 11 \\ 3 \\ 8 \end{bmatrix}$

$$\mathbf{A} - \mathbf{B} = \begin{bmatrix} 16-7 \\ 2-11 \\ 15-3 \\ 9-8 \end{bmatrix} = \begin{bmatrix} 9 \\ -9 \\ 12 \\ 1 \end{bmatrix}$$

c) $\mathbf{A}=\begin{bmatrix}13 & -5 & 8\\ 4 & 9 & 1\\ 10 & 6 & -2\end{bmatrix}$ $\quad\mathbf{B}=\begin{bmatrix}14 & 2 & -5\\ 9 & 6 & 8\\ -3 & 13 & 11\end{bmatrix}$

$$\mathbf{A}-\mathbf{B}=\begin{bmatrix}-1 & -7 & 13\\ -5 & 3 & -7\\ 13 & -7 & -13\end{bmatrix}$$

10.8 [연습문제 10.6]에 있는 기업의 월판매량 보고서 행렬(R)이 다음과 같이 나타났다면 월말 재고량은 얼마인가?

$$\mathbf{R}=\begin{bmatrix}8 & 12 & 6 & 9\\ 10 & 11 & 8 & 3\\ 15 & 6 & 9 & 7\\ 21 & 14 & 5 & 18\\ 6 & 11 & 13 & 9\end{bmatrix}$$

$$\mathbf{I}_2-\mathbf{R}=\begin{bmatrix}14 & 18 & 14 & 14\\ 20 & 23 & 14 & 6\\ 21 & 15 & 17 & 12\\ 37 & 17 & 11 & 24\\ 14 & 18 & 23 & 23\end{bmatrix}-\begin{bmatrix}8 & 12 & 6 & 9\\ 10 & 11 & 8 & 3\\ 15 & 6 & 9 & 7\\ 21 & 14 & 5 & 18\\ 6 & 11 & 13 & 9\end{bmatrix}=\begin{bmatrix}6 & 6 & 8 & 5\\ 10 & 12 & 6 & 3\\ 6 & 9 & 8 & 5\\ 16 & 3 & 6 & 6\\ 8 & 7 & 10 & 14\end{bmatrix}$$

■ 적합가능성

10.9

$$\mathbf{A}=\begin{bmatrix}7 & 2 & 6\\ 5 & 4 & 8\\ 3 & 1 & 9\end{bmatrix}\quad \mathbf{B}=\begin{bmatrix}6 & 2\\ 5 & 0\end{bmatrix}\quad \mathbf{C}=\begin{bmatrix}11\\ 4\\ 13\end{bmatrix}$$

$$\mathbf{D}=\begin{bmatrix}14\\ 4\end{bmatrix}\quad \mathbf{E}=[8\quad 1\quad 10]\quad \mathbf{F}=[13\quad 3]$$

일 때 아래와 같이 행렬의 곱이 정의되어지는지 즉 적합가능한지 여부를 확인하고, 만약 적합가능하다면 곱셈을 통해 얻은 행렬의 차원을 구하시오.

(a) AC (b) BD (c) EC (d) DF (e) CA
(f) DE (g) DB (h) CF (i) EF

a) AC의 차원은 곱하는 순서에 따라 3×(3 = 3)× 1이 되어 3×1이 된다. 즉 점선 안의 숫자가 3으로 A의 열수와 C의 행수가 동일하므로 AC는 정의될 수 있다. 점선 밖의 숫자는 AC의 차원이 3×1이 됨을 나타낸다.

b) BD의 차원은 2 ×(2 = 2)× 1에 따라 적합가능하므로 BD는 정의된다. BD는 2×1의 행렬이 될 것이다.

c) EC의 차원은 $1 \times (3 = 3) \times 1$에 따라 적합가능하므로 EC는 정의된다. EC는 1×1의 스칼라이다.

d) DF의 차원은 $2 \times (1 = 1) \times 2$이므로 DF는 정의된다. DF는 2×2의 행렬이 된다.

e) CA의 차원은 $3 \times (1 \neq 3) \times 3$이므로 CA는 정의되지 않는다. 즉 CA의 순서로 행렬을 곱하는 경우 적합가능하지 않다. [(*a*)에서 AC는 정의되어 있음에 유의하라. 이는 행렬의 곱셈에서는 교환법칙이 성립하지 않음을 보여주는 것이다: $\mathbf{AC} \neq \mathbf{CA}$.]

f) DE의 차원은 $2 \times (1 = 1) \times 3$이므로 DE는 정의된다. DE는 2×3의 행렬이다.

g) DB의 차원은 $2 \times (1 \neq 2) \times 2$가 되어 적합가능하지 않으므로 DB는 정의되지 않는다.

h) CF의 차원은 $3 \times (1 = 1) \times 2$가 되어 두 행렬의 곱은 적합가능하고 CF는 3×2의 행렬이 된다.

i) EF의 차원은 $1 \times (3 \neq 1) \times 2$이 되어 두 행렬의 곱은 적합가능하지 않다. 따라서 EF는 정의되지 않는다.

■ 스칼라와 벡터의 곱셈

10.10 다음과 같을 때 A*k*를 구하시오.

$$\mathbf{A} = \begin{bmatrix} 3 & 2 \\ 9 & 5 \\ 6 & 7 \end{bmatrix} \qquad k = 4$$

*k*는 스칼라이고 스칼라 곱은 행렬의 차원에 관계없이 곱셈이 가능하다. 따라서

$$\mathbf{A}k = \begin{bmatrix} 3(4) & 2(4) \\ 9(4) & 5(4) \\ 6(4) & 7(4) \end{bmatrix} = \begin{bmatrix} 12 & 8 \\ 36 & 20 \\ 24 & 28 \end{bmatrix}$$

10.11 A와 *k*가 다음과 같을 때 *k*A를 구하시오.

$$k = -2 \qquad \mathbf{A} = \begin{bmatrix} 7 & -3 & 2 \\ -5 & 6 & 8 \\ 2 & -7 & -9 \end{bmatrix}$$

$$k\mathbf{A} = \begin{bmatrix} -2(7) & -2(-3) & -2(2) \\ -2(-5) & -2(6) & -2(8) \\ -2(2) & -2(-7) & -2(-9) \end{bmatrix} = \begin{bmatrix} -14 & 6 & -4 \\ 10 & -12 & -16 \\ -4 & 14 & 18 \end{bmatrix}$$

10.12 한 의류상점이 연말에 바지, 자켓, 양복 등 모든 제품을 20% 할인 판매하려고 한다. V_1이 할인하기 전 세 지점의 각 제품별 가치를 표시하고 있다면, 할인 후의 가치를 표시하는 행렬 V_2를 구하시오.

$$\mathbf{V}_1 = \begin{bmatrix} 5{,}000 & 4{,}500 & 6{,}000 \\ 10{,}000 & 12{,}000 & 7{,}500 \\ 8{,}000 & 9{,}000 & 11{,}000 \end{bmatrix}$$

20% 할인하게 되면 모든 의류는 원래 가치의 80%에 판매되는 것이므로 $V_2 = 0.8V_1$이 된다.

$$\mathbf{V}_2 = 0.8\begin{bmatrix} 5{,}000 & 4{,}500 & 6{,}000 \\ 10{,}000 & 12{,}000 & 7{,}500 \\ 8{,}000 & 9{,}000 & 11{,}000 \end{bmatrix} = \begin{bmatrix} 4{,}000 & 3{,}600 & 4{,}800 \\ 8{,}000 & 9{,}600 & 6{,}000 \\ 6{,}400 & 7{,}200 & 8{,}800 \end{bmatrix}$$

10.13 A, B가 아래와 같이 주어졌을 때 AB를 구하시오.

$$\mathbf{A} = [9 \quad 11 \quad 3] \qquad \mathbf{B} = \begin{bmatrix} 2 \\ 6 \\ 7 \end{bmatrix}$$

행렬 AB의 차원이 $1 \times (3 = 3) \times 1$이므로 AB는 곱셈이 가능하다. 즉 행벡터와 열벡터의 곱이므로 결과는 스칼라가 되며, 이는 행벡터의 각 원소와 열벡터의 각 대응원소를 곱한 후 다시 합함으로써 얻을 수 있다.

$$\mathbf{AB} = 9(2) + 11(6) + 3(7) = 18 + 66 + 21 = 105$$

10.14 다음에서 AB를 구하시오.

$$\mathbf{A} = [12 \quad -5 \quad 6 \quad 11] \qquad \mathbf{B} = \begin{bmatrix} 3 \\ 2 \\ -8 \\ 6 \end{bmatrix}$$

행렬 AB는 $1 \times (4 = 4) \times 1$으로 곱셈이 가능하다.

$$\mathbf{AB} = 12(3) + (-5)(2) + 6(-8) + 11(6) = 44$$

10.15 다음에서 AB를 구하시오.

$$\mathbf{A} = [9 \quad 6 \quad 2 \quad 0 \quad -5] \qquad \mathbf{B} = \begin{bmatrix} 2 \\ 13 \\ 5 \\ 8 \\ 1 \end{bmatrix}$$

행렬 AB의 차원은 $1 \times (5 = 5) \times 1$로 곱셈이 가능하다.

$$\mathbf{AB} = 9(2) + 6(13) + 2(5) + 0(8) + (-5)(1) = 101$$

10.16 다음에서 AB를 구하시오.

$$\mathbf{A} = [12 \quad 9 \quad 2 \quad 4] \qquad \mathbf{B} = \begin{bmatrix} 6 \\ 1 \\ 2 \end{bmatrix}$$

행렬 AB는 $1 \times (4 \neq 3) \times 1$이므로 곱셈이 불가능하다. 따라서 A, B 행렬은 곱할 수 없다.

10.17 [연습문제 10.3]에서 TV, 스테레오, 테이프, 데크 그리고 녹음기의 가격이 각각 300, 250, 175, 125달러라고 할 때, 벡터의 곱셈을 이용하여 대리점 2의 재고가치를 구하시오.

재고가치를 V라고 하면 V= QP이다. 여기에서 Q는 대리점 2의 제품별 재고량으로서 Q= [20 14 8 5]이고 P는 가격벡터로서 다음과 같이 표시할 수 있다.

$$\mathbf{P} = \begin{bmatrix} 300 \\ 250 \\ 175 \\ 125 \end{bmatrix}$$

행렬 QP는 $1 \times (4 = 4) \times 1$이므로 곱셈이 가능하다.

$$\begin{aligned} \mathbf{V} &= \mathbf{QP} \\ &= 20(300) + 14(250) + 8(175) + 5(125) = 11{,}525 \end{aligned}$$

10.18 [연습문제 10.3]에 있는 대리점 5에 대해 [연습문제 10.17]에서의 물음에 답하시오.

Q= [5 12 20 18]이고 P는 동일하므로 QP는 곱셈이 가능하다.

$$\mathbf{V} = 5(300) + 12(250) + 20(175) + 18(125) = 10{,}250$$

■ **행렬의 곱셈**

10.19 A, B가 다음과 같을 때 AB가 정의되어지는지 확인하고 행렬 AB와 그 차원을 구하시오.

$$\mathbf{A} = \begin{bmatrix} 12 & 14 \\ 20 & 5 \end{bmatrix} \qquad \mathbf{B} = \begin{bmatrix} 3 & 9 \\ 0 & 2 \end{bmatrix}$$

행렬 AB는 $2 \times (2 = 2) \times 2$이므로 곱셈이 가능하며, 2×2 차원의 행렬로 정의될 수 있다. 행렬의 곱셈은 일련의 행벡터와 열벡터의 곱셈에 불과한 것이다.

AB가 정의되어(즉 적합가능하여) AB = C가 된다고 할 때 행렬 C의 1행, 1열의 원소 c_{11}은 A행렬의 1행과 B행렬의 1열을 곱한 것이며, c_{12}는 A의 1행과 B의 2열을 곱한 것이다. 즉 c_{ij}는 A의 i행인 R_i와 B의 j열인 C_j를 곱해서 얻을 수 있다. 따라서

$$\mathbf{AB} = \begin{bmatrix} R_1C_1 & R_1C_2 \\ R_2C_1 & R_2C_2 \end{bmatrix} = \begin{bmatrix} 12(3)+14(0) & 12(9)+14(2) \\ 20(3)+\ 5(0) & 20(9)+\ 5(2) \end{bmatrix} = \begin{bmatrix} 36 & 136 \\ 60 & 190 \end{bmatrix}$$

10.20 A, B가 아래와 같이 주어졌을 때 [연습문제 10.19]의 물음에 답하시오.

$$\mathbf{A} = \begin{bmatrix} 4 & 7 \\ 9 & 1 \end{bmatrix} \qquad \mathbf{B} = \begin{bmatrix} 3 & 8 & 5 \\ 2 & 6 & 7 \end{bmatrix}$$

두 행렬의 곱 AB는 2 ×(2 = 2)× 3으로 적합가능하므로 AB는 2×3의 차원의 행렬로 정의 된다.

$$\mathbf{AB} = \begin{bmatrix} R_1C_1 & R_1C_2 & R_1C_3 \\ R_2C_1 & R_2C_2 & R_2C_3 \end{bmatrix} = \begin{bmatrix} 4(3)+7(2) & 4(8)+7(6) & 4(5)+7(7) \\ 9(3)+1(2) & 9(8)+1(6) & 9(5)+1(7) \end{bmatrix} = \begin{bmatrix} 26 & 74 & 69 \\ 29 & 78 & 52 \end{bmatrix}$$

10.21 A, B가 다음과 같을 때 [연습문제 10.19]에서의 물음에 답하시오.

$$\mathbf{A} = \begin{bmatrix} 3 & 1 \\ 8 & 2 \end{bmatrix} \qquad \mathbf{B} = \begin{bmatrix} 2 & 9 \\ 4 & 6 \\ 7 & 5 \end{bmatrix}$$

두 행렬의 곱 AB는 2 ×(2 ≠ 3)× 2로 적합가능하지 않으므로 행렬로 정의되지 않는다. 즉 AB는 주어진 순서대로는 적합가능하지 않기 때문에 곱할 수가 없다. A의 열 수(2)는 B의 행 수(3)와 일치하지 않는다.

10.22 [연습문제 10.21]의 주어진 행렬에서 BA에 대해 [연습문제 10.19]의 물음에 답하시오. 행렬 BA는 3 ×(2 = 2)× 2로 적합가능하므로 BA는 3×2의 차원을 가진 행렬로 정의된다.

$$\mathbf{BA} = \begin{bmatrix} 2 & 9 \\ 4 & 6 \\ 7 & 5 \end{bmatrix}\begin{bmatrix} 3 & 1 \\ 8 & 2 \end{bmatrix} = \begin{bmatrix} R_1C_1 & R_1C_2 \\ R_2C_1 & R_2C_2 \\ R_3C_1 & R_3C_2 \end{bmatrix} = \begin{bmatrix} 2(3)+9(8) & 2(1)+9(2) \\ 4(3)+6(8) & 4(1)+6(2) \\ 7(3)+5(8) & 7(1)+5(2) \end{bmatrix} = \begin{bmatrix} 78 & 20 \\ 60 & 16 \\ 61 & 17 \end{bmatrix}$$

10.23 [연습문제 10.21]의 주어진 행렬에서 AB′에 대해 [연습문제 10.19]에서의 물음에 답하시오. 여기서 B′는 B의 전치행렬이다.

$$\mathbf{B}' = \begin{bmatrix} 2 & 4 & 7 \\ 9 & 6 & 5 \end{bmatrix}$$

AB는 $2 \times (2 = 2) \times 3$으로 적합가능하며 2×3의 차원을 가진 행렬로 정의된다.

$$\mathbf{AB}' = \begin{bmatrix} 3 & 1 \\ 8 & 2 \end{bmatrix} \begin{bmatrix} 2 & 4 & 7 \\ 9 & 6 & 5 \end{bmatrix} = \begin{bmatrix} 3(2)+1(9) & 3(4)+1(6) & 3(7)+1(5) \\ 8(2)+2(9) & 8(4)+2(6) & 8(7)+2(5) \end{bmatrix} = \begin{bmatrix} 15 & 18 & 26 \\ 34 & 44 & 66 \end{bmatrix}$$

([연습문제 10.21-10.23]에서 $AB \neq BA \neq AB'$임에 유의해야 한다. 행렬의 곱셈에서는 교환법칙이 성립하지 않는다는 것은 [연습문제 10.36-10.41]에서 다루고 있다.)

10.24 A, B가 다음과 같을 때 [연습문제 10.19]에서의 물음에 답하시오.

$$\mathbf{A} = \begin{bmatrix} 7 & 11 \\ 2 & 9 \\ 10 & 6 \end{bmatrix} \qquad \mathbf{B} = \begin{bmatrix} 12 & 4 & 5 \\ 3 & 6 & 1 \end{bmatrix}$$

두 행렬의 곱 AB는 $3 \times (2 = 2) \times 3$으로 적합가능하므로 3×3 차원의 행렬로 정의된다.

$$\mathbf{AB} = \begin{bmatrix} R_1C_1 & R_1C_2 & R_1C_3 \\ R_2C_1 & R_2C_2 & R_2C_3 \\ R_3C_1 & R_3C_2 & R_3C_3 \end{bmatrix} = \begin{bmatrix} 7(12)+11(3) & 7(4)+11(6) & 7(5)+11(1) \\ 2(12)+9(3) & 2(4)+9(6) & 2(5)+9(1) \\ 10(12)+6(3) & 10(4)+6(6) & 10(5)+6(1) \end{bmatrix}$$

$$= \begin{bmatrix} 117 & 94 & 46 \\ 51 & 62 & 19 \\ 138 & 76 & 56 \end{bmatrix}$$

10.25 A, B가 다음과 같을 때 [연습문제 10.19]에서의 물음에 답하시오.

$$\mathbf{A} = \begin{bmatrix} 6 & 2 & 5 \\ 7 & 9 & 4 \end{bmatrix} \qquad \mathbf{B} = \begin{bmatrix} 10 & 1 \\ 11 & 3 \\ 2 & 9 \end{bmatrix}$$

두 행렬의 곱 AB는 $2 \times (3 = 3) \times 2$로 적합가능하므로 2×2 차원의 행렬로 정의된다.

$$\mathbf{AB} = \begin{bmatrix} R_1C_1 & R_1C_2 \\ R_2C_1 & R_2C_2 \end{bmatrix} = \begin{bmatrix} 6(10)+2(11)+5(2) & 6(1)+2(3)+5(9) \\ 7(10)+9(11)+4(2) & 7(1)+9(3)+4(9) \end{bmatrix} = \begin{bmatrix} 92 & 57 \\ 177 & 70 \end{bmatrix}$$

10.26 A, B가 다음과 같을 때 [연습문제 10.19]에서의 물음에 답하시오.

$$\mathbf{A} = [2 \quad 3 \quad 5] \qquad \mathbf{B} = \begin{bmatrix} 7 & 1 & 6 \\ 5 & 2 & 4 \\ 9 & 2 & 7 \end{bmatrix}$$

두 행렬의 곱 AB는 $1 \times (3 = 3) \times 3$으로 적합가능하므로 1×3 차원의 행렬로 정의된다.

$$\mathbf{AB} = [R_1C_1 \quad R_1C_2 \quad R_1C_3] = [2(7)+3(5)+5(9) \quad 2(1)+3(2)+5(2) \quad 2(6)+3(4)+5(7)]$$
$$= [74 \quad 18 \quad 59]$$

10.27 A, B가 다음과 같을 때 [연습문제 10.19]에서의 물음에 답하시오.

$$\mathbf{A} = \begin{bmatrix} 5 \\ 1 \\ 10 \end{bmatrix} \qquad \mathbf{B} = \begin{bmatrix} 3 & 9 & 4 \\ 2 & 1 & 8 \\ 5 & 6 & 1 \end{bmatrix}$$

두 행렬의 곱 AB는 $3 \times (1 \neq 3) \times 3$으로 적합가능하지 않으므로 주어진 순서대로는 곱셈이 불가능하다.

10.28 [연습문제 10.27]에서 주어진 행렬에서 BA를 구하시오.

두 행렬의 곱 BA는 $3 \times (3 = 3) \times 1$.으로 적합가능하므로 3×1 차원의 행렬로 정의된다.

$$\mathbf{BA} = \begin{bmatrix} 3 & 9 & 4 \\ 2 & 1 & 8 \\ 5 & 6 & 1 \end{bmatrix}\begin{bmatrix} 5 \\ 1 \\ 10 \end{bmatrix} = \begin{bmatrix} R_1C_1 \\ R_2C_1 \\ R_3C_1 \end{bmatrix} = \begin{bmatrix} 3(5)+9(1)+4(10) \\ 2(5)+1(1)+8(10) \\ 5(5)+6(1)+1(10) \end{bmatrix} = \begin{bmatrix} 64 \\ 91 \\ 41 \end{bmatrix}$$

10.29 A, B 행렬이 다음과 같이 주어졌을 때 [연습문제 10.19]에서의 물음에 답하시오.

$$\mathbf{A} = \begin{bmatrix} 2 & 1 & 5 \\ 3 & 2 & 6 \\ 1 & 4 & 3 \end{bmatrix} \qquad \mathbf{B} = \begin{bmatrix} 10 & 1 & 2 \\ 5 & 3 & 6 \\ 2 & 1 & 2 \end{bmatrix}$$

두 행렬의 곱 $3 \times (3 = 3) \times 3$으로 적합가능하므로 3×3 차원의 행렬로 정의된다.

$$\mathbf{AB} = \begin{bmatrix} R_1C_1 & R_1C_2 & R_1C_3 \\ R_2C_1 & R_2C_2 & R_2C_3 \\ R_3C_1 & R_3C_2 & R_3C_3 \end{bmatrix} = \begin{bmatrix} 2(10)+1(5)+5(2) & 2(1)+1(3)+5(1) & 2(2)+1(6)+5(2) \\ 3(10)+2(5)+6(2) & 3(1)+2(3)+6(1) & 3(2)+2(6)+6(2) \\ 1(10)+4(5)+3(2) & 1(1)+4(3)+3(1) & 1(2)+4(6)+3(2) \end{bmatrix}$$
$$= \begin{bmatrix} 35 & 10 & 20 \\ 52 & 15 & 30 \\ 36 & 16 & 32 \end{bmatrix}$$

10.30 A, B 행렬이 다음과 같이 주어졌을 때 [연습문제 10.19]에서의 물음에 답하시오.

$$\mathbf{A} = \begin{bmatrix} 3 \\ 1 \\ 4 \\ 5 \end{bmatrix} \qquad \mathbf{B} = [2 \quad 6 \quad 5 \quad 3]$$

두 행렬의 곱 AB는 4 ×(1 = 1)× 4으로 적합가능하므로 4×4 차원의 행렬로 정의된다.

$$\mathbf{AB} = \begin{bmatrix} R_1C_1 & R_1C_2 & R_1C_3 & R_1C_4 \\ R_2C_1 & R_2C_2 & R_2C_3 & R_2C_4 \\ R_3C_1 & R_3C_2 & R_3C_3 & R_3C_4 \\ R_4C_1 & R_4C_2 & R_4C_3 & R_4C_4 \end{bmatrix} = \begin{bmatrix} 3(2) & 3(6) & 3(5) & 3(3) \\ 1(2) & 1(6) & 1(5) & 1(3) \\ 4(2) & 4(6) & 4(5) & 4(3) \\ 5(2) & 5(6) & 5(5) & 5(3) \end{bmatrix} = \begin{bmatrix} 6 & 18 & 15 & 9 \\ 2 & 6 & 5 & 3 \\ 8 & 24 & 20 & 12 \\ 10 & 30 & 25 & 15 \end{bmatrix}$$

10.31 A, B 행렬이 다음과 같이 주어졌을 때 AB를 구하시오.

$$\mathbf{A} = [3 \quad 9 \quad 8 \quad 7] \qquad \mathbf{B} = \begin{bmatrix} 2 \\ 5 \\ 3 \end{bmatrix}$$

두 행렬의 곱 AB는 1 ×(4 ≠ 3)× 1로 적합가능하지 않으므로 주어진 순서로는 곱셈이 불가능하다.

10.32 [연습문제 10.31]에서 BA를 구하시오.

두 행렬의 곱셈 BA의 차원은 3 ×(1 = 1)× 4이므로 3×4의 행렬로 정의된다.

$$\mathbf{BA} = \begin{bmatrix} R_1C_1 & R_1C_2 & R_1C_3 & R_1C_4 \\ R_2C_1 & R_2C_2 & R_2C_3 & R_2C_4 \\ R_3C_1 & R_3C_2 & R_3C_3 & R_3C_4 \end{bmatrix} = \begin{bmatrix} 2 \\ 5 \\ 3 \end{bmatrix} [3 \quad 9 \quad 8 \quad 7]$$

$$= \begin{bmatrix} 2(3) & 2(9) & 2(8) & 2(7) \\ 5(3) & 5(9) & 5(8) & 5(7) \\ 3(3) & 3(9) & 3(8) & 3(7) \end{bmatrix} = \begin{bmatrix} 6 & 18 & 16 & 14 \\ 15 & 45 & 40 & 35 \\ 9 & 27 & 24 & 21 \end{bmatrix}$$

10.33 [연습문제 10.3] 제시된 재고행렬과 [연습문제 10.17]에 있는 가격 벡터를 이용하여 5개 대리점의 재고량 가치를 구하시오.

V= QP에서 QP는 5 ×(4 = 4)× 1이므로 정의된다. 따라서 V는 5×1 차원의 행렬이 된다.

$$\mathbf{V} = \begin{bmatrix} 10 & 15 & 9 & 12 \\ 20 & 14 & 8 & 5 \\ 16 & 8 & 15 & 6 \\ 25 & 15 & 7 & 16 \\ 5 & 12 & 20 & 18 \end{bmatrix} \begin{bmatrix} 300 \\ 250 \\ 175 \\ 125 \end{bmatrix} = \begin{bmatrix} R_1C_1 \\ R_2C_1 \\ R_3C_1 \\ R_4C_1 \\ R_5C_1 \end{bmatrix} = \begin{bmatrix} 10(300) + 15(250) + 9(175) + 12(125) \\ 20(300) + 14(250) + 8(175) + 5(125) \\ 16(300) + 8(250) + 15(175) + 6(125) \\ 25(300) + 15(250) + 7(175) + 16(125) \\ 5(300) + 12(250) + 20(175) + 18(125) \end{bmatrix}$$

$$= \begin{bmatrix} 9{,}825 \\ 11{,}525 \\ 10{,}175 \\ 14{,}475 \\ 10{,}250 \end{bmatrix}$$

▪ 교환법칙과 행렬의 연산

10.34 교환법칙의 성립여부를 확인하기 위하여(즉 $A + B = B + A$는 성립하나 일반적으로 $AB \neq BA$이다), (a) $A + B$, (b) $B + A$를 구하시오.

$$\mathbf{A} = \begin{bmatrix} 7 & 3 & 2 \\ 1 & 4 & 6 \\ 2 & 5 & 4 \end{bmatrix} \qquad \mathbf{B} = \begin{bmatrix} 2 & 0 & 5 \\ 3 & 4 & 1 \\ 7 & 9 & 6 \end{bmatrix}$$

$$a)\quad \mathbf{A} + \mathbf{B} = \begin{bmatrix} 7+2 & 3+0 & 2+5 \\ 1+3 & 4+4 & 6+1 \\ 2+7 & 5+9 & 4+6 \end{bmatrix} = \begin{bmatrix} 9 & 3 & 7 \\ 4 & 8 & 7 \\ 9 & 14 & 10 \end{bmatrix}$$

$$b)\quad \mathbf{B} + \mathbf{A} = \begin{bmatrix} 2+7 & 0+3 & 5+2 \\ 3+1 & 4+4 & 1+6 \\ 7+2 & 9+5 & 6+4 \end{bmatrix} = \begin{bmatrix} 9 & 3 & 7 \\ 4 & 8 & 7 \\ 9 & 14 & 10 \end{bmatrix}$$

$A + B = B + A$임을 알 수 있는데 이는 행렬의 덧셈에서 교환법칙이 성립함을 보여준다. [연습문제 10.35-10.42]는 행렬의 뺄셈과 곱셈에 대한 교환 법칙의 성립여부를 보여준다.

10.35 다음 행렬에서 (a) $A - B$, (b) $-B + A$를 구하시오.

$$\mathbf{A} = \begin{bmatrix} 5 & 3 \\ 4 & 9 \\ 10 & 8 \\ 6 & 12 \end{bmatrix} \qquad \mathbf{B} = \begin{bmatrix} 3 & 13 \\ 7 & 9 \\ 2 & 1 \\ 8 & 6 \end{bmatrix}$$

$$a)\quad \mathbf{A} - \mathbf{B} = \begin{bmatrix} 5-3 & 3-13 \\ 4-7 & 9-9 \\ 10-2 & 8-1 \\ 6-8 & 12-6 \end{bmatrix} = \begin{bmatrix} 2 & -10 \\ -3 & 0 \\ 8 & 7 \\ -2 & 6 \end{bmatrix}$$

$$b)\quad -\mathbf{B} + \mathbf{A} = \begin{bmatrix} -3+5 & -13+3 \\ -7+4 & -9+9 \\ -2+10 & -1+8 \\ -8+6 & -6+12 \end{bmatrix} = \begin{bmatrix} 2 & -10 \\ -3 & 0 \\ 8 & 7 \\ -2 & 6 \end{bmatrix}$$

$A - B = -B + A$이므로 행렬의 덧셈에서 교환법칙이 성립함을 알 수 있다.

10.36 다음 행렬에서 (a) AB, (b)BA를 구하시오. 먼저 행렬의 곱셈이 가능한지 적합가능성을 확인하고, 곱셈에 의해 얻은 행렬의 차원을 표시하시오.

$$\mathbf{A} = [4 \quad 12 \quad 9 \quad 6] \qquad \mathbf{B} = \begin{bmatrix} 13 \\ 5 \\ -2 \\ 7 \end{bmatrix}$$

a) AB는 $1 \times (4 = 4) \times 1$로 적합가능하며, 곱셈의 결과는 1×1 차원의 행렬 또는 스칼라로 정의된다.

$$\mathbf{AB} = [4(13) + 12(5) + 9(-2) + 6(7)] = 136$$

b) BA는 $4 \times (1 = 1) \times 4$이므로 적합가능하며, 곱셈의 결과는 4×4 차원의 행렬로 정의된다.

$$\mathbf{BA} = \begin{bmatrix} 13(4) & 13(12) & 13(9) & 13(6) \\ 5(4) & 5(12) & 5(9) & 5(6) \\ -2(4) & -2(12) & -2(9) & -2(6) \\ 7(4) & 7(12) & 7(9) & 7(6) \end{bmatrix} = \begin{bmatrix} 52 & 156 & 117 & 78 \\ 20 & 60 & 45 & 30 \\ -8 & -24 & -18 & -12 \\ 28 & 84 & 63 & 42 \end{bmatrix}$$

위에서 $\mathbf{AB} \neq \mathbf{BA}$이다. 이는 행렬의 곱셈에서 교환법칙이 성립하지 않는 경우의 예를 보여주고 있다. 일반적으로 행렬의 곱셈에서 곱하는 순서를 바꿀 경우, 차원과 원소가 달라진다.

10.37 다음 행렬에서 (a) AB, (b) BA를 구하시오.

$$\mathbf{A} = \begin{bmatrix} 7 & 4 \\ 6 & 2 \\ 1 & 8 \end{bmatrix} \qquad \mathbf{B} = \begin{bmatrix} -3 & 9 & 1 \\ 2 & 12 & 7 \end{bmatrix}$$

a) 행렬 AB는 $3 \times (2 = 2) \times 3$으로 적합가능하며, 곱셈의 결과는 3×3 차원의 행렬로 정의된다.

$$\mathbf{AB} = \begin{bmatrix} 7(-3)+4(2) & 7(9)+4(12) & 7(1)+4(7) \\ 6(-3)+2(2) & 6(9)+2(12) & 6(1)+2(7) \\ 1(-3)+8(2) & 1(9)+8(12) & 1(1)+8(7) \end{bmatrix} = \begin{bmatrix} -13 & 111 & 35 \\ -14 & 78 & 20 \\ 13 & 105 & 57 \end{bmatrix}$$

b) 행렬 BA 역시 $2 \times (3 = 3) \times 2$로 적합가능하며, 곱셈의 결과는 2×2 차원의 행렬로 정의된다.

$$\mathbf{BA} = \begin{bmatrix} -3(7)+9(6)+1(1) & -3(4)+9(2)+1(8) \\ 2(7)+12(6)+7(1) & 2(4)+12(2)+7(8) \end{bmatrix} = \begin{bmatrix} 34 & 14 \\ 93 & 88 \end{bmatrix}$$

$\mathbf{AB} \neq \mathbf{BA}$. 행렬의 곱셈에서 교환법칙이 성립하지 않고 있다. 이 경우에도 행렬을 곱하는 순서에 따라 차원과 원소가 달라짐을 알 수 있다.

10.38 다음과 같이 A, B 두 행렬이 주어졌을 때, (a) AB, (b) BA를 구하시오.

$$\mathbf{A}=\begin{bmatrix}4&9&8\\7&6&2\\1&5&3\end{bmatrix}\qquad \mathbf{B}=\begin{bmatrix}1&2&0\\5&3&1\\0&2&4\end{bmatrix}$$

a) 행렬 AB는 $3\times(3 = 3)\times 3$이므로 적합가능하며 3×3 차원의 행렬로 정의된다.

$$\mathbf{AB}=\begin{bmatrix}4(1)+9(5)+8(0) & 4(2)+9(3)+8(2) & 4(0)+9(1)+8(4)\\7(1)+6(5)+2(0) & 7(2)+6(3)+2(2) & 7(0)+6(1)+2(4)\\1(1)+5(5)+3(0) & 1(2)+5(3)+3(2) & 1(0)+5(1)+3(4)\end{bmatrix}=\begin{bmatrix}49&51&41\\37&36&14\\26&23&17\end{bmatrix}$$

b) 행렬 BA 역시 적합가능하며 결과는 3×3 차원의 행렬로 정의된다.

$$\mathbf{BA}=\begin{bmatrix}1(4)+2(7)+0(1) & 1(9)+2(6)+0(5) & 1(8)+2(2)+0(3)\\5(4)+3(7)+1(1) & 5(9)+3(6)+1(5) & 5(8)+3(2)+1(3)\\0(4)+2(7)+4(1) & 0(9)+2(6)+4(5) & 0(8)+2(2)+4(3)\end{bmatrix}=\begin{bmatrix}18&21&12\\42&68&49\\18&32&16\end{bmatrix}$$

$AB \neq BA$이다. 차원은 동일하나 원소의 값은 서로 다르다.

10.39 다음 행렬에 대해 (a) AB, (b) BA를 구하시오.

$$\mathbf{A}=\begin{bmatrix}7&5&2&6\\1&3&9&4\end{bmatrix}\qquad \mathbf{B}=\begin{bmatrix}1\\0\\-1\\3\end{bmatrix}$$

a) 행렬 AB는 $2\times(4 = 4)\times 1$로 적합가능하며 2×1 차원의 행렬로 정의된다.

$$\mathbf{AB}=\begin{bmatrix}7(1)+5(0)+2(-1)+6(3)\\1(1)+3(0)+9(-1)+4(3)\end{bmatrix}=\begin{bmatrix}23\\4\end{bmatrix}$$

b) BA는 $4\times(1 \neq 2)\times 4$로 적합가능하지 않으며 행렬의 곱셈은 불가능하다. 이는 행렬의 곱셈에서 교환법칙이 성립하지 않음을 보여준다.

10.40 다음 행렬에서 (a) AB, (b) BA를 구하시오.

$$\mathbf{A}=\begin{bmatrix}11&14\\2&6\end{bmatrix}\qquad \mathbf{B}=\begin{bmatrix}7&6\\4&5\\1&3\end{bmatrix}$$

a) $2\times(2 \neq 3)\times 2$이므로 AB는 정의되지 않으므로 곱셈을 할 수 없다.

b) 행렬 BA는 $3\times(2 = 2)\times 2$이므로 3×2 차원의 행렬로 정의된다.

$$\mathbf{BA}=\begin{bmatrix}7(11)+6(2) & 7(14)+6(6)\\4(11)+5(2) & 4(14)+5(6)\\1(11)+3(2) & 1(14)+3(6)\end{bmatrix}=\begin{bmatrix}89&134\\54&86\\17&32\end{bmatrix}$$

AB는 존재하지 않으므로 BA $\neq$ AB이다.

10.41 다음 행렬에서 (a) AB, (b) BA를 구하시오.

$$\mathbf{A} = \begin{bmatrix} -2 \\ 4 \\ 7 \end{bmatrix} \qquad \mathbf{B} = [3 \quad 6 \quad -2]$$

a) 행렬 AB는 $3 \times (1 = 1) \times 3$이므로 3×3 차원의 행렬로 정의된다.

$$\mathbf{AB} = \begin{bmatrix} -2(3) & -2(6) & -2(-2) \\ 4(3) & 4(6) & 4(-2) \\ 7(3) & 7(6) & 7(-2) \end{bmatrix} = \begin{bmatrix} -6 & -12 & 4 \\ 12 & 24 & -8 \\ 21 & 42 & -14 \end{bmatrix}$$

b) BA 역시 $1 \times (3 = 3) \times 1$이므로 정의되며 BA는 1×1의 행렬 또는 스칼라가 된다.

$$\mathbf{BA} = [3(-2) + 6(4) + (-2)(7)] = 4$$

행렬의 곱셈에서는 교환법칙이 성립하지 않으므로 곱하는 순서를 바꿀 경우, 전혀 다른 결과를 가져올 수 있다. 이 문제에서도 AB는 3×3의 행렬로 나타났으나 BA의 결과는 스칼라로 나타나고 있다.

10.42 B가 항등행렬로 주어진 경우 다음 행렬에 대해 (a) AB, (b) BA를 구하시오.

$$\mathbf{A} = \begin{bmatrix} 23 & 6 & 14 \\ 18 & 12 & 9 \\ 24 & 2 & 6 \end{bmatrix} \qquad \mathbf{B} = \begin{bmatrix} 1 & 0 & 0 \\ 0 & 1 & 0 \\ 0 & 0 & 1 \end{bmatrix}$$

a) $3 \times (3 = 3) \times 3$이므로 AB는 3×3의 차원을 가진 행렬로 정의된다.

$$\mathbf{AB} = \begin{bmatrix} 23(1) + 6(0) + 14(0) & 23(0) + 6(1) + 14(0) & 23(0) + 6(0) + 14(1) \\ 18(1) + 12(0) + 9(0) & 18(0) + 12(1) + 9(0) & 18(0) + 12(0) + 9(1) \\ 24(1) + 2(0) + 6(0) & 24(0) + 2(1) + 6(0) & 24(0) + 2(0) + 6(1) \end{bmatrix}$$

$$= \begin{bmatrix} 23 & 6 & 14 \\ 18 & 12 & 9 \\ 24 & 2 & 6 \end{bmatrix}$$

b) $3 \times (3 = 3) \times 3$이므로 BA는 3×3 차원의 행렬로 정의된다.

$$\mathbf{BA} = \begin{bmatrix} 1(23) + 0(18) + 0(24) & 1(6) + 0(12) + 0(2) & 1(14) + 0(9) + 0(6) \\ 0(23) + 1(18) + 0(24) & 0(6) + 1(12) + 0(2) & 0(14) + 1(9) + 0(6) \\ 0(23) + 0(18) + 1(24) & 0(6) + 0(12) + 1(2) & 0(14) + 0(9) + 1(6) \end{bmatrix}$$

$$= \begin{bmatrix} 23 & 6 & 14 \\ 18 & 12 & 9 \\ 24 & 2 & 6 \end{bmatrix}$$

여기서 AB = BA 임을 알 수 있다. 즉 어떤 행렬(A)에 항등행렬(B)을 앞에서 곱하거나(BA) 또는 항등 행렬을 뒤에서 곱하는 경우(AB), 원래 행렬 A와 동일한 결과를 낳는다(BA = AB = A). 따라서 항등행렬의 경우 행렬의 곱셈은 교환법칙이 성립한다. 행렬의 곱셈에서 교환법칙이 성립하는 다른 예는 어떤 행렬과 그것의 역행렬의 곱셈에서 찾을 수 있다. 11.7절 참조.

▪ 결합법칙과 분배법칙

10.43 행렬의 연산에서 결합법칙과 배분법칙이 성립하는지 여부를 보이기 위해 [즉, (A + B) + C = A + (B + C), (AB)C = A(BC), A(B + C) = AB + AC : 10.7절 참조], 다음 행렬에 대해 (*a*) (A + B) + C, (*b*) A + (B + C)를 구하시오.

$$\mathbf{A}=\begin{bmatrix}6&2&7\\9&5&3\end{bmatrix}\qquad \mathbf{B}=\begin{bmatrix}9&1&3\\4&2&6\end{bmatrix}\qquad \mathbf{C}=\begin{bmatrix}7&5&1\\10&3&8\end{bmatrix}$$

a)

$$\mathbf{A}+\mathbf{B}=\begin{bmatrix}6+9&2+1&7+3\\9+4&5+2&3+6\end{bmatrix}=\begin{bmatrix}15&3&10\\13&7&9\end{bmatrix}$$

$$(\mathbf{A}+\mathbf{B})+\mathbf{C}=\begin{bmatrix}15+7&3+5&10+1\\13+10&7+3&9+8\end{bmatrix}=\begin{bmatrix}22&8&11\\23&10&17\end{bmatrix}$$

b)

$$\mathbf{B}+\mathbf{C}=\begin{bmatrix}9+7&1+5&3+1\\4+10&2+3&6+8\end{bmatrix}=\begin{bmatrix}16&6&4\\14&5&14\end{bmatrix}$$

$$\mathbf{A}+(\mathbf{B}+\mathbf{C})=\begin{bmatrix}6+16&2+6&7+4\\9+14&5+5&3+14\end{bmatrix}=\begin{bmatrix}22&8&11\\23&10&17\end{bmatrix}$$

따라서 (A + B) + C = A + (B + C)이다. 이는 행렬의 덧셈에서 결합법칙이 성립함을 보여준다. 결합법칙의 또 다른 예는 [연습문제 10.44-10.47]에서 다루고 있다.

10.44 다음에서 (*a*) (A − B) + C, (*b*) A + (− B + C)를 구하시오.

$$\mathbf{A}=\begin{bmatrix}7\\6\\12\end{bmatrix}\qquad \mathbf{B}=\begin{bmatrix}3\\8\\5\end{bmatrix}\qquad \mathbf{C}=\begin{bmatrix}13\\2\\6\end{bmatrix}$$

a)

$$\mathbf{A}-\mathbf{B}=\begin{bmatrix}7-3\\6-8\\12-5\end{bmatrix}=\begin{bmatrix}4\\-2\\7\end{bmatrix}$$

$$(\mathbf{A}-\mathbf{B})+\mathbf{C}=\begin{bmatrix}4+13\\-2+2\\7+6\end{bmatrix}=\begin{bmatrix}17\\0\\13\end{bmatrix}$$

b)

$$-\mathbf{B}+\mathbf{C}=\begin{bmatrix}-3+13\\-8+2\\-5+6\end{bmatrix}=\begin{bmatrix}10\\-6\\1\end{bmatrix}$$

$$\mathbf{A}+(-\mathbf{B}+\mathbf{C})=\begin{bmatrix}7+10\\6+(-6)\\12+1\end{bmatrix}=\begin{bmatrix}17\\0\\13\end{bmatrix}$$

행렬의 뺄셈 역시 결합법칙이 성립한다.

10.45 A, B, C 행렬이 다음과 같을 때 (*a*) (AB)C, (*b*) A(BC)를 구하시오.

$$\mathbf{A} = \begin{bmatrix} 7 & 1 & 5 \end{bmatrix} \qquad \mathbf{B} = \begin{bmatrix} 6 & 5 \\ 2 & 4 \\ 3 & 8 \end{bmatrix} \qquad \mathbf{C} = \begin{bmatrix} 9 & 4 \\ 3 & 10 \end{bmatrix}$$

a) 행렬 AB는 $1 \times (3 = 3) \times 2$이므로 1×2의 차원을 가진 행렬로 정의된다.

$$\mathbf{AB} = [7(6) + 1(2) + 5(3) \quad 7(5) + 1(4) + 5(8)] = [59 \quad 79]$$

행렬 (AB)C는 $1 \times (2 = 2) \times 2$이므로 1×2의 차원을 가진 행렬로 정의된다.

$$(\mathbf{AB})\mathbf{C} = [59(9) + 79(3) \quad 59(4) + 79(10)] = [768 \quad 1026]$$

b) 행렬 BC는 $3 \times (2 = 2) \times 2$이므로 3×2 차원의 행렬로 정의된다.

$$\mathbf{BC} = \begin{bmatrix} 6(9) + 5(3) & 6(4) + 5(10) \\ 2(9) + 4(3) & 2(4) + 4(10) \\ 3(9) + 8(3) & 3(4) + 8(10) \end{bmatrix} = \begin{bmatrix} 69 & 74 \\ 30 & 48 \\ 51 & 92 \end{bmatrix}$$

A(BC) 역시 $1 \times (3 = 3) \times 2$이므로 1×2 차원의 행렬로 정의된다.

$$\mathbf{A}(\mathbf{BC}) = [7(69) + 1(30) + 5(51) \quad 7(74) + 1(48) + 5(92)] = [768 \quad 1026]$$

행렬의 곱셈에서 곱셈의 순서만 유지되면 결합법칙이 성립한다.

10.46 다음에서 (*a*) A(B + C), (*b*) AB + BC를 구하시오.

$$\mathbf{A} = \begin{bmatrix} 4 & 7 & 2 \end{bmatrix} \qquad \mathbf{B} = \begin{bmatrix} 6 \\ 5 \\ 1 \end{bmatrix} \qquad \mathbf{C} = \begin{bmatrix} 9 \\ 5 \\ 8 \end{bmatrix}$$

a)

$$\mathbf{B} + \mathbf{C} = \begin{bmatrix} 6 + 9 \\ 5 + 5 \\ 1 + 8 \end{bmatrix} = \begin{bmatrix} 15 \\ 10 \\ 9 \end{bmatrix}$$

A(B + C)는 $1 \times (3 = 3) \times 1$이므로 1×1 차원의 행렬 또는 스칼라로 정의된다.

$$\mathbf{A}(\mathbf{B} + \mathbf{C}) = [4(15) + 7(10) + 2(9)] = 148$$

b) 행렬 AB는 $1 \times (3 = 3) \times 1$이므로 1×1 차원의 행렬 또는 스칼라로 정의된다.

$$\mathbf{AB} = [4(6) + 7(5) + 2(1)] = 61$$

행렬 AC 역시 $1 \times (3 = 3) \times 1$이므로 1×1 차원의 행렬 또는 스칼라로 정의된다.

$$\mathbf{AC} = [4(9) + 7(5) + 2(8)] = 87$$

따라서 $\mathbf{AB} + \mathbf{AC} = 61 + 87 = 148$. 이는 행렬 곱셈의 분배법칙을 예시하고 있다.

10.47 어느 햄버거 체인점은 일주일에 1000개의 햄버거, 600개의 치즈버거 그리고 1200개의 밀크쉐이크를 판매하고 있다. 햄버거와 치즈버거 및 밀크쉐이크의 가격은 각각 45, 60, 50센트이며 이들 제품에 대한 비용은 38, 42, 32센트이다. 이 체인점의 일주일 동안의 이윤을 (a) 총개념(즉 총수입과 총비용)의 측면과, (b) 단위개념 측면에서 각각 구하여 행렬의 곱셈에서 분배법칙이 성립함을 확인하시오.

a) 제품의 판매량(Q), 가격(P), 비용(C)은 모두 행렬의 형태로 표시할 수 있다.

$$\mathbf{Q} = \begin{bmatrix} 1000 \\ 600 \\ 1200 \end{bmatrix} \qquad \mathbf{P} = \begin{bmatrix} 0.45 \\ 0.60 \\ 0.50 \end{bmatrix} \qquad \mathbf{C} = \begin{bmatrix} 0.38 \\ 0.42 \\ 0.32 \end{bmatrix}$$

총수입(TR)을

$$\text{TR} = \mathbf{PQ} = \begin{bmatrix} 0.45 \\ 0.60 \\ 0.50 \end{bmatrix} \begin{bmatrix} 1000 \\ 600 \\ 1200 \end{bmatrix}$$

이라 하면 이는 정의되지 않는다. P나 Q를 전치행렬로 하여 곱하는 경우, 이는 적합가능하여 곱셈이 가능하나 곱셈의 순서가 중요하다는 것에 유의해야 한다.

행벡터와 열벡터의 곱셈($\mathbf{P}'\mathbf{Q}$ 또는 $\mathbf{Q}'\mathbf{P}$)은 결과가 스칼라로 나타나나, 열벡터와 행벡터를 곱하면($\mathbf{PQ}'$ 또는 $\mathbf{QP}'$) 어떠한 경제적 의미도 지니지 않는 3×3의 행렬을 낳게 된다. 따라서 총수입을 구하기 위해서는 P를 전치행렬로 만들어 곱해야 한다.

$$\text{TR} = \mathbf{P'Q} = [0.45 \quad 0.60 \quad 0.50] \begin{bmatrix} 1000 \\ 600 \\ 1200 \end{bmatrix}$$

여기에서 $\mathbf{P}'\mathbf{Q}$는 $(1 \times 3 = 3) \times 1)$ 이므로 1×1의 행렬 또는 스칼라로 정의된다.

$$\text{TR} = [0.45(1000) + 0.60(600) + 0.50(1200)] = 1410$$

마찬가지로 총비용(TC)은 $\text{TC} = \mathbf{C}'\mathbf{Q}$이므로

$$\text{TC} = [0.38 \quad 0.42 \quad 0.32] \begin{bmatrix} 1000 \\ 600 \\ 1200 \end{bmatrix} = [0.38(1000) + 0.42(600) + 0.32(1200)] = 1016$$

따라서 이윤은

$$\Pi = \text{TR} - \text{TC} = 1410 - 1016 = 394$$

b) 단위기준 측면에서 분석하면, 제품 한 단위당 이윤은

$$\mathbf{U} = \mathbf{P} - \mathbf{C} = \begin{bmatrix} 0.45 \\ 0.60 \\ 0.50 \end{bmatrix} - \begin{bmatrix} 0.38 \\ 0.42 \\ 0.32 \end{bmatrix} = \begin{bmatrix} 0.07 \\ 0.18 \\ 0.18 \end{bmatrix}$$

이므로 총이윤은 한 단위당 이윤에 판매량을 곱해서 얻을 수 있다.

$$\Pi = \mathbf{UQ} = \begin{bmatrix} 0.07 \\ 0.18 \\ 0.18 \end{bmatrix}\begin{bmatrix} 1000 \\ 600 \\ 1200 \end{bmatrix}$$

그러나 이는 적합가능하지 않으므로 행렬의 곱셈이 정의되지 않는다.
따라서 **U**를 전치행렬로 하여 곱해야 한다.

$$\Pi = \mathbf{U'P} = [0.07 \quad 0.18 \quad 0.18]\begin{bmatrix} 1000 \\ 600 \\ 1200 \end{bmatrix}$$

$$= [0.07(1000) + 0.18(600) + 0.18(1200)] = 394$$

10.48 Crazy Teddie 매장에서는 매주 700장의 CD와 400개의 카세트, 그리고 200대의 CD 플레이어를 판매하고 있다. CD, 카세트, CD 플레이어의 가격은 각각 \$4, \$6, \$150이고, 이들 제품에 대한 비용은 각각 \$3.25, \$4.75, \$125라고 한다. 매주 이윤을 (*a*) 총개념 기준과 (*b*) 단위기준 측면에서 계산하시오.

a)

$$\mathbf{Q} = \begin{bmatrix} 700 \\ 400 \\ 200 \end{bmatrix} \qquad \mathbf{P} = \begin{bmatrix} 4 \\ 6 \\ 150 \end{bmatrix} \qquad \mathbf{C} = \begin{bmatrix} 3.25 \\ 4.75 \\ 125.00 \end{bmatrix}$$

$$\text{TR} = \mathbf{P'Q} = [4 \quad 6 \quad 150]\begin{bmatrix} 700 \\ 400 \\ 200 \end{bmatrix} = [4(700) + 6(400) + 150(200)] = 35{,}200$$

$$\text{TC} = \mathbf{C'Q} = [3.25 \quad 4.75 \quad 125]\begin{bmatrix} 700 \\ 400 \\ 200 \end{bmatrix} = [3.25(700) + 4.75(400) + 125(200)] = 29{,}175$$

$$\Pi = \text{TR} - \text{TC} = 35{,}200 - 29{,}175 = 6025$$

b) 단위당 이윤 **U**는

$$\mathbf{U} = \mathbf{P} - \mathbf{C} = \begin{bmatrix} 4 \\ 6 \\ 150 \end{bmatrix} - \begin{bmatrix} 3.25 \\ 4.75 \\ 125.00 \end{bmatrix} = \begin{bmatrix} 0.75 \\ 1.25 \\ 25.00 \end{bmatrix}$$

총이윤 Π는

$$\Pi = \mathbf{U'Q} = [0.75 \quad 1.25 \quad 25]\begin{bmatrix} 700 \\ 400 \\ 200 \end{bmatrix} = [0.75(700) + 1.25(400) + 25(200)] = 6025$$

■ 행렬의 독특한 특성

10.49 행렬이 다음과 같이 주어졌을 때

$$\mathbf{A} = \begin{bmatrix} 6 & -12 \\ -3 & 6 \end{bmatrix} \qquad \mathbf{B} = \begin{bmatrix} 12 & 6 \\ 6 & 3 \end{bmatrix}$$

(*a*) AB를 구하시오.

(*b*) 행렬의 곱이 독특한 특성을 가지는 이유는 무엇인가?

a)

$$\mathbf{AB} = \begin{bmatrix} 6(12) - 12(6) & 6(6) - 12(3) \\ -3(12) + \ 6(6) & -3(6) + \ 6(3) \end{bmatrix} = \begin{bmatrix} 0 & 0 \\ 0 & 0 \end{bmatrix}$$

b) 행렬대수에서 행렬의 곱 AB는 독특한 특성을 가지고 있다. 일반 대수의 연산에서 0이 아닌 두 개의 수를 곱해서 0이 되는 경우는 결코 없다. 그러나 행렬대수의 연산에서는 영행렬(zero matrix)이 아닌 두 개의 행렬을 곱해서 영행렬이 나타나는 경우가 있다. 이는 두 행렬이 특이행렬(singular matrix)이기 때문이다.

특이행렬이란 어느 한 행(또는 열)이 다른 행(또는 열)의 배수가 되는 행렬이다(11.1절 참조). A 행렬의 경우 1행은 2행의 (-2)배에 해당하고, 2열은 1열의 (−2)배에 해당한다. 행렬 B의 경우 1행은 2행의 2배이고, 1열은 2열의 2배이다. 이와 같이 행렬대수에서 특이행렬의 곱셈 결과는 영행렬을 낳을 수 있으나 항상 영행렬이 되는 것은 아니다. [연습문제 10.50] 참조.

10.50 다음 행렬에 대해 (*a*) AB를 계산하고 (*b*) 해의 특성에 대해 언급하시오.

$$\mathbf{A} = \begin{bmatrix} 6 & 12 \\ 3 & 6 \end{bmatrix} \qquad \mathbf{B} = \begin{bmatrix} 12 & 6 \\ 6 & 3 \end{bmatrix}$$

a)

$$\mathbf{AB} = \begin{bmatrix} 6(12) + 12(6) & 6(6) + 12(3) \\ 3(12) + \ 6(6) & 3(6) + \ 6(3) \end{bmatrix} = \begin{bmatrix} 144 & 72 \\ 72 & 36 \end{bmatrix}$$

b) 행렬 A와 B는 모두 특이행렬이지만, 계산결과는 영행렬이 되지 않는다. 그러나 두 특이행렬의 곱인 행렬 AB는 역시 특이행렬이 된다.

10.51 다음 행렬에 대해 물음에 답하시오.

$$\mathbf{A} = \begin{bmatrix} 4 & 8 \\ 1 & 2 \end{bmatrix} \qquad \mathbf{B} = \begin{bmatrix} 2 & 1 \\ 2 & 2 \end{bmatrix} \qquad \mathbf{C} = \begin{bmatrix} -2 & 1 \\ 4 & 2 \end{bmatrix}$$

a) AB와 AC를 구하시오.

b) 해의 특성에 대해 언급하시오.

a)

$$\mathbf{AB} = \begin{bmatrix} 4(2)+8(2) & 4(1)+8(2) \\ 1(2)+2(2) & 1(1)+2(2) \end{bmatrix} = \begin{bmatrix} 24 & 20 \\ 6 & 5 \end{bmatrix}$$

$$\mathbf{AC} = \begin{bmatrix} 4(-2)+8(4) & 4(1)+8(2) \\ 1(-2)+2(4) & 1(1)+2(2) \end{bmatrix} = \begin{bmatrix} 24 & 20 \\ 6 & 5 \end{bmatrix}$$

b) $\mathrm{B} \neq \mathrm{C}$임에도 불구하고 $\mathrm{AB} = \mathrm{AC}$이다. 일반 대수식에서는 서로 다른 두 개의 수에 임의의 수를 곱하는 경우 그 결과는 결코 동일할 수 없다. 그러나 행렬대수에서는 두 개의 서로 다른 행렬에 임의의 행렬을 곱하는 경우, 그 곱셈의 결과는 동일한 행렬로 나타날 수 있다.

11장 역행렬

11.1 행렬식과 비특이성

2×2 행렬의 행렬식 $|\mathbf{A}|$를 '2차 행렬식'(second-order determinant)이라 부르는데, 이 행렬식의 값은 A의 주대각선상[1](principal diagonal)상에 있는 두 원소의 곱에서 대각선상에 있지 않은 두 원소의 곱을 뺌으로써 얻을 수 있다. 따라서 일반적으로 2×2의 행렬이 아래와 같이 주어졌을 때

$$\mathbf{A}=\begin{bmatrix}a_{11} & a_{12}\\ a_{21} & a_{22}\end{bmatrix}$$

행렬식은 다음과 같이 계산된다.

$$|\mathbf{A}|=\begin{vmatrix}a_{11} & a_{12}\\ a_{21} & a_{22}\end{vmatrix}\begin{matrix}(-)\\(+)\end{matrix}=a_{11}a_{22}-a_{12}a_{21}$$

행렬식은 하나의 수 또는 스칼라이며 반드시 정방행렬(square matrix)에 대해서만 행렬식을 구할 수 있다.

어떤 행렬 A의 행렬식이 0일 때, 즉 $|\mathbf{A}|=0$일 때 행렬식은 0의 값을 갖는다고 말하고 이 때의 행렬 A를 특이행렬(singular matrix)이라고 한다.

역자 TIP

1) 여기서 주대각선이란 일반적인 $(n\times n)$의 정방행렬(square matrix)에서 a_{11}과 a_{nn}의 두 원소를 잇는 대각선을 의미한다.

즉 $A=\begin{bmatrix}a_{11} & \cdots & a_{1n}\\ | & \searrow & |\\ a_{n1} & \cdots & a_{nn}\end{bmatrix}$에서 사선이 주대각선(principal diagonal)을 표시하고 있다.

$|\mathbf{A}|=0$인 특이행렬의 경우는 A 행렬에서 적어도 두 개 이상의 행(row) 또는 두 개 이상의 열(column) 사이에 선형종속성(linear dependence)이 존재한다. $|\mathbf{A}|\neq0$일 때 A 행렬

을 비특이행렬(nonsingular matrix)이라 부르며 이때 $\mathbf{A}$를 구성하는 모든 행이나 열은 선형 독립적(linear independence)이다.

연립방정식체계에서 선형종속성이 존재하게 되면, 연립방정식의 해는 무한개 존재하게 되어 단일해(unique solution)가 존재할 수 없게 된다. 따라서 이러한 경우 연립방정식체계로부터 종속적 관계에 있는 방정식을 배제하도록 한다. 이러한 내재된 종속성 문제 여부는 다음과 같은 간단한 행렬식 검정을 통해 확인이 가능하다.

계수행렬이 $\mathbf{A}$인 연립방정식체계가 주어졌을 때

만약 $|\mathbf{A}|=0$이면, $\mathbf{A}$는 특이행렬이며 방정식들 간에 선형종속성이 존재한다. 따라서 어떤 단일해도 존재하지 않는다.
만약 $|\mathbf{A}|\neq 0$이면, $\mathbf{A}$는 비특이행렬이며 방정식들 간에 어떤 선형종속성도 존재하지 않는다. 따라서 단일해가 존재하며 이를 구할 수 있다.

행렬에서 나타나는 선형독립적인 행이나 열의 최대 개수를 그 행렬의 위수(rank: ρ)라고 한다. 행렬의 위수 역시 선형종속성의 간단한 검증방법이 된다.

차수가 n인 정방행렬이 $\mathbf{A}$가 있을 때

$\rho(\mathbf{A})=n$이면, $\mathbf{A}$는 비특이행렬이 되며 어떠한 선형종속성도 존재하지 않는다.
$\rho(\mathbf{A})<n$이면, $\mathbf{A}$는 특이행렬이 되며 선형종속성이 존재한다.

[예제 1]과 [연습문제 11.1, 11.3, 11.7]을 참조하라. 그리고 비특이성과 선형독립성을 증명하는 문제는 [연습문제 11.16] 참조하라.

예제 1 다음 행렬의 행렬식을 구하면 다음과 같다.

$$\mathbf{A}=\begin{bmatrix}6 & 4\\ 7 & 9\end{bmatrix} \qquad \mathbf{B}=\begin{bmatrix}4 & 6\\ 6 & 9\end{bmatrix}$$

앞에서 제시된 법칙에 따라

$$|\mathbf{A}|=6(9)-4(7)=26$$

$|\mathbf{A}|\neq 0$이므로 $\mathbf{A}$는 비특이행렬(nonsingular matrix)이다. 즉 $\mathbf{A}$ 행렬을 구성하는 어떤 행이나 열 사이에도 선형적 종속(linear dependence)은 존재하지 않는다. 따라서 $\mathbf{A}$ 행렬의 위수는 2이며 $\rho(\mathbf{A})=2$라고 표시한다. 반면에 행렬 $\mathbf{B}$의 행렬식은

$$|\mathbf{B}|=4(9)-6(6)=0$$

$|\mathbf{B}|=0$이므로 $\mathbf{B}$는 특이행렬(singular matrix)로서 행과 행 사이에, 그리고 열과 열 사이에 선형적 종속이 존재한다. 좀 더 자세히 살펴보면 2행은 1행의 1.5배이며, 또 2열은 1열의 1.5배임을 알 수 있다. 따라서 위수는 $\rho(\mathbf{B})=1$이다.

11.2 3차 행렬식

아래 3×3 행렬 **A**에 대한 행렬식을

$$\mathbf{A} = \begin{bmatrix} a_{11} & a_{12} & a_{13} \\ a_{21} & a_{22} & a_{23} \\ a_{31} & a_{32} & a_{33} \end{bmatrix}$$

3차 행렬식이라 하며, 이는 주어진 법칙에 따라 세 개의 원소를 뽑아 곱한 후 이를 모두 합계하며 얻을 수 있는데 그 법칙은 다음과 같다.

1. 먼저 1행의 첫 번째 원소 a_{11}을 뽑고, 마음속으로 a_{11}이 위치해 있는 1행과 1열을 삭제한다(아래 (a) 참조). 그런 다음, 남아있는 원소로 구성된 행렬식을 a_{11}에 곱한다.
2. 다음 단계로 1행의 두 번째 원소 a_{12}를 뽑고, 마음속으로 a_{12}가 위치해 있는 1행과 2열을 삭제한다(아래 (b) 참조). 그런 다음, 남아 있는 원소로 구성된 행렬식에 (-1)을 곱한 결과를 a_{12}에 곱한다.
3. 최종 단계로 1행의 세 번째 원소 a_{13}를 뽑고, 마음 속으로 a_{13}가 위치해 있는 1행과 3열을 삭제한다(아래 (c) 참조). 그런 다음, 남아있는 원소로 구성된 행렬식을 a_{13}에 곱한다.

$$\begin{bmatrix} a_{11} & a_{12} & a_{13} \\ a_{21} & a_{22} & a_{23} \\ a_{31} & a_{32} & a_{33} \end{bmatrix} \qquad \begin{bmatrix} a_{11} & a_{12} & a_{13} \\ a_{21} & a_{22} & a_{23} \\ a_{31} & a_{32} & a_{33} \end{bmatrix} \qquad \begin{bmatrix} a_{11} & a_{12} & a_{13} \\ a_{21} & a_{22} & a_{23} \\ a_{31} & a_{32} & a_{33} \end{bmatrix}$$

(a) (b) (c)

위의 과정에 따라 행렬식을 계산하면

$$\begin{aligned} |\mathbf{A}| &= a_{11}\begin{vmatrix} a_{22} & a_{23} \\ a_{32} & a_{33} \end{vmatrix} + a_{12}(-1)\begin{vmatrix} a_{21} & a_{23} \\ a_{31} & a_{33} \end{vmatrix} + a_{13}\begin{vmatrix} a_{21} & a_{22} \\ a_{31} & a_{32} \end{vmatrix} \\ &= a_{11}(a_{22}a_{33} - a_{23}a_{32}) - a_{12}(a_{21}a_{33} - a_{23}a_{31}) + a_{13}(a_{21}a_{32} - a_{22}a_{31}) \qquad (11.1) \\ &= \text{a scalar} \end{aligned}$$

([예제 2-3] 그리고 [연습문제 11.2-3, 11.17] 참조).

마찬가지 방법으로 4×4 행렬의 행렬식은 주어진 법칙에 따라 네 개의 원소를 뽑아 곱한 후 이를 모두 합계하는 방식으로 계산하며, 5×5 행렬의 행렬식은 다섯 개의 원소를 뽑아 곱한 후 이를 모두 합계하여 그 값을 얻는다.(11.4절과 [예제 5] 참조).

예제 2 다음 **A** 행렬의 행렬식 $|\mathbf{A}|$를 구하시오.

$$\mathbf{A} = \begin{bmatrix} 8 & 3 & 2 \\ 6 & 4 & 7 \\ 5 & 1 & 3 \end{bmatrix}$$

행렬식 $|\mathbf{A}|$는 다음과 같이 계산된다.

$$\begin{aligned}|\mathbf{A}| &= 8\begin{vmatrix}4 & 7\\1 & 3\end{vmatrix} + 3(-1)\begin{vmatrix}6 & 7\\5 & 3\end{vmatrix} + 2\begin{vmatrix}6 & 4\\5 & 1\end{vmatrix}\\ &= 8[4(3)-7(1)] - 3[6(3)-7(5)] + 2[6(1)-4(5)]\\ &= 8(5) - 3(-17) + 2(-14) = 63\end{aligned}$$

$|\mathbf{A}| \neq 0$이므로 행렬 $\mathbf{A}$는 비특이행렬이며 위수는 $\rho(\mathbf{A}) = 3$이다.

11.3 소행렬식과 여인수(Minors and Cofactors)

앞의 11.2절에서 행렬식을 구하는 법칙을 설명하면서 언급된 삭제과정 후에 남아있는 원소들의 행렬식을 소행렬식(minor)이라 부른다. 따라서 소행렬식 $|M_{ij}|$는 원래 행렬의 i행과 j열을 삭제하고 남은 소행렬(submatrix)의 행렬식을 말한다. 11.2절에 있는 행렬에서 1행의 원소인 a_{11}, a_{12}, a_{13}의 소행렬식을 구하면 아래와 같다.

$$|M_{11}| = \begin{vmatrix}a_{22} & a_{23}\\a_{32} & a_{33}\end{vmatrix} \qquad |M_{12}| = \begin{vmatrix}a_{21} & a_{23}\\a_{31} & a_{33}\end{vmatrix} \qquad |M_{13}| = \begin{vmatrix}a_{21} & a_{22}\\a_{31} & a_{32}\end{vmatrix}$$

위에서 $|M_{11}|$은 a_{11}의 소행렬식이고, $|M_{12}|$와 $|M_{13}|$는 각각 a_{12}, a_{13}의 소행렬식을 나타낸다. 따라서 식 (11.1)의 행렬식은 다음과 같이 쓸 수 있다.

$$|\mathbf{A}| = a_{11}|M_{11}| + a_{12}(-1)|M_{12}| + a_{13}|M_{13}| \tag{11.2}$$

또한 부호가 결합된 소행렬식을 여인수(cofactor)라 하는데, 여기서 여인수를 구하기 위해 소행렬식에 결합되는 부호는 다음 규칙에 따른다.

$$|C_{ij}| = (-1)^{i+j}|M_{ij}|$$

그러므로 아래첨자의 합 $i+j$가 짝수이면 $(-1)^{i+j} = 1 > 0$이므로 $|C_{ij}| = |M_{ij}|$가 되며, 아래첨자의 합인 $i+j$가 홀수이면 $(-1)^{i+j} = -1 < 0$이 되어 $|C_{ij}| = -|M_{ij}|$가 된다. ([예제 3]과 [연습문제 11.18-11.24] 참조).

예제 3 11.2절에 있는 행렬에 대한 여인수 (1) $|C_{11}|$, (2) $|C_{12}|$, (3) $|C_{13}|$는 다음과 같이 구한다.

1)
$$|C_{11}| = (-1)^{1+1}|M_{11}|$$

$(-1)^{1+1} = (-1)^2 = 1$이므로,

$$|C_{11}| = |M_{11}| = \begin{vmatrix}a_{22} & a_{23}\\a_{32} & a_{33}\end{vmatrix}$$

2) $|C_{12}| = (-1)^{1+2}|M_{12}|$

$(-1)^{1+2} = (-1)^3 = -1$이므로,

$$|C_{12}| = -|M_{12}| = -\begin{vmatrix} a_{21} & a_{23} \\ a_{31} & a_{33} \end{vmatrix}$$

3) $|C_{13}| = (-1)^{1+3}|M_{13}|$

$(-1)^{1+3} = (-1)^4 = 1$이므로,

$$|C_{13}| = |M_{13}| = \begin{vmatrix} a_{21} & a_{22} \\ a_{31} & a_{32} \end{vmatrix}$$

11.4 라플라스 전개와 고차 행렬식

라플라스 전개(Laplance expansion)란 여인수를 이용하여 행렬식을 구하는 방법이다. 라플라스 전개를 하면 고차 행렬식을 차수가 낮은 저차 행렬식으로 전개함으로써 계산과정을 간략화할 수 있다. 3차 행렬식의 라플라스 전개는 다음과 같이 표시할 수 있다.

$$|\mathbf{A}| = a_{11}|C_{11}| + a_{12}|C_{12}| + a_{13}|C_{13}| \tag{11.3}$$

여기서 $|C_{ij}|$는 여인수로서 2차 행렬식이다. 식 (11.1) 및 식 (11.2)에서와는 달리 식 (11.3)에서는 곱한 것으로 나타나고 있지 않은데, 이는 이미 여인수 법칙에 따라 $|C_{12}|$에 자동적으로 (-1)이 곱해질 것이기 때문이다.

식 (11.3)에 제시된 라플라스 전개는 A 행렬의 1행을 기준으로 이루어졌으나, 실제 행렬식을 구하기 위해 라플라스 전개를 하는 경우 어떤 행이나 열을 택하여 전개하더라도 결과는 동일하다. 그러므로 가능한 0이 많은 행이나 열을 택하여 라플라스 전개를 하면, 많은 항이 소거되어 간단하게 행렬식을 구할 수 있다. 라플라스 전개는 3차보다 높은 고차의 행렬식을 계산하는 기본방법으로 자리잡고 있다. ([예제 4-5]와 [연습문제 11.25] 참조).

예제 4 행렬 $\mathbf{A}$가 다음과 같이 주어졌을 때

$$\mathbf{A} = \begin{bmatrix} 12 & 7 & 0 \\ 5 & 8 & 3 \\ 6 & 7 & 0 \end{bmatrix}$$

3열을 따라 라플라스 전개를 하여 행렬식 $|\mathbf{A}|$를 구해보기로 하자.

$$|\mathbf{A}| = a_{13}|C_{13}| + a_{23}|C_{23}| + a_{33}|C_{33}|$$

$a_{13} = 0,\ a_{33} = 0$이므로

$$|\mathbf{A}| = a_{23}|C_{23}| \tag{11.4}$$

$|C_{23}|$을 구하기 위해 2행과 3열을 삭제하면

$$\begin{aligned}|C_{23}| &= (-1)^{2+3}\begin{vmatrix} 12 & 7 \\ 6 & 7 \end{vmatrix} \\ &= (-1)[12(7) - 7(6)] = -42\end{aligned}$$

$a_{23}=3$을 식 (11.4)에 $|C_{23}|=-42$와 함께 대입하면 $|\mathbf{A}|=3(-42)=-126$을 얻는다. 따라서 $\mathbf{A}$는 비특이행렬이며 위수는 $\rho(\mathbf{A})=3$이다. 이에 대한 검산은 1행을 따라 전개하여 행렬식 $|\mathbf{A}|$를 구함으로써 확인할 수 있다.

예제 5 4차 행렬식에 대한 라플라스 전개는

$$|\mathbf{A}|=a_{11}|C_{11}|+a_{12}|C_{12}|+a_{13}|C_{13}|+a_{14}|C_{14}|$$

가 되는데 여기서 여인수는 모두 3차 행렬식으로 구성되어 있으며, 각 여인수는 다시 위와 같이 2차 행렬식으로 구성할 수 있다. 5차 또는 그 이상의 차수를 가진 행렬식 역시 같은 방법으로 라플라스 전개를 할 수 있다. ([연습문제 11.25(d)-(e)])

11.5 행렬식의 특성

행렬식에 관한 다음 7가지 특성을 이용하면 행렬의 원소를 간단하게 하거나 또는 일부의 원소를 0으로 변환시킴으로써 행렬식의 계산을 간단히 할 수 있다.

1. 어느 행(또는 열)에 0이 아닌 수를 곱하여, 이를 다른 행(또는 열)에 더하거나 빼더라도 행렬식의 결과에는 어떠한 영향도 미치지 않는다.
2. 행렬에서 임의의 두 행이나 두 열을 바꾸는 경우 행렬식의 부호만이 바뀌기 때문에 행렬식의 절대값에는 변함이 없다.
3. 어떤 한 행이나 한 열에 상수를 곱하게 되면 원래 행렬식에 상수를 곱한 결과와 같다.
4. 행렬의 주대각선 위 또는 아래에 위치한 원소가 모두 0인 행렬을 삼각행렬(triangular matrix)이라 하는데, 이러한 삼각행렬의 행렬식은 대각선 상에 위치한 원소들의 곱과 같다.
5. 행렬과 전치행렬의 행렬식 값은 동일하다: $|\mathbf{A}|=|\mathbf{A}'|$
6. 행렬의 어느 한 행이나 어느 한 열의 원소가 모두 0이면 행렬식은 0이다.
7. 두 행 또는 두 열이 같거나 비례적이면, 즉 선형종속이면 행렬식은 0이다.

이러한 특성을 행렬 연산에서 이용한 예는 [연습문제 11.4-11.15]에서 다루고 있다.

11.6 여인수와 수반행렬(Cofactor and Adjoint Matrices)

여인수행렬(cofactor matrix)이란 어떤 행렬의 모든 원소(a_{ij})가 해당 원소의 여인수인 $|C_{ij}|$로 대치되어 있는 행렬을 말한다. 더 나아가 이러한 여인수행렬의 전치행렬을 수반행렬(adjoint matrix)이라 한다. 따라서

$$\mathbf{C} = \begin{bmatrix} |C_{11}| & |C_{12}| & |C_{13}| \\ |C_{21}| & |C_{22}| & |C_{23}| \\ |C_{31}| & |C_{32}| & |C_{33}| \end{bmatrix} \qquad \text{Adj}\,\mathbf{A} = \mathbf{C}' = \begin{bmatrix} |C_{11}| & |C_{21}| & |C_{31}| \\ |C_{12}| & |C_{22}| & |C_{32}| \\ |C_{13}| & |C_{23}| & |C_{33}| \end{bmatrix}$$

예제 6 다음 행렬 **A**에 대한 여인수행렬 **C**와 수반행렬 Adj **A**는 다음과 같이 구한다.

$$\mathbf{A} = \begin{bmatrix} 2 & 3 & 1 \\ 4 & 1 & 2 \\ 5 & 3 & 4 \end{bmatrix}$$

여인수의 법칙에 따라 **A** 행렬의 모든 원소(a_{ij})에 대한 여인수($|C_{ij}|$)를 구하여 각 원소 a_{ij}와 대치하면 여인수행렬 **C**를 구할 수 있다.

$$\mathbf{C} = \begin{bmatrix} \begin{vmatrix} 1 & 2 \\ 3 & 4 \end{vmatrix} & -\begin{vmatrix} 4 & 2 \\ 5 & 4 \end{vmatrix} & \begin{vmatrix} 4 & 1 \\ 5 & 3 \end{vmatrix} \\ -\begin{vmatrix} 3 & 1 \\ 3 & 4 \end{vmatrix} & \begin{vmatrix} 2 & 1 \\ 5 & 4 \end{vmatrix} & -\begin{vmatrix} 2 & 3 \\ 5 & 3 \end{vmatrix} \\ \begin{vmatrix} 3 & 1 \\ 1 & 2 \end{vmatrix} & -\begin{vmatrix} 2 & 1 \\ 4 & 2 \end{vmatrix} & \begin{vmatrix} 2 & 3 \\ 4 & 1 \end{vmatrix} \end{bmatrix} = \begin{bmatrix} -2 & -6 & 7 \\ -9 & 3 & 9 \\ 5 & 0 & -10 \end{bmatrix}$$

수반행렬 Adj **A**는 **C**의 전치행렬이다.

$$\text{Adj}\,\mathbf{A} = \mathbf{C}' = \begin{bmatrix} -2 & -9 & 5 \\ -6 & 3 & 0 \\ 7 & 9 & -10 \end{bmatrix}$$

11.7 역행렬

행렬 **A**가 비특이정방행렬(nonsigular square matrix)인 경우, 다음과 같은 관계를 만족시키는 행렬을 역행렬(inverse matrix)이라 하고 $\mathbf{A}^{-1}$로 표시한다.

$$\mathbf{A}\mathbf{A}^{-1} = \mathbf{I} = \mathbf{A}^{-1}\mathbf{A}$$

어떤 행렬에 그것의 역행렬을 곱하면 단위행렬(identity matrix)이 되기 때문에 선형대수에서의 역행렬이란 일반 대수에서의 역수와 동일한 역할을 한다. 이러한 역행렬을 도출하는 공식은 다음과 같다.

$$\mathbf{A}^{-1} = \frac{1}{|\mathbf{A}|}\text{Adj}\,\mathbf{A}$$

([예제 7]과 [연습문제 11.25] 참조)

예제 7 다음 **A** 행렬의 역행렬 $\mathbf{A}^{-1}$는 다음 과정에 따라 도출한다.

$$\mathbf{A} = \begin{bmatrix} 4 & 1 & -5 \\ -2 & 3 & 1 \\ 3 & -1 & 4 \end{bmatrix}$$

1. 역행렬은 정방행렬에 대해서만 도출이 가능하므로 먼저 **A**가 정방행렬인지 여부를 확인한다. 여기서는 **A**가 (3×3) 정방행렬이므로 **A**는 역행렬을 가질 수 있다.
2. 비특이행렬만이 역행렬을 가지므로 **A**의 행렬식을 계산하여 $|\mathbf{A}| \neq 0$인지를 확인한다.

$$\begin{aligned}|\mathbf{A}| &= 4[3(4)-1(-1)] - 1[(-2)(4)-1(3)] + (-5)[(-2)(-1)-3(3)] \\ &= 52 + 11 + 35 = 98 \neq 0\end{aligned}$$

   A는 비특이행렬로서 위수(rank)는 $\rho(\mathbf{A}) = 3$이다.
3. **A**의 여인수행렬을 구한다.

$$\mathbf{C} = \begin{bmatrix} \begin{vmatrix} 3 & 1 \\ -1 & 4 \end{vmatrix} & -\begin{vmatrix} -2 & 1 \\ 3 & 4 \end{vmatrix} & \begin{vmatrix} -2 & 3 \\ 3 & -1 \end{vmatrix} \\ -\begin{vmatrix} 1 & -5 \\ -1 & 4 \end{vmatrix} & \begin{vmatrix} 4 & -5 \\ 3 & 4 \end{vmatrix} & -\begin{vmatrix} 4 & 1 \\ 3 & -1 \end{vmatrix} \\ \begin{vmatrix} 1 & -5 \\ 3 & 1 \end{vmatrix} & -\begin{vmatrix} 4 & -5 \\ -2 & 1 \end{vmatrix} & \begin{vmatrix} 4 & 1 \\ -2 & 3 \end{vmatrix} \end{bmatrix} = \begin{bmatrix} 13 & 11 & -7 \\ 1 & 31 & 7 \\ 16 & 6 & 14 \end{bmatrix}$$

   여인수행렬의 전치행렬을 구하면 수반행렬을 얻을 수 있다.

$$\text{Adj}\,\mathbf{A} = \mathbf{C}' = \begin{bmatrix} 13 & 1 & 16 \\ 11 & 31 & 6 \\ -7 & 7 & 14 \end{bmatrix}$$

4. 수반행렬 Adj **A**에 $1/|\mathbf{A}| = 1/98$을 곱하여 $\mathbf{A}^{-1}$을 구한다.

$$\mathbf{A}^{-1} = \frac{1}{98}\begin{bmatrix} 13 & 1 & 16 \\ 11 & 31 & 6 \\ -7 & 7 & 14 \end{bmatrix} = \begin{bmatrix} \frac{13}{98} & \frac{1}{98} & \frac{16}{98} \\ \frac{11}{98} & \frac{31}{98} & \frac{6}{98} \\ -\frac{1}{14} & \frac{1}{14} & \frac{1}{7} \end{bmatrix} = \begin{bmatrix} 0.1327 & 0.0102 & 0.1633 \\ 0.1122 & 0.3163 & 0.0612 \\ -0.0714 & 0.0714 & 0.1429 \end{bmatrix}$$

5. 여기서 얻은 해를 검산하기 위해 $\mathbf{A}\mathbf{A}^{-1}$또는 $\mathbf{A}^{-1}\mathbf{A}$를 계산한다. 계산결과가 단위행렬 **I**가 되면 옳은 해를 얻은 것이다. 역행렬에 대한 검산은 [연습문제 11.26(*a*)에서 다루고 있다.

11.8 역행렬을 이용한 선형방정식의 해

역행렬을 이용하면 행렬방정식의 해를 쉽게 구할 수 있다. 행렬방정식이 아래와 같이

$$\mathbf{A}_{n\times n}\mathbf{X}_{n\times1} = \mathbf{B}_{n\times1}$$

로 주어지고 역행렬 $\mathbf{A}^{-1}$이 존재한다면, 양변에 $\mathbf{A}^{-1}$를 곱하여 다음 결과를 얻을 수 있다.

$$\mathbf{A}_{n\times n}^{-1}\mathbf{A}_{n\times n}\mathbf{X}_{n\times 1} = \mathbf{A}_{n\times n}^{-1}\mathbf{B}_{n\times 1}$$

11.7절에서 언급한 역행렬의 정의에 따라 $\mathrm{A}^{-1}\mathrm{A} = \mathrm{I}$ 이므로

$$\mathbf{I}_{n\times n}\mathbf{X}_{n\times 1} = \mathbf{A}_{n\times n}^{-1}\mathbf{B}_{n\times 1}$$

10.8절에서 언급한 바와 같이 $\mathrm{IX} = \mathrm{X}$ 이므로

$$\mathbf{X}_{n\times 1} = (\mathbf{A}^{-1}\mathbf{B})_{n\times 1}$$

따라서 방정식의 해는 계수행렬의 역행렬인 A^{-1}에 상수의 열벡터 B를 곱하여 얻을 수 있다. ([연습문제 11.27-11.33] 참조)

예제 8 행렬방정식이 아래와 같이 주어졌을 때 역행렬을 이용하여 x_1, x_2, x_3을 구할 수 있다.

$$\begin{aligned} 4x_1 + x_2 - 5x_3 &= 8 \\ -2x_1 + 3x_2 + x_3 &= 12 \\ 3x_1 - x_2 + 4x_3 &= 5 \end{aligned}$$

먼저 연립방정식체계를 행렬의 형태로 표시하면

$$\mathbf{AX} = \mathbf{B}$$

$$\begin{bmatrix} 4 & 1 & -5 \\ -2 & 3 & 1 \\ 3 & -1 & 4 \end{bmatrix}\begin{bmatrix} x_1 \\ x_2 \\ x_3 \end{bmatrix} = \begin{bmatrix} 8 \\ 12 \\ 5 \end{bmatrix}$$

11.8절에서 설명한 바에 따라 양변에 A^{-1}을 곱하면

$$\mathbf{X} = \mathbf{A}^{-1}\mathbf{B}$$

[예제 7]에서 A^{-1}은 이미 구했으므로 이를 대입하여 곱하면

$$\mathbf{X} = \begin{bmatrix} \frac{13}{98} & \frac{1}{98} & \frac{16}{98} \\ \frac{11}{98} & \frac{31}{98} & \frac{6}{98} \\ -\frac{1}{14} & \frac{1}{14} & \frac{1}{7} \end{bmatrix}\begin{bmatrix} 8 \\ 12 \\ 5 \end{bmatrix} = \begin{bmatrix} \frac{104}{98} + \frac{12}{98} + \frac{80}{98} \\ \frac{88}{98} + \frac{372}{98} + \frac{30}{98} \\ -\frac{8}{14} + \frac{12}{14} + \frac{5}{7} \end{bmatrix} = \begin{bmatrix} \frac{196}{98} \\ \frac{490}{98} \\ \frac{14}{14} \end{bmatrix} = \begin{bmatrix} 2 \\ 5 \\ 1 \end{bmatrix}$$

따라서 $x_1 = 2$, $x_2 = 5$, $x_3 = 1$

11.9 크래머(Cramer)의 법칙

크래머의 법칙(Cramer's rule)이란 행렬식을 이용하여 선형연립방정식의 해를 간단히 구하는 방법을 말한다. 크래머의 법칙을 공식화하면

$$\bar{x}_i = \frac{|\mathbf{A}_i|}{|\mathbf{A}|}$$

가 되는데 여기서 x_i는 i 번째 미지수, $|\mathrm{A}|$는 계수행렬 A의 행렬식, 그리고 $|\mathrm{A}_i|$는 계수행렬

$\mathbf{A}$에서 i 번째 열벡터를 상수의 열벡터 $\mathbf{B}$로 치환하여 구성한 행렬의 행렬식이다([예제 9]와 [연습문제 11.34-11.37] 참조). 크래머 법칙에 대한 증명은 [연습문제 11.38]에 제시되어 있다.

예제 9 크래머 법칙에 따라 다음 연립방정식의 해를 구하시오.

$$6x_1 + 5x_2 = 49$$
$$3x_1 + 4x_2 = 32$$

1. 연립방정식을 행렬의 형태로 바꾼다.

$$\mathbf{AX} = \mathbf{B}$$

$$\begin{bmatrix} 6 & 5 \\ 3 & 4 \end{bmatrix}\begin{bmatrix} x_1 \\ x_2 \end{bmatrix} = \begin{bmatrix} 49 \\ 32 \end{bmatrix}$$

2. $\mathbf{A}$의 행렬식을 구한다.

$$|\mathbf{A}| = 6(4) - 5(3) = 9$$

3. x_1을 구하기 위해서 계수행렬 $\mathbf{A}$에서 x_1의 계수로 구성된 1열을 상수의 열벡터 $\mathbf{B}$로 치환하여 새로운 행렬 $\mathbf{A}_1$을 구성한다.

$$\mathbf{A}_1 = \begin{bmatrix} 49 & 5 \\ 32 & 4 \end{bmatrix}$$

$\mathbf{A}_1$의 행렬식을 구하면

$$|\mathbf{A}_1| = 49(4) - 5(32) = 36$$

크래머의 법칙에 따라 x_1을 구하면

$$\bar{x}_1 = \frac{|\mathbf{A}_1|}{|\mathbf{A}|} = \frac{36}{9} = 4$$

4. x_2를 구하기 위해서는 $\mathbf{A}$에서 x_2의 계수로 구성된 2열을 상수의 열벡터 $\mathbf{B}$로 치환하여 새로운 행렬 $\mathbf{A}_2$를 구성한다.

$$\mathbf{A}_2 = \begin{bmatrix} 6 & 49 \\ 3 & 32 \end{bmatrix}$$

$\mathbf{A}_2$의 행렬식을 구하고 크레머 공식을 이용하여 x_2를 구한다.

$$|\mathbf{A}_2| = 6(32) - 49(3) = 45$$

$$\bar{x}_2 = \frac{|\mathbf{A}_2|}{|\mathbf{A}|} = \frac{45}{9} = 5$$

선형방정식이 세 개로 구성된 연립방정식의 해를 크래머 법칙을 이용하여 구하는 예는 [연습문제 11.35(b)-(e)]에서 다루고 있다.

연습 문제

11.1 다음 행렬의 행렬식 $|\mathbf{A}|$를 구하시오.

a) $\mathbf{A} = \begin{bmatrix} 9 & 13 \\ 15 & 18 \end{bmatrix}$

$$|\mathbf{A}| = 9(18) - 13(15) = -33$$

b) $\mathbf{A} = \begin{bmatrix} 40 & -10 \\ 25 & -5 \end{bmatrix}$

$$|\mathbf{A}| = 40(-5) - (-10)(25) = 50$$

c) $\mathbf{A} = \begin{bmatrix} 7 & 6 \\ 9 & 5 \\ 2 & 12 \end{bmatrix}$

이 경우 $\mathbf{A}$는 3×2 행렬로 정방행렬(square matrix)이 아니므로 행렬식이 존재하지 않는다. 즉 정방행렬인 경우에만 행렬식이 존재한다.

11.2 다음 행렬의 행렬식 $|\mathbf{A}|$를 구하시오. 행렬의 원소 가운데 0이 있으면 행렬식의 계산이 어떻게 간단해지는지 유의하면서 행렬식을 계산하시오.

a) $\mathbf{A} = \begin{bmatrix} 3 & 6 & 5 \\ 2 & 1 & 8 \\ 7 & 9 & 1 \end{bmatrix}$

$$\begin{aligned} |\mathbf{A}| &= 3\begin{vmatrix} 1 & 8 \\ 9 & 1 \end{vmatrix} - 6\begin{vmatrix} 2 & 8 \\ 7 & 1 \end{vmatrix} + 5\begin{vmatrix} 2 & 1 \\ 7 & 9 \end{vmatrix} \\ &= 3[1(1) - 8(9)] - 6[2(1) - 8(7)] + 5[2(9) - 1(7)] \\ &= 3(-71) - 6(-54) + 5(11) = 166 \end{aligned}$$

b) $\mathbf{A} = \begin{bmatrix} 12 & 0 & 3 \\ 9 & 2 & 5 \\ 4 & 6 & 1 \end{bmatrix}$

$$\begin{aligned} |\mathbf{A}| &= 12\begin{vmatrix} 2 & 5 \\ 6 & 1 \end{vmatrix} - 0\begin{vmatrix} 9 & 5 \\ 4 & 1 \end{vmatrix} + 3\begin{vmatrix} 9 & 2 \\ 4 & 6 \end{vmatrix} \\ &= 12(2 - 30) - 0 + 3(54 - 8) = -198 \end{aligned}$$

c) $\mathbf{A} = \begin{bmatrix} 0 & 6 & 0 \\ 3 & 5 & 2 \\ 7 & 6 & 9 \end{bmatrix}$

$$\begin{aligned} |\mathbf{A}| &= 0\begin{vmatrix} 5 & 2 \\ 6 & 9 \end{vmatrix} - 6\begin{vmatrix} 3 & 2 \\ 7 & 9 \end{vmatrix} + 0\begin{vmatrix} 3 & 5 \\ 7 & 6 \end{vmatrix} \\ &= 0 - 6(27 - 14) + 0 = -78 \end{aligned}$$

■ 행렬의 위수

11.3 다음 행렬의 위수(rank) ρ를 구하시오.

$$a)\quad \mathbf{A} = \begin{bmatrix} -3 & 6 & 2 \\ 1 & 5 & 4 \\ 4 & -8 & 2 \end{bmatrix}$$

$$\begin{aligned} |\mathbf{A}| &= -3\begin{vmatrix} 5 & 4 \\ -8 & 2 \end{vmatrix} + 6(-1)\begin{vmatrix} 1 & 4 \\ 4 & 2 \end{vmatrix} + 2\begin{vmatrix} 1 & 5 \\ 4 & -8 \end{vmatrix} \\ &= -3[10-(-32)] - 6(2-16) + 2(-8-20) = -98 \end{aligned}$$

$|\mathbf{A}| \neq 0$이므로 A는 비특이행렬이며, 세 행(세 열)은 선형 독립적이다. 따라서 $\rho(\mathbf{A}) = 3$이다.

$$b)\quad \mathbf{B} = \begin{bmatrix} 5 & -9 & 3 \\ 2 & 12 & -4 \\ -3 & -18 & 6 \end{bmatrix}$$

$$\begin{aligned} |\mathbf{B}| &= 5\begin{vmatrix} 12 & -4 \\ -18 & 6 \end{vmatrix} - 9(-1)\begin{vmatrix} 2 & -4 \\ -3 & 6 \end{vmatrix} + 3\begin{vmatrix} 2 & 12 \\ -3 & -18 \end{vmatrix} \\ &= 5[72-(+72)] + 9[12-(+12)] + 3[-36-(-36)] \\ &= 5(0) + 9(0) + 3(0) = 0 \end{aligned}$$

$|\mathbf{B}| = 0$이므로 B는 특이행렬(singular matrix)로서 세 행(세 열)은 선형 독립적이 아니다. 따라서 $\rho(\mathbf{B}) \neq 3$. 이제는 다시 B를 구성하는 세 개의 행(또는 세 개의 열) 가운데 임의의 두 개의 행이나 두 개의 열이 독립적이 되는지 확인해야 한다. 이를 위해 왼쪽 상단에서 시작하여 2×2의 소행렬(submatrix)을 취해 가면서 이의 행렬식의 구한다. 그리고 0이 아닌 값을 갖는 행렬식이 존재하는지 확인한다.

$$\begin{vmatrix} 5 & -9 \\ 2 & 12 \end{vmatrix} = 60 - (-18) = 78 \neq 0$$

따라서 $\rho(\mathbf{B}) = 2$이다[2]. 즉 B에는 단지 두 개의 선형 독립적인 행(열)이 있을 뿐이다. 실제 B가 선형 독립적이지 않다는 것, 즉 선형 종속적이라는 사실은 B를 구성하는 세 개의 행 중 세 번째 행은 두 번째 행의 -1.5가 되고, 열의 경우는 세 번째 열은 두 번째 열의 $(-1/3)$배가 된다는 사실에서 쉽게 확인할 수 있다.

역자 TIP

2) 2×2 소행렬의 행렬식이 0이 아니므로 두 개의 행(또는 두 개의 열)은 서로 선형 독립적이며 따라서 위수는 $\rho(B) = 2$이다.

c) $\mathbf{C} = \begin{bmatrix} -8 & 2 & -6 \\ 10 & -2.5 & 7.5 \\ 24 & -6 & 18 \end{bmatrix}$

$$|\mathbf{C}| = -8\begin{vmatrix} -2.5 & 7.5 \\ -6 & 18 \end{vmatrix} + 2(-1)\begin{vmatrix} 10 & 7.5 \\ 24 & 18 \end{vmatrix} - 6\begin{vmatrix} 10 & -2.5 \\ 24 & -6 \end{vmatrix}$$
$$= -8[-45-(-45)] - 2(180-180) - 6[-60-(-60)] = 0$$

$|\mathrm{C}| = 0$이므로 $\rho(\mathrm{C}) \neq 3$. 따라서 2×2의 여러 소행렬을 차례로 구성하고 이 중 0이 아닌 값을 갖는 행렬식이 있는지 확인한다. 서로 다른 2×2 소행렬의 행렬식 값이 모두 0이므로 C를 구성하는 어떤 두 개의 행이나 어떤 두 개의 열도 선형 독립적이 아니다.

$$\begin{vmatrix} -8 & 2 \\ 10 & -2.5 \end{vmatrix} = 20 - 20 = 0 \qquad \begin{vmatrix} 2 & -6 \\ -2.5 & 7.5 \end{vmatrix} = 15 - 15 = 0$$
$$\begin{vmatrix} 10 & -2.5 \\ 24 & -6 \end{vmatrix} = -60 - (-60) = 0 \qquad \begin{vmatrix} -2.5 & 7.5 \\ -6 & 18 \end{vmatrix} = -45 - (-45) = 0$$

따라서 $\rho(\mathrm{C}) \neq 2$이며 결국 $\rho(\mathrm{C}) = 1$이다. 실제로 행렬 C의 두 번째 행은 첫 번째 행의 −1.25배이며 세 번째 행은 첫 번째 행의 −3배가 된다. 열의 경우도 두 번째 열은 첫 번째 열의 $(-1/4)$배가 되며, 또 세 번째 열은 첫 번째 열의 $3/4$배가 됨을 알 수 있다.

d) $\mathbf{D} = \begin{bmatrix} 2 & 5 \\ 7 & 11 \\ 3 & 1 \end{bmatrix}$

선형 독립적인 행(열)의 최대 개수는 선형 독립적인 열(행)의 최대 개수와 동일하기 때문에 D 행렬의 위수 ρ는 열의 개수 2보다 클 수 없다[3]. 소행렬의 행렬식을 구하면

$$\begin{vmatrix} 2 & 5 \\ 7 & 11 \end{vmatrix} = 22 - 35 = -13 \neq 0 \qquad \rho(\mathbf{D}) = 2$$

이로부터 분명한 것은 선형 독립적인 열은 두 개 존재하며[4], 선형 독립적인 행 역시 두 개만 존재한다. 왜냐하면 두 번째 행은 첫 번째 행에 2를 곱한 결과에 세 번째 행을 더한 결과와 동일하기 때문이다[5].

역자 TIP

3) $A_{m\times n}$에서 $\rho(A) \leq \min(m,n)$이다.
4) 행렬 D는 두 개의 열로 구성되어 있으므로 독립적인 열의 개수는 두 개를 넘어설 수 없으며, 또한 2×2 소행렬의 행렬식 값이 0이 아니다.
5) 두 번째 행과 첫 번째, 세 번째 행 사이에는 선형 종속관계(lincar dependence)가 성립한다.

■ 행렬식의 특성

11.4 A 행렬이 다음과 같이 주어졌을 때 (a) A의 행렬식과, (b) A의 전치행렬 $\mathbf{A}'$의 행렬식을 비교하고, (c) 이 비교를 통해 행렬식의 어떤 특성이 성립하고 있는지 확인하시오.

$$\mathbf{A}=\begin{bmatrix}2 & 5 & 1\\ 3 & 2 & 4\\ 1 & 4 & 2\end{bmatrix}$$

a) $$|\mathbf{A}| = 2(4-16)-5(6-4)+1(12-2) = -24$$

b) $$\mathbf{A}'=\begin{bmatrix}2 & 3 & 1\\ 5 & 2 & 4\\ 1 & 4 & 2\end{bmatrix}$$

$$|\mathbf{A}'| = 2(4-16)-3(10-4)+1(20-2) = -24$$

c) 위의 예는 어떤 행렬의 행렬식과 그 전치행렬의 행렬식은 동일함을 보여준다. (11.5절 참조)

11.5 아래 주어진 행렬 A에 대해 (a) A의 행렬식과 (b) $\mathbf{A}'$의 행렬식을 비교하시오.

$$\mathbf{A}=\begin{bmatrix}a_{11} & a_{12}\\ a_{21} & a_{22}\end{bmatrix}$$

a) $|\mathbf{A}| = a_{11}a_{22} - a_{12}a_{21}$ b) $\mathbf{A}'=\begin{bmatrix}a_{11} & a_{21}\\ a_{12} & a_{22}\end{bmatrix}$ $|\mathbf{A}| = a_{11}a_{22} - a_{21}a_{12}$

11.6 행렬 A가 다음과 같이 주어졌을 때 다음 물음에 답하시오.

$$\mathbf{A}=\begin{bmatrix}1 & 4 & 2\\ 3 & 5 & 4\\ 2 & 3 & 2\end{bmatrix}$$

(a) A의 행렬식을 구하시오

(b) A의 1행과 2행을 바꾸어 새로운 행렬 B를 구성하고 행렬식 $|\mathbf{B}|$를 구하시오.

(c) A의 1열과 3열을 바꾸어 새로운 행렬 C를 구성하고 행렬식 $|\mathbf{C}|$를 구하시오.

(d) A, B 두 행렬의 행렬식을 비교하고, 이는 행렬식의 어떤 특성을 나타내는 예인지 확인하시오.

a) $$|\mathbf{A}| = 1(10-12)-4(6-8)+2(9-10) = 4$$

b) $$\mathbf{B}=\begin{bmatrix}3 & 5 & 4\\ 1 & 4 & 2\\ 2 & 3 & 2\end{bmatrix}$$

$$|\mathbf{B}| = 3(8-6)-5(2-4)+4(3-8) = -4$$

c) $$\mathbf{C} = \begin{bmatrix} 2 & 4 & 1 \\ 4 & 5 & 3 \\ 2 & 3 & 2 \end{bmatrix}$$

$$|\mathbf{C}| = 2(10-9) - 4(8-6) + 1(12-10) = -4$$

d) $|\mathbf{B}| = -|\mathbf{A}|$. 임의의 두 행 또는 두 열을 바꿀 경우 행렬식의 부호가 바뀌나 행렬식의 절대값에는 영향을 주지 않는다.

11.7 행렬 W가 다음과 같이 주어졌을 때 다음 물음에 답하시오.

$$\mathbf{W} = \begin{bmatrix} w & x \\ y & z \end{bmatrix}$$

(a) 행렬 W의 행렬식을 구하시오.

(b) 행렬 W의 1행과 2행을 바꾸어 새로운 행렬 Y를 구성하고, Y의 행렬식을 W의 행렬식과 비교하시오.

a) $$|\mathbf{W}| = wz - yx$$

b) $$\mathbf{Y} = \begin{bmatrix} y & z \\ w & x \end{bmatrix} \qquad |\mathbf{Y}| = yx - wz = -(wz - yx) = -|\mathbf{W}|$$

11.8 행렬 A가 다음과 같이 주어졌을 때 다음 물음에 답하시오.

$$\mathbf{A} = \begin{bmatrix} 3 & 5 & 7 \\ 2 & 1 & 4 \\ 4 & 2 & 3 \end{bmatrix}$$

(a) 행렬 A의 행렬식을 구하시오.

(b) A의 1행에 2를 곱하여 새로운 행렬 B를 구성한 후 B의 행렬식을 구하시오.

(c) A, B 두 행렬의 행렬식을 비교하고, 이는 행렬식의 어떤 특성을 나타내는 예인지 확인하시오.

a) $$|\mathbf{A}| = 3(3-8) - 5(6-16) + 7(4-4) = 35$$

b) $$\mathbf{B} = \begin{bmatrix} 6 & 10 & 14 \\ 2 & 1 & 4 \\ 4 & 2 & 3 \end{bmatrix} \qquad |\mathbf{B}| = 6(3-8) - 10(6-16) + 14(4-4) = 70$$

c) $|\mathbf{B}| = 2|\mathbf{A}|$. 행렬을 구성하는 임의의 한 행이나 열에 스칼라를 곱하여 얻은 행렬의 행렬식 값은, 원래 행렬의 행렬식 값에 스칼라를 곱한 것과 같다.. 위의 경우 A의 1행을 두 배한 결과, 행렬식 값은 두 배가 되었다.

11.9 행렬 A가 다음과 같이 주어졌을 때 다음 물음에 답하시오.

$$\mathbf{A} = \begin{bmatrix} 2 & 5 & 8 \\ 3 & 10 & 1 \\ 1 & 15 & 4 \end{bmatrix}$$

(*a*) 행렬식 |**A**|를 구하시오.

(*b*) **A**의 2열에 1/5을 곱하여 새로운 행렬 **B**를 구성한 후 **B**의 행렬식 |**B**|를 구하시오.

(*c*) 두 행렬식 |**A**|와 |**B**|를 비교하시오.

a) $$|\mathbf{A}| = 2(40-15) - 5(12-1) + 8(45-10) = 275$$

b) **A**의 2열에 1/5을 곱한다는 것은 2열을 5로 나눈 것과 같으므로,

$$\mathbf{B} = \begin{bmatrix} 2 & 1 & 8 \\ 3 & 2 & 1 \\ 1 & 3 & 4 \end{bmatrix} \qquad |\mathbf{B}| = 2(8-3) - 1(12-1) + 8(9-2) = 55$$

c) $$|\mathbf{B}| = \tfrac{1}{5}|\mathbf{A}|$$

11.10 행렬 **A**, **B**가 다음과 같이 주어졌을 때,

$$\mathbf{A} = \begin{bmatrix} a_{11} & a_{12} \\ a_{21} & a_{22} \end{bmatrix} \qquad \mathbf{B} = \begin{bmatrix} a_{11} & ka_{12} \\ a_{21} & ka_{22} \end{bmatrix}$$

(*a*) |**A**|를 구하시오.

(*b*) |**B**|를 구하고 이를 |**A**|와 비교하시오.

a) $|\mathbf{A}| = a_{11}a_{22} - a_{12}a_{21}$

b) $$|\mathbf{B}| = a_{11}ka_{22} - ka_{12}a_{21} = k(a_{11}a_{22}) - k(a_{12}a_{21}) = k(a_{11}a_{22} - a_{12}a_{21}) = k|\mathbf{A}|$$

11.11 행렬 **A**가 다음과 같이 주어졌을 때,

$$\mathbf{A} = \begin{bmatrix} 5 & 1 & 4 \\ 3 & 2 & 5 \\ 4 & 1 & 6 \end{bmatrix}$$

(*a*) 행렬식 |**A**|를 구하시오.

(*b*) 행렬 **A**의 2열을 5배 한 후 이를 1열에서 빼서 얻은 새로운 행렬 **B**의 행렬식 |**B**|를 구하시오.

(*c*) 두 행렬식 |**A**|, |**B**|를 비교하고 이것은 행렬식의 어떤 특성을 나타내는지 확인하시오.

a) $$|\mathbf{A}| = 5(12-5) - 1(18-20) + 4(3-8) = 17$$

b) $$\mathbf{B} = \begin{bmatrix} 0 & 1 & 4 \\ -7 & 2 & 5 \\ -1 & 1 & 6 \end{bmatrix} \qquad |\mathbf{B}| = 0 - 1(-42 + 5) + 4(-7 + 2) = 17$$

c) $|\mathbf{B}| = |\mathbf{A}|$. 임의의 행이나 열에 0이 아닌 상수를 곱한 후, 이를 다른 행이나 열에서 더하거나 빼더라도 행렬식의 값에는 변함이 없다.

11.12 (*a*) [연습문제 11.11]에 있는 **A** 행렬의 1행에서 3행을 빼서 새로운 행렬 **C**를 구성하시오.

(*b*) 행렬식 $|\mathbf{C}|$를 구하시오.

a) $$\mathbf{C} = \begin{bmatrix} 1 & 0 & -2 \\ 3 & 2 & 5 \\ 4 & 1 & 6 \end{bmatrix}$$

b) $$|\mathbf{C}| = 1(12 - 5) - 0 + (-2)(3 - 8) = 17$$

11.13 하위삼각행렬[6](lower triangular matrix)이 다음과 같이 주어졌을 때,

$$\mathbf{A} = \begin{bmatrix} -3 & 0 & 0 \\ 2 & -5 & 0 \\ 6 & 1 & 4 \end{bmatrix}$$

(*a*) $|\mathbf{A}|$를 구하시오.

(*b*) 우하향의 주대각선(principal diagonal) 상에 있는 원소의 곱을 구하시오.

(*c*) 이것은 행렬식의 어떤 특성을 나타내는지 확인하시오.

a) $$|\mathbf{A}| = -3(-20 - 0) - 0 + 0 = 60$$

b) 주대각선 상에 위치한 원소를 곱하면 $(-3)(-5)(4) = 60$이다.

c) 삼각행렬[7]의 행렬식 값은 삼각행렬의 주대각선 상에 위치한 원소의 곱과 같다.

11.14 상위삼각행렬[8](upper triangular matrix)이 다음과 같이 주어졌을 때,

$$\mathbf{A} = \begin{bmatrix} 2 & -5 & -1 \\ 0 & 3 & 6 \\ 0 & 0 & -7 \end{bmatrix}$$

(*a*) $|\mathbf{A}|$를 구하시오.

(*b*) 우하향의 주대각선(principal diagonal) 상에 있는 원소의 곱을 구하시오.

a) $$|\mathbf{A}| = 2(-21 - 0) - (-5)(0 - 0) - 1(0 - 0) = -42$$

b) $$2(3)(-7) = -42$$

역자 TIP

6) 정방행렬(square matrix)의 주대각선(principal diagonal) '상단'에 위치한 원소가 모두 0인 행렬을 하위삼각행렬이라고 한다. Dowling의 원서에는 0이 위치해 있는 곳을 기준으로 해서 이를 상위삼각행렬(upper triangular matrix)로 표현하고 있다.
7) 정방행렬의 주대각선의 '상단' 또는 '하단'의 원소가 모두 0으로 구성된 행렬을 삼각행렬이라 한다.
8) 정방행렬(square matrix)의 주대각선(principal diagonal) '하단'에 위치한 원소가 모두 0인 행렬을 상위삼각행렬이라고 한다. Dowling의 원서에는 0이 위치해 있는 곳을 기준으로 해서 이를 하위삼각행렬(upper triangular matrix)로 표현하고 있다.

11.15 행렬 **A**가 다음과 같이 주어졌을 때

$$\mathbf{A} = \begin{bmatrix} 12 & 16 & 13 \\ 0 & 0 & 0 \\ -15 & 20 & -9 \end{bmatrix}$$

(a) 행렬식 $|\mathbf{A}|$를 구하시오.

$$|\mathbf{A}| = 12(0-0) - 16(0-0) + 13(0-0) = 0$$

(b) 행렬을 구성하는 임의의 한 행 또는 한 열의 원소가 모두 0인 경우 행렬식은 0이 된다. **A** 행렬의 2행의 원소가 모두 0이므로 **A**는 실제로 3×3가 아닌 2×3 행렬이다. 그러나 행렬식이 정의되는 행렬은 정방행렬뿐이다.

▪ 특이행렬과 비특이행렬

11.16 2×2의 계수행렬 **A**를 이용하여 $|\mathbf{A}| = 0$인 경우 **A** 행렬의 행(열) 사이에는 선형 독립성이 있으며, 또한 연립방정식을 만족시키는 단일해(unique solution)가 존재한다는 것을 증명하시오.

두 개의 미지수를 가진 두 개의 선형방정식이 다음과 같이 주어졌다고 하자.

$$a_{11}x + a_{12}y = b_1 \tag{11.5}$$

$$a_{21}x + a_{22}y = b_2 \tag{11.6}$$

식 (11.5)와 (11.6)에 각각 a_{22}와 $-a_{12}$를 곱한 후 두 식을 더하면 y를 소거하고 x를 구할 수 있다.

$$\begin{aligned} a_{11}a_{22}x + a_{12}a_{22}y &= a_{22}b_1 \\ -a_{12}a_{21}x - a_{12}a_{22}y &= -a_{12}b_2 \\ \hline (a_{11}a_{22} - a_{12}a_{21})x &= a_{22}b_1 - a_{12}b_2 \end{aligned}$$

$$x = \frac{a_{22}b_1 - a_{12}b_2}{a_{11}a_{22} - a_{12}a_{21}} \tag{11.7}$$

여기서 $a_{11}a_{22} - a_{12}a_{21} = |\mathbf{A}|$이다. 식 (11.7)에서 $|\mathbf{A}| = a_{11}a_{22} - a_{12}a_{21} = 0$[9]이 된다면 이는 방정식들 사이에 선형 종속성이 존재함을 의미하며, 이때는 어떠한 단일해

도 존재하지 않는다. 그러나 $|\mathbf{A}| = a_{11}a_{22} - a_{12}a_{21} \neq 0$이 되는 경우에는 방정식들 사이에 선형 독립성이 존재하며, 따라서 단일해가 존재하게 된다.

역자 TIP

9) $a_{11}a_{22} - a_{12}a_{21} = 0$인 경우 $a_{11}a_{22} = a_{12}a_{21}$에서 $\frac{a_{11}}{a_{21}} = \frac{a_{12}}{a_{22}}$가 된다. 여기서 좌변과 우변의 분자인 a_{11}과 a_{12}는 첫 번째 방정식의 계수이고, 분모인 a_{21}과 a_{22}는 두 번째 방정식의 계수이다. 이들의 비율이 동일하다는 것은 바로 첫 번째 방정식이 두 번째 방정식에 a_{11}/a_{21}(또는 a_{12}/a_{22})배를 곱한 것과 동일하다는 것을 의미함으로써 이들 두 방정식 사이에는 선형 종속성이 존재하는 것이다.

11.17 다음 연립방정식에서 단일해가 존재하는지 행렬식을 이용하여 확인하시오.

a)
$$12x_1 + 7x_2 = 147$$
$$15x_1 + 19x_2 = 168$$

단일해가 존재하는가를 확인하기 위해서는 먼저 계수행렬 **A**를 구성하고 **A**의 행렬식 $|\mathbf{A}|$를 구한다. 만약 $|\mathbf{A}| \neq 0$이면, **A** 행렬은 비특이행렬이 되어 단일해가 존재한다. 반면에 $|\mathbf{A}| = 0$이 되는 경우, **A**는 특이행렬로서 어떤 단일해도 존재하지 않는다.

$$\mathbf{A} = \begin{bmatrix} 12 & 7 \\ 15 & 19 \end{bmatrix}$$
$$|\mathbf{A}| = 12(19) - (7)15 = 123$$

$|\mathbf{A}| \neq 0$이므로 **A**는 비특이행렬로서 단일해가 존재한다.

b)
$$2x_1 + 3x_2 = 27$$
$$6x_1 + 9x_2 = 81$$

$$\mathbf{A} = \begin{bmatrix} 2 & 3 \\ 6 & 9 \end{bmatrix} \qquad |\mathbf{A}| = 2(9) - 6(3) = 0$$

어떤 단일해도 존재하지 않는다. 두 방정식은 서로 선형 종속적(linearly dependent)이다. 실제로 두 번째은 첫 번째 방정식의 세 배에 해당한다.

c)
$$72x_1 - 54x_2 = 216$$
$$64x_1 - 48x_2 = 192$$

$$\mathbf{A} = \begin{bmatrix} 72 & -54 \\ 64 & -48 \end{bmatrix} \qquad |\mathbf{A}| = 72(-48) - (-54)(64) = -3456 + 3456 = 0$$

위의 연립방정식은 선형 종속적이기 때문에 단일해가 존재하지 않는다. 다시 말해 두 번째 방정식은 첫 번째 방정식의 8/9배에 해당한다.

d)
$$4x_1 + 3x_2 + 5x_3 = 27$$
$$x_1 + 6x_2 + 2x_3 = 19$$
$$3x_1 + x_2 + 3x_3 = 15$$

$$\mathbf{A} = \begin{bmatrix} 4 & 3 & 5 \\ 1 & 6 & 2 \\ 3 & 1 & 3 \end{bmatrix} \qquad |\mathbf{A}| = 4(18-2) - 3(3-6) + 5(1-18) = -12$$

$|\mathbf{A}| \neq 0$이므로 세 방정식들은 서로 선형 독립적이다. 따라서 단일해가 존재한다.

e)

$$\begin{aligned} 4x_1 + 2x_2 + \ \ 6x_3 &= 28 \\ 3x_1 + \ \ x_2 + \ \ 2x_3 &= 20 \\ 10x_1 + 5x_2 + 15x_3 &= 70 \end{aligned}$$

$$\mathbf{A} = \begin{bmatrix} 4 & 2 & 6 \\ 3 & 1 & 2 \\ 10 & 5 & 15 \end{bmatrix} \qquad |\mathbf{A}| = 4(15-10) - 2(45-20) + 6(15-10) = 0$$

방정식들이 서로 선형 종속적이기 때문에 단일해는 존재하지 않는다. 세 번째 방정식은 첫 번째 방정식에 2.5를 곱하면 얻을 수 있다.

f)

$$\begin{aligned} 56x_1 + 47x_2 + \ \ 8x_3 &= 365 \\ 84x_1 - 39x_2 + 12x_3 &= 249 \\ 28x_1 - 81x_2 + \ \ 4x_3 &= 168 \end{aligned}$$

$$\mathbf{A} = \begin{bmatrix} 56 & 47 & 8 \\ 84 & -39 & 12 \\ 28 & -81 & 4 \end{bmatrix}$$

1열을 공통인수 28로 인수분해하고 3열을 공통인수 4로 인수분해하여 행렬식을 구하면

$$|\mathbf{A}| = 28(4) \begin{vmatrix} 2 & 47 & 2 \\ 3 & -39 & 3 \\ 1 & -81 & 1 \end{vmatrix}$$

1열과 3열은 선형 종속적이므로 행렬식은 $|A| = 0$이 될 것이다. 따라서 어떤 단일해도 존재하지 않는다.

$$|\mathbf{A}| = 112[2(-39+243) - 47(0) + 2(-243+39)] = 112(0) = 0$$

■ 소행렬식과 여인수(Minors and Cofactors)

11.18 아래 주어진 행렬 $\mathbf{A}$에 대해 1행의 원소를 기준으로 (*a*) 소행렬식 $|M_{ij}|$를 구하고, (*b*) 여인수 $|C_{ij}|$를 구하시오.

$$\mathbf{A} = \begin{bmatrix} a_{11} & a_{12} \\ a_{21} & a_{22} \end{bmatrix}$$

a) a_{11}의 소행렬식을 구하기 위해 먼저 마음 속으로 a_{11}이 위치한 행과 열을 제거한다. 이때 남아있는 원소로 행렬식을 구성하면 a_{11}의 소행렬식 $|M_{11}|$을 구할 수 있

다. 즉 $|M_{11}| = |a_{22}| = a_{22}$이다. 마찬가지로 $|M_{12}| = a_{21}$이다.

b) 여인수는 소행렬식에 부호를 부가한 것이므로

$$|C_{11}| = (-1)^{1+1}|M_{11}| = +1(a_{22}) = a_{22}$$
$$|C_{12}| = (-1)^{1+2}|M_{12}| = -1(a_{21}) = -a_{21}$$

11.19 아래 주어진 행렬 **A**에 대해 2행의 원소를 기준으로 (*a*) 소행렬식 $|M_{ij}|$를 구하고, (*b*) 여인수 $|C_{ij}|$를 구하시오.

$$\mathbf{A} = \begin{bmatrix} 13 & 17 \\ 19 & 15 \end{bmatrix}$$

a) $$|M_{21}| = 17 \qquad |M_{22}| = 13$$

b) $$|C_{21}| = (-1)^{2+1}|M_{21}| = -1(17) = -17$$
$$|C_{22}| = (-1)^{2+2}|M_{22}| = +1(13) = 13$$

11.20 아래 주어진 행렬 **A**에 대해 2열의 원소를 기준으로 (*a*) 소행렬식 $|M_{ij}|$를 구하고, (*b*) 여인수 $|C_{ij}|$를 구하시오.

$$\mathbf{A} = \begin{bmatrix} 6 & 7 \\ 12 & 9 \end{bmatrix}$$

a) $$|M_{12}| = 12 \qquad |M_{22}| = 6$$

b) $$|C_{12}| = (-1)^{1+2}|M_{12}| = -12$$
$$|C_{22}| = (-1)^{2+2}|M_{22}| = 6$$

11.21 아래 주어진 행렬 **A**에 대해 1행의 원소를 기준으로 (*a*) 소행렬식들을 구하고, (*b*) 여인수들을 구하시오.

$$\mathbf{A} = \begin{bmatrix} 5 & 2 & -4 \\ 6 & -3 & 7 \\ 1 & 2 & 4 \end{bmatrix}$$

a) a_{11}의 소행렬식을 구하기 위해 a_{11}이 위치한 1행과 1열을 제거한다.

$$|M_{11}| = \begin{vmatrix} -3 & 7 \\ 2 & 4 \end{vmatrix} = -26$$

마찬가지로

$$|M_{12}| = \begin{vmatrix} 6 & 7 \\ 1 & 4 \end{vmatrix} = 17$$

$$|M_{13}| = \begin{vmatrix} 6 & -3 \\ 1 & 2 \end{vmatrix} = 15$$

b)

$$|C_{11}| = (-1)^2|M_{11}| = -26$$
$$|C_{12}| = (-1)^3|M_{12}| = -17$$
$$|C_{13}| = (-1)^4|M_{13}| = 15$$

11.22 아래 주어진 행렬 **A**에 대해 3행의 원소를 기준으로 (*a*) 소행렬식들을 구하고, (*b*) 여인수들을 구하시오.

$$\mathbf{A} = \begin{bmatrix} 9 & 11 & 4 \\ 3 & 2 & 7 \\ 6 & 10 & 4 \end{bmatrix}$$

a) 3행과 1열을 제거한다.

$$|M_{31}| = \begin{vmatrix} 11 & 4 \\ 2 & 7 \end{vmatrix} = 69$$

마찬가지로

$$|M_{32}| = \begin{vmatrix} 9 & 4 \\ 3 & 7 \end{vmatrix} = 51$$

$$|M_{33}| = \begin{vmatrix} 9 & 11 \\ 3 & 2 \end{vmatrix} = -15$$

b)

$$|C_{31}| = (-1)^4|M_{31}| = 69$$
$$|C_{32}| = (-1)^5|M_{32}| = -51$$
$$|C_{33}| = (-1)^6|M_{33}| = -15$$

11.23 아래 주어진 행렬 **A**에 대해 2열의 원소를 기준으로 (*a*) 소행렬식들을 구하고, (*b*) 여인수들을 구하시오.

$$\mathbf{A} = \begin{bmatrix} 13 & 6 & 11 \\ 12 & 9 & 4 \\ 7 & 10 & 2 \end{bmatrix}$$

a)

$$|M_{12}| = \begin{vmatrix} 12 & 4 \\ 7 & 2 \end{vmatrix} = -4$$

$$|M_{22}| = \begin{vmatrix} 13 & 11 \\ 7 & 2 \end{vmatrix} = -51$$

$$|M_{32}| = \begin{vmatrix} 13 & 11 \\ 12 & 4 \end{vmatrix} = -80$$

b)

$$|C_{12}| = (-1)^3|M_{12}| = -1(-4) = 4$$
$$|C_{22}| = (-1)^4|M_{22}| = -51$$
$$|C_{32}| = (-1)^5|M_{32}| = -1(-80) = 80$$

11.24 다음 행렬에 대해 (1) 여인수행렬 **C**와 (2) 수반행렬 Adj **A**를 구하시오.

a) $\mathbf{A} = \begin{bmatrix} 7 & 12 \\ 4 & 3 \end{bmatrix}$

1) $\mathbf{C} = \begin{bmatrix} |C_{11}| & |C_{12}| \\ |C_{21}| & |C_{22}| \end{bmatrix} = \begin{bmatrix} |M_{11}| & -|M_{12}| \\ -|M_{21}| & |M_{22}| \end{bmatrix} = \begin{bmatrix} 3 & -4 \\ -12 & 7 \end{bmatrix}$

2) $\text{Adj}\,\mathbf{A} = \mathbf{C}' = \begin{bmatrix} 3 & -12 \\ -4 & 7 \end{bmatrix}$

b) $\mathbf{A} = \begin{bmatrix} -2 & 5 \\ 13 & 6 \end{bmatrix}$

1) $\mathbf{C} = \begin{bmatrix} 6 & -13 \\ -5 & -2 \end{bmatrix}$ 2) $\text{Adj}\,\mathbf{A} = \begin{bmatrix} 6 & -5 \\ -13 & -2 \end{bmatrix}$

c) $\mathbf{A} = \begin{bmatrix} 9 & -16 \\ -20 & 7 \end{bmatrix}$

1) $\mathbf{C} = \begin{bmatrix} 7 & 20 \\ 16 & 9 \end{bmatrix}$ 2) $\text{Adj}\,\mathbf{A} = \begin{bmatrix} 7 & 16 \\ 20 & 9 \end{bmatrix}$

d) $\mathbf{A} = \begin{bmatrix} 6 & 2 & 7 \\ 5 & 4 & 9 \\ 3 & 3 & 1 \end{bmatrix}$

1) $\mathbf{C} = \begin{bmatrix} |C_{11}| & |C_{12}| & |C_{13}| \\ |C_{21}| & |C_{22}| & |C_{23}| \\ |C_{31}| & |C_{32}| & |C_{33}| \end{bmatrix} = \begin{bmatrix} \begin{vmatrix} 4 & 9 \\ 3 & 1 \end{vmatrix} & -\begin{vmatrix} 5 & 9 \\ 3 & 1 \end{vmatrix} & \begin{vmatrix} 5 & 4 \\ 3 & 3 \end{vmatrix} \\ -\begin{vmatrix} 2 & 7 \\ 3 & 1 \end{vmatrix} & \begin{vmatrix} 6 & 7 \\ 3 & 1 \end{vmatrix} & -\begin{vmatrix} 6 & 2 \\ 3 & 3 \end{vmatrix} \\ \begin{vmatrix} 2 & 7 \\ 4 & 9 \end{vmatrix} & -\begin{vmatrix} 6 & 7 \\ 5 & 9 \end{vmatrix} & \begin{vmatrix} 6 & 2 \\ 5 & 4 \end{vmatrix} \end{bmatrix} = \begin{bmatrix} -23 & 22 & 3 \\ 19 & -15 & -12 \\ -10 & -19 & 14 \end{bmatrix}$

2) $\text{Adj}\,\mathbf{A} = \mathbf{C}' = \begin{bmatrix} -23 & 19 & -10 \\ 22 & -15 & -19 \\ 3 & -12 & 14 \end{bmatrix}$

e) $\mathbf{A} = \begin{bmatrix} 13 & -2 & 8 \\ -9 & 6 & -4 \\ -3 & 2 & -1 \end{bmatrix}$

1) $\mathbf{C} = \begin{bmatrix} \begin{vmatrix} 6 & -4 \\ 2 & -1 \end{vmatrix} & -\begin{vmatrix} -9 & -4 \\ -3 & -1 \end{vmatrix} & \begin{vmatrix} -9 & 6 \\ -3 & 2 \end{vmatrix} \\ -\begin{vmatrix} -2 & 8 \\ 2 & -1 \end{vmatrix} & \begin{vmatrix} 13 & 8 \\ -3 & -1 \end{vmatrix} & -\begin{vmatrix} 13 & -2 \\ -3 & 2 \end{vmatrix} \\ \begin{vmatrix} -2 & 8 \\ 6 & -4 \end{vmatrix} & -\begin{vmatrix} 13 & 8 \\ -9 & -4 \end{vmatrix} & \begin{vmatrix} 13 & -2 \\ -9 & 6 \end{vmatrix} \end{bmatrix} = \begin{bmatrix} 2 & 3 & 0 \\ 14 & 11 & -20 \\ -40 & -20 & 60 \end{bmatrix}$

2) $\text{Adj}\,\mathbf{A} = \mathbf{C}' = \begin{bmatrix} 2 & 14 & -40 \\ 3 & 11 & -20 \\ 0 & -20 & 60 \end{bmatrix}$

■ 라플라스 전개(Laplace Expansion)

11.25 다음 행렬의 행렬식을 라플라스 전개를 이용하여 구하시오(가장 간단한 행이나 열을 택하여 라플라스 전개를 진행하시오).

$a)\quad \mathbf{A} = \begin{bmatrix} 15 & 7 & 9 \\ 2 & 5 & 6 \\ 9 & 0 & 12 \end{bmatrix}$

2열을 따라 라플라스 전개를 하면

$$|\mathbf{A}| = a_{12}|C_{12}| + a_{22}|C_{22}| + a_{32}|C_{32}| = 7(-1)\begin{vmatrix} 2 & 6 \\ 9 & 12 \end{vmatrix} + 5\begin{vmatrix} 15 & 9 \\ 9 & 12 \end{vmatrix} + 0$$
$$= -7(-30) + 5(99) = 705$$

$b)\quad \mathbf{A} = \begin{bmatrix} 23 & 35 & 0 \\ 72 & 46 & 10 \\ 15 & 29 & 0 \end{bmatrix}$

3열을 따라 라플라스 전개를 하면

$$|\mathbf{A}| = a_{13}|C_{13}| + a_{23}|C_{23}| + a_{33}|C_{33}|$$
$$= 0 + 10(-1)\begin{vmatrix} 23 & 35 \\ 15 & 29 \end{vmatrix} + 0 = -10(142) = -1420$$

$c)\quad \mathbf{A} = \begin{bmatrix} 12 & 98 & 15 \\ 0 & 25 & 0 \\ 21 & 84 & 19 \end{bmatrix}$

2행을 따라 라플라스 전개를 하면

$$|\mathbf{A}| = a_{21}|C_{21}| + a_{22}|C_{22}| + a_{23}|C_{23}| = 0 + 25\begin{vmatrix} 12 & 15 \\ 21 & 19 \end{vmatrix} + 0 = 25(-87) = -2175$$

$d)\quad \mathbf{A} = \begin{bmatrix} 2 & 4 & 1 & 5 \\ 3 & 2 & 5 & 1 \\ 1 & 2 & 1 & 4 \\ 3 & 4 & 3 & 2 \end{bmatrix}$

1행을 따라 라플라스 전개를 하면

$$|\mathbf{A}| = a_{11}|C_{11}| + a_{12}|C_{12}| + a_{13}|C_{13}| + a_{14}|C_{14}|$$
$$= 2(-1)^{1+1}\begin{vmatrix} 2 & 5 & 1 \\ 2 & 1 & 4 \\ 4 & 3 & 2 \end{vmatrix} + 4(-1)^{1+2}\begin{vmatrix} 3 & 5 & 1 \\ 1 & 1 & 4 \\ 3 & 3 & 2 \end{vmatrix} + 1(-1)^{1+3}\begin{vmatrix} 3 & 2 & 1 \\ 1 & 2 & 4 \\ 3 & 4 & 2 \end{vmatrix} + 5(-1)^{1+4}\begin{vmatrix} 3 & 2 & 5 \\ 1 & 2 & 1 \\ 3 & 4 & 3 \end{vmatrix}$$

다시 3×3의 각 소행렬식을 1행을 따라 라플라스 전개를 하면

$$|\mathbf{A}| = 2\left[2\begin{vmatrix} 1 & 4 \\ 3 & 2 \end{vmatrix} - 5\begin{vmatrix} 2 & 4 \\ 4 & 2 \end{vmatrix} + 1\begin{vmatrix} 2 & 1 \\ 4 & 3 \end{vmatrix}\right] - 4\left[3\begin{vmatrix} 1 & 4 \\ 3 & 2 \end{vmatrix} - 5\begin{vmatrix} 1 & 4 \\ 3 & 2 \end{vmatrix} + 1\begin{vmatrix} 1 & 1 \\ 3 & 3 \end{vmatrix}\right]$$
$$+ 1\left[3\begin{vmatrix} 2 & 4 \\ 4 & 2 \end{vmatrix} - 2\begin{vmatrix} 1 & 4 \\ 3 & 2 \end{vmatrix} + 1\begin{vmatrix} 1 & 2 \\ 3 & 4 \end{vmatrix}\right] - 5\left[3\begin{vmatrix} 2 & 1 \\ 4 & 3 \end{vmatrix} - 2\begin{vmatrix} 1 & 1 \\ 3 & 3 \end{vmatrix} + 5\begin{vmatrix} 1 & 2 \\ 3 & 4 \end{vmatrix}\right]$$
$$= 2[2(-10) - 5(-12) + 1(2)] - 4[3(-10) - 5(-10) + 1(0)]$$
$$+ 1[3(-12) - 2(-10) + 1(-2)] - 5[3(2) - 2(0) + 5(-2)]$$
$$= 2(42) - 4(20) + 1(-18) - 5(-4) = 6$$

e) $\mathbf{A} = \begin{bmatrix} 5 & 0 & 1 & 3 \\ 4 & 2 & 6 & 0 \\ 3 & 0 & 1 & 5 \\ 0 & 1 & 4 & 2 \end{bmatrix}$

2열을 따라 라플라스 전개를 하면

$$|\mathbf{A}| = a_{12}|C_{12}| + a_{22}|C_{22}| + a_{32}|C_{32}| + a_{42}|C_{42}|$$
$$= 0 + 2(-1)^{2+2}\begin{vmatrix} 5 & 1 & 3 \\ 3 & 1 & 5 \\ 0 & 4 & 2 \end{vmatrix} + 0 + 1(-1)^{4+2}\begin{vmatrix} 5 & 1 & 3 \\ 4 & 6 & 0 \\ 3 & 1 & 5 \end{vmatrix}$$

다시 3×3의 각 소행렬식 값을 구하여 대입하면

$$|\mathbf{A}| = 2(-60) + 1(88) = -32$$

■ 역행렬

11.26 다음 행렬의 역행렬 $\mathbf{A}^{-1}$를 구하고, 문제 (a)의 경우는 검산까지 하시오.

a) $\mathbf{A} = \begin{bmatrix} 24 & 15 \\ 8 & 7 \end{bmatrix}$

$$\mathbf{A}^{-1} = \frac{1}{|\mathbf{A}|}\text{Adj}\,\mathbf{A}$$

행렬식 $|A|$를 계산하면 $|\mathbf{A}| = 24(7) - 15(8) = 48$

다음에 수반행렬(adjoint matrix)을 구하기 위해 여인수행렬을 구한다.

$$\mathbf{C} = \begin{bmatrix} 7 & -8 \\ -15 & 24 \end{bmatrix}$$

그리고 $\text{Adj}\,\mathbf{A} = \mathbf{C}' = \begin{bmatrix} 7 & -15 \\ -8 & 24 \end{bmatrix}$

따라서 $$\mathbf{A}^{-1} = \frac{1}{48}\begin{bmatrix} 7 & -15 \\ -8 & 24 \end{bmatrix} = \begin{bmatrix} \frac{7}{48} & -\frac{5}{16} \\ -\frac{1}{6} & \frac{1}{2} \end{bmatrix} \quad (11.8)$$

식 (11.8)에서 구한 역행렬을 이용하여 $\mathbf{A}^{-1}\mathbf{A} = \mathbf{I}$가 성립하는지를 검산한다.

$$\mathbf{A}^{-1}\mathbf{A} = \frac{1}{48}\begin{bmatrix} 7 & -15 \\ -8 & 24 \end{bmatrix}\begin{bmatrix} 24 & 15 \\ 8 & 7 \end{bmatrix} = \frac{1}{48}\begin{bmatrix} 7(24) - 15(8) & 7(15) - 15(7) \\ -8(24) + 24(8) & -8(15) + 24(7) \end{bmatrix}$$
$$= \frac{1}{48}\begin{bmatrix} 48 & 0 \\ 0 & 48 \end{bmatrix} = \begin{bmatrix} 1 & 0 \\ 0 & 1 \end{bmatrix}$$

b) $\mathbf{A} = \begin{bmatrix} 7 & 9 \\ 6 & 12 \end{bmatrix}$

$$|\mathbf{A}| = 7(12) - 9(6) = 30$$

여인수행렬과 수반행렬을 구한다.

$$\mathbf{C} = \begin{bmatrix} 12 & -6 \\ -9 & 7 \end{bmatrix}$$

그리고

$$\text{Adj}\,\mathbf{A} = \mathbf{C}' = \begin{bmatrix} 12 & -9 \\ -6 & 7 \end{bmatrix}$$

$$\mathbf{A}^{-1} = \frac{1}{30}\begin{bmatrix} 12 & -9 \\ -6 & 7 \end{bmatrix} = \begin{bmatrix} \frac{2}{5} & -\frac{3}{10} \\ -\frac{1}{5} & \frac{7}{30} \end{bmatrix}$$

c) $\mathbf{A} = \begin{bmatrix} -7 & 16 \\ -9 & 13 \end{bmatrix}$

$$|\mathbf{A}| = -7(13) - 16(-9) = 53$$

$$\mathbf{C} = \begin{bmatrix} 13 & 9 \\ -16 & -7 \end{bmatrix}$$

$$\text{Adj}\,\mathbf{A} = \mathbf{C}' = \begin{bmatrix} 13 & -16 \\ 9 & -7 \end{bmatrix}$$

$$\mathbf{A}^{-1} = \frac{1}{53}\begin{bmatrix} 13 & -16 \\ 9 & -7 \end{bmatrix} = \begin{bmatrix} \frac{13}{53} & -\frac{16}{53} \\ \frac{9}{53} & -\frac{7}{53} \end{bmatrix}$$

d) $\mathbf{A} = \begin{bmatrix} 4 & 2 & 5 \\ 3 & 1 & 8 \\ 9 & 6 & 7 \end{bmatrix}$

$$|\mathbf{A}| = 4(7 - 48) - 2(21 - 72) + 5(18 - 9) = -17$$

여인수행렬과 수반행렬을 구한다.

$$\mathbf{C} = \begin{bmatrix} \begin{vmatrix} 1 & 8 \\ 6 & 7 \end{vmatrix} & -\begin{vmatrix} 3 & 8 \\ 9 & 7 \end{vmatrix} & \begin{vmatrix} 3 & 1 \\ 9 & 6 \end{vmatrix} \\ -\begin{vmatrix} 2 & 5 \\ 6 & 7 \end{vmatrix} & \begin{vmatrix} 4 & 5 \\ 9 & 7 \end{vmatrix} & -\begin{vmatrix} 4 & 2 \\ 9 & 6 \end{vmatrix} \\ \begin{vmatrix} 2 & 5 \\ 1 & 8 \end{vmatrix} & -\begin{vmatrix} 4 & 5 \\ 3 & 8 \end{vmatrix} & \begin{vmatrix} 4 & 2 \\ 3 & 1 \end{vmatrix} \end{bmatrix} = \begin{bmatrix} -41 & 51 & 9 \\ 16 & -17 & -6 \\ 11 & -17 & -2 \end{bmatrix}$$

그리고

$$\text{Adj}\,\mathbf{A} = \mathbf{C}' = \begin{bmatrix} -41 & 16 & 11 \\ 51 & -17 & -17 \\ 9 & -6 & -2 \end{bmatrix}$$

따라서

$$\mathbf{A}^{-1} = -\frac{1}{17}\begin{bmatrix} -41 & 16 & 11 \\ 51 & -17 & -17 \\ 9 & -6 & -2 \end{bmatrix} = \begin{bmatrix} \frac{41}{17} & -\frac{16}{17} & -\frac{11}{17} \\ -3 & 1 & 1 \\ -\frac{9}{17} & \frac{6}{17} & \frac{2}{17} \end{bmatrix}$$

e) $\mathbf{A} = \begin{bmatrix} 14 & 0 & 6 \\ 9 & 5 & 0 \\ 0 & 11 & 8 \end{bmatrix}$

$$|\mathbf{A}| = 14(40) - 0 + 6(99) = 1154$$

여인수행렬과 수반행렬을 구한다.

$$\mathbf{C} = \begin{bmatrix} 40 & -72 & 99 \\ 66 & 112 & -154 \\ -30 & 54 & 70 \end{bmatrix}$$

$$\text{Adj}\,\mathbf{A} = \begin{bmatrix} 40 & 66 & -30 \\ -72 & 112 & 54 \\ 99 & -154 & 70 \end{bmatrix}$$

따라서 $$\mathbf{A}^{-1} = \frac{1}{1154}\begin{bmatrix} 40 & 66 & -30 \\ -72 & 112 & 54 \\ 99 & -154 & 70 \end{bmatrix} = \begin{bmatrix} \frac{20}{577} & \frac{33}{577} & -\frac{15}{577} \\ -\frac{36}{577} & \frac{56}{577} & \frac{27}{577} \\ \frac{99}{1154} & -\frac{77}{577} & \frac{35}{577} \end{bmatrix}$$

■ 역행렬을 이용한 연립방정식의 해

11.27 역행렬을 이용하여 다음 연립방정식의 해를 구하시오.

a) $4x_1 + 3x_2 = 28$
$2x_1 + 5x_2 = 42$

$$\begin{bmatrix} 4 & 3 \\ 2 & 5 \end{bmatrix}\begin{bmatrix} x_1 \\ x_2 \end{bmatrix} = \begin{bmatrix} 28 \\ 42 \end{bmatrix}$$

11.8절에서 살펴본 바와 같이 $\mathrm{X} = \mathrm{A}^{-1}\mathrm{B}$이므로 먼저 A의 역행렬을 구한다. $|\mathrm{A}| = 4(5) - 3(2) = 14$이고 A의 여인수행렬을 구하면

$$\mathbf{C} = \begin{bmatrix} 5 & -2 \\ -3 & 4 \end{bmatrix}$$

그리고 $$\text{Adj}\,\mathbf{A} = \mathbf{C}' = \begin{bmatrix} 5 & -3 \\ -2 & 4 \end{bmatrix}$$

따라서 $$\mathbf{A}^{-1} = \frac{1}{14}\begin{bmatrix} 5 & -3 \\ -2 & 4 \end{bmatrix} = \begin{bmatrix} \frac{5}{14} & -\frac{3}{14} \\ -\frac{1}{7} & \frac{2}{7} \end{bmatrix}$$

이를 $\mathrm{X} = \mathrm{A}^{-1}\mathrm{B}$에 대입하고 행렬의 곱셈을 간단히 하면

$$\mathbf{X} = \begin{bmatrix} \frac{5}{14} & -\frac{3}{14} \\ -\frac{1}{7} & \frac{2}{7} \end{bmatrix}_{2\times 2}\begin{bmatrix} 28 \\ 42 \end{bmatrix}_{2\times 1} = \begin{bmatrix} 10 - 9 \\ -4 + 12 \end{bmatrix}_{2\times 1} = \begin{bmatrix} 1 \\ 8 \end{bmatrix}_{2\times 1}$$

따라서 $\bar{x}_1 = 1$, $\bar{x}_2 = 8$이 된다.

b) $6x_1 + 7x_2 = 56$
$2x_1 + 3x_2 = 44$

$$\begin{bmatrix} 6 & 7 \\ 2 & 3 \end{bmatrix}\begin{bmatrix} x_1 \\ x_2 \end{bmatrix} = \begin{bmatrix} 56 \\ 44 \end{bmatrix}$$

$|\mathbf{A}| = 6(3) - 7(2) = 4.$

여기서 $\mathbf{C} = \begin{bmatrix} 3 & -2 \\ -7 & 6 \end{bmatrix} \quad \text{Adj}\,\mathbf{A} = \mathbf{C}' = \begin{bmatrix} 3 & -7 \\ -2 & 6 \end{bmatrix}$

그리고 $\mathbf{A}^{-1} = \frac{1}{4}\begin{bmatrix} 3 & -7 \\ -2 & 6 \end{bmatrix} = \begin{bmatrix} \frac{3}{4} & -\frac{7}{4} \\ -\frac{1}{2} & \frac{3}{2} \end{bmatrix}$

따라서 $\mathbf{X} = \begin{bmatrix} \frac{3}{4} & -\frac{7}{4} \\ -\frac{1}{2} & \frac{3}{2} \end{bmatrix}_{2\times2}\begin{bmatrix} 56 \\ 44 \end{bmatrix}_{2\times1} = \begin{bmatrix} 42-77 \\ -28+66 \end{bmatrix}_{2\times1} = \begin{bmatrix} -35 \\ 38 \end{bmatrix}_{2\times1}$

이고 $\bar{x}_1 = -35$, $\bar{x}_2 = 38$이 된다.

11.28 돼지고기(p)와 쇠고기(b) 두 관련재 시장의 균형조건이 아래와 같이 주어져 있을 때

$$\begin{aligned} 18P_b - P_p &= 87 \\ -2P_b + 36P_p &= 98 \end{aligned}$$

각 시장에서의 균형가격을 구하시오.

$$\begin{bmatrix} 18 & -1 \\ -2 & 36 \end{bmatrix}\begin{bmatrix} P_b \\ P_p \end{bmatrix} = \begin{bmatrix} 87 \\ 98 \end{bmatrix}$$

여기서 $|\mathbf{A}| = 18(36) - (-1)(-2) = 646$

$$\mathbf{C} = \begin{bmatrix} 36 & 2 \\ 1 & 18 \end{bmatrix} \quad \text{Adj}\,\mathbf{A} = \begin{bmatrix} 36 & 1 \\ 2 & 18 \end{bmatrix}$$

그리고 $\mathbf{A}^{-1} = \frac{1}{646}\begin{bmatrix} 36 & 1 \\ 2 & 18 \end{bmatrix} = \begin{bmatrix} \frac{18}{323} & \frac{1}{646} \\ \frac{1}{323} & \frac{9}{323} \end{bmatrix}$

따라서 $\mathbf{X} = \begin{bmatrix} \frac{18}{323} & \frac{1}{646} \\ \frac{1}{323} & \frac{9}{323} \end{bmatrix}\begin{bmatrix} 87 \\ 98 \end{bmatrix} = \begin{bmatrix} \frac{1615}{323} \\ \frac{969}{323} \end{bmatrix} = \begin{bmatrix} 5 \\ 3 \end{bmatrix}$

$\bar{P}_b = 5$, $\bar{P}_p = 3$.

이것은 [연습문제 2.12]의 연립방정식에서 얻은 해와 동일하다. [연습문제 2.13]을 역행렬을 이용하여 해를 구해보는 연습과정을 거쳐보기 바란다.

11.29 두 대체재의 균형조건이 아래와 같이 주어졌을 때 균형가격을 구하시오.

$$\begin{aligned} 5P_1 - 2P_2 &= 15 \\ -P_1 + 8P_2 &= 16 \end{aligned}$$

행렬의 형태로 표시하면

$$\begin{bmatrix} 5 & -2 \\ -1 & 8 \end{bmatrix}\begin{bmatrix} P_1 \\ P_2 \end{bmatrix} = \begin{bmatrix} 15 \\ 16 \end{bmatrix}$$

여기서 $|\mathbf{A}| = 5(8) - (-1)(-2) = 38$

$$\mathbf{C} = \begin{bmatrix} 8 & 1 \\ 2 & 5 \end{bmatrix} \qquad \text{Adj}\,\mathbf{A} = \begin{bmatrix} 8 & 2 \\ 1 & 5 \end{bmatrix}$$

그리고
$$\mathbf{A}^{-1} = \frac{1}{38}\begin{bmatrix} 8 & 2 \\ 1 & 5 \end{bmatrix} = \begin{bmatrix} \frac{4}{19} & \frac{1}{19} \\ \frac{1}{38} & \frac{5}{38} \end{bmatrix}$$

따라서
$$\mathbf{X} = \begin{bmatrix} \frac{4}{19} & \frac{1}{19} \\ \frac{1}{38} & \frac{5}{38} \end{bmatrix}\begin{bmatrix} 15 \\ 16 \end{bmatrix} = \begin{bmatrix} \dfrac{60+16}{19} \\ \dfrac{15+80}{38} \end{bmatrix} = \begin{bmatrix} 4 \\ 2.5 \end{bmatrix}$$

$\overline{P}_1 = 4$, $\overline{P}_2 = 2.5$

11.30 재화시장의 균형을 표시하는 *IS* 곡선 방정식이 $0.3Y + 100i - 252 = 0$, 그리고 화폐 시장의 균형을 표시하는 *LM* 곡선의 방정식이 $0.25Y - 200i - 176 = 0$으로 주어져 있다. 이로부터 균형국민소득과 균형이자율을 구하시오.

$$\begin{aligned} 0.3Y \;\; + 100i &= 252 \\ 0.25Y - 200i &= 176 \end{aligned}$$

IS 방정식과 *LM* 방정식은 다음과 같이 표시할 수 있다.

$$\mathbf{A} = \begin{bmatrix} 0.3 & 100 \\ 0.25 & -200 \end{bmatrix} \qquad \mathbf{X} = \begin{bmatrix} Y \\ i \end{bmatrix} \qquad \mathbf{B} = \begin{bmatrix} 252 \\ 176 \end{bmatrix}$$

이를 행렬의 형태인 $\mathrm{AX} = \mathrm{B}$로 표시한다.

따라서
$$|\mathbf{A}| = 0.3(-200) - 100(0.25) = -85$$

$$\mathbf{C} = \begin{bmatrix} -200 & -0.25 \\ -100 & 0.3 \end{bmatrix}$$

$$\text{Adj}\,\mathbf{A} = \begin{bmatrix} -200 & -100 \\ -0.25 & 0.3 \end{bmatrix}$$

그리고
$$\mathbf{A}^{-1} = -\frac{1}{85}\begin{bmatrix} -200 & -100 \\ -0.25 & 0.3 \end{bmatrix} = \begin{bmatrix} \dfrac{40}{17} & \dfrac{20}{17} \\ \dfrac{0.05}{17} & -\dfrac{0.06}{17} \end{bmatrix}$$

따라서
$$\mathbf{X} = \begin{bmatrix} \dfrac{40}{17} & \dfrac{20}{17} \\ \dfrac{0.05}{17} & -\dfrac{0.06}{17} \end{bmatrix}\begin{bmatrix} 252 \\ 176 \end{bmatrix} = \begin{bmatrix} \dfrac{10{,}080 + 3520}{17} \\ \dfrac{12.6 - 10.56}{17} \end{bmatrix} = \begin{bmatrix} 800 \\ 0.12 \end{bmatrix}$$

균형에서 $\overline{Y}=800$, $i=0.12$가 되며, 이는 [연습문제 2.23]에서 연립방정식을 통해 얻은 해와 동일하다. 좀더 연습을 하기 위해 [연습문제 2.24]의 해를 역행렬을 이용하여 구하시오.

11.31 역행렬을 이용하여 다음 선형연립방정식의 미지수를 구하시오.

$$\begin{aligned} 2x_1 + 4x_2 - 3x_3 &= 12 \\ 3x_1 - 5x_2 + 2x_3 &= 13 \\ -x_1 + 3x_2 + 2x_3 &= 17 \end{aligned}$$

$$\begin{bmatrix} 2 & 4 & -3 \\ 3 & -5 & 2 \\ -1 & 3 & 2 \end{bmatrix}\begin{bmatrix} x_1 \\ x_2 \\ x_3 \end{bmatrix} = \begin{bmatrix} 12 \\ 13 \\ 17 \end{bmatrix}$$

여기서 $|\mathbf{A}| = 2(-16) - 4(8) - 3(4) = -76$

$$\mathbf{C} = \begin{bmatrix} \begin{vmatrix} -5 & 2 \\ 3 & 2 \end{vmatrix} & -\begin{vmatrix} 3 & 2 \\ -1 & 2 \end{vmatrix} & \begin{vmatrix} 3 & -5 \\ -1 & 3 \end{vmatrix} \\ -\begin{vmatrix} 4 & -3 \\ 3 & 2 \end{vmatrix} & \begin{vmatrix} 2 & -3 \\ -1 & 2 \end{vmatrix} & -\begin{vmatrix} 2 & 4 \\ -1 & 3 \end{vmatrix} \\ \begin{vmatrix} 4 & -3 \\ -5 & 2 \end{vmatrix} & -\begin{vmatrix} 2 & -3 \\ 3 & 2 \end{vmatrix} & \begin{vmatrix} 2 & 4 \\ 3 & -5 \end{vmatrix} \end{bmatrix} = \begin{bmatrix} -16 & -8 & 4 \\ -17 & 1 & -10 \\ -7 & -13 & -22 \end{bmatrix}$$

$$\text{Adj}\,\mathbf{A} = \begin{bmatrix} -16 & -17 & -7 \\ -8 & 1 & -13 \\ 4 & -10 & -22 \end{bmatrix}$$

$$\mathbf{A}^{-1} = -\frac{1}{76}\begin{bmatrix} -16 & -17 & -7 \\ -8 & 1 & -13 \\ 4 & -10 & -22 \end{bmatrix} = \begin{bmatrix} \frac{16}{76} & \frac{17}{76} & \frac{7}{76} \\ \frac{8}{76} & -\frac{1}{76} & \frac{13}{76} \\ -\frac{4}{76} & \frac{10}{76} & \frac{22}{76} \end{bmatrix}$$

또한 여기서 공통분모 76은 그대로 유지하여 나중에 있을 계산을 간편하게 한다.

따라서 $$\mathbf{X} = \begin{bmatrix} \frac{16}{76} & \frac{17}{76} & \frac{7}{76} \\ \frac{8}{76} & -\frac{1}{76} & \frac{13}{76} \\ -\frac{4}{76} & \frac{10}{76} & \frac{22}{76} \end{bmatrix}\begin{bmatrix} 12 \\ 13 \\ 17 \end{bmatrix} = \begin{bmatrix} \dfrac{192+221+119}{76} \\ \dfrac{96-13+221}{76} \\ \dfrac{-48+130+374}{76} \end{bmatrix} = \begin{bmatrix} 7 \\ 4 \\ 6 \end{bmatrix} = \begin{bmatrix} \bar{x}_1 \\ \bar{x}_2 \\ \bar{x}_3 \end{bmatrix}$$

11.32 서로 관련된 세 개 시장의 균형조건이 아래와 같이 주어졌을 때 각 시장의 균형가격을 구하시오.

$$\begin{aligned} 11P_1 - P_2 - P_3 &= 31 \\ -P_1 + 6P_2 - 2P_3 &= 26 \\ -P_1 - 2P_2 + 7P_3 &= 24 \end{aligned}$$

위의 연립방정식체계를 행렬형태로 표시하면

$$\begin{bmatrix} 11 & -1 & -1 \\ -1 & 6 & -2 \\ -1 & -2 & 7 \end{bmatrix}\begin{bmatrix} P_1 \\ P_2 \\ P_3 \end{bmatrix} = \begin{bmatrix} 31 \\ 26 \\ 24 \end{bmatrix}$$

여기서 $|\mathbf{A}| = 11(38) + 1(-9) - 1(8) = 401$

$$\mathbf{C} = \begin{bmatrix} \begin{vmatrix} 6 & -2 \\ -2 & 7 \end{vmatrix} & -\begin{vmatrix} -1 & -2 \\ -1 & 7 \end{vmatrix} & \begin{vmatrix} -1 & 6 \\ -1 & -2 \end{vmatrix} \\ -\begin{vmatrix} -1 & -1 \\ -2 & 7 \end{vmatrix} & \begin{vmatrix} 11 & -1 \\ -1 & 7 \end{vmatrix} & -\begin{vmatrix} 11 & -1 \\ -1 & -2 \end{vmatrix} \\ \begin{vmatrix} -1 & -1 \\ 6 & -2 \end{vmatrix} & -\begin{vmatrix} 11 & -1 \\ -1 & -2 \end{vmatrix} & \begin{vmatrix} 11 & -1 \\ -1 & 6 \end{vmatrix} \end{bmatrix} = \begin{bmatrix} 38 & 9 & 8 \\ 9 & 76 & 23 \\ 8 & 23 & 65 \end{bmatrix}$$

$$\text{Adj}\,\mathbf{A} = \begin{bmatrix} 38 & 9 & 8 \\ 9 & 76 & 23 \\ 8 & 23 & 65 \end{bmatrix}$$

$$\mathbf{A}^{-1} = \frac{1}{401}\begin{bmatrix} 38 & 9 & 8 \\ 9 & 76 & 23 \\ 8 & 23 & 65 \end{bmatrix} = \begin{bmatrix} \frac{38}{401} & \frac{9}{401} & \frac{8}{401} \\ \frac{9}{401} & \frac{76}{401} & \frac{23}{401} \\ \frac{8}{401} & \frac{23}{401} & \frac{65}{401} \end{bmatrix}$$

$$\mathbf{X} = \begin{bmatrix} \frac{38}{401} & \frac{9}{401} & \frac{8}{401} \\ \frac{9}{401} & \frac{76}{401} & \frac{23}{401} \\ \frac{8}{401} & \frac{23}{401} & \frac{65}{401} \end{bmatrix}\begin{bmatrix} 31 \\ 26 \\ 24 \end{bmatrix} = \begin{bmatrix} \frac{1178+234+192}{401} \\ \frac{279+1976+552}{401} \\ \frac{248+598+1560}{401} \end{bmatrix} = \begin{bmatrix} 4 \\ 7 \\ 6 \end{bmatrix} = \begin{bmatrix} \bar{P}_1 \\ \bar{P}_2 \\ \bar{P}_3 \end{bmatrix}$$

[연습문제 2.16]의 연립방정식 해와 동일함을 확인하시오.

11.33 $Y = C + I_0$이고 $C = C_0 + bY$일 때 역행렬을 이용하여 Y와 C의 균형수준을 구하시오.

주어진 방정식을 정리하여 내생변수(endogenous variable) C와 Y는 방정식의 왼쪽에 그리고 외생변수(exogenous variable) C_0와 I_0는 방정식 오른쪽으로 이항한다.

$$Y - C = I_0$$
$$-bY + C = C_0$$

이를 행렬형태로 표시하면 $\begin{bmatrix} 1 & -1 \\ -b & 1 \end{bmatrix}\begin{bmatrix} Y \\ C \end{bmatrix} = \begin{bmatrix} I_0 \\ C_0 \end{bmatrix}$

계수행렬의 행렬식은 $|\mathbf{A}| = 1(1) + 1(-b) = 1 - b$이고 여인수행렬과 역행렬을 구하며

$$\mathbf{C} = \begin{bmatrix} 1 & b \\ 1 & 1 \end{bmatrix}$$

$$\text{Adj}\,\mathbf{A} = \begin{bmatrix} 1 & 1 \\ b & 1 \end{bmatrix}$$

$$\mathbf{A}^{-1} = \frac{1}{1-b}\begin{bmatrix} 1 & 1 \\ b & 1 \end{bmatrix}$$

$X = \begin{bmatrix} Y \\ C \end{bmatrix}$이라 하면 $\quad X = \frac{1}{1-b}\begin{bmatrix} 1 & 1 \\ b & 1 \end{bmatrix}\begin{bmatrix} I_0 \\ C_0 \end{bmatrix} = \frac{1}{1-b}\begin{bmatrix} I_0 + C_0 \\ bI_0 + C_0 \end{bmatrix}$

따라서 $\quad \bar{Y} = \frac{1}{1-b}(I_0 + C_0) \qquad \bar{C} = \frac{1}{1-b}(C_0 + bI_0)$

2장의 [예제 3]에서는 행렬을 이용하지 않고 균형소득을 구하고 있다.

▪ 크래머의 법칙

11.34 크래머의 법칙을 이용하여 다음 방정식의 해를 구하시오.

a) $2x_1 + 6x_2 = 22$
$-x_1 + 5x_2 = 53$

크래머의 법칙으로부터

$$\bar{x}_i = \frac{|\mathbf{A}_i|}{|\mathbf{A}|}$$

여기서 $\mathbf{A}_i$는 $\mathbf{A}$ 행렬에서 x_i의 계수로 이루어진 열벡터를 상수의 열벡터로 대체하여 구성한 행렬이다.

위 연립방정식을 행렬의 형태로 표시하면

$$\begin{bmatrix} 2 & 6 \\ -1 & 5 \end{bmatrix}\begin{bmatrix} x_1 \\ x_2 \end{bmatrix} = \begin{bmatrix} 22 \\ 53 \end{bmatrix}$$

여기서 $|\mathbf{A}| = 2(5) - 6(-1) = 16$

x_1을 구하기 위해 계수행렬 $\mathbf{A}$의 1열을 상수의 열벡터로 대체하면

$$\mathbf{A}_1 = \begin{bmatrix} 22 & 6 \\ 53 & 5 \end{bmatrix}$$

여기서 $|\mathbf{A}_1| = 22(5) - 6(53) = -208$이므로

$$\bar{x}_1 = \frac{|\mathbf{A}_1|}{|\mathbf{A}|} = -\frac{208}{16} = -13$$

x_2를 구하기 위해 계수행렬 $\mathbf{A}$의 2열을 상수의 열벡터로 대체하면

$$\mathbf{A}_2 = \begin{bmatrix} 2 & 22 \\ -1 & 53 \end{bmatrix}$$

여기서 $|\mathbf{A}_2| = 2(53) - 22(-1) = 128$이므로

$$\bar{x}_2 = \frac{|\mathbf{A}_2|}{|\mathbf{A}|} = \frac{128}{16} = 8$$

b) $7p_1 + 2p_2 = 60$
$p_1 + 8p_2 = 78$

$$\mathbf{A} = \begin{bmatrix} 7 & 2 \\ 1 & 8 \end{bmatrix}$$

여기에 $|\mathbf{A}| = 7(8) - 2(1) = 54$

$$\mathbf{A}_1 = \begin{bmatrix} 60 & 2 \\ 78 & 8 \end{bmatrix}$$

여기에 $|\mathbf{A}_1| = 60(8) - 2(78) = 324$

$$\mathbf{A}_2 = \begin{bmatrix} 7 & 60 \\ 1 & 78 \end{bmatrix}$$

여기에 $|\mathbf{A}_2| = 7(78) - 60(1) = 486$

$$\bar{p}_1 = \frac{|\mathbf{A}_1|}{|\mathbf{A}|} = \frac{324}{54} = 6 \quad \text{그리고} \quad \bar{p}_2 = \frac{|\mathbf{A}_2|}{|\mathbf{A}|} = \frac{486}{54} = 9$$

c) $18P_b - P_p = 87$
$-2P_b + 36P_p = 98$

$$\mathbf{A} = \begin{bmatrix} 18 & -1 \\ -2 & 36 \end{bmatrix}$$

여기에 $|\mathbf{A}| = 18(36) - (-1)(-2) = 646$

$$\mathbf{A}_1 = \begin{bmatrix} 87 & -1 \\ 98 & 36 \end{bmatrix}$$

여기에 $|\mathbf{A}_1| = 87(36) + 1(98) = 3230$

$$\mathbf{A}_2 = \begin{bmatrix} 18 & 87 \\ -2 & 98 \end{bmatrix}$$

여기에 $|\mathbf{A}_2| = 18(98) - 87(-2) = 1938$

$$\bar{P}_b = \frac{|\mathbf{A}_1|}{|\mathbf{A}|} = \frac{3230}{646} = 5 \qquad \bar{P}_p = \frac{|\mathbf{A}_2|}{|\mathbf{A}|} = \frac{1938}{646} = 3$$

크래머의 법칙에 의해 구한 해를, [연습문제 2.12]에서와 같이 연립방정식에 의해 구했을 때의 해와 [연습문제 11.28]에서처럼 역행렬을 이용하여 구했을 때의 해와 비교해보기 바란다.

11.35 크래머 법칙을 이용하여 다음 각각의 연립방정식의 미지수를 구하시오.

a) $0.4Y + 150i = 209$
$0.1Y - 250i = 35$

$$\mathbf{A} = \begin{bmatrix} 0.4 & 150 \\ 0.1 & -250 \end{bmatrix}$$

여기에 $|\mathbf{A}| = 0.4(-250) - 150(0.1) = -115$

$$\mathbf{A}_1 = \begin{bmatrix} 209 & 150 \\ 35 & -250 \end{bmatrix}$$

여기에 $|\mathbf{A}_1| = 209(-250) - 150(35) = -57{,}500$

$$\mathbf{A}_2 = \begin{bmatrix} 0.4 & 209 \\ 0.1 & 35 \end{bmatrix}$$

여기에 $|\mathbf{A}_2| = 0.4(35) - 209(0.1) = -6.9$

$$\bar{Y} = \frac{|\mathbf{A}_1|}{|\mathbf{A}|} = \frac{-57{,}500}{-115} = 500 \quad \text{그리고} \quad \bar{i} = \frac{|\mathbf{A}_2|}{|\mathbf{A}|} = \frac{-6.9}{-115} = 0.06$$

크래머 법칙에 의해 구한 해를 [연습문제 2.24]의 해와 비교하시오.

b) $5x_1 - 2x_2 + 3x_3 = 16$
$2x_1 + 3x_2 - 5x_3 = 2$
$4x_1 - 5x_2 + 6x_3 = 7$

$$|\mathbf{A}| = \begin{bmatrix} 5 & -2 & 3 \\ 2 & 3 & -5 \\ 4 & -5 & 6 \end{bmatrix} = 5(18-25) + 2(12+20) + 3(-10-12) = -37$$

$$|\mathbf{A}_1| = \begin{bmatrix} 16 & -2 & 3 \\ 2 & 3 & -5 \\ 7 & -5 & 6 \end{bmatrix} = 16(18-25) + 2(12+35) + 3(-10-21) = -111$$

$$|\mathbf{A}_2| = \begin{bmatrix} 5 & 16 & 3 \\ 2 & 2 & -5 \\ 4 & 7 & 6 \end{bmatrix} = 5(12+35) - 16(12+20) + 3(14-8) = -259$$

$$|\mathbf{A}_3| = \begin{bmatrix} 5 & -2 & 16 \\ 2 & 3 & 2 \\ 4 & -5 & 7 \end{bmatrix} = 5(21+10) + 2(14-8) + 16(-10-12) = -185$$

$$\bar{x}_1 = \frac{|\mathbf{A}_1|}{|\mathbf{A}|} = \frac{-111}{-37} = 3 \qquad \bar{x}_2 = \frac{|\mathbf{A}_2|}{|\mathbf{A}|} = \frac{-259}{-37} = 7 \qquad \bar{x}_3 = \frac{|\mathbf{A}_3|}{|\mathbf{A}|} = \frac{-185}{-37} = 5$$

c) $2x_1 + 4x_2 - x_3 = 52$
$-x_1 + 5x_2 + 3x_3 = 72$
$3x_1 - 7x_2 + 2x_3 = 10$

$$|\mathbf{A}| = \begin{vmatrix} 2 & 4 & -1 \\ -1 & 5 & 3 \\ 3 & -7 & 2 \end{vmatrix} = 2(31) - 4(-11) - 1(-8) = 114$$

$$|\mathbf{A}_1| = \begin{vmatrix} 52 & 4 & -1 \\ 72 & 5 & 3 \\ 10 & -7 & 2 \end{vmatrix} = 52(31) - 4(114) - 1(-554) = 1710$$

$$|\mathbf{A}_2| = \begin{vmatrix} 2 & 52 & -1 \\ -1 & 72 & 3 \\ 3 & 10 & 2 \end{vmatrix} = 2(114) - 52(-11) - 1(-226) = 1026$$

$$|\mathbf{A}_3| = \begin{vmatrix} 2 & 4 & 52 \\ -1 & 5 & 72 \\ 3 & -7 & 10 \end{vmatrix} = 2(554) - 4(-226) + 52(-8) = 1596$$

$$\bar{x}_1 = \frac{|\mathbf{A}_1|}{|\mathbf{A}|} = \frac{1710}{114} = 15 \qquad \bar{x}_2 = \frac{|\mathbf{A}_2|}{|\mathbf{A}|} = \frac{1026}{114} = 9 \qquad \bar{x}_3 = \frac{|\mathbf{A}_3|}{|\mathbf{A}|} = \frac{1596}{114} = 14$$

d) $11p_1 - p_2 - p_3 = 31$
$-p_1 + 6p_2 - 2p_3 = 26$
$-p_1 - 2p_2 + 7p_3 = 24$

$$|\mathbf{A}| = \begin{vmatrix} 11 & -1 & -1 \\ -1 & 6 & -2 \\ -1 & -2 & 7 \end{vmatrix} = 11(38) + 1(-9) - 1(8) = 401$$

$$|\mathbf{A}_1| = \begin{vmatrix} 31 & -1 & -1 \\ 26 & 6 & -2 \\ 24 & -2 & 7 \end{vmatrix} = 31(38) + 1(230) - 1(-196) = 1604$$

$$|\mathbf{A}_2| = \begin{vmatrix} 11 & 31 & -1 \\ -1 & 26 & -2 \\ -1 & 24 & 7 \end{vmatrix} = 11(230) - 31(-9) - 1(2) = 2807$$

$$|\mathbf{A}_3| = \begin{vmatrix} 11 & -1 & 31 \\ -1 & 6 & 26 \\ -1 & -2 & 24 \end{vmatrix} = 11(196) + 1(2) + 31(8) = 2406$$

$$\bar{p}_1 = \frac{|\mathbf{A}_1|}{|\mathbf{A}|} = \frac{1604}{401} = 4 \qquad \bar{p}_2 = \frac{|\mathbf{A}_2|}{|\mathbf{A}|} = \frac{2807}{401} = 7 \qquad \bar{p}_3 = \frac{|\mathbf{A}_3|}{|\mathbf{A}|} = \frac{2406}{401} = 6$$

크래머의 법칙에 따라 구한 해를, [연습문제 2.16]에서와 같이 연립방정식에 의해 구한 해와 그리고 [연습문제 11.32]에서처럼 행렬을 이용하여 구한 해와 비교하시오.

11.36 6장의 [예제 7]에서 살펴본 제약조건하의 최적화에 대한 1차조건이 다음과 같이 주어졌을 때 크래머의 법칙을 이용하여 x, y를 구하시오.

$$\frac{\partial TC}{\partial x} = 16x - y - \lambda = 0$$
$$\frac{\partial TC}{\partial y} = 24y - x - \lambda = 0$$
$$\frac{\partial TC}{\partial \lambda} = 42 - x - y = 0$$

위의 방정식체계를 다음과 같이 정리한다.

$$\begin{aligned} 16x - \ \ y - \lambda &= \ \ 0 \\ -x + 24y - \lambda &= \ \ 0 \\ -x - \ \ y \qquad &= -42 \end{aligned}$$

이를 행렬 형태로 표시하면

$$\begin{bmatrix} 16 & -1 & -1 \\ -1 & 24 & -1 \\ -1 & -1 & 0 \end{bmatrix} \begin{bmatrix} x \\ y \\ \lambda \end{bmatrix} = \begin{bmatrix} 0 \\ 0 \\ -42 \end{bmatrix}$$

계수행렬 $\mathbf{A}$의 행렬식을 구하기 위해 3열을 따라 라플라스 전개를 하면

$$|\mathbf{A}| = (-1)(1+24) - (-1)(-16-1) + 0 = -42$$

$$\mathbf{A}_1 = \begin{bmatrix} 0 & -1 & -1 \\ 0 & 24 & -1 \\ -42 & -1 & 0 \end{bmatrix}$$

$|\mathbf{A}_1|$을 구하기 위해 $\mathbf{A}_1$의 1열을 따라 라플라스 전개를 하면,

$$|\mathbf{A}_1| = -42(1+24) = -1050$$

$$\mathbf{A}_2 = \begin{bmatrix} 16 & 0 & -1 \\ -1 & 0 & -1 \\ -1 & -42 & 0 \end{bmatrix}$$

$|\mathbf{A}_2|$를 구하기 위해 $\mathbf{A}_2$의 2열을 따라 라플라스 전개를 하면,

$$|\mathbf{A}_2| = -(-42)(-16-1) = -714$$

$$\mathbf{A}_3 = \begin{bmatrix} 16 & -1 & 0 \\ -1 & 24 & 0 \\ -1 & -1 & -42 \end{bmatrix}$$

$|\mathbf{A}_3|$를 구하기 위해 $\mathbf{A}_3$의 3열을 따라 라플라스 전개를 하면,

$$|\mathbf{A}_3| = -42(384-1) = -16{,}086$$

따라서 $$\bar{x} = \frac{|\mathbf{A}_1|}{|\mathbf{A}|} = \frac{-1050}{-42} = 25 \qquad \bar{y} = \frac{|\mathbf{A}_2|}{|\mathbf{A}|} = \frac{-714}{-42} = 17$$

그리고 $$\bar{\lambda} = \frac{|\mathbf{A}_3|}{|\mathbf{A}|} = \frac{-16{,}086}{-42} = 383$$

11.37 [연습문제 6.37에서 살펴본 제약조건하의 효용극대화에 대한 1차조건이 다음과 같이 주어졌을 때 크래머의 법칙을 이용하여 Q_1, Q_2에 대한 임계값을 구하시오.

$$Q_2 - 10\lambda = 0, \qquad Q_1 - 2\lambda = 0, \qquad 240 - 10Q_1 - 2Q_2 = 0$$

$$\begin{bmatrix} 0 & 1 & -10 \\ 1 & 0 & -2 \\ -10 & -2 & 0 \end{bmatrix}\begin{bmatrix} Q_1 \\ Q_2 \\ \lambda \end{bmatrix} = \begin{bmatrix} 0 \\ 0 \\ -240 \end{bmatrix}$$

$$|\mathbf{A}| = -(1)(-20) + (-10)(-2) = 40.$$

$$\mathbf{A}_1 = \begin{bmatrix} 0 & 1 & -10 \\ 0 & 0 & -2 \\ -240 & -2 & 0 \end{bmatrix} = -240(-2) = 480$$

$$\mathbf{A}_2 = \begin{bmatrix} 0 & 0 & -10 \\ 1 & 0 & -2 \\ -10 & -240 & 0 \end{bmatrix} = -(-240)(10) = 2400$$

$$\mathbf{A}_3 = \begin{bmatrix} 0 & 1 & 0 \\ 1 & 0 & 0 \\ -10 & -2 & -240 \end{bmatrix} = -240(-1) = 240$$

$$\bar{Q}_1 = \frac{|\mathbf{A}_1|}{|\mathbf{A}|} = \frac{480}{40} = 12 \qquad \bar{Q}_2 = \frac{|\mathbf{A}_2|}{|\mathbf{A}|} = \frac{2400}{40} = 60$$

$$\bar{\lambda} = \frac{|\mathbf{A}_3|}{|\mathbf{A}|} = \frac{240}{40} = 6$$

11.38

$$ax_1 + bx_2 = g \tag{11.9}$$

$$cx_1 + dx_2 = h \tag{11.10}$$

일 때 아래 식이 성립함을 보임으로써 크래머 법칙을 증명하시오.

$$\bar{x}_1 = \frac{\begin{vmatrix} g & b \\ h & d \end{vmatrix}}{\begin{vmatrix} a & b \\ c & d \end{vmatrix}} = \frac{|\mathbf{A}_1|}{|\mathbf{A}|} \qquad \bar{x}_2 = \frac{\begin{vmatrix} a & g \\ c & h \end{vmatrix}}{\begin{vmatrix} a & b \\ c & d \end{vmatrix}} = \frac{|\mathbf{A}_2|}{|\mathbf{A}|}$$

식 (11.9)를 b로 나누면

$$\frac{a}{b}x_1 + x_2 = \frac{g}{b} \tag{11.11}$$

식 (11.11)에 d를 곱하고 여기에서 식 (11.10)을 빼면

$$\begin{aligned} \frac{ad}{b}x_1 + dx_2 &= \frac{dg}{b} \\ -cx_1 - dx_2 &= -h \\ \hline \left(\frac{ad-cb}{b}\right)x_1 \qquad &= \frac{dg-hb}{b} \end{aligned}$$

$$\bar{x}_1 = \frac{dg-hb}{ad-cb} = \frac{\begin{vmatrix} g & b \\ h & d \end{vmatrix}}{\begin{vmatrix} a & b \\ c & d \end{vmatrix}} = \frac{|\mathbf{A}_1|}{|\mathbf{A}|}$$

같은 방식으로 식 (11.9)를 a로 나누면

$$x_1 + \frac{b}{a}x_2 = \frac{g}{a} \tag{11.12}$$

식 (11.12)에 $(-c)$를 곱하고 이를 식 (11.10)에 더한다.

$$\begin{aligned} -cx_1 - \frac{bc}{a}x_2 &= -\frac{cg}{a} \\ cx_1 + dx_2 &= h \\ \hline \left(\frac{ad-bc}{a}\right)x_2 &= \frac{ah-cg}{a} \end{aligned}$$

$$\bar{x}_2 = \frac{ah-cg}{ad-bc} = \frac{\begin{vmatrix} a & g \\ c & h \end{vmatrix}}{\begin{vmatrix} a & b \\ c & d \end{vmatrix}} = \frac{|\mathbf{A}_2|}{|\mathbf{A}|} \qquad \text{Q.E.D.}$$

12장 특수한 행렬 및 행렬식과 경제학에서의 응용

12.1 야코비안(Jacobian)

11.1절에서는 간단한 행렬식을 이용하여 연립방정식의 선형 종속성을 확인하는 방법을 다루었다. 이에 반해 여기서 다룰 야코비안 행렬식[1)](Jacobian determinant)은 선형함수와 비선형함수의 함수적 종속관계(functional dependence)를 검증하는 데 이용된다.

이러한 야코비안 행렬식은 방정식체계의 모든 1차 편도함수를 각각의 방정식과 독립변수의 순서에 따라 정렬하여 구성한다. 즉 방정식체계가 아래와 같이 주어졌을 때 야코비안은

$$
\begin{aligned}
y_1 &= f_1(x_1, x_2, x_3) \\
y_2 &= f_2(x_1, x_2, x_3) \\
y_3 &= f_3(x_1, x_2, x_3)
\end{aligned}
$$

$$
|\mathbf{J}| = \left| \frac{\partial y_1, \partial y_2, \partial y_3}{\partial x_1, \partial x_2, \partial x_3} \right| = \begin{vmatrix} \dfrac{\partial y_1}{\partial x_1} & \dfrac{\partial y_1}{\partial x_2} & \dfrac{\partial y_1}{\partial x_3} \\ \dfrac{\partial y_2}{\partial x_1} & \dfrac{\partial y_2}{\partial x_2} & \dfrac{\partial y_2}{\partial x_3} \\ \dfrac{\partial y_3}{\partial x_1} & \dfrac{\partial y_3}{\partial x_2} & \dfrac{\partial y_3}{\partial x_3} \end{vmatrix}
$$

이때 야코비안의 i 번째 행의 원소는 i 번째 함수의 각 독립변수 x_1, x_2, x_3에 대한 편도함수임을 알 수 있으며, 또한 j 번째 열의 원소는 주어진 각 함수 y_1, y_2, y_3의 독립변수 x_3에 대한 편도함수임을 알 수 있다.

만약 $|\mathrm{J}| = 0$이면 방정식들은 함수적 종속관계(functional dependence)에 있으며, $|\mathrm{J}| \neq 0$이면 방정식들은 함수적 독립관계(functional independence)에 있는 것이다. ([예제 1]과 [연습문제 12.1-12.4] 참조).

역자 TIP

1) 야코비안 행렬식은 행렬식이라는 말을 생략하고 야코비안이라고도 하며 $|J|$로 표시한다.

예제 1 아래의 방정식의 함수적 종속관계를 야코비안을 이용하여 검증하면 다음과 같다.

$$y_1 = 5x_1 + 3x_2$$
$$y_2 = 25x_1^2 + 30x_1x_2 + 9x_2^2$$

먼저 1차편도함수를 구한다.

$$\frac{\partial y_1}{\partial x_1} = 5 \qquad \frac{\partial y_1}{\partial x_2} = 3 \qquad \frac{\partial y_2}{\partial x_1} = 50x_1 + 30x_2 \qquad \frac{\partial y_2}{\partial x_2} = 30x_1 + 18x_2$$

야코비안을 구성하면

$$|\mathbf{J}| = \begin{vmatrix} 5 & 3 \\ 50x_1 + 30x_2 & 30x_1 + 18x_2 \end{vmatrix}$$

이를 계산하면, $|\mathbf{J}| = 5(30x_1 + 18x_2) - 3(50x_1 + 30x_2) = 0$

$|\mathrm{J}| = 0$이므로 방정식 사이에는 함수적 종속관계가 있다. 이 경우 첫 번째 방정식을 제곱하면 두 번째 방정식이 됨을 간단하게 파악할 수 있다. 즉 $(5x_1 + 3x_2)^2 = 25x_1^2 + 30x_1x_2 + 9x_2^2$.

12.2 헤시안(Hessian)

다변수함수 $f(x, y)$를 최적화하기 위해서는 1차조건 $z_x = z_y = 0$이 만족되어야 함과 동시에 다음의 충분조건이 추가적으로 만족되어야 한다.

1) $z_{xx} > 0,\ z_{yy} > 0$ (극소화의 경우)

   $z_{xx} < 0,\ z_{yy} < 0$ (극대화의 경우)

2) $z_{xx}z_{yy} > (z_{xy})^2$

5.4절에서 보았듯이 2차조건을 검증하는 편리한 방법은 헤시안(Hessian)을 이용하는 것이다. $|\mathbf{H}|$로 표시되는 헤시안은 2차 편도함수로 구성된 행렬식을 말하는데, 이때 동일한 변수에 의한 2차편도함수는 주대각선(principal diagonal)의 위치에 배열하고, 교차편도함수는 주대각선 밖에 순서에 따라 배열한다.

따라서 $z = f(x, y)$의 헤시안은

$$|\mathbf{H}| = \begin{vmatrix} z_{xx} & z_{xy} \\ z_{yx} & z_{yy} \end{vmatrix}$$

가 되며 여기서 $z_{xy} = z_{yx}$이다.

만약 1차 주소행렬식[2](the first principal minor)인 $|H_1| = z_{xx}$가 양(+)이고 2차 주소행렬식(the second principal minor) $|H_2|$가 양이면, 즉

$$|H_2| = \begin{vmatrix} z_{xx} & z_{xy} \\ z_{xy} & z_{yy} \end{vmatrix} = z_{xx}z_{yy} - (z_{xy})^2 > 0$$

이면 z_{xx}, $z_{yy} > 0$과 $z_{xx}z_{yy} > (z_{xy})^2$을 만족시키는 것이므로 극소화의 2차조건이 만족되는 셈이다[3]. $|H_1| > 0$이고 $|H_2| > 0$일 때 헤시안 $|\mathbf{H}|$를 양정부호(positive definite) 헤시안이라고 부른다. 따라서 양정부호 헤시안은 최소화의 2차조건을 만족시키고 있음을 알 수 있다.

만약 1차 주소행렬식이 $|H_1| = z_{xx} < 0$이고 2차 주소행렬식이

$$|H_2| = \begin{vmatrix} z_{xx} & z_{xy} \\ z_{xy} & z_{yy} \end{vmatrix} > 0$$

이면, 극대화의 2차조건이 만족된다. 이와같이 $|H_1| < 0$이고 $|H_2| > 0$일 때, $|H|$를 음정부호(negative definite) 헤시안이라고 부른다. 따라서 음정부호 헤시안은 극대화의 2차조건에 해당됨을 알 수 있다. ([예제 2]와 [연습문제 12.10-12.13] 참조).

역자 TIP

2) H가 $(n \times n)$ 행렬일 때, k차 주소행렬식(kth principal minor)이란 H에서 처음 k개의 행과 k개의 열로 구성된 $(k \times k)$ 행렬의 행렬식을 말한다.

3) $z_{xx} > 0$과 $z_{xx}z_{yy} > (z_{xy})^2$이 만족된다는 것은 $z_{yy} > 0$가 성립하는 것을 의미한다. 왜냐하면 $z_{xx} > 0$인 상태에서 $z_{xx}z_{yy} > (z_{xy})^2$이 성립하기 위해서는 $z_{yy} > 0$이 되어야 하기 때문이다.

예제 2 [연습문제 5.10(a)]에서 다음 함수는 $x_0 = 1$, $y_0 = 2$에서 최적화되고 있다.

$$z = 3x^2 - xy + 2y^2 - 4x - 7y + 12$$

여기서 2차편도함수는 $z_{xx} = 6$, $z_{yy} = 4$, $z_{xy} = -1$임을 알 수 있다. 헤시안을 이용하여 최적화의 2차조건을 조사하면,

$$|\mathbf{H}| = \begin{vmatrix} z_{xx} & z_{xy} \\ z_{yx} & z_{yy} \end{vmatrix} = \begin{vmatrix} 6 & -1 \\ -1 & 4 \end{vmatrix}$$

순서에 따라 차례로 주소행렬식을 구하면, $|H_1| = 6 > 0$이고

$$|H_2| = \begin{vmatrix} 6 & -1 \\ -1 & 4 \end{vmatrix} = 6(4) - (-1)(-1) = 23 > 0$$

위에서 $|H_1| > 0$, $|H_2| > 0$이므로, 헤시안 $|\mathbf{H}|$는 양정부호로서 최소화의 2차조건을 만족시킴으로 z는 임계값에서 극소화된다.

12.3 판별식

행렬식을 이용하면 2차형(quardratic form) 함수의 양정부호(positive definiteness) 또는 음정부호(negative definiteness)을 검증할 수 있다. 이러한 2차형 함수의 행렬식을 판별식(discriminant)이라고 하며 |D|로 표시한다.

아래와 같이 두 독립변수로 구성된 2차형 함수가 주어졌을 때, 판별식은 다음과 같이 구한다.

$$z = ax^2 + bxy + cy^2$$

먼저 제곱 변수의 계수를 주대각선의 위치에 놓고 제곱 변수가 아닌 변수의 계수는 2로 나누어 동일하게 주대각선 이외의 위치에 놓는다. 따라서 판별식은

$$|\mathbf{D}| = \begin{vmatrix} a & \frac{b}{2} \\ \frac{b}{2} & c \end{vmatrix}$$

헤시안 검증에서처럼 주소행렬식을 계산하면,

$$|D_1| = a \qquad \text{그리고} \qquad |D_2| = \begin{vmatrix} a & \frac{b}{2} \\ \frac{b}{2} & c \end{vmatrix} = ac - \frac{b^2}{4}$$

$|D_1|$, $|D_2| > 0$이면 판별식 |D|는 양정부호가 되어 z는 x, y의 0이 아닌 모든 값에 대해 양(+)의 값을 가지게 된다. 또한 $|D_1| < 0$, $|D_2| > 0$이면 z의 판별식 $|D|$는 음정부호가 되어, z는 x, y의 0이 아닌 모든 값에 대해 음(-)의 값을 가지게 된다. ([예제 3]과 [연습문제 12.5-12.7] 참조).

예제 3 아래 주어진 2차형에 대해

$$z = 2x^2 + 5xy + 8y^2$$

정부호(sign definiteness)를 조사하기 위해서는 먼저 12.3절에서 설명한 방법으로 판별식을 구성한다.

$$|\mathbf{D}| = \begin{vmatrix} 2 & 2.5 \\ 2.5 & 8 \end{vmatrix}$$

다음 헤시안에서처럼 주소행렬식을 계산한다.

$$|D_1| = 2 > 0 \qquad |D_2| = \begin{vmatrix} 2 & 2.5 \\ 2.5 & 8 \end{vmatrix} = 16 - 6.25 = 9.75 > 0$$

따라서 z는 양정부호이고 이는 z가 x, y의 모든 0이 아닌 값에 대해 양(+)의 값을 갖는다는 것을 의미한다.

12.4 고차 헤시안

$y=f(x_1, x_2, x_3)$일 때 3차 헤시안은 다음과 같이 구성되는데,

$$|\mathbf{H}| = \begin{vmatrix} y_{11} & y_{12} & y_{13} \\ y_{21} & y_{22} & y_{23} \\ y_{31} & y_{32} & y_{33} \end{vmatrix}$$

여기서 각 원소는 y의 2차편도함수에 해당한다.

$$y_{11} = \frac{\partial^2 y}{\partial x_1^2} \qquad y_{12} = \frac{\partial^2 y}{\partial x_2 \partial x_1} \qquad y_{23} = \frac{\partial^2 y}{\partial x_3 \partial x_2} \qquad \text{등}$$

상대적 극소 또는 상대적 극대의 조건은 1차, 2차, 3차의 각 주소행렬식의 부호에 의해 결정된다.

만약 $|H_1| = y_{11} > 0$이고,

$$|H_2| = \begin{vmatrix} y_{11} & y_{12} \\ y_{21} & y_{22} \end{vmatrix} > 0 \qquad \text{그리고} \qquad |H_3| = |\mathbf{H}| > 0$$

이면(여기서 $|H_3|$는 3차 주소행렬식이다), $|\mathbf{H}|$는 양정부호이고 극소화를 위한 2차조건을 만족시키는 것이다.

만약 $|H_1| = y_{11} < 0$이고,

$$|H_2| = \begin{vmatrix} y_{11} & y_{12} \\ y_{21} & y_{22} \end{vmatrix} > 0 \qquad \text{그리고} \qquad |H_3| = |\mathbf{H}| < 0$$

이면, $|\mathbf{H}|$는 음정부호이고 극대화를 위한 2차조건을 만족시키는 것이다. 고차 헤시안의 경우도 같은 방법으로 하면 된다. $|\mathbf{H}|$의 주소행렬식이 모두 양이면 $|\mathbf{H}|$는 양정부호이며 상대적 극소화의 2차조건이 만족된다. 그러나 $|\mathbf{H}|$의 모든 주소행렬식의 부호가 음과 양으로 교대로 변동한다면, $|\mathbf{H}|$는 음정부호가 되며 상대적 극대화의 2차조건을 만족시키게 된다. ([예제 4] 와 [연습문제 12.8-12.9, 12.14-12.18] 참조).

예제 4 아래 주어진 함수를 헤시안을 이용하여 2차조건을 검증하면서 최적화하는 과정을 살펴보기로 하자.

$$y = -5x_1^2 + 10x_1 + x_1x_3 - 2x_2^2 + 4x_2 + 2x_2x_3 - 4x_3^2$$

최적화를 위한 1차조건을 먼저 구하면

$$\frac{\partial y}{\partial x_1} = y_1 = -10x_1 + 10 + x_3 = 0$$
$$\frac{\partial y}{\partial x_2} = y_2 = -4x_2 + 2x_3 + 4 = 0$$
$$\frac{\partial y}{\partial x_3} = y_3 = x_1 + 2x_2 - 8x_3 = 0$$

이 되는데 이를 행렬의 형태로 표시하면,

$$\begin{bmatrix} -10 & 0 & 1 \\ 0 & -4 & 2 \\ 1 & 2 & -8 \end{bmatrix} \begin{bmatrix} x_1 \\ x_2 \\ x_3 \end{bmatrix} = \begin{bmatrix} -10 \\ -4 \\ 0 \end{bmatrix} \tag{12.1}$$

다음에 크래머 법칙(11.9절 참조)을 이용하여 필요한 행렬식을 계산한다. 이 경우 $|\mathbf{A}|$는 야코비안이 되고 $|\mathbf{A}| = -10(28) + 1(4) = -276 \neq 0$이므로 위의 세 방정식은 함수적 독립관계(functionally independent)에 있음을 알 수 있다.

$$|\mathbf{A}_1| = -10(28) + 1(-8) = -288 \qquad |\mathbf{A}_2| = -10(32) - (-10)(-2) + 1(4) = -336$$
$$|\mathbf{A}_3| = -10(8) - 10(4) = -120$$

따라서 $\bar{x}_1 = \dfrac{|\mathbf{A}_1|}{|\mathbf{A}|} = \dfrac{-288}{-276} \cong 1.04 \qquad \bar{x}_2 = \dfrac{|\mathbf{A}_2|}{|\mathbf{A}|} = \dfrac{-336}{-276} \cong 1.22 \qquad \bar{x}_3 = \dfrac{|\mathbf{A}_3|}{|\mathbf{A}|} = \dfrac{-120}{-276} \cong 0.43$

2차조건의 확인을 위한 헤시안을 구성하기 위해 2차편도함수를 구하면

$$\begin{array}{lll} y_{11} = -10 & y_{12} = 0 & y_{13} = 1 \\ y_{21} = 0 & y_{22} = -4 & y_{23} = 2 \\ y_{31} = 1 & y_{32} = 2 & y_{33} = -8 \end{array}$$

따라서

$$|\mathbf{H}| = \begin{vmatrix} -10 & 0 & 1 \\ 0 & -4 & 2 \\ 1 & 2 & -8 \end{vmatrix}$$

이 되는데 1차편도함수가 모두 선형이기 때문에 위의 원소는 식 (12.1)의 계수행렬의 원소와 동일하다. 끝으로 헤시안을 적용하여 1차, 2차, 3차 주소행렬의 부호를 각각 조사하면,

$$|H_1| = -10 < 0 \qquad |H_2| = \begin{vmatrix} -10 & 0 \\ 0 & -4 \end{vmatrix} = 40 > 0 \qquad |H_3| = |\mathbf{H}| = |\mathbf{A}| = -276 < 0$$

주소행렬식의 부호가 음과 양으로 교대로 변동하므로, 헤시안은 음정부호가 되고 따라서 함수는 $\bar{x}_1 = 1.04$, $\bar{x}_2 = 1.22$, $\bar{x}_3 = 0.43$에서 극대화된다.

12.5 제약조건하의 최적화를 위한 제약조건부 헤시안

제약조건(constraint)이 $g(x, y)$로 주어졌을 때 함수 $f(x, y)$를 최적화하기 위해서는 5.5

절에서 본 바와 같이 새로운 함수 $F(x, y, \lambda) = f(x, y) + \lambda[k - g(x, y)]$를 구성할 수 있으며, 이때 최적화의 1차조건은 $F_x = F_y = F_\lambda = 0$이다.

2차조건은 아래와 같이 두 가지 형태로 표시 할 수 있는 제약조건부 헤시안(bordered Hessian) $|\bar{\mathbf{H}}|$로 파악할 수 있다.

$$|\bar{\mathbf{H}}| = \begin{vmatrix} F_{xx} & F_{xy} & g_x \\ F_{yx} & F_{yy} & g_y \\ g_x & g_y & 0 \end{vmatrix} \quad \text{또는} \quad \begin{vmatrix} 0 & g_x & g_y \\ g_x & F_{xx} & F_{xy} \\ g_y & F_{yx} & F_{yy} \end{vmatrix}$$

여기서 $|\bar{\mathbf{H}}|$는 단순히 헤시안($|H|$)

$$\begin{vmatrix} F_{xx} & F_{xy} \\ F_{yx} & F_{yy} \end{vmatrix}$$

의 주위를 제약조건의 1차도함수로 둘러싸고 주대각선상의 원소는 0으로 둘러싼 것임을 알 수 있다. 제약조건부 주소행렬식(bordered principal minor)의 차수는 제약조건의 1차도함수에 의해 둘러싸여 있는 안쪽의 주소행렬식(principal minor)의 차수에 따라 결정된다. 따라서 위의 $|\bar{\mathbf{H}}|$는 제약조건의 1차도함수에 의해 둘러싸인 안쪽의 주소행렬식이 (2×2)이기 때문에 2차 제약조건부 주소행렬식 $|\bar{H}_2|$에 해당한다.

변수가 n 개인 목적함수 $f(x_1, x_2, \cdots, x_n)$의 제약조건이 $g(x_1, x_2, \cdots, x_n)$인 경우, 제약조건부 헤시안은

$$|\bar{\mathbf{H}}| = \begin{vmatrix} F_{11} & F_{12} & \cdots & F_{1n} & g_1 \\ F_{21} & F_{22} & \cdots & F_{2n} & g_2 \\ & & \vdots & & \\ F_{n1} & F_{n2} & \cdots & F_{nn} & g_n \\ g_1 & g_2 & \cdots & g_n & 0 \end{vmatrix} \quad \text{또는} \quad \begin{vmatrix} 0 & g_1 & g_2 & \cdots & g_n \\ g_1 & F_{11} & F_{12} & \cdots & F_{1n} \\ g_2 & F_{21} & F_{22} & \cdots & F_{2n} \\ & & & \vdots & \\ g_n & F_{n1} & F_{n2} & \cdots & F_{nn} \end{vmatrix}$$

이며 $(n \times n)$의 주소행렬식을 제약조건의 1차도함수가 둘러싸고 있을 뿐이므로 $|\bar{\mathbf{H}}| = |\bar{H}_n|$임을 알 수 있다.

만약 모든 주소행렬식이 음(-)이면, 즉 $|\bar{H}_2|, |\bar{H}_3|, \cdots, |\bar{H}_n| < 0$이면[4)] 제약조건부 헤시안 $|\bar{\mathbf{H}}|$는 양정부호(positive definite)가 되며, 양정부호의 제약조건부 헤시안은 항상 상대적 극소화의 충분조건을 만족시킨다.

그러나 $|\bar{H}_2| > 0$, $|\bar{H}_3| < 0$, $|\bar{H}_4| > 0, \cdots$ 이면 제약조건부 헤시안 $|\bar{\mathbf{H}}|$는 음정부호(negative definite)되며, 음정부호의 제약조건부 헤시안은 항상 상대적 극대화의 충분조건이 된다.

위의 주어진 조건은 필요조건이 아닌 충분조건이기 때문에, 이들 조건이 만족되지 않는 경우는 본서의 범위를 넘어선 검증이 요구된다. ([예제 5-6]과 [연습문제 12.19-12.27] 참조. (4×4) 제약조건부 헤시안의 경우는 [연습문제 12.28] 참조).

역자 TIP

4) 제약조건부 헤시안의 경우 정부호(sign definite)의 검증이 $|\bar{H}_1|$이 아닌 $|\bar{H}_2|$에서 시작한다는 것에 유의해야 한다.

일반적으로 변수가 n 개이고 제약조건식이 m 개로 이루어진 최적화 문제에서 $m<n$인 경우, 극대, 극소의 2차조건을 확인하기 위한 제약조건부 헤시안의 정부호 검증은 $(m+1)$차의 $|\bar{H}_{m+1}|$의 제약조건부 주소행렬식에서부터 시작한다. 그리고 이러한 제약조건부 헤시안 $|\bar{\mathbf{H}}|$에서 제약조건부 주소행렬식의 부호가 $(-1)^{m+1}$의 부호에서 시작해서 번갈아가며 바뀌는 경우 이는 음정부호(negative definite)로서 극대화의 2차조건이 만족됨을 나타낸다. 예를 들어 제약조건인 경우 $m=1$이 되어 정부호는 $(-1)^{m+1}=(-1)^{1+1}=(-1)^2=1>0$에 따라 (+)가 된다.

그러나 제약조건부 제약조건부 주소행렬식의 부호가 모두 $(-1)^m$의 부호로 결정되면 이는 양정부호(positive definite)로서 극소화의 2차조건을 만족하게 된다.

예제 5 5장에서 제시된 [예제 9]의 경우, 제약조건부 헤시안을 이용하면 최적화 함수의 2차조건 검증을 통해 라그랑지 함수 Z가 극대 또는 극소화 되는지 여부를 아래와 같이 결정할 수 있다.

식 (5.8)과 (5.9)에서 $Z_{xx}=8$, $Z_{yy}=12$, $Z_{xy}=Z_{yx}=3$이고 또 제약조건식 $x+y=56$에서 $g_x=1$, $g_y=1$이므로 제약조건부 헤시안은

$$|\bar{\mathbf{H}}| = \begin{vmatrix} 8 & 3 & 1 \\ 3 & 12 & 1 \\ 1 & 1 & 0 \end{vmatrix}$$

이다. 2차 주소행렬식 $|\bar{H}_2|$에서부터 시작하면

$$|\bar{H}_2| = |\bar{\mathbf{H}}| = 8(-1)-3(-1)+1(3-12) = -14$$

$|\bar{H}_2|<0$이므로 $|\bar{\mathbf{H}}|$는 양정부호이고 이는 Z가 극소값을 가짐을 의미한다. ([연습문제 12.19-12.22] 참조).

예제 6 제약조건부 헤시안을 적용하면 6장 [예제 10]에서 살펴본 일반 콥-다글라스 생산함수(generalized Cobb-Douglas production function)의 극대화를 위한 2차조건을 검증할 수 있다. 식 (6.15)와 (6.16)에서

$$Q_{KK}=-0.24K^{-1.6}L^{0.5},\ Q_{LL}=-0.25K^{0.4}L^{-1.5},\ Q_{KL}=Q_{LK}=0.2K^{-0.6}L^{-0.5}$$

이고 제약조건식 $3K+4L=108$에서 $g_K=3$, $g_L=4$이므로 제약조건부 헤시안은

$$|\bar{\mathbf{H}}| = \begin{vmatrix} -0.24K^{-1.6}L^{0.5} & 0.2K^{-0.6}L^{-0.5} & 3 \\ 0.2K^{-0.6}L^{-0.5} & -0.25K^{0.4}L^{-1.5} & 4 \\ 3 & 4 & 0 \end{vmatrix}$$

그리고 제약조건부 주소행렬식은 $|\bar{H}_2|$에서부터 시작하고 $|\bar{H}_2|=|\bar{\mathbf{H}}|$이므로 이것의 부호를 확인하기 위해 3행을 따라 전개하면

$$|\bar{H}_2| = 3(0.8K^{-0.6}L^{-0.5} + 0.75K^{0.4}L^{-1.5}) - 4(-0.96K^{-1.6}L^{0.5} - 0.6K^{-0.6}L^{-0.5})$$
$$= 2.25K^{0.4}L^{-1.5} + 4.8K^{-0.6}L^{-0.5} + 3.84K^{-1.6}L^{0.5} = \frac{2.25K^{0.4}}{L^{1.5}} + \frac{4.8}{K^{0.6}L^{0.5}} + \frac{3.84L^{0.5}}{K^{1.6}} > 0$$

$|\overline{H}_2| > 0$이므로 $|\overline{\mathbf{H}}|$는 음정부호이고 Q는 극대화된다. ([연습문제 12.23 -12.28] 참조).

12.6 투입-산출 분석

현대 경제의 생산과정에서는 한 재화를 생산(output)하기 위해 여러 다른 재화를 중간재(intermediate goods)로 투입(input)하고 있다. 예를 들어 강철을 생산하기 위해 석탄, 철광석, 전력 등을 중간재 투입물로 사용하고 있다.

이 경우 생산물 i에 대한 총수요(total demand) x는 생산물의 모든 중간수요(intermediate demand)와, 소비자, 기업가, 정부 및 수출 부문 등에서 유발되는 생산물의 최종수요(final demand) b의 합으로 이루어진다.

a_{ij}를 j 생산물 1달러치를 생산하는 데 필요한 i 투입물의 가치를 표시하는 기술계수(technical coefficient)라고 하면, 생산물 i의 총수요는 다음과 같이 표시할 수 있다.

$$x_i = a_{i1}x_1 + a_{i2}x_2 + \cdots + a_{in}x_n + b_i \qquad (i = 1, 2, \cdots, n)$$

이를 행렬로 표시하면

$$\mathbf{X} = \mathbf{AX} + \mathbf{B} \tag{12.2}$$

여기서 $\mathbf{X} = \begin{bmatrix} x_1 \\ x_2 \\ \vdots \\ x_n \end{bmatrix} \quad \mathbf{A} = \begin{bmatrix} a_{11} & a_{12} & \cdots & a_{1n} \\ a_{21} & a_{22} & \cdots & a_{2n} \\ & \cdots & & \\ a_{n1} & a_{n2} & \cdots & a_{nn} \end{bmatrix} \quad \mathbf{B} = \begin{bmatrix} b_1 \\ b_2 \\ \vdots \\ b_n \end{bmatrix}$

이때 $\mathbf{A}$를 기술계수 행렬(matrix of technical coefficients)이라 한다. 최종수요를 만족시키는 데 필요한 총생산량(중간재와 최종재)을 구하려면, 기술계수 행렬과 최종수요의 열벡터를 이용하여 $\mathbf{X}$를 구하면 된다. 식 (12.2)로부터

$$\mathbf{X} - \mathbf{AX} = \mathbf{B}$$
$$(\mathbf{I} - \mathbf{A})\mathbf{X} = \mathbf{B}$$
$$\mathbf{X} = (\mathbf{I} - \mathbf{A})^{-1}\mathbf{B} \tag{12.3}$$

따라서 3개 부문으로 이루어진 경제의 경우 식 (12.3)은 아래와 같이 나타낼 수 있으며

$$\begin{bmatrix} x_1 \\ x_2 \\ x_3 \end{bmatrix} = \begin{bmatrix} 1-a_{11} & -a_{12} & -a_{13} \\ -a_{21} & 1-a_{22} & -a_{23} \\ -a_{31} & -a_{32} & 1-a_{33} \end{bmatrix}^{-1} \begin{bmatrix} b_1 \\ b_2 \\ b_3 \end{bmatrix}$$

여기서 $(\mathbf{I} - \mathbf{A})$ 행렬을 '레온티에프 행렬'(Leontief matrix)이라 한다. 투입-산출표에서는

노동과 자본 역시 투입물로 포함되어 기업의 부가가치(value added)를 구성한다. 이러한 모형에서 열벡터를 구성하는 원소를 수직으로 합계하면 1이 된다. 이는 바로 1단위 또는 1달러 가치의 재화를 생산하는 투입비용이다([연습문제 12.39] 참조). ([예제 7]과 [연습문제 12.29-12.39] 참조).

예제 7 기술계수 행렬 A와 최종수요 벡터 B가 아래와 같이 주어졌을 때 1, 2, 3 산업의 총수요를 구하시오.

$$\mathbf{A} = \begin{bmatrix} 0.3 & 0.4 & 0.1 \\ 0.5 & 0.2 & 0.6 \\ 0.1 & 0.3 & 0.1 \end{bmatrix} \qquad \mathbf{B} = \begin{bmatrix} 20 \\ 10 \\ 30 \end{bmatrix}$$

식 (12.3)에서 $\mathrm{X} = (\mathrm{I}-\mathrm{A})^{-1}\mathrm{B}$이므로 먼저 $(\mathrm{I}-\mathrm{A})$를 구하고

$$\mathbf{I}-\mathbf{A} = \begin{bmatrix} 1 & 0 & 0 \\ 0 & 1 & 0 \\ 0 & 0 & 1 \end{bmatrix} - \begin{bmatrix} 0.3 & 0.4 & 0.1 \\ 0.5 & 0.2 & 0.6 \\ 0.1 & 0.3 & 0.1 \end{bmatrix} = \begin{bmatrix} 0.7 & -0.4 & -0.1 \\ -0.5 & 0.8 & -0.6 \\ -0.1 & -0.3 & 0.9 \end{bmatrix}$$

이의 역행렬을 구하면

$$(\mathbf{I}-\mathbf{A})^{-1} = \frac{1}{0.151}\begin{bmatrix} 0.54 & 0.39 & 0.32 \\ 0.51 & 0.62 & 0.47 \\ 0.23 & 0.25 & 0.36 \end{bmatrix}$$

식 (12.3)에 대입하면

$$\mathbf{X} = \frac{1}{0.151}\begin{bmatrix} 0.54 & 0.39 & 0.32 \\ 0.51 & 0.62 & 0.47 \\ 0.23 & 0.25 & 0.36 \end{bmatrix}\begin{bmatrix} 20 \\ 10 \\ 30 \end{bmatrix} = \frac{1}{0.151}\begin{bmatrix} 24.3 \\ 30.5 \\ 17.9 \end{bmatrix} = \begin{bmatrix} 160.93 \\ 201.99 \\ 118.54 \end{bmatrix} = \begin{bmatrix} x_1 \\ x_2 \\ x_3 \end{bmatrix}$$

12.7 특성근과 특성벡터(고유근, 고유벡터)

지금까지 헤시안과 2차형(quadratic form)이 양정부호인지 음정부호인지는 주소행렬식을 이용하여 검증하였다. 그러나 이러한 정부호 결정은 행렬의 특성근(characteristic root)을 통해서도 검증할 수 있다.

정방행렬 A에서 아래의 식을 만족시키는 벡터 $\mathrm{V}(\neq 0)$와 스칼라 c가 있을 때

$$\mathbf{AV} = c\mathbf{V} \tag{12.4}$$

여기서 스칼라 c를 특성근(characteristic root) 또는 고유근(eigenvalue or latent root)이라 하며, 벡터 V는 특성벡터(characteristic vector) 또는 고유벡터(eigenvector or latent vector)라 한다.

식 (12.4)는 $\mathrm{AV} = \mathrm{cIV}$와 동일하므로 이를 정리하면

$$\mathbf{AV} = c\mathbf{IV} \tag{12.5}$$

여기서 특히 $\mathbf{A}-c\mathbf{I}$를 A의 특성행렬(characteristic matrix)이라고 한다. 가정에 의해 $\mathbf{V} \neq 0$이므로 특성행렬 $\mathbf{A}-c\mathbf{I}$는 특이행렬(singular matrix)이어야 하며[5]([연습문제 10.49]), 따라서 $\mathbf{A}-c\mathbf{I}$의 행렬식은 0이 되어야 한다.

$$\begin{aligned} \mathbf{AV} - c\mathbf{IV} &= 0 \\ (\mathbf{A} - c\mathbf{I})\mathbf{V} &= 0 \end{aligned} \tag{12.5}$$

만약 $A = (3 \times 3)$ 행렬인 경우

$$|\mathbf{A} - c\mathbf{I}| = \begin{vmatrix} a_{11}-c & a_{12} & a_{13} \\ a_{21} & a_{22}-c & a_{23} \\ a_{31} & a_{32} & a_{33}-c \end{vmatrix} = 0$$

식 (12.5)에서 $|\mathbf{A}-c\mathbf{I}| = 0$일 때 $\mathbf{V}$에 대한 해(solution)는 무수히 많을 것이다. 하나의 특정한 단일해(unique solution)를 도출하기 위해서는 $\mathbf{V}$ 벡터의 원소 v_i를 $\sum v_i^2 = 1$이 되도록 [예제 9]에서와 같이 해를 정규화(normalize)한다.

1. 모든 특성근(c)이 양이면 A는 양정부호(positive definite)이다.
2. 모든 c가 음이면 A는 음정부호(negative definite)이다.
3. 모든 c가 비음(nonnegative)이고 적어도 하나의 c가 $c=0$이면 A는 양반정부호(positive semidefinite)이다.
4. 모든 c가 비양(nonpositive)이고 적어도 하나의 c가 $c=0$이면 A는 음반정부호(negative semidefinite)이다.
5. 몇 개의 c는 양이고 나머지는 음인 경우 A는 부정부호(sign indefinite)이다.

([예제 8,9], [연습문제 12.40-12.45] 그리고 9.3절 참조).

역자 TIP

5) 행렬 $B_{m\times n} = \begin{bmatrix} b_{11} \cdots b_{1n} \\ \cdots \\ b_{m1} \cdots b_{mn} \end{bmatrix} = (\mathbf{b}_1, \mathbf{b}_2, \cdots, \mathbf{b}_n)$은 m-component 열벡터가 n 개 나열되어 있다고 볼 수 있다. 여기서 n 개의 $\mathbf{b}$ 벡터들이 서로 선형독립적(linearly independent)인지 선형종속적(linearly dependent)인지는 다음의 정의에 따른다.

즉 $x_1\mathbf{b}_1 + x_2\mathbf{b}_2 + \cdots + x_n\mathbf{b}_n = 0$ 을 성립시키는 x_i가 $x_1 = x_2 = \cdots = x_n = 0$ 으로서 모두 0이 되어야만 성립하는 경우, n 개의 열벡터 $(\mathbf{b}_1, \mathbf{b}_2, \cdots, \mathbf{b}_n)$ 는 선형독립적이며, x_i 중 적어도 1개 이상이 0이 아닌 경우에도 위의 관계식이 성립된다면 n 개의 열벡터 $(\mathbf{b}_1, \mathbf{b}_2, \cdots, \mathbf{b}_n)$ 은 선형종속적이다. 또한 정방행렬을 구성하는 열벡터가 선형종속적이면 이의 행렬식은 0이 되므로 정방행렬은 특이행렬(singular matrix)에 해당한다.

예제 8 아래 행렬 $\mathbf{A}$의 특성근을 구하는 과정을 살펴보자.

$$\mathbf{A} = \begin{bmatrix} -6 & 3 \\ 3 & -6 \end{bmatrix}$$

먼저 특성행렬 $(\mathbf{A} - c\mathbf{I})$의 행렬식을 0으로 놓는다.

$$|\mathbf{A} - c\mathbf{I}| = \begin{vmatrix} -6-c & 3 \\ 3 & -6-c \end{vmatrix} = 0 \tag{12.6}$$

$$(-6-c)(-6-c)-(3)(3)=0$$

$$c^2+12c+27=0 \qquad (c+9)(c+3)=0$$

$$c_1=-9 \qquad c_2=-3$$

두 개의 특성근이 모두 음으로 나타나고 있으므로 $\mathbf{A}$는 음정부호이다. 또한 특성근을 다음과 같은 특징을 가지고 있다.

(1) 두 특성근의 합 $c_1 + c_2$은 행렬 $\mathbf{A}$의 주대각선상에 있는 원소의 합과 동일해야 하며,

(2) 두 특성근의 곱 c_1c_2는 행렬 $\mathbf{A}$의 행렬식 $|\mathbf{A}|$의 값과 동일하다.

예제 9 [예제 8]에서 첫 번째 특성근 $c_1 =-9$를 사용하여 이에 대한 특성벡터를 구할 수 있다. 식 (12.6)에 $c=-9$를 대입하면

$$\begin{bmatrix} -6-(-9) & 3 \\ 3 & -6-(-9) \end{bmatrix}\begin{bmatrix} v_1 \\ v_2 \end{bmatrix} = 0$$

$$\begin{bmatrix} 3 & 3 \\ 3 & 3 \end{bmatrix}\begin{bmatrix} v_1 \\ v_2 \end{bmatrix} = 0 \tag{12.7}$$

계수행렬이 선형종속적이므로 식 (12.7)은 무수한 해를 가질 수 있다.
행렬의 곱은 두 방정식이 일치함을 보여준다.

$$3v_1 + 3v_2 = 0$$

v_2에 대해 풀면

$$v_2 = -v_1 \tag{12.8}$$

다음에 식 (12.8)의 해를 아래와 같이 정규화(normalize)한다.

$$v_1^2 + v_2^2 = 1 \tag{12.9}$$

이를 위해 $v_2 =-v_1$을 식 (12.9)에 대입하면

$$v_1^2 + (-v_1)^2 = 1$$

을 얻는다. 따라서 $2v_1^2 = 1$, $v_1^2 = \frac{1}{2}$이 된다. 여기서 양의 제곱근을 취하면 $v_1 = \sqrt{1/2} = \sqrt{0.5}$. 식 (12.8)에서 $v_2 =-v_1$이므로 $v_2 =-\sqrt{0.5}$가 되어 첫 번째 특성근 $c_1 =-9$에 대한 특성벡터는 다음과 같다.

$$\mathbf{V}_1 = \begin{bmatrix} \sqrt{0.5} \\ -\sqrt{0.5} \end{bmatrix}$$

두 번째 특성근 $c_2 = -3$을 이용하여 특성벡터를 구하면

$$\begin{bmatrix} -6-(-3) & 3 \\ 3 & -6-(-3) \end{bmatrix} \begin{bmatrix} v_1 \\ v_2 \end{bmatrix} = \begin{bmatrix} -3 & 3 \\ 3 & -3 \end{bmatrix} \begin{bmatrix} v_1 \\ v_2 \end{bmatrix} = 0$$

2×2 행렬을 열벡터로 곱하면

$$\begin{aligned} -3v_1 + 3v_2 &= 0 \\ 3v_1 - 3v_2 &= 0 \end{aligned}$$

따라서 $v_1 = v_2$가 되고 이를 아래와 같이 정규화하면 특성벡터를 구할 수 있다.

$$\begin{aligned} v_1^2 + v_2^2 &= 1 \\ (v_2)^2 + v_2^2 &= 1 \\ 2v_2^2 &= 1 \end{aligned}$$

따라서 $$v_2 = \sqrt{0.5} \qquad v_1 = \sqrt{0.5}$$

$$\mathbf{V}_2 = \begin{bmatrix} \sqrt{0.5} \\ \sqrt{0.5} \end{bmatrix}$$

연습 문제

■ 야코비안

12.1 다음 방정식체계에서 야코비안을 이용하여 함수적 종속관계를 검증하시오.

$$y_1 = 6x_1 + 4x_2$$
$$y_2 = 7x_1 + 9x_2$$

야코비안 $|\mathbf{J}|$를 구성하기 위해 1차편도함수를 구하면

$$\frac{\partial y_1}{\partial x_1} = 6 \qquad \frac{\partial y_1}{\partial x_2} = 4 \qquad \frac{\partial y_2}{\partial x_1} = 7 \qquad \frac{\partial y_2}{\partial x_2} = 9$$

따라서
$$|\mathbf{J}| = \begin{vmatrix} 6 & 4 \\ 7 & 9 \end{vmatrix} = 6(9) - 7(4) = 26$$

$|\mathbf{J}| \neq 0$이므로 어떠한 함수적 종속관계도 존재하지 않는다. 선형방정식체계에서는 야코비안 $|\mathbf{J}|$의 모든 원소가 계수행렬 $\mathbf{A}$의 원소와 일치하기 때문에, 야코비안 $|\mathbf{J}|$는 계수행렬 $\mathbf{A}$의 행렬식 $|\mathbf{A}|$와 동일하며 그들의 구성원소 또한 완전히 일치한다는 사실에 주목하기 바란다. 11.1절에서 살펴본 어떤 행렬의 비특이성(nonsingularity)에 대한 행렬식 검증은 선형방정식체계에 야코비안을 적용한 것에 불과함을 알 수 있다.

12.2 다음 방정식체계에 대해 [연습문제 12.1]의 물음에 답하시오.

$$y_1 = 3x_1 - 4x_2$$
$$y_2 = 9x_1^2 - 24x_1x_2 + 16x_2^2$$

1차 편도함수를 통하여 야코비안을 구하면

$$\frac{\partial y_1}{\partial x_1} = 3 \qquad \frac{\partial y_1}{\partial x_2} = -4 \qquad \frac{\partial y_2}{\partial x_1} = 18x_1 - 24x_2 \qquad \frac{\partial y_2}{\partial x_2} = -24x_1 + 32x_2$$

따라서
$$|\mathbf{J}| = \begin{vmatrix} 3 & -4 \\ 18x_1 - 24x_2 & -24x_1 + 32x_2 \end{vmatrix} = 3(-24x_1 + 32x_2) + 4(18x_1 - 24x_2) = 0$$

이므로 위의 방정식체계는 함수적 종속관계에 있다:

$$(3x_1 - 4x_2)^2 = 9x_1^2 - 24x_1x_2 + 16x_2^2$$

12.3 다음 방정식체계에 대해 [연습문제 12.1]의 물음에 답하시오.

$$y_1 = x_1^2 - 3x_2 + 5$$
$$y_2 = x_1^4 - 6x_1^2x_2 + 9x_2^2$$

$$\frac{\partial y_1}{\partial x_1} = 2x_1 \qquad \frac{\partial y_1}{\partial x_2} = -3 \qquad \frac{\partial y_2}{\partial x_1} = 4x_1^3 - 12x_1x_2 \qquad \frac{\partial y_2}{\partial x_2} = -6x_1^2 + 18x_2$$

$$|\mathbf{J}| = \begin{vmatrix} 2x_1 & -3 \\ 4x_1^3 - 12x_1x_2 & -6x_1^2 + 18x_2 \end{vmatrix} = 2x_1(-6x_1^2 + 18x_2) + 3(4x_1^3 - 12x_1x_2) = 0$$

$|\mathbf{J}| = 0$이므로 함수적 종속관계에 있다: $y_2 = (y_1 - 5)^2$, 여기서

$$y_1 - 5 = x_1^2 - 3x_2 + 5 - 5 = x_1^2 - 3x_2$$

그리고
$$(x_1^2 - 3x_2)^2 = x_1^4 - 6x_1^2x_2 + 9x_2^2$$

12.4 야코비안을 이용하여 다음 방정식체계의 함수적 종속관계를 검증하시오.

a) $y_1 = 4x_1 - x_2$
$y_2 = 16x_1^2 + 8x_1x_2 + x_2^2$

$$|\mathbf{J}| = \begin{vmatrix} 4 & -1 \\ 32x_1 + 8x_2 & 8x_1 + 2x_2 \end{vmatrix} = 4(8x_1 + 2x_2) + 1(32x_1 + 8x_2) = 64x_1 + 16x_2 \neq 0$$

방정식들은 함수적으로 독립적이다.

b) $y_1 = 1.5x_1^2 + 12x_1x_2 + 24x_2^2$
$y_2 = 2x_1 + 8x_2$

$$|\mathbf{J}| = \begin{vmatrix} 3x_1 + 12x_2 & 12x_1 + 48x_2 \\ 2 & 8 \end{vmatrix} = 8(3x_1 + 12x_2) - 2(12x_1 + 48x_2) = 0$$

방정식들 사이에는 함수적 종속관계가 있다.

c) $y_1 = 4x_1^2 + 3x_2 + 9$
$y_2 = 16x_1^4 + 24x_1^2x_2 + 9x_2^2 + 12$

$$|\mathbf{J}| = \begin{vmatrix} 8x_1 & 3 \\ 64x_1^3 + 48x_1x_2 & 24x_1^2 + 18x_2 \end{vmatrix} = 8x_1(24x_1^2 + 18x_2) - 3(64x_1^3 + 48x_1x_2) = 0$$

방정식들은 함수적으로 종속적이다.

■ 판별식과 2차형함수의 정부호성 검정

12.5 판별식을 이용하여 다음 2차 형함수가 양정부호인지 음정부호인지를 결정하시오.

a) $y = -3x_1^2 + 4x_1x_2 - 4x_2^2$

제곱항인 계수를 주대각선상에 위치해 놓고 제곱항이 아닌 x_1x_2의 계수를 2로 나누어 a_{12}와 a_{21} 원소의 위치에 설정하여 판별식을 구성한다.

$$|\mathbf{D}| = \begin{vmatrix} -3 & 2 \\ 2 & -4 \end{vmatrix}$$

여기서 $|D_1| = -3 < 0 \quad |D_2| = \begin{vmatrix} -3 & 2 \\ 2 & -4 \end{vmatrix} = (-3)(-4) - (2)(2) = 8 > 0$

$|D_1| < 0$이고 $|D_2| > 0$이므로 y는 음정부호(negative definite)가 되며, 이는 0이 아닌 모든 x_1, x_2 값에 대해 y가 음(-)이 됨을 의미한다.

b) $y = 5x_1^2 - 2x_1x_2 + 7x_2^2$

판별식은 $$|\mathbf{D}| = \begin{vmatrix} 5 & -1 \\ -1 & 7 \end{vmatrix}$$

이고 여기에서 $|D_1| = 5 > 0$이고, $|D_2| = |\mathbf{D}| = 5(7) - (-1)(-1) = 34 > 0$.

$|D_1| > 0$, $|D_2| > 0$이므로 y는 양정부호이고, y는 0이 아닌 모든 x_1, x_2 값에 대해 양이 된다.

12.6 $y = 5x_1^2 - 6x_1x_2 + 3x_2^2 - 2x_2x_3 + 8x_3^2 - 3x_1x_3$에 대해 [연습문제 12.5]의 물음에 답하시오.

3개의 변수로 구성된 2차형함수인 경우도 제곱항의 계수는 마찬가지로 주대각선상에 위치를 설정하고, x_1x_3의 계수는 2로 나누어 a_{13}와 a_{31} 원소의 위치에, 그리고 x_2x_3의 계수는 2로 나누어 a_{23}와 a_{32} 원소의 위치에 설정한다. 이러한 방법에 따라 판별식을 구성하면

$$|\mathbf{D}| = \begin{vmatrix} 5 & -3 & -1.5 \\ -3 & 3 & -1 \\ -1.5 & -1 & 8 \end{vmatrix}$$

여기서 $$|D_1| = 5 > 0 \qquad |D_2| = \begin{vmatrix} 5 & -3 \\ -3 & 3 \end{vmatrix} = 6 > 0$$

그리고 $|D_3| = |\mathbf{D}| = 5(23) + 3(-25.5) - 1.5(7.5) = 27.25 > 0$.

따라서 y는 양정부호이다.

12.7 판별식을 이용하여 다음 함수의 정부호성(sign definiteness)을 결정하시오.

a) $y = -2x_1^2 + 4x_1x_2 - 5x_2^2 + 2x_2x_3 - 3x_3^2 + 2x_1x_3$

$$|\mathbf{D}| = \begin{vmatrix} -2 & 2 & 1 \\ 2 & -5 & 1 \\ 1 & 1 & -3 \end{vmatrix}$$

여기서 $$|D_1| = -2 < 0 \qquad |D_2| = \begin{vmatrix} -2 & 2 \\ 2 & -5 \end{vmatrix} = 6 > 0$$

그리고 $|D_3| = |\mathbf{D}| = -2(14) - 2(-7) + 1(7) = -7 < 0$이므로 y는 음정부호이다.

b) $y = -7x_1^2 - 2x_2^2 + 2x_2x_3 - 4x_3^2 - 6x_1x_3$

$$|\mathbf{D}| = \begin{vmatrix} -7 & 0 & -3 \\ 0 & -2 & 1 \\ -3 & 1 & -4 \end{vmatrix}$$

여기서 $|D_1| = -7 \qquad |D_2| = \begin{vmatrix} -7 & 0 \\ 0 & -2 \end{vmatrix} = 14$

그리고 $|D_3| = |\mathrm{D}| = -7(7) - 3(-6) = -31$. 따라서 y는 음정부호이다.

■ 최적화 문제와 헤시안

12.8 다음 함수의 최적화를 위해 (a) 크래머 법칙을 이용하여 1차조건으로부터 임계값을 구하고 (b) 헤시안을 이용하여 2차조건을 검토하시오.

$$y = 3x_1^2 - 5x_1 - x_1x_2 + 6x_2^2 - 4x_2 + 2x_2x_3 + 4x_3^2 + 2x_3 - 3x_1x_3$$

a) 먼저 1차조건을 구하면

$$\begin{aligned} y_1 &= 6x_1 - 5 - x_2 - 3x_3 = 0 \\ y_2 &= -x_1 + 12x_2 - 4 + 2x_3 = 0 \\ y_3 &= 2x_2 + 8x_3 + 2 - 3x_1 = 0 \end{aligned} \qquad (12.10)$$

이를 행렬로 표시하면

$$\begin{bmatrix} 6 & -1 & -3 \\ -1 & 12 & 2 \\ -3 & 2 & 8 \end{bmatrix} \begin{bmatrix} x_1 \\ x_2 \\ x_3 \end{bmatrix} = \begin{bmatrix} 5 \\ 4 \\ -2 \end{bmatrix}$$

크래머 법칙을 이용하기 위해 먼저 계수행렬의 행렬식을 구하면 $|\mathrm{A}| = 6(92) + 1(-2) - 3(34) = 448$이다. 여기서 $|\mathrm{A}|$는 $|\mathrm{J}|$와 동일하므로 방정식들은 서로 독립적이다.

$$\begin{aligned} |\mathbf{A}_1| &= 5(92) + 1(36) - 3(32) = 400 \\ |\mathbf{A}_2| &= 6(36) - 5(-2) - 3(14) = 184 \\ |\mathbf{A}_3| &= 6(-32) + 1(14) + 5(34) = -8 \end{aligned}$$

따라서 $\bar{x}_1 = \dfrac{400}{448} \approx 0.89 \qquad \bar{x}_2 = \dfrac{184}{448} \approx 0.41 \qquad \bar{x}_3 = \dfrac{-8}{448} \approx -0.02$

b) 식 (12.10)의 2차 편도함수를 구하여 헤시안을 구성하면 최적화의 2차조건을 검증할 수 있다.

$$\begin{array}{lll} y_{11} = 6 & y_{12} = -1 & y_{13} = -3 \\ y_{21} = -1 & y_{22} = 12 & y_{23} = 2 \\ y_{31} = -3 & y_{32} = 2 & y_{33} = 8 \end{array}$$

따라서 $|\mathbf{H}| = \begin{vmatrix} 6 & -1 & -3 \\ -1 & 12 & 2 \\ -3 & 2 & 8 \end{vmatrix}$

여기서 $\quad |H_1| = 6 > 0 \quad |H_2| = \begin{vmatrix} 6 & -1 \\ -1 & 12 \end{vmatrix} = 71 > 0$

그리고 $|H_3| = |\mathbf{H}| = |\mathbf{A}| = 448 > 0$이다. 따라서 $|\mathbf{H}|$는 양정부호이고 y는 임계값에서 극소화된다.

12.9 $y = -5x_1^2 + 10x_1 + x_1x_3 - 2x_2^2 + 4x_2 + 2x_2x_3 - 4x_3^2$인 때 [연습문제 12.8]에서의 물음에 답하시오.

a) 먼저 1차조건을 구하면

$$\begin{aligned} y_1 &= -10x_1 + 10 + x_3 = 0 \\ y_2 &= -4x_2 + 4 + 2x_3 = 0 \\ y_3 &= x_1 + 2x_2 - 8x_3 = 0 \end{aligned} \qquad (12.11)$$

이를 행렬로 표시하면 $\begin{bmatrix} -10 & 0 & 1 \\ 0 & -4 & 2 \\ 1 & 2 & -8 \end{bmatrix}\begin{bmatrix} x_1 \\ x_2 \\ x_3 \end{bmatrix} = \begin{bmatrix} -10 \\ -4 \\ 0 \end{bmatrix}$

크래머 법칙을 이용하여 최적화의 임계값을 구한다.

$$\begin{aligned} |\mathbf{A}| &= -10(28) + 1(4) = -276 \\ |\mathbf{A}_1| &= -10(28) + 1(-8) = -288 \\ |\mathbf{A}_2| &= -10(32) + 10(-2) + 1(4) = -336 \\ |\mathbf{A}_3| &= -10(8) - 10(4) = -120 \end{aligned}$$

따라서 $\quad \bar{x}_1 = \dfrac{-288}{-276} \approx 1.04 \quad \bar{x}_2 = \dfrac{-336}{-276} \approx 1.22 \quad \bar{x}_3 = \dfrac{-120}{-276} \approx 0.43$

b) 식 (12.11)의 2차편도함수를 구하여 헤시안을 구성한다.

$$|\mathbf{H}| = \begin{vmatrix} -10 & 0 & 1 \\ 0 & -4 & 2 \\ 1 & 2 & -8 \end{vmatrix}$$

여기서 $|H_1| = -10 < 0$, $|H_2 = 40 > 0$, 그리고 $|H_3| = |\mathbf{H}| = |\mathbf{A}| = -276 < 0$.
따라서 $|\mathbf{H}|$는 음정부호가 되고 y는 극대화된다.

12.10 완전경쟁하에서 두 재화를 생산하고 있는 기업이 다음과 같은 총수입함수와 총비용함수를 가지고 있다.

$$\mathrm{TR} = 15Q_1 + 18Q_2 \qquad \mathrm{TC} = 2Q_1^2 + 2Q_1Q_2 + 3Q_2^2$$

두 재화 중 어느 한 재화의 한계비용은 다른 재화의 생산수준에 의존하기 때문에(예를 들어 $\partial TC/\partial Q_1 = 4Q_1 + 2Q_2$) 두 재화는 생산과정에서 기술적으로 연관되어 있다. 이러한 상태에서 기업의 이윤을 극대화하기 위해, (a) 1차조건으로부터 크래머 법칙을 이용하여 임계값을 구하고, (*b*) 헤시안을 이용하여 2차조건을 검증하시오.

a) $$\Pi = \text{TR} - \text{TC} = 15Q_1 + 18Q_2 - 2Q_1^2 - 2Q_1Q_2 - 3Q_2^2$$

1차조건을 구하면

$$\Pi_1 = 15 - 4Q_1 - 2Q_2 = 0$$
$$\Pi_2 = 18 - 2Q_1 - 6Q_2 = 0$$

이를 행렬형태로 표시하면

$$\begin{bmatrix} -4 & -2 \\ -2 & -6 \end{bmatrix} \begin{bmatrix} Q_1 \\ Q_2 \end{bmatrix} = \begin{bmatrix} -15 \\ -18 \end{bmatrix}$$

크래머 법칙을 이용하여 임계값을 구한다.

$$|\mathbf{A}| = 24 - 4 = 20 \qquad |\mathbf{A}_1| = 90 - 36 = 54 \qquad |\mathbf{A}_2| = 72 - 30 = 42$$

따라서 $$\bar{Q}_1 = \frac{54}{20} = 2.7 \qquad \bar{Q}_2 = \frac{42}{20} = 2.1$$

b) 헤시안을 이용하여 2차조건을 검증한다.

$$|\mathbf{H}| = \begin{vmatrix} -4 & -2 \\ -2 & -6 \end{vmatrix}$$

여기서 $|H_1| = -4 < 0$이고 $|H_2| = 20 > 0$이므로 $|\mathbf{H}|$는 음정부호이고 이윤함수 Π는 극대화된다.

12.11 [연습문제 12.10]에서의 방법을 이용하여, 생산과정에서 재화가 기술적으로 연관되어 있지 않은 경쟁시장 기업의 이윤을 극대화하시오. 이 기업의 총수입함수와 총비용함수는 아래와 같다.

a) $$\text{TR} = 7Q_1 + 9Q_2 \qquad \text{TC} = Q_1^2 + 2Q_1 + 5Q_2 + 2Q_2^2$$

$$\Pi = 7Q_1 + 9Q_2 - Q_1^2 - 2Q_1 - 5Q_2 - 2Q_2^2$$
$$\Pi_1 = 7 - 2Q_1 - 2 = 0 \qquad \bar{Q}_1 = 2.5$$
$$\Pi_2 = 9 - 5 - 4Q_2 = 0 \qquad \bar{Q}_2 = 1$$

b) $$|\mathbf{H}| = \begin{vmatrix} -2 & 0 \\ 0 & -4 \end{vmatrix}$$

여기서 $|H_1| = -2$이고 $|H_2| = 8$이므로 $|\mathbf{H}|$은 음정부호이고 따라서 Π는 극대화된다.

12.12 두 관련재를 생산하는 독점기업의 이윤을 극대화하시오. 이때 두 재화는 대체재이고 수요 함수와 총비용함수는 아래와 같다.

$$P_1 = 80 - 5Q_1 - 2Q_2 \qquad P_2 = 50 - Q_1 - 3Q_2 \qquad \text{TC} = 3Q_1^2 + Q_1Q_2 + 2Q_2^2$$

[연습문제 12.10]에서와 같이 (a) 크래머 법칙과 (b) 헤시안을 이용하시오.

a) 이윤은 $\Pi = TR - TC$이고 여기서 총수입은 $TR = P_1Q_1 + P_2Q_2$이므로

$$\begin{aligned}\Pi &= (80 - 5Q_1 - 2Q_2)Q_1 + (50 - Q_1 - 3Q_2)Q_2 - (3Q_1^2 + Q_1Q_2 + 2Q_2^2)\\ &= 80Q_1 + 50Q_2 - 4Q_1Q_2 - 8Q_1^2 - 5Q_2^2\end{aligned}$$

$$\Pi_1 = 80 - 4Q_2 - 16Q_1 = 0 \qquad \Pi_2 = 50 - 4Q_1 - 10Q_2 = 0$$

행렬 형태로 표시한 후 크래머 법칙을 이용하면

$$\begin{bmatrix} -16 & -4 \\ -4 & -10 \end{bmatrix}\begin{bmatrix} Q_1 \\ Q_2 \end{bmatrix} = \begin{bmatrix} -80 \\ -50 \end{bmatrix}$$

$$|\mathbf{A}| = 160 - 16 = 144 \qquad |\mathbf{A}_1| = 800 - 200 = 600 \qquad |\mathbf{A}_2| = 800 - 320 = 480$$

따라서 $\bar{Q}_1 = \dfrac{600}{144} \approx 4.17 \qquad \bar{Q}_2 = \dfrac{480}{144} \approx 3.33$

b) $$|\mathbf{H}| = \begin{vmatrix} -16 & -4 \\ -4 & -10 \end{vmatrix}$$

여기서 $|H_1| = -16 < 0$이고 $|H_2| = 144 > 0$이므로 Π는 극대화된다.

12.13 대체 관계에 있는 두 재화의 수요함수와 총비용함수가 다음과 같이 주어졌을 때 이 기업의 이윤을 극대화하시오.

$$P_1 = 130 - 4Q_1 - Q_2 \qquad P_2 = 160 - 2Q_1 - 5Q_2 \qquad \text{TC} = 2Q_1^2 + 2Q_1Q_2 + 4Q_2^2$$

이때 (a) 크래머 법칙을 이용하여 이윤극대화의 1차조건으로부터 임계값을 구하고, (b) 헤시안을 이용하여 2차 조건을 검증하시오.

a) $$\begin{aligned}\Pi &= (130 - 4Q_1 - Q_2)Q_1 + (160 - 2Q_1 - 5Q_2)Q_2 - (2Q_1^2 + 2Q_1Q_2 + 4Q_2^2)\\ &= 130Q_1 + 160Q_2 - 5Q_1Q_2 - 6Q_1^2 - 9Q_2^2\end{aligned}$$

$$\Pi_1 = 130 - 5Q_2 - 12Q_1 = 0 \qquad \Pi_2 = 160 - 5Q_1 - 18Q_2 = 0$$

$$\begin{bmatrix} -12 & -5 \\ -5 & -18 \end{bmatrix}\begin{bmatrix} Q_1 \\ Q_2 \end{bmatrix} = \begin{bmatrix} -130 \\ -160 \end{bmatrix}$$

$$|\mathbf{A}| = 191$$

$$|\mathbf{A}_1| = 1540 \qquad \bar{Q}_1 = \frac{1540}{191} \approx 8.06$$

$$|\mathbf{A}_2| = 1270 \qquad \bar{Q}_2 = \frac{1270}{191} \approx 6.65$$

b) $$|\mathbf{H}| = \begin{vmatrix} -12 & -5 \\ -5 & -18 \end{vmatrix}$$

$|H_1| = -12 < 0$이고 $|H_2| = 191 > 0$이므로 $|H|$는 음정부호가 되어 Π는 극대화된다.

12.14 세 재화를 생산하는 독점기업의 수요함수와 총비용함수가 아래와 같이 주어졌을 때, [연습문제 12.13]에서의 물음에 답하시오.

$$P_1 = 180 - 3Q_1 - Q_2 - 2Q_3 \qquad P_2 = 200 - Q_1 - 4Q_2 \qquad P_3 = 150 - Q_2 - 3Q_3$$
$$\text{TC} = Q_1^2 + Q_1Q_2 + Q_2^2 + Q_2Q_3 + Q_3^2$$

a)
$$\begin{aligned}\Pi &= (180 - 3Q_1 - Q_2 - 2Q_3)Q_1 + (200 - Q_1 - 4Q_2)Q_2 + (150 - Q_2 - 3Q_3)Q_3 \\ &\quad - (Q_1^2 + Q_1Q_2 + Q_2^2 + Q_2Q_3 + Q_3^2) \\ &= 180Q_1 + 200Q_2 + 150Q_3 - 3Q_1Q_2 - 2Q_2Q_3 - 2Q_1Q_3 - 4Q_1^2 - 5Q_2^2 - 4Q_3^2\end{aligned}$$
$$\Pi_1 = 180 - 3Q_2 - 2Q_3 - 8Q_1 = 0 \qquad \Pi_2 = 200 - 3Q_1 - 2Q_3 - 10Q_2 = 0$$
$$\Pi_3 = 150 - 2Q_2 - 2Q_1 - 8Q_3 = 0$$

이를 행렬형태로 표시하면

$$\begin{bmatrix} -8 & -3 & -2 \\ -3 & -10 & -2 \\ -2 & -2 & -8 \end{bmatrix}\begin{bmatrix} Q_1 \\ Q_2 \\ Q_3 \end{bmatrix} = \begin{bmatrix} -180 \\ -200 \\ -150 \end{bmatrix}$$
$$|\mathbf{A}| = -8(76) + 3(20) - 2(-14) = -520$$
$$|\mathbf{A}_1| = -180(76) + 3(1300) - 2(-1100) = -7580$$
$$|\mathbf{A}_2| = -8(1300) + 180(20) - 2(50) = -6900$$
$$|\mathbf{A}_3| = -8(1100) + 3(50) - 180(-14) = -6130$$

$$\bar{Q}_1 = \frac{-7580}{-520} \approx 14.58 \qquad \bar{Q}_2 = \frac{-6900}{-520} \approx 13.27 \qquad \bar{Q}_3 = \frac{-6130}{-520} \approx 11.79$$

b)
$$|\mathbf{H}| = \begin{vmatrix} -8 & -3 & -2 \\ -3 & -10 & -2 \\ -2 & -2 & -8 \end{vmatrix}$$

여기서 $|H_1| = -8 < 0$, $|H_2| = 71 > 0$, 그리고 $|H_3| = |\mathbf{H}| = |\mathbf{A}| = -520 < 0$이므로, $|\mathbf{H}|$는 음정부호가 되고 Π는 극대화된다.

12.15 세 재화를 생산하는 기업의 수요함수와 총비용함수가 아래와 같이 주어졌을 때, [연습문제 12.14]에서처럼 이윤을 극대화하시오.

$$P_1 = 70 - 2Q_1 - Q_2 - Q_3 \qquad P_2 = 120 - Q_1 - 4Q_2 - 2Q_3$$
$$P_3 = 90 - Q_1 - Q_2 - 3Q_3$$
$$\text{TC} = Q_1^2 + Q_1Q_2 + 2Q_2^2 + 2Q_2Q_3 + Q_3^2 + Q_1Q_3$$

a)
$$\Pi = 70Q_1 + 120Q_2 + 90Q_3 - 3Q_1Q_2 - 5Q_2Q_3 - 3Q_1Q_3 - 3Q_1^2 - 6Q_2^2 - 4Q_3^2$$
$$\Pi_1 = 70 - 3Q_2 - 3Q_3 - 6Q_1 = 0 \qquad \Pi_2 = 120 - 3Q_1 - 5Q_3 - 12Q_2 = 0$$
$$\Pi_3 = 90 - 3Q_1 - 5Q_2 - 8Q_3 = 0$$

$$\begin{bmatrix} -6 & -3 & -3 \\ -3 & -12 & -5 \\ -3 & -5 & -8 \end{bmatrix}\begin{bmatrix} Q_1 \\ Q_2 \\ Q_3 \end{bmatrix} = \begin{bmatrix} -70 \\ -120 \\ -90 \end{bmatrix}$$

$$|\mathbf{A}| = -336$$

$$|\mathbf{A}_1| = -2000 \qquad \bar{Q}_1 = \frac{-2000}{-336} \approx 5.95$$

$$|\mathbf{A}_2| = -2160 \qquad \bar{Q}_2 = \frac{-2160}{-336} \approx 6.43$$

$$|\mathbf{A}_3| = -1680 \qquad \bar{Q}_3 = \frac{-1680}{-336} = 5$$

b)

$$|\mathbf{H}| = \begin{vmatrix} -6 & -3 & -3 \\ -3 & -12 & -5 \\ -3 & -5 & -8 \end{vmatrix}$$

여기서 $|H_1| = -6 < 0$, $|H_2| = 63 > 0$, 그리고 $|H_3| = |\mathbf{H}| = |\mathbf{A}| = -336 < 0$이므로, $|\mathbf{H}|$는 음정부호가 되고 Π는 극대화된다.

12.16 아래와 같이 두 재화의 수요함수가 $Q = F(P)$의 형태로 주어진 경우, (*a*) 역함수 형태의 수요함수 $P = f(Q)$를 구하고, (*b*) 이윤극대화를 위한 1차조건으로부터 크래머 법칙을 이용하여 이윤을 극대화하는 생산량을 구하시오. (*c*) 또한 이에 대한 2차조건을 헤시안을 이용하여 검증하시오. 수요함수와 총비용함수는 아래와 같다.

$$Q_1 = 100 - 3P_1 + 2P_2 \qquad Q_2 = 75 + 0.5P_1 - P_2 \qquad \text{TC} = Q_1^2 + 2Q_1Q_2 + Q_2^2$$

위의 함수에서 P_1과 P_2의 부호가 반대이므로 Q_1과 Q_2는 대체재(substitute goods)임을 표시하고 있다. 즉 P_2의 증가는 Q_1의 수요를 증가시키고 P_1의 증가는 Q_2의 수요를 증가시킨다.

a) 두 재화의 시장이 상호연관되어 있으므로 역함수 형태의 두 재화에 대한 수요함수 $P = f(Q)$는 두 재화의 수요함수 $Q = F(P)$의 연립방정식으로부터 도출되어야 한다. 수요함수를 정리하여 $P = f(Q)$ 형태의 수요함수를 구하면, 이윤함수 Π를 궁극적으로 Q만의 함수로 만들어서[6] 극대화할 수 있다.

$$-3P_1 + 2P_2 = Q_1 - 100$$
$$0.5P_1 - P_2 = Q_2 - 75$$

이를 행렬형태로 표시하면

$$\begin{bmatrix} -3 & 2 \\ 0.5 & -1 \end{bmatrix} \begin{bmatrix} P_1 \\ P_2 \end{bmatrix} = \begin{bmatrix} Q_1 - 100 \\ Q_2 - 75 \end{bmatrix}$$

크래머 법칙을 이용하여 P_1과 P_2를 구하면

$$|\mathbf{A}| = 2$$

$$|\mathbf{A}_1| = \begin{vmatrix} Q_1 - 100 & 2 \\ Q_2 - 75 & -1 \end{vmatrix} = -Q_1 + 100 - 2Q_2 + 150 = 250 - Q_1 - 2Q_2$$

$$P_1 = \frac{|\mathbf{A}_1|}{|\mathbf{A}|} = \frac{250 - Q_1 - 2Q_2}{2} = 125 - 0.5Q_1 - Q_2$$

$$|\mathbf{A}_2| = \begin{vmatrix} -3 & Q_1 - 100 \\ 0.5 & Q_2 - 75 \end{vmatrix} = -3Q_2 + 225 - 0.5Q_1 + 50 = 275 - 0.5Q_1 - 3Q_2$$

$$P_2 = \frac{|\mathbf{A}_2|}{|\mathbf{A}|} = \frac{275 - 0.5Q_1 - 3Q_2}{2} = 137.5 - 0.25Q_1 - 1.5Q_2$$

역자 TIP

6) 이윤함수 $\Pi = PQ$에서 P와 Q는 수요함수를 나타내는 P와 Q이다. 따라서 수요함수가 $P = f(Q)$의 형태로 주어진 경우 이를 $\Pi = PQ$에 대입하면 $\Pi = PQ = f(Q)Q$가 되어 이윤함수 Π는 Q만의 함수가 된다. 물론 수요함수 $Q = F(P)$의 형태로 주어진 경우는 이를 $\Pi = PQ$에 대입하면 $\Pi = PQ = PF(P)$가 되어 이윤함수 Π는 P만의 함수가 된다.

b)

$$\begin{aligned}\Pi &= (125 - 0.5Q_1 - Q_2)Q_1 + (137.5 - 0.25Q_1 - 1.5Q_2)Q_2 - (Q_1^2 + 2Q_1Q_2 + Q_2^2) \\ &= 125Q_1 + 137.5Q_2 - 3.25Q_1Q_2 - 1.5Q_1^2 - 2.5Q_2^2\end{aligned}$$

$$\Pi_1 = 125 - 3.25Q_2 - 3Q_1 = 0 \qquad \Pi_2 = 137.5 - 3.25Q_1 - 5Q_2 = 0$$

$$\begin{bmatrix} -3 & -3.25 \\ -3.25 & -5 \end{bmatrix}\begin{bmatrix} Q_1 \\ Q_2 \end{bmatrix} = \begin{bmatrix} -125 \\ -137.5 \end{bmatrix}$$

$$|\mathbf{A}| = 4.4375$$

$$|\mathbf{A}_1| = 178.125 \qquad \bar{Q}_1 = \frac{178.125}{4.4375} \approx 40.14$$

$$|\mathbf{A}_2| = 6.25 \qquad \bar{Q}_2 = \frac{6.25}{4.4375} \approx 1.4$$

c)

$$|\mathbf{H}| = \begin{vmatrix} -3 & -3.25 \\ -3.25 & -5 \end{vmatrix}$$

$|H_1| = -3 < 0$, $|H_2| = |\mathbf{H}| = |\mathbf{A}| = 4.4375 > 0$이므로 Π는 극대화된다.

12.17 다음과 같이 수요함수와 총비용함수가 주어졌을 때 이윤극대화와 관련하여 [연습문제 12.16]에서의 물음에 답하시오.

$$Q_1 = 90 - 6P_1 - 2P_2 \qquad Q_2 = 80 - 2P_1 - 4P_2 \qquad \text{TC} = 2Q_1^2 + 3Q_1Q_2 + 2Q_2^2$$

위의 두 수요함수에서 P_1과 P_2의 부호가 동일하므로 Q_1과 Q_2는 보완재(complements)이다.

a) 수요함수를 Q의 함수로 변환하기 위해 다음과 같은 과정을 거친다.

$$\begin{bmatrix} -6 & -2 \\ -2 & -4 \end{bmatrix}\begin{bmatrix} P_1 \\ P_2 \end{bmatrix} = \begin{bmatrix} Q_1 - 90 \\ Q_2 - 80 \end{bmatrix}$$

$$|\mathbf{A}| = 20$$

$$|\mathbf{A}_1| = \begin{vmatrix} Q_1-90 & -2 \\ Q_2-80 & -4 \end{vmatrix} = -4Q_1+360+2Q_2-160 = 200-4Q_1+2Q_2$$

$$P_1 = \frac{200-4Q_1+2Q_2}{20} = 10-0.2Q_1+0.1Q_2$$

$$|\mathbf{A}_2| = \begin{vmatrix} -6 & Q_1-90 \\ -2 & Q_2-80 \end{vmatrix} = -6Q_2+480+2Q_1-180 = 300-6Q_2+2Q_1$$

$$P_2 = \frac{300-6Q_2+2Q_1}{20} = 15-0.3Q_2+0.1Q_1$$

b)
$$\Pi = (10-0.2Q_1+0.1Q_2)Q_1 + (15-0.3Q_2+0.1Q_1)Q_2 - (2Q_1^2+3Q_1Q_2+2Q_1^2)$$
$$= 10Q_1+15Q_2-2.8Q_1Q_2-2.2Q_1^2-2.3Q_2^2$$
$$\Pi_1 = 10-2.8Q_2-4.4Q_1 = 0 \qquad \Pi_2 = 15-2.8Q_1-4.6Q_2 = 0$$
$$\begin{bmatrix} -4.4 & -2.8 \\ -2.8 & -4.6 \end{bmatrix}\begin{bmatrix} Q_1 \\ Q_2 \end{bmatrix} = \begin{bmatrix} -10 \\ -15 \end{bmatrix}$$
$$|\mathbf{A}| = 12.4$$
$$|\mathbf{A}_1| = 4 \qquad \bar{Q}_1 = \frac{4}{12.4} \approx 0.32$$
$$|\mathbf{A}_2| = 38 \qquad \bar{Q}_2 = \frac{38}{12.4} \approx 3.06$$

c)
$$|\mathbf{H}| = \begin{vmatrix} -4.4 & -2.8 \\ -2.8 & -4.6 \end{vmatrix}$$

$|H_1| = -4.4 < 0$, $|H_2| = |\mathbf{A}| = 12.4 > 0$이므로 Π는 극대화된다.

12.18 수요함수와 총비용함수가 아래와 같을 때 [연습문제 12.16]에서의 물음에 답하시오.

$$Q_1 = 150-3P_1+P_2+P_3 \qquad Q_2 = 180+P_1-4P_2+2P_3$$
$$Q_3 = 200+2P_1+P_2-5P_3$$
$$\text{TC} = Q_1^2+Q_1Q_2+2Q_2^2+Q_2Q_3+Q_3^2+Q_1Q_3$$

a) 주어진 수요함수의 역함수를 구하면

$$\begin{bmatrix} -3 & 1 & 1 \\ 1 & -4 & 2 \\ 2 & 1 & -5 \end{bmatrix}\begin{bmatrix} P_1 \\ P_2 \\ P_3 \end{bmatrix} = \begin{bmatrix} Q_1-150 \\ Q_2-180 \\ Q_3-200 \end{bmatrix}$$

$$|\mathbf{A}| = -36$$
$$|\mathbf{A}_1| = (Q_1-150)(20-2)-1(-5Q_2+900-2Q_3+400)+1(Q_2-180+4Q_3-800)$$
$$= -4980+18Q_1+6Q_2+6Q_3$$
$$P_1 = \frac{-4980+18Q_1+6Q_2+6Q_3}{-36} = 138.33-0.5Q_1-0.17Q_2-0.17Q_3$$

$$|\mathbf{A}_2| = -3(-5Q_2+900-2Q_3+400)-(Q_1-150)(-5-4)+1(Q_3-200-2Q_2+360)$$
$$= -5090+9Q_1+13Q_2+7Q_3$$

$$P_2 = \frac{-5090 + 9Q_1 + 13Q_2 + 7Q_3}{-36} = 141.39 - 0.25Q_1 - 0.36Q_2 - 0.19Q_3$$

$$|\mathbf{A}_3| = -3(-4Q_3 + 800 - Q_2 + 180) - 1(Q_3 - 200 - 2Q_2 + 360) + (Q_1 - 150)(1 + 8)$$
$$= -4450 + 9Q_1 + 5Q_2 + 11Q_3$$

$$P_3 = \frac{-4450 + 9Q_1 + 5Q_2 + 11Q_3}{-36} = 123.61 - 0.25Q_1 - 0.14Q_2 - 0.31Q_3$$

b)

$$\Pi = P_1Q_1 + P_2Q_2 + P_3Q_3 - \text{TC}$$
$$= 138.33Q_1 + 141.39Q_2 + 123.61Q_3 - 1.42Q_1Q_2$$
$$-1.33Q_2Q_3 - 1.42Q_1Q_3 - 1.5Q_1^2 - 2.36Q_2^2 - 1.31Q_3^2$$
$$\Pi_1 = 138.33 - 1.42Q_2 - 1.42Q_3 - 3Q_1 = 0$$
$$\Pi_2 = 141.39 - 1.42Q_1 - 1.33Q_3 - 4.72Q_2 = 0$$
$$\Pi_3 = 123.61 - 1.33Q_2 - 1.42Q_1 - 2.62Q_3 = 0$$

$$\begin{bmatrix} -3 & -1.42 & -1.42 \\ -1.42 & -4.72 & -1.33 \\ -1.42 & -1.33 & -2.62 \end{bmatrix} \begin{bmatrix} Q_1 \\ Q_2 \\ Q_3 \end{bmatrix} = \begin{bmatrix} -138.33 \\ -141.39 \\ -123.61 \end{bmatrix}$$

$$|\mathbf{A}| = -22.37$$

$$|\mathbf{A}_1| = -612.27 \qquad \bar{Q}_1 = \frac{-612.27}{-22.37} \approx 27.37$$

$$|\mathbf{A}_2| = -329.14 \qquad \bar{Q}_2 = \frac{-329.14}{-22.37} \approx 14.71$$

$$|\mathbf{A}_3| = -556.64 \qquad \bar{Q}_3 = \frac{-556.64}{-22.37} \approx 24.88$$

c)

$$|H_1| = \begin{vmatrix} -3 & -1.42 & -1.42 \\ -1.42 & -4.72 & -1.33 \\ -1.42 & -1.33 & -2.62 \end{vmatrix}$$

$|H_1| = -3 < 0$, $|H_2| = 12.14 > 0$, 그리고 $|H_3| = |\mathbf{A}| = -22.37 < 0$이므로 Π는 극대화된다.

▪ 제약조건하의 최적화와 제약조건부 헤시안

12.19 $3x + 4y = 90$의 예산제약조건하에서 효용함수 $u = 2xy$를 극대화하려 한다.

(a) 임계값 $\bar{x}$, $\bar{y}$, 그리고 $\bar{\lambda}$를 구하시오.

(b) 제약조건부 헤시안 $|\bar{\mathbf{H}}|$를 이용하여 최적화의 2차조건을 검증하시오.

a) 먼저 라그랑지 함수를 구성한다.

$$U = 2xy + \lambda(90 - 3x - 4y)$$

1차조건을 구하면

$$U_x = 2y - 3\lambda = 0 \qquad U_y = 2x - 4\lambda = 0 \qquad U_\lambda = 90 - 3x - 4y = 0$$

이를 행렬형태로 표시하면

$$\begin{bmatrix} 0 & 2 & -3 \\ 2 & 0 & -4 \\ -3 & -4 & 0 \end{bmatrix}\begin{bmatrix} x \\ y \\ \lambda \end{bmatrix} = \begin{bmatrix} 0 \\ 0 \\ -90 \end{bmatrix} \qquad (12.12)$$

크래머 법칙을 이용하여 풀면, $|\mathbf{A}| = 48$, $|\mathbf{A}_1| = 720$, $|\mathbf{A}_2| = 540$, 그리고 $|\mathbf{A}_3| = 360$. 따라서 임계값은 $\bar{x} = 15$, $\bar{y} = 11.25$, 그리고 $\bar{\lambda} = 7.5$이다.

b) x와 y에 대해 효용함수 u의 2차편도함수를 구하고 x, y에 대해 제약조건함수의 1차편도함수를 구하여 제약조건부 헤시안을 구성하면(12.5절 참조),

$$U_{xx} = 0 \qquad U_{yy} = 0 \qquad U_{xy} = 2 = U_{yx} \qquad c_x = 3 \qquad c_y = 4$$

$$|\bar{\mathbf{H}}| = \begin{vmatrix} 0 & 2 & 3 \\ 2 & 0 & 4 \\ 3 & 4 & 0 \end{vmatrix} \qquad \text{또는} \qquad |\bar{\mathbf{H}}| = \begin{vmatrix} 0 & 3 & 4 \\ 3 & 0 & 2 \\ 4 & 2 & 0 \end{vmatrix}$$

$$|\bar{H}_2| = |\bar{\mathbf{H}}| = -2(-12) + 3(8) = 48 > 0 \qquad |\bar{H}_2| = |\bar{\mathbf{H}}| = -3(-8) + 4(6) = 48 > 0$$

위의 제약조건부 헤시안은 왼쪽과 오른쪽 중 어떤 형태를 취하더라도 주소행렬식의 값에 영향을 주지 않는다. 12.5절에서 언급한 법칙으로부터 $|\bar{\mathbf{H}}| = |\mathbf{A}| > 0$이므로 $|\bar{\mathbf{H}}|$는 음정부호가 되어 U는 극대화된다.

12.20 $6x + 2y = 110$의 예산조건하에서 효용함수 $u = xy + x$를 [연습문제 12.19]에서의 과정에 따라 극대화하시오.

a)

$$U = xy + x + \lambda(110 - 6x - 2y)$$

$$U_x = y + 1 - 6\lambda = 0 \qquad U_y = x - 2\lambda = 0 \qquad U_\lambda = 110 - 6x - 2y = 0$$

행렬형태로 변형한 후, 크래머 법칙을 이용하면

$$\begin{bmatrix} 0 & 1 & -6 \\ 1 & 0 & -2 \\ -6 & -2 & 0 \end{bmatrix}\begin{bmatrix} x \\ y \\ \lambda \end{bmatrix} = \begin{bmatrix} -1 \\ 0 \\ -110 \end{bmatrix}$$

임계값은 $\bar{x} = 9\frac{1}{3}$, $\bar{y} = 27$, 그리고 $\bar{\lambda} = 4\frac{2}{3}$.

b) $U_{xx} = 0$, $U_{yy} = 0$, $U_{xy} = 1 = U_{yx}$, 그리고 $c_x = 6$, $c_y = 2$이므로

$$|\bar{\mathbf{H}}| = \begin{vmatrix} 0 & 1 & 6 \\ 1 & 0 & 2 \\ 6 & 2 & 0 \end{vmatrix} \qquad |\bar{H}_2| = |\bar{\mathbf{H}}| = 24$$

여기서 $|\bar{H}_2| > 0$이므로 $|\bar{\mathbf{H}}|$는 음정부호가 되어 U는 극대화된다.

12.21 x, y 두 재화를 생산하는 어느 기업의 생산할당량 제약조건식 g가 $2x + 3y = 60$으

로 주어졌을 때 총비용함수 $c = 45x^2 + 90xy + 90y^2$을 극소화는 (a) 임계값을 구하고, (b) 제약조건부 헤시안을 이용하여 극소화의 2차조건을 검증하시오.

a)
$$C = 45x^2 + 90xy + 90y^2 + \lambda(60 - 2x - 3y)$$
$$C_x = 90x + 90y - 2\lambda = 0 \qquad C_y = 90x + 180y - 3\lambda = 0$$
$$C_\lambda = 60 - 2x - 3y = 0$$

행렬형태로 표시하면

$$\begin{bmatrix} 90 & 90 & -2 \\ 90 & 180 & -3 \\ -2 & -3 & 0 \end{bmatrix}\begin{bmatrix} x \\ y \\ \lambda \end{bmatrix} = \begin{bmatrix} 0 \\ 0 \\ -60 \end{bmatrix}$$

크래머 법칙을 이용하여 임계값을 구하면 $\bar{x} = 12$, $\bar{y} = 12$, 그리고 $\bar{\lambda} = 1080$.

b) $C_{xx} = 90$, $C_{yy} = 180$, $C_{xy} = 90 = C_{yx}$, 그리고 $g_x = 2$, $g_y = 3$이므로 제약조건부 헤시안은

$$|\bar{\mathbf{H}}| = \begin{vmatrix} 90 & 90 & 2 \\ 90 & 180 & 3 \\ 2 & 3 & 0 \end{vmatrix}$$

여기서 $|\bar{H}_2| = -450$으로 $|\bar{H}_2| < 0$이 되어 $|\bar{\mathbf{H}}|$는 양정부호가 되고 C는 극소화된다.

12.22 $5x + 7y = 732$의 생산할당량을 만족시켜야 하는 기업의 총생산비함수 $c = 3x^2 + 5xy + 6y^2$을 [연습문제 12.21]에서의 과정에 따라 극소화하시오.

a)
$$C = 3x^2 + 5xy + 6y^2 + \lambda(732 - 5x - 7y)$$
$$C_x = 6x + 5y - 5\lambda = 0 \qquad C_y = 5x + 12y - 7\lambda = 0$$
$$C_\lambda = 732 - 5x - 7y = 0$$

크래머 법칙을 이용하여 풀면 임계값은 $\bar{x} = 75$, $\bar{y} = 51$, $\bar{\lambda} = 141$

b) $C_{xx} = 6$, $C_{yy} = 12$, $C_{xy} = 5 = C_{yx}$, 그리고 $g_x = 5$, $g_y = 7$이므로 제약조건부 헤시안은

$$|\bar{\mathbf{H}}| = \begin{vmatrix} 6 & 5 & 5 \\ 5 & 12 & 7 \\ 5 & 7 & 0 \end{vmatrix}$$

여기서 $|\bar{H}_2| = 5(35 - 60) - 7(42 - 25) = -244 < 0$이므로 $|\bar{\mathbf{H}}|$는 양정부호이고, 따라서 C는 극소화된다.

12.23 예산제약조건이 $10x + 3y = 140$일 때 [연습문제 12.21]에서의 물음에 따라 효용함수 $u = x^{0.5}y^{0.3}$을 극대화하시오.

a)
$$U = x^{0.5}y^{0.3} + \lambda(140 - 10x - 3y)$$
$$U_x = 0.5x^{-0.5}y^{0.3} - 10\lambda = 0 \qquad U_y = 0.3x^{0.5}y^{-0.7} - 3\lambda = 0$$
$$U_\lambda = 140 - 10x - 3y = 0$$

6장 [예제 10]에서 제시된 것과 같은 방법으로 임계값을 구하면

$$\bar{x} = 8.75 \qquad \bar{y} = 17.5 \qquad \bar{\lambda} = 0.04$$

b) $U_{xx} = -0.25x^{-1.5}y^{0.3}$, $U_{yy} = -0.21x^{0.5}y^{-1.7}$, $U_{xy} = U_{yx} = 0.15x^{-0.5}y^{-0.7}$, $g_x = 10$, and $g_y = 3$,

$$|\bar{\mathbf{H}}| = \begin{vmatrix} -0.25x^{-1.5}y^{0.3} & 0.15x^{-0.5}y^{-0.7} & 10 \\ 0.15x^{-0.5}y^{-0.7} & -0.21x^{0.5}y^{-1.7} & 3 \\ 10 & 3 & 0 \end{vmatrix}$$

$|\bar{\mathbf{H}}|$를 구하기 위해 세 번째 열을 따라 라플라스 전개를 하면

$$|\bar{H}_2| = 10(0.45x^{-0.5}y^{-0.7} + 2.1x^{0.5}y^{-1.7}) - 3(-0.75x^{-1.5}y^{0.3} - 1.5x^{-0.5}y^{-0.7})$$
$$= 21x^{0.5}y^{-1.7} + 9x^{-0.5}y^{-0.7} + 2.25x^{-1.5}y^{0.3} > 0$$

$x > 0$, $y > 0$이고 임의의 양수 x에 대해서도 $x^{-n} = 1/x^n > 0$이다. 따라서 $|\bar{H}_2| > 0$이 되어 $|\bar{\mathbf{H}}|$는 음정부호이고 U는 극대화된다.

12.24 [연습문제 12.23]에서와 같은 방법에 따라 $2x + 8y = 104$의 예산조건하에서 효용함수 $u = x^{0.25}y^{0.4}$을 극대화하시오.

a)
$$U = x^{0.25}y^{0.4} + \lambda(104 - 2x - 8y)$$
$$U_x = 0.25x^{-0.75}y^{0.4} - 2\lambda = 0 \qquad U_y = 0.4x^{0.25}y^{-0.6} - 8\lambda = 0$$
$$U_\lambda = 104 - 2x - 8y = 0$$

위의 방정식을 풀면, 임계값은 $\bar{x} = 20$, $\bar{y} = 8$, $\bar{\lambda} = 0.03$

b)
$$|\bar{\mathbf{H}}| = \begin{vmatrix} -0.1875x^{-1.75}y^{0.4} & 0.1x^{-0.75}y^{-0.6} & 2 \\ 0.1x^{-0.75}y^{-0.6} & -0.24x^{0.25}y^{-1.6} & 8 \\ 2 & 8 & 0 \end{vmatrix}$$

3행을 따라 라플라스 전개를 하면

$$|\bar{H}_2| = 2(0.8x^{-0.75}y^{-0.6} + 0.48x^{0.25}y^{-1.6}) - 8(-1.5x^{-1.75}y^{0.4} - 0.2x^{-0.75}y^{-0.6})$$
$$= 0.96x^{0.25}y^{-1.6} + 3.2x^{-0.75}y^{-0.6} + 12x^{-1.75}y^{0.4} > 0$$

따라서 $|\bar{\mathbf{H}}|$는 음정부호이고 U는 극대화된다.

12.25 [연습문제 12.21 (a), (b)]의 물음에 따라 $2xy = 337.5$의 제약조건하에서 비용함수 $c = 3x + 4y$를 극소화하시오. (c) 그리고 여기서 구한 해와 [연습문제 12.19]의 해 사이의 관계에 대해 설명하시오.

a)
$$C = 3x + 4y + \lambda(337.5 - 2xy)$$
$$C_x = 3 - 2\lambda y = 0 \qquad \lambda = \frac{1.5}{y} \tag{12.13}$$
$$C_y = 4 - 2\lambda x = 0 \qquad \lambda = \frac{2}{x} \tag{12.14}$$
$$C_\lambda = 337.5 - 2xy = 0 \tag{12.15}$$

식 (12.13)과 식 (12.14)에서 λ는 동일하므로

$$\frac{1.5}{y} = \frac{2}{x} \qquad y = 0.75x$$

이를 식 (12.15)에 대입하면

$$337.5 = 2x(0.75x) = 1.5x^2$$
$$x^2 = 225 \qquad \bar{x} = 15$$

따라서 $\bar{y} = 11.25$ 그리고 $\bar{\lambda} = 0.133$

b) $C_{xx} = 0$, $C_{yy} = 0$, 그리고 $C_{xy} = C_{yx} = -2\lambda$이고, 제약조건식 $2xy = 337.5$로부터 $g_x = 2y$, $g_y = 2x$이므로

$$|\bar{\mathbf{H}}| = \begin{vmatrix} 0 & -2\lambda & 2y \\ -2\lambda & 0 & 2x \\ 2y & 2x & 0 \end{vmatrix}$$

$|\bar{H}_2| = -(-2\lambda)(-4xy) + 2y(-4x\lambda) = -16\lambda xy$로부터 $\bar{x}$, $\bar{y}$, $\bar{\lambda} > 0$이므로 $|\bar{H}_2| < 0$이 되어 $|\bar{\mathbf{H}}|$는 양정부호이고 C는 극소화된다.

c) 이 문제와 [연습문제 12.19]는 목적함수와 제약조건식이 반대로 되어 있다는 것을 제외하고는 결과까지도 모두 동일하다. 즉 [연습문제 12.19]에서는 목적함수 $u = 2xy$를 $3x + 4y = 90$의 제약조건하에서 극대화하고 있으나, 이 문제에서는 $2xy = 337.5$의 제약조건식하에서 $c = 3x + 4y$의 목적함수를 극소화하고 있다.

따라서 예산제약조건하에 효용을 극대화하는 문제는 주어진 효용을 얻기 위해 비용을 최소화하는 문제로 변형시킬 수 있다[7].

역자 TIP

7) 이를 쌍대관계(dual)라고 한다.

12.26 $P_K = 28$, $P_L = 10$이고 $Q = 10K^{0.7}L^{0.1}$의 생산함수를 가지고 있는 기업이 434단위를 생산하는 데 필요한 생산비를 최소화하는 (a) 생산요소 투입량의 임계값을 구하고, (b) 제약조건부 헤시안을 이용하여 비용최소화의 2차조건을 검증하시오. (c) 그리고 여기서 구한 해를 [연습문제 6.41(b)]의 해와 비교하시오.

a) 목적함수는 $c=28K+10L$이고 제약조건은 $10K^{0.7}L^{0.1}=434$이므로 이로부터 라그랑지 함수를 구성하면,

$$C = 28K + 10L + \lambda(434 - 10K^{0.7}L^{0.1})$$
$$C_K = 28 - 7\lambda K^{-0.3}L^{0.1} = 0 \tag{12.16}$$
$$C_L = 10 - \lambda K^{0.7}L^{-0.9} = 0 \tag{12.17}$$
$$C_\lambda = 434 - 10K^{0.7}L^{0.1} = 0 \tag{12.18}$$

이항을 통해 정리한 후 식 (12.16)을 식 (12.7)로 나누어 λ를 소거한다.

$$\frac{28}{10} = \frac{7\lambda K^{-0.3}L^{0.1}}{\lambda K^{0.7}L^{-0.9}}$$
$$2.8 = \frac{7L}{K} \qquad K = 2.5L$$

이를 식 (12.18)에 대입하고 계산기를 이용하여 풀면

$$434 = 10(2.5)^{0.7}L^{0.7}L^{0.1} \qquad 434 = 19L^{0.8}$$
$$\bar{L} = (22.8)^{1/0.8} = (22.8)^{1.25} \approx 50$$

따라서 $\overline{K}=125$, $\overline{\lambda}=11.5$

b) $C_{KK}=2.1\lambda K^{-1.3}L^{0.1}$, $C_{LL}=0.9\lambda K^{0.7}L^{-1.9}$, $C_{KL}=-0.7\lambda K^{-0.3}L^{-0.9}=C_{LK}$이고 제약조건식으로부터 $g_K=7K^{-0.3}L^{0.1}$, $g_L=K^{0.7}L^{-0.9}$이므로

$$|\bar{\mathbf{H}}| = \begin{vmatrix} 2.1\lambda K^{-1.3}L^{0.1} & -0.7\lambda K^{-0.3}L^{-0.9} & 7K^{-0.3}L^{0.1} \\ -0.7\lambda K^{-0.3}L^{-0.9} & 0.9\lambda K^{0.7}L^{-1.9} & K^{0.7}L^{-0.9} \\ 7K^{-0.3}L^{0.1} & K^{0.7}L^{-0.9} & 0 \end{vmatrix}$$

3행을 따라 라플라스 전개를 하면

$$|\bar{H}_2| = 7K^{-0.3}L^{0.1}(-0.7\lambda K^{0.4}L^{-1.8} - 6.3\lambda K^{0.4}L^{-1.8}) - K^{0.7}L^{-0.9}(2.1\lambda K^{-0.6}L^{-0.8} + 4.9\lambda K^{-0.6}L^{-0.8})$$
$$= -49\lambda K^{0.1}L^{-1.7} - 7\lambda K^{0.1}L^{-1.7} = -56\lambda K^{0.1}L^{-1.7}$$

$K, L, \lambda > 0$으로부터 $|\overline{H}_2| < 0$이므로 $|\bar{\mathbf{H}}|$는 양정부호가 되어 C는 극소화된다.

c) 여기서 구한 해는 [연습문제 6.41(b)]의 해와 일치한다. 차이는 선형함수인 $c=28K+10L$이 이 문제에서는 목적함수로 처리되어 있는 반면에 [연습문제 6.41(b)]에서는 제약조건으로 처리되어 있다는 점이다. [연습문제 6.41(b)]의 제약조건부 헤시안은 [연습문제 12.27(c)]에 계산되어 있음을 확인하기 바란다.

12.27 아래 제시된 예제와 문제에 대해 헤시안을 이용하여 2차조건을 검증하시오.

(a) 6장의 [예제 7] (b) [연습문제 6.41(a)] (c) [연습문제 6.41(b)]

a)

$$|\bar{\mathbf{H}}| = \begin{vmatrix} 16 & -1 & 1 \\ -1 & 24 & 1 \\ 1 & 1 & 0 \end{vmatrix}$$

$|\overline{H}_2| = 1(-1-24) - 1(16+1) = -42$로 $|\overline{H}_2| < 0$이므로 $|\overline{\mathbf{H}}|$는 양정부호이고 C는 극소화된다.

$b)$

$$|\bar{\mathbf{H}}| = \begin{vmatrix} -0.21K^{-1.7}L^{0.5} & 0.15K^{-0.7}L^{-0.5} & 6 \\ 0.15K^{-0.7}L^{-0.5} & -0.25K^{0.3}L^{-1.5} & 2 \\ 6 & 2 & 0 \end{vmatrix}$$

$$\begin{aligned}|\bar{H}_2| &= 6(0.30K^{-0.7}L^{-0.5} + 1.5K^{0.3}L^{-1.5}) - 2(-0.42K^{-1.7}L^{0.5} - 0.9K^{-0.7}L^{-0.5}) \\ &= 9K^{0.3}L^{-1.5} + 3.6K^{-0.7}L^{-0.5} + 0.84K^{-1.7}L^{0.5} > 0\end{aligned}$$

$|\overline{H}_2| > 0$이므로 $|\overline{\mathbf{H}}|$는 음정부호이고 Q는 극대화된다.

$c)$

$$|\bar{\mathbf{H}}| = \begin{vmatrix} -2.1K^{-1.3}L^{0.1} & 0.7K^{-0.3}L^{-0.9} & 28 \\ 0.7K^{-0.3}L^{-0.9} & -0.9K^{0.7}L^{-1.9} & 10 \\ 28 & 10 & 0 \end{vmatrix}$$

$$\begin{aligned}|\bar{H}_2| &= 28(7K^{-0.3}L^{-0.9} + 25.2K^{0.7}L^{-1.9}) - 10(-21K^{-1.3}L^{0.1} - 19.6K^{-0.3}L^{-0.9}) \\ &= 705.6K^{0.7}L^{-1.9} + 392K^{-0.3}L^{-0.9} + 210K^{-1.3}L^{0.1} > 0\end{aligned}$$

$|\overline{H}_2| > 0$이므로 $|\overline{\mathbf{H}}|$는 음정부호이고 Q는 극대화된다.

12.28 [연습문제 5.12(c)]의 최적화 문제, 즉 $x+y+z=56$의 제약조건하에서 목적함수 $4xyz^2$을 최적화하는 문제에 대해 제약조건부 헤시안을 이용하여 2차조건을 검증하시오. 이 문제에서 1차조건은 $F_x = 4yz^2 - \lambda = 0$, $F_y = 4xz^2 - \lambda = 0$, 그리고 $F_z = 8xyz - \lambda = 0$이고, 임계값은 $\bar{x} = 14$, $\bar{y} = 14$, 그리고 $\bar{z} = 28$이었다.

목적함수 $4xyz^2$의 2차편도함수를 구하고 제약조건식 $x+y+z=56$에서 1차편도함수를 구하여 다음과 같이 제약조건부 헤시안을 구성한다.

$$|\bar{\mathbf{H}}| = \begin{vmatrix} 0 & g_x & g_y & g_z \\ g_x & F_{xx} & F_{xy} & F_{xz} \\ g_y & F_{yx} & F_{yy} & F_{yz} \\ g_z & F_{zx} & F_{zy} & F_{zz} \end{vmatrix} = \begin{vmatrix} 0 & 1 & 1 & 1 \\ 1 & 0 & 4z^2 & 8yz \\ 1 & 4z^2 & 0 & 8xz \\ 1 & 8yz & 8xz & 8xy \end{vmatrix}$$

먼저 $|\overline{H}_2|$를 구해야 하는데, 이는 $|\overline{\mathbf{H}}|$의 좌상단에서 볼 때 3×3의 부행렬(submatrix)에 해당한다.

$$|\bar{H}_2| = 0 - 1(-4z^2) + 1(4z^2) = 8z^2 > 0$$

다음 $|\overline{H}_3|$를 구해야 하는데 이는 바로 $|\overline{\mathbf{H}}|$와 동일하다. 첫 번째 행을 따라 전개하면

$$|\bar{H}_3| = 0 - 1\begin{vmatrix} 1 & 4z^2 & 8yz \\ 1 & 0 & 8xz \\ 1 & 8xz & 8xy \end{vmatrix} + 1\begin{vmatrix} 1 & 0 & 8yz \\ 1 & 4z^2 & 8xz \\ 1 & 8yz & 8xy \end{vmatrix} - 1\begin{vmatrix} 1 & 0 & 4z^2 \\ 1 & 4z^2 & 0 \\ 1 & 8yz & 8xz \end{vmatrix}$$

$$\begin{aligned}|\bar{H}_3| = &-1[1(0 - 8xz\cdot 8xz) - 4z^2(8xy - 8xz) + 8yz(8yz - 0)] \\ &+ 1[1(4z^2\cdot 8xy - 8yz\cdot 8xz) - 0 + 8yz(8yz - 4z^2)] \\ &-1[1(4z^2\cdot 8xz - 0) - 0 + 4z^2(8yz - 4z^2)]\end{aligned}$$

$$|\bar{H}_3| = -1(-64x^2z^2 - 32xyz^2 + 32xz^3 + 64xyz^2) + 1(32xyz^2 - 64xyz^2 + 64y^2z^2 - 32yz^3)$$
$$-1(32xz^3 + 32yz^3 - 16z^4)$$
$$|\bar{H}_3| = 16z^4 - 64xz^3 - 64yz^3 - 64xyz^2 + 64x^2z^2 + 64y^2z^2$$

$\bar{x} = 14$, $\bar{y} = 14$, $\bar{z} = 28$일 때 $|\bar{H}_3|$를 계산하면

$$|\bar{H}_3| = -19{,}668{,}992 < 0$$

$|\bar{H}_2| > 0$이고 $|\bar{H}_3| < 0$이므로 $|\bar{\mathbf{H}}|$는 음정부호가 되고 따라서 목적함수는 임계값에서 극대화된다.

▪ 투입-산출 분석

12.29 기술계수 행렬 A와 최종수요 벡터 B가 아래와 같이 주어졌을 때 1, 2, 3 산업의 총수요를 구하시오.

산출물 산업

$$\mathbf{A} = \begin{array}{c} \begin{array}{ccc} 1 & 2 & 3 \end{array} \\ \begin{bmatrix} 0.2 & 0.3 & 0.2 \\ 0.4 & 0.1 & 0.3 \\ 0.3 & 0.5 & 0.2 \end{bmatrix} \end{array} \begin{array}{c} 1 \\ 2 \\ 3 \end{array} \text{ 투입물 산업} \qquad \mathbf{B} = \begin{bmatrix} 150 \\ 200 \\ 210 \end{bmatrix}$$

식 (12.3)으로부터 총수요 벡터는 $\mathrm{X} = (\mathrm{I} - \mathrm{A})^{-1}\mathrm{B}$이고

$$\mathbf{I} - \mathbf{A} = \begin{bmatrix} 0.8 & -0.3 & -0.2 \\ -0.4 & 0.9 & -0.3 \\ -0.3 & -0.5 & 0.8 \end{bmatrix}$$

$\mathrm{I} - \mathrm{A}$의 역행렬을 구하면,

$$(\mathbf{I} - \mathbf{A})^{-1} = \frac{1}{0.239}\begin{bmatrix} 0.57 & 0.34 & 0.27 \\ 0.41 & 0.58 & 0.32 \\ 0.47 & 0.49 & 0.60 \end{bmatrix}$$

이를 $\mathrm{X} = (\mathrm{I} - \mathrm{A})^{-1}\mathrm{B}$에 대입하면,

$$\mathbf{X} = \frac{1}{0.239}\begin{bmatrix} 0.57 & 0.34 & 0.27 \\ 0.41 & 0.58 & 0.32 \\ 0.47 & 0.49 & 0.60 \end{bmatrix}\begin{bmatrix} 150 \\ 200 \\ 210 \end{bmatrix} = \frac{1}{0.239}\begin{bmatrix} 210.2 \\ 244.7 \\ 294.5 \end{bmatrix} = \begin{bmatrix} 879.50 \\ 1023.85 \\ 1232.22 \end{bmatrix} = \begin{bmatrix} x_1 \\ x_2 \\ x_3 \end{bmatrix}$$

12.30 [연습문제 12.29]에서 만약 1, 2, 3 산업의 최종수요가 각각 40, 20, 25만큼 증가하는 경우 새로운 총수요 X_2를 구하시오.

$$\Delta\mathbf{X} = (\mathbf{I} - \mathbf{A})^{-1}\Delta\mathbf{B}$$

$$\Delta\mathbf{X} = \frac{1}{0.239}\begin{bmatrix} 0.57 & 0.34 & 0.27 \\ 0.41 & 0.58 & 0.32 \\ 0.47 & 0.49 & 0.60 \end{bmatrix}\begin{bmatrix} 40 \\ 20 \\ 25 \end{bmatrix} = \frac{1}{0.239}\begin{bmatrix} 36.35 \\ 36.00 \\ 43.60 \end{bmatrix} = \begin{bmatrix} 152.09 \\ 150.63 \\ 182.43 \end{bmatrix}$$

$$X_2 = X_1 + \mathbf{\Delta X} = \begin{bmatrix} 879.50 \\ 1023.85 \\ 1232.22 \end{bmatrix} + \begin{bmatrix} 152.09 \\ 150.63 \\ 182.43 \end{bmatrix} = \begin{bmatrix} 1031.59 \\ 1174.48 \\ 1414.65 \end{bmatrix}$$

12.31 기술계수 행렬 A와 최종수요 벡터 B가 아래와 같이 주어졌을 때 1, 2, 3 산업의 총수요를 구하시오.

산출물 산업

$$\mathbf{A} = \begin{bmatrix} 0.4 & 0.3 & 0.1 \\ 0.2 & 0.2 & 0.3 \\ 0.2 & 0.4 & 0.2 \end{bmatrix} \begin{matrix} 1 \\ 2 \\ 3 \end{matrix} \quad \text{투입물 산업} \quad \mathbf{B} = \begin{bmatrix} 140 \\ 220 \\ 180 \end{bmatrix}$$

$$\mathbf{X} = (\mathbf{I} - \mathbf{A})^{-1}\mathbf{B}$$

여기서

$$\mathbf{I} - \mathbf{A} = \begin{bmatrix} 0.6 & -0.3 & -0.1 \\ -0.2 & 0.8 & -0.3 \\ -0.2 & -0.4 & 0.8 \end{bmatrix}$$

그리고 역행렬을 구하면

$$(\mathbf{I} - \mathbf{A})^{-1} = \frac{1}{0.222}\begin{bmatrix} 0.52 & 0.28 & 0.17 \\ 0.22 & 0.46 & 0.20 \\ 0.24 & 0.30 & 0.42 \end{bmatrix}$$

따라서

$$\mathbf{X} = \frac{1}{0.222}\begin{bmatrix} 0.52 & 0.28 & 0.17 \\ 0.22 & 0.46 & 0.20 \\ 0.24 & 0.30 & 0.42 \end{bmatrix}\begin{bmatrix} 140 \\ 220 \\ 180 \end{bmatrix} = \begin{bmatrix} 743.24 \\ 756.76 \\ 789.19 \end{bmatrix} = \begin{bmatrix} x_1 \\ x_2 \\ x_3 \end{bmatrix}$$

12.32 [연습문제 12.31]에서 만약 1 산업의 최종수요가 30만큼 증가하고, 2, 3 산업의 최종수요가 각각 15, 35만큼 감소하는 경우, 새로운 총수요 X_2를 구하시오.

$$\mathbf{\Delta X} = (\mathbf{I} - \mathbf{A})^{-1}\mathbf{\Delta B}$$

$$\mathbf{\Delta X} = \frac{1}{0.222}\begin{bmatrix} 0.52 & 0.28 & 0.17 \\ 0.22 & 0.46 & 0.20 \\ 0.24 & 0.30 & 0.42 \end{bmatrix}\begin{bmatrix} 30 \\ -15 \\ -35 \end{bmatrix} = \frac{1}{0.222}\begin{bmatrix} 5.45 \\ -7.30 \\ -12.00 \end{bmatrix} = \begin{bmatrix} 24.55 \\ -32.88 \\ -54.05 \end{bmatrix}$$

$$X_2 = X_1 + \mathbf{\Delta X} = \begin{bmatrix} 743.24 \\ 756.76 \\ 789.19 \end{bmatrix} + \begin{bmatrix} 24.55 \\ -32.88 \\ -54.05 \end{bmatrix} = \begin{bmatrix} 767.79 \\ 723.88 \\ 735.14 \end{bmatrix}$$

12.33 산업간 거래수요가 아래와 같이 주어졌을 때(단위: 백만 달러), 기술계수 행렬을 구하시오.

투입	중간 수요				최종 수요	총 수요
	강철	석탄	철	자동차		
강철	80	20	110	230	160	600
석탄	200	50	90	120	140	600
철	220	110	30	40	0	400
자동차	60	140	160	240	400	1000
부가가치	40	280	10	370		
총생산	600	600	400	1000		

기술계수 a_{ij}는 j 산업 생산물을 1단위(또는 1달러) 생산하는데 필요한 i 산업 생산물의 투입량(또는 투입달러)을 표시한다. 따라서 a_{11}은 1달러치의 강철을 생산하는데 투입되는 강철의 투입액이 되며 a_{21}은 1달러치의 강철을 생산하는데 투입되는 석탄의 투입액, a_{31}은 1달러치의 강철을 생산하는데 투입되는 철의 투입액, 그리고 a_{41}은 1달러치의 강철을 생산하는데 투입되는 자동차의 투입액이 된다. 이러한 기술계수는 각 열의 모든 원소를 각 열의 총생산액으로 나누어 구하게 되는데 여기서 부가가치 행은 제외된다. 따라서

$$\mathbf{A}=\begin{bmatrix}\frac{80}{600}&\frac{20}{600}&\frac{110}{400}&\frac{230}{1000}\\ \frac{200}{600}&\frac{50}{600}&\frac{90}{400}&\frac{120}{1000}\\ \frac{220}{600}&\frac{110}{600}&\frac{30}{400}&\frac{40}{1000}\\ \frac{60}{600}&\frac{140}{600}&\frac{160}{400}&\frac{240}{1000}\end{bmatrix}=\begin{bmatrix}0.133&0.033&0.275&0.23\\ 0.333&0.083&0.225&0.12\\ 0.367&0.183&0.075&0.04\\ 0.10&0.233&0.40&0.24\end{bmatrix}$$

12.34 [연습문제 12.33]에서 구한 기술계수 A를 검산하시오.

행렬 A를 검산하기 위해 A에 총수요의 열벡터 X를 곱한다. 이 결과는 총수요(X)에서 최종수요(B)를 뺀 중간수요(AX)와 동일하다. 즉 소수점 계산에 따른 오차를 감안하는 경우 AX와 X−B는 동일하다.

$$\mathbf{AX}=\begin{bmatrix}0.133&0.033&0.275&0.23\\ 0.333&0.083&0.225&0.12\\ 0.367&0.183&0.075&0.04\\ 0.10&0.233&0.40&0.24\end{bmatrix}\begin{bmatrix}600\\600\\400\\1000\end{bmatrix}=\begin{bmatrix}439.6\\459.6\\400\\599.8\end{bmatrix}$$

$$\mathbf{X}-\mathbf{B}=\begin{bmatrix}600\\600\\400\\1000\end{bmatrix}-\begin{bmatrix}160\\140\\0\\400\end{bmatrix}=\begin{bmatrix}440\\460\\400\\600\end{bmatrix}$$

12.35 아래와 같이 산업간 거래수요표가 주어졌을 때 (a) 기술계수 행렬을 구하고, (b) 이것을 검산하시오.

투입	중간 수요			최종 수요	총 수요
	1	2	3		
1	20	60	10		
2	50	10	80	50	140
2	40	30	20	10	150
부가가치	30	50	20	40	130
총생산	140	150	130		

a)

$$\mathbf{A} = \begin{bmatrix} \frac{20}{140} & \frac{60}{150} & \frac{10}{130} \\ \frac{50}{140} & \frac{10}{150} & \frac{80}{130} \\ \frac{40}{140} & \frac{30}{150} & \frac{20}{130} \end{bmatrix} = \begin{bmatrix} 0.143 & 0.4 & 0.077 \\ 0.357 & 0.067 & 0.615 \\ 0.286 & 0.2 & 0.154 \end{bmatrix}$$

b)

$$\mathbf{AX} = \begin{bmatrix} 0.143 & 0.4 & 0.077 \\ 0.357 & 0.067 & 0.615 \\ 0.286 & 0.2 & 0.154 \end{bmatrix} \begin{bmatrix} 140 \\ 150 \\ 130 \end{bmatrix} = \begin{bmatrix} 90 \\ 140 \\ 90 \end{bmatrix}$$

$$\mathbf{X} - \mathbf{B} = \begin{bmatrix} 140 \\ 150 \\ 130 \end{bmatrix} - \begin{bmatrix} 50 \\ 10 \\ 40 \end{bmatrix} = \begin{bmatrix} 90 \\ 140 \\ 90 \end{bmatrix}$$

12.36 [연습문제 12.35]에서 1, 2, 3 산업의 최종수요가 70, 25, 50일 때 각 산업의 총수요를 구하시오.

$$\mathbf{X} = (\mathbf{I} - \mathbf{A})^{-1}\mathbf{B}$$

$$\mathbf{I} - \mathbf{A} = \begin{bmatrix} 0.857 & -0.4 & -0.077 \\ -0.357 & 0.933 & -0.615 \\ -0.286 & -0.2 & 0.846 \end{bmatrix} \qquad (\mathbf{I} - \mathbf{A})^{-1} = \frac{1}{0.354} \begin{bmatrix} 0.666 & 0.354 & 0.318 \\ 0.478 & 0.703 & 0.555 \\ 0.338 & 0.286 & 0.657 \end{bmatrix}$$

따라서

$$\mathbf{X} = \frac{1}{0.354} \begin{bmatrix} 0.666 & 0.354 & 0.318 \\ 0.478 & 0.703 & 0.555 \\ 0.338 & 0.286 & 0.657 \end{bmatrix} \begin{bmatrix} 70 \\ 25 \\ 50 \end{bmatrix} = \frac{1}{0.354} \begin{bmatrix} 71.37 \\ 78.79 \\ 63.66 \end{bmatrix} = \begin{bmatrix} 201.61 \\ 222.57 \\ 179.83 \end{bmatrix}$$

12.37 [연습문제 12.35]에서 $(\mathrm{I} - \mathrm{A})$의 역행렬을 구한 후, 이를 이용하여 총수요를 도출하고, 비교함으로써 기술계수의 정확성을 검증하시오. 즉 $(\mathrm{I} - \mathrm{A})^{-1}\mathrm{B} = \mathrm{X}$가 성립하는지 검산하시오.

$$(\mathbf{I} - \mathbf{A})^{-1}\mathbf{B} = \frac{1}{0.354} \begin{bmatrix} 0.666 & 0.354 & 0.318 \\ 0.478 & 0.703 & 0.555 \\ 0.338 & 0.286 & 0.657 \end{bmatrix} \begin{bmatrix} 50 \\ 10 \\ 40 \end{bmatrix} = \frac{1}{0.354} \begin{bmatrix} 49.56 \\ 53.13 \\ 46.04 \end{bmatrix} = \begin{bmatrix} 140 \\ 150 \\ 130 \end{bmatrix}$$

12.38 [연습문제 12.35]에서 부가가치가 전적으로 노동만으로 구성된다고 가정할 때, (*a*) [연습문제 12.35]와, (*b*) [연습문제 12.36]의 각 경우에서 최종수요를 얻기 위해 필요

한 노동량은 얼마인지 구하시오. 그리고 (c) 가용노동량이 100일 때 (a), (b)에서의 최종수요를 만족시킬 수 있는지 여부를 확인하시오.

a) [연습문제 12.35]에서 노동의 기술계수 a_{Lj}를 구하기 위해서는 단순히 각 열에 있는 부가가치를 총생산으로 나누면 된다. 따라서 $a_{L1} = \frac{30}{140} = 0.214$, $a_{L2} = \frac{50}{150} = 0.333$, 그리고 $a_{L3} = \frac{20}{130} = 0.154$이다. 노동은 중간재를 생산하는 데 사용되어야 하기 때문에 최종수요를 만족시키는 데 필요한 노동량은 노동에 대한 기술계수의 행벡터에 총수요의 열벡터를 곱한 것과 같다. 그러므로

$$L_1 = [0.214 \quad 0.333 \quad 0.154]\begin{bmatrix}140\\150\\130\end{bmatrix} = 99.93$$

b)

$$L_2 = [0.214 \quad 0.333 \quad 0.154]\begin{bmatrix}201.61\\222.57\\179.83\end{bmatrix} = 144.95$$

c) [연습문제 12.35]에서 최종수요를 생산하는 데 필요한 노동량은 99.93으로 가용노동량 100보다 적기 때문에 최종수요의 생산이 가능하나, [연습문제 12.36]의 최종수요를 만족시키는 데 필요한 노동량은 144.95로 가용노동량을 초과하고 있으므로 최종수요를 만족시킬 수 있을 만큼의 생산은 불가능하다.

12.39 [연습문제 12.38]에서 구한 기술계수의 정확성을 검산하시오.

[연습문제 12.35]에서 부가가치 부문을 포함한 기술계수를 구했을 경우, 이들 계수의 정확성은 쉽게 검산할 수 있다. 생산물의 가치는 완전히 투입물의 가치에 의해 평가되므로 각 열의 기술계수를 합하여 1이 되는지 확인하면 된다.

	1	2	3
1	0.143	0.4	0.077
2	0.357	0.067	0.615
3	0.286	0.2	0.154
부가가치(노동)	0.214	0.333	0.154
	1.000	1.000	1.000

■ 특성근과 특성벡터

12.40 특성근을 이용하여 아래 행렬의 정부호성(sign definiteness)을 판정하시오.

$$\mathbf{A} = \begin{bmatrix}10 & 3\\3 & 4\end{bmatrix}$$

$\mathbf{A}$의 특성근을 구하기 위해 특성행렬 $(\mathbf{A} - c\mathbf{I})$의 행렬식을 0으로 놓으면

$$|\mathbf{A} - c\mathbf{I}| = \begin{vmatrix} 10-c & 3 \\ 3 & 4-c \end{vmatrix} = 0$$

$$40 + c^2 - 14c - 9 = 0 \qquad c^2 - 14c + 31 = 0$$

근의 공식을 이용하여 c를 구한다.

$$c = \frac{14 \pm \sqrt{196 - 4(31)}}{2} = \frac{14 \pm 8.485}{2}$$

$$c_1 = 11.2425 \qquad c_2 = 2.7575$$

두 개의 특성근 c_1, c_2가 모두 양(+)이므로 **A**는 양정부호이다.

12.41 아래 행렬 **A**에 대해 [연습문제 12.40]의 물음에 답하시오.

$$\mathbf{A} = \begin{bmatrix} -4 & -2 \\ -2 & -6 \end{bmatrix}$$

$$|\mathbf{A} - c\mathbf{I}| = \begin{vmatrix} -4-c & -2 \\ -2 & -6-c \end{vmatrix} = 0$$

$$24 + c^2 + 10c - 4 = 0 \qquad c^2 + 10c + 20 = 0$$

$$c = \frac{-10 \pm \sqrt{100 - 4(20)}}{2} = \frac{-10 \pm 4.4721}{2}$$

$$c_1 = \frac{-5.5279}{2} = -2.764 \qquad c_2 = \frac{-14.4721}{2} = -7.236$$

두 개의 특성근이 모두 음(−)이므로 **A**는 음정부호이다.

12.42 아래 행렬 **A**에 대해 [연습문제 12.40]의 물음에 답하시오.

$$\mathbf{A} = \begin{bmatrix} 6 & 2 \\ 2 & 2 \end{bmatrix}$$

$$|\mathbf{A} - c\mathbf{I}| = \begin{vmatrix} 6-c & 2 \\ 2 & 2-c \end{vmatrix} = 0$$

$$12 + c^2 - 8c - 4 = 0 \qquad c^2 - 8c + 8 = 0$$

$$c = \frac{8 \pm \sqrt{64 - 4(8)}}{2} = \frac{8 \pm 5.66}{2}$$

$$c_1 = 1.17 \qquad c_2 = 6.83$$

두 개의 특성근이 모두 양(+)이므로 **A**는 양정부호이다.

12.43 아래 행렬 **A**에 대해 [연습문제 12.40]의 물음에 답하시오.

$$\mathbf{A} = \begin{bmatrix} 4 & 6 & 3 \\ 0 & 2 & 5 \\ 0 & 1 & 3 \end{bmatrix}$$

$$|\mathbf{A} - c\mathbf{I}| = \begin{vmatrix} 4-c & 6 & 3 \\ 0 & 2-c & 5 \\ 0 & 1 & 3-c \end{vmatrix} = 0$$

1열을 따라 전개하면

$$|\mathbf{A} - c\mathbf{I}| = (4-c)[(2-c)(3-c)-5] = 0 \tag{12.19}$$

$$-c^3 + 9c^2 - 21c + 4 = 0 \tag{12.20}$$

식 (12.19)에서

$$4 - c = 0 \quad \text{또는} \quad (2-c)(3-c) - 5 = 0$$

이고 이들이 성립하는 경우 식 (12.20)은 0이 된다.

따라서 특성근은

$$4 - c = 0 \qquad (2-c)(3-c) - 5 = 0$$

$$c_1 = 4 \qquad c^2 - 5c + 1 = 0$$

$$c = \frac{5 \pm \sqrt{25-4}}{2} = \frac{5 \pm 4.58}{2}$$

$$c_2 = 4.79 \qquad c_3 = 0.21$$

세 개의 특성근이 모두 양(+)이므로 **A**는 양정부호이다.

12.44 아래 **A** 행렬에 대해 [연습문제 12.40]의 물음에 답하시오.

$$\mathbf{A} = \begin{bmatrix} 6 & 1 & 0 \\ 13 & 4 & 0 \\ 5 & 1 & 9 \end{bmatrix}$$

$$|\mathbf{A} - c\mathbf{I}| = \begin{vmatrix} 6-c & 1 & 0 \\ 13 & 4-c & 0 \\ 5 & 1 & 9-c \end{vmatrix} = 0$$

3열을 따라 전개하면

$$|\mathbf{A} - c\mathbf{I}| = (9-c)[(6-c)(4-c)-13] = 0 \tag{12.21}$$

$$-c^3 + 19c^2 - 101c + 99 = 0 \tag{12.22}$$

식 (12.21)에서

$$9 - c = 0 \quad \text{또는} \quad (6-c)(4-c) - 13 = 0$$

이고 이들이 성립하는 경우 식 (12.22)는 0이 된다.

따라서 $\qquad c_1 = 9 \qquad c^2 - 10c + 11 = 0$

$$c = \frac{10 \pm \sqrt{100 - 4(11)}}{2} = \frac{10 \pm 7.48}{2}$$

$$c_2 = 8.74 \qquad c_3 = 1.26$$

특성근이 모두 양이므로 **A**는 양정부호이다.

12.45 아래 행렬 **A**에 대해 [연습문제 12.40]의 물음에 답하시오.

$$\mathbf{A} = \begin{bmatrix} -5 & 1 & 2 \\ 0 & -2 & 0 \\ 4 & 2 & -3 \end{bmatrix}$$

$$|\mathbf{A} - c\mathbf{I}| = \begin{vmatrix} -5-c & 1 & 2 \\ 0 & -2-c & 0 \\ 4 & 2 & -3-c \end{vmatrix} = 0$$

2행을 따라 전개하면

$$|\mathbf{A} - c\mathbf{I}| = (-2-c)[(-5-c)(-3-c)-8] = 0$$

$$\begin{aligned} -2-c = 0 \quad &\text{또는} \quad (-5-c)(-3-c)-8 = 0 \\ c_1 = -2 \quad &\qquad c^2 + 8c + 7 = 0 \\ &\qquad (c+7)(c+1) = 0 \\ &\qquad c_2 = -7 \qquad c_3 = -1 \end{aligned}$$

특성근이 모두 음이므로 **A**는 음정부호가 된다.

12.46 아래 행렬 **A**에 대해 (a) 특성근과, (b) 특성벡터를 구하시오.

$$\mathbf{A} = \begin{bmatrix} 6 & 6 \\ 6 & -3 \end{bmatrix}$$

$a)$

$$|\mathbf{A} - c\mathbf{I}| = \begin{vmatrix} 6-c & 6 \\ 6 & -3-c \end{vmatrix} = 0$$

$$\begin{aligned} -18 + c^2 - 3c - 36 &= 0 \\ c^2 - 3c - 54 &= 0 \\ (c-9)(c+6) &= 0 \\ c_1 = 9 \qquad c_2 &= -6 \end{aligned}$$

하나의 특성근은 양이고, 다른 하나의 특성근은 음이므로 **A**는 부정부호(indefinite)이다.

$b)$ $c_1 = 9$를 이용하여 첫 번째 특성벡터 $\mathbf{V}_1$을 구하면,

$$\begin{bmatrix} 6-9 & 6 \\ 6 & -3-9 \end{bmatrix} \begin{bmatrix} v_1 \\ v_2 \end{bmatrix} = \begin{bmatrix} -3 & 6 \\ 6 & -12 \end{bmatrix} \begin{bmatrix} v_1 \\ v_2 \end{bmatrix} = 0$$

$$v_1 = 2v_2$$

[예제 9]에서와 같이 정규화(normalization)하면

$$(2v_2)^2 + v_2^2 = 1$$
$$5v_2^2 = 1$$
$$v_2 = \sqrt{0.2} \qquad v_1 = 2v_2 = 2\sqrt{0.2}$$

따라서

$$\mathbf{V}_1 = \begin{bmatrix} 2\sqrt{0.2} \\ \sqrt{0.2} \end{bmatrix}$$

두 번째 특성벡터를 구하기 위해 $c_2 = -6$을 이용하면,

$$\begin{bmatrix} 6-(-6) & 6 \\ 6 & -3-(-6) \end{bmatrix}\begin{bmatrix} v_1 \\ v_2 \end{bmatrix} = \begin{bmatrix} 12 & 6 \\ 6 & 3 \end{bmatrix}\begin{bmatrix} v_1 \\ v_2 \end{bmatrix} = 0$$
$$v_2 = -2v_1$$

이를 정규화하면

$$v_1^2 + (-2v_1)^2 = 1$$
$$5v_1^2 = 1$$
$$v_1 = \sqrt{0.2} \qquad v_2 = -2v_1 = -2\sqrt{0.2}$$

따라서

$$\mathbf{V}_2 = \begin{bmatrix} \sqrt{0.2} \\ -2\sqrt{0.2} \end{bmatrix}$$

12.47 아래 행렬 **A**에 대해 [연습문제 12.46]의 물음에 답하시오.

$$\mathbf{A} = \begin{bmatrix} 6 & 3 \\ 3 & -2 \end{bmatrix}$$

a)

$$|\mathbf{A} - c\mathbf{I}| = \begin{vmatrix} 6-c & 3 \\ 3 & -2-c \end{vmatrix} = 0$$
$$c^2 - 4c - 21 = 0$$
$$c_1 = 7 \qquad c_2 = -3$$

$c_1 > 0$, $c_2 < 0$이므로 **A**는 부정부호이다.

b) $c_1 = 7$을 이용하여 첫 번째 특성벡터를 구하면,

$$\begin{bmatrix} 6-7 & 3 \\ 3 & -2-7 \end{bmatrix}\begin{bmatrix} v_1 \\ v_2 \end{bmatrix} = \begin{bmatrix} -1 & 3 \\ 3 & -9 \end{bmatrix}\begin{bmatrix} v_1 \\ v_2 \end{bmatrix} = 0$$
$$v_1 = 3v_2$$

이를 정규화하면

$$(3v_2)^2 + v_2^2 = 1$$
$$9v_2^2 + v_2^2 = 1$$
$$10v_2^2 = 1$$
$$v_2 = \sqrt{0.1} \qquad v_1 = 3v_2 = 3\sqrt{0.1}$$

따라서

$$\mathbf{v}_1 = \begin{bmatrix} 3\sqrt{0.1} \\ \sqrt{0.1} \end{bmatrix}$$

$c_2 = -3$을 이용하여 이에 대한 특성벡터를 구하면

$$\begin{bmatrix} 6-(-3) & 3 \\ 3 & -2-(-3) \end{bmatrix} \begin{bmatrix} v_1 \\ v_2 \end{bmatrix} = \begin{bmatrix} 9 & 3 \\ 3 & 1 \end{bmatrix} \begin{bmatrix} v_1 \\ v_2 \end{bmatrix} = 0$$

$$v_2 = -3v_1$$

이를 정규화하여 특성벡터를 구하면

$$v_1^2 + (-3v_1)^2 = 1$$

$$10v_1^2 = 1$$

$$v_1 = \sqrt{0.1} \qquad v_2 = -3v_1 = -3\sqrt{0.1}$$

따라서

$$\mathbf{v}_2 = \begin{bmatrix} \sqrt{0.1} \\ -3\sqrt{0.1} \end{bmatrix}$$

13장

비교정태와 오목계획법

13.1 비교정학(comparative statics)

비교정태분석(comparative static analysis) 또는 간단히 비교정학(comparative statics)은, 모형을 구성하는 외생변수(exogenous variable)와 모수(parameter) 값의 변화에 의해 유발되는 내생변수(endogenous variable) 균형값의 변화를 비교분석하는 것이다. 경제학자는 소비세, 관세, 보조금에 대한 소비자 수요의 반응과 같은 것들을 비교정태분석을 통해 추정한다. 투자, 정부지출, 이자율의 변화가 국민소득에 미치는 효과, 그리고 기후조건, 투입물 가격, 수송기반이 주어졌을 때 가격의 추정 등도 비교정태분석을 통해 이루어진다.

6.2절에서 보았듯이 비교정학은 구성된 모형에서 분석대상이 되는 변수의 도함수를 찾아내어 결과를 분석하게 된다.

13.2 내생변수가 하나인 경우의 비교정학

비교정태분석은 함수가 특정한 형태로 주어진 경우는 물론 일반적인 형태로 주어진 경우에도 분석이 가능하다. [예제 1]은 함수가 특정한 형태로 주어진 경우의 예시를 들고 있고, [예제 2]는 일반적인 형태로 주어진 경우의 예시를 들고 있다.

특정한 형태의 함수인 경우, 도함수는 양함수 또는 음함수에서 도출될 수 있다. 이에 반해 일반 함수의 경우, 도함수를 구하기 위해서는 음함수가 사용되어져야 한다.

독립변수가 두 개 이상이 되는 경우는([연습문제 13.2]), 편도함수를 통해 비교정태분석을 하게 된다([연습문제 13.3]).

예제 1 어떤 상품에 대한 수요함수 Q_D와 공급함수 Q_S가 아래와 같이 모수(parameter)가 제시된 특정한 함수 형태로 주어져 있다. 이로부터 비교정태분석 과정을 살펴보기로 하자.

$$Q_D = m - nP + kY \qquad m, n, k > 0$$
$$Q_S = a + bP \qquad a, b > 0$$

여기서 $P=$가격, $Y=$소비자 소득이다. 균형조건은

$$Q_D = Q_S$$

위의 균형조건식에 주어진 수요함수와 공급함수 Q_D와 Q_S를 대입하면

$$m - nP + kY = a + bP \tag{13.1}$$
$$m - a + kY = (b + n)P$$
$$P^* = \frac{m - a + kY}{b + n} \tag{13.2}$$

비교정태분석을 통해 우리는 외생변수(Y)와 모수(a, b, m, n, k)의 변화가 내생변수의 균형수준 P^*에 어떤 변화를 유발하는지를 확인할 수 있다. 비교정태분석에서는 분석대상이 되는 변수 또는 모수에 대한 도함수를 구한 후, 그 부호를 확인하고 해석한다.

소득 변화에 대한 균형가격의 반응을 측정하기 위해서는 식 (13.2)의 양함수로부터 도함수를 구한다.

$$\frac{dP^*}{dY} = \frac{k}{b + n} > 0 \tag{13.3}$$

이는 모형에서 소득 증가는 재화의 균형가격을 증가시킨다는 것을 의미한다. [연습문제 13.1]에서처럼 모수의 값이 알려져 있으면, 가격 상승의 크기를 계산할 수 있다.

비교정태분석은 음함수에 대해서도 적용될 수 있다. 식 (13.1)에서 우변의 항을 모두 좌변으로 이항시켜, $Q_D - Q_S = 0$으로 하면, 즉 초과수요를 0으로 하면, 균형조건을 음함수 F로 표시할 수 있다.

$$F = m - nP + kY - a - bP = 0 \tag{13.4}$$

여기에 음함수 미분법칙(5.10절)을 적용하면 비교정태분석에 필요한 도함수를 구할 수 있다. $F_p \neq 0$을 가정하면,

$$\frac{dP^*}{dY} = -\frac{F_Y}{F_P}$$

이고 식 (13.4)로부터 $F_Y = k$, 그리고 $F_p = -(n+b)$이다. 이를 대입하고 간단히 정리하면,

$$\frac{dP^*}{dY} = -\frac{k}{-(n + b)} = \frac{k}{b + n} > 0$$

모수 중 어느 한 모수의 변화가 균형가격 P^*에 미치는 효과도 비교정태분석을 통해 측정할 수 있다. [연습문제 13.3]에서 살펴볼 소득결정 모형에서, 모수에 대한 비교정태분석은 경제학적으로 중요한 의미를 시사해 준다.

예제 2 수요함수와 공급함수가 아래와 같이 일반함수 형태로 주어진 모형에서 비교정태분석 과정을 살펴보기로 하자.

$$\text{수요} = D(P, Y) \qquad D_P < 0,\ D_Y > 0$$
$$\text{공급} = S(P) \qquad S_P > 0$$

균형가격 P^*는 수요와 공급을 일치시킴으로써 구할 수 있다.

$$D(P, Y) = S(P)$$

또는 초과수요가 0이 되도록 함으로써 동일한 균형가격을 구할 수 있다.

$$D(P, Y) - S(P) = 0 \tag{13.5}$$

일반함수의 경우는 식 (13.5)에서와 같은 음함수 형태를 이용하면 비교정태분석을 위한 도함수를 쉽게 구할 수 있다.

$F_P \neq 0$을 가정하면,

$$\frac{dP^*}{dY} = -\frac{F_Y}{F_P}$$

식 (13.5)로부터 $F_Y = D_Y$이고 $F_P = D_P - S_P$이므로 이를 위 식에 대입하면,

$$\frac{dP^*}{dY} = -\frac{D_Y}{D_P - S_P}$$

공급곡선은 우상향이므로 공급함수으로부터 $S_P > 0$임을 예상할 수 있다. 또한 정상재인 경우 수요함수에서 $D_Y > 0$이고 $D_P < 0$이다. 이를 위 식에 대입하면, 우리는 정상재에 대해 다음과 같은 사실을 추론할 수 있다.

$$\frac{dP^*}{dY} = -\frac{(+)}{(-)-(+)} > 0$$

만약 재화가 열등재(inferior goods)이기는 하지만 기펜재(Giffen goods)는 아니라면, $D_Y \leq 0$, $D_P < 0$이 되어 $dP^*/dY \leq 0$이 된다. 그러나 만약 재화가 기펜재라면, $D_Y < 0$이고 $D_P > 0$이 되어 도함수 dP^*/dY의 부호는 명확하게 결정되지 않으며 분모의 부호에 달라지게 된다. ([연습문제 13.1-13.7] 참조).

13.3 내생변수가 두 개 이상인 경우의 비교정학

두 개 이상의 내생변수를 가지고 있는 모형에서 비교정태분석을 하려면 각각의 내생변수에 대한 균형조건이 있어야 한다. 즉 n 개의 내생변수로 구성된 모형에서는 n 개의 균형조건이 있어야 한다.

이때 특정 외생변수가 내생변수에 미치는 영향을 측정하기 위해서는 다음과 같은 과정을

거친다. 먼저 각각의 균형조건들에 대해, 특정 외생변수에 대한 전도함수(total derivative)를 구한 후, 이들로부터 원하는 편도함수를 연립방정식을 풀어 구한다.

만약 주어진 함수들에 대해 이들의 도함수가 연속적이고 또한 내생변수에 대한 이들 함수의 편도함수로 이루어진 야코비안(Jacobina)이 0이 아니라면, 음함수정리(implicit function theorem)를 이용하여 내생변수의 최적화 값은 외생변수의 함수로 표시할 수 있다([연습문제 13.8] 참조). 이때 비교정태분석을 위한 도함수는 크래머 법칙을 이용하여 구할 수 있으며, 아래 [예제 3]에 이러한 과정이 예시되어 있다. [예제 4]에서는 대표적인 경제학 문제를 예로 들어 비교정태분석 과정을 설명하고 있다.

예제 3 식이 복잡해지는 것을 피하기 위해 여기서는 두 개의 내생변수와 두 개의 외생변수로 구성된 모형을 기준으로 살펴보기로 하자. 이때 모형을 구성하는 음함수는 내생변수를 먼저 배치하고 다음에 외생변수를 배치하도록 하며 세미콜론(;)으로 이들을 구분하기로 한다. 이렇게 하면 내생변수를 n 개로 확장하고 외생변수를 m 개로 확장하더라도 어디까지가 내생변수이고 외생변수인지를 쉽게 구분할 수 있다.

$$F^1(y_1, y_2; x_1, x_2) = 0$$
$$F^2(y_1, y_2; x_1, x_2) = 0$$

위의 방정식체계에서 비교정태분석을 위해 어느 한 독립변수에 대한, 예를 들어 x_1에 대한 편도함수를 구하기 위해서는, x_1에 대한 각 함수의 전도함수(5.9절 참조)를 구해야 한다.

$$\frac{\partial F^1}{\partial y_1}\cdot\frac{\partial y_1}{\partial x_1}+\frac{\partial F^1}{\partial y_2}\cdot\frac{\partial y_2}{\partial x_1}+\frac{\partial F^1}{\partial x_1}=0$$
$$\frac{\partial F^2}{\partial y_1}\cdot\frac{\partial y_1}{\partial x_1}+\frac{\partial F^2}{\partial y_2}\cdot\frac{\partial y_2}{\partial x_1}+\frac{\partial F^2}{\partial x_1}=0$$

균형점에서의 값이 주어지면 균형점에서의 편도함수 값이 결정되는데 이때 균형점에서의 내생변수는 보통 $\bar{y}_1$, $\bar{y}_2$로 표시한다. 위의 식에서 x_1에 대한 편도함수를 우변으로 이항하면 다음과 같이 행렬 형태로 표시할 수 있다.

$$\begin{bmatrix} \frac{\partial F^1}{\partial y_1} & \frac{\partial F^1}{\partial y_2} \\ \frac{\partial F^2}{\partial y_1} & \frac{\partial F^2}{\partial y_2} \end{bmatrix}\begin{bmatrix} \frac{\partial \bar{y}_1}{\partial x_1} \\ \frac{\partial \bar{y}_2}{\partial x_1} \end{bmatrix}=\begin{bmatrix} -\frac{\partial F^1}{\partial x_1} \\ -\frac{\partial F^2}{\partial x_1} \end{bmatrix}$$
$$\mathbf{JX} = \mathbf{B}$$

만약 위 두 함수의 1차 및 2차도함수가 연속적이고 또한 두 개 내생변수(y_i)에 대한 두 함수(F^i)의 모든 1차편도함수로 구성된 야코비안 $|\mathbf{J}|$가 0이 아니라면, 즉

$$|\mathbf{J}| = \frac{\partial F^1}{\partial y_1}\cdot\frac{\partial F^2}{\partial y_2}-\frac{\partial F^2}{\partial y_1}\cdot\frac{\partial F^1}{\partial y_2}\neq 0,$$

이면 음함수정리를 이용하여 우리는 내생변수의 최적화 값을 외생변수의 함수로 표시할 수 있

으며, 이들 함수로부터 크래머 법칙을 이용하여 비교정태분석을 위한 원하는 도함수(X)를 구할 수 있다. $|\mathbf{J}| \neq 0$이라면

$$\frac{\partial \bar{y}_i}{\partial x_1} = \frac{|\mathbf{J}_i|}{|\mathbf{J}|} \tag{13.6}$$

X에 있는 첫 번째 도함수 $\partial \bar{y}_1 / \partial x_1$를 구하기 위해 $|\mathbf{J}|$의 첫 번째 열을 열벡터 B로 대체하여 새로운 행렬식 $|\mathbf{J}_1|$을 구성하고 이를 식 (13.6)에 대입한다.

$$\frac{\partial \bar{y}_1}{\partial x_1} = \frac{|\mathbf{J}_1|}{|\mathbf{J}|} = \frac{\begin{vmatrix} -\dfrac{\partial F^1}{\partial x_1} & \dfrac{\partial F^1}{\partial y_2} \\ -\dfrac{\partial F^2}{\partial x_1} & \dfrac{\partial F^2}{\partial y_2} \end{vmatrix}}{\begin{vmatrix} \dfrac{\partial F^1}{\partial y_1} & \dfrac{\partial F^1}{\partial y_2} \\ \dfrac{\partial F^2}{\partial y_1} & \dfrac{\partial F^2}{\partial y_2} \end{vmatrix}} = \frac{-\left(\dfrac{\partial F^1}{\partial x_1}\cdot\dfrac{\partial F^2}{\partial y_2} - \dfrac{\partial F^2}{\partial x_1}\cdot\dfrac{\partial F^1}{\partial y_2}\right)}{\dfrac{\partial F^1}{\partial y_1}\cdot\dfrac{\partial F^2}{\partial y_2} - \dfrac{\partial F^2}{\partial y_1}\cdot\dfrac{\partial F^1}{\partial y_2}}$$

같은 방법으로

$$\frac{\partial \bar{y}_2}{\partial x_1} = \frac{|\mathbf{J}_2|}{|\mathbf{J}|} = \frac{\begin{vmatrix} \dfrac{\partial F^1}{\partial y_1} & -\dfrac{\partial F^1}{\partial x_1} \\ \dfrac{\partial F^2}{\partial y_1} & -\dfrac{\partial F^2}{\partial x_1} \end{vmatrix}}{\begin{vmatrix} \dfrac{\partial F^1}{\partial y_1} & \dfrac{\partial F^1}{\partial y_2} \\ \dfrac{\partial F^2}{\partial y_1} & \dfrac{\partial F^2}{\partial y_2} \end{vmatrix}} = \frac{-\left(\dfrac{\partial F^1}{\partial y_1}\cdot\dfrac{\partial F^2}{\partial x_1} - \dfrac{\partial F^2}{\partial y_1}\cdot\dfrac{\partial F^1}{\partial x_1}\right)}{\dfrac{\partial F^1}{\partial y_1}\cdot\dfrac{\partial F^2}{\partial y_2} - \dfrac{\partial F^2}{\partial y_1}\cdot\dfrac{\partial F^1}{\partial y_2}}$$

지금까지 x_1에 대한 편도함수를 구하는 과정과 같은 방법으로 x_2에 대한 편도함수도 구할 수 있다. 단지 F^1, F^2 두 함수의 x_2에 대한 전도함수를 먼저 구하는 것부터 시작하면 된다.

예제 4 재화시장과 화폐시장의 균형을 나타내는 식이 아래와 같이 주어졌다.

$$F^1(Y, i; C_0, M_0, P) = Y - C_0 - C(Y, i) = 0 \qquad 0 < C_Y < 1, C_i < 0 \tag{13.7}$$

$$F^2(Y, i; C_0, M_0, P) = L(Y, i) - M_0/P = 0 \qquad L_Y > 0, L_i < 0 \tag{13.8}$$

여기서 $L(Y, i)$ = 화폐수요, M_0 = 화폐공급, C_0 = 자발적 소비(autonomous consumption), 그리고 P = 물가수준을 표시하며 M_0/P는 실질 화폐공급을 나타낸다.

모형을 간단히 하기 위해 물가수준은 일정하다고 가정한다. 자발적 소비 C_0의 변화가 Y와 i에 미치는 효과는 비교정태분석을 이용하면 다음과 같이 나타낼 수 있다.

a) 균형조건인 식 (13.7) 과 식 (13.8)에 대해, 외생변수 C_0에 대한 전도함수를 구하면,

$$\frac{\partial Y}{\partial C_0} - 1 - \left(C_Y \cdot \frac{\partial Y}{\partial C_0}\right) - \left(C_i \cdot \frac{\partial i}{\partial C_0}\right) = 0$$

$$\left(L_Y \cdot \frac{\partial Y}{\partial C_0}\right) + \left(L_i \cdot \frac{\partial i}{\partial C_0}\right) = 0$$

b) 위 식을 정리한 후 행렬 형태로 표시하면

$$\begin{bmatrix} 1 - C_Y & -C_i \\ L_Y & L_i \end{bmatrix} \begin{bmatrix} \dfrac{\partial \bar{Y}}{\partial C_0} \\ \dfrac{\partial \bar{i}}{\partial C_0} \end{bmatrix} = \begin{bmatrix} 1 \\ 0 \end{bmatrix}$$

$$\mathbf{JX} = \mathbf{B}$$

c) 야코비안이 $|\mathbf{J}| \neq 0$이고 음함수정리가 성립하는지를 확인한다.

$$|\mathbf{J}| = (1 - C_Y)L_i + C_i L_Y$$

부호를 적용하면 $\qquad |\mathbf{J}| = (+)(-) + (-)(+) = (-) < 0$

따라서 $\qquad |\mathbf{J}| \neq 0$

d) X 벡터의 첫 번째 도함수인 $\partial \overline{Y}/\partial C_0$를 구하기 위해, 먼저 행렬 J의 첫 번째 열을 열벡터 B로 대체한 후 이에 대한 행렬식 $|\mathbf{J}_1|$을 구하고 이를 식 (13.6)에 대입한다.

$$|\mathbf{J}_1| = \begin{vmatrix} 1 & -C_i \\ 0 & L_i \end{vmatrix} = L_i$$

따라서 $$\frac{\partial \bar{Y}}{\partial C_0} = \frac{|\mathbf{J}_1|}{|\mathbf{J}|} = \frac{L_i}{(1 - C_Y)L_i + C_i L_Y} = \frac{(-)}{(-)} > 0$$

자발적 소비 C_0의 증가는 균형소득의 증가를 가져올 것이다.

e) X 벡터의 두 번째 도함수인 $\partial \bar{i}/\partial C_0$를 구하기 위해, 먼저 행렬 J의 두 번째 열을 열벡터 B로 대체한 후 이에 대한 행렬식 $|\mathbf{J}_2|$를 구하고 이를 식 (13.6)에 대입한다.

$$|\mathbf{J}_2| = \begin{vmatrix} 1 - C_Y & 1 \\ L_Y & 0 \end{vmatrix} = -L_Y$$

그리고 $$\frac{\partial \bar{i}}{\partial C_0} = \frac{|\mathbf{J}_2|}{|\mathbf{J}|} = \frac{-L_Y}{(1 - C_Y)L_i + C_i L_Y} = \frac{-(+)}{(-)} > 0$$

자발적 소비 C_0의 증가는 균형이자율의 상승을 가져올 것이다. 화폐공급량 M_0의 증가가 균형소득 $\overline{Y}$와 균형이자율 $\bar{i}$에 미치는 효과는 [연습문제 13.10]에서 다루고 있다. ([연습문제 13.8-13.18] 참조).

13.4 최적화 문제에서의 비교정학

경제학자들은 외생변수의 변화가 모형의 균형값에 미치는 영향에 관심을 두는 것에서 더 나아가 외생변수의 변화가 목적함수의 최적화 값에 미치는 영향을 측정하려고 한다. 이는 최적화 값이 도출된 최적화 1차조건에 비교정태분석 기법을 적용함으로써 수행된다. 최적화 1차조건은 1차도함수로 구성되어 있기 때문에, 최적화 문제에서의 비교정태분석은 자연스럽게 2차도함수 및 헤시안(Hessian)과 연계되어 있다. 이 분석기법은 [예제 5]에서 다루어지고 있다.

예제 5 시장가격을 주어진 가격으로 받아들이는 기업의 생산함수 $Q(K, L)$이 강오목성(strictly concave)이고, $P=$생산물 가격, $r=$자본 임대율, 그리고 $w=$임금을 표시할 때 이윤함수는 다음과 같다.

$$\pi = PQ(K, L) - rK - wL$$

최적화 1차조건을 구하기 위해 K, L에 대한 편도함수 $\partial\pi/\partial K$, $\partial\pi/\partial L$를 구하고 이를 음함수 형태로 표시한다.

$$F^1(K, L; r, w, P) = PQ_K(\bar{K}, \bar{L}) - r = 0$$
$$F^2(K, L; r, w, P) = PQ_L(\bar{K}, \bar{L}) - w = 0$$

여기서 $\overline{K}$와 $\overline{L}$는 이윤함수를 최적화하는 임계값임을 표시한다. 아래와 같이 비교정태분석의 기법을 이용하면, 위의 1차조건식으로부터 외생변수 (r, w)의 변화가 내생변수 $(\overline{K}, \overline{L})$에 미치는 효과를 구할 수 있다.

a) 위의 최적화 1차조건식을 대상으로 외생변수에 대한 전도함수를 구하고 이를 행렬 형태로 구성한다. 먼저 외생변수인 자본의 임대율 r이 내생변수 $(\overline{K}, \overline{L})$에 미치는 효과를 살펴보기로 한다. 이때 1차편도함수 Q_K와 Q_L이 두 변수 K와 L의 함수임을 감안하면,

$$\begin{bmatrix} \dfrac{\partial F^1}{\partial K} & \dfrac{\partial F^1}{\partial L} \\ \dfrac{\partial F^2}{\partial K} & \dfrac{\partial F^2}{\partial L} \end{bmatrix} \begin{bmatrix} \dfrac{\partial \bar{K}}{\partial r} \\ \dfrac{\partial \bar{L}}{\partial r} \end{bmatrix} = \begin{bmatrix} -\dfrac{\partial F^1}{\partial r} \\ -\dfrac{\partial F^2}{\partial r} \end{bmatrix}$$

$$\begin{bmatrix} PQ_{KK} & PQ_{KL} \\ PQ_{LK} & PQ_{LL} \end{bmatrix} \begin{bmatrix} \dfrac{\partial \bar{K}}{\partial r} \\ \dfrac{\partial \bar{L}}{\partial r} \end{bmatrix} = \begin{bmatrix} 1 \\ 0 \end{bmatrix}$$

$$\mathbf{JX} = \mathbf{B}$$

또는 $$|\mathbf{J}| = P^2(Q_{KK}Q_{LL} - Q_{LK}Q_{KL})$$

위의 식에서 소괄호 속에 표시된 2차조건이 만족된다면 $|\mathbf{J}| > 0$이 된다. 또한 최적화의 1차조건으로부터 비교정태 도함수를 구했을 때 $|\mathbf{J}| = |\mathbf{H}|$임을 확인할 수 있다(12.2절 참조).

b) $|\mathbf{J}| = |\mathbf{H}| \neq 0$이므로 1차 및 2차도함수가 연속적이라고 가정하면, 음함수정리의 조건이 만족되어 크래머 법칙을 이용하여 원하는 도함수를 구할 수 있다.

$$\frac{\partial \bar{K}}{\partial r} = \frac{|\mathbf{J}_1|}{|\mathbf{J}|} = \frac{\begin{vmatrix} 1 & PQ_{KL} \\ 0 & PQ_{LL} \end{vmatrix}}{|\mathbf{J}|} = \frac{PQ_{LL}}{P^2(Q_{KK}Q_{LL} - Q_{KL}Q_{LK})} < 0$$

여기서 $\partial \overline{K}/\partial r < 0$이다. 왜냐하면 우리는 강오목 생산함수(strictly concave production function)를 가정하고 있으며, 이는 생산함수의 정의구역에서 $Q_{LL} < 0$, $Q_{KK} < 0$, 그리고 $Q_{kk}Q_{LL} > Q_{KL}Q_{LK}$임을 의미하고 있기 때문이다.

우리는 또한 미시경제이론에서 알 수 있듯이 이윤극대화 생산은 생산요소의 한계생산성 (Q_L, Q_K)이 감소하고 있는 곳에서 이루어지고 있다. 따라서 이윤이 극대화되는 최적 생산 수준에서는 $Q_{LL} < 0$, $Q_{KK} < 0$이다. 마찬가지로 아래와 같은 사실도 확인할 수 있다.

$$\frac{\partial \bar{L}}{\partial r} = \frac{|\mathbf{J}_2|}{|\mathbf{J}|} = \frac{\begin{vmatrix} PQ_{KK} & 1 \\ PQ_{LK} & 0 \end{vmatrix}}{|\mathbf{J}|} = \frac{-PQ_{LK}}{P^2(Q_{KK}Q_{LL} - Q_{KL}Q_{LK})}$$

비교정태 도함수의 부호를 확인하기 위해서는 교차편도함수 Q_{LK}의 부호를 알아야 하는데, 이는 자본의 변화가 노동의 한계생산성 Q_L에 미치는 효과를 나타낸다. 만약 교차 편도함수 Q_{LK}가 양(+)이면 이자율의 상승은 분자에서의 (-) 부호 때문에 노동 투입의 감소를 유발할 것이다. 임금 w의 변화가 $\overline{K}$, $\overline{L}$에 미치는 효과에 대해서는 [연습문제 13.19]와 [연습문제 13.20-13.24]를 참조하라.

13.5 제약조건하에서의 최적화와 비교정학

비교정태분석은 제약조건이 있는 최적화 문제에도 그대로 적용할 수 있다. 제약조건부 최적화(constrained optimization)에서 라그랑지 승수는 내생변수가 되며 그리고 그것이 최적화 값$(\overline{\lambda})$을 가질 때를 기준으로 비교정태분석이 이루어진다. 2차 충분조건이 만족되는 경우, 제약조건부 헤시안$(|\overline{\mathbf{H}}|)$은 최적화의 형태, 즉 극대화인가 극소화인가에 따라 양(+)일 수도 있고 음(-)일 수도 있지만, 결코 0이 되지는 않는다.

만약 $|\overline{\mathbf{H}}| \neq 0$이면 [예제 6]에 제시된 것처럼 $|\mathbf{J}| = |\overline{\mathbf{H}}|$이므로 야코비안은 0이 되지 않는다. $|\mathbf{J}| \neq 0$이고 1차 및 2차도함수가 연속적이라 가정하면, 음함수정리에 따라 내생변수의 최적화 값은 외생변수와 비교정태 도함수의 음함수 형태로 표시할 수 있다. [예제 6]에 이러한 과정이 예시되어 있다.

예제 6 재화시장과 요소시장이 모두 완전경쟁하에 있는 어느 기업이 아래와 같은 예산제약조건하에서 생산함수 $q(K, L)$을 극대화하려 한다.

$$rK + wL = B$$

극대화할 라그랑지 함수를 구성하면

$$Q = q(K, L) + \lambda(B - rK - wL)$$

라그랑지 함수를 극대화하기 위한 1차조건인 $\partial Q/\partial K = 0$, $\partial Q/\partial L = 0$, $\partial Q/\partial \lambda = 0$은 다음과 같은 음함수 형태로 나타낼 수 있다.

$$\begin{aligned} F^1(\bar{K}, \bar{L}, \bar{\lambda}; r, w, B) &= Q_K(\bar{K}, \bar{L}) - r\bar{\lambda} = 0 \\ F^2(\bar{K}, \bar{L}, \bar{\lambda}; r, w, B) &= Q_L(\bar{K}, \bar{L}) - w\bar{\lambda} = 0 \\ F^3(\bar{K}, \bar{L}, \bar{\lambda}; r, w, B) &= B - r\bar{K} - w\bar{L} = 0 \end{aligned}$$

위의 제약조건부 최적화 1차조건으로부터, 만약 도함수들이 연속적이고 또한 최적화의 2차조건이 만족된다고 하면, 비교정태분석을 통해 외생변수 (r, w, B)의 변화가 세 개의 내생변수 최적값(optimal value) $(\overline{K}, \overline{L}, \overline{\lambda})$에 미치는 효과를 파악할 수 있다.

예산 B의 변화가 내생변수의 최적값에 미치는 효과를 구하기 위해서는 위의 세 음함수 각각에 대해 B에 대한 전도함수를 구한다.

$$\begin{bmatrix} \frac{\partial F^1}{\partial \bar{K}} & \frac{\partial F^1}{\partial \bar{L}} & \frac{\partial F^1}{\partial \bar{\lambda}} \\ \frac{\partial F^2}{\partial \bar{K}} & \frac{\partial F^2}{\partial \bar{L}} & \frac{\partial F^2}{\partial \bar{\lambda}} \\ \frac{\partial F^3}{\partial \bar{K}} & \frac{\partial F^3}{\partial \bar{L}} & \frac{\partial F^3}{\partial \bar{\lambda}} \end{bmatrix} \begin{bmatrix} \frac{\partial \bar{K}}{\partial B} \\ \frac{\partial \bar{L}}{\partial B} \\ \frac{\partial \bar{\lambda}}{\partial B} \end{bmatrix} = \begin{bmatrix} -\frac{\partial F^1}{\partial B} \\ -\frac{\partial F^2}{\partial B} \\ -\frac{\partial F^3}{\partial B} \end{bmatrix}$$

또는

$$\begin{bmatrix} Q_{KK} & Q_{KL} & -r \\ Q_{LK} & Q_{LL} & -w \\ -r & -w & 0 \end{bmatrix} \begin{bmatrix} \frac{\partial \bar{K}}{\partial B} \\ \frac{\partial \bar{L}}{\partial B} \\ \frac{\partial \bar{\lambda}}{\partial B} \end{bmatrix} = \begin{bmatrix} 0 \\ 0 \\ -1 \end{bmatrix}$$

$$|\mathbf{J}| = Q_{KK}(-w^2) - Q_{KL}(-rw) - r(rQ_{LL} - wQ_{LK})$$

$$|\mathbf{J}| = -w^2 Q_{KK} + rwQ_{KL} - r^2 Q_{LL} + rwQ_{LK} > 0$$

$|\mathbf{J}| = |\overline{\mathbf{H}}|$이고(12.5절), 제약조건부 극대화의 2차조건은 $|\overline{\mathbf{H}}| > 0$이다. 완전경쟁하에 있는 이윤극대화 기업은 생산요소의 한계생산성이 하락$(Q_{KK}, Q_{LL} < 0)$하고 있는 구역에서 생산활동을 하기 때문에, 2차조건은 K와 L이 보완관계$(Q_{KL}, Q_{LK} > 0)$일 때는 언제든지 성립한다.

그러나 K와 L이 대체관계$(Q_{KL}, Q_{LK} < 0)$일 때는 Q_{KK}, Q_{LL}과 Q_{KL}, Q_{LK}의 상대적 강도에 따라 2차조건의 성립여부가 달라진다.

$|\mathbf{J}| = |\overline{\mathbf{H}}| \neq 0$이고 1차 및 2차도함수가 연속적이라면, 크래머 법칙을 이용하여 원하는 도함수를 구할 수 있다.

1.

$$\frac{\partial \bar{K}}{\partial B} = \frac{|\mathbf{J}_1|}{|\mathbf{J}|} = \frac{\begin{bmatrix} 0 & Q_{KL} & -r \\ 0 & Q_{LL} & -w \\ -1 & -w & 0 \end{bmatrix}}{|\mathbf{J}|} = \frac{wQ_{KL} - rQ_{LL}}{|\mathbf{J}|}$$

K와 L이 보완관계에 있으면 $\partial \overline{K}/\partial B > 0$이고, K와 L이 대체관계에 있으면 $\partial \overline{K}/\partial B$의 부호는 결정할 수 없다.

2.
$$\frac{\partial \bar{L}}{\partial B} = \frac{|\mathbf{J}_2|}{|\mathbf{J}|} = \frac{\begin{bmatrix} Q_{KK} & 0 & -r \\ Q_{LK} & 0 & -w \\ -r & -1 & 0 \end{bmatrix}}{|\mathbf{J}|} = \frac{rQ_{LK} - wQ_{KK}}{|\mathbf{J}|}$$

K와 L이 보완관계에 있으면 $\partial \overline{L}/\partial B > 0$이고 K와 L이 대체관계에 있으면 $\partial \overline{L}/\partial B > 0$의 부호는 결정할 수 없다.

3.
$$\frac{\partial \bar{\lambda}}{\partial B} = \frac{|\mathbf{J}_3|}{|\mathbf{J}|} = \frac{\begin{bmatrix} Q_{KK} & Q_{KL} & 0 \\ Q_{LK} & Q_{LL} & 0 \\ -r & -w & -1 \end{bmatrix}}{|\mathbf{J}|} = \frac{-1(Q_{KK}Q_{LL} - Q_{KL}Q_{LK})}{|\mathbf{J}|}$$

$\partial \overline{\lambda}/\partial B > 0$의 부호는 결정할 수 없다. ([연습문제 13.25-13.29] 참조).

13.6 포락곡선 정리

포락곡선 정리(envelope theorem)에 따라 우리는 외생변수의 변화가 목적함수의 최적화 값에 미치는 효과를 간단히 측정할 수 있다. 즉 해당 외생변수에 대한 라그랑지 함수의 도함수를 구하고 여기에 최적화 임계값하에서의 도함수 값을 구하면 된다. [예제 7]에 이에 대한 근거가 설명되어 있고 [예제 8]에서는 예를 들어 설명하고 있다.

포락곡선 정리는 또한 라그랑지 승수(Lagrange multiplier)가 제약조건식에서의 상수의 변화가 목적함수의 최적화 값에 미치는 한계효과를 나타낸다는 사실(5.6절)에 대한 근거도 제시한다. 오목계획법과 관련하여 포락곡선 정리가 시사하는 중요한 사실은 목적함수가 최적화된 임계점에서 $\overline{\lambda} = 0$이 되면, 제약조건식은 비제약 상태(nonbinding)[1)]에 있다. 역으로 제약조건식이 비제약 상태이면 $\overline{\lambda} = 0$이다.

역자 TIP

1) 만약 제약조건식이 $f(x, y) \leq b$일 때, 목적함수를 최적화하는 임계값 (x_0, y_0)에서 $f(x_0, y_0) < b$이면 비제약 상태(nonbinding)라 하고, $f(x_0, y_0) = b$이면 제약상태(binding)라 한다. 위에서 $\overline{\lambda}$는 경제학에서 그림자 가격(shadow price) 또는 잠재가격(latent price)이라고 한다. (관심 있는 독자는 Kuhn-Tucker 조건의 complementary slackness 참조).

예제 7 아래와 같이 제약조건하에 목적함수를 극대화하는 과정을 살펴보자.

$$\max \qquad z(x, y; a, b)$$

$$\text{s.t.} \qquad f(x, y; a, b)$$

라그랑지 함수를 구성하면

$$Z(x, y, \lambda; a, b) = z(x, y; a, b) + \lambda f(x, y; a, b)$$

1차조건을 구하면,

$$\begin{aligned} Z_x &= z_x(\bar{x}, \bar{y}; a, b) + \bar{\lambda} f_x(\bar{x}, \bar{y}; a, b) = 0 \\ Z_y &= z_y(\bar{x}, \bar{y}; a, b) + \bar{\lambda} f_y(\bar{x}, \bar{y}; a, b) = 0 \\ Z_\lambda &= f(\bar{x}, \bar{y}; a, b) = 0 \end{aligned}$$

함수의 1차 및 2차도함수가 모두 연속적이고 그리고 야코비안이

$$|\mathbf{J}| = \begin{vmatrix} z_{xx} + \bar{\lambda} f_{xx} & z_{xy} + \bar{\lambda} f_{xy} & f_x \\ z_{yx} + \bar{\lambda} f_{yx} & z_{yy} + \bar{\lambda} f_{yy} & f_y \\ f_x & f_y & 0 \end{vmatrix} \neq 0$$

이면 음함수 정리(implicit function theorem)로부터 우리는 내생변수의 최적화 값을 외생변수의 함수로 표현할 수 있다.

$$Z(\bar{x}, \bar{y}, \bar{\lambda}; a, b) = z[\bar{x}(a, b), \bar{y}(a, b); a, b] + \bar{\lambda}(a, b) f[\bar{x}(a, b), \bar{y}(a, b); a, b]$$

목적함수에 최적해(optimal solution)를 대입하면 다음과 같은 함수를 얻게 되는데 이를 간접목적함수(indirect objective function)이라 한다.

$$\bar{z}(a, b) \equiv z[\bar{x}(a, b), \bar{y}(a, b); a, b] \equiv z(a, b)$$

외생변수 b에 대한 간접목적함수의 편도함수는 외생변수 b에 대한 라그랑지 함수의 편도함수와 일치한다는 것이 포락곡선의 정리의 핵심이다. 포락곡선 정리를 증명하기 위해서는 아래 등식이 성립함을 보여야 한다.

$$\frac{\partial \bar{z}}{\partial b} = \frac{\partial Z}{\partial b}$$

연쇄미분법칙을 이용하여 간접목적함수의 도함수를 구하면,

$$\frac{\partial \bar{z}}{\partial b} = z_x \frac{\partial \bar{x}}{\partial b} + z_y \frac{\partial \bar{y}}{\partial b} + z_b$$

그리고 여기에 1차조건으로부터 얻은 $z_x = -\bar{\lambda} f_x$, $z_y = -\bar{\lambda} f_y$를 대입하면

$$\frac{\partial \bar{z}}{\partial b} = -\bar{\lambda}\left(f_x \frac{\partial \bar{x}}{\partial b} + f_y \frac{\partial \bar{y}}{\partial b}\right) + z_b \qquad (13.9)$$

또한 세 번째 1차조건으로부터

$$f[\bar{x}(a, b), \bar{y}(a, b), a, b] \equiv 0$$

이므로 b에 대한 도함수를 구하여 정리하면

$$f_x\frac{\partial\bar{x}}{\partial b}+f_y\frac{\partial\bar{y}}{\partial b}=-f_b$$

식 (13.9)에 $-f_b$를 대입하여 정리하면

$$\frac{\partial\bar{z}}{\partial b}=(z_b+\bar{\lambda}f_b)=\frac{\partial Z}{\partial b} \qquad \text{Q.E.D.}$$

최적값 측면에서 볼 때, 외생변수에 대한 라그랑지 함수의 도함수는 바로 외생변수의 변화가 목적함수에 미치는 효과를 나타내고 있음을 알 수 있다.

예제 8 아래와 같은 예산제약조건하에서 효용함수를 극대화하는 문제를 살펴보자.

$$\max \quad u(x,y) \qquad\qquad \text{s.t.} \quad p_xx+p_yy=B$$

최적화를 위한 1차 및 2차도함수가 연속적이고 또 내생변수에 대한 1차조건들의 도함수를 구하여 구성한 야코비안이 0이 아니라면 라그랑지 함수는 다음과 같이 나타낼 수 있다.

$$U(\bar{x},\bar{y},\bar{\lambda};p_x,p_y,B)=u(\bar{x},\bar{y})+\bar{\lambda}(B-p_x\bar{x}-p_y\bar{y})$$

그리고 간접목적함수는

$$V(\bar{x},\bar{y};p_x,p_y,B)=u[\bar{x}(p_x,p_y,B),\bar{y}(p_x,p_y,B)]$$

다음 단계로 포락곡선 정리를 이용하여 세 개의 외생변수 p_x, p_y, B의 변화가 목적함수의 최적화 값에 미치는 효과를 측정하면,

a) $$\frac{\partial V}{\partial p_x}=\frac{\partial U}{\partial p_x}=-\bar{\lambda}\bar{x}$$

b) $$\frac{\partial V}{\partial p_y}=\frac{\partial U}{\partial p_y}=-\bar{\lambda}\bar{y}$$

c) $$\frac{\partial V}{\partial B}=\frac{\partial U}{\partial B}=\bar{\lambda}$$

(c)에서 $\bar{\lambda}$를 화폐의 한계효용(marginal utility of money)이라고 하며, 이는 예산(또는 소득)의 변화로부터 소비자가 얻게 되는 추가적인 효용 변화분을 의미한다.

위의 경우 외생변수 예산(B)은 제약조건식에만 나타나고 있기 때문에 외생변수에 대한 라그랑지 함수의 도함수는 쉽게 구할 수 있다. 즉 (c)로부터 소득에 대한 한계효용이 양(+)이라고 가정하면, 효용극대화가 이루어졌을 때 (a)와 (b)에서 우리는 가격의 변화는 극대화된 효용에 음(-)의 효과를 가져 올 것이라는 것을 알 수 있다. ([연습문제 13.30-13.32] 참조).

13.7 오목계획법과 부등식 제약조건

지금까지 살펴본 제약조건하에서의 최적화 문제에서 제약조건은 항상 등식으로 이루어

진 것이었다. 그러나 x 달러 이하를 지출해야 하는 제약조건하에서 효용을 극대화한다거나 생산물 x 단위 이상을 생산해야 한다는 제약조건하에서 비용을 극소화하는 것처럼 경제문제에는 이와 같이 제약조건이 부등식으로 구성된 것들이 있다.

목적함수와 제약조건 함수가 모두 오목(concave)한 것으로 가정하는 오목계획법은 부등식 제약조건하에서 목적함수를 최적화하기 위해 고안된 비선형계획(nonlinear programming)의 한 형태이다. 그렇다고 해서 볼록함수(convex function)가 배제되는 것은 아니다. 왜냐하면 볼록함수에 (-)를 붙이면 그것은 그대로 오목함수(concave function)가 되기 때문이다.

오목계획법은 전형적으로 극대화 문제에 연계된 것이지만, 이러한 극대화 문제를 최적화할 함수에 (-)를 붙이면 바로 최소화 문제로 변환할 수 있다.

부등식 제약조건하에서의 최적화 문제가 다음과 같이 주어졌을 때

$$\max \quad f(x_1, x_2) \qquad\qquad \text{s.t. } g(x_1, x_2) \geq 0 \quad x_1,\ x_2 \geq 0$$

라그랑지 함수를 구성하면

$$F(x_1, x_2, \lambda) = f(x_1, x_2) + \lambda g(x_1, x_2)$$

위의 극대화 문제에서 극대화를 위한 1차조건(필요조건)과 2차조건(충분조건)은 쿤-터커 조건(Kuhn-Tucker condition)이라고도 하며 다음과 같다.

1. *a)* $\dfrac{\partial F}{\partial x_i} = f_i(\bar{x}_1, \bar{x}_2) + \bar{\lambda} g_i(\bar{x}_1, \bar{x}_2) \leq 0$

   b) $x_i \geq 0$

   c) $\bar{x}_i \dfrac{\partial F}{\partial x_i} = 0, \qquad i = 1, 2$

2. *a)* $\dfrac{\partial F}{\partial \lambda} = g(\bar{x}_1, \bar{x}_2) \geq 0$

   b) $\bar{\lambda} \geq 0$

   c) $\bar{\lambda} \dfrac{\partial F}{\partial \lambda} = 0$

여기서 (c)에 있는 두 조건을 상보적 여분성(complementary slackness)이라 하며, 이는 $\bar{x}$와 $f'(\bar{x})$가 동시에 0이 될 수 없다는 것을 의미한다. 선형함수는 비록 강오목, 강볼록은 아니지만, 오목이면서 동시 볼록이기 때문에, 쿤-터커 조건을 만족시키는 선형함수로 구성된 오목계획법 문제는 항상 극대화의 필요조건과 충분조건을 만족시키게 된다.

위의 쿤-터커 조건을 정리하면 다음과 같다.

(1) 조건 $1(a)$는 라그랑지 함수가 x_1과 x_2에 대해서 극대화되고 있어야 함을 표시하고 있으나, 조건 $2(a)$는 라그랑지 함수가 λ에 대해서는 극소화되고 있어야 함을 나타내고 있다.

이는 부등식 제약조건하에서 목적함수를 최적화하기 위한 라그랑지 함수에서 안점(saddle point)를 찾아내도록 고안된 것이 바로 오목계획법이라는 것을 의미하는 것이다.

(2) 쿤-터커 조건에서 제약조건식은 항상 0보다 크거나 같다는 형태로 나타낸다. 이는 제약조건식을 0을 기준으로 설정한다는 의미이기 때문에, 제약조건식을 구성하는 변수항에서 상수항을 빼든, 상수항에서 변수항을 빼든 상관이 없으며, 오목계획법에서는 오직 제약조건식이 항상 0보다 크거나 같다는 형태로 나타내기 위해, 변수항과 상수항 사이에 빼는 순서만 중요할 뿐이다[2]. 이 내용을 이해하기 위해서 [연습문제 13.33]을 참조하기 바란다.

역자 TIP

2) 제약조건식이 $g(x,y) \le B$인 경우는 $B-g(x,y) \ge 0$으로 상수항에서 변수항을 빼는 형태로, 그리고 제약조건식이 $g(x,y) \ge B$인 경우는 $g(x,y)-B \ge 0$으로 변수항에서 상수항을 빼는 형태로 구성한다.

$(a)-(c)$의 세 조건에 대한 근거는 [예제 9]에 설명되어 있으며 [예제 10]에는 극대화 기본과정이 예시되어 있다.

(극소화 문제는 [연습문제 13.34] 참조).

(다수의 제약조건식으로 구성된 최적화 문제는 [연습문제 13.39] 참조).

(기타 응용문제에 대해서는 [연습문제 13.33-13.42] 참조).

예제 9 $x \ge 0$인 1상한에서 상대적 극대(local maximum)를 갖는 단일 독립변수의 함수를 생각해 보자. 이 경우 [그림 13-1]에 나타난 바와 같이 약간 상이한 가능성의 세 가지 조건이 있다.

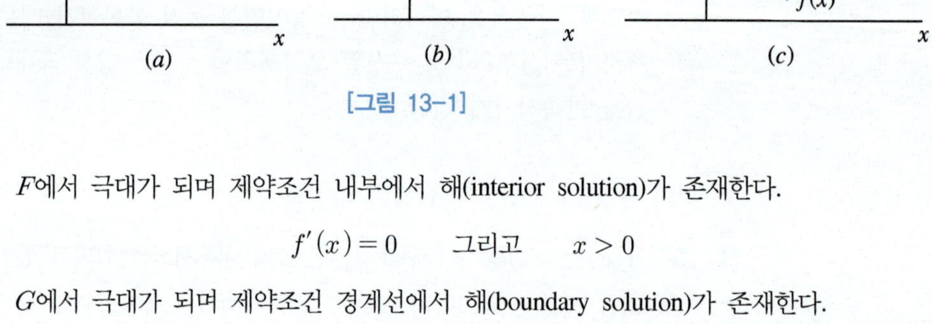

[그림 13-1]

a) F에서 극대가 되며 제약조건 내부에서 해(interior solution)가 존재한다.

$$f'(x)=0 \qquad \text{그리고} \qquad x>0$$

b) G에서 극대가 되며 제약조건 경계선에서 해(boundary solution)가 존재한다.

$$f'(x) = 0 \qquad \text{그리고} \qquad x = 0$$

c) H, 또는 J에서 극대가 되며 두 경우 모두 제약조건 경계선에서 해(boundary solution)가 존재한다.

$$f'(x) < 0 \qquad \text{그리고} \qquad x = 0$$

1상한에서 극대가 이루어지는 위의 세 가지 가능성의 조건은 아래와 같이 간결하게 축약하여 나타낼 수 있다.

$$f'(x) \leq 0 \qquad x \geq 0 \qquad \text{그리고} \quad xf'(x) = 0$$

이는 바로 쿤-터커 조건을 구성하는 내용이기도 한다.

예제 10 소비지출을 주어진 예산 B이하로 제한하는 조건하에서 효용을 극대화하고자 한다면 이는 다음과 같은 오목계획법 문제로 환원할 수 있다.

$$\max \ u(x, y) \qquad \text{s.t.} \ B - p_x x - p_y y \geq 0 \qquad x, y \geq 0$$

이에 대한 라그랑지 함수를 구성하면

$$U = u(x, y) + \lambda(B - p_x x - p_y y)$$

쿤-터커 조건에 따라 라그랑지 함수는 두 변수 x, y에 대해 극대화된다.

1. a) $\dfrac{\partial U}{\partial x} = u_x - \bar{\lambda} p_x \leq 0 \qquad \dfrac{\partial U}{\partial y} = u_y - \bar{\lambda} p_y \leq 0$

   b) $\bar{x} \geq 0 \qquad \bar{y} \geq 0$

   c) $\bar{x}(u_x - \bar{\lambda} p_x) = 0 \qquad \bar{y}(u_y - \bar{\lambda} p_y) = 0$

   또한 라그랑지 함수는 λ에 대해 극소화된다.

2. a) $\dfrac{\partial U}{\partial \lambda} = B - p_x \bar{x} - p_y \bar{y} \geq 0$

   b) $\bar{\lambda} \geq 0$

   c) $\bar{\lambda}(B - p_x \bar{x} - p_y \bar{y}) = 0$

   이로부터 해는 세 가지 형태, 즉 (a) $\bar{x}, \bar{y} > 0$, (b) $\bar{x} = 0$, $\bar{y} > 0$ 그리고 (c) $\bar{x} > 0$, $\bar{y} = 0$로 나타날 수 있음을 알 수 있다. 여기서는 (a), (b)에 대해 살펴보기로 하고 (c)는 독자 스스로 검토해보기 바란다.

a) $\bar{x}, \bar{y} > 0$ 인 경우

$\bar{x}, \bar{y} > 0$ 이라면 1.(c)로부터,

$$u_x - \bar{\lambda} p_x = 0 \qquad u_y - \bar{\lambda} p_y = 0$$

따라서

$$\bar{\lambda} = \frac{u_x}{p_x} \qquad \bar{\lambda} = \frac{u_y}{p_y} \tag{13.10}$$

$p_x, p_y > 0$이고 소비자들의 소비가 포화상태까지는 이르지 않는다고(non-satiation) 가정하면, 즉 $u_x, u_y > 0$이 되어

$$\bar{\lambda} > 0$$

그리고 만약 $\bar{\lambda} > 0$이면 2.(c)로부터

$$B - p_x\bar{x} - p_y\bar{y} = 0$$

이 되어 예산조건식은 약부등식(weak inequality)[3]이 아닌 완전한 등식이 성립한다. 이는 목적함수를 최적화하는 최적점 $(\bar{x}, \bar{y})$가 예산선 아래가 아닌 예산선 위에(on the budget line) 위치해 있음을 의미한다.

식 (13.10)을 재구성하면,

$$\frac{u_x}{u_y} = \frac{p_x}{p_y}$$

또한 u_x/u_y는 무차별곡선(indifference curve)의 기울기이고 p_x/p_y는 예산선의 기울기이므로, 두 변수가 모두 $\bar{x}, \bar{y} > 0$인 상황에서는 최적화 점에서 무차별곡선이 예산선에 접하고 있음을 의미하며, 이는 [그림 13-2(a)]에 해당한다.

역자 TIP

3) '='이 포함된 '≥', '≤'의 부등식을 약부등식(weak equality)으로 표현하고 있다.

b) $\bar{x} = 0$ $\bar{y} > 0$인 경우

$\bar{x} = 0$, $\bar{y} > 0$이라면 1.(c)로부터,

$$u_x - \bar{\lambda}p_x \leq 0 \qquad u_y - \bar{\lambda}p_y = 0$$

그리고
$$\frac{u_x}{p_x} \leq \bar{\lambda} \qquad \bar{\lambda} = \frac{u_y}{p_y} \tag{13.11}$$

$p_x, p_y, u_x, u_y > 0$을 가정하면 $\bar{\lambda} > 0$이다. 따라서 2.(c)로부터, 예산조건식은 약부등식(weak inequality)이 아닌 완전한 등식이 성립한다. 이는 목적함수를 최적화하는 최적점 $(\bar{x}, \bar{y})$가 예산선 아래가 아닌 예산선 위에(on the budget line) 위치해 있음을 의미한다.

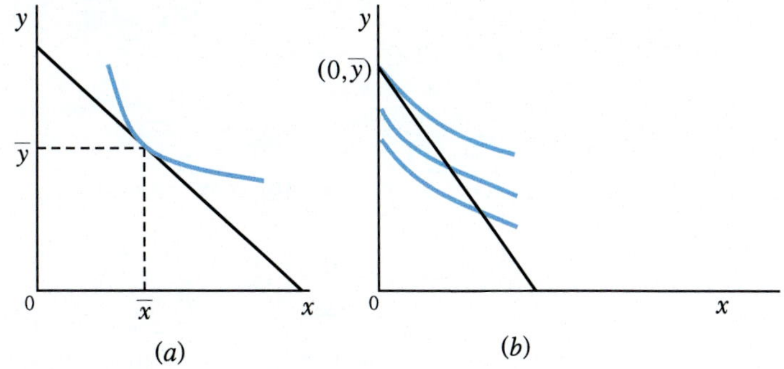

[그림 13-2]

식 (13.11)의 오른쪽에 있는 $\bar{\lambda}=u_y/p_y$를 왼쪽에 있는 식에 대입하면

$$\frac{u_x}{p_x} \leq \frac{u_y}{p_y} \qquad \text{또는} \qquad \frac{u_x}{u_y} \leq \frac{p_x}{p_y}$$

이는 [그림 13-2(b)]에서 예산선을 따라 왼쪽 위의 꼭지점 해(corner solution), 즉 $(0, \bar{y})$으로 이동해 나갈 때, 모든 점에서 무차별곡선은 예산선보다 경사가 더 완만하다는 것을 의미한다. 꼭지점 해인 $(0, \bar{y})$에서 무차별곡선은 가장 높은 효용을 나타내게 되는데, 이때 무차별곡선의 기울기는 예산선의 기울기보다 완만하거나 동일할 수 있다.

연습 문제

■ 내생변수가 하나인 경우의 비교정학

13.1 [예제 1]에서의 모델이 아래와 같이 주어지고

$$Q_D = m - nP + kY \qquad m, n, k > 0$$
$$Q_S = a + bP \qquad a, b > 0$$

여기서 소득수준과 모수(parameter)의 값을 알고 있다고 할 때

$$Y = 100,\ \ m = 60,\ \ n = 2,\ \ k = 0.1,\ \ a = 10,\ b = 0.5$$

(a) 균형가격 및 균형수급량을 구하시오.

(b) 비교정학을 이용하여 소득 \$1의 변화가 균형가격 P^*에 미치는 효과를 구하시오.

(c) 소득 \$1 변화에 의한 균형가격을 직접 계산하여, 비교정학을 통해 구한 결과와 비교하시오.

a)

$$Q_D = Q_S$$
$$60 - 2P + 0.1(100) = 10 + 0.5P$$
$$-2.5P = -60$$
$$P^* = 24 \qquad Q^* = 22$$

b) 식 (13.3)으로부터 $$\frac{dP^*}{dY} = \frac{k}{b+n} > 0$$

$k = 0.1$, $b = 0.5$, $n = 2$를 대입하면,

$$\frac{dP^*}{dY} = \frac{0.1}{0.5+2} = 0.04$$

소득 \$1의 증가는 균형가격을 \$0.04 상승을 유발할 것으로 예상할 수 있다.

c) 소득이 \$1 증가하여 $Y = 101$로 주어졌다고 보고 균형가격을 구하면,

$$60 - 2P + 0.1(101) = 10 + 0.5P$$
$$-2.5P = -60.1$$
$$P^* = 24.04 \qquad \text{Q.E.D.}$$

13.2 아래와 같이 모형이 주어져 있다.

$$Q_D = m - nP - cP_c + sP_s \qquad m, n, c, s > 0$$
$$Q_S = a + bP - iP_i \qquad a, b, i > 0$$

여기서 $P =$ 가격, $P_c =$보완재 가격, $P_s =$대체재 가격, $P_i =$투입물 가격을 나타낸다.

(*a*) 균형가격 P^*를 구하시오.

(*b*) P_c, P_i의 변화에 의해 유발되는 균형가격의 변화를 비교정태분석에 의한 도함수로 나타내시오.

(*c*) 위 모형의 균형조건을 음함수로 나타내시오.

(*d*) 또 (*c*)로부터 P_s에 의해 유발되는 균형가격의 변화를 비교정태분석에 의한 도함수로 나타내시오.

a) 균형조건은 다음과 같다.

$$m - nP - cP_c + sP_s = a + bP - iP_i \qquad (13.12)$$

$$m - a - cP_c + sP_s + iP_i = (b + n)P$$

$$P^* = \frac{m - a - cP_c + sP_s + iP_i}{b + n}$$

b) 독립변수가 두 개 이상이 되는 경우, 이 중 어느 한 독립변수의 유발효과를 파악하기 위해서는 나머지 독립변수를 고정시킨 상태에서의 편도함수를 구해야 한다.

$$\frac{\partial P^*}{\partial P_c} = \frac{-c}{b+n} \qquad \frac{\partial P^*}{\partial P_i} = \frac{i}{b+n}$$

c) 식 (13.12)로부터

$$m - nP - cP_c + sP_s - a - bP + iP_i = 0$$

d)

$$\frac{\partial P^*}{\partial P_s} = -\frac{F_{P_s}}{F_P} = \frac{s}{b+n}$$

13.3 가계와 기업, 두 부문으로 이루어진 국민소득결정모형이 아래와 같이 주어져 있다. 여기서 소비는 소득의 함수이고 투자는 자발적 투자(autonomous investment)이며 국민소득 균형조건은 $Y = C + I$이다.

$$C = bY, \qquad I = I_0, \qquad 0 < b < 1$$

(*a*) 균형국민소득 Y^*를 구하시오.

(*b*) 비교정태분석을 이용하여 자발적 투자 I_0의 변화에 따른 균형국민소득 Y^*의 효과를 추정하시오.

(*c*) 음함수로부터 (*b*)의 결과와 동일한 비교정태분석에 의한 도함수를 구하시오.

(*d*) 한계소비성향(marginal propensity to consume) b가 균형국민소득 Y^*에 미치는 효과를 양함수(explicit function)로부터 구하시오.

(*e*) (*d*)의 결과를 음함수(implicit function)로부터 구하시오.

a) 소비함수를 대입하면,

$$Y = C + I$$

$$Y = bY + I_0 \qquad (13.13)$$

$$Y - bY = I_0$$

$$Y^* = \frac{I_0}{1-b} \tag{13.14}$$

b) 자발적 투자 I_0의 변화가 Y^*에 미치는 효과는

$$\frac{dY^*}{dI_0} = \frac{1}{1-b} > 0$$

여기서 $0 < b < 1$이기 때문에 $dY^*/dI_0 > 0$이다.

c) 식 (13.13)에서 우변에 있는 항을 모두 좌변으로 이항하여 음함수 형태로 표시한다.

$$Y - bY - I_0 = 0 \tag{13.15}$$

음함수 미분법칙으로부터,

$$\frac{dY^*}{dI_0} = -\frac{F_{I_0}}{F_Y}$$

이고[4] 여기서 $F_{I_0} = -1$이고 $F_Y = 1 - b$이므로

$$\frac{dY^*}{dI_0} = -\frac{-1}{1-b} = \frac{1}{1-b} > 0$$

역자 TIP

4) 여기서 F는 $Y - bY - I_0 = 0$을 $F(Y, b, I_0) = 0$으로 표시한 음함수이다.
이를 전미분하면 $F_Y dY + F_b db + F_{I_0} dI_0 = 0$이고 $db = 0$으로 놓으면 dY와 dI_0의 관계를 도출할 수 있다. 즉 $F_Y dY + F_{I_0} dI_0 = 0$이 되어 $\frac{dY^*}{dI_0} = -\frac{F_{I_0}}{F_Y}$ 이 된다. 엄밀하게 말하면 $\frac{dY^*}{dI_0}$는 $db = 0$을 전제로 한 것이기에 $\frac{\partial Y^*}{\partial I_0}$로 표시해야 한다.

d) 만약 한계소비성향 b를 모수(parameter)가 아닌 독립변수로 간주한다면 균형국민소득결정식은 독립변수가 두 개 이상인 경우가 되어 자발적 투자 I_0를 상수로 간주하도록 편도함수를 구해야 한다. 양함수로 표시된 식 (13.14)에 몫의 미분법칙을 적용하면

$$\frac{\partial Y^*}{\partial b} = \frac{I_0}{(1-b)^2}$$

식 (13.14)으로부터 $Y^* = I_0/(1-b)$를 위에 대입하면

$$\frac{\partial Y^*}{\partial b} = \frac{Y^*}{(1-b)}$$

e) 균형국민소득 Y^*에서 식 (13.15)의 음함수를 이용한다.

$$\frac{\partial Y^*}{\partial b}=-\frac{F_b}{F_Y}=\frac{Y^*}{1-b}$$

음함수를 이용하는 것이 처음에는 다소 어려워 보일 수도 있으나 이러한 계산에서는 훨씬 쉽고 빠르기 때문에 장기적 관점에서 독자들은 이에 익숙해지도록 노력해야 한다. ([연습문제 13.5-13.6] 참조).

13.4 다음과 같은 총수입함수와 총비용함수를 가진 독점기업에 부과된 단위세 t가 이윤극대화 생산량에 미치는 효과를 (a) 양함수와 (b) 음함수를 이용하여 구하시오.

$$\text{TR}=mQ-nQ^2,\quad \text{TC}=kQ \qquad m,n,k>0$$

a) 독점이윤은

$$\pi=mQ-nQ^2-kQ-tQ$$

$$\frac{d\pi}{dQ}=m-2nQ-k-t=0 \tag{13.16}$$

$$Q^*=\frac{m-k-t}{2n} \qquad \text{이윤극대화 생산량}$$

위의 이윤극대화 생산량을 나타내는 양함수로부터, 단위세 t의 변화가 Q^*에 미치는 효과를 나타내는 비교정태분석에 의한 도함수를 구하면,

$$\frac{dQ^*}{dt}=-\frac{1}{2n}<0$$

b) 식 (13.16)으로부터, 이윤극대화조건에 대한 음함수는

$$m-2nQ^*-k-t=0$$

음함수 미분법칙에 따라,

$$\frac{dQ^*}{dt}=-\frac{F_t}{F_{Q^*}}=-\frac{1}{2n}<0$$

13.5 2-부문 국민소득결정모형이 일반함수식으로 아래와 같이 주어지고, 균형조건이 $Y=C+I$이라 할 때 다음에 답하시오.

$$C=C(Y),\ I=I_0$$

(a) 균형국민소득 Y^*에 대한 음함수를 구하시오.
(b) 자발적 투자 I_0의 변화가 균형국민소득 Y^*에 미치는 효과를 추정하시오.

a) $$Y-C(Y^*)-I_0=0$$

b)

$$\frac{dY^*}{dI_0} = -\frac{F_{I_0}}{F_{Y^*}} = \frac{1}{1 - C_{Y^*}}$$

13.6 [연습문제 6.4]에서 우리는 균형국민소득 균형조건과 함께 이로부터 균형국민소득 $\overline{Y}$를 구하여 이를 양함수 형태로 다음과 같이 표시하였다.

$$Y = C_0 + bY - bT_0 - btY + I_0 + G_0 \qquad (13.17)$$

그리고

$$\bar{Y} = \frac{1}{1 - b + bt}(C_0 - bT_0 + I_0 + G_0)$$

또한 조세율 t의 변화가 균형국민소득 $\overline{Y}$에 미치는 효과를 나타내는 비교정태분석에 의한 도함수도 아래와 같이 구하였다.

$$\frac{\partial \bar{Y}}{\partial t} = \frac{-b\bar{Y}}{1 - b + bt}$$

(a) 식 (13.17)에서 균형국민소득 조건에 대한 음함수를 구하시오.

(b) (a)에서 구한 음함수로부터 $\frac{\partial \overline{Y}}{\partial t}$를 구하시오. 음함수로부터의 도출과정이 얼마나 편리한지를 확인할 수 있다.

a) 식 (13.17)로부터 균형국민소득 조건에 대한 음함수를 구한다.

$$\bar{Y} - C_0 - b\bar{Y} + bT_0 + bt\bar{Y} - I_0 - G_0 = 0$$

b) 음함수 법칙으로부터

$$\frac{\partial \bar{Y}}{\partial t} = -\frac{F_t}{F_Y} = \frac{-b\bar{Y}}{1 - b + bt}$$

13.7 [연습문제 6.7]과 [연습문제 6.8]에서 국민소득 균형조건을 구한 후, 이로부터 아래와 같은 양함수 형태의 균형국민소득 함수를 도출하였다.

$$Y = C_0 + b(Y - T_0 - tY) + I_0 + G_0 + X_0 - Z_0 - z(Y - T_0 - tY) \qquad (13.18)$$

$$\bar{Y} = \frac{1}{1 - b + bt + z - zt}(C_0 - bT_0 + I_0 + G_0 + X_0 - Z_0 + zT_0)$$

그리고 한계수입성향(marginal propensity to import) z의 변화가 균형국민소득 $\overline{Y}$에 미치는 효과에 대한 비교정태분석에서의 도함수를 아래와 같이 도출하였다.

$$\frac{\partial \bar{Y}}{\partial z} = \frac{-\bar{Y}_d}{1 - b + bt + z - zt}$$

(a) 식 (13.18)에서 균형국민소득 조건에 대한 음함수를 구하시오.

(b) (a)에서 구한 음함수로부터 $\dfrac{\partial \overline{Y}}{\partial t}$를 구하시오.

a) 식 (13.18)로부터 균형국민소득 조건에 대한 음함수를 구한다.

$$\bar{Y} - C_0 - b(\bar{Y} - T_0 - t\bar{Y}) - I_0 - G_0 - X_0 + Z_0 + z(\bar{Y} - T_0 - t\bar{Y}) = 0$$

b) 음함수 법칙으로부터

$$\frac{\partial \bar{Y}}{\partial z} = -\frac{F_z}{F_{\bar{Y}}} = -\frac{\bar{Y} - T_0 - t\bar{Y}}{1 - b + bt + z - zt} = \frac{-\bar{Y}_d}{1 - b + bt + z - zt}$$

비교정태분석에서 음함수의 편리성을 다시 한번 확인할 수 있다.

■ 내생변수가 다수인 경우의 비교정학

13.8 음함수 정리에 대해 언급하시오.

아래와 같이 연립방정식이 주어졌다.

$$\begin{aligned} &f^1(y_1, y_2, \ldots, y_n; x_1, x_2, \ldots, x_m) = 0 \\ &f^2(y_1, y_2, \ldots, y_n; x_1, x_2, \ldots, x_m) = 0 \\ &\cdots\cdots\cdots\cdots\cdots\cdots\cdots\cdots\cdots\cdots \\ &f^n(y_1, y_2, \ldots, y_n; x_1, x_2, \ldots, x_m) = 0 \end{aligned}$$

위의 함수가 모든 x, y 변수에 대해 연속적인 편도함수를 가지고 있고, 한 점 $(y_{10}, y_{20}, \cdots, y_{n0}; x_{10}, x_{20}, \cdots, x_{m0})$에서 모든 종속변수 y_i에 대한 모든 f_i 함수의 편도함수로 구성된 야코비안이 0이 아니라면,

$$|\mathbf{J}| \equiv \begin{vmatrix} \frac{\partial f^1}{\partial y_1} & \frac{\partial f^1}{\partial y_2} & \cdots & \frac{\partial f^1}{\partial y_n} \\ \frac{\partial f^2}{\partial y_1} & \frac{\partial f^2}{\partial y_2} & \cdots & \frac{\partial f^2}{\partial y_n} \\ \cdots & \cdots & \cdots & \cdots \\ \frac{\partial f^n}{\partial y_1} & \frac{\partial f^n}{\partial y_2} & \cdots & \frac{\partial f^n}{\partial y_n} \end{vmatrix} \neq 0$$

m차원의 근방(neighborhood) N이 존재하며, 여기서 변수 $y_1, y_2, \cdots, y_n$은 다음과 같은 변수 $x_1, x_2, \cdots, x_m$의 함수이다.

$$\begin{aligned} &y_{10} = f^1(x_{10}, x_{20}, \ldots, x_{m0}) \\ &y_{20} = f^2(x_{10}, x_{20}, \ldots, \mathrm{x}_{\mathrm{m0}}) \\ &\cdots\cdots\cdots\cdots\cdots\cdots\cdots \\ &y_{n0} = f^n(x_{10}, x_{20}, \ldots, x_{m0}) \end{aligned}$$

음함수 f^1, f^2, ..., f^n은 연속적이고 또한 모든 독립변수에 대해 연속적인 편도함수를 가지고 있다. 비교정태분석에 따른 도함수의 도출은 [예제 3]에서 다룬다.

13.9 [예제 3]에서 다루었던 아래 모형에서, x_2에 대해 비교정태분석에 의한 편도함수를 구하시오.

$$F^1(y_1, y_2; x_1, x_2) = 0$$
$$F^2(y_1, y_2; x_1, x_2) = 0$$

위의 두 함수에 대해 x_2에 대한 전도함수(total derivative)를 구한다.

$$\frac{\partial F^1}{\partial y_1}\cdot\frac{\partial y_1}{\partial x_2}+\frac{\partial F^1}{\partial y_2}\cdot\frac{\partial y_2}{\partial x_2}+\frac{\partial F^1}{\partial x_2}=0$$
$$\frac{\partial F^2}{\partial y_1}\cdot\frac{\partial y_1}{\partial x_2}+\frac{\partial F^2}{\partial y_2}\cdot\frac{\partial y_2}{\partial x_2}+\frac{\partial F^2}{\partial x_2}=0$$

x_2에 대한 편도함수를 우변으로 이항하고 행렬 형태로 표시하면

$$\begin{bmatrix} \frac{\partial F^1}{\partial y_1} & \frac{\partial F^1}{\partial y_2} \\ \frac{\partial F^2}{\partial y_1} & \frac{\partial F^2}{\partial y_2} \end{bmatrix}\begin{bmatrix} \frac{\partial y_1}{\partial x_2} \\ \frac{\partial y_2}{\partial x_2} \end{bmatrix}=\begin{bmatrix} -\frac{\partial F^1}{\partial x_2} \\ -\frac{\partial F^2}{\partial x_2} \end{bmatrix}$$
$$\mathbf{JX} = \mathbf{B}$$

여기서 $$|\mathbf{J}| = \frac{\partial F^1}{\partial y_1}\cdot\frac{\partial F^2}{\partial y_2}-\frac{\partial F^2}{\partial y_1}\cdot\frac{\partial F^1}{\partial y_2}\neq 0$$

첫 번째 도함수 $\partial y_1/\partial x_2$를 구하기 위해, J의 첫 번째 열을 B로 대체한 새로운 행렬 J_1을 구성한다. 그리고 이에 대한 행렬식 $|J_1|$을 식 (13.6)에 대입한다.

$$\frac{\partial y_1}{\partial x_2}=\frac{|\mathbf{J}_1|}{|\mathbf{J}|}=\frac{\begin{vmatrix} -\frac{\partial F^1}{\partial x_2} & \frac{\partial F^1}{\partial y_2} \\ -\frac{\partial F^2}{\partial x_2} & \frac{\partial F^2}{\partial y_2} \end{vmatrix}}{\begin{vmatrix} \frac{\partial F^1}{\partial y_1} & \frac{\partial F^1}{\partial y_2} \\ \frac{\partial F^2}{\partial y_1} & \frac{\partial F^2}{\partial y_2} \end{vmatrix}}=\frac{-\left(\frac{\partial F^1}{\partial x_2}\cdot\frac{\partial F^2}{\partial y_2}-\frac{\partial F^2}{\partial x_2}\cdot\frac{\partial F^1}{\partial y_2}\right)}{\frac{\partial F^1}{\partial y_1}\cdot\frac{\partial F^2}{\partial y_2}-\frac{\partial F^2}{\partial y_1}\cdot\frac{\partial F^1}{\partial y_2}}$$

마찬가지로 $$\frac{\partial y_2}{\partial x_2}=\frac{|\mathbf{J}_2|}{|\mathbf{J}|}=\frac{\begin{vmatrix} \frac{\partial F^1}{\partial y_1} & -\frac{\partial F^1}{\partial x_2} \\ \frac{\partial F^2}{\partial y_1} & -\frac{\partial F^2}{\partial x_2} \end{vmatrix}}{\begin{vmatrix} \frac{\partial F^1}{\partial y_1} & \frac{\partial F^1}{\partial y_2} \\ \frac{\partial F^2}{\partial y_1} & \frac{\partial F^2}{\partial y_2} \end{vmatrix}}=\frac{-\left(\frac{\partial F^1}{\partial y_1}\cdot\frac{\partial F^2}{\partial x_2}-\frac{\partial F^2}{\partial y_1}\cdot\frac{\partial F^1}{\partial x_2}\right)}{\frac{\partial F^1}{\partial y_1}\cdot\frac{\partial F^2}{\partial y_2}-\frac{\partial F^2}{\partial y_1}\cdot\frac{\partial F^1}{\partial y_2}}$$

13.10 [예제 4]에서 다루었던 모형이 아래에 주어져 있다. 비교정태분석을 이용하여 P를

고정시킨 상태에서 화폐공급량 M_0의 변화가 균형국민소득 $\overline{Y}$와 균형이자율 $\bar{i}$에 미치는 효과를 구하시오.

$$Y - C_0 - C(Y, i) = 0 \qquad 0 < C_Y < 1, C_i < 0$$
$$L(Y, i) - M_0/P = 0 \qquad L_Y > 0, L_i < 0$$

M_0에 대한 전도함수를 구하면,

$$\frac{\partial Y}{\partial M_0} - \left(C_Y \cdot \frac{\partial Y}{\partial M_0}\right) - \left(C_i \cdot \frac{\partial i}{\partial M_0}\right) = 0$$
$$\left(L_Y \cdot \frac{\partial Y}{\partial M_0}\right) + \left(L_i \cdot \frac{\partial i}{\partial M_0}\right) - \frac{1}{P} = 0$$

이를 행렬 형태로 구성하면

$$\begin{bmatrix} 1 - C_Y & -C_i \\ L_Y & L_i \end{bmatrix} \begin{bmatrix} \dfrac{\partial \bar{Y}}{\partial M_0} \\ \dfrac{\partial \bar{i}}{\partial M_0} \end{bmatrix} = \begin{bmatrix} 0 \\ 1/P \end{bmatrix}$$
$$\mathbf{JX} = \mathbf{B}$$

여기서

$$|\mathbf{J}| = (1 - C_Y)L_i + C_i L_Y$$
$$|\mathbf{J}| = (+)(-) + (-)(+) = (-) < 0$$

첫 번째 편도함수 $\partial \overline{Y}/\partial M_0$을 구하기 위해 새로운 행렬식 $|\mathbf{J}_1|$을 구성한다.

$$|\mathbf{J}_1| = \begin{vmatrix} 0 & -C_i \\ 1/P & L_i \end{vmatrix} = \frac{C_i}{P}$$

그리고

$$\frac{\partial \bar{Y}}{\partial M_0} = \frac{|\mathbf{J}_1|}{|\mathbf{J}|} = \frac{C_i}{P[(1 - C_Y)L_i + C_i L_Y]} = \frac{(-)}{(-)} > 0$$

화폐공급량 M_0의 증가는 균형국민소득의 증가를 유발하고 있음을 보여주고 있다. 두 번째 편도함수 $\partial \bar{i}/\partial M_0$를 구하기 위해 $|\mathbf{J}_2|$를 구한다.

$$|\mathbf{J}_2| = \begin{vmatrix} 1 - C_Y & 0 \\ L_Y & 1/P \end{vmatrix} = \frac{1 - C_Y}{P}$$
$$\frac{\partial \bar{i}}{\partial M_0} = \frac{|\mathbf{J}_2|}{|\mathbf{J}|} = \frac{1 - C_Y}{P[(1 - C_Y)L_i + C_i L_Y]} = \frac{(+)}{(-)} < 0$$

화폐공급량 M의 증가는 균형이자율의 하락을 가져올 것이다.

13.11 [연습문제 6.4]에서 다룬 모형과 유사한 균형국민소득 모형이 아래와 같이 주어져 있다.

$$Y = C + I_0 + G_0 \qquad C = C_0 + b(Y - T) \qquad T = T_0 + tY$$

(a) 위의 세 방정식을 음함수로 표시하시오.

(b) 연립방정식 접근법에 의한 비교정학을 이용하여 일반형으로 표시한 음함수와 지정된 형태의 음함수에 대한 야코비안을 구하시오.

(c) 변수로 표시된 일반형 음함수(general implicit function)와 지정된 함수로 구성된 음함수(specific implicit function)에 대해, 정부지출 G_0에 대한 전도함수를 구하시오. 그리고 이로부터 아래 (d)–(f)에 제시된 편도함수를 구하고 부호를 확인하시오.

(d) $\partial \overline{Y}/\partial G_0$

(e) $\partial \overline{C}/\partial G_0$

(f) $\partial \overline{T}/\partial G_0$

a)

$$\begin{aligned}
F^1(Y, C, T; C_0, I_0, G_0, T_0, b, t) &= Y - C - I_0 - G_0 = 0 \\
F^2(Y, C, T; C_0, I_0, G_0, T_0, b, t) &= C - C_0 - b(Y - T) = 0 \\
F^3(Y, C, T; C_0, I_0, G_0, T_0, b, t) &= T - T_0 - tY = 0
\end{aligned}$$

b) 위의 방정식에서 내생변수 혹은 종속변수에 대한 편도함수를 구하여 구성한 야코비안은,

$$|\mathbf{J}| = \begin{vmatrix} \dfrac{\partial F^1}{\partial Y} & \dfrac{\partial F^1}{\partial C} & \dfrac{\partial F^1}{\partial T} \\ \dfrac{\partial F^2}{\partial Y} & \dfrac{\partial F^2}{\partial C} & \dfrac{\partial F^2}{\partial T} \\ \dfrac{\partial F^3}{\partial Y} & \dfrac{\partial F^3}{\partial C} & \dfrac{\partial F^3}{\partial T} \end{vmatrix} = \begin{vmatrix} 1 & -1 & 0 \\ -b & 1 & b \\ -t & 0 & 1 \end{vmatrix}$$

1행을 따라 라플라스 전개를 하면,

$$|\mathbf{J}| = 1(1) - (-1)(-b + bt) = 1 - b + bt \neq 0$$

c) 정부지출 G_0에 대한 세 개 일반형의 음함수 F의 전도함수를 구하여 행렬 형태로 구성한다. 여기서는 균형조건하에서의 값을 나타내기 위해 내생변수를 $\overline{Y}$, $\overline{C}$, $\overline{T}$로 표시하였다.

$$\begin{bmatrix} \dfrac{\partial F^1}{\partial Y} & \dfrac{\partial F^1}{\partial C} & \dfrac{\partial F^1}{\partial T} \\ \dfrac{\partial F^2}{\partial Y} & \dfrac{\partial F^2}{\partial C} & \dfrac{\partial F^2}{\partial T} \\ \dfrac{\partial F^3}{\partial Y} & \dfrac{\partial F^3}{\partial C} & \dfrac{\partial F^3}{\partial T} \end{bmatrix} \begin{bmatrix} \dfrac{\partial \bar{Y}}{\partial G_0} \\ \dfrac{\partial \bar{C}}{\partial G_0} \\ \dfrac{\partial \bar{T}}{\partial G_0} \end{bmatrix} = \begin{bmatrix} -\dfrac{\partial F^1}{\partial G_0} \\ -\dfrac{\partial F^2}{\partial G_0} \\ -\dfrac{\partial F^3}{\partial G_0} \end{bmatrix}$$

제시된 방정식의 음함수에 대해서도 동일한 전도함수를 구하면,

$$\begin{bmatrix} 1 & -1 & 0 \\ -b & 1 & b \\ -t & 0 & 1 \end{bmatrix} \begin{bmatrix} \dfrac{\partial \bar{Y}}{\partial G_0} \\ \dfrac{\partial \bar{C}}{\partial G_0} \\ \dfrac{\partial \bar{T}}{\partial G_0} \end{bmatrix} = \begin{bmatrix} 1 \\ 0 \\ 0 \end{bmatrix} \tag{13.19}$$

$$\mathbf{JX} = \mathbf{B}$$

여기서 행렬 B의 부호는 우변으로 이항함으로써 변경되었다.

d) 식 (13.19)에서 행렬 X의 a_{11} 원소에 해당하는 $\partial \overline{Y}/\partial G_0$를 구하기 위해, 행렬 J의 첫 번째 열을 B로 대체하여 새로운 행렬식 $|\mathbf{J}_1|$을 만들어 식 (13.6)을 이용한다.

$$\frac{\partial \bar{Y}}{\partial G_0} = \frac{|\mathbf{J}_1|}{|\mathbf{J}|} = \frac{\begin{vmatrix} 1 & -1 & 0 \\ 0 & 1 & b \\ 0 & 0 & 1 \end{vmatrix}}{|\mathbf{J}|} = \frac{1}{1-b+bt} > 0$$

e) 식 (13.19)에서 행렬 X의 a_{21} 원소에 해당하는 $\partial \overline{C}/\partial G_0$를 구하기 위해, 행렬 J의 두 번째 열을 B로 대체하여 새로운 행렬식 $|\mathbf{J}_2|$을 만들어 식 (13.6)을 이용한다.

$$\frac{\partial \bar{C}}{\partial G_0} = \frac{|\mathbf{J}_2|}{|\mathbf{J}|} = \frac{\begin{vmatrix} 1 & 1 & 0 \\ -b & 0 & b \\ -t & 0 & 1 \end{vmatrix}}{|\mathbf{J}|} = \frac{b(1-t)}{1-b+bt} > 0$$

f) 식 (13.19)에서 행렬 X의 a_{31} 원소에 해당하는 $\partial \overline{T}/\partial G_0$를 구하기 위해, 행렬 J의 세 번째 열을 B로 대체하여 새로운 행렬식 $|\mathbf{J}_3|$을 만들어 식 (13.6)을 이용한다.

$$\frac{\partial \bar{T}}{\partial G_0} = \frac{|\mathbf{J}_3|}{|\mathbf{J}|} = \frac{\begin{vmatrix} 1 & -1 & 1 \\ -b & 1 & 0 \\ -t & 0 & 0 \end{vmatrix}}{|\mathbf{J}|} = \frac{t}{1-b+bt} > 0$$

13.12 [연습문제 13.11]의 모형에서 야코비안 $|\mathbf{J}|$을 그대로 유지한 상태에서 다음의 물음에 답하시오.

(*a*) 주어진 방정식의 음함수에 대해, 조세 T_0에 대한 전도함수를 구하고 이를 행렬 형태로 나타내시오. 그리고 이로부터 아래 (*b*)−(*d*)에 제시된 편도함수를 구하고 부호를 확인하시오.

(*b*) $\partial \overline{Y}/\partial T_0$

(c) $\partial \overline{C}/\partial T_0$

(d) $\partial \overline{T}/\partial T_0$

a) 조세 T_0에 대한 일반형 음함수의 전도함수를 행렬 형태로 표시하면,

$$\begin{bmatrix} \frac{\partial F^1}{\partial Y} & \frac{\partial F^1}{\partial C} & \frac{\partial F^1}{\partial T} \\ \frac{\partial F^2}{\partial Y} & \frac{\partial F^2}{\partial C} & \frac{\partial F^2}{\partial T} \\ \frac{\partial F^3}{\partial Y} & \frac{\partial F^3}{\partial C} & \frac{\partial F^3}{\partial T} \end{bmatrix} \begin{bmatrix} \frac{\partial \bar{Y}}{\partial T_0} \\ \frac{\partial \bar{C}}{\partial T_0} \\ \frac{\partial \bar{T}}{\partial T_0} \end{bmatrix} = \begin{bmatrix} -\frac{\partial F^1}{\partial T_0} \\ -\frac{\partial F^2}{\partial T_0} \\ -\frac{\partial F^3}{\partial T_0} \end{bmatrix}$$

마찬가지로 조세 T_0에 대한 음함수의 전도함수는,

$$\begin{bmatrix} 1 & -1 & 0 \\ -b & 1 & b \\ -t & 0 & 1 \end{bmatrix} \begin{bmatrix} \frac{\partial \bar{Y}}{\partial T_0} \\ \frac{\partial \bar{C}}{\partial T_0} \\ \frac{\partial \bar{T}}{\partial T_0} \end{bmatrix} = \begin{bmatrix} 0 \\ 0 \\ 1 \end{bmatrix}$$

b) 행렬 **X**의 a_{11} 원소에 해당하는 $\partial \overline{Y}/\partial T_0$를 구하기 위해, 행렬 **J**의 첫 번째 열을 **B**로 대체하여 새로운 행렬식 $|\mathbf{J}_1|$을 구성하고 식 (13.6)을 이용한다.

$$\frac{\partial \bar{Y}}{\partial T_0} = \frac{|\mathbf{J}_1|}{|\mathbf{J}|} = \frac{\begin{bmatrix} 0 & -1 & 0 \\ 0 & 1 & b \\ 1 & 0 & 1 \end{bmatrix}}{|\mathbf{J}|} = \frac{-b}{1-b+bt} < 0$$

c) 행렬 **X**의 a_{21} 원소에 해당하는 $\partial \overline{C}/\partial T_0$를 구하기 위해, 행렬 **J**의 두 번째 열을 **B**로 대체하여 새로운 행렬식 $|\mathbf{J}_2|$을 구성하고 식 (13.6)을 이용한다.

$$\frac{\partial \bar{C}}{\partial T_0} = \frac{|\mathbf{J}_2|}{|\mathbf{J}|} = \frac{\begin{bmatrix} 1 & 0 & 0 \\ -b & 0 & b \\ -t & 1 & 1 \end{bmatrix}}{|\mathbf{J}|} = \frac{-b}{1-b+bt} < 0$$

d) 행렬 **X**의 a_{31} 원소에 해당하는 $\partial \overline{T}/\partial T_0$를 구하기 위해, 행렬 **J**의 세 번째 열을 **B**로 대체하여 새로운 행렬식 $|\mathbf{J}_3|$을 구성하고 식 (13.6)을 이용한다.

$$\frac{\partial \bar{T}}{\partial T_0} = \frac{|\mathbf{J}_3|}{|\mathbf{J}|} = \frac{\begin{bmatrix} 1 & -1 & 0 \\ -b & 1 & 0 \\ -t & 0 & 1 \end{bmatrix}}{|\mathbf{J}|} = \frac{1-b}{1-b+bt} > 0$$

13.13 [연습문제 13.11]의 모형을 그대로 유지한 상태에서 다음의 물음에 답하시오.

(a) 주어진 방정식의 음함수에 대해, 세율 t에 대한 전도함수를 구하고 이를 행렬 형태로 나타내시오. 그리고 이로부터 아래 (b) − (d)에 제시된 편도함수를 구하고 부호를 확인하시오.

(b) $\partial \overline{Y}/\partial t$

(c) $\partial \overline{C}/\partial t$

(d) $\partial \overline{T}/\partial t$

a) 세율 t에 대한 일반형 음함수의 전도함수를 구하여 행렬 형태로 표시하면,

$$\begin{bmatrix} \dfrac{\partial F^1}{\partial Y} & \dfrac{\partial F^1}{\partial C} & \dfrac{\partial F^1}{\partial T} \\ \dfrac{\partial F^2}{\partial Y} & \dfrac{\partial F^2}{\partial C} & \dfrac{\partial F^2}{\partial T} \\ \dfrac{\partial F^3}{\partial Y} & \dfrac{\partial F^3}{\partial C} & \dfrac{\partial F^3}{\partial T} \end{bmatrix} \begin{bmatrix} \dfrac{\partial \bar{Y}}{\partial t} \\ \dfrac{\partial \bar{C}}{\partial t} \\ \dfrac{\partial \bar{T}}{\partial t} \end{bmatrix} = \begin{bmatrix} -\dfrac{\partial F^1}{\partial t} \\ -\dfrac{\partial F^2}{\partial t} \\ -\dfrac{\partial F^3}{\partial t} \end{bmatrix}$$

마찬가지로 세율 t에 대한 지정된 함수로 구성된 음함수의 전도함수를 구하면,

$$\begin{bmatrix} 1 & -1 & 0 \\ -b & 1 & b \\ -t & 0 & 1 \end{bmatrix} \begin{bmatrix} \dfrac{\partial \bar{Y}}{\partial t} \\ \dfrac{\partial \bar{C}}{\partial t} \\ \dfrac{\partial \bar{T}}{\partial t} \end{bmatrix} = \begin{bmatrix} 0 \\ 0 \\ \bar{Y} \end{bmatrix}$$

b) $\partial \overline{Y}/\partial t$를 구하면

$$\frac{\partial \bar{Y}}{\partial t} = \frac{|\mathbf{J}_1|}{|\mathbf{J}|} = \frac{\begin{bmatrix} 0 & -1 & 0 \\ 0 & 1 & b \\ \bar{Y} & 0 & 1 \end{bmatrix}}{|\mathbf{J}|} = \frac{-b\bar{Y}}{1-b+bt} < 0$$

c) $\partial \overline{C}/\partial t$를 구하면

$$\frac{\partial \bar{C}}{\partial t} = \frac{|\mathbf{J}_2|}{|\mathbf{J}|} = \frac{\begin{bmatrix} 1 & 0 & 0 \\ -b & 0 & b \\ -t & \bar{Y} & 1 \end{bmatrix}}{|\mathbf{J}|} = \frac{-b\bar{Y}}{1-b+bt} < 0$$

d) $\partial \overline{T}/\partial t$를 구하면

$$\frac{\partial \bar{T}}{\partial t} = \frac{|\mathbf{J}_3|}{|\mathbf{J}|} = \frac{\begin{bmatrix} 1 & -1 & 0 \\ -b & 1 & 0 \\ -t & 0 & \bar{Y} \end{bmatrix}}{|\mathbf{J}|} = \frac{(1-b)\bar{Y}}{1-b+bt} > 0$$

13.14 국민소득결정 모형이 아래와 같이 주어져 있다.

$$Y = C + I_0 + G_0 + X_0 - Z \qquad C = C_0 + bY \qquad Z = Z_0 + zY$$

여기서 X와 Z는 각각 수출과 수입을 나타내고, 아래첨자 0은 해당변수가 외생적으로 고정되어 있음을 표시하고 있다.

(*a*) 위의 모형을 음함수로 나타내시오.

(*b*) 변수로 표시된 일반형 음함수와 지정된 함수로 구성된 음함수에 대해, 수출 X_0에 대한 전도함수를 구하고 이를 행렬 형태로 나타내시오. 그리고 이로부터 아래 (*c*)－(*e*)에 제시된 편도함수를 구하고 부호를 확인하시오.

(*c*) $\partial \overline{Y}/\partial X_0$

(*d*) $\partial \overline{C}/\partial X_0$

(*e*) $\partial \overline{Z}/\partial X_0$

a)

$$F^1(Y, C, Z; C_0, I_0, G_0, X_0, Z_0, b, z) = Y - C - I_0 - G_0 - X_0 + Z = 0$$
$$F^2(Y, C, Z; C_0, I_0\, G_0, X_0, Z_0, b, z) = C - C_0 - bY = 0$$
$$F^3(Y, C, Z; C_0, I_0, G_0, X_0, Z_0, b, z) = Z - Z_0 - zY = 0$$

b)

$$\begin{bmatrix} \frac{\partial F^1}{\partial Y} & \frac{\partial F^1}{\partial C} & \frac{\partial F^1}{\partial Z} \\ \frac{\partial F^2}{\partial Y} & \frac{\partial F^2}{\partial C} & \frac{\partial F^2}{\partial Z} \\ \frac{\partial F^3}{\partial Y} & \frac{\partial F^3}{\partial C} & \frac{\partial F^3}{\partial Z} \end{bmatrix} \begin{bmatrix} \frac{\partial \bar{Y}}{\partial X_0} \\ \frac{\partial \bar{C}}{\partial X_0} \\ \frac{\partial \bar{Z}}{\partial X_0} \end{bmatrix} = \begin{bmatrix} -\frac{\partial F^1}{\partial X_0} \\ -\frac{\partial F^2}{\partial X_0} \\ -\frac{\partial F^3}{\partial X_0} \end{bmatrix}$$

$$\begin{bmatrix} 1 & -1 & 1 \\ -b & 1 & 0 \\ -z & 0 & 1 \end{bmatrix} \begin{bmatrix} \frac{\partial \bar{Y}}{\partial X_0} \\ \frac{\partial \bar{C}}{\partial X_0} \\ \frac{\partial \bar{Z}}{\partial X_0} \end{bmatrix} = \begin{bmatrix} 1 \\ 0 \\ 0 \end{bmatrix}$$

$$|\mathbf{J}| = 1 - b + z > 0$$

c) $\partial\bar{Y}/\partial X_0$,

$$\frac{\partial \bar{Y}}{\partial X_0} = \frac{|\mathbf{J}_1|}{|\mathbf{J}|} = \frac{\begin{bmatrix} 1 & -1 & 1 \\ 0 & 1 & 0 \\ 0 & 0 & 1 \end{bmatrix}}{|\mathbf{J}|} = \frac{1}{1 - b + z} > 0$$

d) $\partial\bar{C}/\partial X_0$,

$$\frac{\partial \bar{C}}{\partial X_0} = \frac{|\mathbf{J}_2|}{|\mathbf{J}|} = \frac{\begin{bmatrix} 1 & 1 & 1 \\ -b & 0 & 0 \\ -z & 0 & 1 \end{bmatrix}}{|\mathbf{J}|} = \frac{b}{1 - b + z} > 0$$

e) $\partial\bar{Z}/\partial X_0$,

$$\frac{\partial\bar{Z}}{\partial X_0}=\frac{|\mathbf{J}_3|}{|\mathbf{J}|}=\frac{\begin{bmatrix}1 & -1 & 1\\ -b & 1 & 0\\ -z & 0 & 0\end{bmatrix}}{|\mathbf{J}|}=\frac{z}{1-b+z}>0$$

13.15 [연습문제 13.14]의 모형을 이용해서 다음 물음에 답하시오.

(*a*) 모형에서 주어진 방정식의 음함수에 대해 한계소비성향 b에 대한 전도함수를 구하고 이를 행렬 형태로 나타내시오. 그리고 (*b*) – (*d*)에 제시된 편도함수를 구하고 부호를 확인하시오.

(*b*) $\partial\overline{Y}/\partial b$

(*c*) $\partial\overline{C}/\partial b$

(*d*) $\partial\overline{Z}/\partial b$

a)

$$\begin{bmatrix}1 & -1 & 1\\ -b & 1 & 0\\ -z & 0 & 1\end{bmatrix}\begin{bmatrix}\frac{\partial\bar{Y}}{\partial b}\\ \frac{\partial\bar{C}}{\partial b}\\ \frac{\partial\bar{Z}}{\partial b}\end{bmatrix}=\begin{bmatrix}0\\ \bar{Y}\\ 0\end{bmatrix}$$

b)

$$\frac{\partial\bar{Y}}{\partial b}=\frac{|\mathbf{J}_1|}{|\mathbf{J}|}=\frac{\begin{bmatrix}0 & -1 & 1\\ \bar{Y} & 1 & 0\\ 0 & 0 & 1\end{bmatrix}}{|\mathbf{J}|}=\frac{\bar{Y}}{1-b+z}>0$$

c)

$$\frac{\partial\bar{C}}{\partial b}=\frac{|\mathbf{J}_2|}{|\mathbf{J}|}=\frac{\begin{bmatrix}1 & 0 & 1\\ -b & \bar{Y} & 0\\ -z & 0 & 1\end{bmatrix}}{|\mathbf{J}|}=\frac{(1+z)\bar{Y}}{1-b+z}>0$$

d)

$$\frac{\partial\bar{Z}}{\partial b}=\frac{|\mathbf{J}_3|}{|\mathbf{J}|}=\frac{\begin{bmatrix}1 & -1 & 0\\ -b & 1 & \bar{Y}\\ -z & 0 & 0\end{bmatrix}}{|\mathbf{J}|}=\frac{z\bar{Y}}{1-b+z}>0$$

13.16 계속해서 [연습문제 13.14]의 모형과 관련하여 다음 물음에 답하시오.

(*a*) 모형에서 주어진 방정식의 음함수에 대해 한계수입성향 z에 대한 전도함수를 구하고 이를 행렬 형태로 나타내시오. 그리고 (*b*) – (*d*)에 제시된 편도함수를 구하고 부호를 확인하시오.

(*b*) $\partial\overline{Y}/\partial z$

(c) $\partial \overline{C}/\partial z$

(d) $\partial \overline{Z}/\partial z$

a)
$$\begin{bmatrix} 1 & -1 & 1 \\ -b & 1 & 0 \\ -z & 0 & 1 \end{bmatrix} \begin{bmatrix} \dfrac{\partial \bar{Y}}{\partial z} \\ \dfrac{\partial \bar{C}}{\partial z} \\ \dfrac{\partial \bar{Z}}{\partial z} \end{bmatrix} = \begin{bmatrix} 0 \\ 0 \\ \bar{Y} \end{bmatrix}$$

b) $\partial \overline{Y}/\partial z$에 대해

$$\frac{\partial \bar{Y}}{\partial z} = \frac{|\mathbf{J}_1|}{|\mathbf{J}|} = \frac{\begin{bmatrix} 0 & -1 & 1 \\ 0 & 1 & 0 \\ \bar{Y} & 0 & 1 \end{bmatrix}}{|\mathbf{J}|} = \frac{-\bar{Y}}{1-b+z} < 0$$

c) $\partial \overline{C}/\partial z$에 대해

$$\frac{\partial \bar{C}}{\partial z} = \frac{|\mathbf{J}_2|}{|\mathbf{J}|} = \frac{\begin{bmatrix} 1 & 0 & 1 \\ -b & 0 & 0 \\ -z & \bar{Y} & 1 \end{bmatrix}}{|\mathbf{J}|} = \frac{-b\bar{Y}}{1-b+z} < 0$$

d) $\partial \overline{Z}/\partial z$에 대해

$$\frac{\partial \bar{Z}}{\partial z} = \frac{|\mathbf{J}_3|}{|\mathbf{J}|} = \frac{\begin{bmatrix} 1 & -1 & 0 \\ -b & 1 & 0 \\ -z & 0 & \bar{Y} \end{bmatrix}}{|\mathbf{J}|} = \frac{(1-b)\bar{Y}}{1-b+z} > 0$$

13.17 앞에서 우리는 해외부문(foreign sector)이 포함된 재화시장(goods market)을 기준으로 균형국민소득결정 모형을 살펴보았다. 이제는 화폐시장(money market)이 포함된 균형국민소득결정 모형을 살펴보기로 하자. 먼저 각 시장에 대해 다음과 같이 가정한다.

재화시장:
$$I = I(i) \qquad (I_i < 0)$$
$$S = S(Y, i) \qquad (0 < S_Y < 1;\ S_i > 0)$$

해외시장:
$$Z = Z(Y, i) \qquad (0 < Z_Y < 1;\ Z_i < 0)$$
$$X = X_0$$

화폐시장:
$$M_D = L(Y, i) \qquad (L_Y > 0,\ L_i < 0)$$
$$M_S = M_0$$

여기서 Z=수입, S=저축, X_0=자발적 수출, M_D=화폐수요, M_S=화폐공급을 나타내고, 그 외의 표시는 앞에서와 동일하다.

(a) 재화시장과 화폐시장의 균형조건을 구하시오.

(*b*) 음함수의 형태로 위의 균형조건을 나타내시오.

(*c*) 음함수로 표시된 균형조건에 대해, M_0에 대한 전도함수를 구하고 이를 행렬 형태로 나타내시오. 그리고 이로부터 아래 (*d*) – (*f*)에 제시된 것을 구하고 부호를 확인하시오.

(*d*) 야코비안 $|\mathbf{J}|$

(*e*) $\partial \overline{Y}/\partial M_0$

(*f*) $\partial \overline{i}/\partial M_0$

a) 재화시장의 균형은 총수요(Aggregate Demand)와 총공급(Aggregate Supply)이 일치할 때 성립한다.

$$I(i) + X_0 = S(Y, i) + Z(Y, i)$$

화폐시장의 균형은 화폐수요와 화폐공급이 일치할 때 성립한다.

$$L(Y, i) = M_0$$

b)

$$F^1(Y, i; M_0, X_0) = I(i) + X_0 - S(Y, i) - Z(Y, i)$$
$$F^2(Y, i; M_0, X_0) = L(Y, i) - M_0$$

c)

$$\begin{bmatrix} \frac{\partial F^1}{\partial Y} & \frac{\partial F^1}{\partial i} \\ \frac{\partial F^2}{\partial Y} & \frac{\partial F^2}{\partial i} \end{bmatrix} \begin{bmatrix} \frac{\partial \bar{Y}}{\partial M_0} \\ \frac{\partial \bar{i}}{\partial M_0} \end{bmatrix} = \begin{bmatrix} -\frac{\partial F^1}{\partial M_0} \\ -\frac{\partial F^2}{\partial M_0} \end{bmatrix}$$

$$\begin{bmatrix} -S_Y - Z_Y & I_i - S_i - Z_i \\ L_Y & L_i \end{bmatrix} \begin{bmatrix} \frac{\partial \bar{Y}}{\partial M_0} \\ \frac{\partial \bar{i}}{\partial M_0} \end{bmatrix} = \begin{bmatrix} 0 \\ 1 \end{bmatrix}$$

$$\mathbf{JX} = \mathbf{B}$$

d)

$$|\mathbf{J}| = L_i(-S_Y - Z_Y) - L_Y(I_i - S_i - Z_i) > 0$$

e) 크래머 법칙을 이용하여 $\partial \overline{Y}/\partial M_0$를 구한다.

$$\frac{\partial \bar{Y}}{\partial M_0} = \frac{|\mathbf{J}_1|}{|\mathbf{J}|} = \frac{\begin{vmatrix} 0 & I_i - S_i - Z_i \\ 1 & L_i \end{vmatrix}}{|\mathbf{J}|} = \frac{-(I_i - S_i - Z_i)}{L_i(-S_Y - Z_Y) - L_Y(I_i - S_i - Z_i)} > 0$$

f) $\partial \overline{i}/\partial M_0$를 구한다.

$$\frac{\partial \bar{i}}{\partial M_0} = \frac{|\mathbf{J}_2|}{|\mathbf{J}|} = \frac{\begin{vmatrix} -S_Y - Z_Y & 0 \\ L_Y & 1 \end{vmatrix}}{|\mathbf{J}|} = \frac{-(S_Y + Z_Y)}{L_i(-S_Y - Z_Y) - L_Y(I_i - S_i - Z_i)} < 0$$

13.18 [연습문제 13.17]의 모형에 대해 다음 물음에 답하시오.

(*a*) 균형조건을 나타내는 음함수에 대해 수출 X_0에 대한 전도함수를 구하고 이를

행렬 형태로 나타내시오. 그리고 $(b)-(c)$에 제시된 편도함수를 구하고 부호를 확인하시오.

(b) $\partial \overline{Y}/\partial X_0$

(c) $\partial \overline{i}/\partial X_0$

a)
$$\begin{bmatrix} -S_Y - Z_Y & I_i - S_i - Z_i \\ L_Y & L_i \end{bmatrix} \begin{bmatrix} \dfrac{\partial \bar{Y}}{\partial X_0} \\ \dfrac{\partial \bar{i}}{\partial X_0} \end{bmatrix} = \begin{bmatrix} -1 \\ 0 \end{bmatrix}$$

b) 크래머 법칙을 이용하여 $\partial \overline{Y}/\partial X_0$를 구한다.

$$\frac{\partial \bar{Y}}{\partial X_0} = \frac{|\mathbf{J}_1|}{|\mathbf{J}|} = \frac{\begin{vmatrix} -1 & I_i - S_i - Z_i \\ 0 & L_i \end{vmatrix}}{|\mathbf{J}|} = \frac{-L_i}{L_i(-S_Y - Z_Y) - L_Y(I_i - S_i - Z_i)} > 0$$

c) $\partial \overline{i}/\partial X_0$를 구하면

$$\frac{\partial \bar{i}}{\partial X_0} = \frac{|\mathbf{J}_2|}{|\mathbf{J}|} = \frac{\begin{vmatrix} -S_Y - Z_Y & -1 \\ L_Y & 0 \end{vmatrix}}{|\mathbf{J}|} = \frac{L_Y}{L_i(-S_Y - Z_Y) - L_Y(I_i - S_i - Z_i)} > 0$$

■ 최적화 문제에서의 비교정태분석

13.19 [예제 5]의 모형을 다시 살펴보기로 하자. 여기서 최적화의 1차조건은 다음과 같았다.

$$F^1(K, L; r, w, P) = PQ_K(\bar{K}, \bar{L}) - r = 0$$
$$F^2(K, L; r, w, P) = PQ_L(\bar{K}, \bar{L}) - w = 0$$

(a) 위의 1차조건에 대해, 임금 w에 대한 전도함수를 구하고 이를 행렬 형태로 나타내시오. 그리고 $(b)-(c)$에 제시된 편도함수를 구하고 부호를 확인하시오.

(b) $\partial \overline{K}/\partial w$

(c) $\partial \overline{L}/\partial w$

a)
$$\begin{bmatrix} PQ_{KK} & PQ_{KL} \\ PQ_{LK} & PQ_{LL} \end{bmatrix} \begin{bmatrix} \dfrac{\partial \bar{K}}{\partial w} \\ \dfrac{\partial \bar{L}}{\partial w} \end{bmatrix} = \begin{bmatrix} 0 \\ 1 \end{bmatrix}$$
$$|\mathbf{J}| = P^2(Q_{KK}Q_{LL} - Q_{LK}Q_{KL}) > 0$$

b) $\partial \overline{K}/\partial w$를 구하기 위해 크래머 법칙을 이용한다.

$$\frac{\partial \bar{K}}{\partial w} = \frac{|\mathbf{J}_1|}{|\mathbf{J}|} = \frac{\begin{vmatrix} 0 & PQ_{KL} \\ 1 & PQ_{LL} \end{vmatrix}}{|\mathbf{J}|} = \frac{-PQ_{KL}}{P^2(Q_{KK}Q_{LL} - Q_{KL}Q_{LK})}$$

여기서 교차편도함수 Q_{KL}의 부호에 대해 알 수 없으므로 $\partial\overline{K}/\partial w$의 부호를 확인할 수는 없다. 그러나 자본의 한계생산성 노동의 증가와 함께 증가할 것으로 가정하면, 즉 $Q_{KL} > 0$이면 $\partial\overline{K}/\partial w < 0$이 된다. 이는 임금이 상승하면 자본의 최적화 투입수준은 감소할 것이라는 의미를 내포하고 있다.

c) $\partial\overline{L}/\partial w$를 구하면,

$$\frac{\partial\bar{L}}{\partial w} = \frac{|\mathbf{J}_2|}{|\mathbf{J}|} = \frac{\begin{vmatrix} PQ_{KK} & 0 \\ PQ_{LK} & 1 \end{vmatrix}}{|\mathbf{J}|} = \frac{PQ_{KK}}{P^2(Q_{KK}Q_{LL} - Q_{KL}Q_{LK})} < 0$$

$Q_{KK} < 0$이므로 $\partial\overline{L}/\partial w < 0$이 된다. 이는 임금이 상승하면 노동의 최적화 투입수준은 감소할 것이라는 의미를 지니고 있다.

13.20 [예제 5]의 모형에서 최적화 1차조건은 다음과 같다.

$$F^1(K, L; r, w, P) = PQ_K(\bar{K}, \bar{L}) - r = 0$$
$$F^2(K, L; r, w, P) = PQ_L(\bar{K}, \bar{L}) - w = 0$$

(a) 위의 1차조건에 대해, 가격 P에 대한 전도함수를 구하고 이를 행렬 형태로 나타내시오. 그리고 (b)−(c)에 제시된 편도함수를 구하고 부호를 확인하시오.

(b) $\partial\overline{K}/\partial P$

(c) $\partial\overline{L}/\partial P$

a)

$$\begin{bmatrix} PQ_{KK} & PQ_{KL} \\ PQ_{LK} & PQ_{LL} \end{bmatrix} \begin{bmatrix} \dfrac{\partial\bar{K}}{\partial P} \\ \dfrac{\partial\bar{L}}{\partial P} \end{bmatrix} = \begin{bmatrix} -Q_K \\ -Q_L \end{bmatrix}$$

b) 크래머 법칙을 이용하여 $\partial\overline{K}/\partial P$를 구한다.

$$\frac{\partial\bar{K}}{\partial P} = \frac{|\mathbf{J}_1|}{|\mathbf{J}|} = \frac{\begin{vmatrix} -Q_K & PQ_{KL} \\ -Q_L & PQ_{LL} \end{vmatrix}}{|\mathbf{J}|} = \frac{P(-Q_KQ_{LL} + Q_LQ_{KL})}{P^2(Q_{KK}Q_{LL} - Q_{KL}Q_{LK})} = \frac{(Q_LQ_{KL} - Q_KQ_{LL})}{P(Q_{KK}Q_{LL} - Q_{KL}Q_{LK})}$$

극대화가 되기 위해서는 $Q_K = MP_K > 0$, $Q_L = MP_L > 0$, $Q_{LL} < 0$이고, 극대화 2차조건으로부터 분모의 경우 $|\mathbf{J}| > 0$이므로, $\partial\overline{K}/\partial P$의 부호는 완전히 교차편도함수 Q_{KL}의 부호에 따라 결정된다. 만약 K와 L이 보완관계라면, 어느 한 생산요소의 투입증가는 다른 생산요소의 한계생산물 MP의 증가를 유발하게 되어 $Q_{KL} > 0$이 되고 $\partial\overline{K}/\partial P > 0$이 된다. 그러나 만약 $Q_{KL} < 0$이 되면 $\partial\overline{K}/\partial P$의 부호는 불확정적이다.

c) $\partial\overline{L}/\partial P$를 구하면,

$$\frac{\partial \bar{L}}{\partial P} = \frac{|\mathbf{J}_2|}{|\mathbf{J}|} = \frac{\begin{vmatrix} PQ_{KK} & -Q_K \\ PQ_{LK} & -Q_L \end{vmatrix}}{|\mathbf{J}|} = \frac{P(-Q_L Q_{KK} + Q_K Q_{LK})}{P^2(Q_{KK}Q_{LL} - Q_{KL}Q_{LK})} = \frac{(Q_K Q_{LK} - Q_L Q_{KK})}{P(Q_{KK}Q_{LL} - Q_{KL}Q_{LK})}$$

그리고 부호는 (b)에서와 같이 교차편도함수 Q_{LK}의 부호에 따라 결정된다.

13.21 아래와 같이 이윤함수의 할인가치를 최적화하려는 기업이 있다.

$$\pi = P_0 Q(X, Y)e^{-rt} - P_x X - P_y Y$$

그리고 이윤함수를 극대화하기 위한 1차조건인 $\partial\pi/\partial X = 0$과 $\partial\pi/\partial Y = 0$이 음함수 형태로 아래와 같이 나타나 있다.

$$F^1(X, Y; P_0, P_x, P_y, r, t) = P_0 Q_x(\bar{X}, \bar{Y})e^{-rt} - P_x = 0$$
$$F^2(X, Y; P_0, P_x, P_y, r, t) = P_0 Q_y(\bar{X}, \bar{Y})e^{-rt} - P_y = 0$$

(a) 할인율 r과 시간 t를 상수로 가정하고, 위 음함수의 P_0에 대한 전도함수를 구하고 이를 행렬 형태로 나타내시오. 그리고 $(b)-(d)$에 제시된 야코비안과 편도함수를 구하고 부호를 확인하시오.

(b) $|\mathbf{J}|$

(c) $\partial\bar{X}/\partial P_0$

(d) $\partial\bar{Y}/\partial P_0$

a)

$$\begin{bmatrix} P_0 Q_{xx}e^{-rt} & P_0 Q_{xy}e^{-rt} \\ P_0 Q_{yx}e^{-rt} & P_0 Q_{yy}e^{-rt} \end{bmatrix} \begin{bmatrix} \dfrac{\partial\bar{X}}{\partial P_0} \\ \dfrac{\partial\bar{Y}}{\partial P_0} \end{bmatrix} = \begin{bmatrix} -Q_x e^{-rt} \\ -Q_y e^{-rt} \end{bmatrix}$$

b)

$$|\mathbf{J}| = P_0^2 e^{-2rt}(Q_{xx}Q_{yy} - Q_{yx}Q_{xy}) > 0$$

여기서 $P_0^2 e^{-2rt} > 0$이고 극대화 2차조건으로부터 $(Q_{xx}Q_{yy} - Q_{yx}Q_{xy}) > 0$이므로 $|\mathbf{J}| > 0$.

c) 크래머 법칙을 이용하여 $\partial\bar{X}/\partial P_0$를 구하면,

$$\frac{\partial\bar{X}}{\partial P_0} = \frac{|\mathbf{J}_1|}{|\mathbf{J}|} = \frac{\begin{vmatrix} -Q_x e^{-rt} & P_0 Q_{xy}e^{-rt} \\ -Q_y e^{-rt} & P_0 Q_{yy}e^{-rt} \end{vmatrix}}{|\mathbf{J}|} = \frac{P_0 e^{-2rt}(Q_y Q_{xy} - Q_x Q_{yy})}{P_0^2 e^{-2rt}(Q_{xx}Q_{yy} - Q_{yx}Q_{xy})} = \frac{(Q_y Q_{xy} - Q_x Q_{yy})}{P_0(Q_{xx}Q_{yy} - Q_{yx}Q_{xy})}$$

[연습문제 13.20(b)]에서와 같이 부호는 교차편도함수 Q_{xy}의 부호에 달려있다.

d) 크래머 법칙을 이용하여 $\partial\bar{Y}/\partial P_0$를 구하면,

$$\frac{\partial\bar{Y}}{\partial P_0} = \frac{|\mathbf{J}_2|}{|\mathbf{J}|} = \frac{\begin{vmatrix} P_0 Q_{xx}e^{-rt} & -Q_x e^{-rt} \\ P_0 Q_{yx}e^{-rt} & -Q_y e^{-rt} \end{vmatrix}}{|\mathbf{J}|} = \frac{P_0 e^{-2rt}(Q_x Q_{yx} - Q_y Q_{xx})}{P_0^2 e^{-2rt}(Q_{xx}Q_{yy} - Q_{yx}Q_{xy})} = \frac{(Q_x Q_{yx} - Q_y Q_{xx})}{P_0(Q_{xx}Q_{yy} - Q_{yx}Q_{xy})}$$

13.22 [연습문제 13.21]의 이윤함수에서, (a) 이윤극대화 1차조건으로부터 얻은 음함수의 시간 t에 대한 전도함수를 구하고 이를 행렬 형태로 나타내시오. 그리고 $(b)-(c)$에 제시된 편도함수를 구하고 부호를 확인하시오.

(b) $\partial \overline{X}/\partial t$

(c) $\partial \overline{Y}/\partial t$

a)
$$\begin{bmatrix} P_0 Q_{xx} e^{-rt} & P_0 Q_{xy} e^{-rt} \\ P_0 Q_{yx} e^{-rt} & P_0 Q_{yy} e^{-rt} \end{bmatrix} \begin{bmatrix} \dfrac{\partial \bar{X}}{\partial t} \\ \dfrac{\partial \bar{Y}}{\partial t} \end{bmatrix} = \begin{bmatrix} rP_0 Q_x e^{-rt} \\ rP_0 Q_y e^{-rt} \end{bmatrix}$$

b)
$$\frac{\partial \bar{X}}{\partial t} = \frac{|\mathbf{J}_1|}{|\mathbf{J}|} = \frac{\begin{vmatrix} rP_0 Q_x e^{-rt} & P_0 Q_{xy} e^{-rt} \\ rP_0 Q_y e^{-rt} & P_0 Q_{yy} e^{-rt} \end{vmatrix}}{|\mathbf{J}|} = \frac{rP_0^2 e^{-2rt}(Q_x Q_{yy} - Q_y Q_{xy})}{P_0^2 e^{-2rt}(Q_{xx} Q_{yy} - Q_{yx} Q_{xy})} = \frac{r(Q_x Q_{yy} - Q_y Q_{xy})}{(Q_{xx} Q_{yy} - Q_{yx} Q_{xy})}$$

c)
$$\frac{\partial \bar{Y}}{\partial t} = \frac{|\mathbf{J}_2|}{|\mathbf{J}|} = \frac{\begin{vmatrix} P_0 Q_{xx} e^{-rt} & rP_0 Q_x e^{-rt} \\ P_0 Q_{yx} e^{-rt} & rP_0 Q_y e^{-rt} \end{vmatrix}}{|\mathbf{J}|} = \frac{rP_0^2 e^{-2rt}(Q_y Q_{xx} - Q_x Q_{yx})}{P_0^2 e^{-2rt}(Q_{xx} Q_{yy} - Q_{yx} Q_{xy})} = \frac{r(Q_y Q_{xx} - Q_x Q_{yx})}{(Q_{xx} Q_{yy} - Q_{yx} Q_{xy})}$$

여기서 교차편도함수가 $Q_{xy} > 0$, $Q_{yx} > 0$이라면 b)와 c)의 도함수 부호는 (-)가 될 것이다. 그러나 만약 $Q_{xy} < 0$, $Q_{yx} < 0$이면 b)와 c)의 도함수 부호는 불확정적이다.

13.23 [예제 5]에서의 생산함수가 규모에 대한 수확체감(decreasing returns to scale)을 하는 콥-다글라스 함수로 지정되어 있다고 하자(6.9절 참조). 그러면 이윤함수는 다음과 같이 나타낼 수 있다.

$$\pi = PAK^{\alpha} L^{\beta} - rK - wL$$

이윤함수를 극대화하기 위한 1차조건인 $\partial\pi/\partial K = 0$과 $\partial\pi/\partial L = 0$을 구한다.

$$F^1(K, L; r, w, P, A, \alpha, \beta) = \alpha PAK^{\alpha-1} L^{\beta} - r = 0$$
$$F^2(K, L; r, w, P, A, \alpha, \beta) = \beta PAK^{\alpha} L^{\beta-1} - w = 0$$

(a) 이윤극대화 1차조건으로부터 임금 w에 대한 전도함수를 구하고 이를 행렬 형태로 나타내시오. 그리고 $(b)-(d)$에 제시된 야코비안과 편도함수를 구하고 부호를 확인하시오.

(b) $|\mathbf{J}|$

(c) $\partial \overline{K}/\partial w$

(d) $\partial \overline{L}/\partial w$

a)
$$\begin{bmatrix} \alpha(\alpha-1)PAK^{\alpha-2} L^{\beta} & \alpha\beta PAK^{\alpha-1} L^{\beta-1} \\ \alpha\beta PAK^{\alpha-1} L^{\beta-1} & \beta(\beta-1)PAK^{\alpha} L^{\beta-2} \end{bmatrix} \begin{bmatrix} \dfrac{\partial \bar{K}}{\partial w} \\ \dfrac{\partial \bar{L}}{\partial w} \end{bmatrix} = \begin{bmatrix} 0 \\ 1 \end{bmatrix}$$

b) $$|\mathbf{J}| = \alpha(\alpha-1)PAK^{\alpha-2}L^{\beta}\cdot\beta(\beta-1)PAK^{\alpha}L^{\beta-2} - (\alpha\beta PAK^{\alpha-1}L^{\beta-1})^2$$
$$|\mathbf{J}| = \alpha\beta(1-\alpha-\beta)P^2A^2K^{2\alpha-2}L^{2\beta-2} > 0$$

제약조건이 없는 최적화 문제에서 $|\mathbf{J}| = |\mathbf{H}|$이고 $|\mathbf{H}| = |\mathbf{H}_2| > 0$이다. 이 조건이 의미하는 것은 완전경쟁하에 있는 기업의 이윤극대화는 규모에 대한 수확체감 부분에서 이루어진다는 것인데, 이는 $|\mathbf{J}| > 0$이 되기 위해서는 $(\alpha+\beta) < 1$이 되어야 하기 때문이다.

c) $\partial\bar{K}/\partial w$를 구하면,

$$\frac{\partial\bar{K}}{\partial w} = \frac{|\mathbf{J}_1|}{|\mathbf{J}|} = \frac{\begin{vmatrix} 0 & \alpha\beta PAK^{\alpha-1}L^{\beta-1} \\ 1 & \beta(\beta-1)PAK^{\alpha}L^{\beta-2} \end{vmatrix}}{|\mathbf{J}|} = \frac{-\alpha\beta PAK^{\alpha-1}L^{\beta-1}}{|\mathbf{J}|} < 0$$

여기서 분자는 (-) 부호를 제외한 부분이 (+)이고 분모 역시 (+)이므로, 비교정태분석을 위한 도함수 $\partial\bar{K}/\partial w$는 (-)가 된다. 즉 임금이 상승하면 자본에 대한 수요는 감소하게 된다. 위의 식을 간략히 정리하면 다음과 같은 식을 얻을 수 있다.

$$\frac{\partial\bar{K}}{\partial w} = \frac{-\alpha\beta PAK^{\alpha-1}L^{\beta-1}}{\alpha\beta(1-\alpha-\beta)P^2A^2K^{2\alpha-2}L^{2\beta-2}} = \frac{-KL}{(1-\alpha-\beta)\mathrm{TR}} < 0$$

d) $\partial\bar{L}/\partial w$를 구하면,

$$\frac{\partial\bar{L}}{\partial w} = \frac{|\mathbf{J}_2|}{|\mathbf{J}|} = \frac{\begin{vmatrix} \alpha(\alpha-1)PAK^{\alpha-2}L^{\beta} & 0 \\ \alpha\beta PAK^{\alpha-1}L^{\beta-1} & 1 \end{vmatrix}}{|\mathbf{J}|} = \frac{\alpha(\alpha-1)PAK^{\alpha-2}L^{\beta}}{|\mathbf{J}|} < 0$$

위 식에서 $\alpha < 1$이므로 $(\alpha-1) < 0$이고 나머지 부분은 모두 (+)이므로 $\partial\bar{L}/\partial w < 0$이 된다. 즉 임금의 상승은 노동의 최적투입량의 감소를 가져온다. 위의 식을 간략히 정리하면 다음과 같은 식을 얻을 수 있다.

$$\frac{\partial\bar{L}}{\partial w} = \frac{\alpha(\alpha-1)PAK^{\alpha-2}L^{\beta}}{\alpha\beta(1-\alpha-\beta)P^2A^2K^{2\alpha-2}L^{2\beta-2}} = \frac{-(1-\alpha)L^2}{\beta(1-\alpha-\beta)\mathrm{TR}} < 0$$

13.24 [연습문제 13.23]의 모형에서, (a) 이윤극대화 1차조건으로부터 얻은 음함수에 대해, 가격 P에 대한 전도함수를 구하고 이를 행렬 형태로 나타내시오. 그리고 $(b)-(c)$에 제시된 편도함수를 구하고 부호를 확인하시오.

(b) $\partial\bar{K}/\partial P$

(c) $\partial\bar{L}/\partial P$

a) $$\begin{bmatrix} \alpha(\alpha-1)PAK^{\alpha-2}L^{\beta} & \alpha\beta PAK^{\alpha-1}L^{\beta-1} \\ \alpha\beta PAK^{\alpha-1}L^{\beta-1} & \beta(\beta-1)PAK^{\alpha}L^{\beta-2} \end{bmatrix} \begin{bmatrix} \dfrac{\partial\bar{K}}{\partial P} \\ \dfrac{\partial\bar{L}}{\partial P} \end{bmatrix} = \begin{bmatrix} -\alpha AK^{\alpha-1}L^{\beta} \\ -\beta AK^{\alpha}L^{\beta-1} \end{bmatrix}$$

b) 크래머 법칙을 이용하여 $\partial \overline{K}/\partial P$를 구하면

$$\frac{\partial \bar{K}}{\partial P} = \frac{|\mathbf{J}_1|}{|\mathbf{J}|} = \frac{\begin{vmatrix} -\alpha AK^{\alpha-1}L^{\beta} & \alpha\beta PAK^{\alpha-1}L^{\beta-1} \\ -\beta AK^{\alpha}L^{\beta-1} & \beta(\beta-1)PAK^{\alpha}L^{\beta-2} \end{vmatrix}}{|\mathbf{J}|} = \frac{\alpha\beta PA^2K^{2\alpha-1}L^{2\beta-2}}{\alpha\beta(1-\alpha-\beta)P^2A^2K^{2\alpha-2}L^{2\beta-2}}$$

$$\frac{\partial \bar{K}}{\partial P} = \frac{K}{(1-\alpha-\beta)P} > 0$$

c) 크래머 법칙을 이용하여 $\partial \overline{L}/\partial P$를 구하면

$$\frac{\partial \bar{L}}{\partial P} = \frac{|\mathbf{J}_2|}{|\mathbf{J}|} = \frac{\begin{vmatrix} \alpha(\alpha-1)PAK^{\alpha-1}L^{\beta} & -\alpha AK^{\alpha-1}L^{\beta} \\ \alpha\beta PAK^{\alpha-1}L^{\beta-1} & -\beta AK^{\alpha}L^{\beta-1} \end{vmatrix}}{|\mathbf{J}|} = \frac{\alpha\beta PA^2K^{2\alpha-2}L^{2\beta-1}}{\alpha\beta(1-\alpha-\beta)P^2A^2K^{2\alpha-2}L^{2\beta-2}}$$

$$\frac{\partial \bar{L}}{\partial P} = \frac{L}{(1-\alpha-\beta)P} > 0$$

■ 제약조건하의 최적화와 비교정학

13.25 $p_a a + p_b b = Y$인 예산제약조건하에서 효용함수 $u(a, b)$를 극대화하려는 소비자가 있다. 이로부터 라그랑지 함수를 구성하면,

$$U = u(a, b) + \lambda(Y - p_a a - p_b b)$$

2차충분조건이 만족되어 $|\overline{\mathbf{H}}| = |\mathbf{J}| \neq 0$이 성립한다고 하면, 1차조건식에 있는 내생변수는 다음과 같이 외생변수의 음함수로 나타낼 수 있다.

$$\begin{aligned} F^1(a, b, \lambda; p_a, p_b, Y) &= U_a - \lambda p_a = 0 \\ F^2(a, b, \lambda; p_a, p_b, Y) &= U_b - \lambda p_b = 0 \\ F^3(a, b, \lambda; p_a, p_b, Y) &= Y - p_a a - p_b b = 0 \end{aligned} \qquad (13.20)$$

(a) 식 (13.20)의 음함수에 대해, p_a에 대한 전도함수를 구하고 이를 행렬 형태로 표시하시오.

(b) $\partial \overline{a}/\partial p_a$를 구하시오.

a)

$$\begin{bmatrix} U_{aa} & U_{ab} & -p_a \\ U_{ba} & U_{bb} & -p_b \\ -p_a & -p_b & 0 \end{bmatrix} \begin{bmatrix} \dfrac{\partial \bar{a}}{\partial p_a} \\ \dfrac{\partial \bar{b}}{\partial p_a} \\ \dfrac{\partial \bar{\lambda}}{\partial p_a} \end{bmatrix} = \begin{bmatrix} \bar{\lambda} \\ 0 \\ \bar{a} \end{bmatrix}$$

$$|\mathbf{J}| = -p_a^2 U_{bb} + p_a p_b U_{ab} + p_a p_b U_{ba} - p_b^2 U_{aa} > 0$$

제약조건하의 극대화에 대한 2차충분조건으로부터 $|\mathbf{J}| = |\overline{\mathbf{H}}| > 0$이기 때문이다.

b) $\partial \overline{a}/\partial p_a$를 구하면,

$$\frac{\partial\bar{a}}{\partial p_a}=\frac{|\mathbf{J}_1|}{|\mathbf{J}|}=\frac{\begin{vmatrix}\bar{\lambda} & U_{ab} & -p_a\\ 0 & U_{bb} & -p_b\\ \bar{a} & -p_b & 0\end{vmatrix}}{|\mathbf{J}|}=\frac{\bar{a}(p_aU_{bb}-p_bU_{ab})-\bar{\lambda}p_b^2}{|\mathbf{J}|} \tag{13.21}$$

여기서 2차편도함수의 부호는 알려져 있지 않기 때문에 $\partial\bar{a}/\partial p_a$의 부호는 불확정적이다.

13.26 [연습문제 13.25]에서 살펴본 동일한 모형에서 (a) 식 (13.20)의 음함수에 대해 p_b에 대한 전도함수를 구하고, 이를 행렬 형태로 표시하시오. (b) $\partial\bar{b}/\partial P_b$를 구하시오.

a)

$$\begin{bmatrix}U_{aa} & U_{ab} & -p_a\\ U_{ba} & U_{bb} & -p_b\\ -p_a & -p_b & 0\end{bmatrix}\begin{bmatrix}\frac{\partial\bar{a}}{\partial p_b}\\ \frac{\partial\bar{b}}{\partial p_b}\\ \frac{\partial\bar{\lambda}}{\partial p_b}\end{bmatrix}=\begin{bmatrix}0\\ \bar{\lambda}\\ \bar{b}\end{bmatrix}$$

b) $\partial\bar{b}/\partial P_b$를 구하면,

$$\frac{\partial\bar{b}}{\partial p_b}=\frac{|\mathbf{J}_2|}{|\mathbf{J}|}=\frac{\begin{vmatrix}U_{aa} & 0 & -p_a\\ U_{ba} & \bar{\lambda} & -p_b\\ -p_a & \bar{b} & 0\end{vmatrix}}{|\mathbf{J}|}=\frac{\bar{b}(p_bU_{aa}-p_aU_{ba})-\bar{\lambda}p_a^2}{|\mathbf{J}|} \tag{13.22}$$

위 식의 부호는 불확정적이다.

13.27 [연습문제 13.25]의 모형에서 (a) 식 (13.20)의 음함수에 대해 Y에 대한 전도함수를 구하고, 이를 행렬 형태로 표시하시오. 그리고 편도함수 (b) $\partial\bar{a}/\partial Y$, ($c$) $\partial\bar{b}/\partial Y$를 구하시오.

a)

$$\begin{bmatrix}U_{aa} & U_{ab} & -p_a\\ U_{ba} & U_{bb} & -p_b\\ -p_a & -p_b & 0\end{bmatrix}\begin{bmatrix}\frac{\partial\bar{a}}{\partial Y}\\ \frac{\partial\bar{b}}{\partial Y}\\ \frac{\partial\bar{\lambda}}{\partial Y}\end{bmatrix}=\begin{bmatrix}0\\ 0\\ -1\end{bmatrix}$$

b) 크래머 법칙을 이용하여 $\partial\bar{a}/\partial Y$를 구하면,

$$\frac{\partial\bar{a}}{\partial Y}=\frac{|\mathbf{J}_1|}{|\mathbf{J}|}=\frac{\begin{vmatrix}0 & U_{ab} & -p_a\\ 0 & U_{bb} & -p_b\\ -1 & -p_b & 0\end{vmatrix}}{|\mathbf{J}|}=\frac{-(p_aU_{bb}-p_bU_{ab})}{|\mathbf{J}|} \tag{13.23}$$

이는 수학적 관점에서는 부호를 확정할 수 없으나 경제학 측면에서는 부호를 확정할 수 있다. 만약 a가 정상재(normal goods)라면, $\partial\bar{a}/\partial Y > 0$이다. 그러나 a가 약열등재(weakly inferior goods)라면 $\partial\bar{a}/\partial Y = 0$이고, a가 강열등재(strictly inferior goods)라면 $\partial\bar{a}/\partial Y < 0$이다.

c) $\partial\bar{b}/\partial Y$를 구하면,

$$\frac{\partial\bar{b}}{\partial Y} = \frac{|\mathbf{J}_2|}{|\mathbf{J}|} = \frac{\begin{vmatrix} U_{aa} & 0 & -p_a \\ U_{ba} & 0 & -p_b \\ -p_a & -1 & 0 \end{vmatrix}}{|\mathbf{J}|} = \frac{-(p_b U_{aa} - p_a U_{ba})}{|\mathbf{J}|} \tag{13.24}$$

이 역시 (b)에서와 같이 재화의 속성에 따라 부호가 결정될 수 있다.

13.28 재화의 가격 p_a의 변화가 최적 수요량 $\bar{a}$에 미치는 효과를 통해 슬러츠키 방정식(Slutsky equation)을 도출하시오. 그리고 [연습문제 13.25-13.27]에서 얻은 정보로부터 비교정태 도함수 $\partial\bar{a}/\partial p_a$의 부호를 확인하시오.

식 (13.21)에 대해 약간의 정리를 하면,

$$\frac{\partial\bar{a}}{\partial p_a} = -\frac{\bar{\lambda}p_b^2}{|\mathbf{J}|} + \frac{\bar{a}(p_a U_{bb} - p_b U_{ab})}{|\mathbf{J}|} \tag{13.25}$$

또한 식 (13.23)에서,

$$\frac{\partial\bar{a}}{\partial Y} = \frac{-(p_a U_{bb} - P_b U_{ab})}{|\mathbf{J}|}$$

식 (13.25)에 $\partial\bar{a}/\partial Y$를 대입하면, $\bar{a}$에 대한 슬러츠키 방정식을 얻을 수 있는데, 여기서 우변의 첫 번째 항은 대체효과(substitution effect)이고 두 번째 항은 소득효과(income effect)이다.

$$\frac{\partial\bar{a}}{\partial p_a} = -\frac{\bar{\lambda}p_b^2}{|\mathbf{J}|} - \bar{a}\left(\frac{\partial\bar{a}}{\partial Y}\right)$$

대체효과 소득효과

제약조건하의 극대화에서는 $|\mathbf{J}| = |\overline{\mathbf{H}}| > 0$이고 또 식 (13.20)에서

$$\bar{\lambda} = \frac{U_a}{p_a} = \frac{MU_a}{p_a} > 0$$

이로부터 슬러츠키 방정식의 첫 번째 항인 대체효과는 (−)임이 분명하나, 두 번째 항인 소득효과는 재화의 속성에 따라 부호가 달라진다.

정상재의 경우는 $\partial\bar{a}/\partial Y > 0$이고 위의 소득효과는 (−)이기 때문에 $\partial\bar{a}/\partial p_a < 0$

이 된다. 약열등재의 경우는 $\partial \bar{a}/\partial Y = 0$이므로 $\partial \bar{a}/\partial p_a < 0$이 된다. 그러나 강열등재의 경우는 $\partial \bar{a}/\partial Y < 0$이 되어 $\partial \bar{a}/\partial p_a$의 부호는 대체효과와 소득효과의 상대적 크기에 따라 결정된다. 만약 소득효과가 대체효과를 상쇄할 정도로 크면, 기펜재(Giffen goods)에서처럼 $\partial \bar{a}/\partial p_a > 0$이 되고 수요곡선은 우상향의 기울기를 가지게 된다.

13.29 재화의 가격 p_b의 변화가 최적 수요량 $\bar{b}$에 미치는 효과를 통해 슬러츠키 방정식(Slutsky equation)을 도출하시오. 그리고 비교정태 도함수 $\partial \bar{b}/\partial p_b$의 부호를 확인하시오.

식 (13.22)에서 $$\frac{\partial \bar{b}}{\partial p_b} = -\frac{\bar{\lambda} p_a^2}{|\mathbf{J}|} + \frac{\bar{b}(p_b U_{aa} - p_a U_{ba})}{|\mathbf{J}|}$$

그러나 식 (13.24)로부터 $$\frac{\partial \bar{b}}{\partial Y} = \frac{-(p_b U_{aa} - p_a U_{ba})}{|\mathbf{J}|}$$

이를 위에 대입하면, $$\frac{\partial \bar{b}}{\partial p_b} = -\frac{\bar{\lambda} p_a^2}{|\mathbf{J}|} - \bar{b}\left(\frac{\partial \bar{b}}{\partial Y}\right)$$

우변의 첫 번째 항인 대체효과는 의심의 여지없이 (−)이나 두 번째 항인 소득효과는 [연습문제 13.28]에서처럼 재화의 속성에 따라 부호가 결정된다.

■ 포락곡선 정리

13.30 생산함수가 $Q = f(K, L)$이고 생산량이 Q_0로 제한되어 있는 완전경쟁기업이 다음과 같은 이윤함수를 극대화하려 한다.

$$\pi = PQ - rK - wL$$

음함수 정리에 대한 조건이 만족된다고 가정하면, 라그랑지 함수와 간접목적함수는 각각 다음과 같이 나타낼 수 있다.

$$\begin{aligned} \Pi(K, L, Q, \lambda; r, w, P, Q_0) &= PQ(r, w, P, Q_0) - rK(r, w, P, Q_0) - wL(r, w, P, Q_0) \\ &\quad + \lambda[Q_0 - f(K, L)] \\ \bar{\pi}(\bar{K}, \bar{L}, \bar{Q}; r, w, P, Q_0) &= P\bar{Q}(r, w, P, Q_0) - r\bar{K}(r, w, P, Q_0) - w\bar{L}(r, w, P, Q_0) \end{aligned}$$

포락곡선 정리를 이용하여 다음 간접목적함수의 변화를 구하고 설명하시오.

(a) $\partial \bar{\pi}/\partial r$ (b) $\partial \bar{\pi}/\partial w$ (c) $\partial \bar{\pi}/\partial P$ (d) $\partial \bar{\pi}/\partial Q_0$

a) $$\frac{\partial \bar{\pi}}{\partial r} = \frac{\partial \Pi}{\partial r} = -\bar{K}(r, w, P, Q_0)$$

b) $$\frac{\partial \bar{\pi}}{\partial w} = \frac{\partial \Pi}{\partial w} = -\bar{L}(r, w, P, Q_0)$$

이윤함수를 투입물 가격으로 미분하면 기업의 투입물에 대한 수요함수를 얻을 수 있다. 여기서 투입물 가격 (r, w)는 목적함수에만 들어있고 제약조건식에는 들어있지 않기 때문에, 투입물 가격에 대한 이윤함수의 도함수는 라그랑지 함수와 간접목적함수 중 어느 것으로부터도 쉽게 구할 수 있다.

c) $$\frac{\partial \bar{\pi}}{\partial P} = \frac{\partial \Pi}{\partial P} = \bar{Q}(r, w, P, Q_0)$$

이윤함수를 생산물 가격으로 미분하면 기업의 생산물에 대한 공급함수를 얻을 수 있다.다. 여기서 생산물 가격 P는 목적함수에만 들어있기 때문에, 생산물 가격에 대한 이윤함수의 도함수는 라그랑지 함수와 간접목적함수 중 어느 것으로부터도 쉽게 구할 수 있다.

d) $$\frac{\partial \bar{\pi}}{\partial Q_0} = \frac{\partial \Pi}{\partial Q_0} = \bar{\lambda}$$

제약조건식에서 주어진 생산량 Q_0에 대해 이윤함수를 미분하면, 제약조건식에서의 주어진 생산량이 Q_0+1로 한 단위 증가하는 경우 기업의 이윤이 얼마나 추가로 증가하는가를 나타내 준다[5]. 제약조건식의 생산량 Q_0는 제약조건식에만 나타나 있으므로 Q_0에 대한 도함수는 라그랑지 함수로부터 간단히 도출할 수 있다.

역자 TIP

5) $\partial \bar{\pi} / \partial Q_0 = \partial \Pi / \partial Q_0 = \bar{\lambda}$이므로 제약조건식에서의 주어진 생산량이 Q_0에서 Q_0+1로 한 단위 증가하는 경우 이윤은 $\bar{\lambda}$만큼 증가하게 된다.

13.31 소비자는 주어진 효용을 얻기 지출을 최소화하려고 한다.

$$c = p_x x + p_y y \qquad \text{s.t.} \qquad u(x, y) = U_0$$

음함수 정리의 조건이 만족되면, 라그랑지 함수와 간접목적함수는 다음과 같다.

$$C(x, y, \lambda; p_x, p_y, U_0) = p_x x(p_x, p_y, U_0) + p_y y(p_x, p_y, U_0) + \lambda[U_0 - u(x, y)]$$
$$\bar{c}(\bar{x}, \bar{y}; p_x, p_y, U_0) = p_x \bar{x}(p_x, p_y, U_0) + p_y \bar{y}(p_x, p_y, U_0)$$

포락곡선 정리를 이용하여 다음 간접목적함수의 편도함수를 구하고 설명하시오.

(a) $\partial \bar{c} / \partial p_x$ (b) $\partial \bar{c} / \partial p_y$ (c) $\partial \bar{c} / \partial U_0$

a) $$\frac{\partial \bar{c}}{\partial p_x} = \frac{\partial C}{\partial p_x} = \bar{x}(p_x, p_y, U_0)$$

b) $$\frac{\partial \bar{c}}{\partial p_y} = \frac{\partial C}{\partial p_y} = \bar{y}(p_x, p_y, U_0)$$

a), b) 두 경우 모두 가격의 변화는 지출액에 (+)의 효과를 미치게 된다. 이 때 도함수는 가격이 목적함수에만 나타나고 제약조건식에는 없으므로, 라그랑지 함수나 간접목적함수에서 쉽게 도출될 수 있다.

c) $$\frac{\partial \bar{c}}{\partial U_0} = \frac{\partial C}{\partial U_0} = \bar{\lambda}$$

여기서 $\bar{\lambda}$는 제약조건에서 주어진 효용 U_0에서 U_0+1로 한 단위 증가시키는 경우의 한계비용을 말한다. 주어진 효용 U_0는 제약조건식에만 나타나므로 도함수는 라그랑지 함수에서 쉽게 도출할 수 있다.

13.32 [예제 7]의 모형이 단 하나의 외생변수 a로 구성된 함수라고 가정한다. 이 때 최적해 상태에서 a에 대한 라그랑지 함수의 전도함수는 a에 대한 라그랑지 함수의 편도함수와 동일함을 보이시오.

새로운 라그랑지 함수를 구성하고 이에 대한 최적화 1차조건을 구한다.

$$\begin{aligned} Z(x, y, \lambda; a) &= z[x(a), y(a); a] + \lambda(a) f[x(a), y(a); a] \\ Z_x &= z_x(\bar{x}, \bar{y}; a) + \bar{\lambda} f_x(\bar{x}, \bar{y}; a) = 0 \\ Z_y &= z_y(\bar{x}, \bar{y}; a) + \bar{\lambda} f_y(\bar{x}, \bar{y}; a) = 0 \\ Z_\lambda &= f(\bar{x}, \bar{y}; a) = 0 \end{aligned}$$

외생변수 a에 대한 라그랑지 함수의 전도함수를 구하면,

$$\frac{dZ}{da} = (z_x + \bar{\lambda} f_x)\frac{d\bar{x}}{da} + (z_y + \bar{\lambda} f_y)\frac{d\bar{y}}{da} + f\frac{d\bar{\lambda}}{da} + (z_a + \bar{\lambda} f_a)$$

그러나 1차조건으로부터

$$z_x + \bar{\lambda} f_x = 0, \qquad z_y + \bar{\lambda} f_y = 0, \qquad \text{그리고} \qquad f = 0$$

이므로 처음 세 개 항은 모두 0이 되고 외생변수 a에 대한 라그랑지 함수의 전도함수 dZ/da는 외생변수 a에 대한 라그랑지 함수의 편도함수 $\partial Z/\partial a$와 동일하게 된다.

$$\frac{dZ}{da} = (z_a + \bar{\lambda} f_a) = \frac{\partial Z}{\partial a}$$

이는 라그랑지 함수가 최적해에 도달했을 때, 어느 한 외생변수의 변화에 의한 총효과를 나타내는 전도함수는 단순히 해당 외생변수에 대한 라그랑지 함수의 편도함수를 구함으로써 간단히 도출할 수 있음을 의미하는 것이다.

■ 오목계획법

13.33 목적함수와 제약조건식이 일반함수로 이루어진 전형적인 제약조건하의 최적화 문제가 아래와 같이 제시되어 있다. 이들 식을 오목계획법의 형태로 나타낸 후, 이를 라그랑지 함수로 나타내시오.

(a) $\max\ f(x,y) \quad \text{s.t. } g(x,y) \le B$

(b) $\min\ f(x,y) \quad \text{s.t. } g(x,y) \ge B$

a) 극대화 문제에서 제약조건의 부등식이 "≤"로 이루어진 경우, 즉 $g(x,y) \le B$인 경우 우변의 상수항에서 좌변의 함수를 빼서 $B-g(x,y) \ge 0$이 되도록 한다[6].

$$\max\ f(x,y) \qquad \text{s.t. } B-g(x,y) \ge 0 \qquad \bar{x}, \bar{y} \ge 0$$
$$\max\ F = f(x,y) + \lambda[B-g(x,y)]$$

b) 극소화의 경우는 목적함수에 (−1)을 곱하여 극대화 문제로 바꾼다. 그리고 제약조건 부등식이 "≥"로 구성되어 있는 경우, 즉 $g(x,y) \ge B$인 경우 좌변의 함수에서 우변의 상수항을 빼서 $g(x,y)-B \ge 0$이 되도록 한다.

$$\max\ -f(x,y) \qquad \text{s.t. } g(x,y)-B \ge 0 \qquad \bar{x}, \bar{y} \ge 0$$
$$\max\ F = -f(x,y) + \lambda[g(x,y)-B]$$

역자 TIP

6) 다시 말해 제약조건 부등식을 음함수 형태로 구성하되 부등식의 좌변이 (+)가 되도록 구성한다.

13.34 생산함수가 $Q(K, L)$이고 생산요소의 시장이 완전경쟁하에 있는 기업이 있다고 하자. 그리고 이 기업은 주어진 생산량 Q_0 이상을 생산한다는 조건하에서 비용을 최소화하려 한다.

$$\min\ c = rK + wL \qquad \text{s.t. } Q(K, L) \ge Q_0$$

(a) 오목계획법의 형태로 위의 문제를 표시하시오.

(b) 라그랑지 함수를 작성하시오.

(c) 위 문제의 해를 구하시오.

a) 목적함수에 (-1)을 곱하여 극소화 문제를 극대화 문제로 변형 시킨다.

$$\max\ -rK - wL \qquad \text{s.t. } Q(K, L) - Q_0 \ge 0 \qquad K, L \ge 0$$

b) $$\max\ C = -rK - wL + \lambda[Q(K, L) - Q_0]$$

c) 쿤-터커 조건을 적용하여 자본 K와 노동 L에 대해 라그랑지 함수를 극대화하고 관련조건을 검토한다.

1. a) $\dfrac{\partial C}{\partial K} = -r + \bar{\lambda} Q_K \le 0$ $\qquad \dfrac{\partial C}{\partial L} = -w + \bar{\lambda} Q_L \le 0$

b) $\bar{K} \ge 0$ $\qquad \bar{L} \ge 0$

c) $\bar{K}(-r + \bar{\lambda} Q_K) = 0$ $\qquad \bar{L}(-w + \bar{\lambda} Q_L) = 0$

라그랑지 승수 λ에 대해 라그랑지 함수를 극소화하고 관련조건을 검토한다.

2. a) $\dfrac{\partial C}{\partial \lambda} = Q(\bar{K}, \bar{L}) - Q_0 \ge 0$

b) $\bar{\lambda} \ge 0$

c) $\bar{\lambda}[Q(\bar{K}, \bar{L}) - Q_0] = 0$

두 생산요소가 $\overline{K}, \overline{L} > 0$ 인 상태에서 생산이 이루어지고 있다고 할 때, 위의 $1(c)$의 소괄호 속의 두 개의 식은 0이 된다.

$$-r + \bar{\lambda} Q_K = 0 \qquad -w + \bar{\lambda} Q_L = 0$$

이를 정리하면

$$\bar{\lambda} = \frac{r}{Q_K} = \frac{w}{Q_L} > 0 \tag{13.26}$$

식 (13.26)의 부호가 (+)가 되는 것은 요소가격 $r, w > 0$이고 한계생산성 $Q_K, Q_L > 0$이기 때문이다. $\overline{\lambda} > 0$이면 식 $2(c)$로부터 생산제약조건식은 정확하게 등식이 성립한다.

$$Q(\bar{K}, \bar{L}) = Q_0$$

식 (13.26)을 다시 정리하면, 등비용선(isocost)과 등량곡선(isoquant)이 접하는 점에서 최적해 $(\overline{K}, \overline{L})$를 가지게 된다.

$$\frac{Q_L}{Q_K} = \frac{w}{r}$$

13.35 다음과 같은 생산제약조건하에서 이윤함수를 극대화하시오.

$$\max \quad \pi = 64x - 2x^2 + 96y - 4y^2 - 13$$

$$\text{s.t.} \quad x + y \le 20$$

먼저 라그랑지 함수를 구성한다.

$$\Pi = 64x - 2x^2 + 96y - 4y^2 - 13 + \lambda(20 - x - y)$$

쿤-터커 조건을 적용하면,

1. $a)$ $\Pi_x = 64 - 4\bar{x} - \bar{\lambda} \leq 0$ $\quad \Pi_y = 96 - 8\bar{y} - \bar{\lambda} \leq 0$
   $b)$ $\bar{x} \geq 0$ $\quad \bar{y} \geq 0$
   $c)$ $\bar{x}(64 - 4\bar{x} - \bar{\lambda}) = 0$ $\quad \bar{y}(96 - 8\bar{y} - \bar{\lambda}) = 0$

2. $a)$ $\Pi_\lambda = 20 - \bar{x} - \bar{y} \geq 0$
   $b)$ $\bar{\lambda} \geq 0$
   $c)$ $\bar{\lambda}(20 - \bar{x} - \bar{y}) = 0$

다음 단계로 쿤-터커 조건을 검증한다.

1. $\bar{\lambda} = 0$ 또는 $\bar{\lambda} > 0$의 가능성을 검토한다.
   만약 $\bar{\lambda} = 0$이라면, 위의 $(1.a)$로부터

$$64 - 4\bar{x} \leq 0 \qquad 96 - 8\bar{y} \leq 0$$
$$4\bar{x} \geq 64 \qquad 8\bar{y} \geq 96$$
$$\bar{x} \geq 16 \qquad \bar{y} \geq 12$$

   그러나 이는 $\bar{x} + \bar{y} = 28 > 20$이므로 생산의 제약조건식에 위배된다. 따라서 $\bar{\lambda} \neq 0$이고 $(2.b)$로부터 $\bar{\lambda} > 0$임을 알 수 있다.

2. 만약 $\bar{\lambda} > 0$이면, $(2.c)$로부터 다음 등식이 성립하여야 한다.

$$20 - \bar{x} - \bar{y} = 0$$

3. 다음에 선택변수(choice variable) $\bar{x}$ 또는 $\bar{y}$ 중 어느 것이 0이 될 가능성이 있는지를 검토한다.

   $a)$ 만약 $\bar{x} = 0$이면, $\bar{y} = 20$이고 $(1.c)$의 두 번째 조건이 위배된다.

$$20[96 - 8(20) - (\bar{\lambda} > 0)] \neq 0$$

   $b)$ 만약 $\bar{y} = 0$이면, $\bar{x} = 20$이고 $(1.c)$의 첫 번째 조건이 위배된다.

$$20[64 - 4(20) - (\bar{\lambda} > 0)] \neq 0$$

   따라서 선택변수 어느 것도 0이 될 수 없으며 $1(b)$로부터,

$\bar{x} \neq 0$이므로 $\bar{x} > 0$이고, 또한 $\bar{y} \neq 0$이므로 $\bar{y} > 0$이다.

4. $\bar{x}, \bar{y}, \bar{\lambda} > 0$이라면, $(1.c)$와 $(2.c)$에서 다음 등식이 성립한다.

$$64 - 4\bar{x} - \bar{\lambda} = 0$$
$$96 - 8\bar{y} - \bar{\lambda} = 0$$
$$20 - \bar{x} - \bar{y} = 0$$

   이를 행렬로 표시하면,

$$\begin{bmatrix} -4 & 0 & -1 \\ 0 & -8 & -1 \\ -1 & -1 & 0 \end{bmatrix} \begin{bmatrix} \bar{x} \\ \bar{y} \\ \bar{\lambda} \end{bmatrix} = \begin{bmatrix} -64 \\ -96 \\ -20 \end{bmatrix}$$

크래머 법칙을 이용하면, $|\mathbf{A}| = 12$, $|\mathbf{A}_1| = 128$, $|\mathbf{A}_2| = 112$, $|\mathbf{A}_3| = 256$이므로 다음과 같은 최적해를 얻을 수 있다.

$$\bar{x} = 10.67, \quad \bar{y} = 9.33, \quad \bar{\lambda} = 21.33$$

이 최적해는 쿤-터커 조건 어느 것에도 위배되지 않는다. 여기서 $\bar{\lambda} = 21.33$이므로 생산제약조건식의 상수가 20에서 21로 한 단위 증가하면 약 21.33의 이윤 증가를 유발할 것이다.

13.36 [연습문제 13.35]의 이윤함수를 아래의 새로운 생산 제약조건하에서 극대화하시오.

$$\max \quad \pi = 64x - 2x^2 + 96y - 4y^2 - 13$$

$$\text{s.t.} \quad x + y \leq 36$$

라그랑지 함수와 쿤-터커 조건을 구성한다.

$$\Pi = 64x - 2x^2 + 96y - 4y^2 - 13 + \lambda(36 - x - y)$$

1. a) $\Pi_x = 64 - 4\bar{x} - \bar{\lambda} \leq 0$ $\quad\quad$ $\Pi_y = 96 - 8\bar{y} - \bar{\lambda} \leq 0$
   b) $\bar{x} \geq 0$ $\quad\quad$ $\bar{y} \geq 0$
   c) $\bar{x}(64 - 4\bar{x} - \bar{\lambda}) = 0$ $\quad\quad$ $\bar{y}(96 - 8\bar{y} - \bar{\lambda}) = 0$
2. a) $\Pi_\lambda = 36 - \bar{x} - \bar{y} \geq 0$
   b) $\bar{\lambda} \geq 0$
   c) $\bar{\lambda}(36 - \bar{x} - \bar{y}) = 0$

쿤-터커 조건을 순차적으로 검토한다.

1. $\bar{\lambda} = 0$ 또는 $\bar{\lambda} > 0$의 가능성을 검토한다.

만약 $\bar{\lambda} = 0$이면 $1(a)$에서

$$64 - 4\bar{x} \leq 0 \qquad 96 - 8\bar{y} \leq 0$$

따라서

$$\bar{x} \geq 16 \qquad \bar{y} \geq 12$$

$\bar{x} + \bar{y} = 28 < 36$이므로 생산제약조건에 위배되지 않는다. 그러므로 $\bar{\lambda} = 0$ 또는 $\bar{\lambda} > 0$이 모두 가능하다[7].

역자 TIP

7) $\bar{\lambda} = 0$일 때 성립한 조건들이 $\bar{\lambda} > 0$에서도 성립하고 있다.

2. 선택변수 $\bar{x}$와 $\bar{y}$가 0이 될 수 있는지를 확인한다.

a) 만약 $\bar{x}=0$이면, $\bar{y}=36$이 되고 1.(c)에서 두 번째 조건이 만족되지 않는다.

$$36[96-8(36)-(\bar{\lambda}\geq 0)]\neq 0$$

b) 만약 $\bar{y}=0$이면, $\bar{x}=36$이 되고 1.(c)에서 첫 번째 조건이 만족되지 않는다.

$$36[64-4(36)-(\bar{\lambda}\geq 0)]\neq 0$$

따라서 선택변수 $\bar{x}$, $\bar{y}$ 어느 것도 0이 될 수 없으며 (1.b)에서,

$$\bar{x}>0 \qquad \bar{y}>0$$

3. (a) $\bar{\lambda}>0$인 경우와 (b) $\bar{\lambda}=0$인 경우의 해를 구하고 이를 검토한다.

a) 만약 $\bar{\lambda}$, $\bar{x}$, $\bar{y}>0$이라면, 1.(c)와 2.(c)의 쿤-터커 조건으로부터 아래의 식이 성립하여야 한다.

$$\begin{aligned} 64-4\bar{x}-\bar{\lambda}&=0\\ 96-8\bar{y}-\bar{\lambda}&=0\\ 36-x-\bar{y}&=0 \end{aligned}$$

이를 행렬로 표시하면

$$\begin{bmatrix} -4 & 0 & -1 \\ 0 & -8 & -1 \\ -1 & -1 & 0 \end{bmatrix}\begin{bmatrix} \bar{x} \\ \bar{y} \\ \bar{\lambda} \end{bmatrix}=\begin{bmatrix} -64 \\ -96 \\ -36 \end{bmatrix}$$

이로부터 $|\mathbf{A}|=12$, $|\mathbf{A}_1|=256$, $|\mathbf{A}_2|=176$, $|\mathbf{A}_3|=-256$이고 크래머 법칙을 이용하면,

$$\bar{x}=21.33,\quad \bar{y}=14.67,\quad \bar{\lambda}=-21.33$$

여기서 $\bar{\lambda}<0$는 2.(b)의 쿤-터커 조건을 위반하므로 위에서 얻은 해는 최적해가 될 수 없다. $\bar{\lambda}$가 (-)가 되는 경우 이는 제약조건식에서 상수로 주어진 생산량의 감소가 이윤의 증가를 가져온다는 비현실적인 결과를 낳게 된다.

b) 만약 $\bar{\lambda}=0$이고 $\bar{x},\bar{y}>0$이라면, 1.(c)에서,

$$\begin{aligned} 64-4\bar{x}&=0, \quad \bar{x}=16\\ 96-8\bar{y}&=0, \quad \bar{y}=12 \end{aligned}$$

이로부터 $\bar{x}=16$, $\bar{y}=12$, $\bar{\lambda}=0$이고 이는 쿤-터커 조건을 모두 만족시키고 있으므로 최적해가 됨을 알 수 있다. $\bar{\lambda}=0$일 때 생산의 제약조건은 $\bar{x}+\bar{y}=28<36$이므로 구속력을 지니고 있지 않다(non-binding).

13.37 아래 식을 최적화하시오.

$$\min \quad c = 5x^2 - 80x + y^2 - 32y$$
$$\text{s.t.} \quad x + y \geq 30$$

먼저 목적함수에 (−1)을 곱하여 극대화 문제로 변경한 후 라그랑지 함수를 구성한다.

$$\text{Max}\, C = -5x^2 + 80x - y^2 + 32y + \lambda(x + y - 30)$$

쿤-터커 조건을 구성한다.

1. a) $C_x = -10\bar{x} + 80 + \bar{\lambda} \leq 0$ $\quad C_y = -2\bar{y} + 32 + \bar{\lambda} \leq 0$
   b) $\bar{x} \geq 0$ $\quad \bar{y} \geq 0$
   c) $\bar{x}(-10\bar{x} + 80 + \bar{\lambda}) = 0$ $\quad \bar{y}(-2\bar{y} + 32 + \bar{\lambda}) = 0$

2. a) $C_\lambda = \bar{x} + \bar{y} - 30 \geq 0$
   b) $\bar{\lambda} \geq 0$
   c) $\bar{\lambda}(\bar{x} + \bar{y} - 30) = 0$

1. $\bar{\lambda} = 0$의 가능성을 검토한다.

   만약 $\bar{\lambda} = 0$이라면, 1.(a)로부터

$$-10\bar{x} + 80 \leq 0 \qquad -2\bar{y} + 32 \leq 0$$

따라서 $\qquad \bar{x} \geq 8 \qquad \bar{y} \geq 16$

그러나 이는 $\bar{x} + \bar{y} \geq 24$가 되어 처음에 제시된 제약조건식인 $\bar{x} + \bar{y} \geq 30$을 만족시키지 못하므로 $\bar{\lambda} = 0$이 될 수는 없다. 즉 $\bar{\lambda} > 0$이 된다.

2. 다음에 $\bar{x}$ 또는 $\bar{y}$가 0이 될 수 있는지를 검토한다.

   1.(a)에서 먼저 만약 $\bar{x} = 0$이면 $\bar{\lambda} \leq -80$이고, $\bar{y} = 0$이면 $\bar{\lambda} \leq -32$이 되어, 두 경우 모두 $\bar{\lambda} < 0$이므로 앞에서 구한 $\bar{\lambda} > 0$의 조건에 위배된다. 따라서 우리는 $\bar{x}, \bar{y} > 0$임을 알 수 있다.

3. $\bar{x}, \bar{y} > 0$이고 $\bar{\lambda} > 0$일 때 쿤-터커 조건을 검토한다.

   1.(c)와 2.(c)의 등식을 행렬로 표시하면,

$$\begin{bmatrix} -10 & 0 & 1 \\ 0 & -2 & 1 \\ 1 & 1 & 0 \end{bmatrix} \begin{bmatrix} \bar{x} \\ \bar{y} \\ \bar{\lambda} \end{bmatrix} = \begin{bmatrix} -80 \\ -32 \\ 30 \end{bmatrix}$$

   이로부터 $|\mathbf{A}| = 12$, $|\mathbf{A}_1| = 109$, $|\mathbf{A}_2| = 252$, $|\mathbf{A}_3| = 440$이므로 크래머 법칙을 이용하여 다음과 같은 쿤-터커 조건에 위배되지 않는 최적해를 얻는다.

$$\bar{x} = 9, \qquad \bar{y} = 21, \qquad \bar{\lambda} = 36.67$$

13.38 [연습문제 13.37]의 목적함수를 새로 제시된 제약조건식하에서 최적화하시오.

$$\min \quad 5x^2 - 80x + y^2 - 32y$$
$$\text{s.t.} \quad x + y \geq 20$$

라그랑지 함수와 쿤-터커 조건을 구성한다.

$$\text{Max}\, C = -5x^2 + 80x - y^2 + 32y + \lambda(x + y - 20)$$

1. a) $C_x = -10\bar{x} + 80 + \bar{\lambda} \leq 0 \qquad C_y = -2\bar{y} + 32 + \bar{\lambda} \leq 0$
   b) $\bar{x} \geq 0 \qquad \bar{y} \geq 0$
   c) $\bar{x}(-10\bar{x} + 80 + \bar{\lambda}) = 0 \qquad \bar{y}(-2\bar{y} + 32 + \bar{\lambda}) = 0$

2. a) $C_\lambda = \bar{x} + \bar{y} - 20 \geq 0$
   b) $\bar{\lambda} \geq 0$
   c) $\bar{\lambda}(\bar{x} + \bar{y} - 20) = 0$

1. $\bar{\lambda} = 0$의 가능성을 검토한다.
   만약 $\bar{\lambda} = 0$이면, 1.(a)로부터

$$-10\bar{x} + 80 \leq 0 \qquad -2\bar{y} + 32 \leq 0$$

따라서 $\qquad \bar{x} \geq 8 \qquad \bar{y} \geq 16$

이는 $\bar{x} + \bar{y} \geq 24$로서 문제에서 주어진 제약조건 $\bar{x} + \bar{y} \geq 20$을 만족시키고 있다. 따라서 $\bar{\lambda} = 0$이거나 $\bar{\lambda} > 0$이다.

2. 앞의 문제에서 다루었던 2단계에서의 논리에 따라 $\bar{x}, \bar{y} > 0$이다.

3. $\bar{\lambda} = 0$이거나 $\bar{\lambda} > 0$인 경우에 따라 두 가지 가능성을 검토한다.

   a) 만약 $\bar{\lambda} > 0$이고 $\bar{x}, \bar{y} > 0$인 경우, 1.(c)와 2.(c)의 등식으로부터

$$\begin{bmatrix} -10 & 0 & 1 \\ 0 & -2 & 1 \\ 1 & 1 & 0 \end{bmatrix} \begin{bmatrix} \bar{x} \\ \bar{y} \\ \bar{\lambda} \end{bmatrix} = \begin{bmatrix} -80 \\ -32 \\ 20 \end{bmatrix}$$

   $|\mathbf{A}| = 12$, $|\mathbf{A}_1| = 88$, $|\mathbf{A}_2| = 152$, $|\mathbf{A}_3| = -80$이므로 크래머 법칙을 이용하여 해를 구한다.

$$\bar{x} = 7.33, \qquad \bar{y} = 12.67, \qquad \bar{\lambda} = -6.67$$

   여기서 $\bar{\lambda}$는 (−)가 되어 2.(b)의 조건에 위배된다. 따라서 여기서 구한 해는 최적해가 아니다. $\bar{\lambda}$는 (−)라는 의미는 제약조건식에서 상수로 주어진 생산을 증가시키면 오히려 생산비를 감소시킬 수 있다는 상식에 어긋난 결과를 낳는다.

   b) 만약 $\bar{\lambda} = 0$이고 $\bar{x}, \bar{y} > 0$이면, 1.(c)로부터

$$-10\bar{x}+80=0 \qquad -2\bar{y}+32=0$$
$$\bar{x}=8 \qquad \bar{y}=16$$

이것은 제약조건 $x+y \geq 20$을 만족시키며 어떤 쿤-터커 조건에도 위배되지 않는다. 따라서 최적화는

$$\bar{x}=8, \quad \bar{y}=16, \quad \bar{\lambda}=0$$

$\bar{\lambda}=0$인 상태에서 제약조건식은 등식이 아닌 부등식으로 성립한다. 기업은 생산 할당량을 초과하는 상태에서 비용이 극소화될 수 있다.

13.39 아래의 예산과 식이요법 두 제약조건하에서 효용함수를 극대화하시오.

$$\max \quad u=xy$$

$$\text{s.t.} \quad 3x+4y \leq 144 \qquad \text{(예산 조건)}$$
$$5x+2y \leq 120 \qquad \text{(식이요법 조건)}$$

라그랑지 함수와 쿤-터커 조건을 구성한다.

$$\text{Max } U=xy+\lambda_1(144-3x-4y)+\lambda_2(120-5x-2y)$$

1. a) $U_x=\bar{y}-3\bar{\lambda}_1-5\bar{\lambda}_2 \leq 0$ $\qquad U_y=\bar{x}-4\bar{\lambda}_1-2\bar{\lambda}_2 \leq 0$
   b) $\bar{x} \geq 0$ $\qquad \bar{y} \geq 0$
   c) $\bar{x}(\bar{y}-3\bar{\lambda}_1-5\bar{\lambda}_2)=0$ $\qquad \bar{y}(\bar{x}-4\bar{\lambda}_1-2\bar{\lambda}_2)=0$
2. a) $U_{\lambda_1}=144-3\bar{x}-4\bar{y} \geq 0$ $\qquad U_{\lambda_2}=120-5\bar{x}-2\bar{y} \geq 0$
   b) $\bar{\lambda}_1 \geq 0$ $\qquad \bar{\lambda}_2 \geq 0$
   c) $\bar{\lambda}_1(144-3\bar{x}-4\bar{y})=0$ $\qquad \bar{\lambda}_2(120-5\bar{x}-2\bar{y})=0$

목적함수인 효용함수의 특성상 선택변수 $\bar{x}$, $\bar{y}$ 어느 것도 0이 될 수 없다고 가정한다. 그렇지 않으면, 즉 x, y 중 어느 하나라도 0이 되면 효용함수는 $u=xy=0$이 된다. $\bar{x}, \bar{y}>0$ 이면, 1.(c)로부터

$$\bar{y}-3\lambda_1-5\lambda_2=0$$
$$\bar{x}-4\lambda_1-2\lambda_2=0$$

여기서 $MU_x=u_x=\bar{y}$, $MU_y=u_y=\bar{x}$임을 감안하고 한계효용이 $MU>0$이라고 가정하면, $\bar{\lambda}_1$, $\bar{\lambda}_2$가 모두 0이 될 수는 없다. 따라서 두 개의 제약조건 중 적어도 하나는 등식이 성립해야 한다.

이로부터 세 개의 가능성을 상정할 수 있다; (a) $\bar{\lambda}_1>0$, $\bar{\lambda}_2=0$, (b) $\bar{\lambda}_1=0$, $\bar{\lambda}_2>0$, (c) $\bar{\lambda}_1>0$, $\bar{\lambda}_2>0$. 이를 차례로 살펴보기로 하자

a) $\bar{\lambda}_1>0$, $\bar{\lambda}_2=0$, $\bar{x}, \bar{y}>0$ 인 경우.

1.(c)와 2.(c)의 조건으로부터 우리는 네 개의 방정식을 얻을 수 있다.

$$\bar{y} - 3\bar{\lambda}_1 - 5\bar{\lambda}_2 = 0$$
$$\bar{x} - 4\bar{\lambda}_1 - 2\bar{\lambda}_2 = 0$$
$$144 - 3\bar{x} - 4\bar{y} = 0$$
$$\bar{\lambda}_2 = 0$$

이를 행렬로 표현하면,

$$\begin{bmatrix} 0 & 1 & -3 \\ 1 & 0 & -4 \\ -3 & -4 & 0 \end{bmatrix} \begin{bmatrix} \bar{x} \\ \bar{y} \\ \bar{\lambda}_1 \end{bmatrix} = \begin{bmatrix} 0 \\ 0 \\ -144 \end{bmatrix}$$

크래머 법칙을 이용하면, 여기서 $|\mathbf{A}| = 24$, $|\mathbf{A}_1| = 576$, $|\mathbf{A}_2| = 432$, $|\mathbf{A}_3| = 144$이므로 다음과 같은 해를 얻을 수 있다.

$$\bar{x} = 24, \quad \bar{y} = 18, \quad \bar{\lambda}_1 = 6$$

그러나 이 해가 최적화의 조건에 부합하는지를 검토하면, 2.(a)의 두 번째 조건을 만족시키지 못하고 있음을 알 수 있다.

$$U_{\lambda_2} = 120 - 5(24) - 2(18) = -36 < 0$$

이는 $\partial U / \partial \lambda_i \geq 0$이어야 하는 쿤-터커 조건을 위배하고 있다. 따라서 위에서 구한 해는 최적해가 아니다.

b) $\bar{\lambda}_1 = 0$, $\bar{\lambda}_2 > 0$, $\bar{x}, \bar{y} > 0$ 인 경우.

1.(c)와 2.(c)로부터 우리는 네 개의 방정식을 얻을 수 있다.

$$\bar{y} - 3\bar{\lambda}_1 - 5\bar{\lambda}_2 = 0$$
$$\bar{x} - 4\bar{\lambda}_1 - 2\bar{\lambda}_2 = 0$$
$$\bar{\lambda}_1 = 0$$
$$120 - 5\bar{x} - 2\bar{y} = 0$$

이를 행렬로 구성하고 크래머 법칙을 이용하여 해를 구한다.

$$\begin{bmatrix} 0 & 1 & -5 \\ 1 & 0 & -2 \\ -5 & -2 & 0 \end{bmatrix} \begin{bmatrix} \bar{x} \\ \bar{y} \\ \bar{\lambda}_2 \end{bmatrix} = \begin{bmatrix} 0 \\ 0 \\ -120 \end{bmatrix}$$

여기서 $|\mathbf{A}| = 20$, $|\mathbf{A}_1| = 240$, $|\mathbf{A}_2| = 600$, $|\mathbf{A}_3| = 120$이므로 다음과 같은 해를 얻을 수 있다.

$$\bar{x} = 12, \quad \bar{y} = 30, \quad \bar{\lambda}_2 = 6$$

최적화를 위한 조건에 부합하는지를 검토한다.

$$U_{\lambda_1} = 144 - 3(12) - 4(30) = -12 < 0$$

2.(a)의 첫 번째 조건을 만족시키지 못하고 있음을 알 수 있다. 따라서 이 해는

최적해가 될 수 없다.

c) $\bar{\lambda}_1 > 0$, $\bar{\lambda}_2 > 0$. $\bar{x}, \bar{y} > 0$ 인 경우.

1.(c)와 2.(c)로부터 우리는 네 개의 방정식을 얻을 수 있으며 이를 행렬로 구성하고, 크래머 법칙을 이용하여 해를 구한다.

$$\begin{bmatrix} 0 & 1 & -3 & -5 \\ 1 & 0 & -4 & -2 \\ -3 & -4 & 0 & 0 \\ -5 & -2 & 0 & 0 \end{bmatrix} \begin{bmatrix} \bar{x} \\ \bar{y} \\ \bar{\lambda}_1 \\ \bar{\lambda}_2 \end{bmatrix} = \begin{bmatrix} 0 \\ 0 \\ -144 \\ -120 \end{bmatrix}$$

여기서 $|\mathbf{A}| = 196$, $|\mathbf{A}_1| = 2688$, $|\mathbf{A}_2| = 5040$, $|\mathbf{A}_3| = 240$ 그리고 $|\mathbf{A}_4| = 864$이므로 다음과 같은 해를 얻을 수 있으며, 쿤-터커 조건의 어느 것에도 위배되지 않으므로 이 해는 최적해가 된다.

$$\bar{x} = 13.71, \quad \bar{y} = 25.71, \quad \bar{\lambda}_1 = 1.22, \quad \bar{\lambda}_2 = 4.41$$

13.40 [연습문제 13.39]의 결과를 (a) 그래프를 통해 확인하고, (b) 그래프가 예시하는 바를 설명하시오.

a) [그림 13-3] 참조.

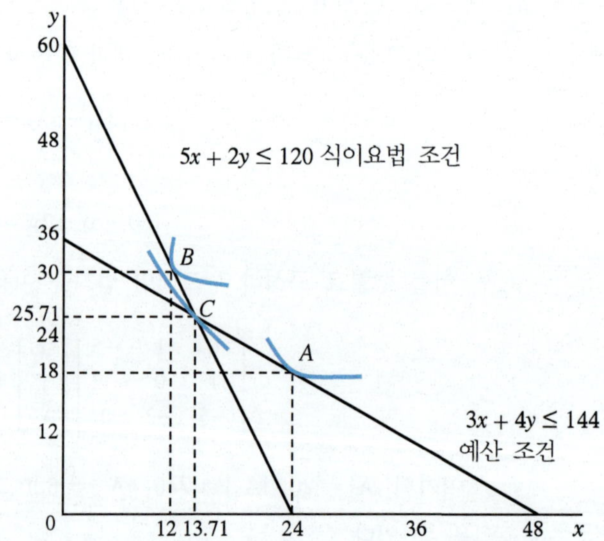

[그림 13-3]

b) $\bar{x} = 24$, $\bar{y} = 18$인 A점에서 예산제약조건은 정확하게 충족되나, 식이요법에 의한 제약조건은 만족되지 않는다. 따라서 A점은 최적해가 되지 못한다.

$\bar{x} = 12$, $\bar{y} = 30$인 B점에서 식이요법 제약조건은 정확히 충족되나, 예산 제약

조건은 만족되지 않는다. 따라서 B점은 최적해가 되지 못한다.

$\bar{x}=13.71$, $\bar{y}=25.71$인 C점은 예산제약조건과 식이요법 제약조건을 모두 만족시키며 쿤-터커 조건에도 위배되지 않는다. 따라서 C점은 최적해가 된다. 특히 C점은 두 제약조건식을 나타내는 직선 두 개가 만나는 점이 된다.

13.41 전력회사와 같은 자연독점적인 기업의 규제를 위해 정책적으로 투입자본의 일정 비율로 이윤을 제한하려고 한다. 그러나 이러한 정책은 규제산업에 대해 투입 생산요소의 왜곡을 유발하여 애버치-존슨 효과(Averch-Johnson effect)를 낳게 된다.
독점기업은 아래와 같은 수익률 제약조건하에서 이윤을 극대화하려고 한다.

$$\begin{aligned} \max \quad & \pi(K,L) = E(K,L) - rK - wL \\ \text{s.t.} \quad & E(K,L) - wL \le mK \end{aligned}$$

여기서 E는 수입이고 $E_K, E_L > 0$, $E_{KK}, E_{LL} < 0$, $E_{KK}E_{LL} > E_{KL}E_{LK}$, 그리고 r은 자본비용, w는 임금, m은 자본에 대한 최대수익률을 나타내며 $m-r>0$이다.
오목계획법을 사용하면 애버치-존슨이 제시한 왜곡효과를 나타낼 수 있다.
라그랑지 함수와 쿤-터커 조건을 구성한다.

$$\Pi(K,L) = E(K,L) - rK - wL + \lambda[mK - E(K,L) + wL]$$

$$\begin{array}{llll} 1. & a) & \Pi_K = E_K - r + \bar{\lambda}m - \bar{\lambda}E_K \le 0 & \Pi_L = E_L - w - \bar{\lambda}E_L + \bar{\lambda}w \le 0 \\ & b) & \bar{K} \ge 0 & \bar{L} \ge 0 \\ & c) & \bar{K}(E_K - r + \bar{\lambda}m - \bar{\lambda}E_K) = 0 & \bar{L}(E_L - w - \bar{\lambda}E_L + \bar{\lambda}w) = 0 \end{array}$$

$$\begin{array}{lll} 2. & a) & \Pi_\lambda = m\bar{K} + w\bar{L} - E(\bar{K},\bar{L}) \ge 0 \\ & b) & \bar{\lambda} \ge 0 \\ & c) & \bar{\lambda}[m\bar{K} + w\bar{L} - E(\bar{K},\bar{L})] = 0 \end{array}$$

$\bar{K}, \bar{L} \ge 0$이고, 1.(c)의 첫 번째 식의 괄호 속에 $\bar{\lambda}r$을 더하고 뺀 후 정리하면,

$$(1-\bar{\lambda})(E_K - r) + \bar{\lambda}(m-r) = 0 \tag{13.27}$$

$$(1-\bar{\lambda})(E_L - w) = 0 \tag{13.28}$$

$$m\bar{K} + w\bar{L} - E(\bar{K},\bar{L}) \ge 0$$

$$\bar{\lambda}[m\bar{K} + w\bar{L} - E(\bar{K},\bar{L})] = 0$$

식 (13.27)에서 $\bar{\lambda}=1$이면 $m-r=0$이고, 이는 최대 허용수익률 m이 자본비용 r보다 크다는 가정, 즉 $m>r$에 위배된다. 따라서 $\bar{\lambda}\ne 1$이다.
그러나 만약 $\bar{\lambda}\ne 1$이라면, 식 (13.27)로부터

$$E_K = r - \frac{\bar{\lambda}(m-r)}{(1-\bar{\lambda})} \tag{13.29}$$

그리고 식 (13.28)에서

$$E_L = w \tag{13.30}$$

식 (13.29)를 식 (13.30)으로 나누면,

$$\frac{E_K}{E_L} = \frac{r - \left[\frac{\bar{\lambda}(m-r)}{(1-\bar{\lambda})}\right]}{w} = \frac{r}{w} - \frac{\bar{\lambda}(m-r)}{(1-\bar{\lambda})w} \tag{13.31}$$

만약 $\bar{\lambda}=0$이라면 규제가 없는 경우의 최적조건을 얻게 된다.

$$\frac{E_K}{E_L} = \frac{r}{w}$$

여기서 $E_K = MRP_K$, $E_L = MRP_L$이다. 따라서 위 식의 좌변에 있는 $\frac{E_K}{E_L}$에서 분자, 분모를 생산물 가격으로 나누면, 다음과 같은 결과를 얻을 수 있다.

$$\frac{MP_K}{MP_L} = \frac{r}{w}$$

그러나 만약 $\bar{\lambda} \neq 0$이라면, 규제는 한계생산물의 비율 $\frac{MP_K}{MP_L}$이 생산요소 가격의 비율 $\frac{r}{w}$와 정확히 일치해야 성립하는 최적해를 깨트리게 되는 결과를 낳는다. 따라서 $\bar{\lambda} \neq 0$인 상황은 이윤극대화를 위한 생산량에 왜곡된 효과를 가하게 된다.

13.42 [연습문제 13.41]의 모형에서, (a) 애버치-존슨 효과에 따른 왜곡의 방향을 확인하고, (b) 이를 입증하는 데 필요한 조건을 제시하시오.

(a) 애버치-존슨 효과에 따르면 규제에 의한 생산요소 투입의 왜곡은 규제가 없을 때에 비해 K/L의 비율을 더 높이는 결과를 가져온다. 자본이 최적투입량보다 더 많이 투입될 경우, 자본의 한계생산성은 감소하게 될 것이고 애버치-존슨 효과는 바로 다음과 같은 결과를 낳게 된다.

$$\frac{MP_K}{MP_L} < \frac{r}{w}$$

(b) 식 (13.31)로부터, 아래 식이 성립할 때는 언제든지 최적의 자본집약도 K/L보다 더 많은 자본투입을 가져오게 된다.

$$\frac{\bar{\lambda}(m-r)}{(1-\bar{\lambda})w} > 0 \tag{13.32}$$

여기서 우리는 $r > 0$, $w > 0$임을 알고 있고 또 통상적 가정에 따라 $m - r > 0$이므로, 식 (13.32)는 $\bar{\lambda} < 1$일 때 성립한다. $\bar{\lambda}$의 부호를 확인하기 위해서는 비교정태분석으로 돌아가야 한다.

이미 $\bar{x}, \bar{y}, \bar{\lambda} \neq 0$임을 확인하였으므로, 쿤-터커 조건 $1.(c)$, $2.(c)$로부터 아래

세 개의 편도함수는 모두 등식(=0)이 성립해야 한다.

$$(1-\bar{\lambda})E_K - r + \bar{\lambda}m = 0$$
$$(1-\bar{\lambda})(E_L - w) = 0$$
$$m\bar{K} + w\bar{L} - E(\bar{K}, \bar{L}) = 0$$

위의 세 방정식은 아래와 같이 제약조건식이 등식으로 되어 있는 최적화 문제를 극대화할 때 얻게 되는 바로 그 1차조건과 동일함을 알 수 있다.

$$\text{Max} \quad \pi(K, L) = E(K, L) - rK - wL$$
$$\text{s.t.} \quad E(K, L) - wL = mK$$

극대화 2차조건이 만족되기 위해서는 제약조건부 헤시안(Bordered Hessian)이 양(+)이 되어야 한다.

$$|\bar{\mathbf{H}}| = \begin{vmatrix} (1-\bar{\lambda})E_{KK} & (1-\bar{\lambda})E_{KL} & m - E_K \\ (1-\bar{\lambda})E_{LK} & (1-\bar{\lambda})E_{LL} & w - E_L \\ m - E_K & w - E_L & 0 \end{vmatrix} > 0$$

세 번째 행을 따라 라플라스 전개를 하면,

$$\begin{aligned} |\bar{\mathbf{H}}| = & (m - E_K)[(w - E_L)(1-\bar{\lambda})E_{KL} - (m - E_K)(1-\bar{\lambda})E_{LL}] \\ & - (w - E_L)[(w - E_L)(1-\bar{\lambda})E_{KK} - (m - E_K)(1-\bar{\lambda})E_{LK}] \end{aligned}$$

최적해에서 $w = E_L$이므로 $(w - E_L)$을 가진 항은 모두 0이 된다.

$$|\bar{\mathbf{H}}| = -(m - E_K)^2(1-\bar{\lambda})E_{LL}$$

$|\overline{\mathbf{H}}| > 0$이 되기 위해서는

$$(1-\bar{\lambda})E_{LL} < 0$$

또한 강오목성(strict concavity)의 가정에 따라 $E_{LL} < 0$이므로

$$\bar{\lambda} < 1$$

이 되며, 이에 따라 식 (13.32)>0이 되고, 식 (13.31)로부터 다음 부등식이 성립한다.

$$\frac{MP_K}{MP_L} < \frac{r}{w} \qquad \text{Q.E.D.}$$

14장
적분: 부정적분

14.1 적분

3장에서 6장까지는 함수의 변화율을 측정하는 미분에 대해 다루었다.

미분이란 앞에서 배웠듯이 함수 $F(x)$의 도함수 $F'(x)$를 구하는 과정이다. 그런데 경제학에서는 함수의 변화율을 나타내는 $F'(x)$를 알고 있는 상태에서 원시함수 $F(x)$를 구해야 할 때가 자주 있다. 이와 같이 미분과정을 역으로 하여, 도함수로부터 원시함수를 구하는 것을 적분(integration) 또는 역미분(antidifferentiation)이라 한다.

이 때 원시함수 $F(x)$를 $F'(x)$의 적분(integral) 또는 역도함수(antiderivative)라고 한다.

예제 1 $f(x) = F'(x)$라 할 때, $f(x)$의 역도함수는 수학적으로 다음과 같이 나타낸다.

$$\int f(x)\,dx = F(x) + c$$

윗 식의 좌변을 x에 대한 $f(x)$의 부정적분(indefinite integral)이라 하며 여기서 $\int$은 적분기호이며 $f(x)$는 '피적분 함수'(integrand), c를 '적분상수'(constant of integration)라 한다([예제 3] 참조).

14.2 적분 법칙

다음의 적분 법칙은 미분법칙을 역으로 하여 얻을 수 있다. 이는 적분의 도함수는 피적분함수와 일치해야 하기 때문이다. 각 법칙에 대한 예는 [예제 2]와 [연습문제 14.1-14.6]에 제시되어 있다.

[법칙 1] 상수 k의 적분

$$\int k\,dx = kx + c$$

[법칙 2] 1의 적분은 $1dx$가 아닌 dx로 표시한다.

$$\int dx = x + c$$

[법칙 3] 멱함수 x^n의 적분($n \neq -1$)

$$\int x^n\,dx = \frac{1}{n+1}x^{n+1} + c \qquad n \neq -1$$

[법칙 4] x^{-1}(또는 $1/x$)의 적분

$$\int x^{-1}\,dx = \ln x + c \qquad x > 0$$

위에서 $x > 0$의 조건이 뒤따르는 이유는 양수만이 로그값을 가지기 때문이다. 따라서 x가 음수인 경우는 다음 공식에 따르면 된다.

$$\int x^{-1}\,dx = \ln|x| + c \qquad x \neq 0$$

[법칙 5] 지수함수의 적분

$$\int a^{kx}\,dx = \frac{a^{kx}}{k\ln a} + c$$

[법칙 6] 자연지수함수의 적분

$$\int e^{kx}\,dx = \frac{e^{kx}}{k} + c \qquad (\ln e = 1)$$

[법칙 7] 어떤 함수에 상수를 곱한 것의 적분은 주어진 함수의 적분에 상수를 곱한 것과 같다.

$$\int kf(x)\,dx = k\int f(x)\,dx$$

[법칙 8] 두 개 또는 그 이상의 함수들의 합 또는 차의 적분은 각 함수의 적분에 대한 합 또는 차와 같다.

$$\int [f(x) + g(x)]\,dx = \int f(x)\,dx + \int g(x)\,dx$$

[법칙 9]

$$\int -f(x)\,dx = -\int f(x)\,dx$$

예제 2 적분법칙의 적용 예가 아래에 예시되어 있다. 적분의 도함수가 피적분함수(integrand)와 일치하는가를 통해 여러분이 구한 답을 검산해 보시오.

1)
$$\int 3\,dx = 3x + c \qquad \text{(법칙 1)}$$

2)
$$\int x^2\,dx = \frac{1}{2+1}x^{2+1} + c = \frac{1}{3}x^3 + c \qquad \text{(법칙 2)}$$

3)
$$\begin{aligned}\int 5x^4\,dx &= 5\int x^4\,dx \qquad \text{(법칙 3)}\\ &= 5\left(\frac{1}{5}x^5 + c_1\right)\\ &= x^5 + c\end{aligned}$$

여기서 c_1과 c는 임의의 상수이며 $5c_1 = c$, 즉 $5c_1$을 단순히 c로 표시한 것이다. c는 임의의 상수이므로 예비계산 단계에서는 무시할 수 있으며 단지 최종적인 해를 구할 때만 포함시키면 된다.

4)
$$\begin{aligned}\int (3x^3 - x + 1)\,dx &= 3\int x^3\,dx - \int x\,dx + \int dx \qquad \text{(법칙 7,8,9)}\\ &= 3(\tfrac{1}{4}x^4) - \tfrac{1}{2}x^2 + x + c\\ &= \tfrac{3}{4}x^4 - \tfrac{1}{2}x^2 + x + c \qquad \text{(법칙 2,3)}\end{aligned}$$

5)
$$\begin{aligned}\int 3x^{-1}\,dx &= 3\int x^{-1}\,dx \qquad \text{(법칙 7)}\\ &= 3\ln|x| + c \qquad \text{(법칙 4)}\end{aligned}$$

6)
$$\int 2^{3x}\,dx = \frac{2^{3x}}{3\ln 2} + c \qquad \text{(법칙 5)}$$

7)
$$\begin{aligned}\int 9e^{-3x}\,dx &= \frac{9e^{-3x}}{-3} + c\\ &= -3e^{-3x} + c \qquad \text{(법칙 6)}\end{aligned}$$

예제 3 상수항만 다른 함수는 동일한 도함수를 가지고 있다. 즉 함수는 $F(x) = 2x + k$는 k의 값에 관계없이 $f(x) = 2$의 도함수를 가진다. 이러한 과정을 역으로 시행하면 $\int 2dx$는 역도함수로서, 오직 상수항만 다른 모든 함수를 대표하는 부정적분이 됨을 분명히 알 수 있다. 적분상수 c는 원시함수의 일부가 되는 어떤 상수를 대표하게 되는데 이 상수는 원시함수의 도함수를 구할 때 0이 된다.

c가 정해지지 않은 부정적분 $\int f(x)dx = F(x) + c$의 그래프는 어느 점에서나 x에서의 접선의 기울기가 모두 동일한 $f(x)$가 된다는 면에서 서로 평행인 곡선을 이룬다. c가 변화하면 곡선의 이동을 가져온다. [그림 14-1]에는 부정적분 $\int 2dx = 2x + c$의 경우, c가 $c = -7$, -3, 1, 5로 각각 주어졌을 때의 그래프가 그려져 있다. c=0이라면 그래프는 원점을 지난다.

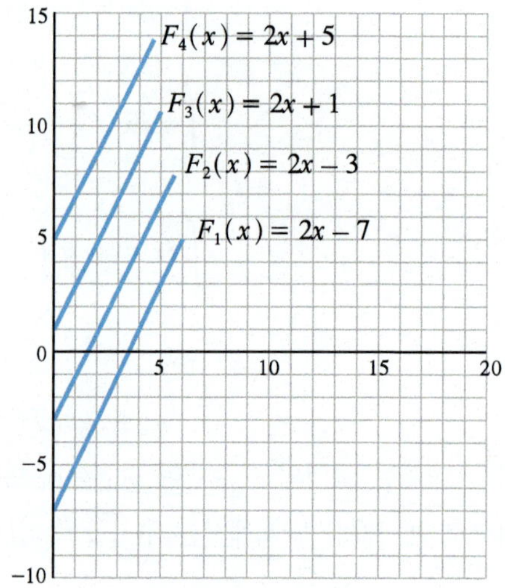

[그림 14.1]

14.3 초기조건과 경계조건

많은 문제에서 초기조건(initial condition: $x = 0$일 때 $y = y_0$) 또는 경계조건(boundary condition: $x = x_0$일 때 $y = y_0$)이 주어지는 것이 보통인데, 이들 조건을 이용하면 적분상수를 결정할 수 있다. 초기조건이나 경계조건은 c의 값을 결정해줌으로써 [예제 3]과 [연습문제 14.3-14.5]에서 나타난 것과 같은 여러 곡선으로부터 하나의 특정한 곡선을 지정해 준다.

예제 4 경계조건이 $x = 3$일 때 $y = 11$로 주어진 경우 적분 $y = \int 2dx$는 다음과 같이 구할 수 있다.

$$y = \int 2\,dx = 2x + c$$

$x = 3$일 때 $y = 11$을 대입하면

$$11 = 2(3) + c \qquad c = 5$$

그러므로 $y=2x+5$가 된다. c가 주어졌다고 하더라도 x가 정해지지 않았기 때문에 $\int 2dx$는 여전히 부정적분임에 유의해야 한다. 따라서 적분 $2x+5$는 어떠한 값도 가질 수 있다.

14.4 치환적분

아래 주어진 적분과 같이 두 개의 미분가능한 x 함수의 곱셈 또는 나눗셈의 적분은 위에 언급한 법칙을 이용하여 간단하게 직접 구할 수는 없다.

$$\int 12x^2(x^3+2)\,dx$$

그러나 피적분함수가 함수 u와 이것의 도함수 du/dx의 상수배로 나타낼 수 있다면 치환에 의한 적분이 가능하다. 피적분 함수를 함수 u와 이의 도함수 du/dx로 나타내고 이를 x에 대해 적분하면,

$$\int f(x)\,dx = \int \left(u\frac{du}{dx}\right)dx$$

$$\int f(x)\,dx = \int u\,du = F(u) + c$$

이러한 치환에 의한 적분법은 미분에서의 연쇄법칙과 일반 멱함수 미분법칙에 대응하는 것이다. [예제 5-6]과 [연습문제 14.7-14.18] 참조.

예제 5 치환법칙을 이용하여 적분 $\int 12x^2(x^3+2)dx$를 구하는 과정은 다음과 같다.

$$\int 12x^2(x^3+2)\,dx$$

1. 피적분함수가 u와 도함수 du/dx의 상수배의 곱으로 나타낼 수 있는지 확인한다.

   (a) 독립변수의 치수가 더 고차인인 함수를 u로 치환한다. 여기서는 $u=x^3+2$로 한다.
   (b) u의 도함수를 구한다; $du/dx=3x^2$.
   (c) $du/dx=3x^2$에서 이를 dx에 대해 푼다; $dx=\dfrac{du}{3x^2}$.
   (d) $u=x^3+2$와 $dx=\dfrac{du}{3x^2}$을 원래의 피적분 함수에 대입한다.

$$\int 12x^2(x^3+2)\,dx = \int 12x^2\cdot u\cdot\frac{du}{3x^2} = \int 4u\,du = 4\int u\,du$$

   여기서 4는 u의 배수이다.

2. [법칙 3]을 이용하여 u에 대해 적분한다.

$$4\int u\,du = 4(\tfrac{1}{2}u^2) = 2u^2 + c$$

3. u에 $u = x^3 + 2$를 대입하여 원래의 x 함수로 돌아간다.

$$\int 12x^2(x^3+2)\,dx = 2u^2 + c = 2(x^3+2)^2 + c$$

4. 멱함수 미분법칙이나 연쇄미분법칙에 따라 미분하여 검산과정을 거친다.

$$\frac{d}{dx}[2(x^3+2)^2 + c] = 4(x^3+2)(3x^2) = 12x^2(x^3+2)$$

[연습문제 14.7-14.18] 참조.

예제 6 적분 $\int 4x(x+1)^3 dx$를 구하시오.

$u = x+1$로 놓으면 $du/dx = 1$에서 $dx = du$이다. $u = x+1$과 $dx = du$를 피적분함수에 대입하면,

$$\int 4x(x+1)^3\,dx = \int 4xu^3\,du = 4\int xu^3\,du$$

여기서 x는 상수가 아닌 변수이기 때문에 원래의 피적분함수를 $u\dfrac{du}{dx}$의 상수배로 변형시킬 수 없다[1]. 따라서 치환에 의한 적분은 적절한 방법이 되지 못하며 이 경우는 부분적분의 이용이 필요하다.

역자 TIP

1) 즉 x가 소거되어 u만의 함수가 되어야 하는데 x가 변수로서 그대로 남아있다.

14.5 부분적분

피적분함수가 미분가능한 x 함수의 곱이나 분수 형태로 되어 있고 이를 $u\dfrac{du}{dx}$의 상수배로 나타낼 수 없는 경우, 부분적분(integration by parts)은 아주 유용한 적분 방법이 된다. 이 부분적분 방법은 두 함수의 곱을 미분하는 과정을 역으로 하여 도출한다. 3.7.5절에 있는 곱의 미분법칙으로부터

$$\frac{d}{dx}[f(x)g(x)] = f(x)g'(x) + g(x)f'(x)$$

가 되는데, 이 도함수의 적분을 구하면

$$f(x)\,g(x) = \int f(x)\,g'(x)\,dx + \int g(x)\,f'(x)\,dx$$

우변에 있는 첫 번째 적분에 대해 풀면

$$\int f(x)\,g'(x)\,dx = f(x)\,g(x) - \int g(x)\,f'(x)\,dx \qquad (14.1)$$

관계를 도출 할 수 있다. [예제 7-8]과 [연습문제 14.19-14.24] 참조.

더 복잡한 함수의 적분은 일반적으로 적분표(integration table)를 이용한다. 적분표에는 500여개에 달하는 함수의 적분공식이 제시되어 있는데, 이는 수학편람(mathematical handbook)에서 쉽게 찾을 수 있다.

예제 7 부분적분을 이용하여 아래 적분을 구하면 다음과 같다.

$$\int 4x(x+1)^3\,dx$$

1. 피적분함수를 식 (14.1)의 공식에 적용할 수 있도록 두 부분으로 분리한다. 일반적으로 간단한 형태의 함수를 $f(x)$로 그리고 좀 더 복잡한 형태의 함수를 $g'(x)$로 간주한다. 여기서 $f(x)=4x$, $g'(x)=(x+1)^3$이라 하면, 이로부터 $f'(x)=4$, $g(x)=\int(x+1)^3dx$가 되는데 $g(x)$를 구하기 위해 [법칙 3]을 이용하면

$$g(x) = \int (x+1)^3\,dx = \tfrac{1}{4}(x+1)^4 + c_1$$

가 된다.

2. 식 (14.1)에 위에서 구한 $f(x)$, $f'(x)$, $g(x)$를 대입한다. $g'(x)$는 공식에서 이용되고 있지 않음에 유의한다.

$$\begin{aligned}\int 4x(x+1)^3\,dx &= f(x)\cdot g(x) - \int [g(x)\cdot f'(x)]\,dx \\ &= 4x[\tfrac{1}{4}(x+1)^4 + c_1] - \int [\tfrac{1}{4}(x+1)^4 + c_1](4)\,dx \\ &= x(x+1)^4 + 4c_1x - \int [(x+1)^4 + 4c_1]\,dx\end{aligned}$$

3. [법칙 3]을 이용하여 남아있는 적분을 구한다.

$$\begin{aligned}\int 4x(x+1)^3\,dx &= x(x+1)^4 + 4c_1x - \tfrac{1}{5}(x+1)^5 - 4c_1x + c \\ &= x(x+1)^4 - \tfrac{1}{5}(x+1)^5 + c\end{aligned}$$

위에서 c_1은 최종적으로 적분한 결과에 나타나고 있지 않음에 유의해야 한다. 이는 부분적분에서 공통적으로 나타나는 현상이므로 앞으로 c_1은 0으로 가정하거나 적분결과에 포

함시키지 않는 것으로 한다.

4. $y(x)=x(x+1)^4-\frac{1}{5}(x+1)^5+c$로 하고 이를 곱의 미분법칙과 멱함수 미분법칙에 따라 미분하여 검산과정을 거친다.

$$y'(x)=[x\cdot 4(x+1)^3+(x+1)^4\cdot 1]-(x+1)^4=4x(x+1)^3$$

예제 8 적분 $\int 2xe^x dx$는 다음과 같이 구한다.

$f(x)=2x$, $g'(x)=e^x$라 하면, $f'(x)=2$, $g(x)=\int e^x dx=e^x$가 된다.

이를 식 (14.1)에 대입하면,

$$\int 2xe^x dx = f(x)\cdot g(x)-\int g(x)\cdot f'(x)\,dx$$
$$=2x\cdot e^x-\int e^x\cdot 2\,dx=2xe^x-2\int e^x dx$$

여기에 [법칙 6]을 적용하고 적분상수를 부가하면

$$\int 2xe^x dx = 2xe^x-2e^x+c$$

다음에 $y(x)=2xe^x-2e^x+c$라 놓고 이를 미분하여 적분결과를 검산한다.

$$y'(x)=2x\cdot e^x+e^x\cdot 2-2e^x=2xe^x$$

14.6 경제학적 응용

순투자 I는 시간에 따른 자본스톡 K의 변화율로 정의된다. 만약 자본형성 과정이 시간에 대해 연속적이라면 $I(t)=dK(t)/dt=K'(t)$가 된다. 투자율로부터 자본스톡의 크기를 추정할 수 있는데, 여기서 자본스톡은 순투자의 시간에 대한 적분에 해당한다.

$$K_t=\int I(t)\,dt=K(t)+c=K(t)+K_0$$

여기서 $c=K_0$(초기의 자본스톡)이다.

유사한 방법으로 적분을 이용하면 한계비용으로부터 총비용을 추정할 수 있다. 한계비용은 생산량 한 단위 증가에 따른 총비용의 변화를 의미하므로 $MC=dTC/dQ$가 되고, 또한 가변비용만이 생산량 수준에 따라 변하므로

$$\text{TC}=\int \text{MC}\,dQ=\text{VC}+c=\text{VC}+\text{FC}$$

가 되는데 여기서 c는 고정비용 또는 초기의 비용 FC에 해당한다.

변수의 시간경로(time path)를 찾아내거나 또는 시간의 흐름에 따라 변수가 균형을 향해 수렴하는지를 확인하는 경제분석을 동학(dynamics)이라고 한다. [예제 9]와 [연습문제 14.25-14.35]에서는 이에 관련된 응용문제를 다루고 있다.

예제 9 순투자율이 $I(t) = 140t^{3/4}$으로 주어지고 $t = 0$일 때의 초기 자본스톡이 150으로 주어진 경우 자본스톡 K에 대한 시간경로 $K(t)$를 구하시오.

$$K = \int 140t^{3/4}\,dt = 140\int t^{3/4}\,dt$$

멱함수 적분법칙인 [법칙 6]에 따라 적분하면

$$K = 140(\tfrac{4}{7}t^{7/4}) + c = 80t^{7/4} + c$$

그러나 $c = K_0 = 150$이므로 $K = 80t^{7/4} + 150$

연습 문제

■ **부정적분**

14.1 다음의 적분을 구하고 이를 검산하기 위해 적분의 도함수가 피적분함수와 일치하는가를 확인하시오.

a) $\int 3.5\,dx$

$$\int 3.5\,dx = 3.5x + c \qquad \text{(법칙 1)}$$

b) $\int -\frac{1}{2}dx$

$$\int -\tfrac{1}{2}dx = -\int \tfrac{1}{2}dx = -\tfrac{1}{2}x + c \qquad \text{(법칙 1, 9)}$$

c) $\int dx$

$$\int dx = x + c \qquad \text{(법칙 2)}$$

d) $\int x^5\,dx$

$$\int x^5\,dx = \tfrac{1}{6}x^6 + c \qquad \text{(법칙 3)}$$

e) $\int 4x^3\,dx$

$$\int 4x^3\,dx = 4\int x^3\,dx \qquad \text{(법칙 7)}$$

$$= 4(\tfrac{1}{4}x^4) + c = x^4 + c \qquad \text{(법칙 3)}$$

f) $\int x^{2/3}\,dx$

$$\int x^{2/3}\,dx = \tfrac{3}{5}x^{5/3} + c \qquad \text{(법칙 3)}$$

g) $\int x^{-1/5}\,dx$

$$\int x^{-1/5}\,dx = \tfrac{5}{4}x^{4/5} + c \qquad \text{(법칙 3)}$$

h) $\int 4x^{-2}\,dx$

$$\int 4x^{-2}\,dx = -4x^{-1} + c = -\frac{4}{x} + c \qquad \text{(법칙 3)}$$

i) $\int x^{-5/2}\,dx$

$$\int x^{-5/2}\,dx = -\frac{2}{3}x^{-3/2} + c = \frac{-2}{3\sqrt{x^3}} + c \qquad \text{(법칙 3)}$$

14.2 아래 주어진 문제에 대해 [연습문제 14.1]에서의 물음에 답하시오.

a) $\int \frac{dx}{x}$

$$\int \frac{dx}{x} = \int \frac{1}{x}\,dx = \ln|x| + c \qquad \text{(법칙 4)}$$

b) $\int 5x^{-1}\,dx$

$$\int 5x^{-1}\,dx = 5\ln|x| + c \qquad \text{(법칙 7, 4)}$$

c) $\int \frac{1}{3x}\,dx$

$$\int \frac{1}{3x}\,dx = \frac{1}{3}\int \frac{1}{x}\,dx = \frac{1}{3}\ln|x| + c \qquad \text{(법칙 7, 4)}$$

d) $\int \sqrt{x}\,dx$

$$\int \sqrt{x}\,dx = \int x^{1/2}\,dx = \tfrac{2}{3}x^{3/2} + c \qquad \text{(법칙 3)}$$

e) $\int \frac{dx}{x^4}$

$$\int \frac{dx}{x^4} = \int x^{-4}\,dx = -\frac{1}{3}x^{-3} + c \qquad \text{(법칙 3)}$$

f) $\int \frac{dx}{\sqrt[3]{x}}$

$$\int \frac{dx}{\sqrt[3]{x}} = \int x^{-1/3}\,dx = \frac{3}{2}x^{2/3} + c \qquad \text{(법칙 3)}$$

g) $\int (5x^3 + 2x^2 + 3x)\,dx$

$$\begin{aligned}\int (5x^3 + 2x^2 + 3x)\,dx &= 5\int x^3\,dx + 2\int x^2\,dx + 3\int x\,dx && \text{(법칙 7, 8)}\\ &= 5(\tfrac{1}{4}x^4) + 2(\tfrac{1}{3}x^3) + 3(\tfrac{1}{2}x^2) + c && \text{(법칙 3)}\\ &= \tfrac{5}{4}x^4 + \tfrac{2}{3}x^3 + \tfrac{3}{2}x^2 + c\end{aligned}$$

h) $\int (2x^6 - 3x^4)\,dx$

$$\int (2x^6 - 3x^4)\,dx = \tfrac{2}{7}x^7 - \tfrac{3}{5}x^5 + c \qquad \text{(법칙 3, 7, 8, 9)}$$

14.3 초기조건이 $x=0$일 때 $y=0$으로 주어진 경우 $y=\int (x^{1/2}+3x^{-1/2})dx$의 적분을 구하시오.

$$y = \int (x^{1/2} + 3x^{-1/2})\,dx = \tfrac{2}{3}x^{3/2} + 6x^{1/2} + c$$

$x = 0$일 때 $y = 0$의 초기조건을 대입하면 $c = 0$이므로 $y = \dfrac{2}{3}x^{3/2} + 6x^{1/2}$이 된다.

14.4 초기조건이 $x = 0$일 때 $y = 6$으로 주어진 경우 $y = \int (2x^5 - 3x^{-1/4})dx$의 적분을 구하시오.

$$y = \int (2x^5 - 3x^{-1/4})\,dx = \tfrac{1}{3}x^6 - 4x^{3/4} + c$$

여기에 $x = 0$일 때 $y = 6$의 초기조건을 대입하면 $c = 6$이므로

$$y = \frac{1}{3}x^6 - 4x^{3/4} + 6.$$

14.5 x=1일 때 $y = 21$의 경계조건(boundary condition)이 주어진 경우 $y = \int (10x^4 - 3)dx$의 적분을 구하시오.

$$y = \int (10x^4 - 3)\,dx = 2x^5 - 3x + c$$

$x = 1$일 때 $y = 21$의 경계조건을 위에 대입하면 $21 = 2(1)^5 - 3(1) + c$이므로 $c = 22$.

$$y = 2x^5 - 3x + 22$$

14.6 아래에 주어진 문제에 대해 [연습문제 14.1]에서의 물음에 답하시오.

a) $\int 2^{4x}\,dx$

$$\int 2^{4x}\,dx = \frac{2^{4x}}{4\ln 2} + c \qquad \text{(법칙 5)}$$

b) $\int 8^x\,dx$

$$\int 8^x\,dx = \frac{8^x}{\ln 8} + c$$

c) $\int e^{5x}\,dx$

$$\int e^{5x}\,dx = \frac{e^{5x}}{5} + c \qquad \text{(법칙 6)}$$

$$= \tfrac{1}{5}e^{5x} + c$$

$$\int 8^x\,dx = \frac{8^x}{\ln 8} + c$$

d) $\int 16e^{-4x}\,dx$

$$\int 16e^{-4x}\,dx = \frac{16e^{-4x}}{-4} + c = -4e^{-4x} + c$$

e) $\int (6e^{3x} - 8e^{-2x})\,dx$

$$\int (6e^{3x} - 8e^{-2x})\,dx = \frac{6e^{3x}}{3} - \frac{8e^{-2x}}{-2} + c = 2e^{3x} + 4e^{-2x} + c$$

■ **치환적분**

14.7 치환법에 따라 다음의 적분을 구하고 이를 검산하시오.

$$\int 10x(x^2+3)^4 dx$$

$u = x^2 + 3$이라 하면 $du/dx = 2x$이고 $dx = \dfrac{du}{2x}$이다. 이를 원래 피적분함수에 대입하여 $u\dfrac{du}{dx}$의 함수로 변형시키면,

$$\int 10x(x^2+3)^4 dx = \int 10xu^4 \frac{du}{2x} = 5\int u^4 du$$

이를 멱함수 적분법칙에 따라 적분하면, $5\int u^4 du = 5(\frac{1}{5}u^5) = u^5 + c$

여기에 $u = x^2 + 3$을 대입하면, $\int 10x(x^2+3)^4 dx = u^5 + c = (x^2+3)^5 + c$

14.8 $\int x^4(2x^5-5)^4 dx$에 대해 [연습문제 14.7]에서의 물음에 답하시오.

$u = 2x^5 - 5$라 하면 $du/dx = 10x^4$이므로 $dx = \dfrac{du}{10x^4}$. 이를 원래의 피적분함수에 대입하면,

$$\int x^4(2x^5-5)^4\,dx = \int x^4u^4\frac{du}{10x^4} = \frac{1}{10}\int u^4\,du$$

이를 적분하면 $\frac{1}{10}\int u^4\,du = \frac{1}{10}\left(\frac{1}{5}u^5\right) = \frac{1}{50}u^5 + c$

$u = 2x^5 - 5$를 대입하면,

$$\int x^4(2x^5-5)^4\,dx = \frac{1}{50}u^5 + c = \frac{1}{50}(2x^5-5)^5 + c$$

14.9 $\int (x-9)^{7/4}dx$에 대해 [연습문제 14.7]의 물음에 답하시오.

$u = x-9$라 하면 $du/dx = 1$이고 이로부터 $dx = du$이므로 이를 치환하면,

$$\int (x-9)^{7/4}dx = \int u^{7/4}du$$

이를 적분하면 $\int u^{7/4}du = \frac{4}{11}u^{11/4} + c$

$u = x-9$를 대입하면 $\int (x-9)^{7/4}dx = \frac{4}{11}(x-9)^{11/4} + c$

$du/dx = 1$일 때는 언제든지 치환적분을 하는 경우 멱함수 적분법칙을 적용할 수 있다.

14.10 $\int (6x-11)^{-5}dx$에 대해 [연습문제 14.7]의 물음에 답하시오.

$u = 6x-11$이라 하면 $du/dx = 6$이고 이로부터 $dx = du/6$이다. 이를 치환한 후 적분하면,

$$\int (6x-11)^{-5}dx = \int u^{-5}\frac{du}{6} = \frac{1}{6}\int u^{-5}du$$

$$\frac{1}{6}\int u^{-5}du = \frac{1}{6}\left(\frac{1}{-4}u^{-4}\right) = -\frac{1}{24}u^{-4} + c$$

$u = 6x-11$를 대입하면, $\int (6x-11)^{-5}dx = -\frac{1}{24}(6x-11)^{-4} + c$

여기서는 $\frac{du}{dx} = 6 \neq 1$이므로 멱함수 적분법칙이 직접 적용될 수 없음에 유의해야 한다.

14.11 아래 주어진 함수에 대해 [연습문제 14.7]에서의 물음에 답하시오.

$$\int \frac{x^2}{(4x^3+7)^2}dx$$

$\int \frac{x^2}{(4x^3+7)^2}dx = \int x^2(4x^3+7)^{-2}dx$에서

$u = 4x^3+7$이라 하면 $\frac{du}{dx} = 12x^2$, $dx = \frac{du}{12x^2}$가 되므로 이에 따라 치환하면

$$\int x^2u^{-2}\frac{du}{12x^2} = \frac{1}{12}\int u^{-2}du$$

이를 적분하면

$$\frac{1}{12}\int u^{-2}du = -\frac{1}{12}u^{-1} + c$$

여기에 다시 $u = 4x^3 + 7$을 치환하면

$$\int \frac{x^2}{(4x^3+7)^2}dx = -\frac{1}{12(4x^3+7)} + c$$

14.12 아래 주어진 함수에 대해 [연습문제 14.7]에서의 물음에 답하시오.

$$\int \frac{6x^2+4x+10}{(x^3+x^2+5x)^3}dx$$

$u = x^3 + x^2 + 5x$라 하면 $\frac{du}{dx} = 3x^2 + 2x + 5$에서 $dx = \frac{du}{3x^2+2x+5}$이므로 치환적분하면

$$\int (6x^2+4x+10)u^{-3}\frac{du}{3x^2+2x+5} = 2\int u^{-3}du$$

이를 적분하면 $$2\int u^{-3}du = -u^{-2} + c$$

여기에 다시 $u = x^3 + x^2 + 5x$로 치환하면

$$\int \frac{6x^2+4x+10}{(x^3+x^2+5x)^3}dx = -\frac{1}{(x^3+x^2+5x)^2} + c$$

14.13 아래 주어진 함수에 대해 [연습문제 14.7]에서의 물음에 답하시오.

$$\int \frac{dx}{9x-5}$$

$\int \frac{dx}{9x-5} = \int (9x-5)^{-1}dx$에서

$u = 9x - 5$라 하면 $\frac{du}{dx} = 9$이고 $dx = \frac{du}{9}$이므로 치환하면

$$\int u^{-1}\frac{du}{9} = \frac{1}{9}\int u^{-1}du$$

이를 [법칙 4]에 따라 적분하면 $\frac{1}{9}\int u^{-1}du = \frac{1}{9}\ln|u| + c$이다. 여기서 양수만이 로그 값을 가질 수 있는데 u는 $u \gtreqless 0$일 수 있으므로 항상 u에는 절대값을 취해야 한다. u에 다시 $u = 9x - 5$를 대입하면

$$\int \frac{dx}{9x-5} = \frac{1}{9}\ln|9x-5| + c$$

14.14 아래 주어진 함수에 대해 [연습문제 14.7]에서의 물음에 답하시오.

$$\int \frac{3x^2+2}{4x^3+8x}dx$$

$u=4x^3+8x$라 하면 $\dfrac{du}{dx}=12x^2+8$이고 이로부터 $dx=\dfrac{du}{12x^2+8}$이므로 이를 치환하면

$$\int (3x^2+2)u^{-1}\frac{du}{12x^2+8}=\frac{1}{4}\int u^{-1}du$$

이를 적분하면, $\quad \dfrac{1}{4}\displaystyle\int u^{-1}du=\frac{1}{4}\ln|u|+c$

여기에 다시 $u=4x^3+8x$를 대입하면

$$\int \frac{3x^2+2}{4x^3+8x}dx=\frac{1}{4}\ln|4x^3+8x|+c$$

14.15 치환법에 따라 $\int x^3e^{x^4}dx$에 대한 적분을 구하고 이를 검산하시오.

$u=x^4$이라 하면 $\dfrac{du}{dx}=4x^3$이고 이로부터 $dx=\dfrac{du}{4x^3}$이다. 여기서 u가 지수 부분을 구성하고 있음에 유의하면서 치환하면

$$\int x^3e^u\frac{du}{4x^3}=\frac{1}{4}\int e^u du$$

[법칙 6]에 따라 적분하면

$$\frac{1}{4}\int e^u du=\frac{1}{4}e^u+c$$

여기에 $u=x^4$을 다시 대입하면

$$\int x^3e^{x^4}dx=\frac{1}{4}e^{x^4}+c$$

14.16 $\int 24xe^{3x^2}dx$에 대해 [연습문제 14.15]의 물음에 답하시오.

$u=3x^2$이라 하면 $\dfrac{du}{dx}=6x$이고 이로부터 $dx=\dfrac{du}{6x}$이므로 이를 치환하여 적분하면

$$\int 24xe^u\frac{du}{6x}=4\int e^u du$$

적분하면 $\quad 4\displaystyle\int e^u du=4e^u+c$

$u=3x^2$로 다시 치환하면 $\quad \displaystyle\int 24xe^{3x^2}dx=4e^{3x^2}+c$

14.17 $\int 14e^{2x+7}dx$에 대해 [연습문제 14.15]에서의 물음에 답하시오.

$u=2x+7$이라 하면 $\dfrac{du}{dx}=2$이고 $dx=\dfrac{du}{2}$이므로 이를 치환하여 적분하면

$$\int 14e^{u}\frac{du}{2}=7\int e^{u}du=7e^{u}+c$$

$u=2x+7$로 다시 치환하면 $\int 14e^{2x+7}dx=7e^{2x+7}+c$

14.18 $\int 5xe^{5x^2+3}dx$에 대해 [연습문제 14.15]에서의 물음에 답하시오.

$u=5x^2+3$이라 하면 $\dfrac{du}{dx}=10x$이고 $dx=\dfrac{du}{10x}$이므로 이를 치환하여 적분하면

$$\int 5xe^{u}\frac{du}{10x}=\frac{1}{2}\int e^{u}du$$

$$\frac{1}{2}\int e^{u}du=\frac{1}{2}e^{u}+c$$

$u=5x^2+3$으로 다시 치환하면

$$\int 5xe^{5x^2+3}dx=\frac{1}{2}e^{5x^2+3}+c$$

■ **부분적분**

14.19 $\int 15x(x+4)^{3/2}dx$의 적분을 부분적분법을 이용하여 구하고 이를 검산하시오.

$f(x)=15x$, $g'(x)=(x+4)^{3/2}$이라 하면

$f'(x)=15$, $g(x)=\int (x+4)^{3/2}dx=\dfrac{2}{5}(x+4)^{5/2}$이 되므로 식 (14.1)의 공식에 대입하면

$$\int 15x(x+4)^{3/2}\,dx=f(x)g(x)-\int g(x)f'(x)\,dx$$

$$=15x[\tfrac{2}{5}(x+4)^{5/2}]-\int \tfrac{2}{5}(x+4)^{5/2}15\,dx=6x(x+4)^{5/2}-6\int (x+4)^{5/2}\,dx$$

위에 남아있는 적분을 구하면

$$\int 15x(x+4)^{3/2}\,dx=6x(x+4)^{5/2}-\tfrac{12}{7}(x+4)^{7/2}+c$$

14.20 $\int \dfrac{2x}{(x-8)^3}dx$에 대해 [연습문제 14.19]의 물음에 답하시오.

$f(x)=2x$, $g'(x)=(x-8)^{-3}$이라 하면,

$f'(x)=2$이고 $g(x)=\int (x-8)^{-3}dx=-\frac{1}{2}(x-8)^{-2}$이므로 식 (14.1)의 공식에 대입하면

$$\int \frac{2x}{(x-8)^3}dx = 2x\left[-\frac{1}{2}(x-8)^{-2}\right]-\int -\frac{1}{2}(x-8)^{-2}\ \ 2\,dx = -x(x-8)^{-2}+\int (x-8)^{-2}dx$$

또한 마지막 항을 적분하면 $\int (x-8)^{-2}dx=-1(x-8)^{-1}+c$가 되므로

$$\int \frac{2x}{(x-8)^3}dx = -x(x-8)^{-2}-(x-8)^{-1}+c = \frac{-x}{(x-8)^2}-\frac{1}{x-8}+c$$

14.21 $\int \frac{5x}{(x-1)^2}dx$에 대해 [연습문제 14.19]의 물음에 답하시오.

$f(x)=5x$, $g'(x)=(x-1)^{-2}$이라 하면

$f'(x)=5$, $g(x)=\int (x-1)^{-2}dx=-(x-1)^{-1}$이므로 이를 식 (14.1)의 공식에 대입하면

$$\int \frac{5x}{(x-1)^2}dx = 5x[-(x-1)^{-1}]-\int -(x-1)^{-1}5\,dx = -5x(x-1)^{-1}+5\int (x-1)^{-1}dx$$

남아있는 적분을 구하면

$$\int \frac{5x}{(x-1)^2}dx = -5x(x-1)^{-1}+5\ln|x-1|+c = \frac{-5x}{x-1}+5\ln|x-1|+c$$

14.22 $\int 6xe^{x+7}dx$에 대해 [연습문제 14.19]에서의 물음에 답하시오.

$f(x)=6x$, $g'(x)=e^{x+7}$이라 하면,

$f'(x)=6$, $g(x)=\int e^{x+7}dx=e^{x+7}$ (여기서는 적분상수 c를 생략하고 있다).

식 (14.1)을 이용하면

$$\int 6xe^{x+7}dx = 6xe^{x+7}-\int e^{x+7}6\,dx = 6xe^{x+7}-6\int e^{x+7}dx$$

남아있는 적분을 구하면

$$\int 6xe^{x+7}dx = 6xe^{x+7}-6e^{x+7}+c$$

14.23 부분적분을 이용하여 $\int 16xe^{-(x+9)}dx$를 구하시오.

$f(x)=16x$, $g'(x)=e^{-(x+9)}$이라 하면

$f'(x)=16$, $g(x)=\int e^{-(x+9)}dx=-e^{-(x+9)}$이므로 식 (14.1)을 이용하면

$$\int 16xe^{-(x+9)}dx = -16xe^{-(x+9)} - \int -e^{-(x+9)}16\,dx = -16xe^{-(x+9)} + 16\int e^{-(x+9)}dx$$

다시 한 번 적분하면

$$\int 16xe^{-(x+9)}dx = -16xe^{-(x+9)} - 16e^{-(x+9)} + c$$

14.24 $\int x^2e^{2x}dx$에 대해 [연습문제 14.23]의 물음에 답하시오.

$f(x)=x^2$, $g'(x)=e^{2x}$이라 하면

$f'(x)=2x$이고 $g(x)=\int e^{2x}dx=\frac{1}{2}e^{2x}$이므로 식 (14.1)에 대입하면

$$\int x^2e^{2x}dx = x^2\left(\frac{1}{2}e^{2x}\right) - \int \frac{1}{2}e^{2x}(2x)dx = \frac{1}{2}x^2e^{2x} - \int xe^{2x}dx \qquad (14.2)$$

남아있는 적분에 대해 다시 부분적분법을 이용하면

$f(x)=x$, $g'(x)=e^{2x}$이라 할 때

$f'(x)=1$, $g(x)=\int e^{2x}dx=\frac{1}{2}e^{2x}$이므로 식 (14.1)에 따라

$$\int xe^{2x}dx = x\left(\frac{1}{2}e^{2x}\right) - \int \frac{1}{2}e^{2x}dx = \frac{1}{2}xe^{2x} - \frac{1}{2}\left(\frac{1}{2}e^{2x}\right)$$

식 (14.2)에 이를 대입하면

$$\int x^2e^{2x}dx = \frac{1}{2}x^2e^{2x} - \frac{1}{2}xe^{2x} + \frac{1}{4}e^{2x} + c$$

▪ 경제학에서의 응용

14.25 순투자함수가 $I=40t^{3/5}$이고 $t=0$에서 자본스톡은 75이다. 이 때 자본스톡함수 K를 구하시오.

$$K=\int I dt = \int 40t^{3/5}dt = 40\left(\frac{5}{8}t^{8/5}\right) + c = 25t^{8/5} + c$$

$t=0$과 $K=75$를 대입하면

$$75 = 0 + c, \qquad c = 75$$

따라서 $K=25t^{8/5}+75$

14.26 순투자함수가 $I = 60t^{1/3}$이고 $t = 1$일 때 자본스톡이 85인 경우 자본스톡함수 K를 구하시오.

$$K = \int 60t^{1/3}dt = 45t^{4/3} + c$$

$t = 1$이고 $K = 85$일 때

$$85 = 45(1) + c \qquad c = 40$$

따라서 $K = 45t^{4/3} + 40$

14.27 한계비용이 $MC = \dfrac{dTC}{dQ} = 25 + 30Q - 9Q^2$으로 주어지고 고정비용은 55이다. 이로부터 (a) 총비용함수, (b) 평균비용함수, (c) 가변비용함수를 구하시오.

a)
$$\text{TC} = \int \text{MC}\,dQ = \int (25 + 30Q - 9Q^2)\,dQ = 25Q + 15Q^2 - 3Q^3 + c$$

$Q = 0$에서 $FC = 55$이므로 $TC = c = FC = 55$.

따라서 $TC = 25Q + 15Q^2 - 3Q^3 + 55$

b)
$$\text{AC} = \frac{\text{TC}}{Q} = 25 + 15Q - 3Q^2 + \frac{55}{Q}$$

c)
$$\text{VC} = \text{TC} - \text{FC} = 25Q + 15Q^2 - 3Q^3$$

14.28 $MC = dTC/dQ = 32 + 18Q - 12Q^2$이고 $FC = 43$일 때, (a) TC, (b) AC, (c) VC 함수를 구하시오.

a)
$$\text{TC} = \int \text{MC}\,dQ = \int (32 + 18Q - 12Q^2)\,dQ = 32Q + 9Q^2 - 4Q^3 + c$$

$Q = 0$일 때 $TC = FC = 43$이므로 $TC = 32Q + 9Q^2 - 4Q^3 + 43$

b)
$$\text{AC} = \frac{\text{TC}}{Q} = 32 + 9Q - 4Q^2 + \frac{43}{Q}$$

c)
$$\text{VC} = \text{TC} - \text{FC} = 32Q + 9Q^2 - 4Q^3$$

14.29 한계수입이 $MR = dTR/dQ = 60 - 2Q - 2Q^2$으로 주어졌을 때 (a) TR 함수 (b) 수요함수 $P = f(Q)$를 구하시오.

a)
$$\text{TR} = \int \text{MR}\,dQ = \int (60 - 2Q - 2Q^2)\,dQ = 60Q - Q^2 - \tfrac{2}{3}Q^3 + c$$

$Q=0$일 때 $TR=0$이므로 $c=0$. 따라서 $TR=60Q-Q^2-\frac{2}{3}Q^3$

b) $TR=PQ$이므로 $P=TR/Q$이 되는데, 이는 바로 수요함수와 평균수입함수(AR)가 일치하고 있음을 보여주고 있다.

따라서 $P=AR=TR/Q=60-Q-\frac{2}{3}Q^2$

14.30 한계수입함수가 아래와 같이 주어졌을 때 (a) 총수입함수와, (b) 수요함수를 구하시오.

$$\text{MR} = 84 - 4Q - Q^2$$

a)
$$\text{TR} = \int \text{MR}\, dQ = \int (84 - 4Q - Q^2)\, dQ = 84Q - 2Q^2 - \tfrac{1}{3}Q^3 + c$$

$Q=0$일 때 $TR=0$이므로 $c=0$. 따라서 $TR=84Q-2Q^2-\frac{1}{3}Q^3$

b)
$$P=AR=\frac{TR}{Q}=84-2Q-\frac{1}{3}Q^2$$

14.31 소비함수 $C=f(Y)$에서 한계소비성향이 $MPC=dC/dY=f'(Y)$로 주어져 있다. $MPC=0.8$이고 소득(Y)이 0인 경우 소비(C)가 40이라 할 때 소비함수를 구하시오.

$$C=\int f'(Y)dY=\int 0.8dY=0.8Y+c$$

$Y=0$에서 $C=40$이므로 소비함수는 $C=0.8Y+40$

14.32 $dC/dY=0.6+0.1/\sqrt[3]{Y}=MPC$이고 $Y=0$에서 $C=45$이다. 소비함수를 구하시오.

$$C = \int \left(0.6 + \frac{0.1}{\sqrt[3]{Y}}\right) dY = \int (0.6 + 0.1Y^{-1/3})\, dY = 0.6Y + 0.15Y^{2/3} + c$$

$Y=0$일 때 $C=45$이므로 위에 이를 대입하면 $C=0.6Y+0.15Y^{2/3}+45$

14.33 한계저축성향이 $dS/dY=0.5-0.2Y^{-1/2}$으로 주어져 있다. 그리고 소득이 25일 때 3.5만큼의 (-)저축이 발생한다. 즉 $Y=25$일 때 $S=-3.5$이다. 이 때 저축함수를 구하시오.

$$S=\int (0.5-0.2Y^{-1/2})dY=0.5Y-0.4Y^{1/2}+c$$

$Y=25$일 때 $S=-3.5$이므로

$$-3.5 = 0.5(25) - 0.4(\sqrt{25}) + c \qquad c = -14$$

따라서 $S = 0.5Y - 0.4Y^{1/2} - 14$

14.34 $MC = dTC/dQ = 12e^{0.5Q}$이고 $FC = 36$일 때 총비용함수를 구하시오.

$$TC = \int 12e^{0.5Q}dQ = 12\frac{1}{0.5}e^{0.5Q} + c = 24e^{0.5Q} + c$$

$FC = 36$이므로 $Q = 0$일 때 $TC = 36$이고 이를 대입하면 $36 = 24e^{0.5(0)} + c$가 된다. $e^0 = 1$이므로 $36 = 24 + c$이고 $c = 12$.

따라서 $TC = 24e^{0.5Q} + 12$이며 c가 항상 고정비용 FC와 일치하는 것은 아니라는 것에 유의해야 한다.

14.35 $MC = 16e^{0.4Q}$이고 $FC = 100$일 때 총비용함수 TC를 구하시오.

$$TC = \int 16e^{0.4Q}dQ = 16\left(\frac{1}{0.4}\right)e^{0.4Q} + c = 40e^{0.4Q} + c$$

$Q = 0$일 때 $TC = 100$이므로 $100 = 40e^0 + c$에서 $c = 60$이다.

따라서 $TC = 40e^{0.4Q} + 60$

15장

적분: 정적분

15.1 곡선 아래의 면적

[그림 15-1(a)]에서 $x=a$와 $x=b$ 사이의 구간에 있는 $y=f(x)$와 같은 불규칙한 모양을 가진 곡선 아래의 면적을 구하기 위한 기하학적인 공식은 존재하지 않는다. 구간 $[a,b]$를 n개의 작은 소구간인 $[x_1,x_2]$, $[x_2,x_3]$, $\cdots$ 등으로 나누어 [그림 15-1(b)]에서와 같이 직사각형의 기둥을 구성하되 이들의 높이를 함수 값과 동일하게 한다면, 리만의 합(Riemann Sum)이라고 불리는 각 직사각형 넓이의 합인 $\sum_{i=1}^{n} f(x_i)\Delta x_i$는 곡선 아래의 실제 면적을 과소평가하고 있기는 하나, 실제 면적에 거의 근접한 값을 나타낼 것이다.

여기서 소구간의 구간너비인 Δx_i가 더 작아지면 작아질수록 더 많은 직사각형이 나타날 것이고 이들 직사각형의 넓이인 $\sum_{i=1}^{n} f(x_i)\Delta x_i$는 실제 넓이에 더욱 접근할 것이다. 소구간의 수가 무한히 증가하는 경우($n\to\infty$) 소구간의 너비는 아주 미세하게 되고($\Delta x_i = dx_i = dx$), 곡선 아래의 면적은 수학적으로 아래와 같이 나타낼 수 있다.

$$A = \lim_{n\to\infty}\sum_{i=1}^{n} f(x_i)\Delta x_i$$

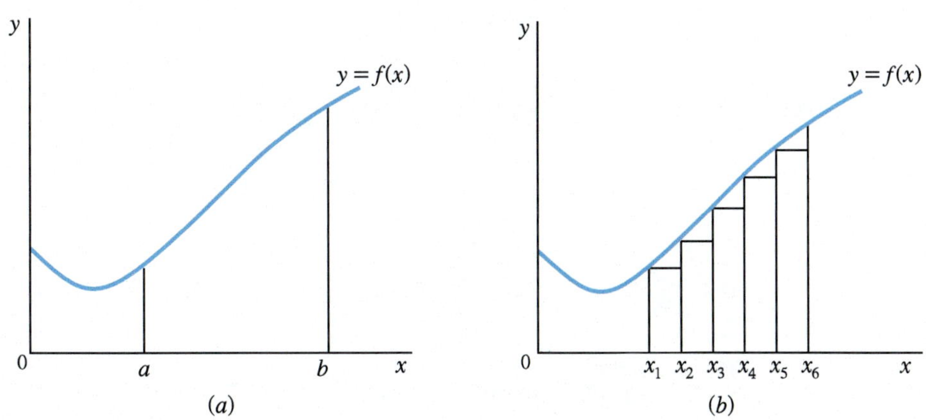

[그림 15-1]

15.2 정적분

[그림 15-1]에 있는 연속적인 함수의 그래프 아래의 면적을 구간 a에서 b까지$(a < b)$ 구하려고 할 때, 이는 a에서 b까지 구간에 걸친 $f(x)$의 정적분(definite integral)으로 나타낼 수 있다.

이를 수학식으로 표시하면

$$\int_a^b f(x)dx = \lim_{n \to \infty} \sum_{i=1}^{n} f(x_i) \Delta x_i$$

가 되며 여기서 좌변은 a에서 b까지 f의 x에 대한 적분을 나타낸다. 특히 a를 적분의 하한(lower limit) 그리고 b를 적분의 상한(upper limit)이라고 한다. $f(x)$의 모든 역도함수를 포함하는 함수의 집합인 부정적분(14장 [예제 3] 참조)과는 달리 정적분은 하나의 실수 값을 가지며 이는 적분의 기본정리에 따라 계산함으로써 구할 수 있다.

15.3 적분의 기본정리

a에서 b까지 구간에서 연속적인 함수 $f(x)$의 정적분 값은, 상한 b에서의 부정적분 $F(x)+c$에서 하한 a에서의 부정적분 $F(x)+c$를 뺌으로서 구할 수 있는데 이를 적분의 기본정리(fundamental theorem of calculus)라고 한다. c는 양쪽에서 공통이기 때문에 적분 상수는 상쇄된다.

이를 수학적으로 표현하면

$$\int_a^b f(x)dx = F(x)\Big|_a^b = F(b) - F(b)$$

여기서 기호 $|_a^b$, $]_a^b$, 또는 $[\cdots]_a^b$는 b와 a가 x 대신에 연이어 대체되어야 함을 의미한다. [예제 1-2]와 [연습문제 15.1-15.10] 참조.

예제 1 아래의 정적분은 아래와 같이 구한다.

(1) $\int_1^4 10x dx$ (2) $\int_1^3 (4x^3 + 6x)dx$

1) $$\int_1^4 10x dx = 5x^2\Big|_1^4 = 5(4)^2 - 5(1)^2 = 75$$

2) $$\int_1^3 (4x^3 + 6x)\,dx = [x^4 + 3x^2]_1^3 = [(3)^4 + 3(3)^2] - [(1)^4 + 3(1)^2] = 108 - 4 = 104$$

예제 2 정적분을 이용하면 0과 20의 구간에서 [그림 15-2]에 있는 직선 아래의 면적을 구할 수 있다.

$$A = \int_0^{20} \tfrac{1}{2}x\,dx = \tfrac{1}{4}x^2\Big|_0^{20} = \tfrac{1}{4}(20)^2 - \tfrac{1}{4}(0)^2 = 100$$

이를 기하학적인 공식 $A = \frac{1}{2}xy$에 따라 면적을 구하여 검산하면

$$A = \frac{1}{2}xy = \frac{1}{2}(20)(10) = 100$$

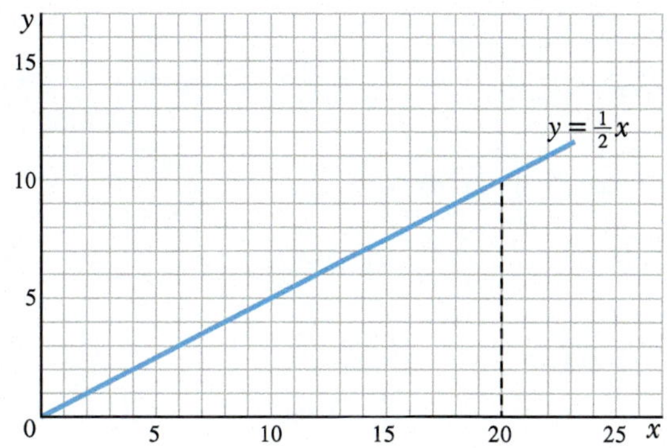

[그림 15–2]

15.4 정적분의 특성

1. 상한과 하한의 순서를 바꾸면 정적분의 부호가 바뀐다.

$$\int_a^b f(x)\,dx = -\int_b^a f(x)\,dx \tag{15.1}$$

2. 적분의 상한과 하한의 값이 동일하면 정적분의 값은 0이다.

$$\int_a^a f(x)\,dx = F(a) - F(a) = 0 \tag{15.2}$$

3. 정적분은 주어진 구간을 소구간으로 나누어 각 소구간에서의 적분의 합으로 나타낼 수 있다.

$$\int_a^c f(x)\,dx = \int_a^b f(x)\,dx + \int_b^c f(x)\,dx \qquad a \le b \le c \tag{15.3}$$

4. 동일한 구간을 가진 두 정적분의 합이나 차는 두 함수의 합이나 차의 정적분과 동일하다.

$$\int_a^b f(x)\,dx \pm \int_a^b g(x)\,dx = \int_a^b [f(x) \pm g(x)]\,dx \qquad (15.4)$$

5. 피적분함수에 임의의 상수를 곱한 것의 정적분은 피적분함수의 정적분에 상수를 곱한 것과 동일하다.

$$\int_a^b kf(x)\,dx = k\int_a^b f(x)\,dx \qquad (15.5)$$

([예제 3]과 [연습문제 15.11-15.14] 참조)

예제 3 위의 특성의 예로서 아래의 정적분을 구하면 다음과 같다.

1. $\int_1^3 2x^3\,dx = -\int_3^1 2x^3\,dx$

$$\int_1^3 2x^3\,dx = \tfrac{1}{2}x^4\Big|_1^3 = \tfrac{1}{2}(3)^4 - \tfrac{1}{2}(1)^4 = 40$$

이를 검산하면

$$\int_3^1 2x^3\,dx = \tfrac{1}{2}x^4\Big|_3^1 = \tfrac{1}{2}(1)^4 - \tfrac{1}{2}(3)^4 = -40$$

2. $\int_5^5 (2x+3)\,dx = 0$

이를 검산하면

$$\int_5^5 (2x+3)\,dx = [x^2+3x]_5^5 = [(5)^2+3(5)] - [(5)^2+3(5)] = 0$$

3. $\int_0^4 6x\,dx = \int_0^3 6x\,dx + \int_3^4 6x\,dx$

$$\int_0^4 6x\,dx = 3x^2\Big|_0^4 = 3(4)^2 - 3(0)^2 = 48$$

$$\int_0^3 6x\,dx = 3x^2\Big|_0^3 = 3(3)^2 - 3(0)^2 = 27$$

$$\int_3^4 6x\,dx = 3x^2\Big|_3^4 = 3(4)^2 - 3(3)^2 = 21$$

이를 검산하면 $48 = 27 + 21$

15.5 곡선 사이의 면적

두 곡선 사이의 면적은 위에서 설명한 정적분의 특성을 적용함으로써 쉽게 구할 수 있다. 이 과정은 [예제 4]에 예시되어 있으며 이에 관련된 문제는 [연습문제 15.15-15.18]에서 다루고 있다.

예제 4 적분의 성질을 이용하여 두 함수 $y_1 = 3x^2 - 6x + 8$과 $y_2 = -2x^2 + 4x + 1$가 나타내는 두 그래프 사이의 면적을 구간 $x = 0$에서 $x = 2$까지 구하는 과정은 다음과 같다.

a) [그림 15-3]과 같이 주어진 함수의 그래프를 개략적으로 그리고, 그래프 상이의 면적을 빗금으로 표시한다.

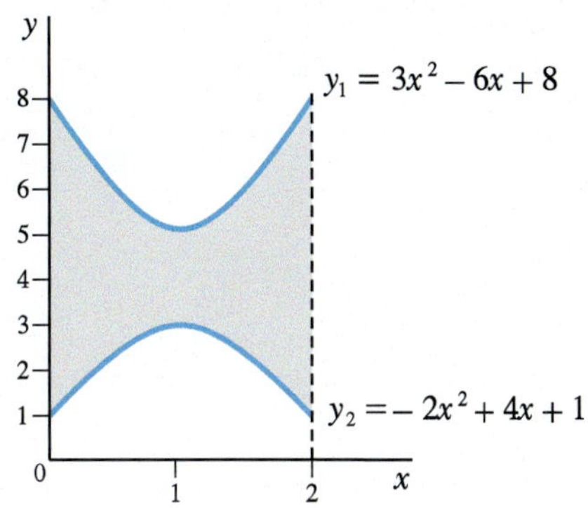

[그림 15-3]

b) y_1의 그래프가 y_2를 나타내는 그래트 위에 있기 때문에, $x = 0$과 $x = 2$ 사이의 구간에서 두 그래프 사이의 면적은 y_1아래의 면적에서 y_2 아래의 면적을 빼면 된다.

따라서 식 (15.4)에서

$$A = \int_0^2 (3x^2 - 6x + 8)\,dx - \int_0^2 (-2x^2 + 4x + 1)\,dx$$

$$A = \int_0^2 [(3x^2 - 6x + 8) - (-2x^2 + 4x + 1)]\,dx$$

$$= \int_0^2 (5x^2 - 10x + 7)\,dx$$

$$= (\tfrac{5}{3}x^3 - 5x^2 + 7x)\Big|_0^2 = 7\tfrac{1}{3} - 0 = 7\tfrac{1}{3}$$

15.6 이상적분(Improper Integral)

[그림 15-4(*a*)]처럼 x축을 따라 무한히 연장되는 곡선 아래의 면적은 이상적분(improper integral)의 도움을 받아 측정할 수 있다.

적분의 상한이나 하한이 무한대인 정적분을 이상적분(improper integral)이라 한다.

$$\int_a^{\infty} f(x)dx \quad \text{그리고} \quad \int_{-\infty}^{b} f(x)dx$$

위의 두 정적분은 이상적분이 되는데 이는 ∞가 수가 아니며 $F(x)$에서 x 대신에 대체될 수 없기 때문이다. 그러나 이들 이상적분은 아래와 같이 다른 적분의 극한으로서 정의될 수 있다.

$$\int_a^{\infty} f(x)\,dx = \lim_{b \to \infty} \int_a^b f(x)\,dx \quad \text{그리고} \quad \int_{-\infty}^{b} f(x)\,dx = \lim_{a \to -\infty} \int_a^b f(x)\,dx$$

어느 경우이든 극한이 존재하는 경우의 이상적분은 '수렴한다'(converge)고 하며 이 때 적분은 특정한 값을 가지게 된다. 그러나 극한이 존재하지 않는 경우 이상적분은 '발산한다'(diverge)고 하며 이 경우는 어떤 의미도 가지고 있지 않다. [예제 5]와 [연습문제 15.19-15.25] 참조.

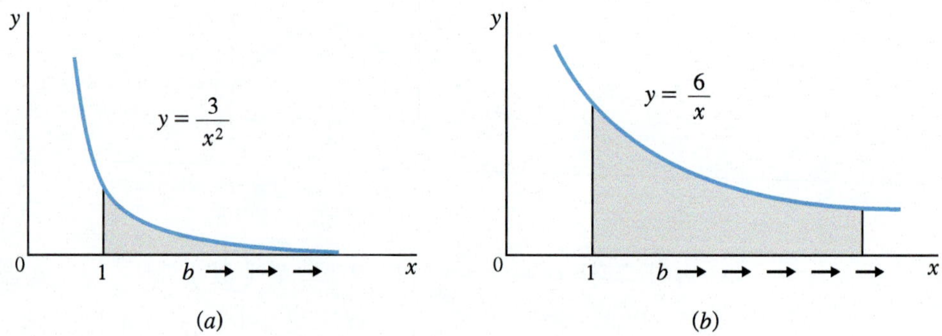

[그림 15-4]

예제 5 아래 주어진 이상적분은 [그림 15-4]의 (a)와 (b)에 빗금으로 표시되어 있으며 이를 계산하면 다음과 같다.

(a) $\int_1^{\infty} \frac{3}{x^2}dx$ (b) $\int_1^{\infty} \frac{6}{x}dx$

a)

$$\int_1^{\infty} \frac{3}{x^2}dx = \lim_{b \to \infty} \int_1^b \frac{3}{x^2}dx = \lim_{b \to \infty} \left[\frac{-3}{x}\right]_1^b$$

$$= \lim_{b \to \infty} \left[\frac{-3}{b} - \frac{(-3)}{1}\right] = \lim_{b \to \infty} \left(\frac{-3}{b} + 3\right) = 3$$

b가 ∞에 접근함에 따라 $-\frac{3}{b}$은 0에 접근한다. 따라서 이상적분은 수렴하며 (converge) [그림 15-4(a)]의 곡선 아래 면적은 3이다.

b)
$$\int_1^\infty \frac{6}{x}dx = \lim_{b\to\infty}\int_1^b \frac{6}{x}dx$$
$$= \lim_{b\to\infty}[6\ln|x|]_1^b = \lim_{b\to\infty}[6\ln|b| - 6\ln|1|]$$
$$= \lim_{b\to\infty}[6\ln|b|] \qquad \ln|1| = 0$$

$b\to\infty$에 따라 $6\ln|b|\to\infty$이므로 위의 이상적분은 발산하며(diverge) 어떤 특정한 값을 가지지 못한다. [그림 15-4(b)]의 곡선 아래 면적은 그래프의 모양이 [그림 15-4(a)]와 유사하다고 하더라도 계산이 불가능하다.

15.7 롬피탈의 법칙(L'Hôpital's rule)

$x\to a$일 때 $f(x)=\dfrac{g(x)}{h(x)}$의 극한을 구하려 할 때,

(1) $g(a)=0,\ h(a)=0$이 되어 $\lim\limits_{x\to a}f(x)=\lim\limits_{x\to a}\dfrac{g(x)}{h(x)}=\dfrac{g(a)}{h(a)}=\dfrac{0}{0}$이 되거나,

(2) $g(a)=\infty,\ h(a)=\infty$이 되어 $\lim\limits_{x\to a}f(x)=\lim\limits_{x\to a}\dfrac{g(x)}{h(x)}=\dfrac{g(a)}{h(a)}=\dfrac{\infty}{\infty}$이 되는 경우

$x\to a$일 때의 $f(x)$의 극한값 계산은 불가능하다.

이러한 경우의 극한값을 구할 때 롬피탈의 법칙을 사용하면 유용하다. 롬피탈의 법칙에 따르면 다음이 성립한다.

$$\lim_{x\to a}\frac{g(x)}{h(x)}=\lim_{x\to a}\frac{g'(x)}{h'(x)} \tag{15.6}$$

[예제 6]과 [연습문제 15.26]에서 롬피탈의 법칙에 대한 예시를 다루고 있다.

예제 6 아래 주어진 함수의 극한은 롬피탈의 법칙에 따라 다음과 같이 구할 수 있다.

(a) $\lim\limits_{x\to 4}\dfrac{x-4}{16-x^2}$ (b) $\lim\limits_{x\to\infty}\dfrac{6x-2}{7x+4}$

a) $x\to 4$일 때 분자, 분모인 $(x-4)$와 $(16-x^2)$은 0에 수렴한다. 식 (15.6)의 롬피탈의 법칙에 따라 분자, 분모 각각을 미분하면,

$$\lim_{x\to 4}\frac{x-4}{16-x^2}=\lim_{x\to 4}\frac{1}{-2x}=-\frac{1}{8}$$

b) $x\to\infty$에 따라 분자 $(6x-2)$와 분모 $(7x+4)$는 각각 ∞가 되어 $\dfrac{\infty}{\infty}$라는 계산 불가능한 결과를 낳게 된다. 따라서 식 (15.6)을 이용하여 극한값을 구하면

$$\lim_{x \to \infty} \frac{6x-2}{7x+4} = \lim_{x \to \infty} \frac{6}{7} = \frac{6}{7}$$

15.8 소비자잉여와 생산자잉여

[그림 15-5(a)]에 나타나 있는 수요함수 $P_1 = f_1(Q)$는 각각의 수요량에 대해 소비자들이 지불할 용의가 있는 가격을 표시하고 있다. 만약 시장이 (Q_0, P_0)에서 균형상태에 있다면 P_0보다 높은 가격을 지불할 용의가 있었던 소비자는 이익을 얻게 된다. 소비자에게 돌아가는 총이득(total benefit)은 빗금친 부분으로 나타나며 이를 소비자잉여(consumers' surplus)라고 한다. 이를 수학적으로 표시하면,

$$\text{소비자잉여} = \int_0^{Q_0} f_1(Q)\,dQ - Q_0 P_0 \tag{15.7}$$

[그림 15-5(b)]에 나타나 있는 공급함수 $P_2 = f_2(Q)$는 각각의 공급량에 대해 생산자가 받으려고 하는 가격을 표시한다. 만약 시장이 (Q_0, P_0)에서 균형상태에 있다면, P_0보다 낮은 가격으로 공급할 의사가 있었던 생산자는 이익을 얻게 된다. 생산자에게 돌아가는 이러한 총이익은 빗금친 부분으로 나타나 있으며 이를 생산자잉여(producers' surpluse)라 한다. 이를 수학적으로 표시하면,

$$\text{생산자잉여} = Q_0 P_0 - \int_0^{Q_0} f_2(Q)\,dQ \tag{15.8}$$

[예제 7]과 [연습문제 15.27-15.31] 참조.

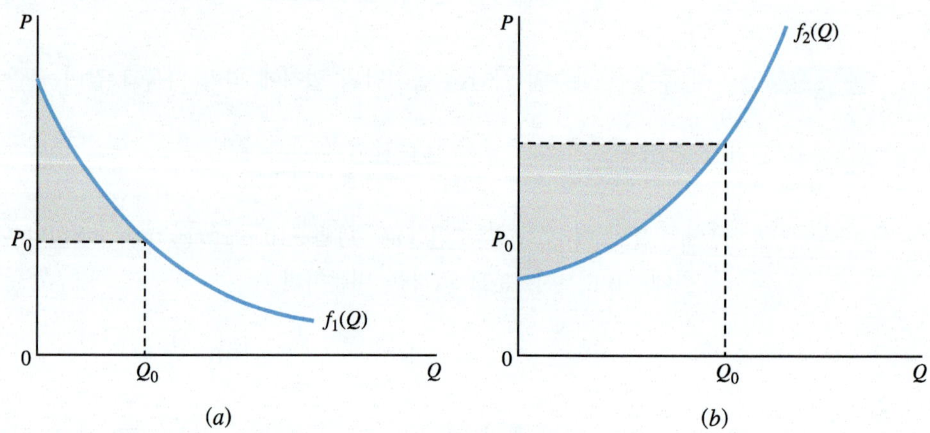

[그림 15–5]

예제 7 수요함수가 $P=42-5Q-Q^2$으로 주어졌을 때, 균형가격이 6인 경우의 소비자잉여는 다음과 같이 계산할 수 있다.

$P_0=6$에서

$$42-5Q-Q^2=6$$
$$36-5Q-Q^2=0$$
$$(Q+9)(-Q+4)=0$$

$Q=-9$는 불가능하므로 균형수급량은 $Q_0=4$가 되며 이를 식 (15.7)에 대입하면

$$\text{소비자잉여} = \int_0^4 (42-5Q-Q^2)\,dQ-(4)(6)$$
$$= [42Q-2.5Q^2-\tfrac{1}{3}Q^3]_0^4-24$$
$$= (168-40-21\tfrac{1}{3})-0-24=82\tfrac{2}{3}$$

15.9 정적분과 확률

어떤 사건이 일어날 확률 P는 확률밀도함수(probability density function) 아래의 면적에 의해 측정할 수 있다. 확률밀도함수는 다음과 같은 특성을 가진 연속적 함수 $f(x)$이다.

1. $f(x)\geq 0$, 즉 확률은 음(-)이 될 수 없다.
2. $\int_{-\infty}^{\infty} f(x)dx=1$, 즉 x의 전 구간에서 사건이 일어날 확률은 1이다.
3. $P(a<x<b)=\int_a^b f(x)dx$, 즉 x 값이 $[a,b]$ 구간에 있을 확률은 a에서 b까지의 정적분 값과 같다.

[예제 9]와 [연습문제 15.32-15.33]

예제 8 고속도로를 통과하는 어느 자동차와 그 다음 자동차가 통과하기까지의 시간을 분으로 표시했을 때의 확률밀도함수가 $f(t)=2e^{-2t}\ (t\geq 0)$으로 주어져 있다. 이 때 0.25분 이내에 자동차가 통과할 확률은 다음과 같이 구한다.

$$P=\int_0^{0.25} 2e^{-2t}dt=-e^{-2t}\Big|_0^{0.25}=-e^{-0.5}-(-e^0)=-0.606531+1=0.393469$$

연습 문제

15.1 다음 정적분을 구하시오.

a) $\int_0^6 5x\,dx$

$$\int_0^6 5x\,dx = 2.5x^2 \Big|_0^6 = 2.5(6)^2 - 2.5(0)^2 = 90$$

b) $\int_1^{10} 3x^2\,dx$

$$\int_1^{10} 3x^2\,dx = x^3 \Big|_1^{10} = (10)^3 - (1)^3 = 999$$

c) $\int_1^{64} x^{-2/3}\,dx$

$$\int_1^{64} x^{-2/3}\,dx = 3x^{1/3} \Big|_1^{64} = 3\sqrt[3]{64} - 3\sqrt[3]{1} = 9$$

d) $\int_1^3 (x^3 + x + 6)\,dx$

$$\int_1^3 (x^3 + x + 6)\,dx = \left(\tfrac{1}{4}x^4 + \tfrac{1}{2}x^2 + 6x\right)\Big|_1^3 = \tfrac{1}{4}(3)^4 + \tfrac{1}{2}(3)^2 + 6(3) - \left[\tfrac{1}{4}(1)^4 + \tfrac{1}{2}(1)^2 + 6(1)\right] = 36$$

e) $\int_1^4 (x^{-1/2} + 3x^{1/2})\,dx$

$$\int_1^4 (x^{-1/2} + 3x^{1/2})\,dx = (2x^{1/2} + 2x^{3/2})\Big|_1^4 = 2\sqrt{4} + 2\sqrt{4^3} - (2\sqrt{1} + 2\sqrt{1^3}) = 16$$

f) $\int_0^3 4e^{2x}\,dx$

$$\int_0^3 4e^{2x}\,dx = 2e^{2x}\Big|_0^3 = 2(e^{2(3)} - e^{2(0)})$$
$$= 2(403.4 - 1) = 804.8$$

g) $\int_0^{10} 2e^{-2x}\,dx$

$$\int_0^{10} 2e^{-2x}\,dx = -e^{-2x}\Big|_0^{10} = -e^{-2(10)} - (-e^{-2(0)}) = -e^{-20} + e^0 = 1$$

■ 치환적분

15.2 치환법을 이용하여 다음 정적분을 구하시오.

$$\int_0^3 8x(2x^2+3)dx$$

$u=2x^2+3$이라 하면 $\frac{du}{dx}=4x$이고 $dx=\frac{du}{4x}$이다. 일시적으로 적분의 구간을 무시하고 부정적분으로 간주한 상태에서 원래의 피적분함수에 대입하면

$$\int 8x(2x^2+3)dx=\int 8xu\frac{du}{4x}=2\int udu$$

u에 대해 적분하면

$$2\int udu=2\left(\frac{u^2}{2}\right)+c=u^2+c \tag{15.9}$$

끝으로 $u=2x^2+3$을 식 (15.9)에 대입한다. 그리고 c는 정적분에서 제외되므로 구간을 포함하는 정적분은 다음과 같이 다시 x로 표시할 수 있다.

$$\int_0^3 8x(2x^2+3)\,dx=(2x^2+3)^2\Big|_0^3=[2(3)^2+3]^2-[2(0)^2+3]^2=441-9=432$$

원래 치환과정에서 u는 x가 아닌 $2x^2+3$을 나타내므로($u\neq x$, 즉 $u=2x^2+3$), x에 대한 적분구간은 u에 대한 적분구간과는 다르다. 필요한 경우 x에 대한 적분구간을 u에 대한 적분구간으로 표시할 수 있다. $u=2x^2+3$이고 x의 적분구간이 0에서 3이므로 u의 적분구간은 $u=2(0)^2+3=3$과 $u=2(3)^2+3=21$이다.
이러한 u에 대한 적분구간을 이용하여 u로 치환된 피적분함수인 식 (15.9)를 적분하면

$$2\int_3^{21} u\,du=u^2\Big|_3^{21}=441-9=432$$

이를 처음에 구한 결과와 비교해 보기 바란다.

15.3 치환법을 이용하여 정적분 $\int_1^2 x^2(x^3-5)^2dx$를 구하시오.

$u=x^3-5$라 하면 $\frac{du}{dx}=3x^2$, $dx=\frac{du}{3x^2}$. 주어진 적분구간을 무시하고 치환하면

$$\int x^2(x^3-5)^2\,dx=\int x^2u^2\frac{du}{3x^2}=\frac{1}{3}\int u^2\,du$$

u에 대해 적분을 하고 적분상수를 무시하면

$$\frac{1}{3}\int u^2 du = \frac{1}{3}(\frac{1}{3}u^3) = \frac{1}{9}u^3$$

여기에 다시 u 대신 $u = x^3 - 5$를 대입하고 x의 적분구간을 설정하여 적분을 구한다.

$$\int_1^2 x^2(x^3-5)^2\, dx = [\tfrac{1}{9}(x^3-5)^3]_1^2$$
$$= \tfrac{1}{9}[(2)^3-5]^3 - \tfrac{1}{9}[(1)^3-5]^3 = \tfrac{1}{9}(27) - \tfrac{1}{9}(-64) = 10.11$$

$u = x^3 - 5$이고 x의 적분구간이 1에서 2까지이므로 u의 적분구간은 $u = (1)^3 - 5 = -4$에서 $u = (2)^3 - 5 = 3$까지 이다. u로 치환된 피적분함수에 대해 u의 적분구간을 설정하면 아래와 같이 동일한 결과를 얻을 수 있다

$$\tfrac{1}{3}\int_{-4}^{3} u^2\, du = [\tfrac{1}{9}u^3]_{-4}^{3} = \tfrac{1}{9}(3)^3 - \tfrac{1}{9}(-4)^3 = 10.11$$

15.4 치환법을 이용하여 정적분 $\int_0^2 \frac{3x^2}{(x^3+1)^2}dx$를 구하시오.

$u = x^3 + 1$이라 하면 $\frac{du}{dx} = 3x^2$, $dx = \frac{du}{3x^2}$이다. 이를 대입하면

$$\int \frac{3x^2}{(x^3+1)^2}dx = \int 3x^2 u^{-2}\frac{du}{3x^2} = \int u^{-2}du$$

u에 대해 적분을 하고 적분상수를 무시하면

$$\int u^{-2}du = -u^{-1}$$

여기에 다시 u를 $u = x^3 + 1$로 치환하고 원래의 x에 대한 적분구간을 설정하면

$$\int_0^2 \frac{3x^2}{(x^3+1)^2}dx = -(x^3+1)^{-1}\Big|_0^2 = \frac{-1}{2^3+1} - \frac{-1}{0^3+1} = -\frac{1}{9} + 1 = \frac{8}{9}$$

이를 검산하기 위해 u로 치환한 피적분함수를 직접 적분하면 $\int u^{-2}du = -u^{-1}$이고, x의 적분구간이 0에서 2까지이므로 u의 적분구간은 $u = (0)^3 + 1 = 1$에서 $u = (2)^3 + 1 = 9$까지이다. 따라서

$$\int_1^9 u^{-2}\, du = -u^{-1}\Big|_1^9 = (-\tfrac{1}{9}) - (-\tfrac{1}{1}) = \tfrac{8}{9}$$

15.5 치환법을 이용하여 정적분 $\int_0^3 \frac{6x}{x^2+1}dx$를 구하시오.

$u = x^2 + 1$이라 하면, $\frac{du}{dx} = 2x$, $dx = \frac{du}{2x}$이므로 이를 대입하면

$$\int \frac{6x}{x^2+1}dx = \int 6xu^{-1}\frac{du}{2x} = 3\int u^{-1}du$$

u에 대해 적분하면

$$3\int u^{-1}du = 3\ln|u|$$

다시 u를 x^2+1로 치환하면

$$\int_0^3 \frac{6x}{x^2+1}dx = 3\ln|x^2+1|\Big|_0^3$$
$$= 3\ln|3^2+1| - 3\ln|0^2+1| = 3\ln 10 - 3\ln 1$$
$$= 3\ln 10 = 6.9078 \qquad (\ln 1 = 0)$$

이므로

u로 치환한 피적분함수를 직접 u로 적분하면, u의 적분구간이 $u=(0)^2+1=1$이고 $u=(3)^2+1=10$이므로

$$3\int_1^{10} u^{-1}du = 3\ln|u|\Big|_1^{10} = 3\ln 10 - 3\ln 1 = 3\ln 10 = 6.9078$$

15.6 $\int_1^2 4xe^{x^2+2}dx$를 치환법을 이용하여 구하시오.

$u=x^2+2$라 하면 $\frac{du}{dx}=2x$, $dx=\frac{du}{2x}$가 되고 이를 대입하면

$$\int 4xe^{x^2+2}dx = \int 4xe^u\frac{du}{2x} = 2\int e^u du$$

적분상수를 무시하고 u에 대해 적분하면

$$2\int e^u du = 2e^u$$

여기에 $u=x^2+2$를 대입하면

$$\int_1^2 4xe^{x^2+2}dx = 2e^{x^2+2}\Big|_1^2 = 2(e^{(2)^2+2} - e^{(1)^2+2}) = 2(e^6 - e^3)$$
$$= 2(403.43 - 20.09) = 766.68$$

u로 치환한 피적분함수를 직접 u로 적분하는 경우, u의 적분구간이 $u=(1)^2+2=3$, $u=(2)^2+2=6$이므로

$$2\int_3^6 e^u du = 2e^u\Big|_3^6 = 2(e^6-e^3) = 766.68$$

15.7 치환법을 이용하여 정적분 $\int_0^1 3x^2 e^{2x^3+1} dx$를 구하시오.

$u = 2x^3 + 1$이라 하면 $\frac{du}{dx} = 6x^2$, $dx = \frac{du}{6x^2}$이므로 이를 대입하면

$$\int 3x^2 e^{2x^3+1} dx = \int 3x^2 e^u \frac{du}{6x^2} = \frac{1}{2}\int e^u du$$

u에 대해 적분하면

$$\frac{1}{2}\int e^u du = \frac{1}{2}e^u$$

$u = 2x^3 + 1$을 대입하면

$$\int_0^1 3x^2 e^{2x^3+1} dx = \frac{1}{2}e^{2x^3+1}\Big|_0^1 = \frac{1}{2}(e^3 - e^1) = \frac{1}{2}(20.086 - 2.718) = 8.684$$

u로 치환한 피적분함수를 직접 u로 적분하는 경우, u의 적분구간이 $u = 2(0)^3 + 1 = 1$, $u = 2(1)^3 + 1 = 3$이므로

$$\frac{1}{2}\int_1^3 e^u du = \frac{1}{2}e^u\Big|_1^3 = \frac{1}{2}(e^3 - e^1) = 8.68$$

■ **부분적분**

15.8 부분적분법을 이용하여 정적분 $\int_2^5 \frac{3x}{(x+1)^2} dx$를 구하시오.

$f(x) = 3x$라 하면 $f'(x) = 3$이 되고, $g'(x) = (x+1)^{-2}$이라 하면 $g(x) = \int (x+1)^{-2} dx = -(x+1)^{-1}$이 되므로 이를 식 (14.1)에 대입하면

$$\begin{aligned}\int \frac{3x}{(x+1)^2} dx &= 3x[-(x+1)^{-1}] - \int -(x+1)^{-1} 3\, dx \\ &= -3x(x+1)^{-1} + 3\int (x+1)^{-1} dx\end{aligned}$$

적분상수를 무시한 채로 적분하면

$$\int \frac{3x}{(x+1)^2} dx = -3x(x+1)^{-1} + 3\ln|x+1|$$

여기에 주어진 적분구간을 설정하면

$$\begin{aligned}\int_2^5 \frac{3x}{(x+1)^2} dx &= [-3x(x+1)^{-1} + 3\ln|x+1|]_2^5 \\ &= \left[-\frac{3(5)}{5+1} + 3\ln|5+1|\right] - \left[-\frac{3(2)}{2+1} + 3\ln|2+1|\right]\end{aligned}$$

$= -\frac{5}{2} + 3\ln 6 + 2 - 3\ln 3$
$= 3(\ln 6 - \ln 3) - \frac{1}{2} = 3(1.7918 - 1.0986) - 0.5 = 1.5796$

15.9 부분적분법을 이용하여 정적분 $\int_1^3 \frac{4x}{(x+2)^3}dx$를 구하시오.

$f(x) = 4x$, $g'(x) = (x+2)^{-3}$이라 하면,

$f'(x) = 4$이고 $g(x) = \int (x+2)^{-3}dx = -\frac{1}{2}(x+2)^{-2}$이 된다. 이를 식 (14.1)에 대입하면

$$\int \frac{4x}{(x+2)^3}dx = 4x\left[-\frac{1}{2}(x+2)^{-2}\right] - \int -\frac{1}{2}(x+2)^{-2}4\,dx$$
$$= -2x(x+2)^{-2} + 2\int (x+2)^{-2}\,dx$$

다시 남아있는 적분을 구하고

$$\int \frac{4x}{(x+2)^3}dx = -2x(x+2)^{-2} - 2(x+2)^{-1}$$

여기에 주어진 적분구간을 설정하면

$$\int_1^3 \frac{4x}{(x+2)^3}dx = [-2x(x+2)^{-2} - 2(x+2)^{-1}]_1^3$$
$$= [-2(3)(3+2)^{-2} - 2(3+2)^{-1}] - [-2(1)(1+2)^{-2} - 2(1+2)^{-1}]$$
$$= -\tfrac{6}{25} - \tfrac{2}{5} + \tfrac{2}{9} + \tfrac{2}{3} = \tfrac{56}{225}$$

15.10 부분적분법을 이용하여 정적분 $\int_1^3 5xe^{x+2}dx$를 구하시오.

$f(x) = 5x$, $g'(x) = e^{x+2}$이라 하면 $f'(x) = 5$, $g(x) = \int e^{x+2}dx = e^{x+2}$이므로 이를 식 (14.1)에 대입하면

$$\int 5xe^{x+2}\,dx = 5xe^{x+2} - \int e^{x+2}5\,dx = 5xe^{x+2} - 5\int e^{x+2}\,dx$$

위의 두 번째 항을 적분상수를 무시한 채로 적분하면

$$\int 5xe^{x+2}\,dx = 5xe^{x+2} - 5e^{x+2}$$

여기에 적분구간을 설정하면

$$\int_1^3 5xe^{x+2}\,dx = [5xe^{x+2} - 5e^{x+2}]_1^3 = (15e^5 - 5e^5) - (5e^3 - 5e^3) = 10e^5 = 10(148.4) = 1484$$

■ 정적분의 특성

15.11 $\int_{-4}^{4}(8x^3+9x^2)dx = \int_{-4}^{0}(8x^3+9x^2)dx + \int_{0}^{4}(8x^3+9x^2)dx$가 성립함을 보이시오.

$$\int_{-4}^{4}(8x^3+9x^2)\,dx = 2x^4+3x^3\Big|_{-4}^{4} = 704-320=384$$

$$\int_{-4}^{0}(8x^3+9x^2)\,dx = 2x^4+3x^3\Big|_{-4}^{0} = 0-320=-320$$

$$\int_{0}^{4}(8x^3+9x^2)\,dx = 2x^4+3x^3\Big|_{0}^{4} = 704-0=704$$

이를 검산하면 $-320+704=384$

15.12 $\int_{0}^{16}(x^{-1/2}+3x)dx = \int_{0}^{4}(x^{-1/2}+3x)dx + \int_{4}^{9}(x^{-1/2}+3x)dx + \int_{9}^{16}(x^{-1/2}+3x)dx$임을 보이시오.

$$\int_{0}^{16}(x^{-1/2}+3x)\,dx = 2x^{1/2}+1.5x^2\Big|_{0}^{16} = 392-0=392$$

$$\int_{0}^{4}(x^{-1/2}+3x)\,dx = 2x^{1/2}+1.5x^2\Big|_{0}^{4} = 28-0=28$$

$$\int_{4}^{9}(x^{-1/2}+3x)\,dx = 2x^{1/2}+1.5x^2\Big|_{4}^{9} = 127.5-28=99.5$$

$$\int_{9}^{16}(x^{-1/2}+3x)\,dx = 2x^{1/2}+1.5x^2\Big|_{9}^{16} = 392-127.5=264.5$$

이를 검산하면 $28+99.5+264.5=392$

15.13 다음 등식이 성립함을 보이시오.

$$\int_{0}^{3}\frac{6x}{x^2+1}dx = \int_{0}^{1}\frac{6x}{x^2+1}dx + \int_{1}^{2}\frac{6x}{x^2+1}dx + \int_{2}^{3}\frac{6x}{x^2+1}dx$$

[연습문제 17.5]에서

$$\int_{0}^{3}\frac{6x}{x^2+1}dx = 3\ln|x^2+1|\Big|_{0}^{3} = 3\ln 10$$

$$\int_{0}^{1}\frac{6x}{x^2+1}dx = 3\ln|x^2+1|\Big|_{0}^{1} = 3\ln 2-0=3\ln 2$$

$$\int_{1}^{2}\frac{6x}{x^2+1}dx = 3\ln|x^2+1|\Big|_{1}^{2} = 3\ln 5-3\ln 2$$

$$\int_2^3 \frac{6x}{x^2+1}dx = 3\ln|x^2+1|\Big|_2^3 = 3\ln 10 - 3\ln 5$$

이를 검산하면 $3\ln 2 + 3\ln 5 - 3\ln 2 + 3\ln 10 - 3\ln 5 = 3\ln 10$

15.14 $\int_1^3 5xe^{x+2}dx = \int_1^2 5xe^{x+2}dx + \int_2^3 5xe^{x+2}dx$ 임을 보이시오.

[연습문제 15.10]에서

$$\int_1^3 5xe^{x+2}dx = [5xe^{x+2} - 5e^{x+2}]_1^3 = 10e^5$$

$$\int_1^2 5xe^{x+2}dx = [5xe^{x+2} - 5e^{x+2}]_1^2 = (10e^4 - 5e^4) - (5e^3 - 5e^3) = 5e^4$$

$$\int_2^3 5xe^{x+2}dx = [5xe^{x+2} - 5e^{x+2}]_2^3 = (15e^5 - 5e^5) - (10e^4 - 5e^4) = 10e^5 - 5e^4$$

이를 검산하면 $5e^4 + 10e^5 - 5e^4 = 10e^5$

■ 곡선 사이의 면적

15.15 (a) 다음 함수의 그래프를 그리시오.

(b) 주어진 구간에 대해 두 곡선 사이의 면적을 계산하시오.

$$y_1 = 7 - x \qquad y_2 = 4x - x^2 \qquad (x = 1\text{부터 } x = 4\text{까지의 구간})$$

a) [그림 15-6] 참조

b) [그림 15-6]에서 두 곡선 사이의 면적은 $x = 1$부터 $x = 4$까지의 구간에서, $y_1 = 7 - x$의 곡선 아래의 면적으로부터 $y_2 = 4x - x^2$의 곡선 아래의 면적을 빼면 된다. 정적분의 특성을 이용하면

$$A = \int_1^4 (7-x)\,dx - \int_1^4 (4x - x^2)\,dx = \int_1^4 (x^2 - 5x + 7)\,dx$$
$$= [\tfrac{1}{3}x^3 - 2.5x^2 + 7x]_1^4$$
$$= [\tfrac{1}{3}(4)^3 - 2.5(4)^2 + 7(4)] - [\tfrac{1}{3}(1)^3 - 2.5(1)^2 + 7(1)] = 4.5$$

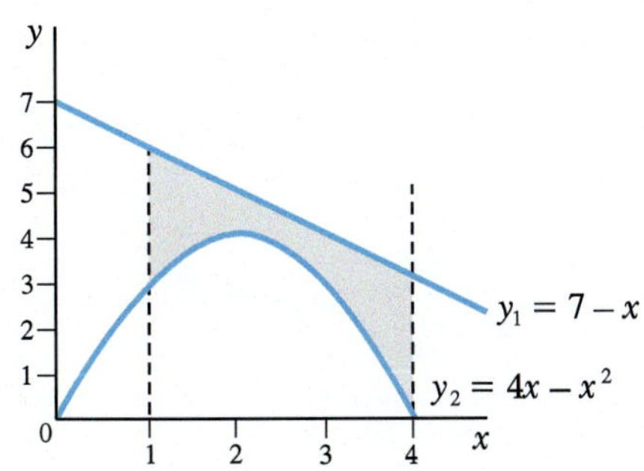

[그림 15-6]

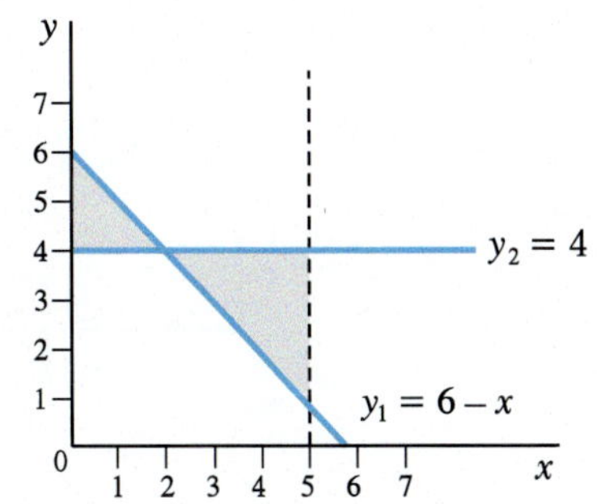

[그림 15-7]

15.16 아래 주어진 함수에 대해 [연습문제 15.15]에서의 물음에 답하시오.

$$y_1 = 6 - x \qquad y_2 = 4 \qquad (x = 0\text{부터 } x = 5\text{까지의 구간})$$

여기서는 두 직선이 만나는 점에서 두 직선의 상대적 위치가 바뀌는 것에 유의해야 한다.

a) [그림 15-7] 참조.

b) [그림 15-7]에 나타난 바와 같이 주어진 구간에서의 두 곡선 사이의 면적은, $x = 0$에서 $x = 2$까지 구간에서의 두 곡선 $y_1 = 6 - x$와 $y_2 = 4$ 사이의 면적에 $x = 2$에서 $x = 5$까지 구간에서의 두 곡선 $y_2 = 4$와 $y_1 = 6 - x$ 사이의 면적을 합한 것과 같다. 이를 수학적으로 표시하면

$$\begin{aligned} A &= \int_0^2 [(6-x)-4]\,dx + \int_2^5 [4-(6-x)]\,dx \\ &= \int_0^2 (2-x)\,dx + \int_2^5 (x-2)\,dx \\ &= [2x - \tfrac{1}{2}x^2]_0^2 + [\tfrac{1}{2}x^2 - 2x]_2^5 = 2 - 0 + 2.5 - (-2) = 6.5 \end{aligned}$$

15.17 아래 주어진 함수에 대해 [연습문제 15.15]에서의 물음에 답하시오.

$$y_1 = x^2 - 4x + 8 \qquad y_2 = 2x \qquad (x = 0\text{부터 } x = 3\text{까지의 구간})$$

a) [그림 15-8] 참조

b)

$$\begin{aligned} A &= \int_0^2 [(x^2-4x+8)-2x]\,dx + \int_2^3 [2x-(x^2-4x+8)]\,dx \\ &= \int_0^2 (x^2-6x+8)\,dx + \int_2^3 (-x^2+6x-8)\,dx \\ &= [\tfrac{1}{3}x^3 - 3x^2 + 8x]_0^2 + [-\tfrac{1}{3}x^3 + 3x^2 - 8x]_2^3 = 7\tfrac{1}{3} \end{aligned}$$

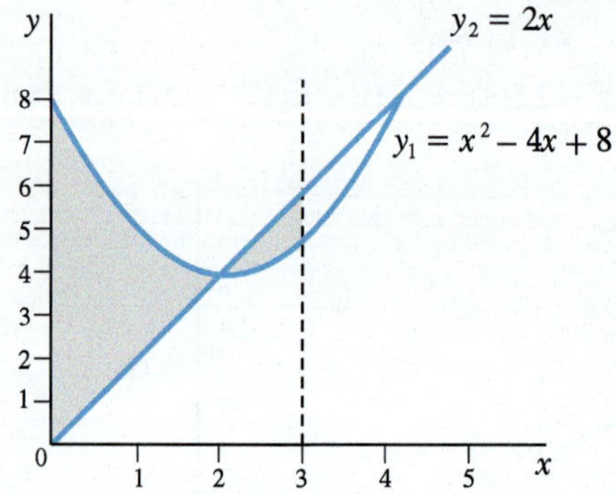

[그림 15-8]

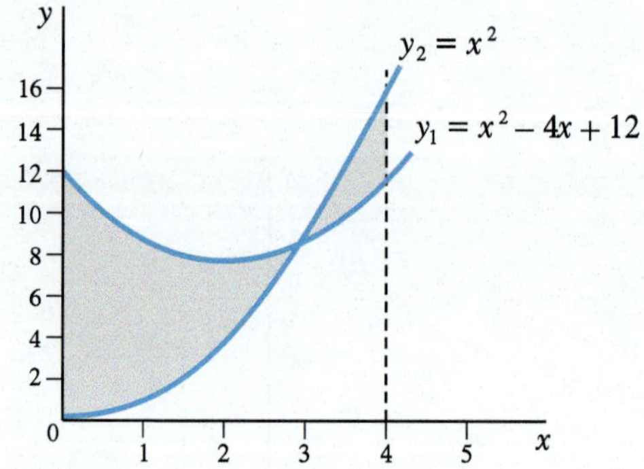

[그림 15-9]

15.18 아래 주어진 함수에 대해 [연습문제 15.15]에서의 물음에 답하시오.

$$y_1 = x^2 - 4x + 12 \qquad y_2 = x^2 \qquad (x = 0\text{부터 } x = 4\text{까지의 구간})$$

a) [그림 15-9] 참조

b)

$$\begin{aligned} A &= \int_0^3 [(x^2 - 4x + 12) - x^2]\, dx + \int_3^4 [x^2 - (x^2 - 4x + 12)]\, dx \\ &= \int_0^3 (12 - 4x)\, dx + \int_3^4 (4x - 12)\, dx \\ &= [12x - 2x^2]_0^3 + [2x^2 - 12x]_3^4 = 20 \end{aligned}$$

▪ 이상적분과 롭피탈의 법칙

15.19 (*a*) 아래 주어진 적분이 왜 이상적분인지를 설명하고, (*b*) 수렴여부를 검증하시오. 그리고 수렴하는 경우 적분값을 구하시오.

$$\int_1^\infty \frac{2x}{(x^2+1)^2} dx$$

a) 적분구간의 상한이 무한대이기 때문에 이는 이상적분에 해당한다.

b)

$$\int_1^\infty \frac{2x}{(x^2+1)^2} dx = \lim_{b \to \infty} \int_1^b \frac{2x}{(x^2+1)^2} dx$$

$u = x^2 + 1$이라 하면 $\frac{du}{dx} = 2x$이고 $dx = \frac{du}{2x}$이다. 이를 대입하면

$$\int \frac{2x}{(x^2+1)^2} dx = \int 2xu^{-2} \frac{du}{2x} = \int u^{-2}\, du$$

이를 u에 대해 적분하고 적분상수를 무시하면

$$\int u^{-2} du = -u^{-1}$$

여기에 다시 u를 $x^2 + 1$로 치환하고 x의 적분구간을 설정하면

$$\begin{aligned} \int_1^\infty \frac{2x}{(x^2+1)^2} dx &= \lim_{b \to \infty} \int_1^b \frac{2x}{(x^2+1)^2} dx = -(x^2+1)^{-1} \Big|_1^b \\ &= \frac{-1}{b^2+1} + \frac{1}{(1)^2+1} = \frac{1}{2} - \frac{1}{b^2+1} \end{aligned}$$

$b \to \infty$일 때 $\frac{1}{b^2+1} \to 0$이므로 적분은 수렴하며 그 값은 $\frac{1}{2}$이다.

15.20 $\int_1^\infty \frac{dx}{x+7}$에 대해 [연습문제 15.19]에서의 물음에 답하시오.

a) 적분구간의 상한이 무한대이므로 이는 이상적분에 해당한다.

b)

$$\int_1^\infty \frac{dx}{x+7} = \lim_{b\to\infty}\int_1^b \frac{dx}{x+7} = \ln|x+7|\Big|_1^b$$
$$= \ln|b+7| - \ln|1+7|$$

$b\to\infty$ 일 때 $\ln|b+7|\to\infty$ 이므로 적분은 발산하며 적분의 의미는 없다.

15.21 $\int_{-\infty}^{0} e^{3x}dx$ 에 대해 [연습문제 15.19]에서의 물음에 답하시오.

a) 적분구간의 하한이 무한대이므로 이는 이상적분에 해당한다.

b)

$$\int_{-\infty}^0 e^{3x}\,dx = \lim_{a\to-\infty}\int_a^0 e^{3x}\,dx = \tfrac{1}{3}e^{3x}\Big|_a^0$$
$$= \tfrac{1}{3}e^{3(0)} - \tfrac{1}{3}e^{3a} = \tfrac{1}{3} - \tfrac{1}{3}e^{3a}$$

$a\to\infty$ 일 때 $\frac{1}{3}e^{3a}\to 0$ 이므로 적분은 수렴하며 $\frac{1}{3}$ 의 값을 가진다.

15.22 (a) 아래 주어진 적분이 이상적분인지를 설명하고, (b) 수렴여부를 확인하시오.

$$\int_{-\infty}^{0} (5-x)^{-2}dx$$

a) 적분구간의 하한이 무한대이다.

b) $$\int_{-\infty}^{0} (5-x)^{-2}dx = \lim_{a\to-\infty}\int_a^0 (5-x)^{-2}dx$$

$u = 5-x$ 라 하면 $\frac{du}{dx} = -1$, $du = -dx$ 이므로 이를 대입하면

$$\int (5-x)^{-2}dx = \int u^{-2}(-du) = -\int u^{-2}du$$

이를 u 에 대해 적분한다.

$$-\int u^{-2}du = u^{-1}$$

$u = 5-x$ 를 대입하고 x 의 적분구간을 설정하면

$$\int_{-\infty}^0 (5-x)^{-2}\,dx = \lim_{a\to-\infty}\int_a^0 (5-x)^{-2}\,dx = (5-x)^{-1}\Big|_a^0$$
$$= \frac{1}{5-0} - \frac{1}{5-a} = \frac{1}{5} - \frac{1}{5-a}$$

$a\to-\infty$ 일 때, $1/(5-a)\to 0$ 이므로 적분은 $1/5$ 에 수렴한다.

15.23 $\int_{-\infty}^{0} 2xe^x dx$에 대해 [연습문제 15.22]에서의 물음에 답하시오.

a) 적분구간의 하한이 무한대이다.

b)

$$\int_{-\infty}^{0} 2xe^x dx = \lim_{a \to -\infty} \int_a^0 2xe^x dx$$

부분적분법을 이용하기 위해, $f(x) = 2x$, $g'(x) = e^x$이라 하면

$f'(x) = 2$, $g(x) = \int e^x dx = e^x$이므로 이를 식 (16.1)의 공식에 대입하면

$$\int 2xe^x dx = 2xe^x - \int e^x 2dx$$

가 된다. 여기서 두 번째 항을 다시 적분하면

$$\int 2xe^x dx = 2xe^x - 2e^x$$

적분구간을 설정하면

$$\begin{aligned}\int_{-\infty}^{0} 2xe^x\,dx &= \lim_{a \to -\infty} \int_a^0 2xe^x\,dx = (2xe^x - 2e^x)\Big|_a^0 \\ &= [2(0)e^0 - 2e^0] - (2ae^a - 2e^a) \\ &= -2 - 2ae^a + 2e^a \qquad (e^0 = 1)\end{aligned}$$

$a \to -\infty$, $e^a \to 0$이므로 적분은 -2의 값에 수렴한다.

15.24 $\int_0^6 \frac{dx}{x-6}$에 대해 [연습문제 15.22]에서의 물음에 답하시오.

a) x가 왼쪽으로부터 6에 접근함($x \to 6^-$)에 따라 피적분함수는 $-\infty$에 접근하므로 이는 이상적분에 해당한다.

b)

$$\begin{aligned}\int_0^6 \frac{dx}{x-6} &= \lim_{b \to 6} \int_0^b \frac{dx}{x-6} = \ln|x-6|\Big|_0^b \\ &= \ln|b-6| - \ln|0-6|\end{aligned}$$

$b \to 6^-$일 때 $|b-6| \to 0$이고 $\ln 0$은 정의되지 않으므로 적분은 발산한다.

15.25 $\int_0^8 (8-x)^{-1/2} dx$에 대해 [연습문제 15.22]에서의 물음에 답하시오.

a) $x \to 8^-$일 때 피적분함수는 무한대에 접근하므로 이상적분에 해당한다.

b)

$$\int_0^8 (8-x)^{-1/2}\,dx = \lim_{b\to 8}\int_0^b (8-x)^{-1/2}\,dx = -2(8-x)^{1/2}\Big|_0^b$$

$$= (-2\sqrt{8-b}) - (-2\sqrt{8-0}) = 2\sqrt{8} - 2\sqrt{8-b}$$

$b\to 8^-$ 일 때 $-2\sqrt{8-b}\to 0$이므로 적분은 수렴하며 $2\sqrt{8}=4\sqrt{2}$ 의 값을 가진다.

15.26 롬피딜의 법칙(L'Hôpital's rule)을 이용하여 다음의 극한값을 구하시오.

a) $\displaystyle\lim_{x\to\infty}\frac{5x-9}{e^x}$

$x\to\infty$ 에 따라 분자 $(5x-9)$와 분모 e^x은 ∞에 접근한다. 따라서 $\frac{\infty}{\infty}$가 되어 극한값을 구할 수 없다. 식 (15.5)에 따라 분자와 분모를 각각 미분한다.

$$\lim_{x\to\infty}\frac{5x-9}{e^x} = \lim_{x\to\infty}\frac{5}{e^x} = \frac{5}{\infty} = 0$$

b) $\displaystyle\lim_{x\to\infty}\frac{1-e^{1/x}}{1/x}$

$x\to\infty$ 일 때 $1-e^{1/x}$과 $1/x$은 모두 0에 수렴하여 $\frac{0}{0}$이 되므로 식 (15.6)에 따라 분자, 분모를 각각 미분한다.

$$\lim_{x\to\infty}\frac{1-e^{1/x}}{1/x} = \lim_{x\to\infty}\frac{-(-1/x^2)e^{1/x}}{-1/x^2}$$

간단히 정리하면

$$\lim_{x\to\infty}\frac{1-e^{1/x}}{1/x} = \lim_{x\to\infty}(-e^{1/x}) = -e^0 = -1$$

c) $\displaystyle\lim_{x\to\infty}\frac{\ln 2x}{e^{5x}}$

$x\to\infty$ 일 때 $\ln 2x\to\infty$ 이고 $e^{5x}\to\infty$ 가 되므로 식 (15.6)을 이용한다.

$$\lim_{x\to\infty}\frac{\ln 2x}{e^{5x}} = \lim_{x\to\infty}\frac{1/x}{5e^{5x}} = \frac{0}{\infty} = 0$$

d) $\displaystyle\lim_{x\to\infty}\frac{6x^3-7}{3x^2+9}$

$$\lim_{x\to\infty}\frac{6x^3-7}{3x^2+9} = \lim_{x\to\infty}\frac{18x^2}{6x} = \lim_{x\to\infty}3x = \infty$$

e) $\displaystyle\lim_{x\to\infty}\frac{3x^2-7x}{4x^2-21}$

$$\lim_{x\to\infty}\frac{3x^2-7x}{4x^2-21} = \lim_{x\to\infty}\frac{6x-7}{8x}$$

롭피탈의 법칙을 적용했을 때 그 결과가 다시 $\frac{0}{0}$이나 $\frac{\infty}{\infty}$로 나타나는 경우 언제든지 다시 롭피탈의 법칙을 적용하여 극한값을 구한다. 따라서

$$\lim_{x\to\infty}\frac{6x-7}{8x}=\lim_{x\to\infty}\frac{6}{8}=\frac{3}{4} \qquad \text{([연습문제 3.4(c)] 참조).}$$

f) $\lim_{x\to\infty}\frac{8x^3-5x^2+13x}{2x^3+7x^2-18x}$

롭피탈의 법칙을 적용하면

$$\begin{aligned}\lim_{x\to\infty}\frac{8x^3-5x^2+13x}{2x^3+7x^2-18x} &= \lim_{x\to\infty}\frac{24x^2-10x+13}{6x^2+14x-18} = \lim_{x\to\infty}\frac{48x-10}{12x+14}\\ &= \lim_{x\to\infty}\tfrac{48}{12}=4\end{aligned}$$

■ **소비자잉여와 생산자잉여**

15.27 수요함수가 $P=45-0.5Q$로 주어진 경우, $P_0=32.5$, $Q_0=25$에서의 소비자잉여(CS)를 구하시오.

식 (157)을 이용하면

$$\begin{aligned}\text{CS} &= \int_0^{25}(45-0.5Q)\,dQ-(32.5)(25)=[45Q-0.25Q^2]_0^{25}-812.5\\ &= [45(25)-0.25(25)^2]-0-812.5=156.25\end{aligned}$$

15.28 공급함수가 $P=(Q+3)^2$일 때, $P_0=81$과 $Q_0=6$에서의 생산자잉여(PS)를 구하시오.

식 (157)을 이용하면

$$\begin{aligned}\text{PS} &= (81)(6)-\int_0^6(Q+3)^2\,dQ=486-[\tfrac{1}{3}(Q+3)^3]_0^6\\ &= 486-[\tfrac{1}{3}(6+3)^3-\tfrac{1}{3}(0+3)^3]=252\end{aligned}$$

15.29 수요함수와 공급함수가 각각 $P_d=25-Q^2$과 $P_s=2Q+1$로 주어져 있다. 완전경쟁을 가정하고 (*a*) 소비자잉여와, (*b*) 생산자잉여를 구하시오.

시장이 균형을 이루기 위해서는 $s=d$가 되어야 하므로

$$\begin{aligned}2Q+1&=25-Q^2 \qquad Q^2+2Q-24=0\\ (Q+6)(Q-4)&=0 \qquad Q_0=4 \qquad P_0=9\end{aligned}$$

여기서 Q_0는 -6이 될 수 없다.

a) $$CS = \int_0^4 (25 - Q^2)\,dQ - (9)(4) = [25Q - \tfrac{1}{3}Q^3]_0^4 - 36$$
$$= [25(4) - \tfrac{1}{3}(4)^3] - 0 - 36 = 42.67$$

b) $$PS = (9)(4) - \int_0^4 (2Q + 1)\,dQ$$
$$= 36 - [Q^2 + Q]_0^4 = 16$$

15.30 완전경쟁하에서 수요함수가 $P_d = 113 - Q^2$, 그리고 공급함수가 $P_s = (Q+1)^2$으로 주어져 있다. 이 때 (a) 소비자잉여와, (b) 생산자잉여를 구하시오.

$P_d = P_s$에서 균형이 이루어지므로

$$Q^2 + 2Q + 1 = 113 - Q^2 \qquad 2(Q^2 + Q - 56) = 0$$
$$(Q + 8)(Q - 7) = 0 \qquad Q_0 = 7 \qquad P_0 = 64$$

a) $$CS = \int_0^7 (113 - Q^2)\,dQ - (64)(7) = [113Q - \tfrac{1}{3}Q^3]_0^7 - 448 = 228.67$$

b) $$PS = (64)(7) - \int_0^7 (Q + 1)^2\,dQ = 448 - [\tfrac{1}{3}(Q + 1)^3]_0^7 = 448 - (170.67 - 0.33) = 277.67$$

15.31 시장이 독점하에 있을 때, 판매량과 시장가격은 수요함수에 의해 결정된다. 이윤극대화를 목표로 하고 있는 독점기업의 수요함수가 $P = 274 - Q^2$이고 $MC = 4 + 3Q$라고 할 때 소비자잉여를 구하시오.

수요함수 $P = 274 - Q^2$하에서

$$TR = PQ = (274 - Q^2)Q = 274Q - Q^3$$

그리고 $$MR = \frac{dTR}{dQ} = 274 - 3Q^2$$

독점기업은 $MR = MC$에서 이윤극대화가 이루어지므로

$$274 - 3Q^2 = 4 + 3Q \qquad 3(Q^2 + Q - 90) = 0$$
$$(Q + 10)(Q - 9) = 0 \qquad Q_0 = 9 \qquad P_0 = 193$$

그리고 $$CS = \int_0^9 (274 - Q^2)\,dQ - (193)(9) = [274Q - \tfrac{1}{3}Q^3]_0^9 - 1737 = 486$$

▪ 밀도함수와 확률

15.32 어느 대형식당에 들어가서 기다려야 할 시간에 대한 확률은 밀도함수 $f(t) = \dfrac{4}{81}t^3$ $(0 \le t \le 3)$으로 주어져 있다. 이 때 손님이 1분에서 2분 기다려야 할 확률은 얼마인가.

$$P = \int_1^2 \tfrac{4}{81}t^3\,dt = \tfrac{1}{81}t^4 \Big|_1^2 = \tfrac{1}{81}(16) - \tfrac{1}{81}(1) = 0.1852$$

15.33 주어진 기간 내에 마무리된 과제의 완성비율이 확률밀도함수 $f(x) = 12(x^2 - x^3)$ $(0 \le x \le 1)$으로 주어져 있다고 할 때, (a) 기간 내에 완성된 과제의 비율이 50% 이하가 될 확률과, (b) 완성된 과제의 비율이 50% 이상이 될 확률을 구하시오.

a)

$$P_a = \int_0^{0.5} 12(x^2 - x^3)\,dx = 12\left[\frac{x^3}{3} - \frac{x^4}{4}\right]_0^{0.5}$$

$$= 12\left[\left(\frac{0.125}{3} - \frac{0.0625}{4}\right) - 0\right] = 0.3125$$

b)

$$P_b = \int_{0.5}^{1} 12(x^2 - x^3)\,dx = 12\left[\frac{x^3}{3} - \frac{x^4}{4}\right]_{0.5}^{1}$$

$$= 12\left[\left(\frac{1}{3} - \frac{1}{4}\right) - \left(\frac{0.125}{3} - \frac{0.0625}{4}\right)\right] = 0.6875$$

예상했던 바와 같이 $P_a + P_b = 0.3125 + 0.6875 = 1$

■ 기타 경제학적인 응용

15.34 투자함수가 $I(t) = 9t^{1/2}$으로 주어졌을 때, (a) 8년 동안 형성된 자본량과, (b) 다섯 번째 해에서부터 여덟 번째 해까지 이루어진 자본량을 구하시오. ([0, 1] 구간이 첫 해에 해당하고, [1, 2] 구간이 두 번째에 해에 해당하므로 다섯 번째 해와 여덟 번째 해에 해당하는 구간은 [4, 8]이다.).

a)

$$K = \int_0^8 9t^{1/2}\,dt = 6t^{3/2}\Big|_0^8 = 6(8)^{3/2} - 0 = 96\sqrt{2} = 135.76$$

b)

$$K = \int_4^8 9t^{1/2}\,dt = 6t^{3/2}\Big|_4^8 = 6(8)^{3/2} - 6(4)^{3/2} = 135.76 - 48 = 87.76$$

16장

미분방정식

16.1 정의와 개념

함수 $y=f(t)$와 이에 대한 도함수(derivative) 또는 미분(differential) 사이의 관계를 양함수 또는 음함수 형태로 표시한 방정식을 미분방정식(differential equation)이라 한다. 미분방정식의 예를 들면 다음과 같다.

$$\frac{dy}{dt}=5t+9 \qquad y'=12y \qquad \text{그리고} \qquad y''-2y'+19=0$$

위의 예에서와 같이 독립변수가 하나인 미분방정식을 통상미분방정식(ordinary differential equation)이라 한다. 미분방정식의 해(solution) 또는 적분(integral)은 도함수나 미분을 가지고 있지 않은 방정식을 말하는데, 이는 적분구간에 있는 독립변수의 모든 값에 대해 미분방정식을 만족시킨다. ([예제 1] 참조).

또한 방정식에 포함된 도함수 가운데 가장 높은 차수를 미분방정식의 계(order)라 하며, 가장 높은 계를 가진 도함수의 멱수를 미분방정식의 차(degree)라 한다. ([예제 2]와 [연습문제 16.1] 참조)

예제 1 미분방정식 $y''(t)=7$을 풀기 위해서는, 즉 2차도함수가 7이 되는 함수 $y(t)$를 구하면 된다. 이는 미분방정식의 양변을 적분하면 된다.

$$y'(t)=\int 7\,dt=7t+c_1$$
$$y(t)=\int (7t+c_1)\,dt=3.5t^2+c_1t+c$$

이와같이 미분방정식의 해에서 c가 지정되지 않았을 경우의 미분방정식의 해를 일반해(general solution)라고 하는데, 이는 미분방정식이 c가 어떤 값을 가지느냐에 따라 수많은 해를 가지고 있음을 뜻한다. 만일 c가 특정한 값으로 지정되어지는 경우, 미분방정식은 일반해가 아닌 특수해(particular solution) 또는 확정해(definite solution)를 갖게 된다.

예제 2 아래 주어진 미분방정식의 계(order)와 차수(degree)는 다음과 같다.

1. $\frac{dy}{dt} = 2x + 6$ 1계1차 미분방정식
2. $\left(\frac{dy}{dt}\right)^4 - 5t^5 = 0$ 1계4차 미분방정식
3. $\frac{d^2y}{dt^2} + \left(\frac{dy}{dt}\right)^3 + x^2 = 0$ 2계1차 미분방정식
4. $\left(\frac{d^2y}{dt^2}\right)^7 + \left(\frac{d^3y}{dt^3}\right)^5 = 75y$ 3계5차 미분방정식

16.2 1계 선형미분방정식에 대한 일반공식

1계 선형미분방정식(first-order linear differential equation)의 경우, dy/dt와 y는 1차이어야 하며, 어떤 항에서도 y와 dy/dt의 곱인 $y(dy/dt)$가 있어서는 안 된다.

1계 선형미분방정식의 일반적인 형태는 다음과 같다.

$$\frac{dy}{dt} + vy = z$$

여기서 v와 z는 상수일 수도 있으며 또는 시간의 함수일 수도 있다.
위와 같은 1계 선형미분방정식의 일반해를 구하는 공식은 다음과 같다.

$$y(t) = e^{-\int v\,dt}\left(A + \int ze^{\int v\,dt}\,dt\right) \tag{16.1}$$

여기서 A는 임의의 상수이다.

미분방정식의 해는 두 부분으로 나누어지는데, 위에서 $e^{-\int vdt}A$를 보조함수(complementary function) 그리고 $e^{-\int vdt}\int ze^{\int vdt}dt$를 특수적분(particular integral)이라 부른다[1)].

여기서 특수적분 y_p는 시간의 흐름에 따른 $y(t)$의 균형수준을 나타내며, 보조함수 y_c는 균형으로부터 이탈된 차이를 나타낸다. 따라서 $y(t)$가 동태적으로 안정적(dynamically stable)이기 위해서는, y_c는 t가 무한대로 접근함에 따라 0에 수렴해야 한다(즉, e^{kt}에서 k는 음이어야 한다). 미분방정식의 해는 반드시 미분에 의해 검산이 가능하다.
([예제 3-5], [연습문제 16.2-16.12], 참조).

역자 TIP

1) 일반적으로 보조함수를 y_c, 특수적분을 y_p로 표시한다.

예제 3 미분방정식 $\frac{dy}{dt}+4y=12$의 일반해는 아래와 같이 구한다.

$v=4,\ z=12$이므로 식 (16.1)의 공식에 대입하면,

$$y(t)=e^{-\int 4\,dt}\left(A+\int 12e^{\int 4\,dt}\,dt\right)$$

$\int 4dt=4t+c$가 되나, 식 (16.1)을 이용할 때 적분상수 c는 무시하고 A에 포함되는 것으로 간주한다. 따라서

$$y(t)=e^{-4t}\left(A+\int 12e^{4t}\,dt\right) \tag{16.2}$$

남아 있는 적분을 계산하면 $\int 12e^{4t}dt=3e^{4t}+c$이다. 여기서 적분상수를 다시 무시하고 식 (16.2)에 대입하면

$$y(t)=e^{-4t}(A+3e^{4t})=Ae^{-4t}+3 \tag{16.3}$$

$t\to\infty$일 때 $y_c=Ae^{-4t}\to 0$이 되어 $y(t)$는 시간의 흐름에 따른 균형수준인 $y_p=3$에 접근한다. 따라서 $y(t)$는 동태적으로 안정적(dynamically stable)이다.

위에서 구한 해는 A가 결정되지 않았기 때문에 일반해에 해당하며, 이 일반해를 검산하기 위해서는 먼저 식 (16.3)의 도함수를 구한다.

$$\frac{dy}{dt}=-4Ae^{-4t}$$

원래의 미분방정식으로부터

$$\frac{dy}{dt}+4y=12 \qquad \frac{dy}{dt}=12-4y$$

이므로 여기에 식 (16.3)의 $y=Ae^{-4t}+3$을 대입하면

$$\frac{dy}{dt}=12-4(Ae^{-4t}+3)=-4Ae^{-4t}$$

이를 식 (16.3)의 도함수와 비교한다.

예제 4 $\frac{dy}{dt}+3t^2y=t^2$에 대한 일반해를 구하기 위해서 식 (16.1)을 이용한다.

여기서 $v=3t^2,\ z=t^2$이므로

$$y(t)=e^{-\int 3t^2\,dt}\left(A+\int t^2e^{\int 3t^2\,dt}\,dt\right) \tag{16.4}$$

지수 부분을 적분하면 $\int 3t^2dt=t^3$이 되므로 이를 식 (16.4)에 대입한다.

$$y(t) = e^{-t^3}\left(A + \int t^2 e^{t^3} dt\right) \tag{16.5}$$

식 (16.5)에 남아있는 적분을 계산하기 위해 치환법을 이용한다.

$u = t^3$이라 하면 $\frac{du}{dt} = 3t^2$, $dt = \frac{du}{3t^2}$이므로

$$\int t^2 e^{t^3} dt = \int t^2 e^u \frac{du}{3t^2} = \frac{1}{3}\int e^u du = \frac{1}{3}e^u = \frac{1}{3}e^{t^3}$$

끝으로 이를 식 (16.5)에 대입하면

$$y(t) = e^{-t^3}(A + \tfrac{1}{3}e^{t^3}) = Ae^{-t^3} + \tfrac{1}{3} \tag{16.6}$$

을 얻을 수 있다.

$t \to \infty$일 때 $y_c = Ae^{-t^3} \to 0$이므로 $y(t)$는 $\frac{1}{3}$에 수렴한다. 따라서 균형은 동태적으로 안정적이다.

위에서 구한 일반해를 검산하기 위해 식 (16.6)을 미분하면 $\frac{dy}{dt} = -3t^2Ae^{-t^3}$이 된다. 다음에 원래의 미분방정식으로부터

$$\frac{dy}{dt} + 3t^2y = t^2 \qquad \frac{dy}{dt} = t^2 - 3t^2y$$

여기에 식 (16.6)의 y를 대입하면

$$\frac{dy}{dt} = t^2 - 3t^2\left(Ae^{-t^3} + \frac{1}{3}\right) = -3t^2Ae^{-t^3}$$

이 된다. 이를 식 (16.6)의 도함수 $\frac{dy}{dt}$와 비교해 보기 바란다.

예제 5 [예제 4]에서 $y(0) = 1$이라 가정하면 확정해는 다음과 같이 구할 수 있다.

식 (16.6)에서 $y = Ae^{-t^3} + \frac{1}{3}$이고 $t = 0$일 때 $y(0) = 1$이다.

따라서 $A + 1/3 = 1$이고 $A = 2/3$이다.

$A = 2/3$를 식 (16.6)에 대입하면 확정해는 $y = \frac{2}{3}e^{-t^3} + \frac{1}{3}$이 된다.

16.3 완전미분방정식

두 변수를 가진 함수 $F(y, t)$에서 $M = \partial F/\partial y$, $N = \partial F/\partial t$라 하면 $F(y, t)$의 전미분은

$$dF(y, t) = M\,dy + N\,dt \tag{16.7}$$

로 표시할 수 있다.

F는 2개 이상의 독립변수를 가진 함수이기 때문에 M과 N은 편도함수가 되며 방정식 (16.7)을 편미분방정식(partial differential equation)이라 부른다. 미분 $dF(y,t)$가 0이 되어 $Mdy+Ndt=0$인 경우를, 특히 완전미분방정식(exact differential equation)이라 하는데, 이는 방정식의 좌변이 원시함수인 $F(y,t)$의 미분과 완전히 동일하기 때문에 붙여진 이름이다.

완전미분방정식이 되기 위해서는 $\frac{\partial M}{\partial t}$이 $\frac{\partial N}{\partial y}$과 동일해야 한다. 즉 $\frac{\partial^2 F}{\partial y \partial t}=\frac{\partial^2 F}{\partial t \partial y}$가 성립해야 한다. 이에 대한 증명은 [연습문제 16.49] 참조.

완전미분방정식의 해를 구하기 위해서는 어느 하나의 변수에 대해 연속적으로 적분을 해야 하는데, 이 때 다른 독립변수는 상수로 간주한다. 이러한 과정을 편적분(partial integration)이라 하며 이는 편미분의 역과정에 해당한다. ([예제 6]과 [연습문제 16.13-16.17] 참조).

예제 6 아래와 같은 완전비선형미분방정식을 푸는 과정은 다음과 같다.

$$(6yt+9y^2)\,dy+(3y^2+8t)\,dt=0 \tag{16.8}$$

1. 이것이 완전미분방정식인지 여부를 먼저 확인한다. 여기서 $M=6yt+9y^2$이고 $N=3y^2+8t$이므로 $\frac{\partial M}{\partial t}=6y$, $\frac{\partial N}{\partial y}=6y$이다. 여기서 $\frac{\partial M}{\partial t}=\frac{\partial N}{\partial y}$이고 $M\,dy+N\,dt=0$이므로 위 방정식은 완전미분방정식에 해당한다.

2. $M=\frac{\partial F}{\partial y}$는 y에 대한 편도함수이므로 t를 상수로 간주한 상태에서 M을 y에 대해 편적분한 후, y에 대한 편도함수를 구하는 과정에서 소거되었을 항으로서 t에 대한 함수 $Z(t)$를 부가한다. 편적분에서는 dy를 ∂y로 대치하여 사용함에 유의해야 한다.

$$F(y,t)=\int(6yt+9y^2)\,\partial y+Z(t)=3y^2t+3y^3+Z(t) \tag{16.9}$$

위에서 구한 결과는 t에 대한 함수 $Z(t)$만 확인되지 않았을 뿐 원함수 $F(y,t)$를 나타내고 있다.

3. 위에서 N에 해당하는 $\frac{\partial F}{\partial t}$를 구하기 위해 식 (16.9)를 t로 미분한다.

$$\frac{\partial F}{\partial t}=3y^2+Z'(t) \tag{16.10}$$

식 (16.8)에서 $\frac{\partial F}{\partial t}=N$이고 $N=3y^2+8t$이므로 식 (16.10)에 $\frac{\partial F}{\partial t}=3y^2+8t$를 대입하면

$$3y^2+8t=3y^2+Z'(t) \qquad Z'(t)=8t$$

가 된다.

4. 다시 $Z'(t)$를 t로 적분하여 y에 대한 편도함수를 구하는 과정에서 소거되었던 t에 대한 항을 구하면

$$Z(t) = \int Z'(t)\,dt = \int 8t\,dt = 4t^2 \qquad (16.11)$$

5. 끝으로 식 (16.9)에 식 (16,11)을 대입하고 여기에 적분상수를 더한다.

$$F(y,t) = 3y^2t + 3y^3 + 4t^2 + c$$

이를 미분하면 쉽게 검산할 수 있다.

16.4 적분인수

모든 미분방정식이 완전미분방정식인 것은 아니다. 그러나 일부는 적분인수(integrating factor)에 의해 완전미분방정식으로 만들 수 있다. 적분인수란 방정식을 적분 가능하도록 하는 승수를 말한다. ([예제 7]과 [연습문제 16.18-16.22] 참조).)

예제 7 비선형미분방정식 $5ytdy+(5y^2+8t)dt=0$을 검토하면 이것이 완전미분방정식이 아님을 알 수 있다. 즉 $M=5yt$, $N=5y^2+8t$라 할 때 $\frac{\partial M}{\partial t}=5y\neq\frac{\partial N}{\partial y}=10y$이기 때문이다. 그러나 적분인수 t를 양변에 곱할 경우 방정식 $5yt^2dy+(5y^2t+8t^2)dt=0$은 완전미분방정식이 된다. 즉 $\frac{\partial M}{\partial t}=10yt=\frac{\partial N}{\partial y}$이므로 위에서 살펴본 과정에 따라 새로이 구성한 완전미분방정식을 풀 수 있다. ([연습문제 16.22] 참조).

적분인수가 사용된 미분방정식에 대한 해를 검산하기 위해서는 해에 대한 전미분을 구하고 이를 적분인수로 나눈다.

16.5 적분인수의 도출

아래 제시된 두 법칙은 비선형 1계 미분방정식에 대한 적분상수가 존재하는 경우 이를 구하는 데 도움을 줄 것이다. 먼저 $\frac{\partial M}{\partial t}\neq\frac{\partial N}{\partial y}$을 가정한다.

[법칙 1] 만약 $\frac{1}{N}(\frac{\partial M}{\partial t}-\frac{\partial N}{\partial y})=f(y)$로서 y만의 함수가 되는 경우, 적분상수는 $e^{\int f(y)dy}$이다.

[법칙 2] 만약 $\frac{1}{M}(\frac{\partial N}{\partial y}-\frac{\partial M}{\partial t})=g(t)$로서 t만의 함수가 되는 경우, 적분상수는 $e^{\int g(t)dt}$이다.

([예제 8]과 [연습문제 16.23-16.28] 참조).

예제 8 위 법칙에 대한 예로서 [예제 7]의 미분방정식에 대한 적분상수를 구해 보기로 한다.

$$5yt\,dy + (5y^2 + 8t)\,dt = 0 \qquad M = 5yt \qquad N = 5y^2 + 8t \qquad \frac{\partial M}{\partial t} = 5y \neq \frac{\partial N}{\partial y} = 10y$$

여기에 위의 [법칙 1]을 적용하면

$$\frac{1}{5y^2 + 8t}(5y - 10y) = \frac{-5y}{5y^2 + 8t}$$

이 되는데 이것은 y만의 함수가 아니므로 방정식에 대한 적분상수를 제공하지 못한다. 따라서 [법칙 2]를 적용하면

$$\frac{1}{5yt}(10y - 5y) = \frac{5y}{5yt} = \frac{1}{t}$$

이 되고 이는 t만의 함수이므로 적분상수는 $e^{\int (1/t)dt} = e^{\ln t} = t$가 된다.

16.6 변수의 분리

비선형 1계1차 미분방정식의 해는 복잡하다(여기서 1계1차 미분방정식이란 가장 높은 차수를 가진 도함수가 1차도함수 dy/dt이며 또한 이 도함수의 멱수가 1인 경우이다. 만약 방정식이 y와 dy/dt의 곱을 포함하고 있거나, y의 멱수가 1 이외의 값을 가지고 있는 경우 이 미분방정식은 비선형(nonlinear)이 된다).

이 때 미분방정식이 완전하거나 적분인수에 의해 완전미분방정식으로 전환할 수 있다면 [예제 6]에서 살펴본 과정을 통해 해를 구할 수 있다. 그러나 미분방정식이 $M(y)dy + N(t)dt = 0$과 같이 $M(y)$ 함수와 $N(t)$ 함수를 각각 y와 t만의 변수로만 구성된 분리변수(separated variable)의 형태로 나타낼 수 있다면, 미분방정식은 통상적인 적분과정을 통해 간단히 해를 구할 수 있다. 이 과정은 [예제 9-10]과 [연습문제 16.29-16.37]에 예시되어 있다.

예제 9 아래의 예는 변수를 분리하는 과정을 통해 미분방정식의 해를 구하고 있다.

$$\frac{dy}{dt} = y^2 t \tag{16.12}$$

먼저 항을 정리하여 변수를 분리하면[2)]

$$\frac{dy}{y^2} = t\,dt$$

이므로 $M = 1/y^2$, $N = t$에 해당한다. 양변을 적분하면

$$\int y^{-2}\,dy = \int t\,dt$$

$$-y^{-1} + c_1 = \frac{t^2}{2} + c_2$$

$$-\frac{1}{y} = \frac{t^2 + 2c_2 - 2c_1}{2}$$

여기서 $c = 2c_2 - 2c_1$이라 하면 $$y = \frac{-2}{t^2 + c} \tag{16.13}$$

적분상수는 미분방정식의 특수해(particular solution)를 구하기까지는 임의의 상수에 불과하므로, 적분상수의 경우 해를 구하는 초기 단계에서는 특정한 상수가 아닌 일반적인 상수로 간주된다. 따라서 e^c이나 $\ln c$ 역시 적분상수로 편의에 따라 사용될 수 있다.

위에서 구한 해를 검산하라면 일반 멱함수미분법칙에 따라 $y = -2(t^2 + c)^{-1}$의 도함수를 구한다.

$$\frac{dy}{dt} = (-1)(-2)(t^2 + c)^{-2}(2t) = \frac{4t}{(t^2 + c)^2}$$

식 (16.12)에서 $\frac{dy}{dt} = y^2 t$이므로 여기에 식 (16,13)을 대입하면

$$\frac{dy}{dt} = \left(\frac{-2}{t^2 + c}\right)^2 t = \frac{4t}{(t^2 + c)^2}$$

로서 위의 결과와 동일하다.

역자 TIP

2) 여기서 변수를 분리한다는 것은 $dy/dt = y^2 t$의 우변에 곱의 형태로 함께 붙어있는 변수 y와 t를 이항과정을 통해 분리한다는 것이다. 이를 통해 y와 t만의 함수 $M(y)$, $N(t)$를 구성한다.

예제 10 아래와 같이 비선형미분방정식이 주어져 있다.

$$t^2 dy + y^3 dt = 0 \tag{16.14}$$

여기서 $M \neq f(y)$이고 $N \neq f(t)$이다. 식 (16.14)에 $1/(t^2 y^3)$을 곱하여 변수를 분리하면

$$\frac{1}{y^3}dy + \frac{1}{t^2}dt = 0 \tag{16.14a}$$

이 되고 분리변수를 적분하면

$$\int y^{-3}\,dy + \int t^{-2}\,dt = -\tfrac{1}{2}y^{-2} - t^{-1} + c$$

그리고

$$F(y,t) = -\tfrac{1}{2}y^{-2} - t^{-1} + c$$

$$= -\frac{1}{2y^2} - \frac{1}{t} + c$$

함수가 복잡해지는 경우, 해는 위와 같이 $F(y, t)$의 형태로 표시하기도 한다. 이에 대한 검산은 해를 미분하고 이를 식 (16.14a) 또는 식 (16.14)와 비교하면 된다. 해는 다른 형태로도 나타날 수 있는데 이에 대해서는 [연습문제 16.20-16.22]와 [연습문제 16.29-16.35]에서 다루고 있다.

16.7 경제학에서의 응용

경제학에서 사용되는 많은 함수는 미분방정식의 형태를 띠고 있다. 이들은 시장균형을 다루는 미시경제 모형에서 동태적 안정성(dynamic stability) 조건을 결정하는 데 이용되며 또 거시경제학에서 다양한 조건하에서의 성장에 대한 시간경로를 찾아내는 데도 이용된다.

어떤 함수의 증가율이 주어졌을 때 경제학자들은 미분방정식을 통해 그러한 증가율을 나타내는 함수를 구해낼 수 있다. 예를 들어 점탄력성(point elasticity)이 주어진 경우 미분방정식을 이용하면 수요함수를 추정해 낼 수 있다([예제 11]과 [연습문제 16.38-16.47] 참조). 14.6절에서는 투자함수에서 자본함수를 추정하고, 한계비용함수와 한계수입함수로부터 각각 총비용함수와 총수입함수를 추정하는 데에 미분방정식을 이용하고 있다.

예제 11 수요함수가 $Q_d = c + bP$이고 공급함수가 $Q_s = g + hP$ 일 때 균형가격은 다음과 같다.

$$\overline{P} = \frac{c-g}{h-b} \tag{16.15}$$

시장에서의 가격변동률 dP/dt가 아래에 나타난 것과 같이 초과수요 $Q_d - Q_s$에 대해 양(+)의 선형함수 관계에 있다고 가정하면,

$$\frac{dP}{dt} = m(Q_d - Q_s) \qquad m = \text{상수} > 0 \tag{16.16}$$

시장에서 가격이 통태적 안정성을 가지기 위한 조건(즉 어떤 조건하에서 $P(t)$가 $t \to \infty$일 때 $\overline{P}$에 수렴할 것인가)은 다음과 같이 구할 수 있다.

Q에 대해 주어진 파라미터를 식에 대입하면 이를 다루었던 일반적인 미분방정식 형태에 맞추기 위해 재정리하면 된다.

식 (16.16)의 Q_d와 Q_s에 주어진 $Q_d = c + bP$와 $Q_s = g + hP$를 대입하면

$$\frac{dP}{dt} = m[(c + bP) - (g + hP)] = m(c + bP - g - hP)$$

이를 16.2에서 다루었던 일반적인 미분방정식 형태로 만들기 위해 재정리하면

$$\frac{dP}{dt} + m(h-b)P = m(c-g)$$

가 된다. 여기서 $v = m(h-b)$, $z = m(c-g)$라 하고 식 (16.1)을 이용하면

$$\begin{aligned} P(t) &= e^{-\int v\,dt}\left(A + \int ze^{\int v\,dt}\,dt\right) = e^{-vt}\left(A + \int ze^{vt}\,dt\right) \\ &= e^{-vt}\left(A + \frac{ze^{vt}}{v}\right) = Ae^{-vt} + \frac{z}{v} \end{aligned} \qquad (16.17)$$

$t = 0$일 때 $P(0) = A + \frac{z}{v}$이고 $A = P(0) - \frac{z}{v}$이다.

이를 식 (16.17)에 대입하면

$$P(t) = [P(0) - \frac{z}{v}]e^{-vt} + \frac{z}{v}$$

끝으로 v와 z를 $v = m(h-b)$, $z = m(c-g)$로 대체한다.

$$P(t) = \left[P(0) - \frac{c-g}{h-b}\right]e^{-m(h-b)t} + \frac{c-g}{h-b}$$

그리고 식 (16.15)에서 $\overline{P} = \frac{c-g}{h-b}$이므로 시간경로는 다음과 같다.

$$P(t) = [P(0) - \bar{P}]e^{-m(h-b)t} + \bar{P} \qquad (16.18)$$

위에서 $P(0), \overline{P}, m > 0$이므로 우변에 있는 첫 번째 항은 $t \to \infty$에 따라 0에 수렴하며, 이에 따라 $P(t)$는 $h - b > 0$의 경우에 한해 $\overline{P}$에 수렴한다. 보통 수요함수가 우하향의 기울기 $(b < 0)$를 가지고, 공급 함수가 우상향의 기울기$(h > 0)$를 가지면 동태적 안정조건은 쉽게 확인 할 수 있다. 수요함수가 양의 기울기를 가졌거나 공급함수가 음의 기울기를 가졌다하더라도, 시장은 $h > b$가 성립하는 한 동태적으로 안정적이 된다.

16.8 미분방정식의 위상도

비선형미분방정식 중에는 시간 t의 함수로 명시적인 해를 구할 수 없는 경우가 많이 있다. 그러나 위상도(phase diagram)를 그려보면 미분방정식의 안정성에 대한 질적인 정보를 얻을 수 있는데, 이는 미분방정식이 시점간 균형(intertemporal equilibrium) 또는 정상상태(steady-state)로 수렴하는지 여부를 결정하는 데 유용하다.

미분방정식의 위상도는 도함수 $\dot{y}$[3]을 y의 함수로 표시한 것이다. 정상상태 해(steady-state solution)는 $\dot{y} = 0$일 때이며 이는 위상도의 그래프가 횡축과 만나는 점에서 쉽게 확인할 수 있다. 경우에 따라서 위상도는 횡축과 여러 번 만날 수 있으므로 정상상태의 해도 여러 개

생길 수 있다.

위상도에서 정상상태 해의 안정성은 운동 화살표에 의해 확인할 수 있다. 위상도에서 운동 화살표는 $\dot{y}$의 그래프가 횡축의 위쪽에 위치해($\dot{y} > 0$) 있을 때는 언제든지 오른쪽(y가 증가하고 있는 상태)을 가리킨다. 그러나 $\dot{y}$의 그래프가 횡축의 아래쪽에 위치해($\dot{y} < 0$) 있을 때는 언제든지 운동 화살표는 왼쪽(y가 감소하고 있는 상태)을 가리킨다. 만약 운동 화살표가 정상상태 해를 가리키고 있다면 해는 안정적이 되며, 운동 화살표가 정상상태 해로부터 벗어나는 방향을 가리키고 있다면 해는 불안정적이 된다.

수학적으로 보면, 정상상태 균형점을 통과하는 점에서의 위상도의 기울기를 통해 우리는 균형점이 안정적인지 불안정적인지를 알 수 있다. 즉 정상상태 균형점에서 위상도의 기울기가

$$\text{만약} \quad \frac{d\dot{y}}{dy} < 0\text{이면,} \qquad \text{균형점은 안정적}$$

$$\frac{d\dot{y}}{dy} > 0\text{이면,} \qquad \text{균형점은 불안정적}$$

이 된다.

위상도가 [예제 12]에 그려져 있다. 그리고 안정성에 대한 도함수 검정은 [예제 13]에서 다루고 있다. ([연습문제 16.48-16.50] 참조).

역자 TIP

3) $\dot{y}$은 시간 t에 대한 y의 도함수 dy/dt를 간단하게 표시한 것이다.

예제 12 비선형미분방정식이 아래와 같이 주어졌을 때

$$\dot{y} = 8y - 2y^2$$

다음과 같은 단계에 따라 위상도를 그리고 정상상태 균형의 안정성 여부를 확인할 수 있다.

1. 시점간 또는 정상상태 해(steady-state solution)는 $\dot{y} = 0$의 방정식을 풀면 구할 수 있는데 이 때는 y의 변화를 유도하는 어떤 힘도 존재하지 않는다. $\dot{y} = 0$을 대수적으로 풀면

$$\dot{y} = 8y - 2y^2 = 0$$

$$2y(4-y) = 0$$

$$\bar{y} = 0 \qquad \bar{y} = 4 \qquad \text{정상상태 해}$$

위상도는 $y = 0$, $y = 4$에서 횡축을 통과할 것이다.

2. 함수 $\dot{y} = 8y - 2y^2$는 횡축을 두 번 통과하기 때문에, 하나의 전환점을 가지고 있다. 우리는 이 전환점에서 극대 혹은 극소가 이루어지는지를 살펴볼 것이다.

$$\frac{d\dot{y}}{dy} = 8 - 4y = 0 \qquad y = 2\text{는 임계값}$$

$$\frac{d^2\dot{y}}{dy^2} = -4 < 0 \qquad \text{오목, 상대적 극대}$$

3. 아래 [그림 16-1]은 위에서 얻은 결과를 토대로 개략적을 그린 위상도이다.

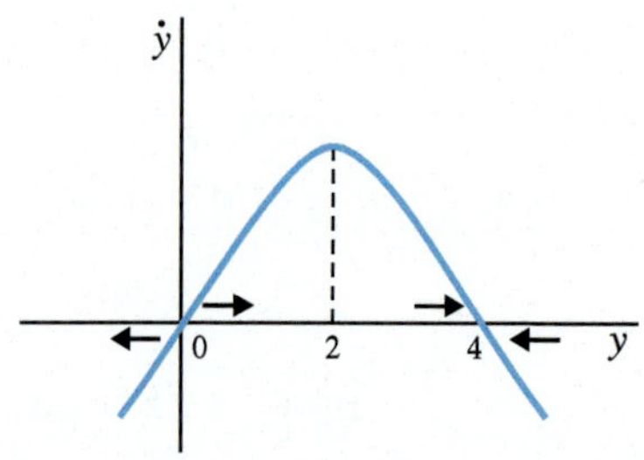

[그림 16-1]

4. 운동 화살표가 표시됨으로써 위상도의 그래프는 완성된다. 위에서 설명한 바와 같이 그래프가 횡축 위에 놓여 있을 때 $\dot{y} > 0$이므로 화살표는 오른쪽을 향하고 있어야 한다. 그러나 그래프가 횡축 아래에 놓여 있을 때는 $\dot{y} < 0$이므로 화살표는 왼쪽을 향하고 있어야 한다.
5. 정상상태 균형점의 안정성은 그래프에서 쉽게 확인할 수 있다. 운동 화살표는 첫 번째 시점간 균형인 $\bar{y}_1 = 0$에서 벗어나는 방향으로 움직이기 때문에, $\bar{y}_1 = 0$은 불안정적 균형이다. 반면에 두 번째 시점간 균형인 $\bar{y}_2 = 4$에서 운동 화살표는 $\bar{y}_2 = 4$로 향하여 움직이기 때문에, $\bar{y}_2 = 4$는 안정적 균형이 된다.
6. 정상상태 균형점에서 위상도의 기울기 역시 운동 화살표와는 별개로 안정성을 파악하는 데 이용할 수 있다. $\bar{y}_1 = 0$의 정상상태 균형점에서 위상도의 기울기는 양(+)$(\frac{d\dot{y}}{dy} > 0)$이므로, 우리는 $\bar{y}_1 = 0$이 불안정적 균형이 됨을 알 수 있다. 그러나 $\bar{y}_2 = 4$에서 위상도의 기울기는 음(-)$(\frac{d\dot{y}}{dy} < 0)$이므로, $\bar{y}_2 = 4$는 안정적 균형이 된다.

예제 13 시점간 균형점에서 주어진 미분방정식의 도함수를 구하면, 위상도에 의존하지 않고서도 균형점에서의 안정성을 파악할 수 있다. 미분방정식 $\dot{y} = 8y - 2y^2$에서 y에 대한 도함수를 구하면

$$\frac{d\dot{y}}{dy} = 8 - 4y$$

정상상태에서의 y의 균형값인 $\bar{y}_1 = 0$과 $\bar{y}_2 = 4$에서 도함수 값을 구하면

$$\frac{d\dot{y}}{dy}(0) = 8 - 4(0) = 8 > 0 \qquad \frac{d\dot{y}}{dy}(4) = 8 - 4(4) = -8 < 0$$

$$\bar{y}_1 = 0\text{은 불안정적} \qquad \bar{y}_2 = 4\text{는 안정적}$$

연습 문제

■ 계수와 차수

16.1 다음 미분방정식의 계와 차수를 나타내시오

a) $\dfrac{d^2y}{dx^2} + \left(\dfrac{dy}{dx}\right)^3 = 12x$ b) $\dfrac{dy}{dx} = 3x^2$

c) $\left(\dfrac{d^3y}{dx^3}\right)^4 + \left(\dfrac{d^2y}{dx^2}\right)^6 = 4 - y$ d) $\left(\dfrac{d^2y}{dx^2}\right)^3 + \dfrac{d^4y}{dx^4} - 75y = 0$

e) $\dfrac{d^3y}{dx^3} + x^2y\left(\dfrac{d^2y}{dx^2}\right) - 4y^4 = 0$

(a) 2계1차 (b) 1계1차 (c) 3계4차

(d) 4계1차 (e) 3계1차

■ 1계1차 선형미분방정식

16.2 (a) 공식을 이용하여 다음 방정식의 일반해를 구하시오.

(b) (a)에서 구한 해를 검산하시오.

$$\frac{dy}{dt} + 5y = 0 \tag{16.19}$$

a) $v = 5$, $z = 0$이므로, 이를 식 (16.1)에 대입하면

$$y(t) = e^{-\int 5\,dt}\left(A + \int 0e^{\int 5\,dt}dt\right)$$

지수 부분을 적분하면 $\int 5dt = 5t + c$가 되는데 여기서 c는 종국적으로 A에 포함되므로 무시할 수 있다. 따라서 $y(t) = e^{-5t}(A + \int 0dt)$. 여기서 $\int 0dt = k$로 상수가 되므로 이 역시 A에 포함되는 것으로 간주할 수 있기 때문에

$$y(t) = e^{-5t}A = Ae^{-5t} \tag{16.20}$$

b) 식 (16.20)의 도함수를 구하면 $\dfrac{dy}{dt} = -5Ae^{-5t}$

식 (16.19)에서 $\dfrac{dy}{dt} = -5y$이므로 여기에 식 (16.20)의 y를 대입하면

$$\frac{dy}{dt} = -5(Ae^{-5t}) = -5Ae^{-5t}$$

16.3 아래의 미분방정식에 대해 [연습문제 16.2]에서의 물음에 답하시오.

$$\frac{dy}{dt} = 3y \qquad y(0) = 2 \tag{16.21}$$

a) 위의 미분방정식을 일반형으로 정리하면

$$\frac{dy}{dt} - 3y = 0$$

여기서 $v = -3$, $z = 0$이므로 이를 식 (16.1)에 대입하면

$$y(t) = e^{-\int -3\,dt}\left(A + \int 0 e^{\int -3\,dt}\,dt\right)$$

가 된다. $\int -3dt = -3t$이므로 $y(t) = e^{3t}(A + \int 0dt) = Ae^{3t}$.
또한 $t = 0$일 때 $y = 2$이므로 $2 = Ae^{3(0)}$에서 $A = 2$가 되고 이를 대입하면

$$y(t) = 2e^{3t} \tag{16.22}$$

b) 식 (16.22)의 도함수를 구하면, $\frac{dy}{dt} = 6e^{3t}$.
식 (16.21)에서 $\frac{dy}{dt} = 3y$이므로 여기에 식 (16.22)의 y를 대입하면

$$\frac{dy}{dt} = 3(2e^{3t}) = 6e^{3t}.$$

16.4 아래의 미분방정식에 대해 [연습문제 16.2]에서의 물음에 답하시오.

$$\frac{dy}{dt} = 15 \tag{16.23}$$

a) 여기서 $v = 0$, $z = 15$이므로 식 (16.1)을 이용하면

$$y(t) = e^{-\int 0\,dt}\left(A + \int 15 e^{\int 0\,dt}\,dt\right)$$

여기서 $\int 0dt = k$로 상수가 된다. 이를 대입하고 e^k 역시 상수임을 감안하면

$$\begin{aligned} y(t) &= e^{-k}\left(A + \int 15e^{k}\,dt\right) \\ &= e^{-k}(A + 15te^{k}) = Ae^{-k} + 15t = 15t + A \end{aligned} \tag{16.24}$$

위에서 Ae^{-k}은 임의의 상수로서 A로 표시하고 있는데, 이는 단순히 적분상수 c에 해당한다. 이와 같이 도함수가 상수일 때는 언제든지 [예제 1]에서와 같이 단순히 적분하면 미분방정식의 해를 구할 수 있다.

b) 식 (16.24)의 도함수를 구하면 $\frac{dy}{dt} = 15$. 식 (16.23)에서 $\frac{dy}{dt} = 15$가 되어 동일한 결과를 얻을 수 있다.

16.5 아래의 미분방정식에 대해 [연습문제 16.2]에서의 물음에 답하시오.

$$\frac{dy}{dt} - 6y = 18 \tag{16.25}$$

a) 위 미분방정식에서 $v = -6$, $z = 18$에 해당하고 $\int -6dt = -6t$이므로 이를 식 (16.1)에 대입하면

$$y(t) = e^{6t}\left(A + \int 18e^{-6t}dt\right)$$

여기서 $\int 18e^{-6t}dt = -3e^{-6t}$이므로

$$y(t) = e^{6t}(A - 3e^{-6t}) = Ae^{6t} - 3 \tag{16.26}$$

b) 식 (16.26)의 도함수를 구하면 $\frac{dy}{dt} = 6Ae^{6t}$이다. 식 (16.25)으로부터 $\frac{dy}{dt} = 18 + 6y$이므로 여기에 식 (16.26)의 y를 대입하면 $\frac{dy}{dt} = 18 + 6(Ae^{6t} - 3) = 6Ae^{6t}$이 된다.

16.6 아래의 미분방정식에 대해 [연습문제 16.2]에서의 물음에 답하시오.

$$\frac{dy}{dt} + 4y = -20 \qquad y(0) = 10 \tag{16.27}$$

a) $v = 4$, $z = -20$이고 $\int 4dt = 4t$이므로

$$y(t) = e^{-4t}\left(A + \int -20e^{4t}dt\right)$$

여기서 $\int -20e^{4t}dt = -5e^{4t}$을 대입하면 $y(t) = e^{-4t}(A - 5e^{4t}) = Ae^{-4t} - 5$가 된다.

$t = 0$일 때 $y = 10$이므로 $10 = Ae^{-4(0)} - 5$에서 $A = 15$가 되어 이를 대입하면

$$y(t) = 15e^{-4t} - 5 = 5(3e^{-4t} - 1) \tag{16.28}$$

b) 식 (16.28)의 도함수를 구하면 $\frac{dy}{dt} = -60e^{-4t}$이고, 식 (16.27)로부터 $\frac{dy}{dt} = -20 - 4y$이다.

여기에 식 (16.28)의 y를 대입하면 $\frac{dy}{dt} = -20 - 4(15e^{-4t} - 5) = -60e^{-4t}$으로 동일한 결과가 됨을 알 수 있다.

16.7 아래의 미분방정식에 대해 [연습문제 16.2]에서의 물음에 답하시오.

$$\frac{dy}{dt} + 4ty = 6t \tag{16.29}$$

a) $v = 4t$, $z = 6t$이고 $\int 4tdt = 2t^2$이므로

$$y(t) = e^{-2t^2}\left(A + \int 6te^{2t^2}\,dt\right) \tag{16.30}$$

치환법을 이용하여 나머지 적분을 구한다.
$u = 2t^2$이라 하면 $\frac{du}{dt} = 4t$, $dt = \frac{du}{4t}$가 되므로

$$\int 6te^{2t^2}\,dt = \int 6te^{u}\frac{du}{4t} = 1.5\int e^{u}\,du = 1.5e^{2t^2}$$

이를 식 (16.30)에 대입하면

$$y(t) = e^{-2t^2}(A + 1.5e^{2t^2}) = Ae^{-2t^2} + 1.5 \tag{16.31}$$

b) 식 (16.31)의 도함수를 구하면 $\frac{dy}{dt} = -4tAe^{-2t^2}$이다. 식 (16.29)에서 $\frac{dy}{dt} = 6t - 4ty$이므로 여기에 식 (16.31)의 y를 대입하면 $\frac{dy}{dt} = 6t - 4t(Ae^{-2t^2} + 1.5) = -4tAe^{-2t^2}$이 되어 식 (16.31)의 도함수와 동일함을 알 수 있다.

16.8 (a) 일반해에 대한 공식을 이용하여 다음 미분방정식의 해를 구하시오.
(b) 이 해를 검산하시오

$$2\frac{dy}{dt} - 2t^2y = 9t^2 \qquad y(0) = -2.5 \tag{16.32}$$

a) 주어진 미분방정식의 양변을 2로 나누면 $\frac{dy}{dt} - t^2y = 4.5t^2$이 되고 $v = -t^2$, $z = 4.5t^2$에 해당하므로 $\int -t^2dt = -\frac{1}{3}t^3$이 된다. 이를 식 (16.1)에 대입하면

$$y(t) = e^{(1/3)t^3}\left(A + \int 4.5t^2e^{-(1/3)t^3}\,dt\right) \tag{16.33}$$

여기에서 $u = -\frac{1}{3}t^3$이라 하면 $\frac{du}{dt} = -t^2$이고 $dt = -\frac{du}{t^2}$이므로

$$\int 4.5t^2e^{-(1/3)t^3}\,dt = \int 4.5t^2e^{u}\frac{du}{-t^2} = -4.5\int e^{u}\,du = -4.5e^{-(1/3)t^3}$$

이 되고 이를 식 (16.33)에 대입하면 위 미분방정식의 일반해를 구할 수 있다.

$$y(t) = e^{(1/3)t^3}(A - 4.5e^{-(1/3)t^3}) = Ae^{(1/3)t^3} - 4.5$$

특히 $t = 0$일 때 $-2.5 = A - 4.5$이므로 $A = 2$가 되므로 일반해는

$$y(t) = 2e^{(1/3)t^3} - 4.5 \tag{16.34}$$

b) 식 (16.34)의 도함수를 구하면 $\frac{dy}{dt}=2t^2e^{(1/3)t^3}$이 된다.

식 (16.32)에서 $\frac{dy}{dt}=4.5t^2+t^2y$가 되고 여기에 (16.34)의 y를 대입하면

$$\frac{dy}{dt}=4.5t^2+t^2(2e^{(1/3)t^3}-4.5)=2t^2e^{(1/3)t^3}$$

이 되어 식 (16.34)의 도함수와 동일함을 확인할 수 있다.

16.9 다음 미분방정식에 대해 [연습문제 16.8]에서의 물음에 답하시오.

$$\frac{dy}{dt}-2ty=e^{t^2} \tag{16.35}$$

a) $v=-2t$, $z=e^{t^2}$이고 $\int -2tdt=-t^2$이므로 식 (16.1)을 이용하면 일반해는

$$y(t)=e^{t^2}\left(A+\int e^{t^2}e^{-t^2}dt\right)=e^{t^2}\left(A+\int e^0 dt\right)$$

가 된다. 여기서 $e^0=1$이고 $\int 1dt=t$이므로 이를 대입하면

$$y(t)=e^{t^2}(A+t) \tag{16.36}$$

b) 식 (16.36)의 도함수를 구하면, 곱의 미분법칙에 따라

$$\frac{dy}{dt}=2te^{t^2}(A+t)+e^{t^2}(1)=2tAe^{t^2}+2t^2e^{t^2}+e^{t^2}$$

이 된다. 식 (16.35)의 $\frac{dy}{dt}=e^{t^2}+2ty$에 식 (16.36)을 대입하면

$$\frac{dy}{dt}=e^{t^2}+2t[e^{t^2}(A+t)]=e^{t^2}+2tAe^{t^2}+2t^2e^{t^2}$$

이는 식 (16.36)의 도함수와 동일하다.

16.10 다음 미분방정식에 대해 [연습문제 16.8]에서의 물음에 답하시오.

$$\frac{dy}{dt}+3y=6t \qquad y(0)=\frac{1}{3} \tag{16.37}$$

a) $v=3$, $z=6t$ 그리고 $\int 3dt=3t$이므로

$$y(t)=e^{-3t}\left(A+\int 6te^{3t}dt\right) \tag{16.38}$$

위에서 남아있는 적분을 구하기 위해 부분적분을 이용하기로 한다.

$f(t)=6t$, $g'(x)=e^{3t}$이라 하면 $f'(t)=6$, $g(t)=\int e^{3t}dt=\frac{1}{3}e^{3t}$이 되고 여기에 공식 (14.1)을 적용하면

$$\int 6te^{3t}\,dt = 6t(\tfrac{1}{3}e^{3t}) - \int \tfrac{1}{3}e^{3t}6\,dt$$
$$= 2te^{3t} - 2\int e^{3t}\,dt = 2te^{3t} - \tfrac{2}{3}e^{3t}$$

이를 식 (16.38)에 대입하면

$$y(t) = e^{-3t}(A + 2te^{3t} - \tfrac{2}{3}e^{3t}) = Ae^{-3t} + 2t - \tfrac{2}{3}$$

$t=0$일 때 $\frac{1}{3}=Ae^{-3(0)}+2(0)-\frac{2}{3}$로부터 $A=1$이다. 이를 위에 대입하면

$$y(t)=e^{-3t}+2t-\frac{2}{3} \qquad (16.39)$$

b) 식 (16.39)의 도함수를 구하면 $\frac{dy}{dt}=-3e^{-3t}+2$가 되고, 식 (16.37)로부터 $\frac{dy}{dt}=6t-3y$이므로 여기에 식 (16.39)을 직접 대입하면

$$\frac{dy}{dt}=6t-3(e^{-3t}+2t-\frac{2}{3})=-3e^{-3t}+2$$

를 얻을 수 있다. 이는 바로 식 (16.39)의 도함수와 일치한다.

16.11 다음 미분방정식에 대해 [연습문제 16.8]에서의 물음에 답하시오.

$$\frac{dy}{dt}-\frac{y}{t}=0 \qquad y(3)=12 \qquad (16.40)$$

a) $v=-\frac{1}{t}$, $z=0$이고 $\int -\frac{1}{t}dt=-\ln t$이므로

$$y(t)=e^{\ln t}\left(A+\int 0\,dt\right)=At \qquad (e^{\ln t}=t)$$

$t=3$일 때 $12=A(3)$으로부터 $A=4$가 되므로

$$y(t)=4t \qquad (16.41)$$

b) 식 (16.41)의 도함수를 구하면 $\frac{dy}{dt}=4$. 식 (16.40)으로부터 $\frac{dy}{dt}=\frac{y}{t}$가 되는데 여기에 식 (16.41)의 y를 대입하면 $\frac{dy}{dt}=\frac{4t}{t}=4$가 된다. 이는 식 (16.41)의 도함수와 동일하다.

16.12 다음 미분방정식에 대해 [연습문제 16.8]에서의 물음에 답하시오.

$$\frac{dy}{dt} = -y \qquad y(3) = 20 \tag{16.42}$$

a) 위 미분방정식을 정리하여 $\frac{dy}{dt} + y = 0$이라 하면, $v = 1$, $z = 0$, $\int 1dt = t$이므로

$$y(t) = e^{-t}\left(A + \int 0\,dt\right) = Ae^{-t}$$

$t = 3$일 때 $20 = Ae^{-3}$이므로 $20 = A(0.05)$가 되어 $A = 400$을 구할 수 있다. 따라서

$$y(t) = 400e^{-t} \tag{16.43}$$

b) 식 (16.43)의 도함수를 구하면 $\frac{dy}{dt} = -400e^{-t}$이 된다. 식 (16.42)에서 $\frac{dy}{dt} = -y$이므로 여기에 식 (16.43)의 y를 대입하면, $\frac{dy}{dt} = -(400e^{-t}) = -400e^{-t}$이 되며 이는 식 (18.43)의 도함수와 동일하다.

■ 완전미분방정식과 부분적분

16.13 다음 완전미분방정식의 해를 구하고 검산하시오.

$$(4y + 8t^2)\,dy + (16yt - 3)\,dt = 0$$

[예제 6]에서 살펴본 바와 같이

1. 주어진 미분방정식이 완전미분방정식인가를 확인한다. $M = 4y + 8t^2$, $N = 16yt - 3$이라 하면 $\frac{\partial M}{\partial t} = 16t = \frac{\partial N}{\partial y}$이므로 완전미분방정식에 해당한다.

2. M을 y에 대해 편적분하고 $F(y,t)$를 구하기 위해 $Z(t)$를 구한다.

$$F(y,t) = \int (4y + 8t^2)\,\partial y + Z(t) = 2y^2 + 8t^2y + Z(t) \tag{16.44}$$

3. $F(y,t)$를 t로 편미분하고 이를 N과 일치시킨다.

$$\frac{\partial F}{\partial t} = 16ty + Z'(t)$$

$\frac{\partial F}{\partial t} = N = 16yt - 3$이므로 $16ty + Z'(t) = 16yt - 3$. 따라서 $Z'(t) = -3$

4. $Z(t)$를 구하기 위해 $Z'(t)$를 적분한다.

$$Z(t) = \int Z'(t)dt = \int -3dt = -3t \tag{16.45}$$

5. 식 (16.44)에 식 (16.45)를 대입하고 적분상수를 더한다.

$$F(y,t) = 2y^2 + 8t^2y - 3t + c$$

16.14 $(12y+7t+6)dy+(7y+4t-9)dt=0$에 대해 [연습문제 16.13]의 물음에 답하시오.

1. $\partial M/\partial t = 7 = \partial N/\partial y$.

2. $$F(y,t) = \int (12y+7t+6)\,\partial y + Z(t) = 6y^2 + 7yt + 6y + Z(t)$$

3. $\partial F/\partial t = 7y + Z'(t)$이고 $\partial F/\partial t = N = 7y + 4t - 9$이므로
$$7y + Z'(t) = 7y + 4t - 9 \qquad Z'(t) = 4t - 9$$

4. $$Z(t) = \int (4t-9)\,dt = 2t^2 - 9t$$

5. $$F(y,t) = 6y^2 + 7yt + 6y + 2t^2 - 9t + c$$

16.15 $(12y^2t^2+10y)dy+(8y^3t)dt=0$에 대해 [연습문제 16.13]의 물음에 답하시오.

1. $\partial M/\partial t = 24y^2t = \partial N/\partial y$.

2. $$F(y,t) = \int (12y^2t^2 + 10y)\,\partial y + Z(t) = 4y^3t^2 + 5y^2 + Z(t)$$

3. $\partial F/\partial t = 8y^3t + Z'(t)$이고 $N = 8y^3t$이므로
$$8y^3t = 8y^3t + Z'(t) \qquad Z'(t) = 0$$

4. $Z(t) = \int 0\,dt = k$로서 상수 c로 처리한다.

5. $$F(y,t) = 4y^3t^2 + 5y^2 + c$$

16.16 $8tyy'=-(3t^2+4y^2)$에 대해[4] [연습문제 16.13]의 물음에 답하시오.

위의 미분방정식을 재정리하면

$$8tydy=-(3t^2+4y^2)dt \qquad 8tydy+(3t^2+4y^2)dt=0$$

1. $\partial M/\partial t = 8y = \partial N/\partial y$.

2. $$F(y,t) = \int 8ty\,\partial y + Z(t) = 4ty^2 + Z(t)$$

3. $\partial F/\partial t = 4y^2 + Z'(t)$이고, $\partial F/\partial t = N = 3t^2 + 4y^2$이므로
$$4y^2 + Z'(t) = 3t^2 + 4y^2 \qquad Z'(t) = 3t^2$$

4. $$Z(t) = \int 3t^2\,dt = t^3$$

5. $$F(y,t) = t^3 + 4ty^2 + c$$

16.17 미분방정식 $60ty^2y'=-(12t^3+20y^3)$에 대해 [연습문제 16.13]의 물음에 답하시오.

위의 미분방정식을 재정리하면

$$60ty^2dy+(12t^3+20y^3)dt=0$$

1. $\partial M/\partial t = 60y^2 = \partial N/\partial y$.

2. $$F(y,t) = \int 60ty^2\,\partial y + Z(t) = 20ty^3 + Z(t)$$

3. $\partial F/\partial t = 20y^3 + Z'(t)$ $\partial F/\partial t = N = 12t^3 + 20y^3$

$$20y^3 + Z'(t) = 12t^3 + 20y^3 \qquad Z'(t) = 12t^3$$

4. $$Z(t) = \int 12t^3\,dt = 3t^4$$

5. $$F(y,t) = 3t^4 + 20ty^3 + c$$

역자 TIP

4) y'은 dy/dt임에 유의.

■ 적분인수

16.18 괄호 안에 제시된 적분인수를 사용하여 다음 미분방정식의 해를 구하시오. 그리고 이를 검산하시오(괄호 속의 변수는 적분수이며, 해의 검산을 위해서는 해의 전미분을 구한 후 이를 적분인수로 나눈다).

$$6t\,dy + 12y\,dt = 0 \qquad (t)$$

1. $\dfrac{\partial M}{\partial t} = 6 \neq \dfrac{\partial N}{\partial y} = 12$

완전미분방정식으로 변환하기 위해 적분인수 t를 곱한다.

$$6t^2\,dy + 12yt\,dt = 0$$

여기서 $\dfrac{\partial M}{\partial t} = 12t = \dfrac{\partial N}{\partial y}$이 되므로 완전미분방정식으로 변환되었음을 확인할 수 있다.

2. $$F(y,t) = \int 6t^2\,\partial y + Z(t) = 6t^2 y + Z(t)$$

3. $\partial F/\partial t = 12ty + Z'(t)$. $\partial F/\partial t = N = 12ty$, $Z'(t) = 0$.

4. $Z(t) = \int 0\,dt = k$로서 상수 c로 처리한다.

5. $$F(y,t) = 6t^2 y + c$$

16.19 아래 미분방정식에 대해 [연습문제 16.18]에서의 물음에 답하시오.

$$t^2\,dy + 3yt\,dt = 0 \qquad (t)$$

1. $\dfrac{\partial M}{\partial t} = 2t \neq \dfrac{\partial N}{\partial y} = 3t$

완전미분방정식으로 변환하기 위해 적분인수 t를 곱한다.

$$t^3\,dy + 3yt^2\,dt = 0$$

여기서 $\frac{\partial M}{\partial t} = 3t^2 = \frac{\partial N}{\partial y}$이 되므로 완전미분방정식으로 변환되었음을 확인할 수 있다.

2.
$$F(y,t) = \int t^3\,\partial y + Z(t) = t^3 y + Z(t)$$

3. $\partial F/\partial t = 3t^2 y + Z'(t)$. $\partial F/\partial t = N = 3t^2 y$이므로 $Z'(t) = 0$, $F(y,t) = t^3 y + c$.

16.20 아래 미분방정식에 대해 [연습문제 16.18]에서의 물음에 답하시오.

$$\frac{dy}{dt} = \frac{y}{t} \qquad \left(\frac{1}{ty}\right)$$

위의 미분방정식을 재정리하면,

$$t\,dy = y\,dt \qquad\qquad t\,dy - y\,dt = 0$$

1. $\frac{\partial M}{\partial t} = 1 \neq \frac{\partial N}{\partial y} = -1$이므로 주어진 완전미분방정식으로 변환하기 위해 적분인수 $\frac{1}{ty}$을 곱하면

$$\frac{dy}{y} - \frac{dt}{t} = 0$$

여기서 $\frac{\partial M}{\partial t} = 0 = \frac{\partial N}{\partial y}$이므로 완전미분방정식으로 변환되었음을 확인할 수 있다.

2.
$$F(y,t) = \int \frac{1}{y}\,\partial y + Z(t) = \ln y + Z(t)$$

3. $\frac{\partial F}{\partial t} = Z'(t)$. 또한 $\frac{\partial F}{\partial t} = N = -\frac{1}{t}$이므로 $Z'(t) = -\frac{1}{t}$

4.
$$Z(t) = \int -\frac{1}{t}dt = -\ln t$$

5. $F(y,t) = \ln y - \ln t + c$인데 이는 다른 식으로 표시할 수 있다. 즉 c는 임의의 상수이기 때문에 $\ln y - \ln t = c$로 쓸 수 있다. 이는 또한 로그법칙에 따라(7.3절), $\ln y - \ln t = \ln(\frac{y}{t})$이므로 $\ln(\frac{y}{t}) = c$로 표시할 수 있다. 따라서

$$\frac{y}{t} = e^c \qquad \text{또는} \qquad y = te^c$$

c를 다른 식으로 처리하는 것에 대해서는 [연습문제 16.29-16.37] 참조.

16.21 아래의 미분방정식에 대해 [연습문제 16.18]에서의 물음에 답하시오.

$$4t\,dy + (16y - t^2)\,dt = 0 \qquad (t^3)$$

1. $\partial M/\partial t = 4 \neq \partial N/\partial y = 16$. 적분인수 t^3을 곱하면

   $4t^4\,dy + (16t^3y - t^5)\,dt = 0$, 여기서 $\partial M/\partial t = 16t^3 = \partial N/\partial y$.

2. $$F(y,t) = \int 4t^4\,\partial y + Z(t) = 4t^4y + Z(t)$$

3. $\partial F/\partial t = 16t^3y + Z'(t)$. $\partial F/\partial t = N = 16t^3y - t^5$, 따라서

   $$16t^3y + Z'(t) = 16t^3y - t^5 \qquad Z'(t) = -t^5$$

4. $$Z(t) = \int -t^5\,dt = -\tfrac{1}{6}t^6$$

5. $$F(y,t) = 4t^4y - \tfrac{1}{6}t^6 + c = 24t^4y - t^6 + c$$

   또는 $$24t^4y - t^6 = c$$

16.22 아래의 미분방정식에 대해 [연습문제 16.18]에서의 물음에 답하시오.

$$5yt\,dt + (5y^2 + 8t)\,dt = 0 \qquad (t)$$

1. $\partial M/\partial t = 5y \neq \partial N/\partial y = 10y$. 적분인수 t를 곱하면

   $5yt^2\,dy + (5y^2t + 8t^2)\,dt = 0$, 여기서 $\partial M/\partial t = 10yt = \partial N/\partial y$.

2. $$F(y,t) = \int 5yt^2\,\partial y + Z(t) = 2.5y^2t^2 + Z(t)$$

3. $\partial F/\partial t = 5y^2t + Z'(t)$. $\partial F/\partial t = N = 5y^2t + 8t^2$,

   $$5y^2t + Z'(t) = 5y^2t + 8t^2 \qquad Z'(t) = 8t^2$$

4. $$Z(t) = \int 8t^2\,dt = \tfrac{8}{3}t^3$$

5. $$F(y,t) = 2.5y^2t^2 + \tfrac{8}{3}t^3 + c = 7.5y^2t^2 + 8t^3 + c$$

■ 적분인수의 도출

16.23 (a) 아래 주어진 미분방정식의 적분인수를 구하고, (b) [예제 6]의 5단계 과정에 따라 미분방정식의 해를 구하시오.

$$(7y + 4t^2)\,dy + 4ty\,dt = 0 \qquad (16.46)$$

a) $\dfrac{\partial M}{\partial t} = 8t \neq \dfrac{\partial N}{\partial y} = 4t$이므로 완전미분방정식이 아니다. 16.5절의 [법칙 1]을 적용하여 적분인수를 구한다.

$M = 7y + 4t^2$, $N = 4ty$이므로

$$\frac{1}{4ty}(8t - 4t) = \frac{4t}{4ty} = \frac{1}{y} = f(y) \qquad (y\text{만의 함수})$$

따라서 적분인수는

$$e^{\int (1/y)dy} = e^{\ln y} = y$$

b) 식 (16.46)에 적분인수 y를 곱하면, $(7y^2 + 4yt^2)\,dy + 4ty^2\,dt = 0$

1. $\dfrac{\partial M}{\partial t} = 8yt = \dfrac{\partial N}{\partial y}$이므로

2. $$F(y,t) = \int (7y^2 + 4yt^2)\,\partial y + Z(t) = \tfrac{7}{3}y^3 + 2y^2t^2 + Z(t)$$

3. $$\frac{\partial F}{\partial t} = 4y^2t + Z'(t)$$

4. $\dfrac{\partial F}{\partial t} = N = 4y^2t$이므로 $Z'(t) = 0$이고 $Z(t)$는 상수가 된다.

5. $$F(y,t) = \tfrac{7}{3}y^3 + 2y^2t^2 + c = 7y^3 + 6y^2t^2 + c$$

16.24 아래 주어진 미분방정식에 대해 [연습문제 16.23]에서의 물음에 답하시오.

$$y^3t\,dy + \frac{1}{2}y^4\,dt = 0 \qquad (16.47)$$

a) $\dfrac{\partial M}{\partial t} = y^3 \neq \dfrac{\partial N}{\partial y} = 2y^3$이므로 완전미분방정식이 아니다. 16.5절의 [법칙1]을 적용하여 적분인수를 구한다.

$$\frac{1}{(1/2)y^4}(y^3 - 2y^3) = \frac{2}{y^4}(-y^3) = -\frac{2}{y} = f(y) \qquad (y\text{만의 함수})$$

따라서 적분인수는 $$e^{\int -2y^{-1}dy} = e^{-2\ln y} = e^{\ln y^{-2}} = y^{-2}$$

b) 식 (16.47)에 y^{-2}을 곱하면, $yt\,dy + \frac{1}{2}y^2\,dt = 0$.

1. $\partial M/\partial t = y = \partial N/\partial y$.

2. $$F(y,t) = \int yt\,\partial y + Z(t) = \tfrac{1}{2}y^2t + Z(t)$$

3. $$\frac{\partial F}{\partial t} = \frac{1}{2}y^2 + Z'(t)$$

4. $\dfrac{\partial F}{\partial t} = N = \dfrac{1}{2}y^2$이므로 $Z'(t) = 0$이고 $Z(t)$는 상수이다. 따라서

5. $$F(y,t)=\frac{1}{2}y^2t+c$$

16.25 아래 주어진 미분방정식에 대해 [연습문제 16.23]에서의 물음에 답하시오.

$$4t\,dy+(16y-t^2)\,dt=0 \tag{16.48}$$

a) $M=4t$, $N=16y-t^2$에서 $\frac{\partial M}{\partial t}=4\neq\frac{\partial N}{\partial y}=16$이므로 완전미분방정식이 아니다. 16.5절의 [법칙 1]을 적용하여 적분인수를 구한다.

$$\frac{1}{16y-t^2}(4-16)=\frac{-12}{16y-t^2}\neq f(y) \qquad (y\text{만의 함수가 아니다})$$

위에 나타난 바와 같이 결과가 y만의 함수가 아니기 때문에 16.5절의 [법칙 2]를 적용한다.

$$\frac{1}{4t}(16-4)=\frac{3}{t}=g(t) \qquad (t\text{만의 함수})$$

이는 t만의 함수가 되므로 적분인수는

$$e^{\int 3t^{-1}dt}=e^{3\ln t}=e^{\ln t^3}=t^3$$

b) 식 (16.48)에 적분인수 t^3을 곱하면, $4t^4\,dy+(16yt^3-t^5)\,dt=0$이 된다. 이에 대한 해는 [연습문제 16.21]에 제시되어 있다.

16.26 아래 주어진 미분방정식에 대해 [연습문제 16.23]에서의 물음에 답하시오.

$$t^2\,dy+3yt\,dt=0 \tag{16.49}$$

a) $M=t^2$, $N=3yt$이고 $\frac{\partial M}{\partial t}=2t\neq\frac{\partial N}{\partial y}=3t$이므로 16.5절의 [법칙 1]을 적용하여 적분인수를 구한다.

$$\frac{1}{3yt}(2t-3t)=\frac{-t}{3yt}=\frac{-1}{3y}=f(y) \qquad (y\text{만의 함수})$$

따라서 $$e^{\int(-\frac{1}{3y})dy}=e^{-(1/3)\ln y}=e^{\ln y^{-1/3}}=y^{-1/3}$$

결과적으로 [연습문제 16.19]에서 t가 적분인수로 주어졌지만, 위에서 구한 $y^{-1/3}$ 역시 적분인수가 된다. 적분인수 $y^{-1/3}$을 적용해 보기로 한다.

b) 식 (16.49)에 적분인수 $y^{-1/3}$을 곱하면, $t^2y^{-1/3}\,dy+3ty^{2/3}dt=0$

1. $\partial M/\partial t=2ty^{-1/3}=\partial N/\partial y$.

2. $$F(y,t) = \int t^2 y^{-1/3}\,\partial y + Z(t) = 1.5t^2 y^{2/3} + Z(t)$$

3. $$\frac{\partial F}{\partial t} = 3ty^{2/3} + Z'(t)$$

4. $\dfrac{\partial F}{\partial t} = N = 3ty^{2/3}$이므로 $Z'(t) = 0$이 되고 $Z(t)$는 상수이다. 따라서

5. $$F_1(y,t) = 1.5t^2 y^{2/3} + c \qquad (16.50)$$

여기서 F_1은 다음 [연습문제 16.27]의 F_2 함수와 구분하기 위해 사용되었다.

16.27 [연습문제 16.26]에서 t가 적분인수로서 가능한지를 검산하시오.

[연습문제 16.26]에서 주어진 미분방정식에 적분인수 도출에 관한 16.5절의 [법칙 2]를 적용하면,

$$\frac{1}{t^2}(3t - 2t) = \frac{t}{t^2} = \frac{1}{t}$$

따라서 $e^{\int \frac{1}{t} dt]} = e^{\ln t} = t$

t 역시 적분인수가 될 수 있음을 알 수 있으며 [연습문제 16.19]에서 구한 바와 같이 t를 적분인수로 적용했을 때의 해는 $F_2(y,t) = t^3 y + c$가 되었다. 이는 식 (16.50)과 다르나 모두 옳기 때문에 검산을 하면 동일한 결과를 얻는다.

16.28 아래 주어진 미분방정식에 대해 [연습문제 16.23]에서의 물음에 답하시오.

$$(y - t)\,dy - dt = 0 \qquad (16.51)$$

a) $M = y - t$, $N = -1$이고 $\dfrac{\partial M}{\partial t} = -1 \neq \dfrac{\partial N}{\partial y} = 0$으로 완전미분방정식이 아니므로, 16.5절의 [법칙 1]을 적용하여 적분인수를 구한다.

$$\frac{1}{-1}(-1 - 0) = 1 = f(y)$$

로서 y만의 함수로 볼 수 있으므로 적분인수는 $e^{\int 1 dy} = e^y$이다.

b) 식 (16.51)에 적분인수 e^y을 곱하면

$$(y - t)e^y\,dy - e^y\,dt = 0 \qquad (16.52)$$

1. $\dfrac{\partial M}{\partial t} = -e^y = \dfrac{\partial N}{\partial y}$

2. $$F(y,t) = \int (y - t)e^y\,\partial y + Z(t) \qquad (16.53)$$

부분적분을 적용하기 위해

$$f(y) = y - t \qquad f'(y) = 1 \qquad g'(y) = e^y \qquad g(y) = \int e^y dy = e^y$$

으로 놓고 여기에 공식 (14.1)을 적용한다.

$$\int (y-t)e^y \partial y = (y-t)e^y - \int e^y(1)\,dy = (y-t)e^y - e^y$$

이를 식 (16.53)에 대입하면, $F(y,t) = (y-t)e^y - e^y + Z(t)$

3. $$\frac{\partial F}{\partial t} = -e^y + Z'(t)$$

4. 식 (16.52)에서 $\frac{\partial F}{\partial t} = N = -e^y$이므로 $Z'(t) = 0$이 되고 $Z(t)$는 상수이다. 따라서

5. $F(y,t) = (y-t)e^y - e^y + c$ 또는 $(y-1)e^y - te^y + c$

■ 변수의 분리

16.29 16.6절에서 설명한 변수분리 과정을 통해 다음 미분방정식의 해를 구하시오.

$$\frac{dy}{dt} = \frac{-5t}{y}$$

변수를 분리하면

$$y\,dy = -5t\,dt \qquad y\,dy + 5t\,dt = 0$$

각각의 항을 적분하면

$$\frac{y^2}{2} + \frac{5t^2}{2} = c_1$$

$$y^2 + 5t^2 = 2c_1$$

$c = 2c_1$이라 하면 $y^2 + 5t^2 = c$

16.30 아래 미분방정식에 대해 [연습문제16.29]에서의 물음에 답하시오.

a) $\frac{dy}{dt} = \frac{t^5}{y^4}$ b) $t^2\,dy - y^2\,dt = 0$

a) $y^4\,dy - t^5\,dt = 0$

이를 적분하면 $\frac{y^5}{5} - \frac{t^6}{6} = c_1$

$$6y^5 - 5t^6 = 30c_1$$

$c = 30c_1$ $\qquad\qquad 6y^5 - 5t^6 = c$

b) $\dfrac{dy}{y^2} - \dfrac{dt}{t^2} = 0$

이를 적분하면 $\qquad -\dfrac{1}{y} + \dfrac{1}{t} = c$

$$y - t = cty$$

16.31 미분방정식 $t\,dy + y\,dt = 0$에 대해 [연습문제 16.29]에서의 물음에 답하시오.

$$\frac{dy}{y} + \frac{dt}{t} = 0$$

각 항을 적분하면 $\quad \ln y + \ln t = \ln c \qquad$ ($\ln c$는 임의의 상수)

로그 법칙에 따라 $\quad \ln yt = \ln c \qquad yt = c$

16.32 변수 분리를 통해 미분방정식의 해를 구하시오.

$$\frac{dy}{dt} = -y$$

변수를 분리하면

$$\frac{dy}{y} = -dt$$

양변을 적분하고 적분상수를 $\ln c$로 설정한다.

$$\ln y = -t + \ln c$$

해를 간단하게 표현하면

$$\ln y - \ln c = -t$$

$$\ln \frac{y}{c} = -t$$

양변을 e의 지수로 설정하면[5]

$$\frac{y}{c} = e^{-t}$$

$$y = ce^{-t}$$

역자 TIP

5) $e^{\ln y/c} = e^{-t}$

16.33 아래 주어진 미분방정식에 대해 [연습문제 16.32]의 물음에 답하시오.

$$\frac{dy}{dt} = b - ay$$

변수를 분리하고 양변에 -1을 곱한다.

$$\frac{dy}{b - ay} = dt$$

$$\frac{dy}{ay - b} = -dt$$

양변을 적분하고 계산과정을 간단하게 할 수 있도록 적분상수를 조정하여 설정한다[6].

$$\frac{1}{a}\ln(ay - b) = -t + \frac{1}{a}\ln c$$

양변에 a를 곱하고 정리하면

$$\ln(ay - b) = -at + \ln c$$

$$\ln\left(\frac{ay - b}{c}\right) = -at$$

$$\frac{ay - b}{c} = e^{-at}$$

$$ay - b = ce^{-at}$$

$$y = Ce^{-at} + \frac{b}{a}, \text{ 여기서 } C = \frac{c}{a}$$

역자 TIP

6) 적분상수를 단순히 c로 설정하기보다는 좌변의 로그를 포함한 항과 결합이 가능하도록 $(1/a)\ln c$로 조정하였다.

16.34 미분방정식 $(t+5)dy - (y+9)dt = 0$에 대해 [연습문제 16.32]의 물음에 답하시오.

$$\frac{dy}{y+9} - \frac{dt}{t+5} = 0$$

양변을 적분하면 $\ln(y+9) - \ln(t+5) = \ln c$

로그 법칙에 따라 $\ln\frac{y+9}{t+5} = \ln c$

$$\frac{y+9}{t+5} = c \quad \text{또는} \quad y + 9 = c(t+5)$$

16.35 변수 분리를 통해 미분방정식 $dy = 3t^2 y\,dt$의 해를 구하시오.

$$\frac{dy}{y} - 3t^2\,dt = 0$$

양변을 적분하면 $\ln y - t^3 = \ln c$

양변을 e의 지수로 설정하면

$$e^{\ln y - t^3} = e^{\ln c}$$
$$e^{\ln y} e^{-t^3} = e^{\ln c}$$
$$ye^{-t^3} = c$$
$$y = ce^{t^3}$$

16.36 미분방정식 $y^2(t^3+1)\,dy + t^2(y^3-5)\,dt = 0$에 대해 [연습문제 16.35]에서의 물음에 답하시오.

$$\frac{y^2}{y^3-5}\,dy + \frac{t^2}{t^3+1}\,dt = 0$$

치환적분을 이용하면

$$\frac{1}{3}\ln(y^3-5) + \frac{1}{3}\ln(t^3+1) = \ln c$$

$$\ln[(y^3-5)(t^3+1)] = \ln c \qquad (y^3-5)(t^3+1) = c$$

16.37 아래 미분방정식에 대해 [연습문제 16.35]에서의 물음에 답하시오.

$$3\,dy + \frac{t}{t^2-1}\,dt = 0$$

양변을 적분하면 $3y + \frac{1}{2}\ln(t^2-1) = c$

좌변을 e의 지수로 설정하고 c는 임의의 상수로서 c 또는 e^c로 표시할 수 있으므로

$$e^{3y+(1/2)\ln(t^2-1)} = c$$
$$e^{3y} e^{\ln(t^2-1)^{1/2}} = c \qquad e^{3y}(t^2-1)^{1/2} = c$$

■ 경제학에서 미분방정식의 응용

16.38 $P > 0$인 모든 가격에 대한 수요의 점탄력성(ϵ)이 -1인 수요함수 $Q = f(P)$를 구하시오.

$$\epsilon = \frac{dQ}{dP}\frac{P}{Q} = -1 \qquad \frac{dQ}{dP} = -\frac{Q}{P}$$

변수를 분리하면

$$\frac{dQ}{Q}+\frac{dP}{P}=0$$

이를 적분하면 $\ln Q+\ln P=\ln c$가 되므로

$$QP=c \qquad Q=\frac{c}{P}$$

16.39 수요의 가격탄력성이 $\epsilon=-k$로서 일정한 상수 값을 가지는 수요함수 $Q=f(P)$를 구하시오.

$$\epsilon=\frac{dQ}{dP}\frac{P}{Q}=-k \qquad \frac{dQ}{dP}=-\frac{kQ}{P}$$

변수를 분리하면

$$\frac{dQ}{Q}+\frac{k}{P}dP=0$$

$$\ln Q+k\ln P=c$$

$$QP^k=c \qquad Q=cP^{-k}$$

16.40 수요의 가격탄력성이 $\epsilon=-\dfrac{5P+2P^2}{Q}$이고 $P=10$일 때 $Q=500$인 경우 수요함수 $Q=f(P)$를 구하시오.

$$\epsilon=\frac{dQ}{dP}\frac{P}{Q}=-\frac{5P+2P^2}{Q}$$

$$\frac{dQ}{dP}=-\frac{5P+2P^2}{Q}\frac{Q}{P}=-(5+2P)$$

변수를 분리하면

$$dQ+(5+2P)dP=0$$

이를 적분하면 $\qquad Q+5P+P^2=c \qquad Q=-P^2-5P+c$

$P=10$, $Q=500$일 때

$$500=-100-50+c \qquad c=650$$

따라서 $\qquad Q=650-5P-P^2$

16.41 초기의 금액 $P(0)$가 이자율 i로 t년 동안 연속적으로 복리계산되었을 때의 원리금 P를 구하는 공식 $P=P(0)e^{it}$을 도출하시오.

이자율 i로 연속적인 복리계산된 경우

$$\frac{dP}{dt} = iP$$[7]

변수를 분리하면

$$\frac{dP}{P} - i\,dt = 0$$

이를 적분하면

$$\ln P - it = c$$

좌변을 e의 지수로 설정하면

$$e^{\ln P - it} = c$$

$$Pe^{-it} = c \qquad P = ce^{it}$$

$t = 0$에서 $P = P(0)$이므로 $P(0) = ce^0 = c$.

$c = P(0)$를 위에 대입하면 $P = P(0)e^{it}$.

역자 TIP

7) $P = P(0)e^{it}$에서 $\frac{dP}{dt} = P(0)e^{it}i = iP$이다.

16.42 아래의 2부문 소득결정모형에 대한 안정조건을 구하시오. 아래에서 $\hat{C}$, $\hat{I}$, $\hat{Y}$는 각각 균형소비(C_e), 균형투자(I_e), 균형소득(Y_e)으로부터의 편차(deviation)를 표시한다. 즉, 예를 들어 $\hat{C} = C(t) - C_e$이며 소득은 초과수요($C + I - Y$)에 비례적으로 변하는 것으로 간주한다.

$$\hat{C}(t) = g\hat{Y}(t) \qquad \hat{I}(t) = b\hat{Y}(t) \qquad \frac{d\hat{Y}(t)}{dt} = a(\hat{C} + \hat{I} - \hat{Y}) \qquad 0 < a,\ b,\ g < 1$$

처음 2개의 방정식을 세 번째 방정식에 대입한다.

$$\frac{d\hat{Y}}{dt} = a(g + b - 1)\hat{Y}$$

변수를 분리한 후 적분하면

$$\frac{d\hat{Y}}{\hat{Y}} = a(g + b - 1)\,dt$$

$$\ln \hat{Y} = a(g + b - 1)t + c$$

$$e^{\ln \hat{Y}} = e^{a(g+b-1)t+c}$$

상수를 $e^c = c$라 하면

$$\hat{Y} = ce^{a(g+b-1)t}$$

$t = 0$에서 $\hat{Y} = Y(0) - Y_e = c$이므로, 이를 위에 대입하면

$$\hat{Y} = [Y(0) - Y_e]e^{a(g+b-1)t}$$

또한 $\hat{Y} = Y(t) - Y_e$에서 $Y(t) = Y_e + \hat{Y}$이므로

$$Y(t) = Y_e + [Y(0) - Y_e]e^{a(g+b-1)t}$$

$t \to \infty$일 때 $Y(t) \to Y_e$로 수렴하기 위해서는 $g + b < 1$이어야 한다. 즉 한계소비성향 g와 한계투자성향 b의 합이 1보다 작아야 한다.

16.43 [예제 11]에서 $P(t) = [P(0) - \overline{P}]e^{-m(h-b)t} + \overline{P}$의 방정식을 얻었다.

(a) 초기가격이 다음과 같이 주어진 경우 시간경로(time path)에 대해 설명하시오.

(1) $P(0) = \overline{P}$ (2) $P(0) > \overline{P}$ (3) $P(0) < \overline{P}$

(b) 시간경로를 그래프로 그리시오.

a) 1) $P(0) = \overline{P}$로 초기가격이 균형가격과 같은 경우, 위에서 주어진 방정식의 우변의 첫 번째 항은 0이 되어 $P(t) = \overline{P}$가 된다. 따라서 시간경로는 수평선이 되며 편차가 발생했을 때 조정은 즉각적으로 이루어진다. [그림 16-2] 참조.

2) $P(0) > \overline{P}$인 경우, 주어진 방정식에서 우변의 첫 번째 항은 양(+)이 된다. 따라서 $P(t) > \overline{P}$이고 또한 $t \to \infty$일 때 우변의 첫 번째 항은 0에 수렴하므로, $P(t)$는 그래프의 상단으로부터 $\overline{P}$에 접근한다.

3) $P(0) < \overline{P}$인 경우, 주어진 방정식에서 우변의 첫 번째 항은 음(-)이 된다. 따라서 $P(t) < \overline{P}$이고 또한 $t \to \infty$일 때 우변의 첫 번째 항은 0에 수렴하므로, $P(t)$는 그래프의 하단으로부터 $\overline{P}$에 접근한다.

b) [그림 16-2] 참조.

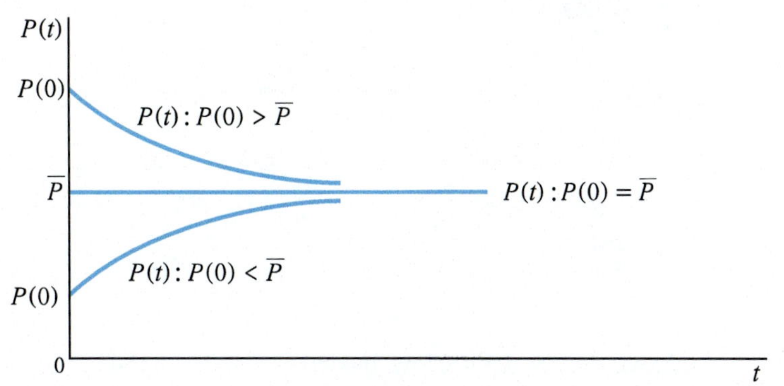

[그림 16-2]

16.44 투자율의 변화는 총수요(aggregate demand)와 경제의 생산능력에 영향을 미친다. 도마 모형(Domar model)은 한 나라의 경제가 완전고용을 유지한 상태에서 성장할 수 있는 시간경로를 도출하고 있다. 만약 한계저축성향(s)과 한계자본산출량비율(marginal capital-output ratio)(k)이 일정하다고 할 때, 목표성장에 필요한 투자를 표시하는 투자함수를 구하시오.

총수요의 변화는 투자의 변화에 승수 $1/s$[8]를 곱한 것과 같다.

$$\frac{dY}{dt} = \frac{1}{s}\frac{dI}{dt} \tag{16.54}$$

그리고 생산능력의 변화는 자본존재량(capital stock)의 변화에 한계자본산출량비율의 역수를 곱한 것과 같다.

$$\frac{dQ}{dt} = \frac{1}{k}\frac{dK}{dt} = \frac{1}{k}I \qquad \left(\frac{dK}{dt} = I \text{이므로}\right)^{9)} \tag{16.55}$$

완전고용하에서 식 (16.54)와 식 (16.55)는 일치하므로

$$\frac{1}{s}\frac{dI}{dt} = \frac{1}{k}I \qquad \frac{1}{s}dI = \frac{1}{k}Idt$$

여기서 변수를 분리하여 적분하면

$$\frac{dI}{I} - \frac{s}{k}dt = 0$$

$$\ln I - \frac{s}{k}t = c$$

$$Ie^{(-s/k)t} = c \qquad I = ce^{(s/k)t}$$

그리고 $t=0$일 때 $I(0)=c$이고 $I=I(0)e^{(s/k)t}$이다. 완전고용을 달성하면서 성장하기 위해서, 투자는 저축률(s)을 한계자본산출량비율(k)로 나눈 비율, 즉 $\frac{s}{k}$의 일정한 비율로 증가해야 함을 보여주고 있다.

역자 TIP

8) 투자승수(m)는 $m = \frac{dY}{dI} = \frac{1}{1-MPC} = \frac{1}{MPS} = \frac{1}{s}$이다.

9) 이는 자본존재량이 스톡(stock) 또는 저량 개념이고 투자(investment)는 유량(flow) 개념을 가지고 있음을 나타내는 것이다. 여기서 스톡 개념은 어느 정해진 시점에서 파악된 것이며 유량은 정해진 기간에서 측정한 것이다. 위의 $\frac{dK}{dt} = I$는 바로 자본존재량이 $K = \int I(t)dt$을 나타내는 것이기도 하다.

16.45 솔로우 모형(Solow model)은 노동과 자본을 완전고용하는 상태에서의 균형성장경로(equilibrium growth path)를 찾고 있다. 먼저 다음과 같은 가정이 주어져 있다고 하자.

1. 생산함수는 규모에 대한 수확불변을 나타내는 1차동차함수이다.

$$Y = f(K, L) \tag{16.56}$$

2. 생산의 일정비율(s)이 저축되고 투자된다.

$$\frac{dK}{dt} \equiv \dot{K} = sY \tag{16.57}$$

3. 노동의 공급은 일정한 비율(r)로 증가한다.

$$L = L_0 e^{rt} \tag{16.58}$$

위의 가정에 입각하여 모형의 체계를 나타낼 수 있는 미분방정식을 K/L의 단일변수로 구성하여 도출하시오.

식 (16.56)의 Y를 식 (16.57)에 대입한다.

$$\frac{dK}{dt} = sf(K, L) \tag{16.59}$$

식 (16.58)의 L을 식 (16.59)에 대입한다.

$$\frac{dK}{dt} = sf(K, L_0 e^{rt}) \tag{16.60}$$

이는 증가하는 노동력을 완전고용하기 위해 필요한 자본축적의 시간경로(dK/dt)를 나타낸다. 이를 K/L의 함수로 변환하기 위해 $z = K/L$이라 하면 $K = zL$이 된다. $K = zL$에 식 (16.58)을 적용하면

$$K = zL_0 e^{rt} \tag{16.61}$$

다음에 식 (16.61)의 도함수를 구해야 하는데, z가 t의 함수이기 때문에 곱의 미분법칙을 이용한다.

$$\frac{dK}{dt} = z(rL_0 e^{rt}) + L_0 e^{rt}\frac{dz}{dt} = \left(zr + \frac{dz}{dt}\right) L_0 e^{rt} \tag{16.62}$$

식 (16.60)과 (16.62)는 동일하므로

$$sf(K, L_0 e^{rt}) = \left(zr + \frac{dz}{dt}\right) L_0 e^{rt} \tag{16.63}$$

식 (16.63)의 좌변의 식은 1차 동차생산함수이기 때문에, 투입된 두 생산요소를 $L_0 e^{rt}$로 나누고, 이렇게 해서 얻은 생산함수에 다시 $L_0 e^{rt}$을 곱하더라도 생산함수의 값에는 변동이 없다.

$$sf(K, L_0 e^{rt}) = sL_0 e^{rt} f\left(\frac{K}{L_0 e^{rt}}, 1\right) \tag{16.64}$$

식 (16.64)를 식 (16.63)에 대입하고 양변을 L_0e^{rt}으로 나누면

$$sf(\frac{K}{L_0e^{rt}}, 1) = zr + \frac{dz}{dt} \tag{16.65}$$

끝으로 $\frac{K}{L_0e^{rt}}$를 z로 치환하고 양변에서 zr을 빼면

$$\frac{dz}{dt} = sf(z, 1) - zr \tag{16.66}$$

이 되는데, 이는 단일변수 z와 두 개의 파라미터 r과 s로 구성된 미분방정식이며 여기서 $z = K/L$, r =노동력 증가율, 그리고 s =저축율을 나타낸다.

16.46 화폐수요(M_d)가 거래적 화폐수요(transactions demand for money)로만 구성되어 있다고 가정하면, 화폐수요함수는 다음과 같이 나타낼 수 있다.

$$M_d = kP(t)Q \tag{16.67}$$

여기서 k는 상수, P는 물가, 그리고 Q는 실질생산량을 표시한다[10]. 그리고 화폐공급(M_s)은 외생적으로 통화당국에 의해 결정되며, 화폐시장은 $M_s = M_d$으로 균형상태에 있다고 가정한다. 이러한 상황에서 인플레이션 또는 물가상승률이 재화에 대한 초과수요에 비례적이고, 왈라스 법칙(Walras' law)으로부터 재화에 대한 초과수요는 화폐에 대한 초과공급과 일치한다고 보면, 이는 다음과 같은 미분방정식으로 표시할 수 있다.

$$\frac{dP(t)}{dt} = b(M_s - M_d) \tag{16.68}$$

실질생산량 Q가 상수로 일정할 때, 위 미분방정식의 안정조건을 구하시오.

식 (16.67)을 식 (16.68)에 대입한다.

$$\frac{dP(t)}{dt} = bM_s - bkP(t)Q \tag{16.69}$$

그리고

$$\hat{P} = P(t) - P_e \tag{16.70}$$

라 하고(여기서 $\hat{P}$는, 가격 P가 균형가격 P_e로부터 얼마나 이탈되어 있는지를 표시하는 편차를 표시한다), 식 (16.70)의 도함수를 구한다.

$$\frac{d\hat{P}}{dt} = \frac{dP(t)}{dt} - \frac{dP_e}{dt}$$

균형상태에서 $dP_e/dt = 0$이므로

$$\frac{d\hat{P}}{dt} = \frac{dP(t)}{dt} \tag{16.71}$$

이를 식 (16.69)에 대입하면

$$\frac{d\hat{P}}{dt} = bM_s - bkP(t)Q \tag{16.72}$$

균형상태에서 $M_s = M_d = kP_e Q$이므로 $M_s - kP_e Q = 0$이고, 따라서 $b(M_s - kP_e Q) = 0$이다. 이를 식 (16.72)에서 빼면

$$\frac{d\hat{P}}{dt} = bM_s - bkP(t)Q - bM_s + bkP_e Q = -bkQ[P(t) - P_e] = -bkQ\hat{P} \tag{16.73}$$

이는 미분방정식이다. 변수를 분리하면

$$\frac{d\hat{P}}{\hat{P}} = -bkQdt$$

이를 적분하면 $\ln\hat{P} = -bkQt + c$, $\hat{P} = Ae^{-bkQt}$, 여기서 $e^c = A$.

$b, k, Q > 0$이므로, $t \to \infty$이면 $\hat{P} \to 0$이 되어 모형이 안정적(stable)임을 알 수 있다. $\hat{P}$로부터 시간경로 $P(t)$를 구하기 위해서는 [연습문제 16.42]의 결과를 참조하라. 그 결과에서는 $Y(t)$가 $\hat{Y}$에서 도출되는 과정이 제시되어 있다.

역자 TIP

10) $P(t)Q$는 국민소득 Y에 해당하므로 결국 거래적 요인에 의한 화폐수요는 국민소득 Y의 함수가 된다.

16.47 인플레이션에 대한 기대는 현재의 인플레이션에 대해 양(+)의 함수라 하면,

$$\left[\frac{dP(t)}{dt}\right]_E = h\frac{dP(t)}{dt} \tag{16.74}$$

그리고 인플레이션에 대한 기대는 화폐에 대한 보유의욕을 감소시킨다면, 화폐수요는

$$M_d = kP(t)Q - g\left[\frac{dP(t)}{dt}\right]_E \tag{16.75}$$

가 된다. 인플레이션률이 식 (16.68)에서와 같이 화폐의 초과공급에 비례적이라는 가정하에 안정성 조건을 확인하시오.

식 (16.74)를 식 (16.75)에 대입하면

$$M_d = kP(t)Q - gh\frac{dP(t)}{dt} \tag{16.76}$$

식 (16.76)을 식 (16.68)에 대입하면

$$\frac{dP(t)}{dt} = bM_s - b\left[kP(t)Q - gh\frac{dP(t)}{dt}\right]$$

식 (16.70)에서 식 (16.73)에 이르는 과정을 그대로 적용하면

$$\begin{aligned}\frac{d\hat{P}}{dt} &= bM_s - bkP(t)Q + bgh\frac{dP(t)}{dt} - bM_s + bkP_eQ \\ &= -bkQ\hat{P} + bgh\frac{dP(t)}{dt}\end{aligned} \tag{16.77}$$

식 (16.77)의 $dP(t)/dt$를 식 (16.71)로 대체하면

$$\frac{d\hat{P}}{dt} = -bkQ\hat{P} + bgh\frac{d\hat{P}}{dt} = \frac{-bkQ\hat{P}}{1-bgh}$$ [11)]

변수를 분리하면

$$\frac{d\hat{P}}{\hat{P}} = \frac{-bkQ}{1-bgh}dt$$

이를 적분하면

$$\ln\hat{P} = \frac{-bkQt}{1-bgh}$$

$$\hat{P} = Ae^{-bkQt/(1-bgh)}$$

위에서 $b, k, Q > 0$이므로, 만약 $bgh < 1$이면 $t \to \infty$에 따라 $\hat{P} \to 0$이 된다. 심지어 h가 1보다 커서 사람들이 인플레이션이 가속화될 것으로 기대한다하더라도, b와 g가 충분히 작기만 하면 경제는 불안정적이 되지 않는다.

역자 TIP

11) $\frac{d\hat{P}}{dt} = -bkQ\hat{P} + bgh\frac{d\hat{P}}{dt}$에서 $\frac{d\hat{P}}{dt}$을 구하면 $\frac{d\hat{P}}{dt} = \frac{-bkQ\hat{P}}{1-bgh}$이다.

■ 미분방정식의 위상도

16.48 (a) 다음 비선형미분방정식에 대한 위상도(phase diagram)를 그리시오.
(b) 운동 화살표와, (c) 위상선(phase line)의 기울기, (d) 도함수 검증을 이용하여 동태적 안정성(dynamic statbility)을 확인하시오.

$$\dot{y} = 3y^2 - 18y$$

a) $\dot{y} = 0$으로 놓으면, 위상도가 횡축과 만나는 곳에서 우리는 시점간 균형해를 구할 수 있다.

$$3y(y-6) = 0$$

$$\bar{y}_1 = 0 \qquad \bar{y}_2 = 6$$

다음 단계로 위상도에 대한 임계값을 구하고, 해당 임계값에서 위상도가 극대 또는 극소가 되는지를 확인한다.

$$\frac{d\dot{y}}{dy} = 6y - 18 = 0 \qquad y = 3 \quad \text{임계값}$$

$$\frac{d^2\dot{y}}{dy^2} = 6 > 0 \qquad \text{상대적 극소}$$

위에서 구한 정보를 이용하면 [그림 16-3]과 같은 위상도를 그릴 수 있다.

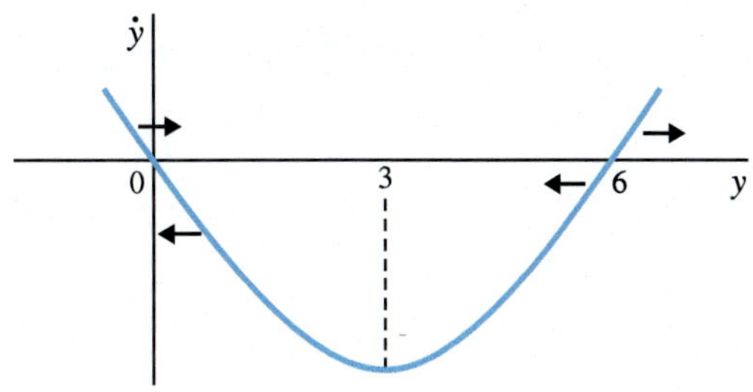

$\dot{y} = 3y^2 - 18y$에 대한 위상도

[그림 16-3]

b) 횡축 위에서는 $\dot{y} > 0$이므로 운동 화살표는 오른쪽을 향하고 있으며, 횡축 아래에서는 $\dot{y} < 0$이므로 운동 화살표는 왼쪽을 향하고 있다. 운동 화살표는 양방향에서 $\bar{y}_1 = 0$을 향하고 있으며 또한 $\bar{y}_2 = 6$에서는 양방향으로 벗어나고 있다. 따라서 $\bar{y}_1$은 안정적이고 $\bar{y}_2$는 불안정적이다.

c) $\bar{y}_1 = 0$을 통과할 때 위상도의 기울기는 (-)이므로, $\bar{y}_1$은 안정적이다. $\bar{y}_2 = 6$에서 위상도의 기울기는 (+)이므로 불안정적이다.

d) 방정식의 도함수를 구하고, $\dot{y} = 0$에서의 도함수 값을 계산한다.

$$\frac{d\dot{y}}{dy} = 6y - 18$$

$$\frac{d\dot{y}}{dy}(0) = 6(0) - 18 = -18 < 0 \qquad \bar{y}_1 = 0\text{은 안정적}$$

$$\frac{d\dot{y}}{dy}(6) = 6(6) - 18 = 18 > 0 \qquad \bar{y}_2 = 6\text{은 불안정적}$$

16.49 다음 비선형미분방정식에 대해 [연습문제 16.48]에서의 물음에 답하시오.

$$\dot{y} = -y^2 + 6y - 5$$

a) $\dot{y} = 0$이라 놓으면 $\qquad (y-1)(-y+5) = 0$

$$\bar{y}_1 = 1 \qquad \bar{y}_2 = 5$$

위상도의 극대, 극소를 확인하기 위해

$$\frac{d\dot{y}}{dy} = -2y + 6 = 0$$

$$y = 3 \qquad \text{임계값}$$

$$\frac{d^2\dot{y}}{dy^2} = -2 < 0 \qquad \text{상대적 극대}$$

위에서 구한 정보를 이용하면 [그림 16-4]와 같은 위상도를 그릴 수 있다.

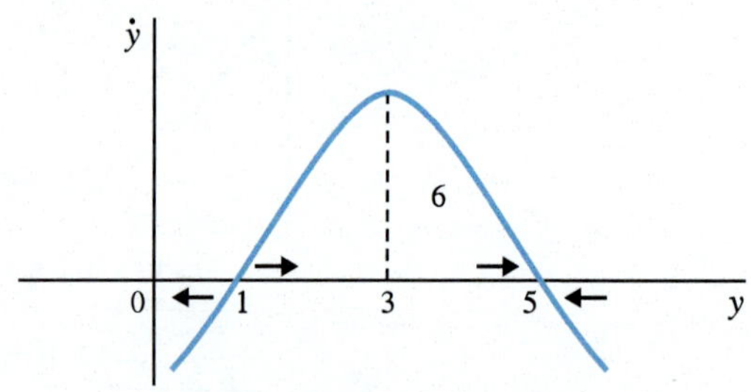

$\dot{y} = -y^2 + 6y - 5$에 대한 위상도

[그림 16-4]

b) 운동 화살표는 $\bar{y}_1 = 1$으로부터 양방향으로 벗어나고 있으며, 또한 $\bar{y}_2 = 5$로 향하고 있다. 따라서 $\bar{y}_1$는 불안정적이고, $\bar{y}_2$는 안정적인 시점간 균형이 된다.

c) $\bar{y}_1 = 1$에서 위상도의 기울기는 (+)이고, $\bar{y}_2 = 5$에서는 (-)이다. 따라서 $\bar{y}_1$는 불안정적 균형이고 $\bar{y}_2$는 안정적 균형이다.

d)

$$\frac{d\dot{y}}{dy} = -2y + 6$$

$$\frac{d\dot{y}}{dy}(1) = -2(1) + 6 = 4 > 0 \qquad \text{불안정적}$$

$$\frac{d\dot{y}}{dy}(5) = -2(5) + 6 = -4 < 0 \qquad \text{안정적}$$

16.50 다음 비선형미분방정식에 대해 [연습문제 16.49]에서의 물음에 답하시오.

$$\dot{y} = y^2 - 10y + 16$$

a)

$$(y-2)(y-8) = 0$$

$$\bar{y}_1 = 2 \qquad \bar{y}_2 = 8$$

$$\frac{d\dot{y}}{dy} = 2y - 10 = 0 \qquad y = 5 \quad \text{임계값}$$

$$\frac{d^2\dot{y}}{dy^2} = 2 > 0 \qquad \text{상대적 극소}$$

위에서 구한 정보를 이용하여 [그림 16-5]와 같이 위상도를 그린다.

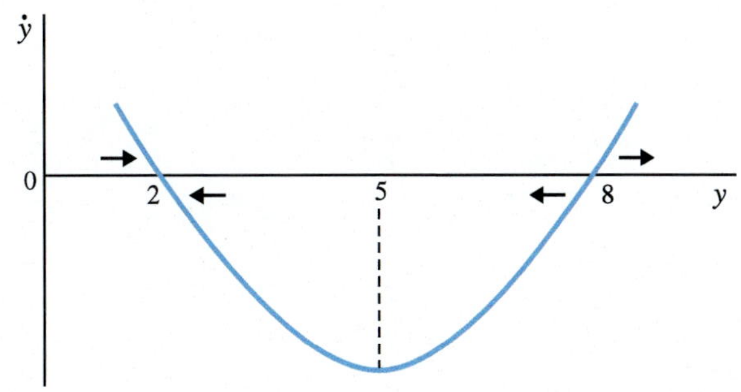

$\dot{y} = y^2 - 10y + 16$에 대한 위상도

[그림 16-5]

b) 운동 화살표는 양방향에서 $\bar{y}_1 = 2$로 향하고 있으며, 또한 $\bar{y}_2 = 5$로부터 벗어나고 있다. 따라서 $\bar{y}_1$는 안정적이고, $\bar{y}_2$는 불안정적인 시점간 균형이 된다.

c) $\bar{y}_1 = 2$에서 위상도의 기울기는 (-)이고, $\bar{y}_2 = 8$에서는 (+)이다. 따라서 $\bar{y}_1$는 안정적 균형이고 $\bar{y}_2$는 불안정적 균형이다.

d)

$$\frac{d\dot{y}}{dy} = 2y - 10$$

$$\frac{d\dot{y}}{dy}(2) = 2(2) - 10 = -6 < 0 \qquad \bar{y}_1 = 2\text{에서 안정적}$$

$$\frac{d\dot{y}}{dy}(8) = 2(8) - 10 = 6 > 0 \qquad \bar{y}_2 = 8\text{에서 불안정적}$$

17장

1계정차방정식

17.1 정의와 개념

정차방정식(difference equation)이란 종속변수와 이산적(discrete) 시간의 구간에서 시차(lag)를 가지고 변화하는 독립변수 사이의 관계를 표시한다. $I_t = f(Y_{t-1})$은 간단한 정차방정식의 예인데, 여기서 I와 Y는 매년 말에 측정된 것이다. 정차방정식의 계(order)는 가장 큰 시차 기간에 의해 결정된다. 따라서 1계 정차방정식은 한 기간의 시차를 가지고 있으며, 2계 정차방정식은 두 기간의 시차를 가지고 있음을 나타낸다.

시간 t가 t기에서 $(t+1)$기로 변할 때 y의 변화를 y의 1계정차(first difference)라 하며 다음과 같이 표시한다[1)].

$$\frac{\Delta y}{\Delta t} = \Delta y_t = y_{t+1} - y_t \tag{17.1}$$

위에서 Δ는 미분방정식에서 연속적 변화를 측정하는 데 이용된 $\frac{d}{dt}$를 대신하는 연산 기호이다[2)]. 정차방정식의 해는 모든 t 값에 대해 대응하는 y 값을 정의하며 어떤 시차를 지닌 항도 포함하지 않는다.

역자 TIP

1) 정차방정식에서는 이산적(discrete) 시간을 다루고 있기 때문에 t는 $t+1$, $t+2$, ⋯ 등의 정수 값만을 갖는다. 이에 반해 미분방정식에서는 연속적(continuous) 시간을 다루고 있기 때문에 t가 정수 값만이 아닌 모든 값을 갖게 된다.
2) 연속적인 경우의 변화와 구분하기 위해 이산적인 경우의 변화에서는 Δ를 사용하는 것이다.

예제 1 아래 정차방정식의 계는 다음과 같다.

$$I_t = a(Y_{t-1} - Y_{t-2}) \qquad 2계$$
$$Q_s = a + bP_{t-1} \qquad 1계$$

$$y_{t+3} - 9y_{t+2} + 2y_{t+1} + 6y_t = 8 \qquad 3\text{계}$$
$$\Delta y_t = 5y_t \qquad 1\text{계}$$

식 (17.1)로부터 Δy_t 대신 $y_{t+1} - y_t$를 대입하면

$$y_{t+1} - y_t = 5y_t \qquad y_{t+1} = 6y_t \qquad 1\text{계}$$

예제 2 아래 정차방정식에서 y의 초기값이 y_0이면

$$y_{t+1} = by_t \tag{17.2}$$

의 해는 다음과 구한다.
식 (17.2)에 $t = 0, 1, 2, 3,$ 등을 연속적으로 대입하면

$$y_1 = by_0 \qquad y_3 = by_2 = b(b^2 y_0) = b^3 y_0$$
$$y_2 = by_1 = b(by_0) = b^2 y_0 \qquad y_4 = by_3 = b(b^3 y_0) = b^4 y_0$$

따라서 t기의 y 값은

$$y_t = b^t y_0$$

가 되는데 이러한 해법을 반복법(iterative method)이라 한다. y_0는 상수이기 때문에 t의 변화에 따라 y값을 결정해 주는 데 b가 결정적 역할을 하고 있음을 알 수 있다.

17.2 1계 선형정차방정식의 일반공식

아래와 같이 주어진 1계 선형정차방정식에 대한 확정해(definite solution)를 구하는 공식은 다음과 같다. 여기서 선형(linear)이란 종속변수의 지수가 1보다 크지 않으며, 또한 변수끼리의 곱으로 이루어진 항이 존재하지 않는 경우이며, 여기서 b와 a는 상수이다.

$$y_t = by_{t-1} + a \tag{17.3}$$

$$y_t = \left(y_0 - \frac{a}{1-b}\right)b^t + \frac{a}{1-b} \qquad (b \neq 1) \tag{17.4}$$

$$y_t = y_0 + at \qquad (b = 1) \tag{17.4a}$$

위에서 초기조건이 주어지지 않은 경우, 식 (17.4)의 $(y_0 - \frac{a}{1-b})$를 임의의 상수 A로 표,시할 수 있으며, 식 (17.4a)에서는 y_0 대신 A로 표시할 수 있다. 이와 같이 초기조건이 주어지지 않은 경우의 해를 일반해(general solution)라고 한다. [예제 3]과 [연습문제 17.1-17.13] 참조.

예제 3 정차방정식이 $y_t = -7y_{t-1} + 16$, $y_0 = 5$로 주어진 경우, $b = -7$, $a = 16$이고 $b \neq 1$이므로 식 (17.4)를 이용하여 다음과 같이 해를 구할 수 있다.

$$y_t = \left(5 - \frac{16}{1+7}\right)(-7)^t + \frac{16}{1+7} = 3(-7)^t + 2 \tag{17.5}$$

해를 검산하기 위해 식 (17.5)에 $t = 0$과 $t = 1$을 대입한다.

$$y_0 = 3(-7)^0 + 2 = 5$$

$$y_1 = 3(-7)^1 + 2 = -19$$

또한 주어진 정차방정식 $y_t = -7y_{t-1} + 16$에 y_{t-1} 대신에 $y_0 = 5$를, 그리고 y_t 대신 $y_1 = -19$를 대입하면[3)]

$$-19 = -7(5) + 16 = -35 + 16$$

역자 TIP

3) $t = 1$인 경우에 해당한다.

17.3 안정조건

방정식 (17.4)는 다음과 같이 일반형으로 나타낼 수도 있다.

$$y_t = Ab^t + c \tag{17.6}$$

여기서 $A = y_0 - a/(1-b)$이고 $c = a/(1-b)$이다. 이 때 Ab^t을 보조함수(complementary function), 그리고 c를 특수해(particular solution)라고 한다. 특수해는 시점간 y의 균형수준(intertemporal equilibrium level of y)을 나타내며, 보조함수는 균형수준으로부터 벗어난 편차(deviation from equilibrium)를 나타낸다.

따라서 $t \to \infty$에 따라 보조함수가 $Ab^t \to 0$이 되는 경우, 식 (17.6)은 동태적으로 안정적이 된다. 여기서 동태적으로 안정적이냐의 여부는 전적으로 b에 달려 있다. $A = 1$, $c = 0$이라 가정하면 b^t은 [예제 4]에 나타난 바와 같이 b의 값에 따라 일곱 가지의 다른 시간경로를 보이게 된다.

$|b| > 1$이면, 시간경로는 확산하면서 점점 균형에서 멀리 벗어날 것이며, 반면에 $|b| < 1$이면 시간경로가 수렴하면서 균형에 접근하게 된다. 또한 $b < 0$이면 시간경로는 양의 값과 음의 값 사이를 진동하게 되며, $b > 0$이면 시간경로는 진동하지 않을 것이다.

$A \neq 1$인 경우(여전히 $c = 0$이라고 가정), A의 값은 b^t의 크기를 확대 또는 축소시킬 뿐, b의 크기에 따른 시간경로의 기본적인 운동 모양에는 영향을 미치지 않는다. $A = -1$

일 때의 시간경로는 $A=1$, $c=0$이라고 가정했을 때의 b^t에 대한 시간경로를 수평축에 대칭시킴으로써 얻을 수 있다.

$c \neq 0$인 경우를 가정하면, 시간경로를 나타내는 그래프의 절편이 변하므로, $c=0$을 가정했을 때와 비교하여 단지 그래프를 상향 또는 하향 이동시키는 결과를 가져온다. [예제 4-5], [연습문제 17.1-17.13] 참조.

예제 4 방정식 $y_t = b^t$에서 b는 $-\infty$에서 $+\infty$의 범위를 갖는다. 이 때 b의 값에 따라 일곱 가지의 서로 다른 시간경로를 도출할 수 있으며, 이들 각각은 아래에 [그림 17-1]과 함께 설명되어 있다.

1. $b>1$인 경우, b^t은 t의 증가함에 따라 더 큰 증가율로 증가한다. 따라서 b^t은 수평축에서 점점 더 멀리 떨어지면서 움직여 나간다. [그림 17-1(a)]가 이 경우에 해당하는데 이는 시간의 연속적(continuous)이 아닌 이산적(discrete) 구간에서 변화를 나타내는 계단함수(step function)이다. 예를 들어, $b=3$이라고 하면 t가 0에서 4로 증가함에 따라 b^t은 1, 3, 9, 27, 81로 증가한다.
2. $b=1$인 경우, 모든 t 값에 대해 $b^t=1$이 되므로 이는 [그림 17-1(b)]에 나타난 바와 같이 수평선이 된다.
3. $0<b<1$인 경우, b^t은 t가 증가함에 따라 감소하므로 수평축에 접근하지만 [그림 17-1(c)]에 나타난 바와 같이 수평축과는 항상 양(+)의 차이를 보이고 있다. $b=\frac{1}{3}$이라고 하면 t가 0에서 4로 증가함에 따라 b^t은 1, $\frac{1}{3}$, $\frac{1}{9}$, $\frac{1}{27}$, $\frac{1}{81}$로 감소한다.
4. $b=0$인 경우, b^t은 t 값에 관계없이 $b^t=0$이다. [그림 17-1(d)] 참조.
5. $-1<b<0$인 경우, b^t은 t가 증가함에 따라 부호를 교대로 바꿔가면서 수평축에 수렴할 것이다. [그림 17-1(e)] 참조. 예를 들어 $b=-\frac{1}{3}$이라 하면 t가 0에서 4로 변할 때, b^t은 1, $-\frac{1}{3}$, $\frac{1}{9}$, $-\frac{1}{27}$, $\frac{1}{81}$로 교대로 부호를 바꿔가면서 0에 수렴하게 된다.
6. $b=-1$인 경우, b^t은 1과 -1 사이를 진동한다. [그림 17-1(f)] 참조.
7. $b<-1$인 경우, b^t은 t가 증가함에 따라 [그림 17-1(g)]에 나타난 바와 같이 진동하면서 수평축으로부터 점점 멀어진다. 예를 들어 $b=-3$이라 할 때 t가 0에서 4로 증가하는 경우 b^t은 1, -3, 9, -27, 81로 변한다.

이상을 요약하면
$|b|>1$인 경우 : 시간경로는 확산한다.
$|b|<1$인 경우 : 시간경로는 수렴한다.
$b>0$인 경우 : 시간경로는 진동하지 않는다.
$b<0$인 경우 : 시간경로는 진동한다.

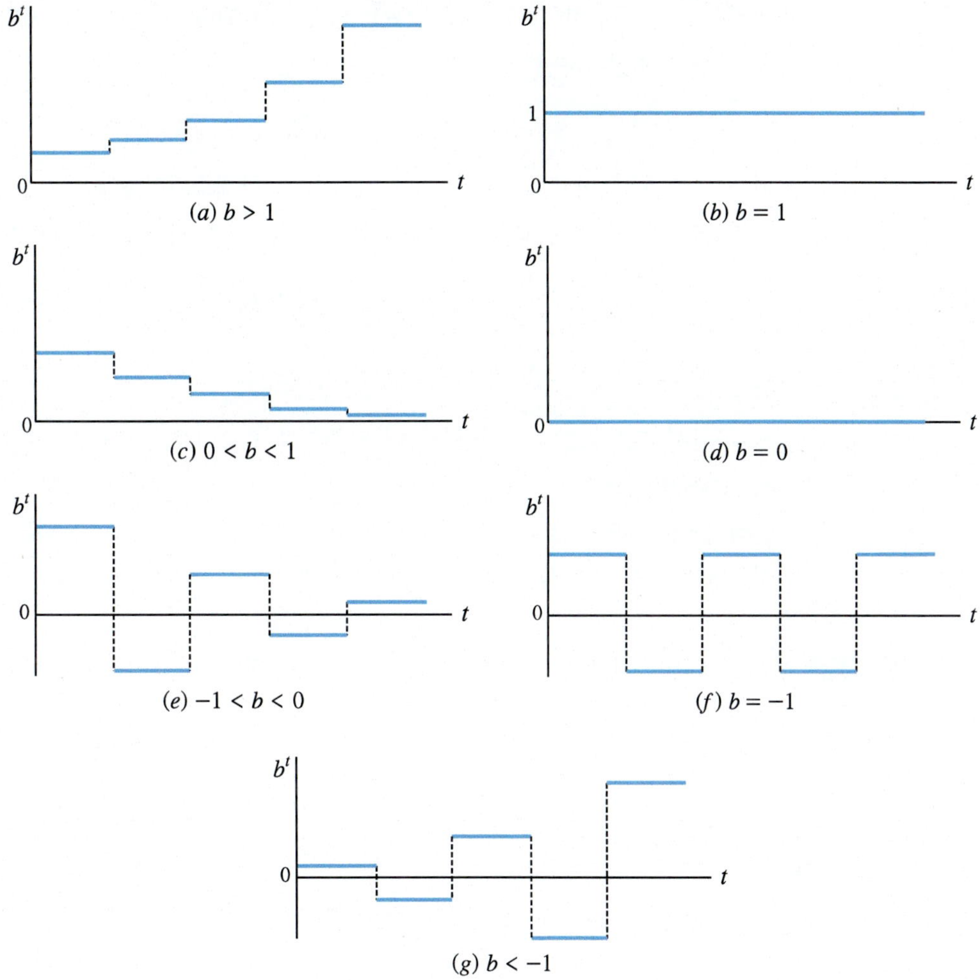

[그림 17-1] b^t의 시간경로

예제 5 방정식 $y_t = 6(-\frac{1}{4})^t + 6$에서 $b = -\frac{1}{4} < 0$이므로, 시간경로는 진동하며, 또한 $|b| < 1$이므로 시간경로는 수렴한다.

$y_t = 5(6)^t + 9$의 경우는 $b = 6 > 0$이므로 진동하지 않으며, $|b| > 1$이므로 시간경로는 확산한다.

17.4 시차 소득결정모형

2.3절에서 다루었던 간단한 소득결정 모형에는 어떠한 시차도 존재하지 않았다. 여기서는 소비가 전기 소득의 함수라고 가정하고 모형을 아래와 같이 구성한다.

$$C_t = C_0 + cY_{t-1} \qquad Y_t = C_t + I_t$$

여기서 $I_t = I_0$라 하면, $Y_t = C_0 + cY_{t-1} + I_0$가 된다. 이를 식 (17.3)의 형태에 부합시키기 위해 항을 재정리하면

$$Y_t = cY_{t-1} + C_0 + I_0 \tag{17.7}$$

가 되므로 $b = c$이고 $a = C_0 + I_0$에 해당한다. 한계소비성향 c는 1이 될 수 없으므로, b와 a의 값을 식 (17.4)에 대입하고, $t = 0$일 때 $Y_t = Y_0$라고 가정하면 소득 Y의 시간경로는

$$Y_t = \left(Y_0 - \frac{C_0 + I_0}{1-c}\right)c^t + \frac{C_0 + I_0}{1-c} \tag{17.8}$$

가 된다.

따라서 시간경로의 안정성은 c에 의존한다. $0 < MPC < 1$이므로 $|c| < 1$이고 시간경로는 수렴한다. 또한 $c > 0$이므로 시간경로는 어떠한 진동현상도 보이지 않을 것이다. 결국 균형이 안정적임을 알 수 있으며, $t \to \infty$에 따라 $y_t \to \dfrac{C_0 + I_0}{1-c}$가 되는데 이는 바로 시간에 걸친 균형소득 수준을 나타낸다. [예제 6]과 [연습문제 17.14-17.20] 참조.

예제 6 $Y_t = C_t + I_t$이고 $C_t = 200 + 0.9Y_{t-1}$, $I_t = 100$ 그리고 $Y_0 = 4500$일 때 아래 주어진 y_t의 시간경로를 구하시오.

$$Y_t = 200 + 0.9Y_{t-1} + 100 = 0.9Y_{t-1} + 300 \tag{17.9}$$

식 (17.4)를 이용하면

$$Y_t = \left(4500 - \frac{300}{1-0.9}\right)(0.9)^t + \frac{300}{1-0.9} = 1500(0.9)^t + 3000 \tag{17.10}$$

여기서 $|b| = |0.9| < 1$이므로 Y_t의 시간경로는 수렴하며, 또한 $b = 0.9 > 0$이므로 진동하지 않는다. 따라서 Y_t는 동태적으로 안정적이다. $t \to \infty$에 따라 우변의 첫 번째 항은 0에 수렴하므로 Y_t는 시점간 균형소득 수준인 $\dfrac{300}{1-0.9} = 3000$에 수렴한다.

이를 검산하기 위해 식 (17.10)에서 $t = 0$과 $t = 1$의 경우를 살펴보면

$$Y_0 = 1500(0.9)^0 + 3000 = 4500$$
$$Y_1 = 1500(0.9)^1 + 3000 = 4350$$

식 (17.9)에서 Y_t와 Y_{t-1} 대신에 각각 $Y_1 = 4350$, $Y_0 = 4500$을 대입하고 비교해 본다.

$$4350 - 0.9(4500) = 300$$
$$4350 - 4050 = 300$$

17.5 거미집 모형

시장에 출하되기까지 1년간의 재배기간을 거쳐야 하는 농산물류 제품의 공급은 지난 해의 가격에 의존한다. 여기에는 안정성 문제가 관심의 대상이 된다. 만약 수요함수와 공급함수가 다음과 같이 주어졌다면

$$Q_{dt} = c + bP_t \qquad\qquad Q_{st} = g + hP_{t-1}$$

균형에서

$$c + bP_t = g + hP_{t-1} \tag{17.11}$$

$$bP_t = hP_{t-1} + g - c \tag{17.12}$$

식 (17.12)를 b로 나누어 식 (17.3)의 형태로 변형하면

$$P_t = \frac{h}{b}P_{t-1} + \frac{g-c}{b}$$

정상적인 수요, 공급 조건하에서 $b<0$, $h>0$이므로 $\frac{h}{b} \neq 1$이 되어 식 (17.4)를 이용할 수 있다.

$$\begin{aligned} P_t &= \left[P_0 - \frac{(g-c)/b}{1-h/b}\right]\left(\frac{h}{b}\right)^t + \frac{(g-c)/b}{1-h/b} \\ &= \left(P_0 - \frac{g-c}{b-h}\right)\left(\frac{h}{b}\right)^t + \frac{g-c}{b-h} \end{aligned} \tag{17.13}$$

모형이 균형에 도달했을 때, $P_t = P_{t-1}$이므로 식 (17.11)에서 P_t, P_{t-1} 대신 P_e를 대입하면

$$P_e = \frac{g-c}{b-h} \tag{17.13a}$$

이를 식 (17.13)에 다시 대입하면

$$P_t = (P_0 - P_e)\left(\frac{h}{b}\right)^t + P_e$$

통상적인 우하향의 수요함수와 우상향의 공급함수에서는 $b<0$, $h>0$이므로 $\frac{h}{b}<0$이 되어 시간경로는 진동하게 된다.

$|h| > |b|$이면 $|\frac{h}{b}| > 1$이고 시간경로 P_t는 확산한다.
$|h| = |b|$이면 $\frac{h}{b} = -1$이고 시간경로 P_t는 일정한 모양으로 진동한다.
$|h| < |b|$이면 $|\frac{h}{b}| < 1$이고 시간경로 P_t는 수렴하며 P_e에 접근한다.

요약하면, 수요-공급분석에서 수요, 공급함수의 형태가 $Q=f(P)$로 되어 있는 경우, 균형이 안정적이기 위해서는 공급곡선이 수요곡선보다 더 완만한 기울기를 가져야 한다. [예제 7]과 [연습문제 17.21-17.25] 참조.

그러나 수요, 공급함수의 형태가 $P=f(Q)$로 되어 있는 경우, 균형이 안정적이기 위해서는 수요곡선이 공급곡선보다 더 완만한 기울기를 가지거나, 또는 더 탄력적이어야 한다.

예제 7 $Q_{dt}=86-0.8P_t$이고 $Q_{st}=-10+0.2P_{t-1}$일 때 어떤 기간의 시장가격 P_t와 균형가격 P P_e는 다음과 같이 구할 수 있다. 수요와 공급을 일치시키면

$$86-0.8P_t=-10+0.2P_{t-1} \qquad -0.8P_t=0.2P_{t-1}-96$$

식 (17.3)의 형태로 변형하기 위해 위의 방정식을 -0.8로 나누면 $P_t=-0.25P_{t-1}+120$이 된다. 식 (17.4)의 공식을 이용하면

$$P_t=\left(P_0-\frac{120}{1+0.25}\right)(-0.25)^t+\frac{120}{1+0.25}=(P_0-96)(-0.25)^t+96$$

이를 검산하기 위해서는 식 (17.13)에 해당 값을 대입한다.
식 (17.13a)로부터 $P_e=(-10-86)/(-0.8-0.2)=(-96)/(-1)=96$.

$b=-0.25$로서 $b<0$이고 $|b|<1$이므로 시간경로는 진동하면서 수렴한다. 따라서 균형은 안정적이며, $t\to\infty$에 따라 P_t는 $P_e=96$에 수렴한다.

17.6 해로드 모형(Harrod Model)

해로드 모형은 경제성장의 동학(dynamics)을 설명하는 모형으로, 저축과 국민소득의 관계를 아래와 같이 가정한다.

$$S_t=sY_t$$

여기서 s는 상수로서 한계저축성향(Marginal Propensity to Save: MPS)과 평균저축성향(Average Propensity to Save: APS)에 해당한다. 또한 가속도원리(acceleration principle)에 따라 투자는 시간에 따른 국민소득 증가율에 비례적이라고 가정한다.

$$I_t=a(Y_t-Y_{t-1})$$

여기서 a는 상수로서 한계자본산출량비율(marginal capital-output ratio)과 평균자본산출량비율(average capital-output ratio)을 나타낸다. 균형상태에서 $I_t=S_t$이므로

$$a(Y_t-Y_{t-1})=sY_t \qquad (a-s)Y_t=aY_{t-1}$$

$(a-s)$로 나누어 식 (17.3)의 형태로 변형하면, $Y_t = \dfrac{a}{a-s} Y_{t-1}$이 되고, $\dfrac{a}{a-s} \neq 1$이므로 식 (17.4)를 이용할 수 있다.

$$Y_t = (Y_0 - 0)\left(\frac{a}{a-s}\right)^t + 0 = \left(\frac{a}{a-s}\right)^t Y_0 \qquad (17.14)$$

따라서 시간경로의 안정성은 $\dfrac{a}{a-s}$의 값에 달려 있다. a는 자본산출량비율로서 정상적으로는 1보다 큰 값을 가지며, s는 0과 1 사이의 값을 가진 한계저축성향이므로($s = MPS$), $\dfrac{a}{a-s}$는 0보다 크며 보통 1보다도 크다. 그러므로 Y_t는 확산하지만 진동하지는 않는다. 이는 국민소득이 한계가 정해지지 않은 채 계속 증가할 것임을 나타내는 것이다. [예제 8-9]와 [연습문제 17.26-17.27] 참조. 그 밖의 경제학적 응용은 [연습문제 17.28-17.30] 참조.

예제 8 적정성장률(즉, 경제가 매년 저축과 투자 사이의 균형을 이루기 위한 성장경로)은 해로드 모형에서 다음과 같이 구할 수 있다.

식 (17.14)에서 Y_t는 한계가 정해지지 않은 채 무한히 증가한다. 그리고 1기의 소득은 전기소득의 $\dfrac{a}{a-s}$배이다.

$$Y_1 = \left(\frac{a}{a-s}\right) Y_0 \qquad (17.15)$$

기간 사이의 성장률 G는

$$G = \frac{Y_1 - Y_0}{Y_0}$$

여기에 식 (17.15)를 대입하면

$$G = \frac{[a/(a-s)]\,Y_0 - Y_0}{Y_0} = \frac{[a/(a-s) - 1]\,Y_0}{Y_0}$$
$$= \frac{a}{a-s} - 1 = \frac{a}{a-s} - \frac{a-s}{a-s} = \frac{s}{a-s}$$

따라서 적정성장률은 다음과 같이 나타낼 수 있다.

$$G_w = \frac{s}{a-s} \qquad (17.16)$$

예제 9 위 해로드 모형에서 한계저축성향이 0.12이고 자본산출량비율이 2.12라고 하면, 식 (17.14)에서 Y_t를 구할 수 있다.

$$Y_t = \left(\frac{2.12}{2.12 - 0.12}\right)^t Y_0 = (1.06)^t\, Y_0$$

식 (17.16)로부터 적정성장률을 구하면

$$G_w = \frac{0.12}{2.12 - 0.12} = \frac{0.12}{2} = 0.06$$

17.7 정차방정식의 위상도

선형정차방정식의 경우 공식에 의해 명확하게 해를 구할 수 있는 데 반해, 비선형성차방정식의 해는 일반적으로 쉽게 구해지지 않기 때문에 해를 통해 안정성 조건을 확인하는 데는 한계가 있다. 그러나 위상도(phase diagram)를 이용하면 안정성 조건에 대한 중요한 정보를 파악할 수 있다.

정차방정식에 대한 위상도는 y_t를 y_{t-1}의 함수로 보고 이를 그래프로 나타낸 것이다. 만약 경제학적 이유로 모든 변수가 비음(nonnegative)이 되어 위상도를 1상한(the first quadrant)으로 제한하는 경우, 원점에서 출발한 45°선은 $y_t = y_{t-1}$을 만족시키는 모든 정상상태 균형을 표시하게 된다.

따라서 어느 점이든 45°선과 위상도가 만나는 점은 시점간 균형해를 나타내는 것이다. 균형해의 안정성은 도표상([예제 10])에서는 물론 수리적으로도([예제 11]) 검증할 수 있다. 수리적 측면에서의 안정성 검증은, 정상상태 균형점에서 파악한 위상도의 1차도함수의 기준에 따라 결정된다.

1. $\left|\frac{dy_t}{dy_{t-1}}(\bar{y})\right| < 1$이면, 국소적으로 안정적(locally stable)이다.

   $\left|\frac{dy_t}{dy_{t-1}}(\bar{y})\right| \geq 1$이면, 국소적으로 불안정적(locally unstable)이다.

2. $\frac{dy_t}{dy_{t-1}}(\bar{y}) \geq 0$이면, 어떤 진동현상도 없다.

   $\frac{dy_t}{dy_{t-1}}(\bar{y}) < 0$이면, 진동한다.

예제 10 아래와 같은 비선형정차방정식이 주어져 있다. 이에 대한 위상도는 다음과 같은 단계에 따라 구할 수 있다.

$$y_t = y_{t-1}^{0.5} = \sqrt{y_{t-1}}$$

1. y_t와 y_{t-1}을 $\bar{y}$로 설정하여 $y_t = y_{t-1}$하에서의 정상상태 해 $\bar{y}$를 구한다.

$$\bar{y} = \bar{y}^{0.5}$$
$$\bar{y}^{0.5} - \bar{y} = 0$$

$$\bar{y}\left(\frac{\bar{y}^{0.5}}{\bar{y}} - 1\right) = \bar{y}(\bar{y}^{-0.5} - 1) = 0$$

$$\bar{y}_1 = 0 \qquad \bar{y}_2 = 1 \quad \text{정상상태 해}$$

위상도는 $\bar{y}_1 = 0$과 $\bar{y}_2 = 1$에서 만나야 한다.

2. 1차도함수를 구하여 위상선의 기울기가 양인지 음인지를 확인한다.

$$\frac{dy_t}{dy_{t-1}} = 0.5y_{t-1}^{-0.5} = \frac{0.5}{\sqrt{y_{t-1}}} > 0$$

$y_t, y_{t-1} > 0$을 가정하면 위상도는 양의 기울기를 가진다.

3. 위상선의 오목한지 볼록한지를 확인하기 위해 2차도함수를 구한다.

$$\frac{d^2y_t}{dy_{t-1}^2} = -0.25y_{t-1}^{-1.5} = -0.25y_{t-1}^{-3/2} = \frac{-0.25}{\sqrt{y_{t-1}^3}} < 0 \qquad \text{오목}$$

4. [그림 17-2]와 같은 개략적인 그래프를 그린다.

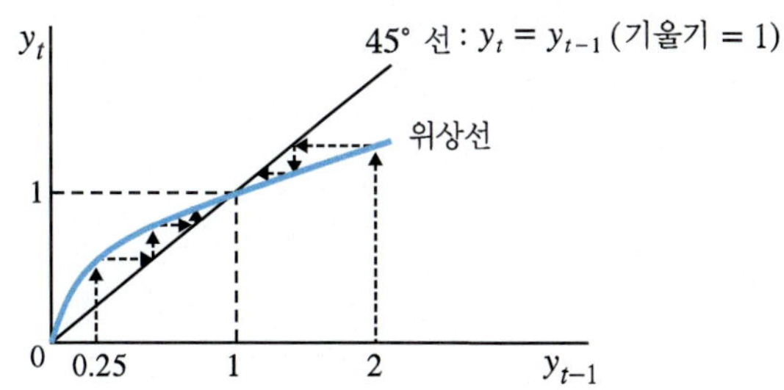

[그림 17-2]

5. 위상도를 분석하여 안정조건을 파악한다. 이를 위해 먼저 y_{t-1}의 임의의 값, 예를 들어 $y_{t-1} = 0.25$를 택하고, 점선으로 표시된 화살표를 따라 수직으로 위상도까지 이동한 후, 수평으로 45° 선까지 이동한다. 이를 반복적으로 시행함으로써, 균형점으로 수렴하는지 또는 균형점으로부터 발산하는지를 확인한다.

   $0 < y_{t-1} < 1$ 구간에 있는 임의의 y_{t-1}에서 출발하는 경우, 위의 반복과정은 $\bar{y}_2 = 1$로 수렴하면서 $\bar{y}_1 = 0$으로부터는 점점 발산, 또는 이탈하게 된다. 따라서 출발점이 되는 y_{t-1}의 값이 $0 < y_{t-1} < 1$ 구간에 있을 때, $\bar{y}_2 = 1$은 국소적 안정균형이 되며, $\bar{y}_1 = 0$은 국소적 불안정 균형이 된다.

   다음 $y_{t-1} > 1$ 구간에 있는 임의의 값, 예를 들어 $y_{t-1} = 2$를 택하고 위의 반복과정을 점선을 따라 시행하는 경우, $\bar{y}_2 = 1$이 역시 국소적 안정균형이 됨을 알 수 있다.

예제 11 여기서는 위에서 언급한 간단한 대수식을 통해 위상도에 의한 검증결과를 확인해 보자.

$y_t = y_{t-1}^{0.5}$이므로

$$\frac{dy_t}{dy_{t-1}} = 0.5y_{t-1}^{-0.5}$$

$\overline{y}_2 = 1$에서 위 도함수의 절대값을 계산하면

$$|0.5(1)^{-0.5}| = \left|\frac{0.5}{\sqrt{1}}\right| = 0.5 < 1 \qquad \text{국소적으로 안정적}$$

$\overline{y}_2 = 1$에서의 도함수 값을 계산하면

$$0.5(1)^{-0.5} = \frac{0.5}{\sqrt{1}} = 0.5 > 0 \qquad \text{진동 없음}$$

$\overline{y}_1 = 0$에서 도함수는 정의되지 않으나, $y_{t-1} \to 0$에 따라 무한대가 된다. 따라서 $\overline{y}_1 = 0$은 국소적으로 불안정적이다. [연습문제 17.31-17.33] 참조.

연습 문제

■ 1계 선형정차방정식에 대한 일반공식의 이용

17.1 a) 아래 주어진 정차방정식의 해를 구하시오.

b) $t=0$, $t=1$인 경우에 위에서 구한 해를 검산하시오.

c) 시간경로의 속성에 대해 언급하시오.

$$y_t = 6y_{t-1}$$

a) 여기서 $b=6$, $a=0$에 해당한다. $b \neq 1$이므로 식 (17.4)를 이용하면

$$y_t = (y_0 - 0)(6)^t + 0 = y_0(6)^t = A(6)^t \tag{17.17}$$

여기서 A는 일반적으로 사용되는 미지정 상수로서 y_0를 대체한 것이다.

b) $t=0$, $t=1$일 때의 식 (17.17)을 계산하면

$$y_0 = A(6)^0 = A \qquad y_1 = A(6) = 6A$$

처음에 주어진 정차방정식에서 y_{t-1} 대신 $y_0 = A$를 대입하고, y_t 대신에 $y_1 = 6A$를 대입하면 $6A = 6(A)$로서 일치함을 알 수 있다.

c) 식 (17.17)에서 $b=6$으로 b가 1보다 큰 양수이므로, 즉 $b>0$, $|b|>1$이므로 시간경로는 진동없이 확산한다.

17.2 정차방정식 $y_t = \frac{1}{8}y_{t-1}$에 대해 [연습문제 17.1]에서의 물음에 답하시오.

a) 식 (17.4)를 이용하면

$$y_t = (y_0\text{-}0)(\frac{1}{8})^t + 0 = (y_0\text{-}0)(\frac{1}{8})^t = A(\frac{1}{8})^t$$

b) $t=0$일 때 $y_0 = A(\frac{1}{8})^0 = A$. $t=1$일 때 $y_1 = A(\frac{1}{8}) = \frac{1}{8}A$.
주어진 정차방정식에서 y_{t-1} 대신에 $y_0 = A$를 대입하고, y_t 대신 $y_1 = \frac{1}{8}A$를 대입하면 $\frac{1}{8}A = \frac{1}{8}(A)$.

c) $b = \frac{1}{8}$이므로, $b>0$이고 $|b|<1$이다, 따라서 시간경로는 진동 없이 수렴한다.

17.3 정차방정식이 $y_t = -\frac{1}{4}y_{t-1} + 60$으로 주어지고 $y_0 = 8$일 때 [연습문제 17.1]에서의 물음에 답하시오.

a)

$$y_t = \left(8 - \frac{60}{1+\frac{1}{4}}\right)\left(-\frac{1}{4}\right)^t + \frac{60}{1+\frac{1}{4}} = -40\left(-\frac{1}{4}\right)^t + 48$$

b) $t=0$일 때 $y_0 = -40(-\frac{1}{4})^0 + 48 = 8$. $t=1$일 때 $y_1 = -40(-\frac{1}{4}) + 48 = 58$.
이를 원래 주어진 정차방정식에 대입하면, $58 = -\frac{1}{4}(8) + 60 = 58$.

c) $b = -\frac{1}{4}$이므로, $b < 0$이고 $|b| < 1$이다. 따라서 시간경로는 진동하면서 수렴한다.

17.4 정차방정식이 $x_t + 3x_{t-1} + 8 = 0$으로 주어지고 $x_0 = 16$일 때 [연습문제 17.1]에서의 물음에 답하시오.

a) 식 (17.3)의 형태로 정리하면

$$x_t = -3x_{t-1} - 8$$

따라서 $b = -3$이고 $a = -8$에 해당한다, 이를 식 (17.4)에 대입하면

$$x_t = \left(16 + \frac{8}{1+3}\right)(-3)^t - \frac{8}{1+3} = 18(-3)^t - 2$$

b) $t=0$일 때 $x_0 = 18(-3)^0 - 2 = 16$. $t=1$일 때 $x_1 = 18(-3) - 2 = -56$.
이를 원래 주어진 정차방정식에 대입하면, $-56 + 3(16) + 8 = 0$.

c) $b = -3$이므로 $b < 0$이고 $|b| > 1$이다, 따라서 시간경로는 진동하면서 확산한다.

17.5 $y_t - y_{t-1} = 17$에 대해 [연습문제 17.1]에서의 물음에 답하시오.

a) 주어진 정차방정식을 정리하여 $y_t = y_{t-1} + 17$이라 하면 $b = 1$이 되어 식 (17.4 a)를 이용하여 해를 구해야 한다. 따라서 $y_t = y_0 + 17t = A + 17t$.

b) $t=0$일 때 $y_0 = A$. $t=1$일 때 $y_1 = A + 17$. 이를 원래 주어진 정차방정식에 대입하면, $A + 17 - A = 17$.

c) 여기서 $b = 1$로서 $b > 0$이므로 y_t는 어떤 진동도 하지 않는다. 이는 특수한 경우를 나타내는데, $y_t = y_0 + at$에서 $a = 17(\neq 0)$이므로 $t \to \infty$에 따라 시간경로는 발산한다. 따라서 y_t는 특수해인 at 자체에 접근하는 것이 아니라 $A + at$을 값을 가지면서 발산한다. $b = 1$이고 $a = 0$인 경우는 [연습문제 17.17] 참조.

17.6 정차방정식이 $g_t = g_{t-1} - 25$이고 $g_0 = 40$으로 주어졌을 때 [연습문제 17.1]에서의 물음에 답하시오.

a) 식 (17.4a)를 이용하면, $g_t = 40 - 25t$

b) $t=0$일 때 $g_0=40$. $t=1$일 때 $g_t=15$.
주어진 정차방정식에 이를 대입하면, $15=40-25$.

c) $b=1$, $a\neq 0$ 그리고 $A=g_0\neq 0$. 따라서 시간경로는 진동없이 발산한다.

17.7 정차방정식 $2y_t=y_{t-1}-18$에 대해 [연습문제 17.1]에서의 물음에 답하시오.

a) 위의 정차방정식을 2로 나누어 식 (17.3)의 형태로 변형시킨 후 식 (17.4)를 이용하면

$$y_t=\frac{1}{2}y_{t-1}-9=\left(y_0+\frac{9}{1-\frac{1}{2}}\right)\left(\frac{1}{2}\right)^t-\frac{9}{1-\frac{1}{2}}=A\left(\frac{1}{2}\right)^t-18$$

여기서 A는 (y_0+18)을 표시하는 임의의 상수이다.

b) $t=0$일 때, $y_0=A-18$. $t=1$일 때, $y_1=\frac{1}{2}A-18$.
이를 주어진 정차방정식에 대입하면 $2(\frac{1}{2}A-18)=A-18-18$로서 $A-36=A-36$이 성립한다.

c) $b=\frac{1}{2}$로부터 $b>0$이고 $|b|<1$이므로, y_t는 진동하지 않으며 수렴한다.

17.8 (a) 다음 정차방정식의 해를 구하시오.
(b) $t=0$과 $t=1$의 경우에 대하여 (a)에서 구한 해를 검산하시오.
(c) 시간경로의 속성에 대해 언급하시오.

$$5y_t+2y_{t-1}-140=0 \qquad y_0=30$$

a) 위의 정차방정식을 5로 나누어 정리한 후, 식 (17.4)를 이용하면

$$y_t=-0.4y_{t-1}+28=\left(30-\frac{28}{1+0.4}\right)(-0.4)^t+\frac{28}{1+0.4}=10(-0.4)^t+20$$

b) $t=0$일 때 $y_0=30$. $t=1$일 때 $y_1=16$이므로 이를 주어진 정차방정식에 대입하면 $5(16)+2(30)-140=0$

c) $b=-0.4$로부터 $b<0$이면서 $|b|<1$이므로 y_t는 진동하면서 수렴한다.

17.9 정차방정식 $x_{t+1}=4x_t-36$에 대해 [연습문제 17.8]에서의 물음에 답하시오.

a) 식 (17.3)의 형태로 변형시키기 위해 시간을 1기간 뒤로 이동시키면 위의 정차방정식은 $x_t=4x_{t-1}-36$이 된다. 식 (17.4)를 이용하고 [연습문제 17.7]에서와 같이 $(x_0-\frac{a}{1-b})$를 A로 대체하면

$$x_t=A(4)^t-\frac{36}{1-4}=A(4)^t+12$$

b) $t=0$일 때 $x_0=A+12$. $t=1$일 때 $x_1=4A+12$. 위의 정차방정식에 x_{t+1} 대신에 $x_1=4A+12$와 x_t 대신 $x_0=A+12$를 대입하면

$$4A+12=4(A+12)-36\,,\qquad 4A+12=4A+12$$

c) $b=4$로부터 $b>0$과 $|b|>1$이므로 x_t는 진동하지 않으며 확산한다.

17.10 정차방정식이 $y_{t+5}+2y_{t+4}+57=0$으로 주어지고 $y_0=11$일 때 [연습문제 17.8]에서의 물음에 답하시오.

a) 기간을 5기 뒤로 이동하여 재정리한 후[4] 식 (17.4)를 이용한다.

$$y_t=-2y_{t-1}-57=\left(11+\frac{57}{1+2}\right)(-2)^t-\frac{57}{1+2}=30(-2)^t-19$$

b) $t=0$일 때 $y_0=11$이고, $t=1$일 때 $y_1=-79$이다. 주어진 정차방정식에 y_{t+5} 대신 y_t를, 그리고 y_{t+4} 대신 y_{t-1}을 대입하면, $-79+2(11)+57=0$이 성립한다.

c) $b=-2$이므로, $b<0$이고 $|b|>1$이므로 y_t는 진동하면서 확산한다.

역자 TIP

4) y_{t+5}를 y_t로 기간 이동을 하면 y_{t+4}는 y_{t-1}이 된다.

17.11 정차방정식이 $8y_{t-2}-2y_{t-3}=120$으로 주어지고 $y_0=28$일 때 [연습문제 17.8]에서의 물음에 답하시오.

a) 정차방정식을 8로 나누고, 기간을 2기 앞으로 이동시킨 후 항을 재정리한다.

$$y_t=\frac{1}{4}y_{t-1}+15=\left(28-\frac{15}{1-\frac{1}{4}}\right)\left(\frac{1}{4}\right)^t+\frac{15}{1-\frac{1}{4}}=8\left(\frac{1}{4}\right)^t+20$$

b) $t=0$일 때 $y_0=28$이고, $t=1$일 때 $y_1=22$이다. 주어진 정차방정식에 y_{t-2} 대신 y_t를, 그리고 y_{t-3} 대신 y_{t-1}을 대입하면 $8(22)-2(28)=120$, 즉 $120=120$으로 등식이 성립한다.

c) $b=1/4$이므로, $b>0$이고 $|b|<1$이므로 y_t는 진동 없이 수렴한다.

17.12 $\Delta g_t=14$일 때 [연습문제 17.8]에서의 물음에 답하시오.

a) Δg_t에 식 (17.1)을 대입하면

$$g_{t+1}-g_t=14 \qquad (17.18)$$

기간을 1기 뒤로 이동시킨 후 정리하면

$$g_t = g_{t-1} + 14$$

식 (17.14a)를 이용하면, $g_t = g_0 + 14t = A + 14t$.

b) $t=0$일 때 $g_0 = A$이고 $t=1$일 때 $g_1 = A+14$이다. g_1과 g_0을 식 (17.18)에 각각 g_{t+1}, g_t 대신 대입한다. $A + 14 - A = 14$.

c) $b=1$이므로 g_t는 진동하지 않는다. 특히 $a = 14 \neq 0$이므로 g_t는 확산한다.

17.13 $\Delta y_t = y_t + 13$이고 $y_0 = 45$일 때 [연습문제 17.8]에서의 물음에 답하시오.

a) 식 (17.1)을 Δy_t에 대입하고 기간을 1기 뒤로 이동시킨 후 재정리한다.

$$y_t = 2y_{t-1} + 13 \tag{17.19}$$

식 (17.4)를 이용하면, $y_t = \left(45 - \dfrac{13}{1-2}\right)(2)^t + \dfrac{13}{1-2} = 58(2)^t - 13$

b) $t=0$일 때 $y_0 = 45$이고, $t=1$일 때 $y_1 = 103$이다. 이를 식 (17.19)에 대입한다.

$$103 = 2(45) + 13,\quad 103 = 103$$

c) $b = 2$로서 $b > 0$과 $|b| > 1$이 되어 y_t는 진동하지 않으면서 발산한다.

▪ 시차를 가진 국민소득결정 모형

17.14 자료가 다음과 같이 주어졌을 때 물음에 답하시오.

$$C_t = 90 + 0.8Y_{t-1} \qquad I_t = 50 \qquad Y_0 = 1200$$

(a) 국민소득 Y_t의 시간경로를 구하시오.
(b) $t=0$과 $t=1$로 설정하고 (a)에 구한 시간경로를 검산하시오.
(c) 시간경로의 안정성에 대해 설명하시오.

a) 균형에서 $Y_t = C_t + I_t$이므로

$$Y_t = 90 + 0.8Y_{t-1} + 50 = 0.8Y_{t-1} + 140 \tag{17.20}$$

식 (17.4)를 이용하면

$$Y_t = \left(1200 - \frac{140}{1-0.8}\right)(0.8)^t + \frac{140}{1-0.8} = 500(0.8)^t + 700$$

b) $Y_0 = 1200$과 $Y_1 = 1100$을 식 (17.20)의 Y_t, Y_{t-1} 대신에 대입한다.

$$1100 = 0.8(1200) + 140 \qquad 1100 = 1100$$

c) $b = 0.8$이므로 $b > 0$이고 $|b| < 1$이다. 따라서 시간경로 Y_t는 진동하지 않으면서 균형국민소득 700에 수렴한다.

17.15 $C_t = 200 + 0.75Y_{t-1}$, $I_t = 50 + 0.15Y_{t-1}$, $Y_0 = 3000$일 때 [연습문제 17.14]에서의 물음에 답하시오.

a)
$$Y_t = 200 + 0.75Y_{t-1} + 50 + 0.15Y_{t-1} = 0.9Y_{t-1} + 250$$

식 (17.4)를 이용하면,

$$Y_t = \left(3000 - \frac{250}{1-0.9}\right)(0.9)^t + \frac{250}{1-0.9} = 500(0.9)^t + 2500$$

b) $Y_0 = 3000$, $Y_1 = 2950$을 위에 Y_t, Y_{t-1} 대신 대입하면

$$2950 = 0.9(3000) + 250 \qquad\qquad 2950 = 2950$$

c) $b = 0.9$이므로 시간경로 Y_t는 진동하지 않으면서 2500에 수렴한다.

17.16 $C_t = 300 + 0.87Y_{t-1}$, $I_t = 150 + 0.13Y_{t-1}$, $Y_0 = 6000$일 때 [연습문제 17.14]에서의 물음에 답하시오.

a)
$$Y_t = 300 + 0.87Y_{t-1} + 150 + 0.13Y_{t-1} = Y_{t-1} + 450 \qquad (17.21)$$

식 (17.4a)를 이용하면, $Y_t = 6000 + 450t$

b) $Y_0 = 6000$; $Y_1 = 6450$. 위의 식 (17.21)에 이를 대입하면 $6450 = 6000 + 450$.

c) $b = 1$이고 $a \neq 0$이므로 Y_t는 진동하지 않으며 확산한다. [연습문제 17.5] 참조.

17.17 $C_t = 0.92Y_{t-1}$, $I_t = 0.08Y_{t-1}$, $Y_0 = 4000$일 때 [연습문제 17.14]에서의 물음에 답하시오.

a)
$$Y_t = 0.92Y_{t-1} + 0.08Y_{t-1} = Y_{t-1}$$

식 (17.4a)를 이용하면, $Y_t = 4000 + 0 = 4000$

b) $Y_0 = 4000 = Y_t$

c) $b = 1$, $a = 0$일 때, Y_t는 정상적 경로(stationary path)를 갖게 된다.

17.18 $C_t = 400 + 0.6Y_t + 0.35Y_{t-1}$, $I_t = 240 + 0.15Y_{t-1}$, $Y_0 = 7000$일 때 [연습문제 17.14]에서의 물음에 답하시오.

a)
$$Y_t = 400 + 0.6Y_t + 0.35Y_{t-1} + 240 + 0.15Y_{t-1}$$
$$0.4Y_t = 0.5Y_{t-1} + 640$$

양변을 0.4로 나누고 식 (17.4)를 이용한다.

$$Y_t = 1.25Y_{t-1} + 1600 = \left(7000 - \frac{1600}{1-1.25}\right)(1.25)^t + \frac{1600}{1-1.25} = 13{,}400(1.25)^t - 6400$$

b) $Y_0 = 7000$, $Y_1 = 10{,}350$. 이를 위의 방정식에 대입하면

$$10{,}350 = 400 + 0.6(10{,}350) + 0.35(7000) + 240 + 0.15(7000) = 10{,}350$$

c) $b = 1{,}25$이므로 시간경로 Y_t는 진동하지 않으면서 확산한다.

17.19 $C_t = 300 + 0.5\,Y_t + 0.4\,Y_{t-1}$, $I_t = 200 + 0.2\,Y_{t-1}$, $Y_0 = 6500$일 때 [연습문제 17.14]에서의 물음에 답하시오.

a) $Y_t = 300 + 0.5\,Y_t + 0.4\,Y_{t-1} + 200 + 0.2\,Y_{t-1}$ $\quad 0.5\,Y_1 = 0.6\,Y_{t-1} + 500$

0.5로 나누고 식 (17.4)를 이용하면

$$Y_t = 1.2Y_{t-1} + 1000 = \left(6500 - \frac{1000}{1-1.2}\right)(1.2)^t + \frac{1000}{1-1.2} = 11{,}500(1.2)^t - 5000$$

b) $Y_0 = 6500$, $Y_1 = 8800$. 이를 위의 방정식에 대입하면

$$8800 = 300 + 0.5(8800) + 0.4(6500) + 200 + 0.2(6500) = 8800$$

c) $b = 1.2$이므로 시간경로 Y_t는 진동하지 않으면서 확산한다.

17.20 $C_t = 200 + 0.5\,Y_t$, $I_t = 3(Y_t - Y_{t-1})$, $Y_0 = 10000$일 때 [연습문제 17.14]에서의 물음에 답하시오.

a)
$$Y_t = 200 + 0.5\,Y_t + 3(Y_t - Y_{t-1})$$
$$-2.5\,Y_t = -3\,Y_{t-1} + 200$$

양변을 −2.5로 나누고 식 (17.4)를 이용하면

$$Y_t = 1.2Y_{t-1} - 80 = \left(10{,}000 - \frac{80}{1-1.2}\right)(1.2)^t - \frac{80}{1-1.2} = 9600(1.2)^t + 400$$

b) $Y_0 = 10{,}000$, $Y_1 = 11{,}920$. 이를 (*a*)의 방정식에 대입하면

$$11{,}920 = 200 + 0.5(11{,}920) + 3(11{,}920 - 10{,}000) = 11{,}920$$

c) $b = 1.2$이므로 시간경로 Y_t는 확산하지만 진동하지는 않는다.

■ 거미집 모형

17.21 아래 주어진 수요, 공급함수에 대해 (*a*) t기에서의 시장가격 P_t와, (*b*) 균형가격 P_e를 구하고, (*c*) 시간경로의 안정성을 확인하시오.

$$Q_{dt} = 180 - 0.75P_t \qquad Q_{st} = -30 + 0.3P_{t-1} \qquad P_0 = 220$$

a) 수요와 공급을 일치시키면

$$180 - 0.75P_t = -30 + 0.3P_{t-1} \tag{17.22}$$

$$-0.75P_t = 0.3P_{t-1} - 210$$

위 식을 -0.75로 나누고 식 (17.4)를 이용하면

$$P_t = -0.4P_{t-1} + 280$$

$$= \left(220 - \frac{280}{1+0.4}\right)(-0.4)^t + \frac{280}{1+0.4} = 20(-0.4)^t + 200 \tag{17.23}$$

b) 시장이 균형에 도달했다면 $P_t = P_{t-1}$이 성립한다.

식 (17.22)의 P_t와 P_{t-1}를 P_e로 치환하면

$$180 - 0.75P_e = -30 + 0.3P_e \qquad P_e = 200$$

이는 식 (17.23)의 우변에 있는 두 번째 항에 해당한다.

c) $b = -0.4$이므로 시간경로 P_t는 진동하면서 수렴한다.

17.22 $t = 0$와 $t = 1$로 설정했을 때, [연습문제 17.21(*a*)]에 대한 해를 검산하시오.

식 (17.23)으로부터 $P_0 = 20(-0.4)^0 + 200 = 220$이고 $P_1 = 20(-0.4) + 200 = 192$.

식 (17.22)의 P_t, P_{t-1}를 P_1, P_0로 치환하면

$$180 - 0.75(192) = -30 + 0.3(220) \qquad 36 = 36$$

17.23 $Q_{dt} = 160 - 0.8P_t$, $Q_{st} = -20 + 0.4P_{t-1}$이고 $P_0 = 153$일 때 [연습문제 17.21]에서의 물음에 답하시오.

a)
$$160 - 0.8P_t = -20 + 0.4P_{t-1} \tag{17.24}$$

$$-0.8P_t = 0.4P_{t-1} - 180$$

양변을 -0.8으로 나누고 식 (17.4)를 이용하면

$$P_t = -0.5P_{t-1} + 225 = \left(153 - \frac{225}{1+0.5}\right)(-0.5)^t + \frac{225}{1+0.5} = 3(-0.5)^t + 150 \tag{17.25}$$

b) [연습문제 17.21(*b*)]에서의 동일한 과정을 통해 $P_e = 150$을 구할 수 있다. (17.5 절 참조)

c) $b = -0.5$이므로 P_t는 진동하면서 150에 수렴한다.

17.24 $t=0$, $t=1$로 설정했을 때, [연습문제 17.23(a)]에 대한 해를 검산하시오.

식 (17.25)에서

$$P_0 = 3(-0.5)^0 + 150 = 153 \qquad P_1 = 3(-0.5) + 150 = 148.5$$

식 (17.24)에 대입하면

$$160 - 0.8(148.5) = -20 + 0.4(153) \qquad 41.2 = 41.2$$

17.25 $Q_{dt} = 220 - 0.4P_t$, $Q_{st} = -30 + 0.6P_{t-1}$, $P_0 = 254$일 때, [연습문제 17.21]에서의 물음에 답하시오.

a)
$$220 - 0.4P_t = -30 + 0.6P_{t-1}$$
$$-0.4P_t = 0.6P_{t-1} - 250$$

-0.4로 나누고 식 (17.4)를 이용하면

$$P_t = -1.5P_{t-1} + 625 = \left(254 - \frac{625}{1+1.5}\right)(-1.5)^t + \frac{625}{1+1.5} = 4(-1.5)^t + 250$$
$$P_e = 250$$

b) $P_e = 250$

c) $b = -1.5$이므로 P_t는 진동하면서 확산한다.

■ **해로드 성장모형**

17.26 아래 주어진 함수에 대해 (a) 임의의 어떤 특정한 기에서의 국민소득 Y_t와, (b) 적정성장률을 구하시오.

$$I_t = 2.66(Y_t - Y_{t-1}) \qquad S_t = 0.16Y_t \qquad Y_0 = 9000$$

a) 균형에서

$$2.66(Y_t - Y_{t-1}) = 0.16Y_t \qquad 2.5Y_t = 2.66Y_{t-1}$$

양변을 2.5로 나누고 식 (17.4)를 이용하면

$$Y_t = 1.064Y_{t-1} = (9000-0)(1.064)^t + 0 = 9000(1.064)^t$$

b) 식 (17.16)에서 적정성장률은 $G_w = \dfrac{0.16}{(2.66-0.16)} = 0.064$

17.27 $I_t = 4.2(Y_t - Y_{t-1})$, $S_t = 0.2Y_t$, $Y_0 = 5600$일 때, [연습문제 17.26]에서의 물음에 답하시오.

a)
$$4.2(Y_t - Y_{t-1}) = 0.2Y_t$$
$$4Y_t = 4.2Y_{t-1}$$
$$Y_t = 1.05Y_{t-1}$$

식 (17.4)를 이용하면, $Y_t = 5600(1.05)^t$.

b)
$$G_w = \frac{0.2}{4.2 - 0.2} = 0.05$$

■ 기타 분야에서의 경제학적 응용

17.28 원금 P_0가 연이자율 i로 t년 동안 연복리로 예금되었을 때, 원리금 P_t를 구하는 공식을 도출하시오.

이자가 매년 복리로 계산될 때

$$P_{t+1} = P_t + iP_t = (1+i)P_t$$

기간을 1기간 뒤로 이동시켜 식 (17.3)의 형태로 만들면

$$P_t = (1+i)P_{t-1}$$

이 되고 $i \neq 0$이므로 식 (17.4)를 이용한다.

$$P_t = (P_0 + 0)(1+i)^t + 0 = P_0(1+i)^t$$

17.29 $Q_{dt} = c + zP_t$, $Q_{st} = g + hP_t$이고

$$P_{t+1} = P_t - a(Q_{st} - Q_{dt}) \tag{17.26}$$

라고 가정한다. 즉, 가격이 더 이상 수요와 공급의 일치에 의해 결정되는 것이 아니라 재고량 $(Q_{st} - Q_{dt})$에 의해 결정된다고 본다. 또한 재고의 증가($Q_{st} > Q_{dt}$)는 가격을 하락시키고, 재고의 감소($Q_{st} < Q_{dt}$)는 가격을 상승시키는 경향이 있으므로 $a > 0$이라고 가정한다.

(a) t기의 가격 P_t를 구하시오.

(b) 시간경로의 안정성 조건에 대해 설명하시오.

a) Q_{st}, Q_{dt}를 식 (17.26)에 대입한다.

$$P_{t+1} = P_t - a(g + hP_t - c - zP_t)$$
$$= [1 - a(h-z)]P_t - a(g-c) = [1 + a(z-h)]P_t - a(g-c)$$

기간을 1기간 뒤로 이동시켜 식 (17.3)의 형태로 변형한 후, 식 (17.4)를 이용한다.

$$P_t = \left\{P_0 + \frac{a(g-c)}{1-[1+a(z-h)]}\right\}[1+a(z-h)]^t - \frac{a(g-c)}{1-[1+a(z-h)]}$$
$$= \left(P_0 - \frac{g-c}{z-h}\right)[1+a(z-h)]^t + \frac{g-c}{z-h} \tag{17.27}$$

식 (17.13a)에서와 같은 동일한 과정을 거치면

$$P_t = (P_0 - P_e)[1 + a(z-h)]^t + P_e \qquad (17.28)$$

b) 시간경로의 안정성은 $b = 1 + a(z-h)$에 달려 있다. $a > 0$이고 정상적인 수요, 공급조건하에서 $z < 0$, $h > 0$이므로 $a(z-h) < 0$이 된다. 따라서

$0 < \lvert a(z-h) \rvert < 1$인 경우	$0 < b < 1$;	P_t는 수렴하며 진동하지 않는다.
$a(z-h) = -1$인 경우	$b = 0$;	P_t는 균형상태에 있다($P_t = P_0$).
$-2 < a(z-h) < -1$인 경우	$-1 < b < 0$;	P_t는 수렴하며 진동한다.
$a(z-h) = -2$인 경우	$b = -1$;	동일한 진폭을 가진 진동을 한다.
$a(z-h) < -2$인 경우	$b < -1$;	P_t는 진동하면서 확산한다.

17.30 아래 주어진 함수에 대해 다음 물음에 답하시오.

$$Q_{dt} = 120 - 0.5P_t \qquad Q_{st} = -30 + 0.3P_t$$
$$P_{t+1} = P_t - 0.2(Q_{st} - Q_{dt}) \qquad P_0 = 200$$

(a) t기의 가격 P_t를 구하시오.

(b) $t = 0$, $t = 1$인 경우, (a)에서 구한 해를 검산하시오.

(c) 안정성 조건에 대해 설명하시오.

a) Q_{dt}와 Q_{st}를 대입하면

$$P_{t+1} = P_t - 0.2(-30 + 0.3P_t - 120 + 0.5P_t) = 0.84P_t + 30$$

기간을 1기간 뒤로 이동시킨 후, 식 (17.4)를 이용한다.

$$P_t = 0.84P_{t-1} + 30 = \left(200 - \frac{30}{1-0.84}\right)(0.84)^t + \frac{30}{1-0.84} = 12.5(0.84)^t + 187.5$$

b) $P_0 = 200$; $P_1 = 198$. 이를 (a)의 첫 번째 방정식에 대입하면

$$198 = 200 - 0.2[-30 + 0.3(200) - 120 + 0.5(200)] = 198$$

c) $b = 0.84$이므로 P_t는 진동없이 187.5로 수렴한다.

▪ 정차방정식에 대한 위상도

17.31 (a) 아래 주어진 비선형정차방정식에 대한 위상도를 작성하시오.

(b) 위상도를 이용하여 동태적 안정성을 검정하시오.

(c) 위에서 구한 결과를 도함수검정으로 확인하시오.

$$y_t = y_{t-1}^3$$

a) $y_t = y_{t-1} = \bar{y}$를 시점간 균형해로 설정하면

$$\bar{y} = \bar{y}^3$$

$$\bar{y}(1-\bar{y}^2) = 0$$

$$\bar{y}_1 = 0 \qquad \bar{y}_2 = 1 \qquad \text{시점간 균형해}$$

위상도는 $y=0$과 $y=1$일 때 45° 선과 만난다. 다음에 1차 및 2차도함수를 구하여 위상선(phase line)에 대한 기울기와 오목성을 결정한다.

$$\frac{dy_t}{dy_{t-1}} = 3y_{t-1}^2 > 0 \qquad \text{양의 기울기}$$

$$\frac{d^2y_t}{dy_{t-1}^2} = 6y_{t-1} > 0 \qquad \text{볼록}$$

위에서 얻은 결과를 이용하여 [그림 17-3]의 위상도를 작성한다.

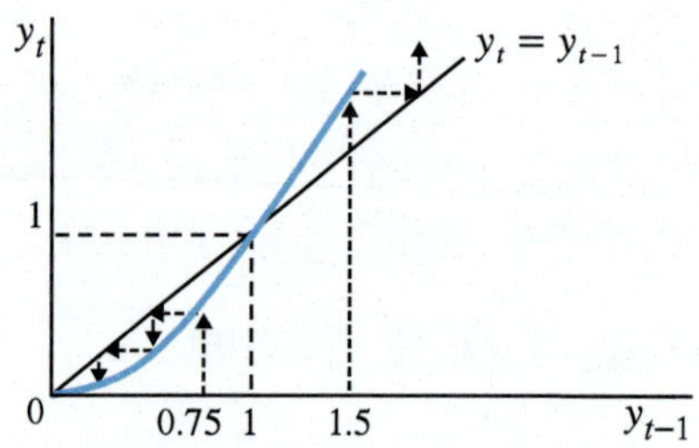

[그림 17-3] $y_t = y_{t-1}^3$의 위상도

b) $y_t = 0.75$에서 시작하면, 점선으로 표시된 방향으로 움직이기 때문에 함수는 $\bar{y}_1 = 0$으로 수렴하며, $\bar{y}_2 = 1$로부터는 멀어진다. 또한 $y_t = 1.5$에서 시작하면 함수는 $\bar{y}_2 = 1$로부터 멀어진다. 따라서 $\bar{y}_2 = 1$은 왼쪽과 오른쪽 어느 쪽에서 시작하든 $\bar{y}_2 = 1$에서 멀어지게 되어 불안정적 균형이 된다. 그러나 $\bar{y}_1 = 0$은 y_t가 양의 값에서 시작할 때 $\bar{y}_1 = 0$에 수렴하므로 안정적 균형이 된다.

c) 주어진 정차방정식의 1차도함수를 구하고, 정상상태 해에서의 도함수 값을 계산하면 위상도에 의존하지 않고 안정성 조건을 검정할 수 있다.

$$\frac{dy_t}{dy_{t-1}} = 3y_{t-1}^2$$

$$\left|\frac{dy_t}{dy_{t-1}}(0)\right| = 3(0) = 0 < 1 \qquad \text{국소적으로 안정적}$$

$$\left|\frac{dy_t}{dy_{t-1}}(1)\right| = |3| > 1 \qquad \text{국소적으로 불안정적}$$

$\bar{y}_1 = 0$, $\bar{y}_2 = 1$에서 도함수는 비음(non-negatiue)이므로, 어떤 진동도 하지 않는다.

17.32 아래 비선형정차방정식에 대해 [연습문제 17.31]에서의 물음에 답하시오

$$y_t = y_{t-1}^{-0.25} = \frac{1}{\sqrt[4]{y_{t-1}}}$$

a) $y_t = y_{t-1} = \bar{y}$를 시점간 균형해로 설정하고, 이를 위에 대입하면

$$\bar{y} = \bar{y}^{-0.25}$$
$$\bar{y} - \bar{y}^{-0.25} = 0$$
$$\bar{y}(1 - \bar{y}^{-1.25}) = 0$$
$$\bar{y} = 0 \qquad \bar{y} = 1$$

$\bar{y} = 0$은 $\bar{y}^{-0.25}$에서 정의되지 않기 때문에 오직 하나의 시점간 균형 $\bar{y} = 1$만 존재한다.

주어진 정차방정식의 도함수를 구하면

$$\frac{dy_t}{dy_{t-1}} = -0.25y_{t-1}^{-1.25} = \frac{-0.25}{y_{t-1}^{1.25}} < 0 \qquad \text{음의 기울기}$$

$$\frac{d^2y_t}{dy_{t-1}^2} = 0.3125y_{t-1}^{-2.25} > 0 \qquad \text{볼록}$$

위의 결과를 이용하면 [그림 17-4]의 위상도를 그릴 수 있다.

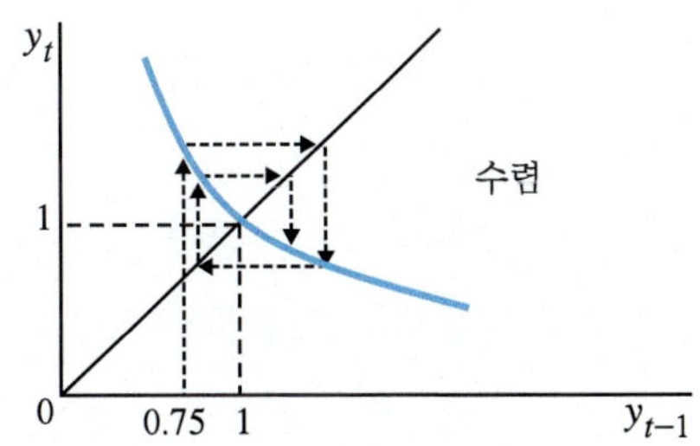

[그림 17-4] $y_t = y_{t-1}^{-0.25}$의 위상도

b) $y_{t-1} = 0.75$와 같이 1보다 작은 값에서 시작하면, 함수는 1보다 큰 값과 작은 값 사이를 진동하면서 $\bar{y} = 1$에 수렴한다. 1보다 큰 값에서 시작하더라도 동일한 결과를 얻는다.

c) 도함수를 구하고, 정상상태 균형해에서의 도함수 절대값을 계산한다.

$$\frac{dy_t}{dy_{t-1}} = -0.25y_{t-1}^{-1.25}$$

$$\left|\frac{dy_t}{dy_{t-1}}(1)\right| = |-0.25(1)| < 1 \qquad \text{국소적으로 안정적}$$

$$\frac{dy_t}{dy_{t-1}}(1) = -0.25(1) < 0 \qquad \text{진동}$$

17.33 아래 정차방정식에 대해 [연습문제 17.31]에서의 물음에 답하시오

$$y_t = y_{t-1}^{-1.5}$$

a) 시점간 균형해는 $\bar{y} = 1$

$$\frac{dy_t}{dy_{t-1}} = -1.5y_{t-1}^{-2.5} < 0 \qquad \text{음의 기울기}$$

$$\frac{d^2y_t}{dy_{t-1}^2} = 3.75y_{t-1}^{-3.5} > 0 \qquad \text{볼록}$$

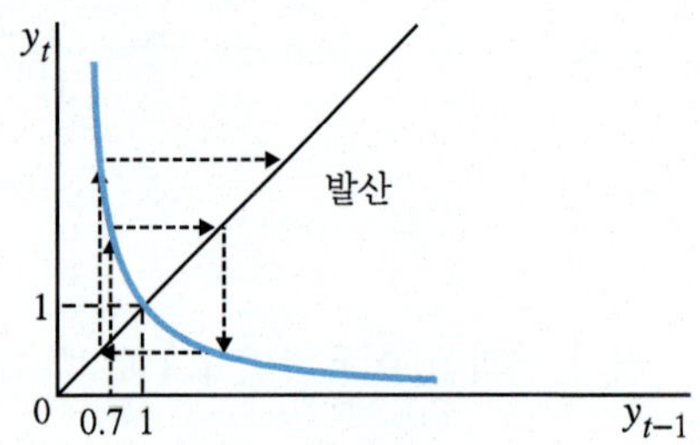

[그림 17-5] $y_t = y_{t-1}^{-1.5}$의 위상도

b) $y_{t-1} = 0.7$과 같이 1보다 작은 값에서 시작하면, 함수는 1보다 큰 값과 작은 값 사이를 진동하면서 발산한다. 그리고 궁극적으로 $\bar{y} = 1$에서 이탈한다.

c) 도함수를 통해 동태적 안정성을 확인한다.

$$\left|\frac{dy_t}{dy_{t-1}}(1)\right| = |-1.5| > 1 \qquad \text{국소적으로 불안정적}$$

$$\frac{dy_t}{dy_{t-1}}(1) = -1.5 < 0 \qquad \text{진동}$$

18장

2계 미분방정식과 2계 정차방정식

18.1 2계 미분방정식

2계 미분방정식은 보조함수(complementary function) y_c와 특수적분(particular integer) y_p로 해가 분리되며, 일반해(general solution)는 이들 두 해의 합, 즉 $y(t) = y_c + y_p$으로 이루어진다.

2계 선형미분방정식이 아래와 같이 주어지고

$$y''(t) + b_1 y'(t) + b_2 y(t) = a \tag{18.1}$$

여기서 b_1, b_2, a는 상수일 때 특수적분은

$$y_p = \frac{a}{b_2} \qquad b_2 \neq 0 \tag{18.2}$$

$$y_p = \frac{a}{b_1}t \qquad b_2 = 0 \qquad b_1 \neq 0 \tag{18.2a}$$

$$y_p = \frac{a}{2}t^2 \qquad b_1 = b_2 = 0 \tag{18.2b}$$

이 되며, 보조함수는

$$y_c = y_1 + y_2 \tag{18.3}$$

여기서

$$y_1 = A_1 e^{r_1 t} \tag{18.3a}$$

$$y_2 = A_2 e^{r_2 t} \tag{18.3b}$$

그리고

$$r_1, r_2 = \frac{-b_1 \pm \sqrt{b_1^2 - 4b_2}}{2} \tag{18.4}$$

또한 A_1, A_2는 임의의 상수이며 $b_1^2 \neq 4b_2$이다. 여기서 식 (18.4)의 r_1, r_2는 특성근

(characteristic root)[1]으로서 특성방정식(characteristic equation 또는 auxiliary equation) $r^2+b_1r+b_2=0$에 대한 해이다. [예제 1-4]와 [연습문제 18.1-18.11] 참조.

역자 TIP

1) 아이겐 값(eigenvalue) 또는 잠재값(latent value)이라고도 한다.

예제 1 다음 각 방정식에 대한 특수적분은 아래와 같이 구할 수 있다.

(1) $y''(t)-5y'(t)+4y(t)=2$ (2) $y''(t)+3y'(t)=12$ (3) $y''(t)=16$

(1) 식 (18.2)를 이용하면,
$$y_p=\frac{2}{4}=\frac{1}{2} \tag{18.5}$$

(2) 식 (18.2a)를 이용하면
$$y_p=\frac{12}{3}t=4t \tag{18.5a}$$

(3) 식 (18.2b)를 이용하면
$$y_p=\frac{16}{2}t^2=8t^2 \tag{18.5b}$$

예제 2 [예제 1]에서 방정식 (1)과 (2)에 대한 보조함수는 다음과 같이 구할 수 있다. 방정식 (3)은 [예제 9]에서 다룰 것이다.

(1)의 경우 식 (18.4)로부터

$$r_1, r_2=\frac{+5\pm\sqrt{(-5)^2-4(4)}}{2}=\frac{5\pm 3}{2}=1, 4$$

이를 식 (18.3a)와 (18.3b)에 대입하고 식 (18.3)에 따라 보조함수를 구성한다.

$$y_c=A_1e^t+A_2e^{4t} \tag{18.6}$$

(2)의 경우 $$r_1, r_2=\frac{-3\pm\sqrt{(3)^2-4(0)}}{2}=\frac{-3\pm 3}{2}=0, -3$$

따라서
$$y_c=A_1e^0+A_2e^{-3t}=A_1+A_2e^{-3t} \tag{18.6a}$$

예제 3 미분방정식의 일반해는 보조함수와 특수적분(16.2절 참조)에 의해 이루어진다. 즉 $y(t)=y_c+y_p$. [예제 1]에 있는 방정식에 대한 일반해를 구하면

(1)의 경우 식 (18.6)과 (18.5)로부터,
$$y(t)=A_1e^t+A_2e^{4t}+\frac{1}{2} \tag{18.7}$$

(2)의 경우 식 (18.6a)과 (18.5a)로부터,
$$y(t)=A_1+A_2e^{-3t}+4t \tag{18.7a}$$

예제 4 [예제 3]에서 일 때 $y(0)=5\frac{1}{2}$, $y'(0)=11$ 방정식 (1)에 대한 확정해는 다음과 같이 구한다.

식 (18.7)에서

$$y(t) = A_1e^t + A_2e^{4t} + \frac{1}{2} \tag{18.8}$$

따라서
$$y'(t) = A_1e^t + 4A_2e^{4t} \tag{18.8a}$$

$t = 0$일 때 식 (18.8)과 (18.8a)를 계산하고, 주어진 초기조건에 따라 $y(0) = 5\frac{1}{2}$, $y'(0) = 11$을 적용하면

$$y(0) = A_1e^0 + A_2e^{4(0)} + \tfrac{1}{2} = 5\tfrac{1}{2} \qquad \text{따라서} \qquad A_1 + A_2 = 5$$

$$y'(0) = A_1e^0 + 4A_2e^{4(0)} = 11 \qquad \text{따라서} \qquad A_1 + 4A_2 = 11$$

A_1, A_2에 대한 연립방정식을 풀면 $A_1 = 3$과 $A_2 = 2$가 되고, 이를 식 (18.7)에 대입하면

$$y(t) = 3e^t + 2e^{4t} + \frac{1}{2} \tag{18.9}$$

의 확정해를 구할 수 있다. 이를 검산하기 위해 식 (18.9)를 t로 미분하면

$$y'(t) = 3e^t + 8e^{4t} \qquad y''(t) = 3e^t + 32e^{4t}$$

[예제 1]의 방정식 (1)에 대입하면

$$(3e^t + 32e^{4t}) - 5(3e^t + 8e^{4t}) + 4(3e^t + 2e^{4t} + \frac{1}{2}) = 2$$

18.2 2계 정차방정식

2계 정차방정식의 일반해는 보조함수와 특수해로 구성된다: $y(t) = y_c + y_p$.
2계 선형정차방정식이

$$y_t + b_1y_{t-1} + b_2y_{t-2} = a \tag{18.10}$$

로 주어지고, b_1, b_2, a가 상수일 때 특수해는 다음과 같이 주어진다.

$$y_p = \frac{a}{1 + b_1 + b_2} \qquad b_1 + b_2 \neq -1 \tag{18.11}$$

$$y_p = \frac{a}{2 + b_1}t \qquad b_1 + b_2 = -1 \qquad b_1 \neq -2 \tag{18.11a}$$

$$y_p = \frac{a}{2}t^2 \qquad b_1 + b_2 = -1 \qquad b_1 = -2 \tag{18.11b}$$

또한 보조함수는

$$y_c = A_1 r_1^t + A_2 r_2^t \tag{18.12}$$

이 된다. 여기서 A_1, A_2는 임의의 상수이며 특성근 r_1과 r_2는 $b_1^2 \neq 4b_2$인 경우 식 (18.4)를 이용하여 구할 수 있다. [예제 5-8]과 [연습문제 18.12-18.20] 참조.

예제 5 다음 각 정차방정식에 대한 특수해는 다음과 같이 구한다.

1) $y_t - 10y_{t-1} + 16y_{t-2} = 14$ 2) $y_t - 6y_{t-1} + 5y_{t-2} = 12$ 3) $y_t - 2y_{t-1} + y_{t-2} = 8$

(1)의 경우, 식 (18.11)을 이용하면,

$$y_p = \frac{14}{1-10+16} = 2 \tag{18.13}$$

(2)의 경우, 식 (18.11a)를 이용하면,

$$y_p = \frac{12}{2-6}t = -3t \tag{18.13a}$$

(3)의 경우, 식 (18.11b)를 이용하면,

$$y_p = \tfrac{8}{2}t^2 = 4t^2 \tag{18.13b}$$

예제 6 [예제 5]에서 (1)과 (2)의 경우, 보조함수는 다음과 같이 구한다. (3)의 경우는 [예제 9]에서 다루고 있다.

(1)의 경우, 식 (18.4)를 이용하여 r_1, r_2를 구하고 이를 식 (18.12)에 대입한다.

$$r_1, r_2 = \frac{10 \pm \sqrt{100-4(16)}}{2} = \frac{10 \pm 6}{2} = 2, 8$$

따라서

$$y_c = A_1(2)^t + A_2(8)^t \tag{18.14}$$

(2)의 경우,

$$r_1, r_2 = \frac{6 \pm \sqrt{36-4(5)}}{2} = \frac{6 \pm 4}{2} = 1, 5$$

따라서

$$y_c = A_1(1)^t + A_2(5)^t = A_1 + A_2(5)^t \tag{18.14a}$$

예제 7 [예제 5]의 (1)과 (2)에 대한 일반해는 다음과 같이 구한다.

(1)의 경우, $y(t) = y_c + y_p$이므로, 식 (18.14)와 (18.13)으로부터

$$y(t) = A_1(2)^t + A_2(8)^t + 2 \tag{18.15}$$

(2)의 경우, 식 (18.14a)와 (18.13a)로부터

$$y(t) = A_1 + A_2(5)^t - 3t \tag{18.15a}$$

예제 8 $y(0)=10$이고 $y(1)=36$이면 [예제 7]의 (1)에 대한 확정해는 다음과 같이 구한다.

식 (18.15)에서 차례로 $t=0$, $t=1$이라 하면,

$$y(0) = A_1(2)^0 + A_2(8)^0 + 2 = A_1 + A_2 + 2 \qquad y(1) = A_1(2) + A_2(8) + 2 = 2A_1 + 8A_2 + 2$$

주어진 초기조건에서 $y(0)=10$, $y(1)=36$이므로

$$\begin{aligned} A_1 + \ \ A_2 + 2 &= 10 \\ 2A_1 + 8A_2 + 2 &= 36 \end{aligned}$$

위의 연립방정식을 풀면, $A_1=5$, $A_2=3$이다. 끝으로 이를 식 (18.15)에 대입하면,

$$y(t) = 5(2)^t + 3(8)^t + 2 \tag{18.16}$$

위에서 구한 확정해는, $t=0$, $t=1$, $t=2$일 때 식 (18.16)의 값을 계산함으로써 검산할 수 있다.

$$y(0) = 5 + 3 + 2 = 10 \qquad y(1) = 10 + 24 + 2 = 36 \qquad y(2) = 20 + 192 + 2 = 214$$

[예제 5]의 (1)에서 주어진 방정식 $y_t - 10y_{t-1} + 16y_{t-2} = 14$에서 y_t, y_{t-1}, y_{t-2} 대신 $y(2)$, $y(1)$, $y(0)$로 치환하면, $214 - 10(36) + 16(10) = 14$가 된다.

18.3 특성근(characteristic roots)

특성방정식(characteristic equation)은 다음 세 가지 형태의 근을 가질 수 있다.

1. 두 개의 서로 다른 실근

   $b_1^2 - 4b_2 > 0$인 경우, 식 (18.4)의 $\sqrt{b_1^2 - 4b_2}$는 실수가 되어, r_1, r_2는 식 (18.6)과 (18.6a)에서처럼 서로 다른 실수가 될 것이다.

2. 중근

   $b_1^2 - 4b_2 = 0$일 때, 식 (18.4)의 $\sqrt{b_1^2 - 4b_2}$는 0이 되어, r_1, r_2는 동일한 값을 가진 실수가 된다. 중근의 경우 식 (18.3)과 (18.12)에서 보조함수 y_c에 대한 공식은 다음과 같이 변형된다.

$$y_c = A_1 e^{rt} + A_2 t e^{rt} \tag{18.17}$$

$$y_c = A_1 r^t + A_2 t r^t \tag{18.18}$$

3. 허근

   $b_1^2 - 4b_2 < 0$인 경우, 식 (18.4)의 $\sqrt{b_1^2 - 4b_2}$는 허수(imaginary number)가 되어, r_1, r_2는 복소수(complex number)가 된다. 복소수는 실수 부분과 허수 부분으로 구성되

는데, 예를 들어 $(12+i)$는 실수 12와 허수 i로 구성된 복소수이다(여기서 $i=\sqrt{-1}$).

$y''(t)$의 계수가 1인 경우, 식 (18.4)를 이용하여 해를 검산하는 간단한 방법은, r_1+r_2가 $-b_1$과 일치하고 $r_1\times r_2$가 b_2와 일치하는가를 확인하면 된다.

예제 9 [예제 1]의 (3)에서 주어진 미분방정식 $y''(t)=16$에 대한 보조함수는 다음과 같이 구한다.

식 (8.4)로부터

$$r_1, r_2 = \frac{0 \pm \sqrt{0-4(0)}}{2} = 0$$

$r_1=r_2=0$으로서 중근이므로 식 (18.17)을 이용하면, $y_c = A_1e^0 + A_2te^0 = A_1 + A_2t$.

[예제 5]의 (3)에 있는 미분방정식 $y_t - 2y_{t-1} + y_{t-2} = 8$에 대한 보조함수는 다음과 같이 구한다. 식 (18.4)에서

$$r_1, r_2 = \frac{2 \pm \sqrt{4-4(1)}}{2} = \frac{2 \pm 0}{2} = 1$$

$r_1=r_2=1$로서 중근이므로 식 (18.18)을 이용하면,

$$y_c = A_1(1)^t + A_2t(1)^t = A_1 + A_2t$$

18.4 켤레복소수

식 (18.4)에서 $b_1^2 < 4b_2$인 경우, $\sqrt{b_1^2-4b_2}$를 $\sqrt{-1}$로 인수분해하면

$$r_1, r_2 = \frac{-b_1 \pm \sqrt{-1}\sqrt{4b_2-b_1^2}}{2} = \frac{-b_1 \pm i\sqrt{4b_2-b_1^2}}{2}$$

여기서 $g=-\frac{1}{2}b_1$, $h=\frac{1}{2}\sqrt{4b_2-b_1^2}$이라 하면

$$r_1, r_2 = g \pm hi \tag{18.19}$$

로 간단히 나타낼 수 있다.

이 때 g와 hi는 항상 결합되어 나타나므로 $g \pm hi$를 켤레복소수(conjugate complex number)라고 한다. 식 (18.19)를 식 (18.3)과 (18.12)에 대입하면,

$$y_c = A_1e^{(g+hi)t} + A_2e^{(g-hi)t} = e^{gt}(A_1e^{hit} + A_2e^{-hit}) \tag{18.20}$$

$$y_c = A_1(g+hi)^t + A_2(g-hi)^t \tag{18.21}$$

[예제 10]과 [연습문제 16.28-18.35] 참조.

예제 10 $y''(t)+2y'(t)+5y(t)=18$에 대한 보조함수는 다음과 같이 구할 수 있다. $b_1^2 < 4b_2$이므로 식 (18.19)를 이용한다.

$$g=-\frac{1}{2}(2)=-1 \qquad h=\frac{1}{2}\sqrt{4(5)-(2)^2}=\frac{1}{2}(4)=2$$

따라서 $r_1, r_2=-1\pm 2i$이다. 식 (18.20)에 대입하면,

$$y_c=e^{-t}(A_1e^{2it}+A_2e^{-2it})$$

18.5 삼각함수

삼각함수는 복소수와 관련하여 사용될 때가 자주 있다. [그림 18-1]에서처럼 반경 k를 가진 원의 중심에서 시계 반대방향으로 각도 θ가 주어진 경우, θ의 삼각함수는 다음과 같다.

$$\text{sine}\,(\sin)\,\theta=\frac{h}{k} \qquad \text{cosine}\,(\cos)\,\theta=\frac{g}{k}$$
$$\text{tangent}\,(\tan)\,\theta=\frac{h}{g} \qquad \text{cotangent}\,(\cot)\,\theta=\frac{g}{h}$$
$$\text{secant}\,(\sec)\,\theta=\frac{k}{g} \qquad \text{cosecant}\,(\csc)\,\theta=\frac{k}{h}$$

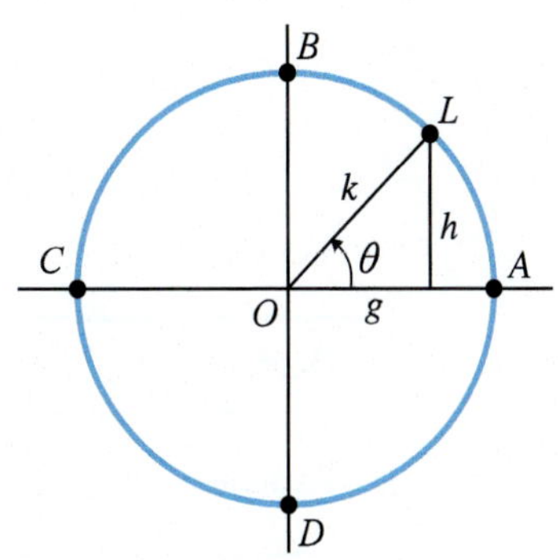

[그림 18-1]

네 개의 각 상한(quadrant)에서 삼각함수 부호는 다음과 같다.

+ | +	− | +	− | +
− | −	− | +	+ | −
sin, csc	cos, sec	tan, cot

각도 θ는 자주 '라디안'(radian)으로 측정되기도 한다. 하나의 원에 대응하는 원주는 2π 라디안에 해당하기 때문에 $1° = \pi/180$(라디안)이 된다[2]. 따라서 $360° = 2\pi$(라디안), $180° = \pi$(라디안), $90° = \pi/2$(라디안) 그리고 $45° = \pi/4$(라디안)이다.

역자 TIP

2) 반경이 $r = 1$인 원주는 2π가 되고 이는 각도로는 360°에 해당한다. 이로부터 $360° = 2\pi$(radian)이 되고 양변을 360으로 나누면 $1° = \pi/180$(radian)이 된다. 즉 각도 1°는 $\pi/180$ 라디안이다.

예제 11 [그림 18-1]에서 반경 OL이 A에서 출발하여 시계 반대방향으로 360° 회전하는 경우, $\sin\theta = h/k$는 A점에서 0, B점에서 1, C점에서 0, D점에서 −1, 그리고 A점에서 다시 0으로 돌아온다. $\cos\theta = g/k$는 A점에서 1, B점에서 0, C점에서 −1, D점에서 0, 그리고 A점에서 다시 1로 돌아온다. 이는 [표 18-1]에 요약되어 있으며 [그림 18-2]에 그래프가 그려져 있다.

이상의 두 함수는 2π의 주기를 가진 주기함수(periodic function)에 해당한다. 즉 이들 주기함수는 360°또는 2π 라디안을 주기로 반복한다. 이들 함수는 또한 1의 진폭을 갖는데 단지 정점이 되는 위치만 다를 뿐이다.

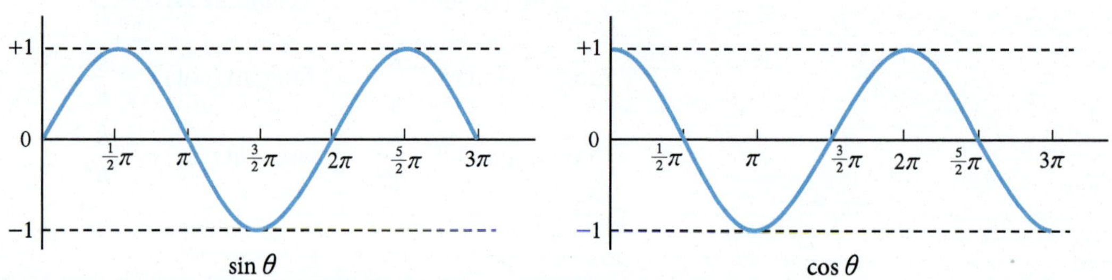

(각)도

[그림 18-2]

라디안

[표 18-1]

Degrees	0	90	180	270	360
Radians	0	$\frac{\pi}{2}$	π	$\frac{3}{2}\pi$	2π
$\sin\theta$	0	1	0	−1	0
$\cos\theta$	1	0	−1	0	1

18.6 삼각함수의 도함수

u가 x에 대한 미분가능한 함수라고 할 때, 삼각함수의 도함수는 아래의 공식에 따라 구할 수 있다.

1) $\dfrac{d}{dx}(\sin u) = \cos u \dfrac{du}{dx}$　　4) $\dfrac{d}{dx}(\cot u) = -\csc^2 u \dfrac{du}{dx}$

2) $\dfrac{d}{dx}(\cos u) = -\sin u \dfrac{du}{dx}$　　5) $\dfrac{d}{dx}(\sec u) = \sec u \tan u \dfrac{du}{dx}$

3) $\dfrac{d}{dx}(\tan u) = \sec^2 u \dfrac{du}{dx}$　　6) $\dfrac{d}{dx}(\csc u) = -\csc u \cot u \dfrac{du}{dx}$

[예제 12]와 [연습문제 18.21-18.27] 참조.

예제 12 아래 삼각함수에 대한 도함수를 구하면 다음과 같다.

1) $y = \sin(3x^2+6)$　　2) $y = 4\cos 2x$　　3) $y = (1+\tan x)^2$

1) $\dfrac{dy}{dx} = 6x\cos(3x^2+6)$

2) $\dfrac{dy}{dx} = -8\sin 2x$

3) $\dfrac{dy}{dx} = 2(1+\tan x)(\sec^2 x) = 2\sec^2 x(1+\tan x)$

18.7 허수와 복소수의 변환

허수와 복소수를 삼각함수로 변환시키기 위해 아래의 세 법칙을 이용하면 매우 유용하다.

1. [그림 18-1]에서 직교좌표(Cartesian coordinates)인 g와 h를 아래의 간단한 법칙에 따라 극좌표(polar coordinates)라 불리는 θ와 k로 나타낼 수 있다.

$$g = k\cos\theta \qquad h = k\sin\theta \qquad k > 0$$

따라서 결레복소수 $(g \pm hi)$를 극좌표로 표시하면

$$g \pm hi = k\cos\theta \pm ik\sin\theta = k(\cos\theta \pm i\sin\theta) \tag{18.22}$$

2. 오일러의 관계식(Euler relations)에 의하면

$$e^{\pm i\theta} = \cos\theta \pm i\sin\theta \tag{18.23}$$

가 성립하므로, 식 (18.23)을 식 (28.22)에 대입하면 $(g \pm hi)$는 다음과 같이 표시할

수 있다.

$$g \pm hi = ke^{\pm i\theta} \tag{18.23a}$$

3. 식 (18.23a)에서 켤레복소수를 n승 하면

$$(g \pm hi)^n = (ke^{\pm i\theta})^n = k^n e^{\pm in\theta} \tag{18.24}$$

또는 식 (18.23)을 이용하여 $n\theta$를 θ라 간주하여 대체하는 경우, 드 므와브르 정리를 도출할 수 있다.

$$(g \pm hi)^n = k^n(\cos n\theta \pm i \sin n\theta) \tag{18.25}$$

[예제 13-15]와 [연습문제 18.28-18.35] 참조.

예제 13 허수 지수함수인 $e^{2i\pi}$의 값은 다음과 같이 구한다. 식 (18.23)을 이용하면 $\theta = 2\pi$이므로

$$e^{2i\pi} = \cos 2\pi + i \sin 2\pi$$

[표 18-1]로부터 $\cos 2\pi = 1$, $\sin 2\pi = 0$이므로 $e^{2i\pi} = 1 + i(0) = 1$이다.

예제 14 식 (18.20)과 식 (18.21)에 나타난 허수의 지수부분은 아래와 같이 삼각함수로 변형시킬 수 있다.

식 (18.20)으로부터 $y_c = e^{gt}(A_1 e^{hit} + A_2 e^{-hit})$. 식 (18.23)을 이용하면 $\theta = ht$에 해당하므로,

$$\begin{aligned} y_c &= e^{gt}[A_1(\cos ht + i \sin ht) + A_2(\cos ht - i \sin ht)] \\ &= e^{gt}[(A_1 + A_2)\cos ht + (A_1 - A_2) i \sin ht] \\ &= e^{gt}(B_1 \cos ht + B_2 \sin ht) \end{aligned} \tag{18.26}$$

여기서 $B_1 = A_1 + A_2$, $B_2 = (A_1 - A_2)i$.

식 (18.21)로부터, $y_c = A_1(g + hi)^t + A_2(g - hi)^t$. 식 (18.25)를 이용하여 n 대신 t를 대입한다.

$$\begin{aligned} y_c &= A_1 k^t(\cos t\theta + i \sin t\theta) + A_2 k^t(\cos t\theta - i \sin t\theta) \\ &= k^t[(A_1 + A_2)\cos t\theta + (A_1 - A_2) i \sin t\theta] \\ &= k^t(B_1 \cos t\theta + B_2 \sin t\theta) \end{aligned} \tag{18.27}$$

여기서 $B_1 = A_1 + A_2$, $B_2 = (A_1 - A_2)i$.

예제 15 식 (18.26)과 식 (18.27)의 시간경로는 다음과 같이 구한다.

식 (18.26)에 있는 각각의 항을 살펴보면

1. $(B_1 \cos ht)$는 $\dfrac{2\pi}{h}$의 주기와 B_1의 진폭을 가진 t에 대한 cos 함수이다.
2. $(B_2 \sin ht)$는 $\dfrac{2\pi}{h}$의 주기와 B_2의 진폭을 가진 t에 대한 sin 함수이다.

3. $(B_1 \cos ht)$와 $(B_2 \sin ht)$는 일정하게 진동하기 때문에 안정성은 e^{gt}에 달려 있다.

$g > 0$인 경우, e^{gt}은 t가 증가함에 따라 더 크게 증가한다. 이는 진폭을 증대시켜 y_c의 확산적인 진동을 유발하여 수렴현상을 막는다.

$g = 0$인 경우, $e^{gt} = 1$이 되어 y_c는 cos과 sin 함수에 의해 결정된 모양의 진동을 한다. 이 역시 수렴현상을 막는다.

$g < 0$인 경우, e^{gt}은 t가 증가함에 따라 0에 수렴한다. 이는 진폭을 감소시킴으로써 수렴현상을 유발하게 된다. [그림 18-3] 참조.

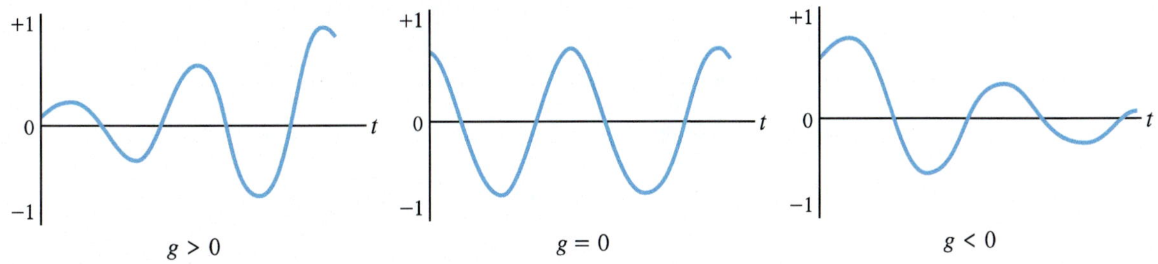

[그림 18-3] $y_c(t)$의 시간경로

식 (18.27)은 t가 이산적 구간에 따라 변하는 정차방정식을 나타내고 있기 때문에, y_c는 연속함수가 아닌 계단함수(step function)에 해당한다([그림 17-1] 참조). 이 계단함수 역시 식 (18.26)과 같이 진동하는데 안정성은 k^t에 의존한다. $|k| < 1$이면 y_c는 수렴할 것이다. 이와 관련해서는 [연습문제 18.8-18.11, 18.18-18.20, 18.31-18.35] 참조.

18.8 안정성 조건

2계 선형미분방정식이 서로 다른 실근 또는 중근을 가지는 경우, 수렴을 위해서는 이들 근이 음이 되어야만 한다. 만약 이들 두 근 중 하나가 양인 경우, 양의 근을 가진 지수항은 t가 무한대로 커짐에 따라 같이 무한대로 증가하게 되어 수렴현상을 막는 결과를 가져온다. ([연습문제 18.8-18.11] 참조).

복소수 근의 경우, 식 (18.26)의 e^{gt}에서 g는, [예제 15]에서 언급한 바와 같이 음이 되어야 수렴현상을 보이게 된다.

서로 다른 실근이나 중근을 가진 2계 선형정차방정식에 있어서 가장 큰 절대값을 가진 근을 지배근(dominant root)이라고 하는데, 이는 이 근이 시간경로를 지배하기 때문에 붙여진 이름이다. 시간경로가 수렴하기 위해서는 지배근의 절대값이 1보다 작아야한다. ([연습문제 18.18-18.20] 참조)

복소수 근의 경우는 식 (18.27)의 k^t에서 k의 절대값이 [예제 15]에서 설명한 바와 같이 1보다 작아야 한다. (경제학에서의 응용은 [연습문제 18.36-18.37] 참조).

연습 문제

■ 2계 선형미분방정식

(서로 다른 실근)

18.1 아래의 방정식에 대해, (a) 특수적분 y_p, (b) 보조함수 y_c, 그리고 (c) 일반해 $y(t)$를 구하시오.

$$y''(t) + 9y'(t) + 14y(t) = 7$$

a) 식 (18.2)를 이용하면, $y_p = \frac{7}{14} = \frac{1}{2}$.

b) 식 (18.4)를 이용하면,

$$r_1, r_2 = \frac{-9 \pm \sqrt{81 - 4(14)}}{2} = \frac{-9 \pm 5}{2} = -2,\ -7$$

이를 식 (18.3)에 대입하면, $y_c = A_1 e^{-2t} + A_2 e^{-7t}$.

c)
$$y(t) = y_c + y_p = A_1 e^{-2t} + A_2 e^{-7t} + \tfrac{1}{2} \tag{18.28}$$

18.2 $y''(t) - 12y'(t) + 20y(t) = -100$일 때 [연습문제 18.1]에서의 물음에 답하시오.

a) 식 (18.2)를 이용하면, $y_p = -\frac{100}{20} = -5$.

b) 식 (18.4)를 이용하면,

$$r_1, r_2 = \frac{12 \pm \sqrt{144 - 4(20)}}{2} = \frac{12 \pm 8}{2} = 2,\ 10$$

따라서, $g_c = A_1 e^{2t} + A_2 e^{10t}$

c)
$$y(t) = y_c + y_p = A_1 e^{2t} + A_2 e^{10t} - 5 \tag{18.29}$$

18.3 $y''(t) - 4y'(t) - 5y(t) = 35$일 때 [연습문제 18.1]에서의 물음에 답하시오.

a) 식 (18.2)를 이용하면, $y_p = \frac{35}{-5} = -7$.

b) 식 (18.4)를 이용하면,

$$r_1, r_2 = \frac{4 \pm \sqrt{16 - 4(-5)}}{2} = \frac{4 \pm 6}{2} = 5,\ -1$$

이를 식 (18.3)에 대입하면, $y_c = A_1 e^{5t} + A_2 e^{-t}$

c) $$y(t) = A_1 e^{5t} + A_2 e^{-t} - 7 \qquad (18.30)$$

18.4 $y''(t) + 7y'(t) = 28$일 때 [연습문제 18.1]에서의 물음에 답하시오.

a) 식 (18.2)를 이용하면, $y_p = \frac{28}{7}t = 4t.$

b) 식 (18.4)를 이용하면,

$$r_1, r_2 = \frac{-7 \pm \sqrt{49 - 4(0)}}{2} = \frac{-7 \pm 7}{2} = 0, -7$$

이를 식 (18.3)에 대입하면, $y_c = A_1 e^{(0)t} + A_2 e^{-7t} = A_1 + A_2 e^{-7t}$

c) $$y(t) = A_1 + A_2 e^{-7t} + 4t \qquad (18.31)$$

18.5 $y''(t) - \frac{1}{2}y'(t) = 13$일 때 [연습문제 18.1]에서의 물음에 답하시오.

a) 식 (18.2a)를 이용하면, $y_p = \frac{13}{-\frac{1}{2}}t = -26t.$

b) 식 (18.4)를 이용하면,

$$r_1, r_2 = \frac{\frac{1}{2} \pm \sqrt{\frac{1}{4} - 4(0)}}{2} = \frac{\frac{1}{2} \pm \frac{1}{2}}{2} = 0, \tfrac{1}{2}$$

이를 식 (18.3)에 대입하면, $y_c = A_1 + A_2 e^{(1/2)t}$

c) $$y(t) = A_1 + A_2 e^{(1/2)t} - 26t \qquad (18.32)$$

(중근)

18.6 $y''(t) - 12y'(t) + 36y(t) = 108$에 대해 (a) 특수적분 y_p, (b) 보조함수 y_c, 그리고 (c) 일반해 $y(t)$를 구하시오.

a) $$y_p = \frac{108}{36} = 3$$

b) $$r_1, r_2 = \frac{12 \pm \sqrt{144 - 4(36)}}{2} = \frac{12 \pm 0}{2} = 6$$

$r_1 = r_2 = 6$으로 중근이므로 식 (18.17)을 이용하면, $y_c = A_1 e^{6t} + A_2 t e^{6t}.$

c) $$y(t) = A_1 e^{6t} + A_2 t e^{6t} + 3 \qquad (18.33)$$

18.7 $y''(t) + y'(t) + \frac{1}{4}y(t) = 9$일 때 [연습문제 18.6]에서의 물음에 답하시오.

a) $$y_p = \frac{9}{\frac{1}{4}} = 36$$

b)

$$r_1, r_2 = \frac{-1 \pm \sqrt{1-4(\frac{1}{4})}}{2} = \frac{-1 \pm 0}{2} = -\frac{1}{2}$$

$r_1 = r_2 = -\dfrac{1}{2}$ 으로 중근이므로 식 (18.17)을 이용하면, $y_c = A_1 e^{-(1/2)t} + A_2 te^{-(1/2)t}$

c)

$$y(t) = A_1 e^{-(1/2)t} + A_2 te^{-(1/2)t} + 36 \tag{18.34}$$

■ 확정해와 안정성조건

18.8 아래 주어진 방정식에 대해, (a) 확정해를 구하고, (b) 이 확정해를 검산하시오. 그리고 (c) 시간경로의 동태적 안정성에 대해 설명하시오.

$$y''(t) + 9y'(t) + 14y(t) = 7, \quad y(0) = -2\frac{1}{2}, \quad y'(0) = 31$$

a) 식 (18.28)에서

$$y(t) = A_1 e^{-2t} + A_2 e^{-7t} + \tfrac{1}{2} \tag{18.35}$$

따라서

$$y'(t) = -2A_1 e^{-2t} - 7A_2 e^{-7t} \tag{18.35a}$$

$t = 0$에서의 식 (18.35)와 식 (18.35a)를 계산하면

$$y(0) = A_1 + A_2 + \tfrac{1}{2} \qquad y'(0) = -2A_1 - 7A_2$$

주어진 조건으로부터 $y(0) = -2\dfrac{1}{2}$, $y'(0) = 31$ 이므로

$$\begin{aligned} A_1 + A_2 + \tfrac{1}{2} &= -2\tfrac{1}{2} \\ -2A_1 - 7A_2 &= 31 \end{aligned}$$

에서 A_1, A_2를 구하면, $A_1 = 2$, $A_2 = -5$이다. 이를 식 (18.35)에 대입하면,

$$y(t) = 2e^{-2t} - 5e^{-7t} + \tfrac{1}{2} \tag{18.36}$$

b) 식 (18.36)의 $y(t) = 2e^{-2t} - 5e^{-7t} + \dfrac{1}{2}$ 로부터

$$y'(t) = -4e^{-2t} + 35e^{-7t} \qquad y''(t) = 8e^{-2t} - 245e^{-7t}$$

이 된다. 이를 문제에서 주어진 방정식 $y''(t) + 9y'(t) + 14y(t) = 7$에 대입한다.

$$8e^{-2t} - 245e^{-7t} + 9(-4e^{-2t} + 35e^{-7t}) + 14(2e^{-2t} - 5e^{-7t} + \tfrac{1}{2}) = 7$$

c) 두 개의 특성근이 음이므로 $t \to \infty$에 따라 식 (18.36)은 $\dfrac{1}{2}$에 접근한다. 따라서 $y(t)$는 수렴한다. 두 개의 특성근이 모두 음인 경우, 시간경로는 언제나 수렴하게 된다.

18.9 방정식과 초기조건이 $y''(t) - 4y'(t) - 5y(t) = 35$, $y(0) = 35$, $y'(0) = 6$으로 주어

진 경우 [연습문제 18.8]에서의 물음에 답하시오.

a) 식 (18.30)에서

$$y(t) = A_1 e^{5t} + A_2 e^{-t} - 7 \tag{18.37}$$

따라서

$$y'(t) = 5A_1 e^{5t} - A_2 e^{-t} \tag{18.37a}$$

$t=0$에서의 식 (18.37)과 식 (18.37a)를 계산한 후, 여기에 주어진 초기조건 $y(0)=5$와 $y'(0)=6$을 대입하면,

$$y(0) = A_1 + A_2 - 7 = 5 \qquad \text{따라서} \qquad A_1 + A_2 = 12$$
$$y'(0) = 5A_1 - A_2 = 6$$

여기에서 구한 $A_1 = 3$과 $A_2 = 9$를 식 (18.37)에 대입한다.

$$y(t) = 3e^{5t} + 9e^{-t} - 7 \tag{18.38}$$

b) 식 (18.38)로부터 $y(t) = 3e^{5t} + 9e^{-t} - 7$이므로,

$y'(t) = 15e^{5t} - 9e^{-t}$, $y''(t) = 75e^{5t} + 9e^{-t}$이다.

이를 문제에서 주어진 원래의 방정식 $y''(t) - 4y'(t) - 5y(t) = 35$에 대입하면,

$$75e^{5t} + 9e^{-t} - 4(15e^{5t} - 9e^{-t}) - 5(3e^{5t} + 9e^{-t} - 7) = 35$$

c) 두 개의 특성근 가운데 하나는 양이고 나머지는 음인 상태에서 시간경로는 확산한다. $t \to \infty$에 따라 양의 특성근은 ∞로 증가하고 음의 특성근은 0에 수렴하므로, 양의 특성근은 두 개 근의 상대적 절대값에 관계없이 음의 특성근을 지배한다.

18.10 $y''(t) - \frac{1}{2}y'(t) = 13$이고 $y(0) = 17$, $y'(0) = -19\frac{1}{2}$일 때 [연습문제 18.8]에서의 물음에 답하시오.

a) 식 (18.32)에서

$$y(t) = A_1 + A_2 e^{(1/2)t} - 26t \tag{18.39}$$

따라서

$$y'(t) = \tfrac{1}{2}A_2 e^{(1/2)t} - 26 \tag{18.39a}$$

$t=0$에서의 식 (18.39)와 식 (18.39a)를 계산한 후, 여기에 주어진 초기조건 $y(0)=17$과 $y'(0) = -19\frac{1}{2}$을 대입하면,

$$y(0) = A_1 + A_2 = 17$$
$$y'(0) = \tfrac{1}{2}A_2 - 26 = -19\tfrac{1}{2} \qquad A_2 = 13$$

여기에서 구한 $A_1 = 13$과 $A_2 = 4$를 식 (18.39)에 대입하고 정리하면

$$y(t) = 13e^{(1/2)t} - 26t + 4 \tag{18.40}$$

b) 식 (18.40)으로부터 $y(t) = 13e^{(1/2)t} - 26t + 4$이므로,

$$y'(t) = 6.5e^{(1/2)t} - 26 \qquad y''(t) = 3.25e^{(1/2)t}$$

이를 문제에서 주어진 원래의 방정식 $y''(t) - \frac{1}{2}y'(t) = 13$에 대입하면,

$$3.25e^{(1/2)t} - \tfrac{1}{2}(6.5e^{(1/2)t} - 26) = 13$$

c) 두 개의 특성근이 모두 양이므로 시간경로는 확산한다.

18.11 $y''(t) + y'(t) + \frac{1}{4}y(t) = 9$, $y(0) = 30$, $y'(0) = 15$일 때 [연습문제 18.8]에서의 물음에 답하시오.

a) 식 (18.34)에서

$$y(t) = A_1e^{-(1/2)t} + A_2te^{-(1/2)t} + 36 \tag{18.41}$$

위의 두 번째 항에 대한 도함수를 구하기 위해 곱의 법칙을 이용하면

$$y'(t) = -\tfrac{1}{2}A_1e^{-(1/2)t} - \tfrac{1}{2}A_2te^{-(1/2)t} + A_2e^{-(1/2)t} \tag{18.41a}$$

$t = 0$일 때 식 (18.41)와 식 (18.41a)를 구하고, 여기에 주어진 초기조건 $y(0) = 30$과 $y'(0) = 15$를 대입하면,

$$y(0) = A_1 + 36 = 30 \qquad A_1 = -6$$
$$y'(0) = -\tfrac{1}{2}A_1 + A_2 = 15$$

여기에서 구한 $A_1 = -6$과 $A_2 = 12$를 식 (18.41)에 대입하면,

$$y(t) = 12te^{-(1/2)t} - 6e^{-(1/2)t} + 36 \tag{18.42}$$

b) 식 (18.42)로부터 $y(t) = 12te^{-(1/2)t} - 6e^{-(1/2)t} + 36$. 곱의 미분법칙을 이용하면,

$$y'(t) = -6te^{-(1/2)t} + 12e^{-(1/2)t} + 3e^{-(1/2)t}$$
$$y''(t) = 3te^{-(1/2)t} - 6e^{-(1/2)t} - 6e^{-(1/2)t} - 1.5e^{-(1/2)t} = 3te^{-(1/2)t} - 13.5e^{-(1/2)t}$$

이를 문제에서 주어진 원래의 방정식 $y''(t) + y'(t) + \frac{1}{4}y(t) = 9$에 대입함으로써 검산이 가능하다.

$$(3te^{-(1/2)t} - 13.5e^{-(1/2)t}) + (-6te^{-(1/2)t} + 15e^{-(1/2)t}) + \tfrac{1}{4}(12te^{-(1/2)t} - 6e^{-(1/2)t} + 36) = 9$$

c) 특성근은 중근으로서 음이고 te^{rt}은 실질적으로 e^{rt}의 시간경로와 동일하므로, 위에서 구한 일반해의 시간경로는 수렴하게 된다.

■ 2계 선형정차방정식

(서로 다른 실근)

18.12 $y_t + 7y_{t-1} + 6y_{t-2} = 42$에 대해 (a) 특수해와, (b) 보조함수, 그리고 (c) 일반해를 구하시오.

a) 식 (18.11)로부터,
$$y_p = \frac{42}{1+7+6} = 3$$

b) 식 (18.4)로부터,
$$r_1, r_2 = \frac{-7 \pm \sqrt{49-4(6)}}{2} = \frac{-7 \pm 5}{2} = -1, -6$$

식 (18.12)로부터,
$$y_c = A_1(-1)^t + A_2(-6)^t$$

c)
$$y(t) = y_c + y_p = A_1(-1)^t + A_2(-6)^t + 3 \qquad (18.43)$$

18.13 $y_t + 12y_{t-1} + 11y_{t-2} = 6$에 대해 [연습문제 18.12]에서의 물음에 답하시오.

a) 식 (18.11)로부터,
$$y_p = \frac{6}{1+12+11} = \frac{1}{4}$$

b)
$$r_1, r_2 = \frac{-12 \pm \sqrt{144-4(11)}}{2} = \frac{-12 \pm 10}{2} = -1, -11$$

따라서
$$y_c = A_1(-1)^t + A_2(-11)^t$$

c)
$$y(t) = A_1(-1)^t + A_2(-11)^t + \tfrac{1}{4} \qquad (18.44)$$

18.14 $y_{t+2} - 11y_{t+1} + 10y_t = 27$에 대해 [연습문제 18.12]에서의 물음에 답하시오.

a) 식 (18.10)의 형태와 부합되도록 하기 위해 시간을 두 기간 뒤로 이동시키면 $y_t - 11y_{t-1} + 10y_{t-2} = 27$이 되므로, 식 (18.11$a$)를 적용하면 특수해를 구할 수 있다.
$$y_p = \frac{27}{2-11}t = -3t$$

b)
$$r_1, r_2 = \frac{11 \pm \sqrt{121-4(10)}}{2} = \frac{11 \pm 9}{2} = 1, 10$$

따라서
$$y_c = A_1 + A_2(10)^t$$

c)
$$y(t) = A_1 + A_2(10)^t - 3t \qquad (18.45)$$

18.15 $y_t + 7y_{t-1} - 8y_{t-2} = 45$에 대해 [연습문제 18.12]에서의 물음에 답하시오.

a) 식 (18.11a)로부터,
$$y_p = \frac{45}{2+7}t = 5t$$

b)
$$r_1, r_2 = \frac{-7 \pm \sqrt{49-4(-8)}}{2} = \frac{-7 \pm 9}{2} = 1,\ -8$$
$$y_c = A_1 + A_2(-8)^t$$

c)
$$y(t) = A_1 + A_2(-8)^t + 5t \tag{18.46}$$

(중근)

18.16 $y_t - 10y_{t-1} + 25y_{t-2} = 8$에 대해 [연습문제 18.12]에서의 물음에 답하시오.

a) 식 (18.11)로부터,
$$y_p = \frac{8}{1-10+25} = \frac{1}{2}$$

b)
$$r_1, r_2 = \frac{10 \pm \sqrt{100-4(25)}}{2} = \frac{10 \pm 0}{2} = 5$$

식 (18.18)로부터, $r_1 = r_2 = 5$, $y_c = A_1(5)^t + A_2 t(5)^t$.

c)
$$y(t) = A_1(5)^t + A_2 t(5)^t + \tfrac{1}{2} \tag{18.47}$$

18.17 $y_t + 14y_{t-1} + 49y_{t-2} = 128$에 대해 [연습문제 18.12]에서의 물음에 답하시오.

a)
$$y_p = \frac{128}{1+14+49} = 2$$

b)
$$r_1, r_2 = \frac{-14 \pm \sqrt{196-4(49)}}{2} = \frac{-14 \pm 0}{2} = -7$$

식 (18.18)로부터, $y_c = A_1(-7)^t + A_2 t(-7)^t$.

c)
$$y(t) = A_1(-7)^t + A_2 t(-7)^t + 2 \tag{18.48}$$

■ 확정해와 안정성 조건

18.18 $y_t + 7y_{t-1} + 6y_{t-2} = 42$, $y(0) = 16$, $y(1) = -35$일 때, (a) 확정해를 구하고, (b) 이를 검산하시오. 그리고 (c) 동태적 안정성에 대해 설명하시오.

a) 식 (18.43)으로부터,
$$y(t) = A_1(-1)^t + A_2(-6)^t + 3 \tag{18.49}$$

식 (18.49)에서 연속적으로 $t = 0$, $t = 1$이라 하고 초기조건을 이용하면

$$y(0) = A_1 + A_2 + 3 = 16 \qquad y(1) = -A_1 - 6A_2 + 3 = -35$$

위의 방정식으로부터, $A_1 = 8$, $A_2 = 5$. 이를 식 (18.49)에 대입하면

$$y(t) = 8(-1)^t + 5(-6)^t + 3 \tag{18.50}$$

b) 위에서 구한 해를 검산하기 위해 $t=0$, $t=1$일 때 식 (18.50)의 값을 구하다.

$$y(0) = 8 + 5 + 3 = 16 \qquad y(1) = -8 - 30 + 3 = -35 \qquad y(2) = 8 + 180 + 3 = 191$$

처음 문제에서 주어진 방정식에 $y(2) = y_t$, $y(1) = y_{t-1}$, $y(0) = y_{t-2}$를 대입하면

$$191 + 7(-35) + 6(16) = 42$$

c) 특성근은 -1과 -6이다. 이 중 가장 큰 절대값을 가진 특성근이 시간경로를 좌우하기 때문에 이를 지배근(dominant root)이라고 한다. 수렴을 위해서는 지배근의 절대값이 1보다 작아야 한다. $|-6| > 1$이므로 시간경로는 확산한다.

18.19 아래 정차방정식에 대해 (a) 확정해를 구하고, (b) 동태적 안정성에 대해 설명하시오.

$$y_{t+2} - 11y_{t+1} + 10y_t = 27 \qquad y(0) = 2 \qquad y(1) = 53$$

a) 식 (18.45)로부터,

$$y(t) = A_1 + A_2(10)^t - 3t \tag{18.51}$$

$t=0$, $t=1$이라 하고, 초기조건을 이용하면

$$y(0) = A_1 + A_2 = 2 \qquad y(1) = A_1 + 10A_2 - 3 = 53$$

위의 방정식을 풀면, $A_1 = -4$, $A_2 = 6$. 이를 식 (18.51)에 대입하면

$$y(t) = 6(10)^t - 3t - 4$$

b) 지배근은 10으로서 1보다 크므로 시간경로는 확산한다.

18.20 $y_t - 10y_{t-1} + 25y_{t-2} = 8$, $y(0) = 1$, $y(1) = 5$일 때, [연습문제 18.19]에서의 물음에 답하시오.

a) 식 (18.47)로부터,

$$y(t) = A_1(5)^t + A_2 t(5)^t + \tfrac{1}{2} \tag{18.52}$$

$t=0$, $t=1$이라 하고, 초기조건을 이용하면

$$y(0) = A_1 + \tfrac{1}{2} = 1 \qquad A_1 = \tfrac{1}{2}$$
$$y(1) = 5A_1 + 5A_2 + \tfrac{1}{2} = 5$$

위의 방정식을 풀면, $A_1 = \dfrac{1}{2}$, $A_2 = \dfrac{2}{5}$. 이를 식 (18.52)에 대입하면

$$y(t) = \tfrac{1}{2}(5)^t + \tfrac{2}{5}t(5)^t + \tfrac{1}{2} \tag{18.53}$$

b) 두 번째 항인 A_2tr^t에서 t의 효과를 지배하는 것은 r^t이기 때문에, 중근의 경우 수렴여부는 $|r| < 1$에 달려 있다. 여기서 $r = 5 > 1$이므로 시간경로는 확산한다.

■ 삼각함수의 도함수

18.21 다음 각 삼각함수에 대한 1차도함수를 구하시오. 이들 삼각함수는 원함수(circular function) 또는 시누소이드 함수(sinusoidal function)라고도 한다.

a) $y = \sin 7x$

$$\frac{dy}{dx} = 7\cos 7x$$

b) $y = \cos(5x+2)$

$$\frac{dy}{dx} = -5\sin(5x+2)$$

c) $y = \tan 11x$

$$\frac{dy}{dx} = 11\sec^2 11x$$

d) $y = \csc(8x+3)$

$$\frac{dy}{dx} = -8[\csc(8x+3)\cot(8x+3)]$$

e) $y = \sin(3-x^2)$

$$\frac{dy}{dx} = -2x\cos(3-x^2)$$

f) $y = \sin(5-x)^2$

$$\frac{dy}{dx} = -2(5-x)\cos(5-x)^2$$

18.22 $y = x^2\tan x$의 1차도함수를 구하시오.

곱의 미분법칙에 따라, $\frac{dy}{dx} = x^2(\sec^2 x) + (\tan x)(2x) = x^2\sec^2 x + 2x\tan x$

18.23 $y = x^3\sin x$의 1차도함수를 구하시오.

$$\frac{dy}{dx} = x^3(\cos x) + (\sin x)(3x^2) = x^3\cos x + 3x^2\sin x$$

18.24 $y = (1+\cos x)^2$의 1차도함수를 구하시오.

$$\frac{dy}{dx} = 2(1+\cos x)(-\sin x) = (-2\sin x)(1+\cos x)$$

18.25 $y = (\sin x + \cos x)^2$의 1차도함수를 구하시오.

$$\frac{dy}{dx} = 2(\sin x + \cos x)(\cos x - \sin x) = 2(\cos^2 x - \sin^2 x)$$

18.26 $y = \sin^2 5x$의 1차도함수를 구하시오. 여기서 $\sin^2 5x = (\sin 5x)^2$이다.

연쇄미분법칙을 이용하면, $\frac{dy}{dx} = 2\sin 5x\cos 5x(5) = 10\sin 5x\cos 5x$

18.27 $y = \csc^2 12x$의 1차도함수를 구하시오.

$$\frac{dy}{dx} = (2\csc 12x)[-\csc 12x\cot 12x(12)] = -24\csc^2 12x\cot 12x$$

■ 2계 미분방정식의 복소수근

18.28 2계 선형미분방정식 $y''(t)+2y'(t)+10y(t)=80$에 대해, (a) 특수적분, (b) 보조함수, 그리고 (c) 일반해를 구하시오.

a) 식 (18.2)에서, $y_p = \frac{80}{10} = 8$

b) $b_1^2 < 4b_2$, 즉 $2^2 < 4(10)$이므로 식 (18.19)를 이용하면,

$$g = -\tfrac{1}{2}(2) = -1 \qquad h = \tfrac{1}{2}\sqrt{4(10)-(2)^2} = 3$$

따라서 $r_1, r_2 = -1 \pm 3i$. 식 (18.26)에 g와 h를 대입하면

$$y_c = e^{-t}(B_1 \cos 3t + B_2 \sin 3t)$$

c)

$$y(t) = y_c + y_p = e^{-t}(B_1 \cos 3t + B_2 \sin 3t) + 8 \tag{18.54}$$

18.29 $y''(t)-6y'(t)+25y(t)=150$에 대해 [연습문제 18.28]에서의 물음에 답하시오.

a)

$$y_p = \tfrac{150}{25} = 6$$

b) 식 (18.19)로부터, $g=-\frac{1}{2}(-6)=3$, $h=\frac{1}{2}\sqrt{4(25)-(-6)^2}=4$. 이를 식 (18.26)에 대입하면,

$$y_c = e^{3t}(B_1 \cos 4t + B_2 \sin 4t)$$

c)

$$y(t) = e^{3t}(B_1 \cos 4t + B_2 \sin 4t) + 6 \tag{18.55}$$

18.30 $y''(t)+4y'(t)+40y(t)=10$에 대해 [연습문제18.28]에서의 물음에 답하시오.

a)

$$y_p = \tfrac{10}{40} = \tfrac{1}{4}$$

b) 식 (18.19)로부터, $g=-2$, $h=\frac{1}{2}\sqrt{160-16}=6$. 이를 식 (18.26)에 대입하면,

$$y_c = e^{-2t}(B_1 \cos 6t + B_2 \sin 6t)$$

c)

$$y(t) = e^{-2t}(B_1 \cos 6t + B_2 \sin 6t) + \tfrac{1}{4} \tag{18.56}$$

18.31 (a) 다음 미분방정식에 대한 확정해를 구하고, (b) 동태적 안정성에 대해 설명하시오.

$$y''(t) + 2y'(t) + 10y(t) = 80 \qquad y(0) = 10 \qquad y'(0) = 13$$

a) 식 (18.54)로부터,

$$y(t) = e^{-t}(B_1 \cos 3t + B_2 \sin 3t) + 8 \tag{18.57}$$

곱의 미분법칙에 따라

$$y'(t) = e^{-t}(-3B_1 \sin 3t + 3B_2 \cos 3t) + (B_1 \cos 3t + B_2 \sin 3t)(-e^{-t})$$
$$= e^{-t}(3B_2 \cos 3t - 3B_1 \sin 3t) - e^{-t}(B_1 \cos 3t + B_2 \sin 3t) \quad (18.57a)$$

$t=0$일 때 식 (18.57)과 (18.57a)의 값에 주어진 초기조건을 적용하면

$$y(0) = e^0(B_1 \cos 0 + B_2 \sin 0) + 8 = 10$$

[표 18-1]에서 $\cos 0 = 1$, $\sin 0 = 0$이므로

$$y(0) = B_1 + 0 + 8 = 10 \qquad B_1 = 2$$

같은 방식으로,

$$y'(0) = e^0(3B_2 \cos 0 - 3B_1 \sin 0) - e^0(B_1 \cos 0 + B_2 \sin 0) = 13$$
$$y'(0) = 3B_2 - B_1 = 13$$

위에서 $B_1 = 2$이므로 $B_2 = 5$이다. 끝으로 이를 식 (18.57)에 대입하면

$$y(t) = e^{-t}(2 \cos 3t + 5 \sin 3t) + 8$$

b) $g = -1$이므로, [그림 18-3]에서와 같이 시간경로는 수렴한다. ([예제 15] 참조).

18.32 $y''(t) - 6y'(t) + 25y(t) = 150$, $y(0) = 13$, $y'(0) = 25$일 때 [연습문제 18.31]에서의 물음에 답하시오.

a) 식 (18.55)로부터,

$$y(t) = e^{3t}(B_1 \cos 4t + B_2 \sin 4t) + 6 \quad (18.58)$$

따라서

$$y'(t) = e^{3t}(-4B_1 \sin 4t + 4B_2 \cos 4t) + 3e^{3t}(B_1 \cos 4t + B_2 \sin 4t) \quad (18.58a)$$

$t=0$일 때 식 (18.58)과 (18.58a)의 값에 주어진 초기조건을 적용하면

$$y(0) = e^0(B_1 \cos 0 + B_2 \sin 0) + 6 = 13$$
$$y(0) = B_1 + 0 + 6 = 13 \qquad B_1 = 7$$

그리고 $y'(0) = e^0(-4B_1 \sin 0 + 4B_2 \cos 0) + 3e^0(B_1 \cos 0 + B_2 \sin 0)$.

$$y'(0) = 4B_2 + 3B_1 = 25 \qquad B_2 = 1$$

이를 식 (18.58)에 대입하면, $y(t) = e^{3t}(7\cos 4t + \sin 4t) + 6$

b) $g = 3$이므로 시간경로는 확산한다.

18.33 $y''(t) + 4y'(t) + 40y(t) = 10$, $y(0) = \frac{1}{2}$, $y'(0) = 2\frac{1}{2}$일 때 [연습문제 18.31]에서의 물음에 답하시오.

a) 식 (18.56)에서

$$y(t)=e^{-2t}(B_1\cos 6t+B_2\sin 6t)+\frac{1}{4} \tag{18.59}$$

따라서

$$y'(t)=e^{-2t}(-6B_1\sin 6t+6B_2\cos 6t)-2e^{-2t}(B_1\cos 6t+B_2\sin 6t) \tag{18.59a}$$

$t=0$일 때 식 (18.59)와 (18.59a)를 계산하여 여기에 주어진 초기조건을 적용하면

$$y(0)=B_1+\tfrac{1}{4}=\tfrac{1}{2} \qquad B_1=\tfrac{1}{4}$$
$$y'(0)=6B_2-2B_1=2\tfrac{1}{2} \qquad B_2=\tfrac{1}{2}$$

따라서 $y(t)=e^{-2t}(\tfrac{1}{4}\cos 6t+\tfrac{1}{2}\sin 6t)+\tfrac{1}{4}=\tfrac{1}{4}e^{-2t}(\cos 6t+2\sin 6t)+\tfrac{1}{4}$

b) $g=-2$이므로 시간경로는 수렴한다.

■ 2계 정차방정식에서의 복소수근

18.34 아래 2계 선형정차방정식에 대해 (a) 특수적분과, (b) 보조함수, (c) 일반해 그리고 (d) 확정해를 구하고, (e) 동태적 안정성에 대해 설명하시오.

$$y_t+4y_{t-2}=15 \qquad y(0)=12 \qquad y(1)=11$$

(a) 식 (18.11)에서, $y_p=\dfrac{15}{1+0+4}=3$

(b) 식 (18.19)에서 $g=-\dfrac{1}{2}(0)$, $h=\dfrac{1}{2}\sqrt{4(4)-0}=2$

2계 정차방정식에 대해서는 k와 θ가 필요하다. [그림 18-1]에 피타고라스 정리를 적용하면

$$k^2=g^2+h^2 \qquad k=\sqrt{g^2+h^2}$$

g와 h를 식 (18.19)의 파라메터로 치환하여 일반화하면

$$k=\sqrt{\frac{b_1^2+4b_2-b_1^2}{4}}=\sqrt{b_2} \tag{18.60}$$

따라서 $k=\sqrt{4}=2$이다. 20.5절의 정의로부터

$$\sin\theta=\frac{h}{k} \qquad \cos\theta=\frac{g}{k} \tag{18.61}$$

여기에 문제에서 주어진 값을 대입하면

$$\sin\theta=\tfrac{2}{2}=1 \qquad \cos\theta=\tfrac{0}{2}=0$$

[표 18-1]로부터 $\sin\theta = 1$과 $\cos\theta = 0$을 만족시키는 각은 $\theta = \frac{\pi}{2}$(라디안)이다. 이를 식 (18.27)에 대입하면

$$y_c = 2^t\left[B_1\cos\left(\frac{\pi}{2}t\right) + B_2\sin\left(\frac{\pi}{2}t\right)\right]$$

(c)

$$y(t) = 2^t\left[B_1\cos\left(\frac{\pi}{2}t\right) + B_2\sin\left(\frac{\pi}{2}t\right)\right] + 3 \tag{18.62}$$

(d) [표 18-1]을 이용하여 $t = 0$과 $t = 1$일 때 식 (18.62)를 계산하면

$$y(0) = (B_1 + 0) + 3 = 12 \qquad B_1 = 9$$
$$y(1) = 2(0 + B_2) + 3 = 11 \qquad B_2 = 4$$

따라서

$$y(t) = 2^t\left(9\cos\frac{\pi}{2}t + 4\sin\frac{\pi}{2}t\right) + 3$$

(e) $k = 2$이므로 [예제 15]에서 설명한 바와 같이 시간경로는 확산한다.

18.35 $y_t + 2y_{t-2} = 24$, $y(0) = 11$, $y(1) = 18$일 때 [연습문제 18.34]에서의 물음에 답하시오.

a) 식 (18.11)로부터

$$y_p = \frac{24}{1+0+2} = 8$$

b) 식 (18.60)에서 $k = \sqrt{b_2} = \sqrt{2}$. 식 (18.19)로부터

$$g = -\tfrac{1}{2}(0) = 0 \qquad h = \tfrac{1}{2}\sqrt{4(2) - 0} = \sqrt{2}$$

식 (18.61)로부터

$$\sin\theta = \frac{\sqrt{2}}{\sqrt{2}} = 1 \qquad \cos\theta = 0$$

[표 18-1]에서 $\theta = \frac{\pi}{2}$이므로 이를 식 (18.27)에 대입하면

$$y_c = (\sqrt{2})^t\left[B_1\cos\left(\frac{\pi}{2}t\right) + B_2\sin\left(\frac{\pi}{2}t\right)\right]$$

c)

$$y(t) = (\sqrt{2})^t\left[B_1\cos\left(\frac{\pi}{2}t\right) + B_2\sin\left(\frac{\pi}{2}t\right)\right] + 8 \tag{18.63}$$

d)

$$y(0) = B_1 + 8 = 11 \qquad B_1 = 3$$
$$y(1) = \sqrt{2}B_2 + 8 = 18 \qquad B_2 = 7.07$$

따라서

$$y(t) = (\sqrt{2})^t\left(3\cos\frac{\pi}{2}t + 7.07\sin\frac{\pi}{2}t\right) + 8$$

e) $k = \sqrt{2} > 1$이므로 시간경로는 확산한다.

■ 경제학에서의 응용

18.36 시장에서 수요와 공급은 현재의 가격과 앞으로의 가격추세(즉, 가격이 상승할 것인가와 더불어 이들 가격이 체증 또는 체감하면서 상승할 것인가 하락할 것인가의 여부)에 영향을 받는다. 그러므로 경제학자들은 수요공급의 분석을 위해 현재가격 $P(t)$와 함께 1차도함수 $\frac{dP(t)}{dt}$, 2차도함수 $\frac{d^2P(t)}{dt^2}$을 알 필요가 있다. 수요, 공급함수가 아래와 같이 주어지고

$$Q_s = c_1 + w_1P + u_1P' + v_1P'' \qquad Q_d = c_2 + w_2P + u_2P' + v_2P'' \tag{18.64}$$

어느 시점에서나 가격에 의해 시장이 균형에 도달한다고 가정할 때, 시장의 동태적 안정성에 대해 설명하시오.

균형에서 $Q_s = Q_d$이므로,

$$c_1 + w_1P + u_1P' + v_1P'' = c_2 + w_2P + u_2P' + v_2P''$$
$$(v_1 - v_2)P'' + (u_1 - u_2)P' + (w_1 - w_2)P = -(c_1 - c_2)$$

$v = v_1 - v_2$, $u = u_1 - u_2$, $w = w_1 - w_2$, $c = c_1 - c_2$라 하고, 식 (18.1)의 형태로 구성하기 위해 v로 나누면

$$P'' + \frac{u}{v}P' + \frac{w}{v}P = -\frac{c}{v} \tag{18.65}$$

식 (18.2)를 이용하여 특수적분을 구하면

$$\bar{P} = P_p = \frac{-c/v}{w/v} = -\frac{c}{w}$$

가 되고, 이는 동태적 측면에서 균형가격에 해당한다.

$c = c_1 - c_2$, $w = w_1 - w_2$이고 또한 통상적인 공급조건하에서 $c_1 < 0$, $w_1 > 0$이며, 통상적인 수요조건하에서는 $c_2 > 0$, $w_2 < 0$임을 감안하면, $-\frac{c}{w} > 0$이며 이는 균형가격이 $\overline{P} > 0$임을 시사한다. 보조함수에 대한 특성근을 구하기 위해 식 (18.4)를 이용하면

$$r_1, r_2 = \frac{-u/v \pm \sqrt{(u/v)^2 - 4w/v}}{2} \tag{18.66}$$

이는 w, u, v에 따라 서로 다른 세 가지 형태의 해를 가정할 수 있다.

1. $(u/v)^2 > 4(w/v)$인 경우, r_1, r_2는 식 (18.66)으로부터 서로 다른 실근이 되므로,

$$P(t) = A_1e^{r_1t} + A_2e^{r_2t} - \frac{c}{w}$$

2. $(u/v)^2 = 4(w/v)$인 경우, r_1, r_2는 실수의 중근이 되므로 식 (18.66)에서 r_1, r_2는 $r_1, r_2 = \frac{-(u/v)}{2} = -\frac{u}{2v}$가 된다. 그러므로 식 (18.17)로부터 시간경로는

$$P(t) = A_1 e^{-(u/2v)t} + A_2 t e^{-(u/2v)t} - \frac{c}{w}$$

3. $(u/v)^2 < 4(w/v)$인 경우, r_1, r_2는 복소수근이 되므로 식 (18.26)으로부터

$$P(t) = e^{gt}(B_1 \cos ht + B_2 \sin ht) - \frac{c}{w}$$

가 되며, 여기서 g와 h는 식 (18.19)에서

$$g = -\frac{u}{2v}, \quad h = \frac{1}{2}\sqrt{4\left(\frac{w}{v}\right) - \left(\frac{u}{v}\right)^2}$$

이다.

위에서 w, u, v는 기대(expectation)에 따라 달라진다. 만약 사람들의 인플레이션 심리에 시달리고 있으며 가격이 오를 것으로 기대하고 있다면, 식 (18.64)의 u_2는 양이 될 것이다. 그러나 사람들이 궁극적으로 가격이 하락할 것으로 기대하고 있으며, 이러한 기대 때문에 구매를 유보하고 있다면 u_2는 음이 될 것이다.

18.37 사뮤앨슨(P.A.Samuelson)의 승수-가속도원리와 유사한 아래의 모형에서

$$Y_t = C_t + I_t + G_t \tag{18.67}$$
$$C_t = C_0 + cY_{t-1} \tag{18.68}$$
$$I_t = I_0 + w(C_t - C_{t-1}) \tag{18.69}$$

$0 < c < 1$, $w > 0$, $G_t = G_0$라 할 때, (a) 국민소득의 시간경로 $Y(t)$를 구하고, (b) 이의 안정성 조건에 대해 설명하시오.

a) 식 (18.69)에 식 (18.68)을 대입하면

$$I_t = I_0 + cw(Y_{t-1} - Y_{t-2}) \tag{18.70}$$

$G_t = G_0$, 식 (18.70), 식 (18.68)을 식 (18.67)에 대입한 후 재정리하여 식 (18.10)의 형태로 구성한다.

$$Y_t = C_0 + cY_{t-1} + I_0 + cw(Y_{t-1} - Y_{t-2}) + G_0$$
$$Y_t - c(1+w)Y_{t-1} + cwY_{t-2} = C_0 + I_0 + G_0 \tag{18.71}$$

여기에서 식 (18.11)을 이용하여 특수적분을 구하면

$$Y_p = \frac{C_0 + I_0 + G_0}{1 - c(1+w) + cw} = \frac{C_0 + I_0 + G_0}{1 - c}$$

가 되는데 이는 동태적 측면에서의 균형국민소득 $\overline{Y}$에 해당한다.

다음 보조함수에 대한 특성근을 구하기 위해 식 (18.4)를 이용하면

$$r_1, r_2 = \frac{c(1+w) \pm \sqrt{[-c(1+w)]^2 - 4cw}}{2} \tag{18.72}$$

의 두 개 특성근을 구할 수 있는데, 이는 c와 w의 값에 따라 세 가지 다른 형태의 해를 가정할 수 있다.

1. $c^2(1+w)^2 > 4cw$ 또는 $c(1+w)^2 > 4w$인 경우, r_1, r_2는 식 (18.72)에서 서로 다른 실근이 되며 일반해는 다음과 같다.

$$Y(t) = A_1 r_1^t + A_2 r_2^t + \frac{C_0 + I_0 + G_0}{1-c}$$

2. $c(1+w)^2 = 4w$인 경우, r_1, r_2는 실수의 중근이 되며 식 (18.72)와 식 (18.18)로부터

$$Y(t) = A_1\left[\frac{1}{2}c(1+w)\right]^t + A_2 t\left[\frac{1}{2}c(1+w)\right]^t + \frac{C_0 + I_0 + G_0}{1-c}$$

3. $c(1+w)^2 < 4w$인 경우, r_1, r_2는 복소수근이 된다. 식 (18.27)로부터

$$Y(t) = k^t(B_1 \cos t\theta + B_2 \sin t\theta) + \frac{C_0 + I_0 + G_0}{1-c}$$

또한 식 (18.60)으로부터 $k = \sqrt{cw}$이고, 식 (18.61)에서 θ는 다음을 만족시키는 θ이어야 한다.

$$\sin\theta = \frac{h}{k} \qquad \cos\theta = \frac{g}{k}$$

여기서는 식 (18.19)로부터,

$$g = \frac{1}{2}c(1+w) \qquad h = \frac{1}{2}\sqrt{4cw - c^2(1+w)^2}$$

b) 모든 가능한 초기조건하에서 모형이 안정성을 가지기 위한 필요충분조건은 (1) $c < 1$과 (2) $cw < 1$이다. 즉 c는 전기의 소득에 대한 한계소비성향(MPC)이므로 1보다 작을 것이다. 또한 $cw < 1$의 경우는 MPC와 한계산출량비율의 곱이 1보다 작아야 함을 의미한다. 만약 특성근이 켤레복소수라면 시간경로는 진동할 것이다.

찾아보기

[ㄴ]

[ㄷ]

[ㅅ]

[ㅇ]

[ㅈ]

[ㅊ]

[ㅋ]

[ㅌ]

[ㅍ]